Whistleblowing

SCHRIFTEN ZUM DEUTSCHEN UND EUROPÄISCHEN ARBEITS- UND SOZIALRECHT

Herausgegeben von Ulrich Preis

Band 35

PL ACADEMIC RESEARCH

Mario Brungs

Whistleblowing

Eine Untersuchung arbeitsrechtlicher Aspekte und des Reformbedarfs nach der Entscheidung des Europäischen Gerichtshofs für Menschenrechte

PL ACADEMIC RESEARCH

Bibliografische Information der Deutschen Nationalbibliothek
Die Deutsche Nationalbibliothek verzeichnet diese Publikation in der Deutschen Nationalbibliografie; detaillierte bibliografische Daten sind im Internet über http://dnb.d-nb.de abrufbar.

Zugl.: Köln, Univ., Diss., 2015

Umschlagabbildung:
Siegel der rechtswissenschaftlichen Fakultät der Universität zu Köln.
Abdruck mit freundlicher Genehmigung der Universität zu Köln.

D 38
ISSN 1861-4582
ISBN 978-3-631-67426-0 (Print)
E-ISBN 978-3-653-06801-6 (E-Book)
DOI 10.3726/978-3-653-06801-6

PL Academic Research ist ein Imprint der Peter Lang GmbH.

Peter Lang – Frankfurt am Main · Bern · Bruxelles · New York · Oxford · Warszawa · Wien

Diese Publikation wurde begutachtet.

www.peterlang.com

Meinen Eltern

Danksagung

Zuallererst möchte ich Herrn Prof. Dr. Dr. h.c. Ulrich Preis herzlich danken, der mir die Anfertigung dieser Arbeit ermöglichte und mich zu jeder Zeit bei der Erstellung unterstützte. Herrn Prof. Dr. Christian Rolfs danke ich für die zügige Erstellung des Zweitgutachtens. Für die müheselige Arbeit des Korrekturlesens gebührt mein Dank meinem Kollegen und Freund Jörg Bartz.

Die vorliegende Arbeit entstand während meiner Zeit als wissenschaftlicher Mitarbeiter in den arbeitsrechtlichen Dezernaten von Hogan Lovells LLP in Düsseldorf und von GÖRG Partnerschaft von Rechtsanwälten mbB in Köln. Die praktischen Erfahrungen, die ich in dieser Zeit sammeln konnte, prägten die Arbeit. Für wertvolle Anregungen und Hinweise bin ich in diesem Zusammenhang Herrn Dr. Marcus Richter zu besonderem Dank verpflichtet. Die Arbeit wurde im Wintersemester 2015 von der Rechtswissenschaftlichen Fakultät der Universität zu Köln als Dissertation angenommen.

Mein größter Dank gebührt schlussendlich meiner Familie. Ohne die Unterstützung meiner Schwestern, Ramona und Sarah, meines Großvaters Hans und meiner Eltern, Udo und Ursula, denen ich die Arbeit widme, wäre die Erstellung nicht möglich gewesen.

Inhaltsverzeichnis

Einleitung, Vorstellung des Themas

„Ich liebe den Verrat, aber hasse den Verräter“[1].

Schon Julius Cäsar war von der Ambivalenz der Denunziation berührt. Die Beurteilung eines Hinweisgebers divergiert naturgemäß stark danach, aus welcher Perspektive sie erfolgt. Des einen Denunziantentum ist des anderen Zivilcourage[2]. Diese Zwiespältigkeit spiegelt sich auch in der Konnotation der zur Umschreibung der Thematik verwendeten Schlagwörter wider. So stehen die Umschreibungen *verpfeifen*[3] und *anschwärzen*[4] diametral den ebenfalls verwendeten Wendungen *Alarm schlagen*[5] und *Enthüllen von Missständen*[6] entgegen. *Whistleblower* erlangen zuweilen Weltruhm. *Edward Snowden* prägte die Schlagzeilen der Weltpresse über Monate hinweg. Seine Enthüllungen entlarvten die unvorstellbare Datensammelwut der Vereinigten Staaten von Amerika[7]. Die Affäre brachte die USA in Erklärungsnot. Es wurde offenbart, dass die Vereinigten Staaten ihre engsten Verbündeten, wie die Bundesrepublik Deutschland, ausspioniert wie ihre Feinde zu Zeiten des Kalten Krieges[8]. Zudem führte die causa *Snowden* auch gegenüber dem alten Feind aus jener Epoche zu diplomatischen Spannungen und Verwicklungen, die einige an eben diese Zeiten erinnerten[9]. Die von Whistleblowern offenbarten Missstände haben in

---

1 „*Proditionem amo, sed proditores non laudo*“. Wörtlich: Den Verrat liebe ich, aber die Verräter lobe ich nicht. Diese Wendung soll nach dem griechischen Schriftsteller Plutarch von Gaius Julius Cäsar stammen. Der von Plutarch niedergeschriebene Originalwortlaut lautet: „*Ἐπεὶ Ῥοιμητάλκης ὁ τῶν Θρᾳκῶν βασιλεὺς ἀπ' Ἀντωνίου μεταβαλόμενος πρὸς αὐτὸν οὐκ ἐμετρίαζε παρὰ τοὺς πότους, ἀλλ' ἦν ἐπαχθὴς ὀνειδίζων τὴν συμμαχίαν, προπιών τινι τῶν ἄλλων βασιλέων ὁ Καῖσαρ εἶπεν "ἐγὼ προδοσίαν φιλῶ, προδότας δ' οὐκ ἐπαινῶ.*" Vergl.: Plut. Regum et imperatorum apophthegmata, 207 a 4–8.

2 Frei nach *Gerald Seymour*, Harry's Game, 1975 „*One man's terrorist is another man's freedom fighter*".

3 MünchHdbArbR/*Reichold* § 49, Rdn. 11.

4 Beck-OK-ArbR/*Joussen* § 612a BGB, Rdn. 15a.

5 *Abraham*, ZRP 2012, 11; *Deiseroth/Derleder*, ZRP 2008, 248.

6 *Deiseroth*, ZRP 2007, 25.

7 Eine Übersicht zum NSA-Skandal findet sich bei: http://www.zeit.de/digital/datenschutz/2013-10/hintergrund-nsa-skandal (zuletzt abgerufen am 1. November 2014)

8 http://www.sueddeutsche.de/politik/nsa-abhoerskandal-abhoeren-von-freunden-das-geht-gar-nicht-1.1709525 (zuletzt abgerufen am 1. November 2014). http://www.spiegel.de/politik/deutschland/nsa-ueberwachung-merkel-steht-seit-2002-auf-us-abhoerliste-a-930193.html (zuletzt abgerufen am 1. November 2014).

9 http://www.zeit.de/politik/ausland/2013-08/obama-putin-treffen-absage (zuletzt abgerufen am 1. November 2014).

den USA in der Vergangenheit Regierungskrisen ausgelöst[10] und sogar einen Präsidenten gestürzt[11]. Aber auch außerhalb der Bühne des politischen Weltgeschehens offenbaren Whistleblower bisweilen Informationen die von enormer Brisanz sind.

Bekanntestes nationales Beispiel dürften dabei die sogenannten Gammelfleischskandale darstellen[12]. Auch die Namen *Dr. Margrit Herbst*[13], *Dr. Rainer Moormann*[14] und *Brigitte Heinisch*[15] sind untrennbar mit der Whistleblowing Thematik verbunden.

Im arbeitsrechtlichen Sinne[16] kann ein *Whistleblower* definiert werden, als ein Arbeitnehmer, der organisationsintern auftretende gesetzeswidrige Vorkommnisse oder sonstige unethische Missstände einem Dritten gegenüber offenbart[17].

---

10 *Daniel Elsberg* veröffentlichte 1971 die „*Pentagon Papers*", die belegten, dass die Öffentlichkeit systematisch über den Vietnamkrieg getäuscht worden war. *John Kiriakou* bestätigte 2007 der Öffentlichkeit, dass das „*Waterboarding*" bei den Geheimdiensten der USA allgemein üblich sei. *Chelsea E. Manning* (geb. Bradley Manning) offenbarte vermeintliche Kriegsverbrechen der USA im Irak und in Afghanistan. Ingesamt leitete sie mehr als 700.000 vertrauliche Dokumente über die amerikanischen Außen- und Militärpolitik an *WikiLeaks* weiter. Aufgrund ihrer Offenbarungen drohte Manning sogar zum Tode verurteilt zu werden. Letztlich wurde sie von einem Militärgericht zu 35 Jahren Haft verurteilt, vergl.: http://www.zeit.de/politik/ausland/2013-08/wikileaks-whistleblower-manning-prozess-strafmass (zuletzt abgerufen am 1. November 2014).

11 Es waren maßgeblich die Informationen des Whistleblowers *Mark Felt,* die den *Watergate-Skandal* auslösten und den US-amerikanischen Präsidenten Nixon 1974 zum Rücktritt zwangen.

12 Der sogenannte Gammelfleischskandal über die unzulässige Umetikettierung von Fleischabfällen zu Lebensmitteln war der maßgebliche Auslöser einer legislatorischen Initiative, vergl.: Ausschussdrucksache 16(10)849. Abrufbar unter: http://webarchiv.bundestag.de/archive/2010/0304/bundestag/ausschuesse/a10/anhoerungen/a10_81/16_10_849.pdf; vergl. zu diesem Gesetzesentwurf: *Berthold,* S. 93 ff.; *Groneberg,* § 11.

13 Die Veterinärmedizinerin *Dr. Margrit Herbst* machte Anfang der 90er Jahre öffentlich auf BSE Verdachtsfälle aufmerksam. Die daraufhin erfolgten Kündigungen ihres Beschäftigungsverhältnisse wurde von den Instanzen bestätigt, da sie ohne hinreichende innerdienstliche Aufklärung die Verdachtsfälle gegenüber der Öffentlichkeit geäußert habe, vergl.: LAG Schleswig-Holstein, Urteil vom 15. November 1995–3 Sa 404/95, n.v. Vergl. zu diesem Fall: **1. Teil: D.V.4.b).**

14 Zum Fall des *Dr. Rainer Moormann,* der die Gefährdungen durch den Versuchsreaktors in Jülich aufdeckte, vergl.: http://www.whistleblower-net.de/whistleblowing/fall-beispiele-fur-whistleblowing/ausstellung/ausstellung-rainer-moormann/ (zuletzt abgerufen am 1. November 2014).

15 Die Rechtssache *Heinisch* war Auslöser des Urteils des EGMR, das nachfolgend vertieft untersucht werden wird.

16 Auch in anderen Rechtsgebieten, bspw. im Kartellrecht, ist die Thematik bedeutsam.

17 Vergl. zu einer ebenfalls kurzen Begriffsbestimmung: *Becker,* S. 20 f. Eine umfänglichere Definition findet sich bei: *Berthold,* S. 1. Die häufig anzutreffende Definition von *Near*

Dabei wird zumeist weiter danach differenziert, ob es sich bei dem Dritten um eine organisationsexterne Stelle handelt (*externes Whistleblowing*) oder ob der Missstand lediglich organisationsintern (*internes Whistleblowing*) gemeldet wird[18]. Beim *externen Whistleblowing* wendet der Arbeitnehmer sich, zumeist nach einer vorherigen vergeblichen Information gegenüber betriebsinternen Stellen, an behördliche Stellen, Interessenvertretungsverbänden, Gewerkschaften oder auch an die allgemeine Öffentlichkeit. Beim *internen Whistleblowing* wird der Missstand demgegenüber nicht über den organisationsinternen Bereich hinaus bekannt gemacht.

Der Begriff „*Whistleblowing*", aus dem Englischen „*to blow a whistle to someone*", ist auch im Deutschen der gängigste Begriff, um die Thematik zu beschreiben. Vereinzelnd werden, neben den bereits benannten Schlagwärter, auch die deutschen Umschreibungen „*Hinweisgeber*"[19] und „*Informant*"[20] sowie positiv konnotierte Wendungen wie „*Enthüller*"[21], „*ethische Dissidenten*"[22] oder „*Hinweisgeber aus Gewissensgründen*"[23] verwendet.

War der Begriff des Whistleblowings noch vor wenigen Jahren nur in der juristischen Fachliteratur etabliert[24], kann der Anglizismus mittlerweile als dem allgemeinen Sprachgebrauch zugehörig bezeichnet werden. Eine Aufnahme in den *Duden* erfolgte 2013 in der 26. Auflage[25]. Obgleich die Begrifflichkeit somit erst

---

und *Miceli* ist noch wesentlich umfassender: „*The disclosure by organisation members (former or current) of illegal, immortal or illegitimate practices under the control of their employers, to persons or organisations that may be able to effect action*", vergl.: *Miceli / Near* Journal of Business Ethics 1995, Vol. 4 No. 1, S. 1. Die Übersetzungen variieren teilweise stark. Vergl. bspw.: Schemmel/Ruhmannseder/Witzigmann, Hinweisgebersysteme, Kap. 1, Rdn. 9; *Strack,* Ausschussdrucksache 17(11)783, S. 52, 58.

18 Vehement für eine solche Differenzierung: *von Busekist/Fahrig,* BB 2013, 119.

19 Der Entwurf eines *Hinweisgeberschutzgesetzes* (HinwGebSchG) von der SPD Fraktion vom 7. Februar 2012, verwendet diese Terminologie durchgehend, vergl.: Bt.-Drs. 17/8567.

20 Der Titel des gemeinsamen Gesetzesentwurfes der Bundesministerien für Justiz, Arbeit und Landwirtschaft aus dem Jahre 2008 lautete: „*Vorschlag für eine gesetzliche Verankerung des Informantenschutzes für Arbeitnehmer im Bürgerlichen Gesetzbuch*", vergl.: Ausschussdrucksache 16(10)849.

21 *von Berswordt-Wallrabe/Großkopf,* RDG 2014, 64, 65. Die Autoren verweisen des Weiteren auf die – indes wenige elegante – Begrifflichkeit des *Skandalaufdeckers.*

22 *Göpfert/Landauer,* NZA-Beil. 2011, 16, 21; *Zimmermann,* ArbRAktuell 2012, 58. *Göpfert* verwendet zudem auch den Begriff des „*moralischen Dissidenten*", vergl.: *Göpfert,* NZA 2011, 1259.

23 *Zimmermann,* ArbRAktuell 2012, 58.

24 So: *Mahnhold,* NZA 2008, 737.

25 Vergl.: Duden (26), S. 1174; Duden (25), S. 1174; vergl. ferner: http://www.duden.de/rechtschreibung/Whistleblowing; http://www.duden.de/rechtschreibung/Whistleblower (zuletzt abgerufen am 1. November 2014).

seit geraumer Zeit etabliert ist, beschäftigt die Thematik des Whistleblowings die Arbeitsgerichte schon seit Beginn des 20 Jahrhunderts[26].

Das Offenbaren von betrieblichen Missständen kann eine verhaltensbedingte Kündigung rechtfertigen. Die betroffenen Arbeitnehmer befinden sich in einem Dilemma. Einerseits hindert sie ihre Rücksichtnahmepflicht oder ihr bloßes Loyalitätsempfinden und die Angst vor Repressalien, insbesondere dem Verlust des Arbeitsplatzes, betriebliche Missstände anzuprangern. Andererseits können die Missstände derart schwerwiegend sein, dass ein weiteres Stillschweigen unmöglich erscheint. Es kollidieren mithin die grundrechtlich geschützten Interessen der Meinungsfreiheit der Beschäftigten und das Loyalitätsinteresse des Arbeitgebers. Dieses Spannungsfeld in einen beide Interessen wahrenden Kompromiss zu überführen, ist die Herausforderung des Whistleblowings.

Der Rechtsprechung und dem Gesetzgeber scheint dies bisweilen nur unzureichend gelungen. Lediglich im Ausgangspunkt herrscht noch dahingehend Einigkeit, dass dem Arbeitnehmer aus der Erfüllung einer staatsbürgerlichen Pflicht, beispielsweise der Zeugenaussage im Strafverfahren[27], kein Nachteil entstehen darf, wenn er hierbei keine wissentlich oder leichtfertig falschen Angaben machte. Auch in den eng umgrenzten und in der arbeitsrechtlichen Praxis nahezu bedeutungslosen Konstellationen, in denen die Tatbestandsvoraussetzungen der allgemeinen Anzeigepflicht nach § 138 StGB erfüllt sind, ist eine Kündigung ausgeschlossen[28]. Abseits dieser Grenzfälle scheinen die Zulässigkeitsvoraussetzungen einer verhaltensbedingten Kündigung eines Hinweisgebers jedoch weiterhin unscharf und zu sehr der Einzelfallwürdigung durch die Gerichte überlassen.

Die Thematik generiert in periodischen Abständen auch breite öffentliche Aufmerksamkeit. Neue Impulse setzte auch der Europäische Gerichtshof für Menschenrechte. So judizierte der Europäische Gerichtshof für Menschenrechte im Fall *Heinisch* ebenfalls über den Umgang mit deutschen Arbeitnehmern, die betriebliche Missstände gegenüber Dritten offenbaren[29]. Im genannten Fall erstattete eine Altenpflegerin Strafanzeige gegen ihren Arbeitgeber aufgrund erheblicher Mängel in der betreffenden Pflegeeinrichtung[30]. Der Arbeitgeber reagierte hierauf mit der fristlosen Kündigung. Mit der erhobenen Kündigungsschutzklage obsiegte die Arbeitnehmerin zunächst[31].

---

26 Soweit ersichtlich, ist der älteste in der deutschen Justiz dokumentierte Fall der des Königlich-Preußischen Landgericht (LG) I zu Berlin (Zivilkammer 10), vom 3. April 1901 – 28 C. 721. 00, Blätter für Rechtspflege im Bezirk des Kammergerichts (KGBl.) 1901, 121. Das Gericht erachtete die Entlassung des *Handlungsgehilfen* als unwirksam, der ein gesetzeswidriges Verhalten des *Prinzipals* angezeigt hatte. Auch wenn die Denunzierung „*vom moralischen Standpunkt zu verurteilen*" sei, könne der Anzeige eine „*gewisse Berechtigung*" nicht abgesprochen werden.

27 BVerfG, Beschluss vom 2. Juli 2001 – 1 BvR 2049/00, NZA 2001, 888.

28 Vergl. hierzu unten: **1. Teil: B.I.**

29 EGMR, Urteil vom 21. Juli 2011 – 28274/08, NZA 2011, 1269.

30 EGMR, Urteil vom 21. Juli 2011 – 28274/08, NZA 2011, 1269.

31 AG Berlin, Teilurteil vom 3. August 2005 – 39 Ca 4775/05, BeckRS 2011, 77275.

Das Landesarbeitsgericht änderte das erstinstanzliche Urteil jedoch ab und erachtete die Kündigung als rechtswirksam. Nachdem alle nationalen ordentlichen[32] und außerordentlichen[33] Rechtsbehelfe ausgeschöpft waren, wandte sich die Klägerin mit ihrem Begehren an den Europäischen Gerichtshof für Menschenrechte. Dieser urteilte wiederum im Sinne der Klägerin. Er befand, dass das Landesarbeitsgericht keine gerechte Abwägung zwischen dem erforderlichen Schutz des Rufes und der Rechte des Arbeitgebers einerseits und dem erforderlichen Schutz der Meinungsfreiheit der Beschwerdeführerin andererseits vorgenommen habe. Folglich liege ein nicht notwendiger Eingriff in das Recht auf freie Meinungsäußerung aus Art. 10 EMRK vor[34]. Insbesondere betonte der EGMR, dass bei der Abwägung dem Inhalt der preisgegebenen Information ein besonderes Gewicht zuzumessen sei. Handle es sich bei der offengelegten Information um eine solche von *„öffentlichem Interesse"*, so sei dieser Umstand besonderes zu berücksichtigen[35]. Dieser Aspekt wurde von der deutschen Rechtsprechung und der Literatur bis dato kaum beachtet. Die Bundesrepublik Deutschland wurde insgesamt zu Schadensersatzzahlungen in Höhe von 15.000 EUR verurteilt[36]. Die Entscheidung des EGMR im Falle *Heinisch* stieß auf enorme Resonanz in der rechtswissenschaftlichen Literatur[37]. Aber auch in der breiten Öffentlichkeit war der Widerhall groß[38]. Nicht zuletzt durch die mediale Aufmerksamkeit rückt der *Hinweisgeberschutz* auch zyklisch in den Fokus der Gesetzgebung[39].

---

32 Ablehnung der Nichtzulassungsbeschwerde: BAG, Beschluss vom 6. Juni 2007 – 4 AZN 487/06 – juris.

33 Nichtannahme der Verfassungsbeschwerde: BVerfG, Beschluss vom 6. Dezember 2007 – 1 BvR 1905/07, n.v.; vergl. daher das Originaldokument bei: http://www.menschen-wuerdige-pflege.de/material/Verfassungsgericht.jpg (zuletzt abgerufen am 1. November 2014).

34 EGMR, Urteil vom 21. Juni 2011 – 28274/08, Rdn. 93 – juris.

35 EGMR, Urteil vom 21. Juni 2011 – 28274/08, Rdn. 66 – juris.

36 EGMR, Urteil vom 21. Juni 2011 – 28274/08, Rdn. 104, 107 – juris.

37 Eine Vielzahl von Aufsätzen, Anmerkungen und Entscheidungsbesprechungen behandeln das Urteil: *Abraham*, ZRP 2012, 11; *Bauer*, ArbRAktuell 2011, 404; *Forst*, NJW 2011, 3477; *Király*, RdA 2012, 236; *Klasen/Schaefer*, BB 2012, 641; *Leuchten*, ZRP 2012, 142; *Schlachter*, RdA 2012, 108; *Simon/Schilling*, BB 2011, 2421; *Ulber*, NZA 2011, 962; *Walk*, GWR 2011, 453; *Windel*, AP Nr. 235 zu § 626 BGB, Anmerkung.

38 Die Süddeutsche Zeitung titelte: *„Ein Fall von couragierter Kümmerei"*, vergl.: http://www.sueddeutsche.de/karriere/egmr-urteil-ein-fall-von-couragierter-kuemmerei-1.1123118 (zuletzt abgerufen am 1. November 2014); Die Frankfurter Allgemeine Zeitung verfasste einen Artikel unter der Überschrift: *„Gerichtshof schützt Meinungsfreiheit von Arbeitnehmern"*, vergl.: http://www.faz.net/aktuell/wirtschaft/recht-steuern/whistleblower-gerichtshof-schuetzt-meinungsfreiheit-von-arbeitnehmern-11113796.html (zuletzt abgerufen am 1. November 2014).

39 So der gleichnamige Entwurf der SPD Fraktion: *„Hinweisgeberschutzgesetz"* vom 7. Februar 2012, Bt.-Drs. 17/8567. Die Fraktion Bündnis 90/Die Grünen unterbreitete wenig später ein weiteren Gesetzesvorschlag, vergl.: Bt.-Drs. 17/9782.

Das deutsche Arbeitsrecht rühmt sich mit Recht in vielen Bereichen eines besonders hohen Schutzstandards. Schon bei einem nur kursorischen Vergleich des deutschen und des US-amerikanischen Kündigungsschutzes wird dies besonders deutlich. Dem umfassenden deutschen Kündigungsschutzrecht steht die angloamerikanische „*at-will*" Doktrin gegenüber, wonach grundsätzlich die Beendigung eines Arbeitsverhältnisses jederzeit, ohne Einhaltung einer Kündigungsfrist oder dem Erfordernis eines Kündigungsgrundes, möglich ist[40]. Umso bemerkenswerter erscheint zunächst der Umstand, dass die USA einen gesetzlichen Ausnahmetatbestand von der allgemeinen Kündigungsfreiheit eigens für das Whistleblowing geschaffen haben[41], eine entsprechende deutsche umfassende gesetzliche Kodifizierung derzeit jedoch nicht besteht. Die gegenwärtig im deutschen Recht existierenden gesetzlichen Tatbestände sind den Kodifikationen anderer Staaten nicht vergleichbar. Sie sind entweder sehr generell – § 612a BGB – oder sehr speziell gefasst – § 37 Abs. 2 BeamtStG, § 17 Abs. 2 ArbSchG, §§ 84, 85 BetrVG. Nicht nur die USA, sondern auch andere europäische Staaten haben eine Kodifizierung eines entsprechenden Schutzwerkes bereits vorgenommen[42].

Losgelöst von der Frage nach der Erforderlichkeit einer gesetzlichen Kodifizierung des Schutzmaßstabs erscheint es zweifelhaft, dass sich das deutsche Arbeitsrecht tatsächlich weiterhin eines hohen Schutzstandards rühmen darf, wenn die These zutrifft, dass der Arbeitgeber schon bei einem Verdacht auf eine strafbare Handlung des Beschäftigten die Kündigung aussprechen kann und auch in der umgekehrten Situation, bei der Offenlegung des Verdachtes eines gesetzeswidrigen Verhaltens des Arbeitgebers durch den Beschäftigten, dieser um den Fortbestand seines Arbeitsverhältnisses fürchten muss[43].

---

40 Vergl. hierzu: LAG Hessen, Urteil vom 4. Oktober 2010 – 16 Sa 1982/09, Rdn. 35 – juris; LAG Rheinlandpfalz, Urteil vom 2. März 2012 – 9 Sa 633/11, Rdn. 63 – juris; *Thüsing/Leder,* NZA 2004, 1310, 1315; *Tödtmann/Schauer,* NZA 2003, 1187.

41 Sarbanes-Oxley Act of 2002 (SOX), Sec. 806, S. 58 ff. http://www.sec.gov/about/laws/soa2002.pdf (zuletzt abgerufen am 1. November 2014). Für staatliche Bedienstete gilt der Whistleblower Protection Act, die entsprechenden Gesetzesmaterialien sind abrufbar unter: http://www.gpo.gov/fdsys/pkg/STATUTE-103/pdf/STATUTE-103-Pg16.pdf (zuletzt abgerufen am 1. November 2014); http://www.gpo.gov/fdsys/pkg/CRPT-112srpt155/pdf/CRPT-112srpt155.pdf (zuletzt abgerufen am 1. November 2014).

42 In Großbritannien gilt seit 1998 der *Public Interest Disclosure Act (PIDA),* ausführlich zur Rechtslage in Großbritannien: *Beyer,* S. 135 ff. In Norwegen existieren seit 2005 Regelungen im *Arbeidsmiljoloven*; vergl.: *Henssler,* Ausschussdrucksache 17(11)783, S. 26, 27. Auch Frankreich hat seit 2008 eine gesetzliche Schutzregelung in Art. L. 1161-1 CT, vergl. hierzu: *Forst,* EuZA 2013, 37, 47 ff. Vergl. ferner die weiteren Nachweise bei: *Király,* RdA 2012, 236; *Forst,* NJW 2011, 3477, Fn. 4; *Mengel,* CCZ 2012, 146, 152.

43 Vergl. zu dieser These bereits: **1. Teil: B.III.**

Gang der Untersuchung

Das Recht muss wie stets versuchen, einen schonenden, beide Interessen wahrenden, Ausgleich zu finden. Die Beantwortung der Frage, ob das deutsche Arbeitsrecht dies im Rahmen des Whistleblowings *de lege lata* gewährleistet und wenn nicht, welche Maßnahmen *de lege ferenda* zu ergreifen sind, wird den Schwerpunkt dieser Forschungsarbeit bilden.

Hierzu werden zunächst die dogmatischen Grundlagen und die gegenwärtige Rechtsprechung zur Kündigungsrelevanz des externen Whistleblowings und weitere in diesem Kontext relevanten Fragestellungen untersucht (1. Teil). Insbesondere die Entscheidung des EGMR und deren Auswirkungen auf das deutsche Recht werden einer kritischen Würdigung unterzogen. Nachdem der gegenwärtige Schutzstandard in der Konstellation des externen Whistleblowings untersucht und bewertet worden ist, werden im 2. Teil die Problematiken im Zusammenhang mit dem Vorgang des internen Whistleblowings eingehend untersucht. Im letzten Teil der Arbeit wird unter Würdigung des Entwurfs des Hinweisgeberschutzgesetzes (HinwGebSchG)[44] zusammenfassend bewertet, ob dieser den unter Umständen lückenhaften Schutz der deutschen Whistelblower effektiv schließen kann oder ob die legislatorische Initiative lediglich *„die übliche politische Reflexhandlung auf eine Einzelfallentscheidung*[45]*“* darstellt und der gegenwärtige Schutzstandard nicht unvollkommen und ergänzungsbedürftig ist. Die in dem Entwurf des Hinweisgeberschutzgesetzes (HinwGebSchG) vorgesehenen Regelungen werden dabei vereinzelnd, sofern dies an der konkreten Stelle angezeigt ist, schon während der Untersuchung im Rahmen der konkreten Fragestellung angesprochen.

---

44 Gesetzesentwurf der SPD Fraktion: HinwGebSchG (Hinweisgeberschutzgesetz), § 6, Bt.-Drs. 17/8567.

45 *Ulrich Lange* von der CDU/CSU-Fraktion, Deutscher Bundestag, Plenarprotokoll 17/184, S. 123.

1. Teil: Externes Whistleblowing – Verhaltensbedingte Kündigung aufgrund der Verletzung der arbeitsvertraglichen Rücksichtnahmepflicht

A. Die organisationsexterne Offenbarung eines betrieblichen Missstandes als Grund zur verhaltensbedingten Kündigung

Kündigt der Arbeitgeber ordentlich und unterfällt diese Kündigung dem Anwendungsbereich des KSchG, so muss sie sozial gerechtfertigt sein, § 1 Abs. 1 KSchG. Bei einer Kündigung im Anwendungsbereich des KSchG ist zwischen verhaltens-, personen- und betriebsbedingten Kündigungsgründen zu differenzieren. Zu den verhaltensbedingten Kündigungsgründen zählen sämtliche durch ein steuerbares Verhalten[46] des Arbeitnehmers ausgelöste Vertragspflichtverletzungen[47]. Offenbart ein Arbeitnehmer gegenüber organisationsexternen Stellen betriebliche Vorgänge, so kann dies eine Vertragspflichtverletzung darstellen. Bei einer Kündigung aufgrund von „*Whistleblowing*" kommt einzig eine verhaltensbedingte Kündigung in Betracht. Ist die Vertragspflichtverletzung so schwerwiegend, dass aufgrund einer Prognoseentscheidung nicht mehr von einer gedeihlichen Fortsetzung des Arbeitsverhältnisses in der Zukunft auszugehen ist, so kann das Arbeitsverhältnis wirksam gekündigt werden[48].

Auch für den Fall, dass der Arbeitgeber eine außerordentliche Kündigung ausspricht, kommt ebenfalls nur eine verhaltensbedingte Kündigung in Betracht. Eine außerordentliche Kündigung ist am Maßstab des § 626 BGB zu messen. Danach ist eine Kündigung nur gerechtfertigt, wenn sie „*aus wichtigem Grund*" erfolgt. Ein wichtiger Grund i.d.S. erfordert das Vorliegen von Tatsachen, aufgrund derer die Fortsetzung des Dienstverhältnisses bis zum Ablauf der Kündigungsfrist oder bis zur vereinbarten Beendigung des Dienstverhältnisses unter Berücksichtigung aller Umstände des Einzelfalls und unter Abwägung der Interessen beider Vertragsteile nicht zugemutet werden kann. Die Prüfung der Rechtfertigung einer

---

46 Das Kriterium der Steuerbarkeit leistet die Abgrenzung zu den personenbedingten Gründen, vergl. etwa: ErfK/*Müller-Glöge* § 1 KSchG, Rdn. 99, 188; v. Hoyningen-Huene/Linck/*Krause* § 1, Rdn. 311 ff. Zur Steuerbarkeit der Pflichtverletzung: BAG, Urteil vom 3. November 2011 – 2 AZR 748/10, Rdn. 22 – juris.

47 Statt aller: v. Hoyningen-Huene/Linck/*Krause* § 1, Rdn. 488 ff.

48 Zum Prognoseprinzip: A/P/S/*Preis* Grundlagen H., Rdn. 76, 81; A/P/S/*Dörner-Vossen* § 1 KSchG, Rdn. 272a, m.w.N.; Beck-OK-ArbR/*Stoffels* § 626 BGB, Rdn. 70 ff.

außerordentlichen Kündigung erfolgt nach allgemeiner Auffassung zweistufig[49]. Danach muss zunächst ein *„an sich“*[50] geeigneter Kündigungsgrund vorliegen. Aufgrund des Stufenverhältnisses[51] der außerordentlichen zur ordentlichen Kündigung erfolgt nach herrschender Ansicht in der Lehre auch für die außerordentliche Kündigung eine entsprechende Systematisierung in verhaltens-, personen- und betriebsbedingte Kündigungsgründe[52]. Auch wenn das BAG bei genauer Betrachtung eine etwas abweichende Unterteilung vornimmt[53], ist dies, für den vorliegend einzig in Betracht kommenden Bereich der verhaltensbedingten Gründe unerheblich. Bei einer außerordentlichen verhaltensbedingten Kündigung orientiert sich das BAG ebenfalls an den Kündigungsgründen des KSchG[54]. Die nachfolgend aufgeführten Prüfungsebenen zur Bestimmung der Rechtmäßigkeit einer verhaltensbedingten Kündigung sind somit entsprechend auf den Bereich der außerordentlichen Kündigungen anzuwenden. Das Stufenverhältnis zur ordentlichen Kündigung erfordert indes das Vorliegen einer gewichtigeren Vertragspflichtverletzung. Die beiden Kündigungsarten, ordentliche und außerordentliche Kündigung, unterscheiden sich zumeist nur nach der Schwere und Intensität der Vertragsstörung[55]. Bei einer außerordentlichen Kündigung muss die Vertragspflichtverletzung so erheblich sein, dass dem Arbeitgeber nicht nur die Fortsetzung des Arbeitsverhältnisses überhaupt, sondern darüber hinaus auch die Fortsetzung des Arbeitsverhältnisses bis zum Ablauf der Kündigungsfrist nicht zuzumuten ist[56]. Die besondere Schwere und Intensität der Vertragspflichtverletzung kann dabei sowohl auf einer kumulierten Erfüllung als auch auf einer besonders nachhaltigen und schwerwiegenden Verletzung eines einzelnen Abwägungskriteriums beruhen.

Sofern das Arbeitsverhältnis des Whistleblowers noch keine sechs Monate i.S.d. § 1 Abs. 1 KSchG bestand oder die Anwendbarkeit des KSchG an der Kleinbetriebsklausel des § 23 Abs. 1 KSchG scheitert, ist die Wirksamkeit einer Kündigung an den §§ 138, 242 BGB[57] und insbesondere an § 612a BGB zu messen. Eine Kündigung aufgrund der Offenbarung von Betriebsinterna kann aufgrund der Verletzung der Rücksichtnahme- und Loyalitätspflicht gerechtfertigt sein. Wie nachfolgend dargelegt werden wird, bilden die § 241 Abs. 2 i.V.m. § 242 BGB die dogmatische

---

49 Statt aller: A/P/S/*Dörner/Vossen* § 626 BGB, Rdn. 28.

50 Vergl. bspw. die berühmteste Entscheidung der letzten Jahre: BAG, Urteil vom 10. Juni 2010 – 2 AZR 541/09, Rdn. 16 – *Emmely* – juris.

51 *Preis*, S. 476; MünchHdbArbR/*Wank* § 98, Rdn. 15ff.

52 A/P/S/*Dörner* § 626 BGB, Rdn. 61; H/W/K/*Sandmann* § 626 BGB, Rdn. 65; Stahlhacke/Preis/Vossen/*Preis*, Rdn. 552.

53 BAG, Urteil vom 6. Februar 1969 – 2 AZR 241/68; dem folgend KR-*Fischermeier* § 626 BGB, Rdn. 166 ff.

54 BAG, Urteil vom 10. Dezember 1992 – 2 AZR 271/92, Rdn. 77 – juris.

55 Stahlhacke/Preis/Vossen/*Preis*, Rdn. 1216; v. Hoyningen-Huene/Linck/*Krause* § 1, Rdn. 185.

56 v. Hoyningen-Huene/Linck/*Krause* § 1, Rdn. 183 ff., 515.

57 Allgemein hierzu: A/P/S/*Preis* Grundlagen J, Rdn. 35 ff.

Legitimation für die Anerkennung der Nebenpflichten. Diese Pflichten gelten indes für jedes Schuldverhältnis und unabhängig von der Erfüllung der Anwendungsvoraussetzungen des KSchG, so dass auch außerhalb des KSchG – im Wesentlichen[58] – vergleichbarer Schutzmaßstab gilt. Dieses Ergebnis wird durch § 612a BGB bestätigt. § 612a gilt ebenfalls unabhängig von der Anwendbarkeit des KSchG. Danach darf der Arbeitgeber einen Arbeitnehmer bei einer Vereinbarung oder einer Maßnahme nicht benachteiligen, weil der Arbeitnehmer in zulässiger Weise seine Rechte ausübt[59]. Zur Rechtsausübung i.d.S. zählt auch die Wahrnehmung von Grundrechten[60]. Da beim Whistleblowing stets die Wertungen der grundrechtlich geschützten Meinungsfreiheit des Offenbarenden zu beachten sind[61], ist auch das Whistleblowing eine Rechtsausübung im Sinne der Norm[62].

Das Benachteiligungsverbot des § 612a BGB schützt allerdings nur die *„zulässige"* Rechtsausübung. Verletzt der Arbeitnehmer aber mit seiner Rechtsausübung arbeitsvertragliche Pflichten, ist § 612a BGB nicht einschlägig[63]. Der Arbeitgeber ist mithin berechtigt, Pflichtverletzungen zu beanstanden, abzumahnen oder zum Anlass einer Kündigung zu nehmen[64]. Eine solche Pflichtverletzung kann beim Whistleblowing aber nur in der Verletzung der arbeitsvertraglichen Nebenpflichten erblickt werden. Diese wiederum gelten, wie ausgeführt, in jedem Beschäftigungsverhältnis, so dass auch außerhalb des KSchG für das Whistleblowing, im Rahmen des § 612a BGB – im Wesentlichen[65] – ein vergleichbarer Schutzmaßstab gilt.

Es ist sind nur zwei Entscheidungen in der Rechtsprechung dokumentiert, in der eine whistleblowingbedingte Kündigung unmittelbar am Maßstab des § 612a BGB gemessen worden ist. Die dokumentierten Entscheidungen stützen aber die These eines im Wesentlichen vergleichbaren Schutzmaßstabes. Das LAG Schleswig-Holstein hat eine Konstellation des internen Whistleblowings einzig am Maßstab des § 612a BGB entschieden[66]. Da im konkreten Fall ein Verstoß gegen das allgemeine

---

58 Vergl. zur Problematik des *Abstandsgebots* zwischen dem allgemeinen Kündigungsschutz und dem durch die Generalklauseln im BGB vermittelten Schutz: **1. Teil: C.V.4.b).**

59 Eine Benachteilung ist unzweifelhaft in den klassischen arbeitsrechtlichen Sanktionsmaßnahmen Kündigung und Abmahnung zu erblicken. Inwiefern der Whistleblower weiteren Repressalien ausgesetzt ist und ob diese gegebenenfalls durch § 612a BGB erfasst und verhindert werden, wird im **2. Teil: D.II.** untersucht.

60 A/P/S/*Linck* § 612a BGB, Rdn. 7.

61 Vergl. hierzu nachfolgend: **1.Teil: A.II.2.**

62 Vergl. auch: A/P/S/*Linck* § 612a BGB, Rdn. 7c.

63 BAG, Urteil vom 23. Oktober 2008 – 2 AZR 483/07, Rdn. 40 – juris; MünchKommBGB/*Müller-Glöge* § 612a BGB, Rdn. 9.

64 BAG, Urteil vom 23. Oktober 2008 – 2 AZR 483/07, Rdn. 40 – juris; A/P/S/*Linck* § 612a BGB, Rdn. 8; MünchKommBGB/*Müller-Glöge* § 612a BGB, Rdn. 9.

65 Vergl. zur Problematik des *Abstandsgebots* zwischen allgemeinen Kündigungsschutz und dem durch die Generalklauseln im BGB vermittelten Schutz: **1. Teil: C.V.4.b).**

66 In diesem Fall waren die Anwendungsvoraussetzungen des KSchG nicht erfüllt: LAG Schleswig-Holstein, Urteil vom 28. Juni 2005 – 5 Sa 64/05, Rdn. 8 – juris.

Benachteiligungsverbot evident war, hat sich das Gericht nicht veranlasst gesehen, vertieft mit einer Verletzung einer Nebenpflicht durch das interne Whistleblowing auseinanderzusetzen[67]. Besser geeignet ist demgegenüber ein Urteil des LAG Sachsen-Anhalt, in welchem eine Kündigung aufgrund eines externen Whistleblowings unmittelbar an § 612a BGB gemessen worden ist[68]. In dieser Konstellation erfolgte die Kündigung einer Arbeitnehmerin aufgrund belastender Zeugenaussagen im Rahmen einer Strafanzeige gegen ihren Arbeitgeber[69]. Obwohl die zeitlichen Zusammenhänge ebenfalls evident eine maßregelnde Kündigung belegen, hebt das Gericht hervor, dass die Zeugenaussage nicht nur die Wahrnehmung eines Rechts sei, sondern eine staatsbürgerliche Pflicht, deren wahrheitsgemäße Ausübung unter Strafandrohung stehe[70].

Die nachfolgende Untersuchung wird zeigen, dass die Differenzierung zwischen staatsbürgerlichen Rechten und Pflichten sowie die nicht leichtfertig oder wissentlich unwahre Wahrnehmung dieser Rechte und Pflichten beim Whistleblowing die maßgebenden Weichenstellungen für den zu gewährenden Schutzmaßstab darstellen[71].

Scheitert aber die Anwendung des KSchG nicht an dem Schwellenwert § 23 Abs. 1 KSchG, sondern an der Wartezeitregelung des § 1 Abs. 1 KSchG, so wird zugleich der Zeitraum der unbeanstandeten Betriebszugehörigkeit nur von kurzer Dauer sein. Obgleich ist dieses Kriterium bei einer whistleblowingbedingten Kündigung nur von sehr untergeordneter Bedeutung[72].

Daher kann der Schutzmaßstab des Whistleblowers im Kleinbetrieb respektive des erst kurzfristig beschäftigten Hinweisgebers als – im Wesentlichen – vergleichbar bezeichnet werden[73].

---

67 Vergl.: LAG Schleswig-Holstein, Urteil vom 28. Juni 2005 – 5 Sa 64/05 – juris; Siehe hierzu unten: **2. Teil: A.II.1.d).**

68 Ob in dieser Konstellation auch der Schwellenwert zur Anwendung des KSchG erfüllt war, ist nicht aufklärbar, vergl.: LAG Sachsen-Anhalt, Urteil vom 14. Februar 2006 – 8 Sa 385/05 – juris. Die Sachverhaltskonstellation stellt einen Grenzfall einer whistleblowingbedingten Kündigung dar. Denn der Missstand betraf ein privates Fehlverhalten des Arbeitsgebers und stand nicht in unmittelbaren Bezug zu seiner geschäftlichen Tätigkeit, vergl. insoweit zur Abgrenzung: **1. Teil: A.II.6.d).**

69 LAG Sachsen-Anhalt, Urteil vom 14. Februar 2006 – 8 Sa 385/05 – juris. Vergl. zum gesamten Sachverhalt: **1. Teil: C.I.3.b)bb).**

70 LAG Sachsen-Anhalt, Urteil vom 14. Februar 2006 – 8 Sa 385/05, Rdn. 15 – juris.

71 Vergl. zur Differenzierung zwischen der Wahrnehmung einer staatsbürgerlichen Pflicht und eines staatsbürgerlichen Rechts und den Auswirkungen einer nicht wissentlichen unwahren oder leichtfertig falschen Offenbarung die Zusammenfassung unter: **1. Teil: B, B.III.**

72 Vergl. unten: **1. Teil C.VI.2.**

73 Vergl. zur Anwendbarkeit des Rechtsinstituts der Abmahnung außerhalb des KSchG: **1. Teil: C.V.4.b) ff.**

I. Nebenpflichten im Arbeitsverhältnis

Bei einer Kündigung aufgrund des Whistleblowings kommt konkret eine Verletzung der arbeitsvertraglichen Loyalitäts- und Rücksichtnahmepflicht oder der Verschwiegenheitspflicht in Betracht[74].

Die unterschiedliche und vielfältige Terminologie bei der Beschreibung der durch das Whistleblowing verletzten Nebenpflicht trägt eher zur Verwirrung als zur Klärung bei[75]. Die am häufigsten anzutreffenden Begriffe der Rücksichtnahme-, Treue-, Verschwiegenheits- und Loyalitätspflicht werden jedoch überwiegend synonym verwendet[76].

1. Verschwiegenheitspflicht

Die synonyme Verwendung des Begriffes der Verschwiegenheitspflicht kann nicht überzeugend. Die Verschwiegenheitspflicht verpflichtet den Arbeitnehmer zur Wahrung von Betriebs- oder Geschäftsgeheimnissen[77]. Sie ist in ihrem Anwendungsbereich enger als die jedem Arbeitsverhältnis immanente allgemeine Rücksichtnahme- und Loyalitätspflicht, die zur Geheimhaltung sämtlicher schützenswerter Interessen des Arbeitgebers verpflichtet[78]. Das Betriebs- und Geschäftsgeheimnis unterliegt auch einem strafrechtlichen Schutz nach § 17 UWG[79]. Erfüllt die offenbarte Information nicht die Tatbestandsvoraussatzungen eines Betriebs- oder Geschäftsgeheimnisses, so kommt nur eine Verletzung der allgemeinen Rücksichtnahme- oder Loyalitätspflicht in Betracht. Diese – dogmatisch zutreffende – Differenzierung ist für die Beurteilung der Kündigungsrelevanz des Verhaltens gleichsam folgenlos. Ob die Verletzung der allgemeinen Rücksichtnahme- oder der speziellen Verschwiegenheitspflicht eine Kündigung zu rechtfertigen vermag, ist nach den gleichen Maßstäben zu bestimmen[80].

2. Treue-, Loyalitäts- und Rücksichtnahmepflicht

Auch die Verwendung der Begriffe Treue- und Loyalitätspflicht begegnet Bedenken. Die Begriffe beschreiben nur unzutreffende die durch das Whistleblowing möglicherweise verletzte Pflicht.

Anknüpfpunkt für die Sanktionierung der Offenbarung von innerbetrieblichen Umständen ist die Tatsache, dass eine solche Offenlegung geeignet sein kann,

---

74 Zur Unterscheidung der Loyalitäts- bzw. Rücksichtnahmepflicht von der Pflicht zur Verschwiegenheit vergl. sogleich: **1. Teil: A.I.1.**

75 Ebenso: *Berthold*, S. 54.

76 Vergl. etwa: *Müller*, NZA 2002, 424, 427 ff.; *Zimmer/Seebacher*, CCZ 2013, 31; *Simonet*, RdA 2013, 236, 237.

77 ErfK/*Preis* § 611 BGB, Rdn. 711. Vergl. zur Definition: **1. Teil: A.II.6.c).**

78 In diesem Sinne: MünchHdbArbR/*Reichold* § 48, Rdn. 38.

79 Vergl. allgemein zum Strafbarkeitsrisiko beim Whistleblowing: *Zimmermann*, ArbRAktuell 2012, 58.

80 Siehe ausführlicher zur Verschwiegenheitspflicht: **1. Teil: A.II.6.c).**

die geschäftlichen Interessen des Arbeitgebers zu schädigen[81]. Hingegen ist das bloße Ansinnen des Arbeitgebers einen vermeintlich illoyalen Denunzianten aus der Belegschaft zu *entfernen* nicht geeignet eine Verletzung der Nebenpflicht zur Rücksichtnahmepflicht darzustellen. Aufgrund der konstitutiven Bedeutung der Meinungsfreiheit sind allgemeine Prinzipien wie Treuepflicht oder Loyalität nicht geeignet, die Meinungsfreiheit des Arbeitnehmers zu begrenzen[82]. Die kritische Äußerung über betriebliche Verhältnisse *an sich* stellt daher noch keine Verletzung der Rücksichtnahmepflicht dar[83]. Dies gilt im Grundsatz auch dann, wenn sie überspitzt und polemisch ausfällt[84]. Die Rücksichtnahme- und Loyalitätspflicht verpflichtet vielmehr *nur* dazu, die Interessen, Rechtsgüter und Rechte der jeweils anderen Partei zu schonen[85]. Ein Recht des Arbeitgebers jegliche Meinungsäußerung der Arbeitnehmer zu verhindern existiert jedoch nicht. Mittelalterliche Vasallen waren ihren Lehnsherr zur unbedingten und allgemeinen Loyalität und Treue verpflichtet. Die Offenbarung von betrieblichen Vorgängen bewirkt jedoch keine Verletzung eines solchen Subordinationsverhältnisses. Eine derartige feudale Struktur ist mit dem fundamentalen Verfassungsprinzip der Meinungsfreiheit[86] unvereinbar und existiert in der heutigen Arbeitswelt nicht. Die gegenseitigen[87] Rücksichtnahmepflichten sind nicht Ausdruck eines Über- und Unterordnungsverhältnis, sondern vielmehr einer Vertragsbeziehung auf Augenhöhe. Das Offenbaren von betrieblichen Vorgängen stellt daher nur dann eine Pflichtverletzung dar, wenn der Whistleblower bei der Offenbarung nicht hinreichend Rücksicht auf die Interessen des Arbeitgebers Rücksicht genommen hat. Die unredliche, voreilige und leichtfertige Offenbarung von betrieblichen Missständen gegenüber organisationsexternen Stellen erweist sich nicht selten im Nachhinein als sachlich unberechtigt. Die hierdurch entstandenen Reputationsschäden sind zumeist jedoch irreversibel[88]. In einem solchen Fall scheint der Vorwurf berechtigt, dass der Arbeitnehmer bei der Offenbarung von betrieblichen

---

81 BAG, Urteil vom 3. Juli 2003 – 2 AZR 235/02, Rdn. 30 – juris.

82 Ebenso: MünchHdbArbR/*Berkowsky* § 114, Rdn. 55.

83 BAG, Urteil vom 12. Januar 2006 – 2 AZR 21/05, Orientierungssatz 2, Rdn. 44 ff. – juris.

84 BAG, Urteil vom 12. Januar 2006 – 2 AZR 21/05, Orientierungssatz 2, Rdn. 51 ff. – juris. Anders wiederum ist die Situation zu bewerten, wenn die Grenze zur Schmähkritik erreicht ist, vergl. hierzu: **1. Teil: A.II.2.a)aa).**

85 Beck-OK-ArbR/*Rolfs* § 1 KSchG, Rdn. 299; ErfK/*Müller-Glöge* § 626 BGB, Rdn. 127a; v. Hoyningen-Huene/Linck/*Krause* § 1 KSchG, Rdn. 586; MünchHdbArbR/*Reichold* § 48, Rdn. 1; Schaub/*Linck* § 53, Rdn. 1, § 54, Rdn. 1; Stahlhacke/Preis/Vossen/*Preis*, Rdn. 603; BAG, Urteil vom 3. Juli 2003 – 2 AZR 235/02, Rdn. 30 – juris; BAG, Urteil vom 26. März 2009 – 2 AZR 953/07, Rdn. 24 – juris.

86 Ausführlich hierzu unten: **1. Teil: A.II.2.a)**.

87 Das Korrelat zur Rücksichtnahmepflicht des Arbeitnehmers ist die Fürsorgepflicht des Arbeitgebers, vergl. hierzu: MünchHdbArbR/Reichold § 83; MünchKommBGB/*Müller-Glöge* § 611 BGB, Rdn. 981 ff.; Küttner/*Kreitner* Fürsorgepflicht.

88 Zur Problematik eines Schadens des Arbeitgebers in Whistleblowing-Konstellationen, vergl.: **1. Teil: C.VII.**

Missständen die Interessen des Arbeitgebers nicht hinreichend berücksichtigt hat[89]. Das Interesse des Arbeitgebers an unbedingter, untertäniger Treue und Loyalität ist jedoch nicht geschützt. Insofern beschreibt der Begriff der Rücksichtnahmepflicht[90] am treffendsten die durch das Whistleblowing möglicherweise verletzte Pflicht.

Des Weiteren erscheint der pathetische[91] Begriff der Treuepflicht geeignet, die dem Whistleblowing zuweilen anhaftenden negativen Konnotation zu manifestieren, das Whistleblowing sei generell Ausdruck einer querulatorischen Gesinnung und ein feindlicher, subversiver Akt gegenüber dem Arbeitgeber. Nachfolgend wird daher zuvörderst der Begriff der Rücksichtnahmepflicht verwendet und vereinzelnd – aufgrund der allgemeinen Verbreitung – auch auf eine Loyalitätspflichtverletzung abgestellt.

3. Kündigungsrelevanz der Verletzung einer Nebenpflicht

Die Verletzung einer Nebenpflicht ist keineswegs nebensächlich.

Eine Nebenpflichtverletzung kann eine Kündigung ebenso rechtfertigen, wie die Verletzung der Hauptleistungspflicht. Nebenpflichten des Arbeitnehmers können sich sogar, in engen Grenzen, auf das außerdienstliche Verhalten des Arbeitnehmers erstrecken[92]. Der Begriff Nebenpflicht beschreibt lediglich, dass neben der Hauptleistungspflicht des Arbeitnehmers, die Arbeitsleistung zu erbringen, weitere Pflichten im Arbeitsverhältnis bestehen[93].

Wegweisend für die Anerkennung von Nebenpflichten im Arbeitsverhältnis war *Otto v. Gierke*[94]. Bis in die 60er Jahre wurde das Arbeitsverhältnis als personenrechtliches Gemeinschaftsverhältnis betrachtet, aus dem für den Arbeitnehmer eine allgemeine Treuepflicht resultiere[95]. Auch wenn gegenwärtig einige dieser den

89 Unter welchen konkreten Voraussetzungen eine Verletzung der Rücksichtnahmepflicht vorliegt, wird nachfolgend ausführlich dargestellt.

90 Auch die Rechtsprechung präferiert in Whistleblowing-Konstellationen den Begriff der Rücksichtnahmepflicht, vergl.: BAG, Urteil vom 3. Juli 2003 – 2 AZR 235/02, Rdn. 30 – juris; BAG, Urteil vom 7. Dezember 2006 – 2 AZR 400/05, Rdn. 18 – juris; LAG Berlin, Urteil vom 28. März 2006 – 7 Sa 1884/05 – *Heinisch*, Rdn. 41 – juris; LAG Köln, Urteil vom 2. Februar 2012 – 6 Sa 304/11, Rdn. 31 – juris. Der EGMR verwendet demgegenüber, auch im Rahmen der Darstellung der innerstaatlichen Grundsätze und insofern unzutreffend den Begriff der Loyalitätspflicht („*duty of loyalty*"), vergl.: EGMR, Urteil vom 21. Juli 2011 – 28274/08, Rdn. 35, 62 ff. – juris.

91 Bei Schaub/*Linck* § 53, Rdn. 2, wird der Begriff der *Treuepflichten* als überholt bezeichnet.

92 ErfK/*Preis* § 611 BGB, Rdn. 730 ff.; H/W/K/*Thüsing* § 611 BGB, Rdn. 376 f.

93 *Preis*, Individualarbeitsrecht § 27 I.

94 *von Gierke*, FS Brunner 1914, S. 37 ff.; *Dersl.*, Deutsches Privatrecht III, S. 590 ff.; vergl. auch: Staudinger/*Richardi/Fischinger* § 611 BGB, Rdn. 609.

95 Staudinger/*Richardi/Fischinger* § 611 BGB, Rdn. 609 ff.

Arbeitnehmer betreffenden Nebenpflichten spezialgesetzlich geregelt sind[96], wird die dogmatische Grundlage der Nebenpflichten mittlerweile, nach allgemeiner Ansicht, aus dem Wesen des Arbeitsverhältnisses selbst abgeleitet[97]. Wie jedes Schuldverhältnis unterliegt auch das Arbeitsverhältnis beiderseitiger aus dem Gebot von Treu und Glauben (§ 242 BGB) resultierender Rücksichtnahme- und Treuepflichten[98].

Die Nebenpflichten als Ausprägungen des Grundsatzes von Treu und Glauben wurden durch die Schuldrechtsreform gesetzlich in § 241 Abs. 2 BGB fixiert. Danach kann das Schuldverhältnis nach seinem *„Inhalt jeden Teil zur Rücksicht auf die Rechte, Rechtsgüter und Interessen des anderen Teils verpflichten"*. Formulierte das BAG in den 90er Jahren noch sehr allgemein und wenig lehrreich[99], dass die Treuepflicht dem Arbeitnehmer gebiete *„alles zu unterlassen, was dem Arbeitgeber oder dem Betrieb abträglich ist"*[100], erkennt es nun an, dass dogmatischer Anknüpfungspunkt § 241 Abs. 2 BGB ist: *„Die sich aus § 241 Abs. 2 BGB ergebende vertragliche Rücksichtnahmepflicht verlangt von den Parteien eines Arbeitsverhältnisses, gegenseitig auf die Rechtsgüter und Interessen der jeweils anderen Vertragspartei Rücksicht zu nehmen"*[101].

Aus dieser Generalklausel leiten Rechtsprechung und Literatur eine Vielzahl von einzelnen Nebenpflichten ab[102].

Neben der Pflicht zur Erbringung der Arbeitsleistung treffen den Arbeitnehmer insbesondere folgende Pflichten[103]: Die Pflicht zur Verschwiegenheit, die Pflicht zur Einhaltung der betrieblichen Ordnung, das Verbot der Annahme von Schmiergeldern, die Pflicht drohende Schäden für den Arbeitgeber zu verhindern, die Pflicht des sorgsamen Umgangs mit den Betriebsmitteln, Wettbewerbs- und Nebentätigkeitsverbote, das Verbot übermäßigen Alkoholkonsums[104], der zur Beeinträchtigung der Arbeitsfähigkeit führt, und die Pflicht, unternehmensschädliche Äußerungen zu unterlassen.

Veröffentlicht ein Arbeitnehmer betriebsinterne Vorgänge, kann dies eine Verletzung der Rücksichtnahmepflicht darstellen. Ob der Arbeitnehmer durch das Whistleblowing seine Rücksichtnahmepflicht aus § 241 Abs. 2 BGB verletzt hat und somit ein kündigungsrelevantes Verhalten vorliegt, entscheidet die Rechtsprechung letztlich durch eine von den Grundrechten der Beteiligten geprägte umfassende

---

96 Bspw. das Wettbewerbsverbot aus § 60 HGB und Anzeige- und Nachweispflichten nach § 5 EFZG.

97 ErfK/*Preis* § 611 BGB, Rdn. 707; H/W/K/*Thüsing* § 611 BGB, Rdn. 348; Schaub/*Linck* § 53, Rdn. 3; MünchHdbArbR/*Reichold* § 47, Rdn. 11 ff.; BAG, Urteil vom 26. März 2009 – 2 AZR 953/07, Rdn. 24 – juris.

98 BAG, Urteil vom 22. August 1974 – 2 ABR 17/74 – juris; BAG, Urteil vom 26. März 2009 – 2 AZR 953/07 – juris.

99 Zu Recht: ErfK/*Preis* § 611 BGB, Rdn. 709.

100 BAG, Urteil vom 16. August 1990 – 2 AZR 113/90, Rdn. 58 – juris.

101 BAG, Urteil vom 26. März 2009 – 2 AZR 953/07, Rdn. 24 – juris.

102 Vergl. insgesamt: Schaub/*Linck* § 53.

103 Vergl.: ErfK/*Preis* § 611 BGB, Rdn. 710 ff.; *Dersl.*, Individualarbeitsrecht § 27 II; H/W/K/*Thüsing* § 611 BGB, Rdn. 349 ff; Schaub/*Linck* § 53, Rdn. 11 ff.

104 MünchHdbArbR/*Reichhold* § 48, Rdn. 21.

Interessenabwägung[105]. Hierzu hat das BAG mittlerweile eine Vielzahl an Kriterien herausgearbeitet. Bevor jedoch auf die einzelnen Kriterien der Abwägung eingegangen werden kann, bedarf es einer näheren Betrachtung der Grundlagen dieses Abwägungsvorgangs.

II. Die Konkretisierung der Rücksichtnahmepflicht aus § 241 Abs. 2 BGB

Die Rücksichtnahmepflicht des Arbeitnehmers aus § 241 Abs. 2 BGB ist nicht starr, sondern dem jeweiligen Arbeitsverhältnis entsprechend dynamisch[106]. Der leitende Angestellte unterliegt einer intensiveren Loyalitätspflicht als die Aushilfskraft[107]. Dies ergibt sich schon aufgrund der dogmatischen Herleitung der Nebenpflichten aus dem Grundsatz von Treu und Glauben[108]. Nach § 241 Abs. 2 BGB verpflichtet das Schuldverhältnis zur Rücksichtnahme *„nach seinem Inhalt"*. Zur Bestimmung des Umfanges der Loyalitätspflicht im konkreten Fall ist daher letztlich auch immer *„der konkrete Inhalt aus dem jeweiligen Arbeitsverhältnis und seinen besonderen Anforderungen"* zu beachten[109].

Neben diesem aus dem Wesen des Arbeitsverhältnisses abgeleiteten Schranken der Rücksichtnahmepflicht, sind insbesondere die Grundrechte der Beteiligten von besonderer Bedeutung.

Die arbeitsvertragliche Rücksichtnahmepflicht kann den Arbeitnehmer nicht uneingeschränkt an dem Offenbaren von betrieblichen Vorgängen hindern. Der Grundrechtsschutz endet nicht mit der Eingehung eines Arbeitsverhältnisses. In ständiger Rechtsprechung erklärt das BAG daher, dass die vertragliche Rücksichtnahmepflicht durch die Grundrechte *„näher ausgestaltet"*[110] werde.

1. Grundrechte im Arbeitsrecht

Diese Aussage des BAG bedarf näherer Erläuterungen. Der Einfluss der Grundrechte in das Zivilrecht ist bei genauer Betrachtung durchaus als diffizil zu bezeichnen. Wie sich der Äußerung des BAG entnehmen lässt, ist die Einwirkung der Grundrechte zur Begrenzung der Rücksichtnahmepflicht von entscheidender Bedeutung.

---

105 So deutlich bei: LAG Köln, Urteil vom 2. Februar 2012 – 6 Sa 304/11, Rdn. 27 – juris.

106 *Preis*, Individualarbeitsrecht § 27 I; Schaub/*Linck* § 53, Rdn. 4.

107 Schaub/*Linck* § 53, Rdn. 4. Bei bestimmten Arbeitnehmern ist die Loyalitätspflicht als Hauptleistungspflicht des Arbeitsverhältnisses ausgestaltet, vergl.: **1. Teil: A.II.6.a)bb)**.

108 S.o.: **1. Teil: A.I.3.**

109 BAG, Urteil vom 26. März 2009 – 2 AZR 953/07, Rdn. 24 – juris. S.u.: **1. Teil: C.VI.2.**

110 BAG, Urteil vom 23. Oktober 2008 – 2 AZR 483/07, Rdn. 44 – juris; BAG, Urteil vom 3. Juli 2003 – 2 AZR 235/02, Rdn. 31 – juris; vergl. auch: BAG, Urteil vom 10. Oktober 2002 – 2 AZR 472/01, Rdn. 37 ff. – juris.

Die Grundrechte haben verschiedene Geltungsdimensionen. In ihrer *„klassischen“*[111] Funktion sind sie Abwehrrechte gegenüber dem Staat[112]. Durch diesen *„status negativus“* soll dem Grundrechtsträger die *„Freiheit vom Staat“* gewährleistet werden[113]. Ebenso gewährleisten die Grundrechte *„die Freiheit durch den Staat“* (*status positivus*)[114]. Einige wenige Grundrechte erwähnen diese Schutzpflichtdimension (*status positivus*) ausdrücklich[115].

Die Grundrechte erschöpfen sich jedoch nicht in ihren subjektiv-rechtlichen Wirkungen. Stehen sich, wie im Arbeitsrecht, zwei Privatrechtssubjekte gegenüber, dann sind die objektiv-rechtlichen Wirkungen der Grundrechte von Bedeutung.

Schon früh stellte das Bundesverfassungsgericht heraus, dass der Grundrechtskatalog *„als objektive Wertordnung* [...] *und* [...] *als verfassungsrechtliche Grundentscheidung für alle Bereiche des Rechts“* gelte[116]. Beansprucht der Grundrechtskatalog als objektive Wertordnung für alle Bereiche des Rechts Geltung, so gelten auch die Grundrechtsdimensionen für alle Bereiche des Rechts[117]. Die Schutzpflicht des Staates gegenüber den Grundrechtsträgern gilt damit nicht nur *vertikal* im Verhältnis Staat-Bürger, sondern auch *horizontal* im Verhältnis der Grundrechtsträger zueinander[118]. Sind in einem Rechtsstreit unter Privatrechtssubjekten grundrechtliche Gewährleistungen tangiert, dann *„müssen staatliche Regelungen zur Sicherung des Grundrechtsschutzes und zur Verwirklichung der objektiven Grundentscheidungen des Grundrechtsabschnitts* [...] *ausgleichend eingreifen“*[119].

Primär ist demnach der Gesetzgeber verpflichtet durch Normen einen hinreichenden Schutz der Grundrechtsträger zu gewährleisten[120]. Dabei muss das Prinzip der praktischen Konkordanz gewahrt werden[121].

In einem zivilrechtlichen Rechtsstreit stehen sich gleichberechtigte Grundrechtsträger mit unterschiedlichen Interessen und grundrechtlichen Gewährleistungen gegenüber. Daher sind die kollidierenden Grundrechtspositionen in ihrer

---

111 Grundlegend: *Jellinek*, System der subjektiven öffentlichen Rechte.

112 BVerfG, Urteil vom 15. Januar 1958 – 1 BvR 400/51 – *Lüth*, Rdn. 25 – juris; BVerfG, Urteil vom 31. Oktober 1984 – 1 BvR 35/82, Rdn. 36 – juris; Jarass/Pieroth/*Jarass* GG, Vorb. vor Art. 1, Rdn. 5; *Voßkuhle/Kaiser*, JuS 2011, 411.

113 *Voßkuhle/Kaiser*, JuS 2011, 411.

114 *Voßkuhle/Kaiser*, JuS 2011, 411.

115 Vergl. Art. 1 Abs. 2, Art. 6 Abs. 1 GG; zu weiteren Schutzpflichten: BVerfG, Urteil vom 25. Februar 1975 – 1 BvF 1/74 – *Schwangerschaftsabbruch I*, Leitsatz 1, Rdn. 82 ff. – juris; BVerfG, Beschluss vom 19. Oktober 1993 – 1 BvR 567/89, Rdn. 19 ff. – juris.

116 BVerfG, Urteil vom 15. Januar 1958 – 1 BvR 400/51 – *Lüth*, Rdn. 26 – juris.

117 Vergl. nur: *Preis*, Individualarbeitsrecht § 15 II. 2. c.).

118 BVerfG, Beschluss vom 7. Februar 1990 – 1 BvR 26/84, Orientierungssatz 3, Rdn. 47 ff. – juris; BVerfG, Beschluss vom 19. Oktober 1993 – 1 BvR 567/89, Rdn. 48 – juris; *Preis*, Individualarbeitsrecht § 15 II. 2. c).

119 BVerfG, Beschluss vom 7. Februar 1990 – 1 BvR 26/84, Orientierungssatz 3 – juris.

120 BVerfG, Beschluss vom 19. Oktober 1993 – 1 BvR 567/89, Rdn. 52 f. – juris.

121 BVerfG, Beschluss vom 19. Oktober 1993 – 1 BvR 567/89, Rdn. 53 – juris.

Wechselwirkung zu sehen und so zu begrenzen, dass sie für alle Beteiligten möglichst weitgehend wirksam werden[122]. Durch die Existenz der Generalklauseln im Zivilrecht (insbesondere §§ 138, 242, 307 und 315 BGB, § 106 GewO) ist der Gesetzgeber seiner Schutzpflicht für das Privatrecht grundsätzlich hinreichend nachgekommen[123]. Denn nicht nur der Gesetzgeber, sondern auch die übrigen Staatsgewalten sind zum Grundrechtsschutz verpflichtet[124]. Im Einzelfall obliegt es daher der rechtsprechenden Gewalt durch Auslegung und Anwendung der geschaffenen Normen einen hinreichenden Grundrechtsschutz unter Privatrechtssubjekten zu gewährleisten[125]. Hierbei sind die Generalklauseln von entscheidender Bedeutung. Bei der Auslegung und Anwendung der Generalklauseln müssen die Zivilgerichte die kollidierenden Grundrechte der Parteien als Wertmaßstäbe und „*Richtlinien*"[126] beachten.

Durch die richterliche Konkretisierung und Auslegung der Generalklauseln, wirken die Grundrechte somit lediglich *mittelbar* auf die Rechtsbeziehungen der Privatrechtssubjekte ein. Diese mittelbare Drittwirkung der Grundrechte ist mittlerweile allgemein anerkannt[127]. Die von *Nipperdey* begründete Lehre der unmittelbaren Drittwirkung wird nicht mehr vertreten[128]. Unmittelbar, ohne den *Umweg*[129] über die Auslegung der Generalklauseln, wirkt einzig Art. 9 Abs. 3 S. 2 GG[130]. Damit die Grundrechte in einer Entscheidung eines Gerichts bei einem Rechtsstreit unter Privaten beachtet werden können, bedarf es daher stets einer „*Gelenknorm*"[131]. Bei der Ausgestaltung der Rücksichtnahmepflicht bilden die §§ 241 Abs. 2, 242 BGB die *Einbruchsstelle* für grundrechtliche Gewährleistungen[132].

---

122 BVerfG, Nichtannahmebeschluss vom 27. November 2008 – 1 BvR 112/08 – juris; BVerfG, Beschluss vom 19. Oktober 1993 – 1 BvR 567/89, Rdn. 53 – juris; *Preis*, Individualarbeitsrecht § 15 II. 2. c.).

123 BVerfG, Beschluss vom 19. Oktober 1993 – 1 BvR 567/89, Rdn. 53 ff. – juris; BVerfG, Beschluss vom 7. Februar 1990 – 1 BvR 26/84, Rdn. 46 ff. – juris.

124 Vergl. lediglich Art. 1 Abs. 3 GG; BVerfG, Beschluss vom 7. Februar 1990 – 1 BvR 26/84, Rdn. 49 – juris.

125 BVerfG, Nichtannahmebeschluss vom 27. November 2008 – 1 BvR 112/08; BVerfG, Beschluss vom 7. Februar 1990 – 1 BvR 26/84, Rdn. 49 – juris.

126 BVerfG, Beschluss vom 19. Oktober 1993 – 1 BvR 567/89, Rdn. 48 – juris.

127 Ständige Rechtsprechung: BVerfG, Urteil vom 15. Januar 1958 – 1 BvR 400/51 – *Lüth* – juris; BAG, Beschluss vom 27. Februar 1985 – GS 1/84 – juris; BAG, Urteil vom 27. Mai 2004 – 6 AZR 129/03 – juris. Vergl. für die Literatur lediglich: *Preis*, Individualarbeitsrecht § 15 II. 2. b.).

128 *Nipperdey*, RdA 1950, 121, 124; *Dersl.*, Grundrechte und Privatrecht, S. 18 ff.; *Preis*, Individualarbeitsrecht § 15 II. 2. a); früher ebenso: BAG, Urteil vom 29. Juni 1962 – 1 AZR 343/61, Rdn. 34 ff. – juris.

129 Geläufig sind auch die Bezeichnungen: „Einfallstor", „Scharnier" oder „Schnittstelle".

130 Vergl. hierzu: *Höfling/Burkiczak*, RdA 2004, 263.

131 *Preis*, Individualarbeitsrecht § 15 II. 2. b.).

132 BAG, Urteil vom 3. Juli 2003 – 2 AZR 235/02, Rdn. 31 – juris; Schaub/*Linck* § 3, Rdn. 3.

Beachtet werden müssen hierbei sämtliche, im konkreten Fall einschlägigen, grundrechtlichen Gewährleistungen. Ein Rückgriff auf Normen der Weimarer Reichsverfassung oder der Rechtsprechung des Bundesverfassungsgerichts, in welchem die Geltung eines einzelnen Grundrechtes für das Beschäftigungsverhältnis explizit bestimmt wird, bedarf es somit nicht[133].

2. Die Grundrechte des Arbeitnehmers als Grenze der Loyalitätspflicht

Die Rücksichtnahmepflicht des Arbeitnehmers wird somit durch grundrechtliche Gewährleistungen begrenzt. War das Offenbaren von betrieblichen Vorgängen durch grundrechtliche Gewährleistungen gerechtfertigt, so entfällt zugleich auch eine Verletzung der arbeitsvertraglichen Nebenpflicht. Ein kündigungsrelevantes Verhalten des Arbeitnehmers liegt nicht vor. Beim Whistleblowing sind für den Beschäftigten vordergründig die Gewährleistungen des Art. 5 Abs. 1 S. 1 GG bedeutsam. In einzelnen Konstellationen können jedoch auch andere grundrechtliche Gewährleistungen relevant werden.

a) Art. 5 Abs. 1 S. 1 GG

aa) Bedeutung und Anwendbarkeit des Art. 5 Abs. 1 S. 1 GG beim Whistleblowing

Die Freiheit der Meinungsäußerung ist ein unverzichtbarer Grundpfeiler eines jeden freiheitlichen-demokratischen Rechtsstaates. Sowohl für die Persönlichkeitsentfaltung des Einzelnen als auch für den demokratischen Prozess ist die Meinungsäußerungsfreiheit schlechthin konstitutiv[134]. Das Grundrecht auf freie Meinungsäußerung ist *„eines der vornehmsten Menschenrechte überhaupt“*[135].

Eine Meinungsäußerung ist geprägt vom subjektiven Element der Stellungnahme und des Dafürhaltens[136]. Von bekannter Problematik ist die Frage, ob auch reine Tatsachenbehauptung, also dem Beweis zugängliche wertneutrale Berichte, vom Schutzbereich der Meinungsäußerungsfreiheit umfasst sind. Von Relevanz ist dies etwa, wenn ein Whistleblower sich darauf beschränkt, ohne jede weitere persönliche Stellungnahme, tabellarische Auszüge aus seinem Arbeitszeitkonto an die zuständige Gewerbeaufsicht[137] zu senden, um auf systematische Verstöße gegen das Arbeitsschutzgesetz

---

133 So aber: *Berthold*, S. 59.

134 Vergl. BVerfG, Beschluss vom 15. Dezember 2004 – 2 BvR 2219/01, Rdn. 13 – juris; BVerfG, Beschluss vom 10. Oktober 1995 – 1 BvR 1476/91 – *Soldaten sind Mörder*, Rdn. 119 – juris, ; BVerfG, Urteil vom 15. Januar 1958 – 1 BvR 400/51 – *Lüth*, Orientierungssatz 1, Rdn. 32 – juris.

135 BVerfG, Urteil vom 15. Januar 1958 – 1 BvR 400/51 – *Lüth*, Rdn. 32 – juris.

136 Sachs/*Bethge* Art. 5, Rdn. 25; BVerfG, Beschluss vom 17. September 2012 – 1 BvR 2979/10

137 Das Gewerbeaufsichtsamt ist in der Regel das zuständige Amt für den Arbeitsschutz nach § 17 ArbZG.

aufmerksam zu machen. Dem Hinweisgeber käme jedoch auch in diesem Fall der Schutz des Art. 5 Abs. 1 S. 1 GG zu Gute. Denn auch Tatsachenbehauptungen sind grundsätzlich vom Schutzbereich des Art. 5 Abs. 1 S. 1 GG umfasst, „*weil und soweit sie Voraussetzung der Bildung von Meinungen*" sind[138]. Tatsachenbehauptungen sind häufig derart untrennbar mit einem Werturteil verknüpft, dass eine Aufspaltung zu einer nicht hinnehmbaren Schutzbereichsverkürzung führen würde[139]. Die fehlerhafte Einordnung einer Meinungsäußerung als vom Schutzbereich ausgenommene Tatsachenbehauptung führt immer wieder zu Grundrechtsverletzungen[140]. Schon in der Auswahl der an sich wertneutralen Statistik liegt regelmäßig eine von Art. 5 Abs. 1 S. 1 GG geschützte Meinungsäußerung[141]. Die Abgrenzung von Werturteilen und dem Beweis zugänglichen Tatsachenbehauptungen ist damit zwar im Ausgangspunkt möglich, praktisch jedoch unbedeutend[142]. Einige Stimmen in der Literatur halten die Abgrenzung für „*objektiv unmöglich*"[143] oder verfehlt[144]. Im obigen Beispiel beabsichtigt der Arbeitnehmer durch die Übersendung der Arbeitszeittabellen, dass die Aufsichtsbehörde Maßnahmen ergreift, um die Verstöße gegen das Arbeitszeitgesetz zu sanktionieren und eine zukünftige Einhaltung zu gewährleisten. Auch ohne explizite Äußerung liegt somit in der Überlassung von wertneutralen Statistiken regelmäßig ein wertendes Element der Stellungnahme. Das Verhalten des Arbeitnehmers in dem obigen Beispiel ist somit vom Schutzbereich der Meinungsfreiheit umfasst.

Für die Eröffnung des Schutzbereiches ist es nicht entscheidend, ob die Meinungsäußerungen als begründet oder grundlos, emotional oder rational, wertvoll oder wertlos, oder ob sie als gefährlich oder harmlos eingeschätzt werden[145]. Auch die unwahre, jedoch meinungsbezogene Tatsachenbehauptung ist vom Schutzbereich grundsätzlich erfasst[146]. Nur die bewusst unwahre Behauptung einer Tatsache sowie die Behauptung von Tatsachen, deren Unwahrheit zum Zeitpunkt der Äußerung unzweifelhaft feststeht, sind nicht vom Schutzbereich erfasst[147]. Die Schmähkritik, bei der – jenseits polemischer Übertreibungen – einzig die Diffamierung

---

138 BVerfG, Urteil vom 9. Oktober 1991 – 1 BvR 1555/88, Rdn. 45 – juris.

139 BVerfG, Urteil vom 22. Juni 1982 – 1 BvR 1376/79, Rdn. 16 – juris.

140 Vergl. nur aus dem Jahre 2012: BVerfG, Beschluss vom 12. Oktober 2012 – 1 BvR 901/11 – juris; BVerfG, Beschluss vom 17. September 2012 – 1 BvR 2979/10 – juris.

141 Pieroth/Schlink/Kingreen/Poscher, Grundrechte, Rdn. 597; *Ipsen*, Staatsrecht II, Rdn. 415 f.

142 Zur Abgrenzung: Pieroth/Schlink/Kingreen/Poscher, Grundrechte, Rdn. 596.

143 Maunz/Dürig/*Herzog* (66) Art. 5, Rdn. 51.

144 *Ipsen*, Staatsrecht II, Rdn. 415.

145 BVerfG, Beschluss vom 28. November 2011 – 1 BvR 917/09, NJW 2012, 1273; BVerfG, Beschluss vom 4. November 2009 – 1 BvR 2150/08, NJW 2010, 47, 48.

146 BVerfG, Nichtannahmebeschluss vom 25. Juni 2009 – 1 BvR 134/03, Rdn. 62 – juris; ErfK/*Schmidt* Art. 5 GG, Rdn. 7; Sachs/*Bethge* Art. 5, Rdn. 28.

147 BVerfG, Nichtannahmebeschluss vom 25. Juni 2009 – 1 BvR 134/03, Rdn. 62 – juris; BVerfG, Beschluss vom 12. Oktober 2012 – 1 BvR 901/11, Rdn. 19 – juris.

der Person im Vordergrund steht, liegt ebenfalls außerhalb des Schutzbereiches[148]. Allerdings ist zu beachten, dass nicht jede Anzeige eines Arbeitnehmers, die bei der Staatsanwaltschaft eingeht und die mit polemischer und überspitzer Kritik versehen ist, eine Schmähkritik darstellt. Aufgrund der schutzbereichbegrenzenden Wirkung, ist das Bundesverfassungsgericht in der Anwendung restriktiv und legt den Begriff eng aus[149].

bb) Schutzbereichsverkürzung durch das Bundesarbeitsgericht

Das Bundesarbeitsgericht ist jedoch bei Schutzbereichsverkürzung nicht derart zurückhaltend. Insbesondere das Urteil des Bundesarbeitsgerichts vom 3. Juli 2003 ist diesbezüglich äußerst bedenklich. In dem Urteil verwehrt das Gericht einem Arbeitnehmer den aus Art. 5 Abs. 1 S. 1 GG resultierenden Schutz. Nach Auffassung des Gerichts könne der Arbeitnehmer im konkreten Fall sich aufgrund der anonym getätigten Anzeige nicht auf den Schutz der Meinungsfreiheit berufen[150]. Bei einer anonymen Anzeige wolle der Anzeigende nicht *„seine persönliche Meinung kundtun“*[151]. Insofern fehle es *„gerade am konstituierenden Element der Subjektivität“*[152].

cc) Ablehnung der schutzbereichseinschränkenden Rechtsprechung des Bundesarbeitsgerichts

Soweit ersichtlich, kritisiert die Literatur die Rechtsprechung des Bundesarbeitsgerichts diesbezüglich nicht[153]. Der praktische Hintergrund dürfte dabei sein, dass das Bundesarbeitsgericht im konkreten Fall über Art. 2 Abs. 1 GG i.V.m. dem Rechtsstaatsprinzip dem Arbeitnehmer einen hinreichenden grundrechtlichen Schutz gewährleistete.

Allerdings kann dieser Umstand nicht verschleiern, dass die Auffassung des Bundesarbeitsgerichts grundlegend den dargestellten Bedeutungsgehalt der Meinungsfreiheit verkennt. Es handelt sich insgesamt um eine unzulässige Schutzbereichsverkürzung, die zu bedenklichen Konsequenzen führt und zudem im Widerspruch zur übrigen zivilrechtlichen Rechtsprechung, der allgemeinen Grundrechtsdogmatik und der Rechtsprechung des Bundesverfassungsgerichts steht.

Konsequent zu Ende gedacht, ist nach Auffassung des Bundesarbeitsgerichts der Arbeitnehmer, der besonders um den Erhalt seines Arbeitsplatzes fürchtet und daher eine anonyme Anzeige erstattet, schlechter geschützt, als derjenige Arbeitnehmer, der seine Identität bei der Darlegung von Missständen offenbart. Denn nur letzterem Arbeitnehmer käme nach Auffassung des Bundesarbeitsgerichts, aufgrund

---

148 BVerfG, Beschluss vom 23. August 2005 – 1 BvR 1917/04, Rdn. 21 – juris.
149 BVerfG, Beschluss vom 5. Dezember 2008 – 1 BvR 1318/07, Rdn. 12 – juris.
150 BAG, Urteil vom 3. Juli 2003 – 2 AZR 235/02, Rdn. 34 – juris.
151 BAG, Urteil vom 3. Juli 2003 – 2 AZR 235/02, Rdn. 34 – juris.
152 BAG, Urteil vom 3. Juli 2003 – 2 AZR 235/02, Rdn. 34 – juris.
153 Vergl.: *Schlachter*, RdA 2012, 108, 110; *Simon/Schilling*, BB 2011, 2421, 2422, Fn. 18.

der erkennbaren persönlichen *„Zuordnung"*[154], der Schutz des Art. 5 Abs. 1 S. 1 GG zu Gute. Schon aus diesem Vergleich tritt die Problematik der Ansicht des Bundesarbeitsgerichts deutlich hervor.

Noch klarer wird der Missstand, wenn man beachtet, dass das Gericht im Ergebnis den Arbeitnehmer verpflichtet, sich namentlich zu seiner Äußerung zu bekennen, sofern er den grundrechtlichen Schutz der Meinungsfreiheit genießen will. Eine solche Verpflichtung birgt jedoch immer die Gefahr der Selbstzensur[155]. Muss der Einzelne sich stets zu seiner Meinung bekennen, so ist zu befürchten, dass er aufgrund der Angst vor Repressalien, im Zweifel, gänzlich auf die Wahrnehmung seines Grundrechtes verzichtet[156].

Dieser sogenannte *„chilling effect"* ist einer der größten Feinde der Meinungsfreiheit[157]. Mit dem Begriff werden allgemein Maßnahmen bezeichnet, die eine abschreckende oder hemmende Wirkung bei der Wahrnehmung der Meinungsfreiheit ausüben[158]. In der übrigen zivilrechtlichen Rechtsprechung ist daher anerkannt, *dass eine Beschränkung der Meinungsäußerungsfreiheit auf Äußerungen, die einem bestimmten Individuum zugeordnet werden können, [...] mit Art. 5 Abs. 1 Satz 1 GG nicht vereinbar"* ist[159].

Des Weiteren ist die Ansicht des Bundesarbeitsgerichts nicht mit der allgemeinen Grundrechtsdogmatik zu vereinbaren. Nach allgemeiner Auffassung umfasst das Grundrecht der Meinungsfreiheit auch die Freiheit, die Modalitäten der Äußerung nach eigenem Gutdünken zu wählen[160]. Geschützt ist nicht nur der Inhalt der Meinung. Der Äußernde kann Ort, Zeit und Form der Meinungskundgabe frei wählen[161].

Sofern der Grundrechtsträger der Auffassung ist, dass seine Äußerung nur durch die Hervorhebung seiner eigenen Urheberschaft besondere Glaubhaftigkeit und Authentizität zukommt, dann kann er gegen eine Verfügung vorgehen, die ihm die Nennung seines Namens bei einer Meinungsäußerung verbietet[162]. Die Nennung des eigenen Namens im Zusammenhang mit einer Meinungsäußerung *„nimmt am Schutz*

154 BAG, Urteil vom 3. Juli 2003 – 2 AZR 235/02, Rdn. 34 – juris.

155 In diesem Sinne auch der BGH, vergl.: BGH, Urteil vom 23. Juni 2009 – VI ZR 196/08, Rdn. 38 – juris.

156 Ebenso: OLG Frankfurt a.M., Urteil vom 8. März 2012 – 16 U 125/11 – juris; OLG Hamm, Beschluss vom 3. August 2011 – I-3 U 196/10 – juris; BGH, Urteil vom 23. Juni 2009 – VI ZR 196/08, Rdn. 38 – juris.

157 *Deiseroth,* Ausschussdrucksache 17(11)783, S. 41, 44.

158 *Frowein,* EuGRZ 2008, 117.

159 BGH, Urteil vom 23. Juni 2009 – VI ZR 196/08, Rdn. 38 – juris.

160 Vergl.: *Ipsen,* Staatsrecht II, Rdn. 419; Pieroth/Schlink/Kingreen/Poscher, Grundrechte, Rdn. 600; Sachs/*Bethge* Art. 5, Rdn. 44.

161 BVerfG, Beschluss vom 10. Oktober 1995 – 1 BvR 1476/91 – *Soldaten sind Mörder,* Rdn. 108 – juris; BVerfG, Beschluss vom 24. März 1998 – 1 BvR 131 – 96, Rdn. 26 – juris.

162 Vergl. BVerfG, Beschluss vom 24. März 1998 – 1 BvR 131 – 96 – juris.

der Meinungsfreiheit [...] *teil*“[163]. Besteht jedoch die Möglichkeit, die eigene Namensnennung durchzusetzen, so muss spiegelbildlich auch die Möglichkeit bestehen, auf die Nennung des eigenen Namens zu verzichten. Es entspricht allgemeiner Grundrechtsdogmatik, dass die Negation einer Gewährleistung ebenso geschützt ist[164].

Auch nach Auffassung des Bundesverfassungsgerichts ist die nachvollziehbare Urheberschaft gerade kein notwendiger Bestandteil des Tatbestandes einer Meinungsäußerung. Die Nennung des eigenen Namens fällt zwar nicht aus dem Schutzbereich des Grundrechtes heraus, ist jedoch weder eine eigenständige Äußerungsform noch ein Bestandteil „*der Äußerung im engeren Sinn*“[165]. Das Fehlen eines Merkmals, das nicht Bestandteil des Tatbestands im engeren Sinne ist, kann jedoch nicht dazu führen, dass die Voraussetzungen des Tatbestandes nicht mehr erfüllt sind. Darüber hinaus wurde einer Verfassungsbeschwerde wegen der Verletzung des Art. 5 Abs. 1 S. 1 GG stattgegeben, in der dem Beschwerdeführer zu Unrecht eine Äußerung untersagt wurde, die dieser unter dem Pseudonym „*pünktchen*“ im Internet veröffentlicht hatte[166]. Das Bundesverfassungsgericht steht somit ebenfalls auf dem Standpunkt, dass der Schutzbereich der Meinungsfreiheit nicht auf individuell zurechenbare Äußerungen beschränkt ist.

Dem steht auch die Entscheidung des Bundesverfassungsgerichts zum Whistleblowing aus dem Jahre 2001 nicht entgegen[167].

Insgesamt ist die durch das Bundesarbeitsgericht vorgenommene Schutzbereichsverkürzung somit entschieden abzulehnen. Auch anonym getätigte Meinungsäußerungen unterfallen dem Schutzbereich der Meinungsfreiheit!

Offenbart ein Arbeitnehmer gesetzeswidrige Vorkommnisse oder sonstige unethische Missstände in Betrieben gegenüber einem Dritten, so ist dieses Verhalten vom Schutzbereich der Meinungsäußerungsfreiheit umfasst. Die Meinungsfreiheit eines Whistleblowers ist daher auch keinesfalls nur peripher[168] heranzuziehen, das Grundrecht der Meinungsfreiheit ist vielmehr für den Schutz von Hinweisgebern prägend, von entscheidender Bedeutung und in fast allen Konstellationen des Whistleblowings zu beachten.

b) Art. 2 Abs. 1 GG i.V.m. dem Rechtsstaatsprinzip

Im Rahmen der Wahrnehmung und Erfüllung von staatsbürgerlichen Pflichten und Rechten wird das Grundrecht der Meinungsfreiheit jedoch durch speziellere Gewährleistung verdrängt. Obgleich – isoliert betrachtet – insbesondere eine Zeugenaussage durch wertende Elemente der Stellungnahme geprägt ist und daher auch dem Grund-

---

163 BVerfG, Beschluss vom 24. März 1998 – 1 BvR 131 – 96, Rdn. 25 – juris.
164 Vergl. nur: Pieroth/Schlink/Kingreen/Poscher, Grundrechte, Rdn. 558.
165 BVerfG, Beschluss vom 24. März 1998 – 1 BvR 131 – 96, Rdn. 26 – juris.
166 BVerfG, Beschluss vom 17. September 2012 – 1 BvR 2979/10 – juris.
167 Vergl. hierzu ausführlich sogleich: **1. Teil: B.II.**
168 In diesem Sinne jedoch: *Klasen/Schaefer,* BB 2012 641, 643; *Becker,* DB 2011, 2202, 2204; *Simon/Schilling,* BB 2011, 2421, 2422.

recht der Meinungsfreiheit unterfällt. Übergibt ein Arbeitnehmer im Rahmen eines staatsanwaltschaftlichen Ermittlungsverfahren Unterlagen oder sagt er als Zeuge gegen seinen Arbeitgeber aus, so ist dieses Verhalten nach Auffassung des Bundesverfassungsgericht durch Art. 2 Abs. 1 GG i.V.m. dem Rechtsstaatsprinzip geschützt[169]. Bei der – nicht wissentlich unwahren oder leichtfertig falschen – Wahrnehmung und Erfüllung von staatsbürgerlichen Pflichten kann sich der Arbeitnehmer daher auf den Schutz von Art. 2 Abs. 1 GG i.V.m. dem Rechtsstaatsprinzip berufen[170].

Ebenfalls vom Schutzbereich erfasst ist der Arbeitnehmer, der durch eigene Initiative, etwa durch das Stellen einer Strafanzeige, die Rechtsverfolgung einleitet[171]. Aufgrund des Gewaltmonopols des Staates ist der Bürger auf die Staatsgewalt bei der Rechtsverfolgung angewiesen. Aus der Beanspruchung des Gewaltmonopols folgt zugleich jedoch die Pflicht des Staates, den Bürger, bei der gutgläubigen Inanspruchnahme der staatlichen Strafverfolgung, vor nachteiligen Auswirkungen zu schützen[172]. Die Erstattung einer Strafanzeige ist somit eine von der Rechtsordnung eingeräumte grundrechtliche Gewährleistung[173]. Die – nicht wissentlich unwahre oder leichtfertig falsche – Strafanzeige eines Bürgers liegt zugleich im allgemeinen Interesse an der Erhaltung des Rechtsfriedens und der Aufklärung von Straftaten[174].

Der Arbeitnehmer wird somit nicht nur im Rahmen seiner staatsbürgerlichen Pflicht von Art. 2 Abs. 1 GG i.V.m. dem Rechtsstaatsprinzip geschützt, sondern auch bei der Wahrnehmung von staatsbürgerlichen Rechten im Rahmen eines staatlichen Verfahrens[175].

c) Art. 17 GG

Die grundsätzliche Anwendbarkeit des Petitionsrechts ist in bestimmten Fällen des Whistleblowings anerkannt[176]. Gleichwohl gelten die Einzelheiten der Anwendung als

---

169 BVerfG, Beschluss vom 2. Juli 2001 – 1 BvR 2049/00, NZA 2001, 888.

170 BVerfG, Beschluss vom 2. Juli 2001 – 1 BvR 2049/00, Rdn. 11 – juris

171 BVerfG, Beschluss vom 2. Juli 2001 – 1 BvR 2049/00, Rdn. 20 – juris.

172 BAG, Urteil vom 3. Juli 2003 – 2 AZR 235/02, Rdn. 33 – juris.

173 BAG, Urteil vom 3. Juli 2003 – 2 AZR 235/02, Rdn. 33 – juris.

174 BVerfG, Beschluss vom 25. Februar 1987 – 1 BvR 1086/85, Rdn. 11 – juris; BVerfG, Beschluss vom 2. Juli 2001 – 1 BvR 2049/00, Rdn. 11 – juris; BAG, Urteil vom 3. Juli 2003 – 2 AZR 235/02, Rdn. 33 – juris.

175 Beispielsweise bei der freiwilligen Übergabe von Unterlagen im Rahmen eines Ermittlungsverfahrens, vergl.: BVerfG, Beschluss vom 2. Juli 2001 – 1 BvR 2049/00, Rdn. 20 – juris

176 Konkret einschlägig: BAG, Urteil vom 18. Juni 1970 – 2 AZR 369/69 – juris; BAG, Urteil vom 14. Dezember 1972 – 2 AZR 115/72 – juris; LAG Düsseldorf, Urteil vom 21. Februar 1974 – 7 Sa 122/73, DB 1974, 2164; Einschlägigkeit nicht erörtert: BVerfG, Beschluss vom 2. Juli 2001 – 1 BvR 2049/00 – juris; Anwendbarkeit im konkreten Fall ausdrücklich offengelassen: BAG, Urteil vom 3. Juli 2003 – 2 AZR 235/02, Rdn. 34 – juris; vergl. auch: MünchAnwHdbArbR/*Reinfeld* § 30, Rdn. 39

gegenwärtig noch ungeklärt[177]. Von vornherein ist diese grundrechtliche Gewährleistung wiederum nur für einen begrenzten Anwendungsbereich des Whistleblowings bedeutsam. Art. 17 GG garantiert dem Grundrechtsträger sich mit Bitten oder Beschwerden an die *„zuständigen Stellen"* zu wenden. Wie die zuvor beschriebene grundrechtliche Gewährleistung[178], kommt das Grundrecht daher beispielsweise bei der Erstattung einer Strafanzeige bei der Polizei oder der Staatsanwaltschaft in Betracht. Zuständige Stelle in diesem Sinne sind nicht nur die Polizei oder die Staatsanwaltschaft, sondern sämtliche Behörden und öffentlich-rechtliche Einrichtungen, die im konkreten Fall Abhilfe versprechen[179]. So stellt das Bundesarbeitsgericht explizit heraus, dass ein Arbeitnehmer, dem die Verantwortung für die Sicherheit von betrieblichen Einrichtungen übertragen ist und der Bedenken geht den sicheren Zustand solcher Einrichtungen hegt, das Recht hat, diese Bedenken *„bei allen zuständigen Stellen"* geltend zu machen[180]. Der Arbeitnehmer ist somit in der Auswahl der zuständigen öffentlichen Stelle nicht beschränkt. Kontaktiert der Whistleblower demgegenüber die Presse, so ist dieses Verhalten nicht von Art. 17 GG geschützt.

Weist beispielsweise ein Schlachterbetrieb hygienische Missstände auf, ist eine Kontaktaufnahme mit dem Gesundheitsamt naheliegend. Möchte ein Arbeitnehmer Verstöße gegen Arbeitszeitvorschriften geltend machen, so wird er sich in aller Regel an das Gewerbeaufsichtsamt bzw. das Amt für Arbeitsschutz als *zuständige Stelle* wenden[181]. Vom Schutzbereich des Art. 17 GG wäre jedoch auch eine direkte Anzeige bei der Staatsanwaltschaft umfasst. Je nach Ausmaß der Verstöße gegen das ArbZG erfordert das Gesetz sogar eine solche Vorgehensweise[182].

Nach einer Ansicht in der Literatur sei das Petitionsgrundrechts aus Art. 17 GG *„als vorrangig betroffenes Grundrecht auf Arbeitnehmerseite"* zu berücksichtigen[183]. Nur sofern beispielsweise aufgrund fehlender Schriftlichkeit der Petition der grundrechtliche Schutzbereich nicht eröffnet sei, komme ein Rückgriff auf subsidiäre Grundrechte in Betracht[184]. Dies kann nicht überzeugen.

Denn der Schutzbereich ist nur nicht auf schriftliche Petitionen begrenzt, zugleich umfasst er nicht anonym eingereichte Petitionen[185]. Unterstellt der Petent sei dem Whistleblower im arbeitsrechtlichen Sinne vergleichbar, so ist in vielen

---

177 Vergl.: *Deiseroth,* Ausschussdrucksache 17(11)783, S. 41, 46.

178 S.o.: **A.II.2.b).**

179 Beck-OK-GG/*Brocker* Art. 17, Rdn. 17.

180 BAG, Urteil vom 14. Dezember 1972 – 2 AZR 115/72, Leitsatz – juris. Auch ohne die ausdrückliche Nennung des Art. 17 GG hält das BAG dieses Grundrecht vorliegend für einschlägig. A.A offenbar: *Berthold,* S. 14, 62, Fn. 176.

181 Dies sind die nach § 17 ArbZG zuständigen Aufsichtsbehörden.

182 Vergl. § 23 ArbZG.

183 *Becker,* S. 55.

184 *Becker,* S. 55.

185 Ganz H.M: Dreier/*Bauer* Art. 17, Rdn. 35; Maunz/Dürig/*Klein* Art 17, Rdn. 62; Sachs/*Pagenkopf* Art. 17, Rdn. 9; von Munch/Kunig/*Uerpmann-Wittzack* Art. 17, Rdn. 13.

Konstellationen des internen und externen Whistleblowings das Grundrecht aus Art. 17 GG nicht einschlägig. Denn in der Praxis ist sowohl das anonyme als auch formlose externe und interne Whistleblowing verbreitet. Hat der Whistleblower eine anonyme Anzeige erstattet und wird seine Identität etwa aufgrund der Eigenart der Informationen enttarnt, so könnte er sich bei einer gegen ihn gerichteten arbeitsrechtlichen Sanktionsmaßnahme nicht auf das vermeintlich vordergründig zu beachtende Grundrecht berufen. Nicht zu verkennen ist zudem, dass es dogmatisch zweifelhaft erscheint, das vorbehaltslose Grundrecht aus Art. 17 GG mit einem Hinweis auf die Loyalitätspflicht des Arbeitnehmers einzuschränken. Denn ein schrankenloses Grundrecht unterliegt nur verfassungsimmanenten Schranken. Bei einer grundsätzlichen Zuordnung des Whistleblowings zu dem Schutzbereich des Art. 5 Abs. 1 GG, bestehen diese dogmatischen Bedenken nicht[186]. In den genannten Konstellationen, in denen auch Art. 17 GG einschlägig ist, wird ein Schutz des Whistleblowers bereits durch das *konstitutive* Grundrecht der Meinungsfreiheit verwirklicht. Die Wertungen des – vorbehaltlosen – Grundrechtes aus Art. 17 GG müssen bei einer Gesamtwürdigung daher hinreichend beachtet werden und führen somit zu einer weiteren Verstärkung des Schutzes von Meinungsäußerungen der Whistleblower. Eine Ausrichtung des Schutzmaßstabes an diesem – nur bedingt anwendbaren – Grundrecht ist allerdings nicht vorzunehmen.

Eigenständige Relevanz erlangt dieses Grundrecht aber dann, sofern ein Arbeitgeber einer staatlichen Kontrollinstanz unterliegt. Unabhängig von der Existenz einer staatlichen Aufsicht sind namentlich die Beschäftigten, der Lebensmittelbranche oder des Gesundheitswesen[187], weiterhin zur individuellen Beschwerde berechtigt. Denn nach Art. 17 GG steht jedermann das Recht zu, sich *einzeln* an die zuständigen Stellen zu wenden[188]. Ein generalisierender Ausschluss dieses Individualanspruchs aus Art. 17 GG, bei gleichzeitiger Existenz einer staatlichen Aufsicht, ist schon im Hinblick auf die Wortlautgrenze nicht überzeugend[189].

---

186 Vergl. unten: **1. Teil: A.II.4.** Nach Art. 5 Abs. 2 GG wird die Meinungsfreiheit durch die gesetzlichen Bestimmungen zum Schutze der Jugend, dem Recht der persönlichen Ehre und durch die allgemeinen Gesetze beschränkt. Zu den allgemeinen Gesetzen zählen auch die § 241 Abs. 2 und § 242 BGB und damit auch die aus dieser Norm abgeleitete Loyalitätspflicht des Arbeitnehmers.

187 Im noch ausführlich zu erörternden Fall der Altenpflegerin Brigitte Heinisch unterstand das Pflegeheim der Kontrolle des medizinischen Dienstes der Krankenkassen. Vergl. zu diesem Aspekt insbesondere: **1. Teil: D.IV.2.bb), D.V.4.d)dd)(1).**

188 Weitere Einzelheiten zu der Problematik von individuellem Anzeigerecht bei gleichzeitiger Existenz einer staatlichen Aufsicht werden im Rahmen der Besprechung des Fall der Altenpflegerin Brigitte Heinisch dargestellt, vergl.: **1. Teil: D.IV.2.bb).**

189 Zu den Auswirkungen der Existenz einer staatlichen Kontrollinstanz auf die Berechtigung zum externen Whistleblowing, vergl. ebenso: **1. Teil: D.IV.2.bb).**

3. *Das grundrechtlich geschützte Interesse des Arbeitgebers*

Hergenröder[190] bezeichnet das einheitliche Grundrecht[191] der Berufsfreiheit als die zentrale Grundsatznorm für das Arbeits- und Wirtschaftsleben. Auch im Rahmen des Whistleblowings ist das zentrale Interesse des Arbeitgebers durch diese grundrechtliche Gewährleistung geschützt. Art 12 GG schützt das Interesse des Arbeitgebers, *„nur mit solchen Arbeitnehmern zusammenzuarbeiten, die die Ziele des Unternehmens fördern und das Unternehmen vor Schäden bewahren"*[192]. Als Ausprägung der grundrechtlichen Gewährleistungen kann der Arbeitgeber von seinen Beschäftigten daher die Einhaltung eines gewissen Maßes an Rücksicht auf seine Interessen verlangen[193]. Die Loyalitätspflicht kann somit auch als spezifischer Ausdruck der Schadensabwehrpflicht betrachtet werden. Der Arbeitgeber hat ein essentielles Interesse daran, dass innerbetriebliche Vorgänge nicht öffentlich werden. Es ist nicht zu leugnen, dass die Informationsweitergabe über vermeintliche oder tatsächlich bestehende betriebliche Missstände an die Öffentlichkeit, Schäden von existenzieller Bedeutung verursachen kann[194]. Die Pflicht zur Loyalität des Arbeitnehmers wurzelt somit in grundrechtlich geschützten Interessen des Arbeitgebers.

Vor diesem Hintergrund ist auch zu beachten, dass ein Offenbaren von Geschäfts- oder Betriebsgeheimnisse nach § 17 UWG mit einer Freiheitsstrafe von bis zu drei bzw. fünf Jahren[195] sanktioniert werden kann[196]. Weitere spezielle Verschwiegenheitsverpflichtungen bestehen in besonderen Konstellationen, so etwa wenn dem Arbeitnehmer aufgrund seiner Stellung als Betriebsratsmitglied ein Betriebsgeheimnis offenbart wird, § 79 Abs. 1 BetrVG. Auch die § 24 Abs. 2 ArbNErfG und § 5 S. 2 BDSG enthalten, für bestimmte Konstellationen, weitere Geheimhaltungsvorschriften.

4. *Abwägung unter Beachtung der Schranken-Dogmatik*

Festzuhalten ist somit zunächst, dass bei der Prüfung, ob durch das Whistleblowing die arbeitsvertragliche Rücksichtnahmepflicht verletzt wurde und somit ein kündigungsrelevantes Verhalten vorliegt, primär die grundrechtlichen Gewährleistungen des Art. 5 Abs. 1 S. 1 und Art 12 Abs. 1 GG zu beachten sind.

---

190 H/W/K/*Hergenröder* Art. 12 GG, Rdn. 1

191 Vergl. zum einheitlichen Schutzbereich des Art. 12 Abs. 1 GG: BVerfG, Urteil vom 11. Juni 1958 – 1 BvR 596/56 – *Apothekenurteil*; Maunz/Dürig/*Scholz* Art 12, Rdn. 22 ff.

192 BAG, Urteil vom 3. Juli 2003 – 2 AZR 235/02, Rdn. 36 – juris.

193 BAG, Urteil vom 3. Juli 2003 – 2 AZR 235/02, Rdn. 31 – juris.

194 *Bundesvereinigung der Deutschen Arbeitgeberverbände*, Ausschussdrucksache 17(11)783, S. 17, 18; BAG, Urteil vom 3. Juli 2003 – 2 AZR 235/02, Rdn. 36 – juris.

195 § 17 Abs. 4 UWG (besonders schwerer Fall).

196 Vergl. auch BAG, Urteil vom 3. Juli 2003 – 2 AZR 235/05, Rdn. 36 – juris.

Die häufig anzutreffende Darstellung[197], dass nun schlicht die Meinungsfreiheit des Arbeitnehmers mit der Berufsfreiheit des Arbeitgebers abgewogen werde, ist unzutreffend. Sie verkürzt den Abwägungsvorgang unzulässig. Die Abwägung von widerstreitenden grundrechtlichen Interessen erfordert die Beachtung der allgemeinen Schranken-Dogmatik.

In fast allen denkbaren Fallkonstellationen kann sich der Hinweisgeber auf den Schutz von Art. 5 Abs. 1 S. 1 GG berufen[198]. Das Grundrecht der Meinungsfreiheit unterliegt jedoch einem qualifizierten Gesetzesvorbehalt. Nach Art. 5 Abs. 2 GG wird die Meinungsfreiheit durch die gesetzlichen Bestimmungen zum Schutze der Jugend, dem Recht der persönlichen Ehre und durch die allgemeinen Gesetze beschränkt.

Zu den allgemeinen Gesetzen zählen auch die § 241 Abs. 2 und § 242 BGB und somit ebenso die aus dieser Norm abgeleitete Loyalitätspflicht des Arbeitnehmers[199]. Diese Pflicht zur (gegenseitigen) Rücksichtnahme bildet somit eine Schranke im Sinne des Art. 5 Abs. 2 GG[200]. Aufgrund der Wechselwirkungslehre muss die schrankensetzende Regelung ihrerseits wiederum *„im Lichte“*[201] der Meinungsfreiheit einschränkend ausgelegt werden[202]. Erst auf dieser letzten Stufe können die konfligierenden Grundrechtsinteressen gegeneinander abgewogen werden. Dies erfolgt durch eine Auslegung der zivilrechtlichen Generalklausel unter Beachtung der Wechselwirkungslehre und der sonstigen grundrechtlichen Interessen. Bei der Abwägung ist das Prinzip der praktischen Konkordanz zu wahren[203]. Die Loyalitätspflicht ist so auszuformen, dass die geschützten Rechtspositionen für alle Beteiligten möglichst weitgehend wirksam werden[204].

---

197 Eine solche Vorgehensweise deutet sich beispielsweise bei *Simon/Schilling* an, vergl.: *Simon/Schilling*, BB 2011, 2421, 2422. Auch einige Passagen aus Urteilen zum Whistleblowing legen diesen Schluss nahe, vergl. etwa: LAG Köln, Urteil vom 5. Juli 2012 – 6 Sa 71/12, Rdn. 17 – juris. Zutreffend demgegenüber bspw.: *Deiseroth*, Ausschussdrucksache 17(11)783, S. 41, 43 ff.

198 Zu den Ausnahmen s.o.: **1. Teil: A.II.2.b), A.II.2.c)**.

199 BAG, Urteil vom 12. Januar 2006 – 2 AZR 21/05, Rdn. 49 – juris; *Deiseroth* Ausschussdrucksache 17(11)783, S. 41, 45; ebenso: *Berthold*, S. 60.

200 ErfK/*Schmidt* Art. 5 GG, Rdn. 32 f.; Schaub/*Linck* § 3, Rdn. 28.

201 BVerfG, Beschluss vom 9. November 2011 – 1 BvR 461/08, Rdn. 20 – juris.

202 BAG, Urteil vom 12. Juni 2006 – 2 AZR 21/05, Rdn. 49 – juris.

203 BAG, Urteil vom 3. Juli 2003 – 2 AZR 235/02, Rdn. 31 – juris; verl. auch: BAG, Urteil vom 26. Juni 2006 – 7 AZR 495/05, Rdn. 28 – juris; BAG, Urteil vom 24. Februar 2011 – 2 AZR 636/09, Rdn. 23 – juris. Zum Prinzip der praktischen Konkordanz vergl.: BVerfG, Beschluss vom 19. Oktober 1993 – 1 BvR 567/89 – juris; BVerfG, Beschluss vom 27. Januar 1998 – 1 BvL 15/87 – juris; BVerfG, Beschluss vom 6. Oktober 2009 – 2 BvR 693/09 – juris, Stern/Becker/*Stern* Einl., Rdn. 127.

204 BAG, Urteil vom 3. Juli 2003 – 2 AZR 235/02, Rdn. 31 – juris.

5. *Der Abwägungsvorgang in der Rechtsprechung*

Die Konkretisierung der Rücksichtnahmepflicht, unter Beachtung des grundrechtlichen Rahmens, hat in der Rechtsprechung zu einer zweistufigen Prüfung geführt, nach der eine Vielzahl von Kriterien zu beachten ist[205]. Zunächst dürfe der Arbeitnehmer nicht *wissentlich unwahre oder leichtfertig falsche* Angaben machen[206]. Dieses Kriterium hatte das Bundesverfassungsgericht vorgegebenen[207]. Die Arbeitsgerichte leiten aus der Ausgestaltung der Rücksichtnahmepflicht durch die konfligierenden Grundrechtsinteressen jedoch noch einen weiteren Prüfungsschritt ab. Das Whistleblowing dürfe zudem nicht als *„unverhältnismäßige Reaktion"*[208] auf ein Verhalten des Arbeitgebers zu qualifizieren sein. Indizien hierfür können sein, die Berechtigung der Anzeige sowie die Motivation des Anzeigenden oder ein fehlender innerbetrieblicher Hinweis[209]. Bevor jedoch auf die einzelnen Abwägungsfaktoren eingegangen werden kann, bedarf es, nach der Darstellung der Grundlagen der Loyalitätspflicht, einer kritischen Würdigung der einzelnen Bestandteile der vorangestellten Definition des Whistleblowings.

6. *Abschließende Definition*

Zu Beginn wurde folgende Definition des arbeitsrechtlichen Whistleblowings vorgestellt: Im arbeitsrechtlichen Sinne ist ein Whistleblower ein Arbeitnehmer, der organisationsintern auftretende gesetzeswidrige Vorkommnisse oder sonstige unethische Missstände einem Dritten gegenüber offenbart. Nachfolgend werden die verschiedenen Bestandteile der Definition konkretisiert und so zugleich der Untersuchungsgegenstand eingegrenzt.

a) Arbeitnehmer

In der Regel wird es ein *echter* Arbeitnehmer sein, der einen betrieblichen Missstand offenbart[210]. Trotz der Zunahme moderner bzw. prekärer Beschäftigungsverhältnisse ist die Beschäftigung im traditionellen Arbeitsverhältnis noch immer

---

205 Ständige Rechtsprechung seit: BAG, Urteil vom 3. Juli 2003 – 2 AZR 235/02 – juris; nachfolgend: LAG Berlin, Urteil vom 28. März 2006 – 7 Sa 1884/05, Rdn. 43 – juris; LAG Köln, Urteil vom 2. Februar 2012 – 6 Sa 304/11, Rdn. 25 – juris; LAG Köln, Urteil vom 5. Juli 2012 – 6 Sa 71/12, Rdn. 16 – juris.

206 BAG, Urteil vom 3. Juli 2003 – 2 AZR 235/02, Rdn. 27 – juris.

207 BVerfG, Beschluss vom 2. Juli 2001 – 1 BVR 2049/00, Rdn. 11, 20 – juris; BAG, Urteil vom 3. Juli 2003 – 2 AZR 235/02, Orientierungssatz 1, Rdn. 26 ff. – juris; LAG Köln, Urteil vom 2. Februar 2012 – 6 Sa 304/11, Rdn. 25 – juris; LAG Köln, Urteil vom 5. Juli 2012 – 6 Sa 71/12, Rdn. 16 – juris.

208 BAG, Urteil vom 3. Juli 2003 – 2 AZR 235/02, Rdn. 38 – juris.

209 BAG, Urteil vom 3. Juli 2003 – 2 AZR 235/02, Rdn. 38 – juris.

210 In sämtlichen in dieser Arbeit besprochenen Urteilen bereitet die Feststellung der Arbeitnehmereigenschaft keine Schwierigkeiten.

die am weitesten verbreitete Beschäftigungsform in der Arbeitswelt[211]. In einer Whistleblowing-Konstellation ist die Problematik der Bestimmung des Arbeitsnehmerbegriffes nicht virulent[212]. Ausreichend ist insoweit die Anwendung des auf *Hueck*[213] zurückgehenden klassischen Arbeitnehmerbegriffes, der auch von der herrschenden Lehre und der Rechtsprechung verwendet wird: Danach ist Arbeitnehmer, wer aufgrund eines privatrechtlichen Vertrages zur Arbeit im Dienste eines anderen verpflichtet ist[214].

Arbeitnehmerähnliche Personen sind keine Arbeitnehmer, da sie wirtschaftlich, aber nicht persönlich abhängig sind[215]. Primäre Rechtsfolge der Einordnung als arbeitnehmerähnliche Person ist, dass arbeitsrechtliche Vorschriften grundsätzlich nicht anzuwenden sind[216]. Insbesondere das KSchG[217] und das allgemeinen Maßregelungsverbots[218] sind auf diese Personengruppen nicht anzuwenden. Unter der Prämisse den Kündigungsschutz und sowie weitere arbeitsrechtliche Fragestellungen des Whistleblowings zu untersuchen, sind arbeitnehmerähnliche Personen dementsprechend nicht vom Anwendungsbereich der Definition umfasst und bleiben in der Untersuchung außen vor[219]. Auch Beamte sind keine Arbeitnehmer, so dass für diese Berufsgruppe dasselbe gilt. Obgleich existieren hinsichtlich des Whistleblowings für Beamte gesetzlich geregelte Sonderbestimmungen, auf die an gegebener Stelle näher einzugehen ist[220].

Leiharbeitnehmer sind unzweifelhaft Arbeitnehmer. Dennoch erfordert die rechtliche Konstruktion der Arbeitnehmerüberlassung eine nähere Betrachtung des Whistleblowings in der Leiharbeit.

---

211 Allgemein zur Zunahme atypischer Beschäftigungsverhältnisse: *Giesen*, NZS 2010, 473.

212 Ausführlich zum Arbeitnehmerbegriff: A/P/S/*Preis* Grundlagen C, Rdn. 1 ff.

213 Hueck/Nipperdey, Bd. I, S. 33.

214 BAG, Urteil vom 20. Januar 2010 – 5 AZR 99/09, Rdn. 13 – juris (mit dem Zusatz: *„weisungsgebundener, fremdbestimmter Arbeit in persönlicher Abhängigkeit“*); BAG, Urteil vom 27. Juni 1984 – 5 AZR 567/82, Rdn. 13 – juris; ErfK/*Preis* § 611 BGB, Rdn. 35. m.w.N. und kritischer Anmerkung.

215 ErfK/*Preis* § 611 BGB, Rdn. 110 ff.

216 ErfK/*Preis* § 611 BGB, Rdn. 113 ff. Vergl. zur gesetzlich vorgesehenen Anwendung bestimmter arbeitsrechtlicher Schutzvorschriften auf arbeitnehmerähnliche Personen: Küttner/*Röller* Arbeitnehmerähnliche Personen, Rdn. 11.

217 A/P/S/*Preis* Grundlagen C, Rdn. 65. Auch die Kündigungsfristen des § 622 BGB sind für die arbeitnehmerähnlichen Personen nicht einschlägig, vergl.: BAG, Urteil vom 8. Mai 2007 – 9 AZR 777/06, AP Nr. 15 zu § 611 BGB Arbeitnehmerähnlichkeit.

218 BAG, Urteil vom 14. Dezember 2004 – 9 AZR 23/04, NZA 2005, 637.

219 Vergl. zur Frage, ob arbeitnehmerähnliche Personen dennoch im Rahmen einer gesetzlichen Bestimmung in den Schutz einbezogen werden sollten: **3. Teil: B.II.2.d).**

220 Vergl. insbesondere: **1. Teil: C.III.1.b)bb)(2).**

aa) Whistleblowing in der Leiharbeit

(1) Rechtliche Konstruktion der Arbeitnehmerüberlassung

Bei der Dreieckskonstruktion der Arbeitnehmerüberlassung steht ein Leiharbeitnehmer grundsätzlich nur in einem Arbeitsverhältnis zu dem Verleiher. Die Theorie eines Doppelarbeitsverhältnisses wird angesichts der gesetzlichen Konstruktion heute nicht mehr vertreten[221]. Dies verdeutlicht § 10 Abs. 1 AÜG. Denn ein Arbeitsverhältnis zu dem Entleiher wird nur bei einer unwirksamen Arbeitnehmerüberlassung nach § 10 Abs. 1 AÜG fingiert. Auch § 14 Abs. 1 AÜG stellt klar, dass Leiharbeitnehmer auch während der Zeit ihrer Arbeitsleistung bei einem Entleiher Angehörige des Betriebs des Verleihers bleiben.

Dieser Konstruktion ist jedoch die Problematik immanent, dass Leiharbeitnehmer regelmäßig mit Missständen konfrontiert werden, die nicht dem Bereich ihres Vertragsarbeitgebers zuzuordnen sind.

Denn der Leiharbeitnehmer verrichtet seine Tätigkeit gerade nicht bei dem Vertragsarbeitgeber, sondern in der betrieblichen Organisation des Entleihers. Der Leiharbeitnehmer wird den Betrieb des Verleihers regelmäßig nur zur Wahrnehmung von Verwaltungsangelegenheiten aufsuchen. Mit Missständen im Verleiherbetrieb wird der Leiharbeitnehmer daher nur höchst selten konfrontiert werden, etwa bei der Wahrnehmung dieser Angelegenheiten. Denkbar ist zudem, dass Konfliktsituationen im Rahmen von Betriebsratswahlen auftreten. Prangert der Leiharbeitnehmer einen Missstand aus dieser Sphäre des Verleihers an, so bestehen keine Besonderheiten.

Problematisch ist einzig die zuvor genannte und praktisch zugleich wesentlich relevantere Konstellation, wenn der Leiharbeitnehmer mit einem Missstand im Entleiherbetrieb konfrontiert wird.

Da ein Arbeitsverhältnis des Leiharbeitnehmers grundsätzlich nur zum Verleiher besteht, offenbart in dieser Situation ein Arbeitnehmer Missstände über einen Betrieb, zu dessen Inhaber er in keiner originären arbeitsvertraglichen Beziehung steht. Es stellt sich mithin die Frage, ob dem Leiharbeitnehmer dennoch derselbe Schutzmaßstab zugestanden werden kann, den der Beschäftigte im *traditionellen* Arbeitsverhältnis erfährt.

In Anbetracht des Umstandes, dass der Leiharbeitnehmer mit Missständen regelmäßig einzig im Entleiherbetrieb konfrontiert werden wird, erscheint es angemessen, den Leiharbeitnehmer bei der Offenbarung eines betrieblichen Missstandes im selben Maße zu schützen wie ein Stammarbeitnehmer. Zudem scheint dies auch aus Gleichberechtigungserwägungen angezeigt[222]. Ein sachlicher Grund, der es rechtfertigt, den Leiharbeitnehmern bei der Offenbarung eines Missstandes im Einsatzbetrieb schlechter zu stellen als den Stammarbeiternehmer, ist nicht ersichtlich[223].

---

221 Thüsing/*Thüsing* AÜG, Einführung, Rdn. 37.

222 Vergl. Art. 5 Abs. 1 der Leiharbeitsrichtlinie Richtlinie: RL 2008/104/EG.

223 *Forst* bezweifelt in EuZA 2013, 37, 64, dass das Gleichbehandlungsgebot im Falle des Whistleblowings anzuwenden sei.

Zunächst ist jedoch zu klären, ob gegen eine solche Übertragung des Schutzmaßstabes dogmatische Bedenken zu erheben sind.

(2) Zulässigkeit und Notwendigkeit der Übertragung des Schutzmaßstabes

(a) Zulässigkeit der Übertragung des Schutzmaßstabes

Die dogmatische Konstruktion der Arbeitnehmerüberlassung steht einer unterschiedslosen Behandlung des hinweisgebenden Leiharbeitnehmers im Vergleich zum *klassischen* Arbeitnehmer im Einsatzbetrieb nicht entgegen. Ungeachtet der originären arbeitsvertraglichen Zuordnung zum Verleiher stellte das Bundesarbeitsgericht schon früh die Ambivalenz der Arbeitgeberstellung heraus. Bereits in einem Beschluss aus dem Jahre 1974 stellte es fest, dass *„auch der Arbeitgeber des Entleiherbetriebes gegenüber den auf Zeit beschäftigten Leiharbeitnehmern in verschiedener Hinsicht eine zumindest faktische Arbeitgeberstellung"* innehabe[224]. Die Grundsätze der privilegierten Haftung des Arbeitnehmers[225] für schuldhafte Schädigungen der Betriebsmittel des Arbeitgebers gelten ebenso im Verhältnis Leiharbeitnehmer und Entleiher. Diese Grundsätze können auch mit der Fürsorgepflicht des Arbeitgebers gegenüber seinen Arbeitnehmern begründet werden können[226].

Allgemein anerkannt ist ferner, dass der Entleiher Weisungsbefugnisse gegenüber dem Leiharbeitnehmer ausübt. Die Ausübung des arbeitsbezogenen Weisungsrechts durch den Entleiher gegenüber dem Leiharbeitnehmer ist ein konstitutives Merkmal der Arbeitnehmerüberlassung und dient zugleich zur Abgrenzung von sonstigen Formen des drittbezogenen Personaleinsatzes[227]. Zudem finden sich gesetzliche Regelungen, in denen Leiharbeitnehmer den Stammarbeitnehmern des Entleihers gleichgestellt werden. So ist nach § 14 Abs. 3 AÜG der Betriebsrat bei der Übernahme eines Leiharbeitnehmers ebenso nach § 99 BetrVG zu beteiligen und nach § 7 S. 2 BetrVG sind die Leiharbeitnehmer im Entleiherbetrieb aktiv wahlberechtigt. Die *Zählurteile* des Bundesarbeitsgerichts aus jüngerer Zeit haben die Annäherung fortgesetzt und verdeutlichen, dass die Gleichstellung der Leiharbeitnehmer mit den Beschäftigten, die auch arbeitsvertraglich dem Entleiher zugeordnet sind, maßgeblich vom Sinn und Zweck der jeweiligen Norm abhängig ist. So entschied das Bundesarbeitsgericht beispielsweise – unter Aufgabe seiner

---

224 BAG, Beschluss vom 14. Mai 1974 – 1 ABR 40/73, Rdn. 15 – juris.

225 Vergl. allg. zu den Grundsätzen des innerbetrieblichen Schadensausgleiches: ErfK/*Preis* § 619a BGB, Rdn. 9 ff.; BAG GS, Beschluss vom 27. September 1994 – GS 1/89 (A), NZA 1994, 1083.

226 MünchHdbArbR/*Reichold* § 51, Rdn. 30; Beck-OK-ArbR/*Hesse* § 619a BGB, Einl. Gegenwärtig gilt § 254 in Verbindung mit der Lehre des Betriebsrisikos als (unzureichende) dogmatischer Anknüpfungspunkt für die Haftungsprivilegierungen, vergl. MünchHdbArbR/*Reichold,* § 51, Rdn. 25 ff.; ErfK/*Preis* § 619a BGB, Rdn. 9 ff.; *Pallasch*, RdA 2013, 338, 339 f.

227 Schüren/Hamann/*Hamann* § 1, Rdn. 95, 153 ff.

früheren Rechtsprechung[228] – dass in der Regel im Entleiherbetrieb beschäftigte Leiharbeitnehmer bei den Schwellenwerten des § 9 S. 1 BetrVG mitzählen[229]. Der Leiharbeitnehmer ist mithin nicht ausnahmslos stets der betrieblichen Organisation des Verleihers zugeordnet. Nach § 6 Abs. 2 S. 2 AGG ist der Entleiher im Anwendungsbereich des AGG dem Verleiher als Arbeitgeber sogar gesetzlich gleichstellt. Nach allgemeiner Ansicht ist der Entleiher zudem auch als Arbeitgeber des Leiharbeitnehmer i.S.d. § 612a BGB zu betrachten[230].

Auch das HinwGebSchG beabsichtige Hinweisgeber im selben Maße zu schützen, unabhängig davon, ob sie als Leiharbeitnehmer oder Arbeitnehmer der Stammbelegschaft ihre Tätigkeit im Betrieb verrichten, § 3 Abs. 4 S. 2 HinwGebSchG[231]. Eine solche Regelung befindet sich zudem im Einklang mit anderen internationalen Regelungen[232].

Aufgrund der generell gespaltenen Ausübung der Arbeitgeberstellung in der Arbeitnehmerüberlassung und der betrieblichen Eingliederung des Leiharbeitnehmers in die Organisation des Entleihers, ist es überzeugend, dass der Leiharbeitnehmer auch zur Rücksichtnahme- und Loyalität gegenüber dem Entleiher verpflichtet ist. Die originäre arbeitsvertragliche Zuordnung des Leiharbeitnehmers zu dem Verleiher, die gleichsam vielfach durchbrochen ist, steht einer solchen Gleichstellung nicht entgegen.

Die fehlende originäre vertragliche Bindung wird durch die *faktische* Aufnahme der Tätigkeit im Organisationsbereich des Entleihers kompensiert. Bei Ablehnung einer faktisch begründeten Loyalitätspflicht, wäre die Leiharbeit kaum durchzuführen. Der Arbeitgeber müsste dann stets befürchten, dass der Leiharbeitnehmer, in Ermangelung einer Sanktionsmöglichkeit seines Verhaltens, sehr leichtfertig im Umgang mit betrieblichen Vorgängen agiert und voreilig vermeintliche Missstände extern offenbart. Bei fehlender Loyalitätsverpflichtung könnte der Leiharbeitnehmer zudem auch als Sprachrohr der Stammbelegschaft instrumentalisiert werden, um gefahrlos missbräuchliches Whistleblowing zu betreiben. Auch in der Literatur finden sich Stellungnahmen, die für die Anerkennung einer faktischen Loyalitätspflicht des Leiharbeitnehmers gegenüber dem Entleiher sprechen. So führt *Thüsing* beispielsweise aus, dass, aufgrund der Eingliederung in den Betrieb der Entleiher gegenüber dem Leiharbeitnehmer zu Schutz und Rücksichtnahme verpflichtet sei[233]. Die Rücksichtnahme- und Loyalitätsverpflichtungen sind jedoch stets korrespondierend

228 BAG, Beschluss vom 16. April 2003 – 7 ABR 53/02, NZA 2003, 1345.

229 BAG, Beschluss vom 13. März 2013 – 7 ABR 69/11, NZA 2013, 789; vergl. ferner zu § 111 BetrVG: BAG, Urteil vom 18. Oktober 2011 – 1 AZR 335/10, NZA 2012, 221.

230 Vergl. nur: A/P/S/*Linck* § 612a BGB, Rdn. 5 m.w.N.

231 Bt.-Drs. 17/8567, S. 2.

232 Vergl. bspw. in Großbritannien: Sec 43K Employments Rights Act, http://www.legislation.gov.uk/ukpga/1996/18/part/IVA#reference-c1632525 (zuletzt abgerufen am 1. November 2014).

233 Thüsing/*Thüsing* AÜG, Einführung, Rdn. 39. Vergl. des Weiteren: Schüren/Hamann/*Schüren* Einl., Rdn. 117.

und nicht einseitig[234]. Ist der Entleiher aber gegenüber dem Leiharbeitnehmer zur Rücksichtnahme verpflichtet, so muss dies zugleich auch spiegelbildlich für den Leiharbeitnehmer gelten.

Aufgrund der *faktisch* begründeten Rücksichtnahmepflicht des Leiharbeitnehmers gegenüber dem Entleiher ist der Leiharbeitnehmer ebenso wie ein Beschäftigter der Stammbelegschaft zur Rücksichtnahme auf die Interessen des Entleihers verpflichtet. Die dogmatische Konstruktion der Arbeitnehmerüberlassung steht somit einer Gleichstellung eines Leiharbeitnehmers, der einen Missstand im Entleiherbetrieb offenbart, mit einem entsprechend handelnden Mitarbeiter der Stammbelegschaft nicht entgegen. Die gespaltene Arbeitgeberstellung und die Eingliederung des Leiharbeitnehmers in den Betrieb des Entleihers rechtfertigen die Annahme einer *faktisch* begründeten Rücksichtnahmepflicht des Leiharbeitnehmers gegenüber dem Entleiher. Dabei sind keine Gründe dafür ersichtlich, die Rücksichtnahme- und Loyalitätspflicht des Leiharbeitnehmers gegenüber dem Entleiher geringfügiger einzustufen als die vertragsimmanente Rücksichtnahmepflicht des Leiharbeitnehmers gegenüber seinem Vertragsarbeitgeber oder der Beschäftigten der Stammbelegschaft gegenüber dem Entleiher. Eine Pflichtverletzung des Leiharbeitnehmers aufgrund eines Hinweises auf einen betrieblichen Missstand im Entleiherbetrieb wäre nach denselben Maßstäben zu bestimmen, die für einen entsprechenden Hinweis eines Mitgliedes der Stammbelegschaft gelten würden.

(b) Notwendigkeit des Schutzes der Leiharbeitnehmer

In der Literatur wird die Problematik des Schutzes eines Leiharbeitnehmers bei der Offenbarung eines Missstandes im Entleiherbetrieb weitgehend nicht erörtert[235]. In der Sachverständigenanhörung zu dem HinwGebSchG wurde die Erstreckung des Schutzes auf Leiharbeitnehmer ebenfalls nur am Rande hinterfragt. Eine kritische Äußerung findet sich einzig in der Stellungnahme des Handelsverbands Deutschland[236]. Danach sei eine Regelung die Leiharbeitnehmer den Beschäftigten des Entleihers gleichstelle, nicht nachzuvollziehen. Da Zeitarbeitnehmer nicht wirtschaftlich vom Entleiher abhängig seien, bestehe kein vergleichbares Schutzbedürfnis, das eine Gleichstellung mit den Beschäftigten des Entleihers rechtfertige[237]. Dieser Auffassung liegt offenbar die Annahme zugrunde, dass der Leiharbeitnehmer sich besonders offen und vehement gegen Missstände im Entleiherbetrieb einsetzen

---

234 S.o.: **1. Teil: A.I.2.**

235 Eine kurze Stellungnahme findet sich bei: *Forst*, EuZA 2013, 37, 64. Dort weist er ebenfalls auf vergleichbare europäische Regelungen hin. Auch in der Dissertation von *Neumann* findet sich eine kurze Stellungnahme hierzu: *Neumann*, S. 141.

236 Ausschussdrucksache 17(11)783, S. 106 ff.; eine solche Regelung ausdrücklich befürwortend demgegenüber: *Verband der Beschäftigten der obersten und oberen Bundesbehörden e. V.*, Ausschussdrucksache 17(11)783, S. 7, 13; *Deiseroth*, Ausschussdrucksache 17(11)783, S. 41, 49.

237 *Handelsverband Deutschland*, Ausschussdrucksache 17(11)783, S. 106, 109.

könne, da er bei einer Offenbarung eines Missstandes im Entleiherbetrieb keine arbeitsrechtlichen Konsequenz zu fürchten habe. Diese Annahme geht jedoch gänzlich fehl.

Richtig ist, dass der Entleiher gegenüber dem Leiharbeitnehmer, aufgrund der rechtlichen Konstruktion der Leiharbeit, keine unmittelbaren arbeitsrechtlichen Sanktionen aussprechen kann. Allerdings hat dies nicht zur Folge, dass der Leiharbeitnehmer bei der Offenbarung eines Missstandes im Entleiherbetrieb weniger schutzwürdig ist. Das Whistleblowing kann für den Leiharbeitnehmer erhebliche – mittelbare – wirtschaftliche Konsequenzen verursachen.

Der Verleiher ist grundsätzlich berechtigt, einen Leiharbeitnehmer abzuberufen und gegen einen anderen Leiharbeitnehmer auszutauschen[238]. Der Verleiher schuldet, vorbehaltlich besonderer vertraglicher Vereinbarungen, nur die Bereitstellung von geeigneten Arbeitnehmern *mittlerer Art und Güte,* § 243 BGB[239]. Auch ist der Entleiher berechtigt, beispielsweise bei Arbeitsmängeln des Leiharbeitnehmers, sich vom Verleiher jederzeit einen anderen Leiharbeitnehmer schicken zu lassen[240]. Offenbart ein Leiharbeitnehmer nun gegenüber dem Entleiher oder sogar externen Stellen einen betrieblichen Missstand im Einsatzbetrieb, so liegt die Annahme nicht fern, dass der Entleiher als erste Reaktion die Abberufung des Leiharbeitnehmers bewirken wird. Der abberufene Leiharbeitnehmer muss nun darauf hoffen, dass aufgrund der Beschäftigungssituation, eine Verleihung an einen anderen Entleiher möglich ist. Andernfalls droht dem Leiharbeitnehmer die betriebsbedingte Kündigung durch den Verleiher. Die Voraussetzungen einer solchen Kündigung sind, nach denen von der Rechtsprechung angewandten Grundsätzen, als gering zu bezeichnen[241].

Grenze dieses Abberufungs- und Austauschrechtes der einzelnen Leiharbeitnehmer bildet, vorbehaltlich expliziter vertraglicher Abreden, nur der Grundsatz von Treu und Glauben nach § 242 BGB[242]. Allerdings werden zur Bestimmung eines Verstoßes gegen Treu und Glauben nicht die Interessen der Leiharbeitnehmer herangezogen. Relevant sind in diesem Zusammenhang einzig die Interessen des Ver- und Entleihers. Eine Begrenzung des jederzeitigen Austausches wird aufgrund des Grundsatzes von Treu und Glauben beispielsweise dann erwogen, wenn das spezifische Anforderungsprofils der übertragenen Arbeitsaufgabe eine lange Einarbeitungszeit beim Entleiher erfordert und somit der kontinuierliche Einsatz desselben Leiharbeitnehmers notwendig ist[243]. Der Leiharbeitnehmer jedoch ist der Ausübung des Austauschrechtes schutzlos ausgeliefert.

---

238 Schüren/Hamann/*Brors* Einl., Rdn. 328; BAG, Urteil vom 20. Juni 2013 – 2 AZR 271/12, NZA 2013, 837, 839; BAG, Beschluss vom 17. Februar 2010 – 7 ABR 51/08, Rdn. 28 – juris.

239 ErfK/*Wank* § 12 AÜG, Rdn. 6, Schüren/Hamann/*Brors* Einl., Rdn. 328.

240 Schüren/Hamann/*Brors* Einl., Rdn. 486.

241 Zu den Anforderungen einer betriebsbedingten Kündigung vergl.: Schüren/Hamann/*Schüren* Einl., Rdn. 278 ff. m.w.N.

242 BAG, Urteil vom 20. Juni 2013 – 2 AZR 271/12, NZA 2013, 837, 839.

243 BAG, Urteil vom 20. Juni 2013 – 2 AZR 271/12, NZA 2013, 837, 839 m.w.N.

Hinzu kommt, dass der Leiharbeitnehmer, ganz im Sinne einer der originären Funktionen der Leiharbeit, regelmäßig auf die *„Sprungbrettfunktion"* der Leiharbeit hofft. Daher wird er tunlichst Verhaltensweisen vermeiden, die ihn, im Auge des Entleihers als illoyalen *„Querulanten"* oder *„Denunzianten"* erscheinen lassen könnten. Offenbart der Leiharbeitnehmer dennoch besonderes Engagement bei der Meldung von betriebsinternen Missständen, so wird dies die Chancen auf eine Anschlussbeschäftigung im Einsatzbetrieb in den allermeisten Fällen nicht erhöhen.

Insgesamt ist daher festzustellen, dass die Annahme fehlgeht, der Leiharbeitnehmer werde, aufgrund der fehlenden Furcht vor *unmittelbaren* arbeitsrechtlichen Maßnahmen des Entleihers, besonders offen und vehement einen betrieblichen Missstand im Einsatzbetrieb offenbaren. Im Gegenteil, der Leiharbeitnehmer wird sich in der Praxis noch mehr als der traditionell beschäftigte Arbeitnehmer mit kritischen Äußerungen zurückhalten. Denn der Leiharbeitnehmer ist den *mittelbaren* Konsequenzen, die mit einer Offenbarung regelmäßig einhergehen werden und die einer Kündigung durch den Entleiher in ihrer Wirkung gleichkommen, schutzlos ausgeliefert. Ein in den Augen des Entleihers illoyalen Leiharbeitnehmer *„loszuwerden"* ist durch Veranlassung einer Abberufung jederzeit möglich und mit weniger Unwirksamkeits- und Kostenrisiken verbunden, als die Kündigung eines Whistleblowers, der der Stammbelegschaft angehört.

Zu konstatieren ist, dass der Leiharbeitnehmer bei der Offenbarung eines betrieblichen Missstandes – mindestens – im gleichen Maß schutzwürdig ist, wie ein Whistleblower aus der Stammbelegschaft. Die dogmatisch zulässige Übertragung des Schutzmaßstabes auf den Leiharbeitnehmer ist somit angezeigt.

(3) Verwirklichung des Schutzes

Die Verwirklichung des Schutzes könnte in entsprechender Anwendung des § 6 Abs. 2 AGG erfolgen[244]. Eine solche analoge Anwendung oder sogar eine ausdrückliche gesetzliche Regelung, wie beispielsweise § 3 Abs. 4 S. 2 HinwGebSchG[245], sind jedoch nicht zwingend erforderlich[246]. Die vorangestellte Definition des Arbeitnehmers umfasst auch den einzelnen Leiharbeitnehmer, der einen Missstand im Entleiherbetrieb offenbart. Der Unterschied besteht lediglich darin, dass der Leiharbeitnehmer nicht aufgrund einer vertragsimmanenten Pflicht zur Rücksichtnahme gewissen Grenzen bei einem Hinweis auf einen Missstand im Entleiherbetrieb unterliegt, sondern dass der Leiharbeitnehmer aufgrund einer faktisch begründeten Rücksichtnahmepflicht bei einem Hinweis die Interessen des Entleihers berücksichtigen muss. Ob der konkrete Hinweis auf einen Missstand aber eine Verletzung der Rücksichtnahmepflicht darstellt, bestimmt sich nach denselben Maßstäben, die für

---

244 In diesem Sinne: *Forst,* EuZA 2013, 37, 64.

245 Bt.-Drs. 17/8567, S. 2.

246 Vergl. zu der vorgenommenen Klarstellung in dem gesetzlichen Regelungsvorschlag: **3. Teil: B.II.d)aa).**

einen entsprechenden Hinweis eines Beschäftigten der Stammbelegschaft gelten würden.

Eine verhaltensbedingte Kündigung des Verleihers gegenüber dem Leiharbeitnehmer aufgrund eines Hinweises auf einen Missstand im Entleiherbetrieb ist somit nach denselben Maßstäben möglich, die für eine entsprechende Kündigung des Entleihers gegenüber einem Stammarbeitnehmer gelten. Ebenso wie der Leiharbeitnehmer durch die Anwendung der korrespondierenden Rücksichtnahmepflichten auch gegenüber dem Entleiher in gewisser Weise geschützt wird – der Schutz wird durch § 612a BGB gewährleistet[247] – so muss es möglich sein, eine Pflichtverletzung der Rücksichtnahmepflicht gegenüber dem Entleiher zu sanktionieren. Da der Entleiher aber nur die Abberufung des Leiharbeitnehmers bewirken kann, bleibt es dem Vertragsarbeitgeber benommen, eine Kündigung des Beschäftigungsverhältnisses aufgrund der Verletzung der Rücksichtnahmepflicht auszusprechen, die in dem Hinweis auf Missstände im Entleiherbetrieb begründet ist. Der Umstand, dass die Kündigung des Verleihers somit auf eine Pflichtverletzung gegenüber dem Entleiher gestützt wird, ist unproblematisch. Es ist allgemein anerkannt, dass eine verhaltensbedingte Kündigung des Leiharbeitnehmers nicht nur auf Pflichtverletzungen gegenüber dem Verleiher, sondern auch auf solche gegenüber dem Entleiher gestützt werden kann[248].

(4) Weitergehender Schutz für Leiharbeitnehmer?

Die Problematik der jederzeitigen Abberufungsmöglichkeit des Leiharbeitnehmers und die hieraus resultierende Gefahr der betriebsbedingten Kündigung besteht jedoch auch bei einer Einbeziehung der Leiharbeitnehmer in den Anwendungsbereich des Whistleblowings fort. Es fragt sich somit, ob nicht aufgrund dieser Schutzlosigkeit weitergehende Schutzmaßnahmen erforderlich sind. Denkbare wäre es, in der nach einem Whistleblowing erfolgten Abberufung des Leiharbeitnehmers eine Benachteiligung im Sinne von § 612a BGB zu erblicken. Dies ist allerdings abzulehnen.

Denn zum einen ist diese Schutzlosigkeit der Dreieckskonstruktion und somit dem Wesen der Leiharbeit immanent. Aus Arbeitgebersicht ist es gerade die im Vergleich zum traditionellen Arbeitsverhältnis gesteigerte Flexibilität, die neben der Tarifdispositivität des Equal-Pay Grundsatzes, die die Attraktivität der Arbeitnehmerüberlassung ausmachen[249]. Diese Privilegierungen sind gesetzlich gewollt und insofern anzuerkennen[250].

---

247 Nach allgemeiner Ansicht ist auch der Entleiher Arbeitgeber i.S.d. § 612a BGB, vergl. nur: A/P/S/*Linck* § 612a BGB, Rdn. 5 m.w.N.

248 Vergl. nur: ErfK/*Wank* Einl. AÜG, Rdn. 27; Schüren/Hamann/*Schüren* Einl., Rdn. 289.

249 Bt.-Drs. 15/25, S. 24.

250 Auch im Rahmen der fortwährenden Bestrebungen, durch gesetzliche Korrekturen Auswüchse und missbräuchlichen Konstruktionen der Leiharbeit zu bekämpfen, wird die rechtliche Dreieckskonstruktion der Leiharbeit nicht grundsätzlich in Frage gestellt. Vergl. zu den jüngsten Reformierungsankündigungen Seite 69 des Koalitionsvertrag zur 18. Legislaturperiode der CDU/CSU/SPD Koalition

Zudem ist nicht zu verkennen ist, dass auch ein Mitarbeiter der Stammbelegschaft einer betriebsbedingten Kündigung in gewisser Weise ebenso schutzlos ausgeliefert ist[251]. Der Leiharbeitnehmer ist den Auswirkungen von wirtschaftlichen Faktoren nicht in jedem Fall härter, sondern nur aus einem anderen Wirkungskreis – dem des Verleihers – ausgesetzt. Die *faktisch* begründete Rücksichtnahmeverpflichtung des Leiharbeitnehmers gegenüber dem Entleiher ist keine Loyalität *„zweiter Klasse"*; sie darf zugleich aber auch nicht zu einer Besserstellung des Leiharbeitnehmers führen. Eine solche Besserstellung würde aber dadurch bewirkt, dass das in der Abberufung begründete Risiko einer betriebsbedingten Kündigung des Leiharbeitnehmers beim Whistleblowing beseitigt würde. Demgegenüber ist ein vergleichbarer Whistleblower aus Stammbelegschaft dem Risiko einer betriebsbedingten Kündigung seines Arbeitgebers unverändert ausgesetzt.

Festzustellen bleibt somit, dass eine weitergehende Privilegierung des Leiharbeitnehmers abzulehnen ist.

(5) Ansprechpartner des Leiharbeitnehmers

Der Leiharbeitnehmer ist angehalten, einen betrieblichen Missstand nicht gegenüber seinem Vertragsarbeitsgeber, sondern gegenüber einer entsprechenden Stelle oder Person im Einsatzbetrieb zu offenbaren. Der betriebliche Missstand ist dem Verantwortungsbereich des Entleihers zuzuordnen und nur dieser kann die Beseitigung des Missstandes bewirken. Nachfolgend könnte der Leiharbeitnehmer aber, bevor er sonstige externe Stellen kontaktiert, den Missstand im Entleiherbetrieb gegenüber seinem Arbeitgeber offenbaren, damit der Arbeitgeber auf eine interne Klärung bei Entleiher hinwirkt.

(6) Ergebnis

Der Leiharbeitnehmer ist aufgrund einer *faktisch* begründeten Loyalitätspflicht zum Entleiher den Beschäftigten der Stammbelegschaft gleichgestellt und unterliegt bei einem Hinweis auf einen Missstand den Beschränkungen der Rücksichtnahmepflicht. Eine verhaltensbedingte Kündigung des Verleihers gegenüber dem Leiharbeitnehmer aufgrund eines Hinweises auf einen Missstand im Entleiherbetrieb erfolgt nach denselben Maßstäben, die für eine entsprechende Kündigung des Entleihers gegenüber einem Stammarbeitnehmer gelten. Vor Repressalien des Entleihers ist der Leiharbeitnehmer nach § 612a BGB geschützt. § 612a schützt den Leiharbeitnehmer aber nicht vor einer Abberufung und dem hieraus resultierenden Risiko einer nachfolgenden betriebsbedingten Kündigung des Verleihers.

(*„Deutschlands Zukunft gestalten"*), abrufbar unter: http://www.spd.de/linkableblob/112790/data/20131127_koalitionsvertrag.pdf (zuletzt abgerufen am 1. November 2014).

251 Beispielsweise unterliegt die unternehmerische Entscheidung zur Schließung eines Standortes nur der Missbrauchskontrolle, vergl.: ErfK/*Oetker* § 1 KSchG, Rdn. 240a.

bb) Der Compliance Officer

Bestimmte Arbeitnehmer sind nicht nur aufgrund der arbeitsvertraglichen Nebenpflicht zur Loyalität und Rücksichtnahme gegenüber dem Arbeitgeber verpflichtet. Bei bestimmten Arbeitnehmern ist die Pflicht zur Überwachung des gesetzeskonformen Verhaltens des Arbeitgebers die Hauptleistungspflicht des Arbeitsvertrages. Dies gilt insbesondere für den sogenannten *Compliance Officer*[252]. Dessen Aufgabengebiet ist die Verhinderung von Rechtsverstößen, die aus dem Unternehmen heraus begangen werden[253]. Es erfolgt insoweit eine Delegierung des Pflichtenkreises des Arbeitgebers auf den Arbeitnehmer. Diese ausdrückliche Delegation der Pflichten zur Überwachung des gesetzeskonformen Verhaltens begründet regelmäßig sogar eine strafrechtliche Garantenpflicht, Straftaten aus der Sphäre des Unternehmens zu verhindern[254]. Nach dem Bundesgerichtshof ist dies die *„notwendige Kehrseite ihrer gegenüber der Unternehmensleitung übernommenen Pflicht, Rechtsverstöße und insbesondere Straftaten zu unterbinden"*[255].

Die Besonderheiten, die sich aufgrund dieser arbeitsvertraglichen Stellung ergeben, werden an der jeweils einschlägigen Stelle benannt[256].

cc) Weitere arbeitsrechtliche Erscheinungsformen

Insbesondere im Zusammenhang mit der Einführung von gesetzlichen Vorschriften zum Schutz von Whistleblowern wird der Frage nachgegangen, inwiefern auch Bewerber oder ehemalig Beschäftigte in den Schutzbereich einer entsprechenden Regelung einzubeziehen seien[257].

Im vorvertraglichen Bereich kann sich eine Rücksichtnahmepflicht aus dem § 311 Abs. 2 BGB ergeben. Allerdings dürfte die praktische Relevanz einer solchen Konstellation äußerst gering sein. Die Wahrscheinlichkeit von einem betrieblichen Missstand Kenntnis zu erlangen, korreliert oftmals mit dem Kenntnisstand des Mitarbeiters über betriebsinterne Vorgänge. Je vertiefter die Kenntnisse des Beschäftigten über Einzelheiten des betrieblichen Ablaufes sind, desto wahrscheinlicher ist es, dass der Beschäftigte auch mit Missständen konfrontiert wird. Dem Bewerber wird jedoch im Rahmen des Bewerbungsprozesses regelmäßig nur ein oberflächlicher Einblick in die betrieblichen Prozesse gewährt. Entsprechend geringer ist die

---

252 *Krieger/Günther,* NZA 2010, 367, 373; *Illing/Umnuß,* CCZ 2009, 1, 5.

253 *Krieger/Günther,* NZA 2010, 367, 368, 373.

254 Einzelheiten zur strafrechtlichen Verantwortung: *Krieger/Günther,* NZA 2010, 367, 368.

255 BGH, Urteil vom 17. Juli 2009 – 5 StR 394/08, Rdn. 27 – juris.

256 S.u.: **1. Teil: C.III.2.b)bb)(4)**; ausführlich zu dem Compliance Beauftragen: *Klopp,* Der Compliance-Beauftragte.

257 Nachdem HinwGebSchG sind die Bewerber nicht vom Anwendungsbereich erfasst. Demgegenüber plädiert etwa *Forst* für eine solche Erstreckung, vergl.: *Forst,* EuZA 2013, S. 64 f. Ausführlich zur Erforderlichkeit einer gesetzlichen Regelung: **3. Teil: A.**

Wahrscheinlichkeit, dass der Bewerber im Stadium der Vertragsanbahnung bereits in Kontakt mit betrieblichen Missständen gerät.

Nach Beendigung des Beschäftigungsverhältnisses steht die Offenbarung von betrieblichen Missständen nicht mehr im Fokus. Zwar kann eine erst nachträglich entdeckte besonders schwerwiegende Treuepflichtverletzung, insbesondere im Hinblick auf die betriebliche Altersvorsorge, erhebliche Konsequenzen haben, ein Sachverhalt in dem gegenüber einem ehemaligen Mitarbeiter aufgrund der Offenbarung eines betrieblichen Missstandes nach Beendigung des Beschäftigungsverhältnisses ein Widerruf der Altersversorgung erklärt wurde, ist bislang aber nicht ersichtlich[258]. Zudem gilt es im nachvertraglichen Bereich zwischen der Verletzung der Verschwiegenheitspflicht und der Treue- und Rücksichtnahmepflicht zu differenzieren. Arbeitnehmer sind auch nach der Beendigung des Beschäftigungsverhältnisses verpflichtet, Stillschweigen über Betriebs- und Geschäftsgeheimnisse im Sinne des § 17 UWG zu wahren[259]. Die Verschwiegenheitspflicht wirkt somit, in engen Grenzen, auch im nachvertraglichen Bereich[260]. In diesem Zusammenhang ist insbesondere die Grenzziehung zu einem entschädigungspflichtigen Wettbewerbsverbot umstritten[261]. Demgegenüber wirkt die allgemeine Rücksichtnahmepflicht nach überwiegender und überzeugender Ansicht nicht im nachvertraglichen Bereich[262].

Eine darüber hinausgehende vertiefte Erörterung einer Schutzbereichserstreckung auf Bewerber und ehemalig Beschäftigte, deren Beschäftigungsverhältnisse zu dem Arbeitgeber beendet sind, bedarf es aufgrund der Eingrenzung der Untersuchung auf die Kündigungsrelevanz des Whistleblowings nicht. Beschäftigte im Sinne der obigen

258 Die Voraussetzungen für einen wirksamen Widerruf einer Pensionszusage sind besonders streng. Vergl.: BAG, Urteil vom 3. April 1990 – 3 AZR 211/89, BAGE 64, 298–303 (Wettbewerbsverstoß); BGH, Urteil vom 19. Dezember 1983 – II ZR 71/83 – juris (Annahme von Schmiergeldern). Unzulässig wäre es, aus dem Umstand, dass der Arbeitnehmer eine Betriebsrente erhält, Rückschlüsse über das Fortbestehen der arbeitsvertraglichen Pflichten zu ziehen. Denn die Betriebsrentenanwartschaften sind Bestandteil des Entgeltes, das der Arbeitnehmer während des Bestehens des Arbeitsverhältnisses erworben hat, vergl. nur § 1a BetrAVG. Vergl. zur Fortwirkung der Nebenpflichten: **1. Teil: E.II.1.**

259 BAG, Urteil vom 15. Dezember 1987 – 3 AZR 474/86, Leitsatz 1. – juris; Däubler/Hjort/Schubert/Wolmerath/*Kreuder* § 611 BGB, Rdn. 665 ff.; MünchHdbArbR/*Reichold* § 48, Rdn. 44.

260 Überzeugend: MünchHdbArbR/*Reichold* § 48, Rdn. 44.

261 Entschädigungspflichtig ist bspw. eine Vereinbarung, die den ehemaligen Arbeitnehmer verpflichtet, hinsichtlich aller Geschäftsvorgänge Stillschweigen zu bewahren, vergl.: BAG, Urteil vom 19. Mai 1998 – 9 AZR 394/97, Rdn. 54 – juris.

262 Ausführlich hierzu: **1. Teil: E.II.**

Definition des Whistleblowings sind demgegenüber Auszubildende nach dem BBiG[263] und die in Teilzeit oder befristet beschäftigten Arbeitnehmer[264].

b) Gesetzeswidrige Vorkommnisse oder sonstige unethische Missstände

Fraglich ist allerdings, warum nicht nur das Offenbaren eines gesetzwidrigen Geschehens vom Tatbestand des Whistleblowings erfasst sein soll, sondern auch das Offenbaren eines unethischen Missstandes? Auf den ersten Blick könnte die Einbeziehung des unethischen Verhaltens dahingehend missverstanden werden, dass für den Arbeitgeber, neben der Pflicht zum gesetzeskonformen Verhalten, auch noch die Pflicht besteht, sich ethisch und moralisch einwandfrei zu verhalten, um sich nicht der Gefahr des Offenbarens von betrieblichen Vorgängen auszusetzen. Aus diesem Grund lehnt beispielsweise *Forst* die Einbeziehung eines unethischen Verhaltens, bei einer möglichen legislatorischen Initiative zur Schaffung eines Whistleblowing-Gesetzes, strikt ab[265]. Allerdings verkennt *Forst*, dass die Einbeziehung der Offenbarung von unethischen Missständen in den Anwendungsbereich des Whistleblowings, nicht zwingend eine nicht justiziable Pflicht des Arbeitgebers begründet, sondern gerade dessen Interessen schützen kann.

Der Duden beschreibt die Ethik unter anderem als *„die Gesamtheit sittlicher Normen und Maximen, die einer verantwortungsbewussten Einstellung zugrunde liegen*[266]*."* Damit ist die Problematik klar umrissen, die Ethik betrifft einen sittlichen, aber nicht rechtlichen und somit nicht justiziablen Bereich[267]. Als einen unethischen betrieblichen Missstand könnten mithin Umstände beschrieben werden, die regelmäßig am äußersten Rand der gesetzlichen Legalität siedeln oder von bestimmten Betrachtern aus anderen Gründen als kritikwürdig empfunden werden. Die Kontrolle eines ethisch untadeligen Verhaltens kann jedoch durch die Gerichte, in Ermangelung einer subsumptionsfähigen Norm, schlicht nicht vorgenommen werden[268]. Zudem divergieren in einer wertepluralistischen Gesellschaft die Ansichten so stark, dass keiner für einen anderen beurteilen kann, wann die Schwelle zum unethischen Verhalten überschritten ist[269]. Daher kann dem Arbeitgeber nicht die Rechtspflicht auferlegt werden, sich nicht nur gesetzeskonform, sondern zusätzlich ethisch einwandfrei zu verhalten[270]. Allerdings folgt hieraus gerade nicht, dass vom Whistleblowing die Konstellationen

---

263 Vergl. insbesondere § 10 Abs. 2 BBiG.

264 *Forst* weist daraufhin, dass nach unionsrechtlichen Bestimmungen eine Ungleichbehandlung der Teilzeit- oder Befristet – Beschäftigten untersagt ist, vergl.: *Forst*, EuZA 2013, 64.

265 *Forst*, EuZA 2013, 37, 65 f.

266 http://www.duden.de/rechtschreibung/Ethik (zuletzt abgerufen am 1. November 2014).

267 Insofern zutreffend: *Forst*, EuZA 2013, 37, 65 f.

268 Ebenso: *Forst*, EuZA 2013, 37, 66

269 Vergl. auch: *Forst*, EuZA 2013, 37, 66.

270 Insofern ebenfalls zutreffend: *Forst*, EuZA 2013, 37, 65 f.

nicht umfasst sind, in denen der Beschäftigte einen zwar gesetzeskonformen, aus seiner Sicht jedoch unethischen Missstand offenbart[271].

Eine Kündigung, die aufgrund von Whistleblowing ausgesprochen wird, erfolgt aufgrund einer Verletzung der Rücksichtnahmepflicht des Beschäftigten[272]. Das verlorene Vertrauen in das rücksichtsvolle und loyale Verhalten des Beschäftigten sowie die Rufschädigung des Arbeitgebers können derart schwerwiegend sein, dass eine gedeihliche Fortsetzung des Arbeitsverhältnisses nicht einmal bis zum Ablauf der Kündigungsfrist zumutbar ist[273]. Aber nicht nur die Offenbarung eines gesetzeswidrigen Vorganges birgt die Gefahr eines Reputationsverlustes des Arbeitgebers. Eine Rufschädigung kann auch durch die Veröffentlichung von organisationsinternen Vorgängen eintreten, die im Einklang mit gesetzlichen Bestimmung stehen, am äußersten Rand derselben siedeln, sich in einer rechtlichen Grauzone befinden oder aus sonstigen Gründen als sittlich anstößig empfunden werden.

Solche Fälle sind in der Praxis seltener anzutreffen, da der Arbeitnehmer zumeist ein gesetzeswidriges Verhalten vermutet, mag diese Annahme auch noch so fernliegend sein, bevor er einen betrieblichen Vorgang internen oder externen Stellen gegenüber offenbart. Dennoch erfasst der Begriff des arbeitsrechtlichen Whistleblowings auch die Offenbarung von betriebsinternen Vorgängen, die der Hinweisgeber lediglich als unethisch, unsittlich oder aus einem sonstigen Grund als kritikwürdig empfindet. Auch solche Offenbarungen sind grundsätzlich im gleichen Maße geeignet, eine Verletzung der Rücksichtnahmepflicht darzustellen. Der Tatbestand des Whistleblowings ist nicht auf objektiv gesetzeswidrige Offenbarungen beschränkt, sondern umfasst sämtliche Offenbarungen die geeignet scheinen, eine negative Publizität zu bewirken. Eine solche Eignung kann auch bei der Offenbarung von gesetzeskonformen aber (vermeintlich) unsittlichen Vorgängen bestehen. Im Rahmen einer gesetzlichen Bestimmung, die die Grenzen des rechtlich Zulässigen beim Whistleblowing beschreibt[274], müssen sowohl objektiv gesetzeswidrige als auch unethische Verhaltensweisen, deren Bekanntwerden gleichsam geeignet ist, die Interessen des Arbeitgebers zu beeinträchtigen, in den Schutzbereich einbezogen werden.

c) Keine Beschränkung auf Betriebs- und Geschäftsgeheimnisse

Neben diesem Aspekt ist im Rahmen des Anzeigegegenstandes auch fraglich, ob eine Kündigung aufgrund von Whistleblowing nur erfolgen kann, wenn ein Betriebs- oder Geschäftsgeheimnis offenbart wurde oder ob der Anwendungsbereich extensiv auf sämtliche innerbetrieblichen Vorgänge zu erstrecken ist. Die Pflicht zur Wahrung von Betriebs- und Geschäftsgeheimnissen beruht neben der als zutreffend bezeichneten Verschwiegenheitspflicht teilweise auch auf spezialgesetzlichen Normen. Sämtlichen Bestimmungen ist der materielle Geheimnisbegriff zu Grunde zu legen, namentlich:

---

271 In diesem Sinn wohl: *Forst,* EuZA 2013, 37, 65 f.

272 **1. Teil: A.I.**

273 **1. Teil: A.**

274 Vergl. zu einem gesetzlichen Regelungsvorschlag: **3. Teil: B.**

§ 17 Abs. 1 UWG; § 79 Abs. 1 BetrVG, § 13 Nr. 6 BBiG; § 24 Abs. 2 ArbNErfG; § 5 S. 2 BDSG. Danach sind Betriebs- und Geschäftsgeheimnisse Tatsachen, Erkenntnisse und Unterlagen, die mit dem technischen Betrieb und seinen Abläufen oder mit der wirtschaftlichen Betätigung des Unternehmens im Zusammenhang stehen, nur einem begrenzten Personenkreis zugänglich und bekannt, also nicht offenkundig sind, nach dem konkludenten oder ausdrücklichen Willen des Arbeitgebers geheim gehalten werden sollen und an deren Geheimhaltung ein berechtigtes wirtschaftliches Interesse besteht[275]. Betriebsgeheimnisse beziehen sich auf den technischen Betriebsablauf, insbesondere Herstellung und Herstellungsverfahren; Geschäftsgeheimnisse betreffen den allgemeinen Geschäftsverkehr des Unternehmens, insbesondere Kundenlisten.

Sowohl die Offenbarung eines Betriebs- oder Geschäftsgeheimnis i.S.d. § 17 Abs. 1 UWG als auch die Offenlegung eines sonstigen innerbetrieblichen Vorganges, der nicht unter diesen Anwendungsbereich zu subsumieren ist, kann eine Kündigung rechtfertigen. Whistleblowing erfasst jede Offenbarung von innerbetrieblichen Vorkommnissen die geeignet ist, den Arbeitgeber in Misskredit zu bringen oder materielle Schäden zu verursachen. Gerade wenn der Whistleblower Missstände in Bilanzen oder anderen finanziellen Bereichen offenlegt, ist der Tatbestand des Geschäftsgeheimnisses regelmäßig erfüllt[276]. Im Falle der Offenbarung eines Betriebs- oder Geschäftsgeheimnisses kommt eine Verletzung der arbeitsvertraglichen Nebenpflicht zur Verschwiegenheit in Betracht, während bei der Offenbarung eines sonstigen Missstandes nur die Verletzung der jedem Arbeitsverhältnis immanenten allgemeinen Rücksichtnahme- und Loyalitätspflicht möglich ist[277]. Aufgrund dieser Differenzierung kann die synonyme Verwendung der Begriffspaare nicht überzeugen.

Letztlich ist es aber unbedeutend, ob die offenbarten Informationen gleichsam die Tatbestandsvoraussetzungen eines Betriebs- oder Geschäftsgeheimnisses erfüllen. Aufgrund der dogmatischen Anknüpfung beider Nebenpflichten an § 241 Abs. 2 BGB ist sowohl die Kündigungsrelevanz einer Verletzung der arbeitsvertraglichen Nebenpflicht zur Verschwiegenheit als auch ein Verstoß gegen die Nebenpflicht zur Rücksichtsnahme bzw. Loyalität an denselben, nachfolgend aufgeführten[278], Maßstäben zu messen[279]. Bedeutung kann die Differenzierung demgegenüber im Rahmen eines Unterlassungsanspruches erlangen[280].

---

275 BAG, Urteil vom 15. Dezember 1987 – 3 AZR 474/86, NZA 1988, 502, 503 f.; BAG, Urteil vom 10. März 2009 – 1 ABR 87/07, NZA 2010, 180, 182 f.; ErfK/*Preis* § 611 BGB, Rdn. 711; MünchAnwHdbArbR/*Reinfeld* § 30, Rdn. 7; GK-BetrVG/*Oetker* § 79, Rdn. 13.

276 MünchHdbArbR/*Reichold* § 48, Rdn. 34.

277 Augenscheinlich ist zudem der Umstand, dass die Verletzung der Verschwiegenheitspflicht nach § 17 UWG strafbewehrt ist.

278 S.u.: **1. Teil: B – D.**

279 Vergl. auch: MünchHdbArbR/*Reichold*, § 48, Rdn. 32 ff.; in diesem Sinne auch: *Becker*, S. 34.

280 Vergl. hierzu: **1. Teil: E.II.**

d) Organisationsinterne Missstände

Anstelle des Begriffs eines betrieblichen Missstandes wird in der Definition auf organisationsinterne Missstände abgestellt. Dieser Begriff ist dem geläufigeren Begriff des betrieblichen Missstands vorzuziehen. Denn ein Abstellen auf den Betriebsbegriff ist geeignet, die Fehlvorstellung zu erzeugen, dass der Anwendungsbereich des Whistleblowings auf Missstände beschränkt ist, mit denen der Arbeitgeber im räumlichen Geltungsbereich des Betriebs des Arbeitgebers konfrontiert wird. Eine solche Begrenzung besteht in Whistleblowing-Konstellationen allerdings nicht. Denn Whistleblower werden nicht nur mit Missständen im räumlich abgrenzbaren Betrieb konfrontiert.

Vorstellbar ist etwa, dass ein Konzernmitarbeiter nicht in seinem Stammbetrieb auf Missstände aufmerksam wird, sondern aufgrund seiner Tätigkeit von Missständen in anderen Betrieben, Betriebsstätten oder einem Gemeinschaftsbetrieben des Konzerns erfährt. Zudem existiert im Arbeitsrecht kein einheitlicher und allgemein anerkannter Betriebsbegriff[281], so dass die Verwendung des Betriebsbegriffs zwangsläufig zu Auslegungsschwierigkeiten führen wird. Entscheidend für die Identifizierung einer arbeitsrechtlichen Whistleblowing-Konstellation ist nicht die räumlich Zuordnung eines Missstand zu einer bestimmten betrieblichen Sphäre, sondern der Umstand, ob die Offenbarung eines internen Vorgangs geeignet ist, die Interessen des Arbeitgebers zu verletzen.

Die Interessen des Arbeitgebers, sind aber nicht auf die Geheimhaltung bestimmter Vorgänge im eigenen Betrieb im Sinne des KSchG oder des BetrVG beschränkt.

Die Einbeziehung der Leiharbeitnehmer verdeutlichte, dass ein Whistleblowing auch nicht auf Missstände aus dem Verantwortungsbereich des Vertragsarbeitgebers beschränkt sein muss[282].

Indes kann auch außerhalb der Arbeitnehmerüberlassung eine Whistleblowing-Konstellation vorliegen, in der ein Arbeitnehmer Missstände offenbart, die nicht unmittelbar dem Verantwortungsbereich seines Arbeitsgebers entstammen und dennoch seine Interessen beeinträchtigen. Zu denken ist etwa an die Arbeitnehmer, die Missstände offenbaren, die den Verantwortungsbereich eines Geschäftspartners des Arbeitgebers betreffen. Eine arbeitsrechtlich relevante Whistleblowing-Konstellation liegt aber auch in diesen Konstellationen vor, wenn der Hinweis des Arbeitnehmers geeignet ist, neben der unmittelbar bewirkten negativen Publizität für von dem Missstand betroffenen Geschäftspartner, die Interessen des Vertragsarbeitgebers zu beeinträchtigen. Eine solche *Fernwirkung* ist etwa dann anzunehmen, wenn der unmittelbar von dem Missstand betroffenen Geschäftspartner die geschäftlichen Beziehungen zu dem Arbeitgeber des Whistleblowers einschränkt

---

281 Ein Betrieb im Sinne des KSchG muss nicht zwangsläufig ein Betrieb im Sinne des BetrVG sein und ebenfalls eigenständig ist der Betriebsbegriff im Rahmen des § 613a BGB zu bestimmen. Vergl. zu weiteren gesetzlichen Anwendungsbereichen des Betriebsbegriffs: Küttner/*Kreitner* Betrieb, Rdn. 2 ff.

282 Vergl. hierzu oben: **1. Teil: A.II.6.a)aa).**

oder sogar beendet[283]. Die Pflicht zur Rücksichtnahme auf die Interessen des Arbeitgebers kann somit auch dann verletzt werden, wenn der offenbarte Missstand nicht dem Verantwortungsbereich des Arbeitgebers entstammt, sich aber dennoch auf die Interessen des Arbeitgebers negativ auswirken kann[284].

Eine entsprechende Konstellation des *mittelbaren* Whistleblowings, in der ein Arbeitnehmer einen Missstand eines Geschäftspartners des Arbeitgebers offenbarte und aufgrund dessen gekündigt worden ist, ist gegenwärtig nicht in der Rechtsprechung dokumentiert. Dennoch sind diese Fälle in der Praxis relevant. Sowohl der weltweit bekannteste als auch einer der bedeutendsten deutschen Whistleblower offenbarten Missstände, die nicht unmittelbar dem Verantwortungsbereich ihrer Vertragsarbeitgeber entstammten. *Edward Snowden* war kein Angestellter der NSA, sondern Mitarbeiter einer Beratungsfirma, zu deren Kunden auch die NSA gehörte[285]. Nachdem die Offenbarungen bekannt wurden, kündigte die Beratungsfirma das Beschäftigungsverhältnis und versprach die Behörden bei der Untersuchung zu unterstützen[286]. Auch der im Jahre 2007 aufgedeckte Gammelfleischskandal unterfällt der Kategorie des *mittelbaren* Whistleblowings. Der Whistleblower *Miroslaw Strecker* war Beschäftigter eines Subunternehmens, das geschäftliche Beziehungen zu dem Gammelfleisch vertreibendem Unternehmen unterhielt. Bei einer Auftragsfahrt für seinen Arbeitgeber entdeckte er die unzulässige Umetikettierung[287]. 2011 wurde dem Whistleblower betriebsbedingt gekündigt[288]. Zuvor sei er aufgefordert worden, das Beschäftigungsverhältnis selbst zu beenden und ihm seien nachfolgenden bewusst

---

283 Indes ist es bereits ausreichend, dass das Whistleblowing sich potentiell negativ auf die Geschäftsbeziehungen auswirken kann. Ein konkreter Schaden des Arbeitgebers, etwa durch einen Auftragsverlust, ist für die Feststellung einer Pflichtverletzung aufgrund von Whistleblowing nicht erforderlich, ausreichend ist vielmehr die abstrakte Gefahr einer Schädigung durch das Whistleblowing, vergl. hierzu: **1. Teil: C.VII.3**.

284 Im Übrigen zeigt sich an diesem Beispiel erneut, dass die Verwendung des Begriffs der Loyalitäts- oder Treuepflicht unglücklich ist. Die negativen Auswirkungen des mittelbaren Whistleblowings auf die Interessen des Vertragsarbeitgebers sind nachvollziehbar, eine vertragsimmanente Verpflichtung zur Loyalität gegenüber den Geschäftspartnern des Arbeitgebers kann indes nur schwerlich konstruiert werden.

285 Vergl.: http://www.sueddeutsche.de/wirtschaft/us-beratungsfirma-booz-allen-hamilton-geschaeft-mit-staatsgeheimnissen-1.1692587 (zuletzt abgerufen am 1. November 2014).

286 http://www.boozallen.com/media-center/press-releases/2013/06/statement-reports-leaked-information-060913 (zuletzt abgerufen am 1. November 2014).

287 http://www.sueddeutsche.de/bayern/fleischhaendler-verurteilt-zwei-jahre-gefaengnis-nach-ekelfleisch-skandal-1.1130025 (zuletzt abgerufen am 1. November 2014).

288 http://www.tagesspiegel.de/politik/zwischen-helden-und-verraetertum-deutschland-unternimmt-wenig-um-whistleblower-zu-schuetzen/8686118-3.html (zuletzt abgerufen am 1. November 2014).

Arbeitsaufgaben zugeteilt worden, die aus gesundheitlichen Gründen für ihn nur schwer zu bewältigen gewesen seien[289].

Festzuhalten bleibt, wenn ein Arbeitnehmer einen Missstand aus dem Verantwortungsbereich eines Geschäftspartners des Arbeitgebers offenbart, so liegt eine Whistleblowing-Konstellation dann vor, wenn die Offenbarung dieses Missstandes auch die Interessen des Vertragsarbeitgebers berührt. Entscheidend für die Identifizierung einer arbeitsrechtlichen Whistleblowing-Konstellation ist in diesen Fällen somit nicht, welchem Verantwortungsbereich der offenbarte Missstand zuzuordnen ist, sondern ob der Whistleblower durch seinen Hinweis seine Pflicht zur Rücksichtnahme auf die Interessen seines Arbeitgebers verletzt hat. Die genannten Beispiele zeigen, dass eine solche Verletzung auch dann vorliegen kann, wenn der Hinweis sich auf einen Missstand bezieht, der nicht unmittelbar dem Verantwortungsbereich des Arbeitgebers unterfällt.

Ein organisationsinterner Missstand kann daher definiert werden, als ein Missstand, der geeignet ist, die Interessen des Arbeitgebers zu beeinträchtigen. Dabei besteht keine Beschränkung auf den unmittelbaren Verantwortungsbereich des Arbeitgebers.

Obgleich werden Arbeitnehmer zumeist unmittelbar mit Missständen in einem auch räumlich abgrenzbaren Betrieb ihres Arbeitgebers konfrontiert werden. Daher wird auch der Begriff des betrieblichen Missstands die meisten Konstellationen des Whistleblowings umfassen. Nur in den genannten Sonderkonstellationen ist der Begriff des betrieblichen oder innerbetrieblichen Missstands zu eng gefasst. Da eine den beschriebenen Sonderkonstellation entsprechende Fallgestaltung aber noch nicht in der Rechtsprechung dokumentiert ist, werden nachfolgend auch die geläufigeren Begriffe eines innerbetrieblichen oder betrieblichen Missstandes verwendet[290].

Abzugrenzen von einem organisationsinternen Missstand sind Hinweise auf Missstände, die keinerlei Bezug zur geschäftlichen Tätigkeit des Arbeitgebers aufweisen, sondern rein private Geschehnisse betreffen[291]. Wird eine Arbeitnehmerin

---

289 http://www.tagesspiegel.de/politik/zwischen-helden-und-verraetertum-deutschland-unternimmt-wenig-um-whistleblower-zu-schuetzen/8686118-3.html (zuletzt abgerufen am 1. November 2014).

290 Vergl. zur Verwendung des Begriffs eines organisationsinternen Missstandes im Rahmen einer gesetzlichen Regelung: **3. Teil: B.II.2.d).**

291 Diese Eingrenzung darf indes nicht dahingehend missverstanden werden, dass der Arbeitnehmer der Gesetzeswidrigkeiten seines Arbeitgebers offenbart, die dieser im privaten Umfeld begangen hat, keinerlei Schutz genießt. Vielmehr erfolgt die Eingrenzung lediglich um die Konstellationen des arbeitsrechtlichen Whistleblowings näher zu bestimmen. Stellt der Arbeitnehmer beispielsweise eine Strafanzeige oder wird er als Zeuge in einem Ermittlungsverfahren gehört, so ist es gerade nicht entscheidend, ob der Auslöser des Strafverfahrens eine Verfehlung im betrieblichen oder im privaten Bereich des Arbeitgebers gewesen ist. In beiden Fällen nimmt der Arbeitnehmer ein staatsbürgerliches Recht wahr bzw. erfüllt eine staatsbürgerliche Pflicht, so dass er vor Vergeltungsmaßnahmen

beispielsweise Zeugin davon, dass ein Arbeitgeber sich außerhalb der Arbeitszeit und ohne Bezug zum Arbeitsverhältnis sich einer Straftat schuldig macht, etwa im Rahmen eines gemeinsamen privaten Saunabesuches[292], so mangelt es an dem Merkmal eines organisationsinternen Missstands. Obgleich bleibt zu prüfen, ob die im privaten Bereich begangene Verfehlung einen hinreichenden Bezug zum Beschäftigungsverhältnis aufweist[293]. Anders sind die Konstellationen zu bewerten, in denen ein Arbeitnehmer in einem privaten Gespräch mit einem Arbeitskollegen von einem Missstand erfährt, der einen Bezug zur geschäftlichen Tätigkeit des Arbeitgebers aufweist. In diesen Fällen liegt ein organisationsinterner Missstand vor[294].

e) Organisationsexterne Offenbarung

Beim externen Whistleblowing wendet der Arbeitnehmer sich an eine organisationsfremde Stelle. Beim internen Whistleblowing hingegen verbleibt die Information im organisationsinternen Geltungsbereich. Diese Differenzierung ist eminent wichtig, da die Frage, ob die jeweilige Offenbarung eine Vertragspflichtverletzung darstellt, nach unterschiedlichen Maßstäben zu beantworten ist[295]. Die Abgrenzung zwischen einer organisationsexternen und -internen Offenbarung ist funktional und nicht räumlich vorzunehmen. Externes Whistleblowing liegt nur dann vor, wenn die Informationen über den organisationsinternen Geltungsbereich hinaus bekannt gemacht werden. Erweitert der Arbeitgeber aber den organisationsinternen Geltungsbereich, durch die Einbindung organisationsfremder Meldestellen, so ist die Offenbarung dennoch als organisationsinterne Meldung zu betrachten, obwohl die Informationen den Machtbereich des Arbeitgebers verlassen haben[296]. Eine solche Erweiterung wird in der Praxis im Rahmen eines innerbetrieblichen Meldesystems

---

geschützt werden muss, vergl. insoweit lediglich: LAG Sachsen-Anhalt, Urteil vom 14. Februar 2006 – 8 Sa 385/05, Rdn. 15 – juris

292 LAG Sachsen-Anhalt, Urteil vom 14. Februar 2006 – 8 Sa 385/05, Rdn. 4 ff – juris. Vergl. zum gesamten Sachverhalt die Schilderungen unter: **1. Teil: C.I.3.b)bb).** Ein Bezug zum Arbeitsverhältnis scheidet aus, wenn zwischen dem angezeigten Missstand und dem Arbeitsverhältnis kein Bezug hergestellt werden kann.

293 Da im genannten Fall des LAG Sachsen-Anhalt der Arbeitgeber Betreiber einer Autovermietung ist und der Missstand ein im privaten Bereich begangenes Verkehrsdelikt betraf und somit auch die geschäftlichen Interessen des Arbeitgebers gefährdet sein könnten, ist es auch vertretbar, in dieser Konstellation einen hinreichenden Bezug zum Beschäftigungsverhältnis anzunehmen.

294 Vergl. zu der Frage, ob den Arbeitnehmer eine Pflicht trifft, im privaten Bereich erlangte Kenntnisse dem Arbeitgeber mitzuteilen: **2. Teil: B.I.3.e)gg).**

295 Der Vorgang des internen Whistleblowings wird im **2. Teil** der Arbeit untersucht.

296 Vergl. zu den verschiedenen Ausgestaltungsmöglichkeiten eines organisationsinternen Meldesystems: **2. Teil: D.I.1; D.I.2.**

vereinzelnd durch die Einbeziehung von unabhängigen Ombudsmännern vorgenommen[297].

Auch wenn der Hinweisgeber die Informationen dazu bestimmt, dass sie nicht organisationsextern bekannt gemacht werden sollen und sein Vertrauen hierauf schutzwürdig ist, liegt keine Konstellation des externen Whistleblowings vor. Zum einen gilt dies, wenn der vom Arbeitgeber bereitgestellte innerbetriebliche Klärungsweg ursächlich für die ungewollte organisationsexterne Offenbarung ist. Vorstellbar ist etwa, dass der Ombudsmann gegen den konkludenten oder expliziten Willen des Hinweisgebers verstößt und die Informationen veröffentlicht. Zum anderen darf der Whistleblower auch darauf vertrauen, dass die Berufsgruppen, die einer gesetzlichen Schweigepflicht unterliegen, diese nicht verletzen und nur in Rücksprache mit dem Whistleblower handeln werden. Daher unterfällt auch die Beratung mit einem Rechtsanwalt über den organisationsinternen Missstand noch nicht in die Konstellation des externen Whistleblowings[298]. Etwas anderes kann aber dann gelten, wenn der potentielle Whistleblower organisationsinterne Missstände gegenüber einer dritten Person offenbart, zu der er nur in einer privaten Vertrauensbeziehung steht. Ob eine Zurechnung der Offenbarung Dritter in diesem Fall erfolgen kann, ist nach der Intensität der Vertrauensbeziehung und der Vertrauenswürdigkeit des Dritten zu entscheiden[299]. Vertraut der Whistleblower einen potentiellen betrieblichen Missstand dem Ehepartner oder einem nahestehenden Familienmitglied an, so wird er in der Regel davon ausgehen dürfen, dass sie nicht gegen seinen Willen eine öffentliche Verbreitung des vermeintlichen betrieblichen Missstandes vornehmen werden. Bei der Zurechnung des Verhaltens von Familienmitgliedern und Ehepartnern ist nicht zu verkennen, dass die Ehe und Familie nach Art. 6 Abs. 1 GG dem besonderen Schutze der staatlichen Ordnung unterstehen. Die Vertrauensstellung innerhalb dieser Gruppe unterliegt somit einer Sonderstellung, die auch im Rahmen der Zurechnung eines ungewollten Verhaltens zu beachten ist. Anders ist zu bewerten, wenn der Whistleblower gegenüber Arbeitskollegen Mutmaßungen über einen betrieblichen Missstand äußert, die als besonders redselig gelten. In diesem Fall hat der Beschäftige leichtfertig die Herrschaft über die Informationsverbreitung aus der Hand gegeben. Darüber hinaus ist stets eine Zurechnung möglich, wenn der Whistleblower den Dritten nur als Strohmann benutzt, um scheinbar gefahrlos eine externe Offenbarung vorzunehmen.

---

297 Ein solches System haben zum Bespiel die AWB Köln GmbH & Co. KG implementiert: http://www.awbkoeln.de/unternehmen/korruptionsbekaempfung-und-compliance/ (zuletzt abgerufen am 1. November 2014). Vergl. hierzu: **2. Teil: D.I.2.a).**

298 Zu weiteren Konsequenzen, die aus einer solchen Beratung folgen können, vergl. **1. Teil: B.II.3.d)aa)B.II.3.d)bb).**

299 Vergl. allgemein zur Zurechnung des Verhaltens Dritter: LAG Berlin-Brandenburg, Urteil vom 5. April 2013 – 10 Sa 2339/12, Rdn. 33 ff. – juris; ArbG Dessau-Roßlau, Urteil vom 21. März 2012 – 1 Ca 148/11, Rdn. 28 – juris.

f) Drohung mit einer Offenbarung

Fraglich ist, ob bereits die Ankündigung einer externen Offenbarung der Vornahme der Handlung gleichzusetzen ist. Zunächst ist zu beachten, dass hierunter nicht die Sachverhalte zu subsumieren sind, in denen der Arbeitnehmer eine externe Offenbarung von innerbetrieblichen Vorkommnissen androht, um den Arbeitgeber zu einer bestimmten Verhaltensweise zu veranlassen[300]. Diese auch strafrechtlich relevanten Verhaltensweisen, in denen der (vermeintliche) betriebliche Missstand lediglich als Druckmittel verwendet wird, unterfallen nicht der Konstellation des externen oder internen Whistleblowings und sind an eigenen Maßstäben zu messen[301].

Aber auch wenn die – konkludente oder explizite – Ankündigung der organisationsfremden Offenbarung nicht unredlich mit anderen Interessen verknüpft wird, so ist die Ankündigung der Handlung nicht der Vornahme gleichzustellen.

Bei lebensnaher Auslegung ist zumeist auch den innerbetrieblichen Meldungen über Missständen der Erklärungswert beizumessen, dass bei fortbestehenden Missständen auch organisationsexterne Schritte ergriffen werden[302]. Da der Whistleblower in der Regel den betrieblichen Missstand aber zunächst gegenüber internen Stellen offenbaren wird, hierzu ist er in den meisten Konstellationen verpflichtet[303], käme einer Gleichstellung der Drohung oder Ankündigung mit der tatsächlich erfolgten externen Offenbarung weitreichende Wirkung zu.

Bei einer solchen Gleichstellung wäre die Grenzziehung zwischen dem internen und dem externen Whistleblowing kaum noch vorzunehmen. Diese Abgrenzung ist aber für die Beurteilung der Kündigungsrelevanz bedeutsam. Die interne Offenbarung ist nicht nur ein integraler Bestandteil der Abwägungsentscheidung zum externen Whistleblowing[304], sondern kann zugleich eine selbstständige Vertragspflichtverletzung darstellen, ohne dass der Missstand jemals gegenüber externen Stellen offenbart wird[305]. Gelangt die Information nicht an eine organisationsfremde

---

300 Eine solche Konstellation behandelt bspw.: BAG, Urteil vom 14. November 1984 – 7 AZR 133/83, Rdn. 8, 37 ff. – juris (Androhung von strafrechtlichen Schritten, sofern eine Abmahnung nicht zurückgenommen wird); BAG, Urteil vom 30. März 1984 – 2 AZR 362/82, Rdn. 4, 18 f., 26 ff. – juris (Drohung mit der „Freigabe“ des Sachverhaltes an die Presse, um die Rücknahme der außerordentlichen Kündigung zu bewirken); LAG Schleswig-Holstein, Urteil vom 17. August 2011 – 3 Sa 196/11, Rdn. 41 ff. – juris (Androhung einer Strafanzeige, um einen Aufhebungsvertrages mit höherer Abfindung zu erhalten); ArbG Essen, Urteil vom 15. Mai 2009 – 2 Ca 2818/08 – juris (Abschluss eines für den Arbeitnehmer günstigen Vergleichs).

301 Vergl. hierzu: A/P/S/*Dörner-Vossen* § 626 BGB, Rdn. 194 f.

302 Vergl. hierzu: **1. Teil: C.III.2.b)bb)(5)(b).** Vereinzelnd wird diese Ankündigung auch explizit ausgesprochen, vergl. hierzu etwa den Fall *Heinisch*): LAG Berlin, Urteil vom 28. März 2006 – 7 Sa 1884/05, Rdn. 3 – juris. Die Rechtssache *Heinisch* wird ausführlich ab Kapitel **D.I.** behandelt.

303 Siehe hierzu ausführlich unten: **1. Teil: C.III.2.**

304 Vergl. hierzu: **1. Teil: C.III.**

305 Hierzu ausführlich im **2. Teil**.

Stelle, so handelt es sich um internes Whistleblowing[306]. Ob aber bereits eine solche innerbetriebliche Meldung eine Pflichtverletzung darstellen kann, ist nach anderen Kriterien zu beurteilen als die Konstellation des externen Whistleblowings, wenn die Informationen letztlich gegenüber organisationsfremden Stellen bekannt gemacht werden[307]. Verbleibt die Meldung über den innerbetrieblichen Missstand innerhalb der Organisation, so besteht für den Arbeitgeber insbesondere nicht die Gefahr einer negativen öffentlichen Publizität[308]. Auch die Ankündigung organisationsfremde Stellen zu informieren, begründet diese Gefahr nicht, sofern sie nur gegenüber organisationsinternen Stellen erhoben wird. Die Ankündigung respektive die Drohung gegebenenfalls externe Schritte zu unternehmen, ist der Vornahme der Handlung daher nicht gleichzusetzen, sondern der Konstellation des internen Whistleblowings zuzuordnen.

aa) Abweichende instanzgerichtliche Rechtsprechung

Die instanzgerichtliche Rechtsprechung scheint diese Ansicht nicht zu teilen. Auch die bloße Drohung des Arbeitnehmers gegenüber dem Arbeitgeber, eine Anzeige zu erstatten, könne einen wichtigen Grund zur Kündigung darstellen[309]. Zu beachten ist, dass die Rechtsprechung keine Differenzierung zwischen dem internen und dem externen Whistleblowing vornimmt, sondern nur die Strafanzeige bei einer zuständigen Stelle als Whistleblowing bezeichnet[310]. Aber auch abseits dieser begrifflichen Streitigkeit kann die von der instanzgerichtlichen Rechtsprechung grundsätzlich vertretene Gleichordnung der Ankündigung und der Vornahme der organisationsfremden Offenbarung nicht überzeugen. Dies gilt nicht nur vor dem beschriebenen Hintergrund, dass das Vorliegen einer Pflichtverletzung bei einer organisationsfremden und bei einer organisationsinternen Offenbarung nach unterschiedlichen Maßstäben zu bestimmen ist.

Nicht zu verkennen ist zunächst, dass, obgleich die instanzgerichtliche Rechtsprechung grundsätzlich einheitliche Maßstäbe bei der Konstellation der Drohung und der tatsächlich erfolgten externen Offenbarung anwenden will, sämtliche Kündigungen – mit einer Ausnahme[311] –, die lediglich auf die Androhung einer externen

---

306 Dasselbe gilt, wenn die externe Offenbarung dem Whistleblower nicht zugerechnet werden kann, vergl.: **1. Teil: A.II.6.e).**

307 Vergl. zur Konstellation des internen Whistleblowings: **2. Teil:.**

308 Siehe hierzu ausführlich unten: **2. Teil: A.I.1.**

309 LAG Berlin-Brandenburg, Urteil vom 21. Dezember 2009 – 10 Sa 2193/09, 10 Sa 2194/09, Rdn. 63 – juris; LAG Rheinland-Pfalz, Urteil vom 17. November 2004 – 10 Sa 1329/03, Rdn. 27 – juris; LAG Köln, Urteil vom 10. Juni 1994 – 13 Sa 237/94, LAGE § 626 BGB Nr. 78.

310 S.u.: **2. Teil: A.**

311 LAG Köln, Urteil vom 10. Juni 1994 – 13 Sa 237/94, LAGE § 626BGB Nr. 78. Allerdings hat die Klägerin in diesem Fall, nach Ausspruch der Kündigung, auch eine Strafanzeige erstattet. Das LAG bewertete mithin den „*Rundumschlag*“ der Klägerin und nicht isoliert die bloße Ankündigung der Offenbarung.

Offenbarung gestützt worden, als unwirksam erachtet worden sind[312]. Insofern scheinen die Instanzgerichte letztlich auch andere (strengere) Anforderungen an die Rechtfertigung einer Kündigung zu stellen, die lediglich auf die Ankündigung der Vornahme einer organisationsfremden Offenbarung gestützt worden sind[313].

Ferner besteht ein rein faktischer Unterschied zwischen der Ankündigung, eine Strafanzeige stellen zu wollen und der tatsächlichen Durchführung der Handlung. Bei letzterem ist der Whistleblower sich bewusst darüber, dass die Offenbarung Auswirkungen haben wird[314]. Eine Drohung wird demgegenüber häufig auch unbedacht und vorschnell ausgesprochen[315]. Im Arbeitsrecht finden sich verschiedene Vorschriften, die vor übereilten Entscheidungen schützen sollen. Das Schriftformerfordernis des § 623 BGB sowie der Zeitpunkt des Fristbeginns im Rahmen des § 626 Abs. 2 S. 2 BGB sind nur zwei Beispiele hierfür[316]. Ebenso wenig wie eine voreilig angedrohte Kündigung rechtsgestaltende Wirkung entfaltet, sollte das Inaussichtstellen der Offenbarung des betrieblichen Missstandes den strengen Maßstäben des externen Whistleblowings zugeordnet werden.

Abschließend ist zu beachten, dass die instanzgerichtliche Rechtsprechung vom BAG nie bestätigt worden ist. In den genannten Entscheidungen der Landesarbeitsgerichte, in denen die Gleichstellung von Drohung und Vornahme der Handlung vertreten wird, wird jeweils ein Urteil des BAG aus dem Jahre 1991 in Bezug genommen, dass nicht isoliert die bloße Drohung mit einer Offenbarung behandelt[317]. In dem in Bezug genommenen Fall des BAG drohte eine Arbeitnehmerin nicht nur (vermeintlich) mit einer Anzeige beim Finanzamt, sondern unterstützte

312 LAG Berlin-Brandenburg, Urteil vom 21. Dezember 2009 – 10 Sa 2193/09, 10 Sa 2194/09 – juris; LAG Rheinland-Pfalz, Urteil vom 17. November 2004 – 10 Sa 1329/03 – juris.

313 Auch die Aussage des LAG Schleswig-Holstein, in dem in diesem Abschnitt erwähnten Urteil, dass die Kündigungsbeschränkungen beim externen Whistleblowing *„erst Recht* [gelten], *wenn nur mit der Erstattung einer Strafanzeige gedroht wird“*, könnten so ausgelegt werden, dass der Arbeitnehmer, der lediglich mit einer Anzeige droht, schutzwürdiger ist, als derjenige, der tatsächlich eine Anzeige erstattet, vergl.: LAG Schleswig-Holstein, Urteil vom 17. August 2011 – 3 Sa 196/11, Rdn. 41 – juris.

314 Erstattet der Whistleblower bspw. eine Strafanzeige, so ist die Staatsanwaltschaft nach dem Ermittlungs- und Untersuchungsgrundsatz von Amts wegen verpflichtet, den Sachverhalt zu erforschen, vergl. § 160 StPO.

315 Auf diesen Umstand wird auch im bereits benannten Urteil des Sächsischen LAG hingewiesen, vergl.: LAG Sachsen, Urteil vom 21. Januar 2011 – 3 Sa 181/10, Rdn. 56 f. – juris.

316 Vergl. zu § 623 BGB: BAG, Urteil vom 17. Dezember 2009 – 6 AZR 242/09, Rdn. 25 – juris. Zu § 626 Abs. 2 S. 1 BGB: MünchKommBGB/*Henssler* § 626 BGB, Rdn. 282.

317 BAG, Urteil vom 4. Juli 1991 – 2 AZR 80/91 – juris; LAG Berlin-Brandenburg, Urteil vom 21. Dezember 2009 – 10 Sa 2193/09, 10 Sa 2194/09, Rdn. 63 ff. – juris; LAG Rheinland-Pfalz, Urteil vom 17. November 2004 – 10 Sa 1329/03, Rdn. 27 – juris.

(zweifelsfrei) die nachfolgend erfolgte Durchsuchung der Behörden durch Hinweise[318]. Ferner stellte das BAG in diesem Urteil ausdrücklich fest und kritisiert zugleich die gegenteilige Annahme des LAG, dass die Handlungen der Gekündigten einen einheitlichen Sachverhalt darstellen und nicht in eine vorhergehende Drohung und die anschließende Tätigkeit aufgeteilt werden könnten[319]. Das Verhalten könne nur dann zutreffend erfasst werden, wenn beide Vorgänge als Einheit gesehen werden[320].

Eine Entscheidung des BAG, in welcher eine lediglich organisationsfremde Offenbarung angekündigt worden und dann nach gleichen Maßstäben wie die Vornahme der Offenbarung bewertet worden ist, existiert demgegenüber nicht. Vielmehr deutet ein anderes Urteil, welches im Rahmen des internen Whistleblowings besprochen wird[321], daraufhin, dass das BAG die Drohung nicht der Vornahme der Handlung gleichstellt. In dem konkreten Fall drohte eine Beschäftigte des öffentlichen Dienstes, nach mehreren erfolglosen innerbetrieblichen Meldungen, sie werde sich an die Staatsanwaltschaft wenden[322]. Nachdem ihr gegenüber die Kündigung ausgesprochen worden war, informierte die Beschäftigte einige von dem Missstand betroffenen Bürger[323]. Ob dieser zeitlich nach dem Ausspruch der Kündigung liegende Umstand zur Rechtfertigung herangezogen werden konnte, war zwischen den Parteien streitig[324]. Der Arbeitgeber argumentierte, dass die nach der Kündigung erfolgte öffentliche Kritik das frühere Verhalten der Beschäftigten in neuem – härteren – Lichte erscheinen lasse. Das LAG und das BAG stellten indes fest, dass die Kündigung nicht auf die zeitlich nachfolgende organisationsfremde Offenbarung gestützt werden könne[325]. Von keiner Seite wurde aber erwogen, dass bereits die Drohung einer Mitteilung an die Staatsanwaltschaft anders zu bewerten sei, als die zuvor ergangenen innerbetrieblichen Meldungen[326]. Eine Veränderung der Sachlage, nämlich von der Konstellation des internen zum externen Whistleblowing, wurde erst durch die Vornahme der organisationsfremden Offenbarung erwogen und nicht bereits durch die Ankündigung derselben.

bb) Ergebnis

Festzuhalten bleibt, dass die organisationsinterne Ankündigung, den Missstand gegenüber organisationsfremden Stellen zu offenbaren, nicht der tatsächlich erfolgten Offenbarung gleichzusetzen, sondern der Konstellation des internen Whistleblowings zuzuordnen ist.

---

318 BAG, Urteil vom 4. Juli 1991 – 2 AZR 80/91, Rdn. 5, 7, 23 – juris.
319 BAG, Urteil vom 4. Juli 1991 – 2 AZR 80/91, Rdn. 23 – juris.
320 BAG, Urteil vom 4. Juli 1991 – 2 AZR 80/91, Rdn. 23 – juris.
321 S.u.: **2. Teil: A.II.1.c).**
322 BAG, Urteil vom 18. Juni 1970 – 2 AZR 369/69, Rdn. 6 – juris.
323 BAG, Urteil vom 18. Juni 1970 – 2 AZR 369/69, Rdn. 9 – juris.
324 BAG, Urteil vom 18. Juni 1970 – 2 AZR 369/69, Rdn. 12 f. – juris.
325 BAG, Urteil vom 18. Juni 1970 – 2 AZR 369/69, Rdn. 13 – juris.
326 BAG, Urteil vom 18. Juni 1970 – 2 AZR 369/69 – juris.

g) Fazit

Die aufgeführte Definition bedarf insofern keiner weiteren Anpassung oder Ergänzung: Eine arbeitsrechtliche Whistleblowing-Konstellation liegt demnach vor, wenn ein Arbeitnehmer organisationsintern auftretende gesetzeswidrige Vorkommnisse oder sonstige unethische Missstände einem Dritten gegenüber offenbart.

Ist Dritter in diesem Sinne eine organisationsexterne Stelle, so handelt es sich um externes Whistleblowings. Wird die Information nicht über den organisationsinternen Bereich hinaus offenbart, sondern nur gegenüber einer organisationsinternen Stelle, so spricht man von internem Whistleblowing. Die Frage, ob das interne Whistleblowing an sich ebenfalls eine zur Kündigung berechtigende Vertragspflichtverletzung darstellen kann, ist nach gesonderten Maßstäben zu bestimmen und wird im **2. Teil** der Arbeit ausführlich untersucht.

Die von einigen als geläufigste bezeichnete auf *Janet P. Near und Marcia P. Miceli* zurückgehende Definition ist nach den dargestellten Einschränkungen der Konstellationen des arbeitsrechtlichen Whistleblowings zu umfassend und zudem wenig prägnant. Danach erfasse das Whistleblowing jede Weitergabe von Informationen, durch ein ehemaliges oder aktuelles Mitglied einer Organisation, über illegale, unmoralische oder illegitime Verhaltensweisen innerhalb der jeweiligen Organisation, an Personen oder Institutionen, die verantwortlich und die möglicherweise in der Lage sind, Maßnahmen zu ergreifen[327].

B. 1. und 2. Prüfungsebene

I. 1. Prüfungsebene – Ausschlusstatbestände

Die Prognostizierung der Wirksamkeit einer Kündigung steht stets vor der Problematik des Dogmas der Würdigung der besonderen Umstände des Einzelfalles. Sofern in der Literatur typische Fälle aufgeführt werden, die eine Kündigung zu rechtfertigen vermögen, so erfolgt dies zugleich unter dem Hinweis, dass die besonderen Umstände des Einzelfalles eine abweichende Entscheidung erfordern können und keine schematische Übertragung möglich sei[328]. Dieser Umstand wird auch im Rahmen der Betrachtung der Kündigungsrelevanz des Whistleblowings stets zu beachten sein. Eine Systematisierung der Kündigungsrelevanz des Whistleblowings kann jedoch vom umgekehrten Ausgangspunkt erfolgen. In bestimmten Konstellationen ist eine Kündigung des Arbeitnehmers wegen der Offenbarung eines betrieblichen

---

327 *Miceli / Near* Journal of Business Ethics 1995, Vol. 4 No. 1, S. 1: „*The disclosure by organisation members (former or current) of illegal, immortal or illegitimate practices under the control of their employers, to persons or organisations that may be able to effect action*". Die Übersetzungen variieren teilweise stark. Vergl. bspw.: Schemmel/Ruhmannseder/Witzigmann, Hinweisgebersysteme, Kap. 1, Rdn. 9; *Strack*, Ausschussdrucksache 17(11)783, S. 52, 58.

328 Vergl. Schaub/*Linck* § 127, Rdn. 60 ff.; Schaub/*Linck* § 133, Rdn. 11 ff.; ErfK/*Müller-Glöge* § 626 BGB, Rdn. 60; ErfK/*Oetker* § 1 KSchG, Rdn. 210.

Missstandes nicht gerechtfertigt und zwar unabhängig davon, ob andere Abwägungskriterien grundsätzlich zu seinen Lasten oder seinen Gunsten zu werten wären. Diese Konstellationen bilden somit Ausschlusstatbestände.

1. Gesetzliche Pflicht zur Anzeige

Besteht eine gesetzliche Pflicht zur Anzeige nach § 138 StGB, so kann dem Whistleblower, wenn er dieser gesetzlichen Verpflichtung nachkommt, hieraus kein Nachteil erwachsen. Dies gebietet der Grundsatz der Einheit der Rechtsordnung[329].

2. Straftaten unmittelbar gegen den Arbeitnehmer

Bei Straftaten oder Gesetzeswidrigkeiten, die sich unmittelbar gegen den Arbeitnehmer selbst richten, kann eine Kündigung aufgrund der Anzeige dieses Verhaltens ebenfalls nicht erfolgen[330]. Dem Arbeitnehmer muss eine wirksame Verteidigung seiner Rechtspositionen zustehen. Da aufgrund des Gewaltmonopols des Staates das Recht zu strafen dem Staat vorbehalten ist, ist die Strafanzeige die einzige legitime Möglichkeit eine Bestrafung herbeizuführen. Als Kehrseite des staatlichen Gewaltmonopols hat der Staat zugleich die Pflicht, den staatlichen Strafanspruch durchzusetzen[331].

Dass eine offenbarte Straftat gegen den Arbeitnehmer keine Kündigung rechtfertigen kann, ergibt sich auch aufgrund eines Erst-Recht-Schlusses aus dem Bundesverfassungsgerichtsurteil zum Whistleblowing[332]. Danach dürfen für den Arbeitnehmer aus der Wahrnehmung einer staatsbürgerlichen Pflicht keine zivilrechtlichen Nachteile entstehen, solange hierbei keine wissentlich unwahren oder leichtfertig falschen Angaben gemacht werden[333]. Wenn aus der Erfüllung einer staatsbürgerlichen Pflicht grundsätzlich keine Nachteile erwachsen dürfen, so muss dies erst recht für den Fall gelten, dass der Arbeitnehmer das staatsbürgerliche Recht in Anspruch nimmt, seine eigenen Rechtspositionen zu verteidigen.

3. Drohende eigene strafrechtliche- oder ordnungsrechtliche Verantwortlichkeit des Arbeitnehmers aufgrund eines betrieblichen Missstandes

Setzt der Arbeitnehmer sich selbst der Gefahr der Strafverfolgung aus, sofern er untätig bleiben sollte und den innerbetrieblichen Vorgang nicht offenbart, so kann eine Kündigung ebenfalls nie gerechtfertigt sein. Die aufgrund der arbeitsvertraglichen

---

329 Ebenso: *Simon/Schilling*, BB 2011, 2421, 2423.
330 Ebenso: Stahlhacke/Preis/Vossen/*Preis*, Rdn. 635; anders noch: ArbG Krefeld, Urteil vom 22. Mai 1959 – 1 Ca 315/59 – AP zu § 123 GewO Nr. 23.
331 KarlsruherKommStPO(6. Auflage)/*Pfeiffer/Hannich* I Einleitung, Rdn. 1.
332 BVerfG, Urteil vom 2. Juli 2001 – 1 BvR 2049/00, NZA 2001, 888.
333 **1. Teil: B.II.**; BVerfG, Beschluss vom 2. Juli 2001 – 1 BVR 2049/00, Rdn. 11 – juris.

Beziehung eingegangene Loyalitätsverpflichtung kann nicht dazu führen, dass der Arbeitnehmer sich der Gefahr einer eigenen Strafverfolgung aussetzen muss. Die zivilrechtliche Loyalitätsverpflichtung muss jedenfalls dort enden, wo der hoheitliche Strafanspruch einsetzt. Vom Arbeitnehmer kann keinesfalls verlangt werden, Täter einer eigenen Straftat oder Mittäter bzw. Teilnehmer einer Straftat oder anderen Gesetzeswidrigkeit des Arbeitgebers zu werden.

Entdeckt der Arbeitnehmer Umstände, aufgrund derer die objektiven Voraussetzungen einer eigenen Strafbarkeit vorliegen, kann eine Kündigung nicht darauf gestützt werden, dass er diese Umstände den zuständigen Stellen offenbart. In Betracht kommen hierbei, neben Konstellationen die den Tatbestand des § 138 StGB erfüllen, auch Sachlagen, die die Voraussetzungen eines unechten oder echten Unterlassungsdeliktes[334] oder der Teilnahme an einer Straftat bzw. der Mittäterschaft erfüllen.

In der Praxis wird dieser Erwägung von den Gerichten – zu Unrecht – häufig wenig Beachtung geschenkt und teilweise als Schutzbehauptung gewertet. So würdigte beispielsweise das LAG Berlin in der Rechtssache Heinisch, die an späterer Stelle vertieft erörtert wird, die Ausführungen der Klägerin nicht, sie habe befürchtet, *„selbst strafrechtlich für die Defizite herangezogen zu werden*[335]*"*.

Diese Erwägungen gelten entsprechend, sofern das gesetzeswidrige Verhalten nicht strafbewehrt ist, sondern lediglich eine Ordnungswidrigkeit darstellt. Weist beispielsweise der Arbeitgeber seinen Kraftfahrer an, einen überladenen Lastkraftwagen zu führen, so stellt dies auch für den Arbeitnehmer einen bußgeldbewehrten Verstoß gegen die Straßenverkehrsordnung dar[336]. Da der Fahrer selbst bei Befolgung der Weisung zur Führung eines überladenen Lastkraftwagens eine Ordnungswidrigkeit begeht, kann er die Anweisung des Arbeitgebers verweigern und ihn bei den Ordnungsbehörden anzeigen, ohne das er hierdurch Nachteile erleidet.

4. Irrtum über das Vorliegen eines Ausschlusstatbestands

Sind die objektiven Voraussetzungen eines Ausschlusstatbestands nicht erfüllt, so ist dieser nicht anzuwenden. Hat ein Arbeitnehmer beispielsweise zu Unrecht angenommen, dass die Voraussetzungen einer Anzeigepflicht nach § 138 StGB vorliegen, so scheitert eine Kündigung in einem solchen Fall nicht bereits am Ausschlusstatbestand. Hinsichtlich der weiteren Auswirkungen eines solchen Irrtums sind bei genauer Betrachtung zwei Konstellationen voneinander zu unterscheiden. In der ersten Alternative sind die objektiven Voraussetzungen eines Ausschlusstatbestands nicht erfüllt, weil die Informationen über den vermeintlichen Missstand nicht zutreffend waren. In der zweiten Alternative befindet der Arbeitnehmer sich in einem Rechts- oder Subsumtionsirrtum. Die Informationen sind zwar objektiv zutreffend,

---

334 Als echtes Unterlassungsdelikt kommt insbesondere § 323c StGB in Betracht.

335 LAG Berlin, Urteil vom 28. März 2006 – 7 Sa 1884/05, Rdn. 33 – juris. Vergl. insgesamt zum Fall Heinisch: **1. Teil: D**. Die vermeintliche Gefahr einer drohenden eigenen Strafbarkeit wird im **1. Teil: D.IV.1.c)bb), D.IV.2.aa)** behandelt.

336 § 24 StVG i.V.m. § 34 StVZO; ausführlich hierzu: *Rebler*, SVR 2012, 214.

gleichwohl erfüllen sie keinen Straftatbestand. In beiden Alternativen ist letztlich entscheidend, ob der Arbeitnehmer leichtfertig einem Irrtum unterlag.

Für die erste Alternative ergibt sich dies bereits aus dem Urteil des Bundesverfassungsgerichts[337]; danach dürfe der Arbeitnehmer nicht wissentlich oder leichtfertig falsche Angaben machen[338]. Wann eine solche Verletzung der Prüfungspflicht vorliegt, wird im **1. Teil: B.II** behandelt. In der Alternative, dass die Informationen objektiv zutreffend sind, der Arbeitnehmer jedoch die falschen Schlüsse hieraus zieht, mithin einem Rechts- oder Subsumtionsirrtum unterliegt, ist ebenfalls entscheidend, ob er die falschen Schlüsse leichtfertig[339] gezogen hat. Hierbei ist insbesondere umstritten, ob eine solche Leichtfertigkeit auch dann angenommen werden kann, wenn der Arbeitnehmer sich zuvor von einer rechtskundigen Person hat beraten lassen. Diese und weitere im Zusammenhang mit der sachlichen Berechtigung des Vorwurfes stehende Fragen werden im **1. Teil: C.II** eingehend untersucht.

II. 2. Prüfungsebene – Prüfungspflicht des Whistleblowers

Neben diesen absoluten Ausschlusskriterien ist die zweite entscheidende Weichenstellung für die Bestimmung des Ausmaßes der Pflichtverletzung der Umstand, ob der Whistleblower vor der Offenbarung der Informationen seine Prüfungspflicht gewahrt hat. Denn der Whistleblower darf bei der Offenbarung von betrieblichen Missständen nicht wissentlich unwahre oder leichtfertig falsche Angaben machen. Dieses Prüfungspflicht des Hinweisgebers entstammt einem Urteil des Bundesverfassungsgerichts. Wie nachfolgt dargelegt, dürfen aus der Erfüllung einer staatsbürgerlichen Pflicht, wie der Zeugenpflicht, dem Arbeitnehmer keine Nachteile resultieren, soweit er im Rahmen dieser gesetzlich auferlegten Pflichten keine wissentlich unwahren oder leichtfertig falschen Angaben macht[340]. Ferner dürfen für den Arbeitnehmer auch aus der Wahrnehmung eines staatsbürgerlichen Rechtes im Strafverfahren, wie die Erstattung einer Strafanzeige, *im Regelfall* keine Nachteile resultieren, soweit er nicht wissentlich unwahre oder leichtfertig falsche Angaben macht[341]. Nur in der zweiten Alternative kann eine Kündigung, entgegen dem Regelfall, durch das Hinzutreten weiterer Umstände dennoch erfolgen. Das Bundesverfassungsgericht hat für die erste Alternative die Einschränkung *des Regelfalles* nicht hinzugefügt. Somit ist nur bei der nicht wissentlich unwahren oder leichtfertig falschen Erfüllung von staatsbürgerlichen Rechten, wie der Zeugenpflicht, eine Kündigung stets ausgeschlossen. Maßgeblich ist somit die Bestimmung des Kriteriums der Leichtfertigkeit. Diese Bestimmung entzieht sich jedoch den eindeutig nachweisbaren objektiven Gegebenheiten.

337 Siehe hierzu sogleich im nächsten Kapitel: BVerfG, Urteil vom 2. Juli 2001 – 1 BvR 2049/00, NZA 2001, 888.

338 BVerfG, Urteil vom 2. Juli 2001 – 1 BvR 2049/00, Rdn. 11, 20 – juris.

339 Zum Begriff der Leichtfertigkeit siehe sogleich: **1. Teil: B.II.3**.

340 BVerfG, Beschluss vom 2. Juli 2001 – 1 BVR 2049/00, Rdn. 11 – juris.

341 BVerfG, Beschluss vom 2. Juli 2001 – 1 BVR 2049/00, Rdn. 20 – juris.

1. *Ausgangspunkt: Das Urteil des Bundesverfassungsgerichts vom 2. Juli 2001*

a) Sachverhalt

Die Systematisierungsebene beruht auf einem Urteil des Bundesverfassungsgerichts vom 2. Juli 2001[342]. Der Entscheidung ging eine fristlose Kündigung des Beschwerdeführers voraus. Die Staatsanwaltschaft leitete im Oktober 1996 von Amts wegen, aufgrund von Pressemitteilungen und Aktivitäten einer Stadtratsfraktion, ein Ermittlungsverfahren gegen den Arbeitgeber beziehungsweise deren Geschäftsführer wegen des Verdachts strafrechtlich relevanter Unregelmäßigkeiten in Zusammenhang mit einer Auftragsabwicklung ein. Im Rahmen der Ermittlungen kam es zu diversen Gesprächen zwischen verschiedenen Staatsanwälten und dem Beschwerdeführer. Der Beschwerdeführer übergab der Staatsanwaltschaft auch umfangreiche Unterlagen, die er nach seinen Angaben in einem persönlichen Ordner aus seiner Zeit als Betriebsratsmitglied gesammelt hatte. Dies teilte er dem Arbeitgeber nicht mit. Das Ermittlungsverfahren wurde schließlich im Januar 1998 nach § 170 Abs. 2 StPO eingestellt[343]. Im Rahmen einer Akteneinsicht bei der Staatsanwaltschaft erfuhr der Arbeitgeber schließlich von der Übergabe der Unterlagen durch den Beschwerdeführer. Daraufhin kündigte er das Arbeitsverhältnis mit Schreiben vom 21. Januar 1998 fristlos. Er stütze die Kündigung auf die unaufgeforderte Übergabe der Unterlagen an die Staatsanwaltschaft zum Zwecke der Belastung des Geschäftsführers[344]. Der Arbeitnehmer schöpfte erfolglos den ordentlichen Rechtsweg aus und erhob schließlich Verfassungsbeschwerde.

b) Entscheidung

Die Verfassungsrichter entschieden, dass das die Kündigung als wirksam erachtende Urteil des Landesarbeitsgerichts Hamm den Beschwerdeführer in seinen Grundrechten aus Art. 2 Abs. 1 GG i.V.m. dem Rechtsstaatsprinzip verletzt habe[345]. Das Arbeitsgericht habe verkannt, dass der Arbeitnehmer mit seinen Aussagen bei der Staatsanwaltschaft und der Übergabe von Unterlagen eine von der Rechtsordnung aufgestellte Pflicht erfüllt hat, die von Verfassungswegen gefordert ist. Gerade die Zeugenpflicht sei eine allgemeine Staatsbürgerpflicht. Mit dieser Pflicht im Rechtsstaat ist es nicht vereinbar, wenn derjenige, der diese ihm gesetzlich auferlegte Pflicht erfüllt *„und nicht wissentlich unwahre oder leichtfertig falsche Angaben macht“*[346], dadurch zivilrechtliche Nachteile erleidet. Nur so könne die verfassungsrechtliche Pflicht des Staates erfüllt werden, eine funktionsfähige Strafrechtspflege im Interesse der Allgemeinheit zu gewährleisten[347].

---

342 BVerfG, Beschluss vom 2. Juli 2001 – 1 BVR 2049/00, NZA 2001, 888.
343 BVerfG, Beschluss vom 2. Juli 2001 – 1 BVR 2049/00, Rdn. 2 – juris.
344 BVerfG, Beschluss vom 2. Juli 2001 – 1 BVR 2049/00, Rdn. 3 – juris.
345 BVerfG, Beschluss vom 2. Juli 2001 – 1 BVR 2049/00, Tenor – juris.
346 BVerfG, Beschluss vom 2. Juli 2001 – 1 BVR 2049/00, Rdn. 11 – juris.
347 BVerfG, Beschluss vom 2. Juli 2001 – 1 BVR 2049/00, Rdn. 11 – juris.

Da das Landesarbeitsgericht – zu Unrecht – annahm, dass der Arbeitnehmer *freiwillig* zur Staatsanwaltschaft gegangen sei und eine Pflicht zur Aussage somit nicht bestehen konnte, sah das Verfassungsgericht sich veranlasst, in einem obiter dictum, klarzustellen: „*Auch die Wahrnehmung staatsbürgerlicher Rechte im Strafverfahren kann – soweit nicht wissentlich unwahre oder leichtfertig falsche Angaben gemacht werden – im Regelfall aus rechtsstaatlichen Gründen nicht dazu führen, daraus einen Grund für eine fristlose Kündigung eines Arbeitsverhältnisses abzuleiten*“[348].

Festzustellen bleibt damit, dass sofern bei der Erfüllung staatsbürgerlicher Pflichten, wie der Zeugenpflicht, keine wissentlich unwahren oder leichtfertig falschen Angaben gemacht werden, eine Kündigung nicht ausgesprochen werden kann. Die Kündigung des Arbeitsverhältnisses ist ohne Zweifel ein zivilrechtlicher Nachteil für den Offenbarenden. Bei einer entsprechenden Wahrnehmung von staatsbürgerlichen Rechten, wie der Erstattung einer Strafanzeige, gilt die Einschränkung der Kündigungsmöglichkeit nur für den Regelfall.

Durch das Hinzutreten weiterer Umstände kann somit, entgegen dem Regelfall, eine wirksame Kündigung erfolgen. Hätte das Bundesverfassungsgericht demgegenüber den Rechtssatz aufstellen wollen, dass eine Kündigung aufgrund der Offenbarung von betrieblichen Vorgängen nur noch erfolgen könne, sofern die Offenbarung keine wissentlich falschen oder leichtfertig unwahren Angaben enthalte[349], dann hätte es die Einschränkung der Sanktionsmöglichkeit für den *Regelfall,* wie bei den Ausführungen zur Erfüllung von staatsbürgerlichen Pflichten, ebenfalls weggelassen[350].

Des Weiteren betonte das Bundesverfassungsgericht nur im Rahmen der Wahrnehmung von staatsbürgerlichen Rechten die Schwere der zivilrechtlichen Sanktion[351]. Auf den Umstand, dass vorliegend die schwerste arbeitsrechtliche Sanktion ausgesprochen wurde – außerordentliche Kündigung – weist es im Rahmen seiner Ausführungen zum Schutzmaßstab bei einer nicht wissentlichen oder leichtfertig falschen Erfüllung von staatsbürgerlichen Pflichten nicht hin. Generalisierend führt es aus, dass derjenige, der eine staatsbürgerliche Pflicht erfülle und nicht wissentlich unwahre oder leichtfertig falsche Angaben mache, hierdurch keine zivilrechtlichen Nachteile erleide dürfe[352]. Aus dieser Unterscheidung lässt sich zweierlei folgern. Einerseits, sind im Rahmen der Erfüllung einer staatsbürgerlichen Pflicht sämtliche zivilrechtliche Sanktionen ausgeschlossen, andererseits gilt diese generalisierende Betrachtung nicht im Rahmen der Wahrnehmung eines staatsbürgerlichen Rechts. Vielmehr sind in dieser Konstellation die weiteren Umstände der Offenbarung, wie etwa die Schwere der zivilrechtlichen Sanktion, zu würdigen. Diese Umstände können dann im Einzelfall dazu führen, dass vom Regelfall der

---

348 BVerfG, Beschluss vom 2. Juli 2001 – 1 BvR 2049/00, Rdn. 20 – juris.

349 In diesem Sinne: LAG Frankfurt, Urteil vom 27. November 2001 – 15 Sa 411/01 – juris. Aufgehoben durch: BAG, Urteil vom 3. Juli 2003 – 2 AZR 235/02 – juris.

350 BVerfG, Beschluss vom 2. Juli 2001 – 1 BvR 2049/00, Rdn. 11, 20 – juris.

351 BVerfG, Beschluss vom 2. Juli 2001 – 1 BvR 2049/00, Rdn. 20 – juris.

352 BVerfG, Beschluss vom 2. Juli 2001 – 1 BvR 2049/00, Rdn. 11 – juris.

Unzulässigkeit der Kündigung aufgrund einer nicht wissentlich oder leichtfertig falschen organisationsexternen Offenbarung abzuweichen ist und eine Kündigung zulässig ist[353].

Im Rahmen des Whistleblowings ist somit zwischen der nicht wissentlichen unwahren oder leichtfertig falschen Erfüllung einer staatsbürgerlichen Pflicht und der entsprechenden Wahrnehmung eines staatsbürgerlichen Rechts zu differenzieren[354].

2. *Wissentlich unwahre Angaben*

Das Kriterium der wissentlich unwahren Angaben ist die leichter fassbare Alternative. Eine Angabe ist dann unwahr, wenn deren tatsächlicher Inhalt nicht mit den objektiven Tatsachen übereinstimmt[355]. Macht der Arbeitnehmer wissentlich unwahre Angaben, so handelt er mit direktem Vorsatz. Wissentliches Handeln beschreibt im Strafrecht den direkten Vorsatz in Form des *dolus directus 2. Grades*[356]. Bei dieser Form des Vorsatzes weiß der Täter oder er sieht es als sicher voraus, dass er einen bestimmten Tatbestand verwirklicht[357]. In § 226 Abs. 2 StGB wirkt diese Form des Vorsatzes beispielsweise als Qualifikationsmerkmal und in § 344 StGB ist die absichtliche oder wissentliche Verfolgung eines Unschuldigen Tatbestandsmerkmal. Danach verfolgt ein Täter einen Unschuldigen dann wissentlich, wenn er sichere Kenntnis davon hat, dass dieser nicht verfolgt werden darf[358].

Ein Whistleblower macht folglich dann wissentlich unwahre Angaben, wenn er sicher weiß, dass die von ihm gemachten Angaben nicht mit den objektiven Gegebenheiten übereinstimmen.

3. *Leichtfertig falsche Angaben*

a) *Maßstab der Leichtfertigkeit*

Eine falsche Angabe ist synonym zu einer unwahren Angabe. Deutlich schwieriger ist es demgegenüber eine Definition der Leichtfertigkeit vorzunehmen. Der Begriff der Leichtfertigkeit wird in sämtlichen Rechtsgebieten verwendet. Das Bundesverfassungsgericht hat den Begriff der Leichtfertigkeit bereits in einem Urteil aus dem Jahre 1987 zur Begrenzung der Schadensersatzpflicht des Anzeigenden verwendet[359]. Danach sei der Beschuldigte einer Strafanzeige vor vorsätzlich falschen

353 Welche weiteren Umstände eine solche Abweichung rechtfertigen, werden in den nachfolgenden Kapiteln dargestellt: **1. Teil: C**.

354 Auch das Bundesarbeitsgericht folgt dieser Differenzierung: **1. Teil: B.II.5.**

355 Vergl. bspw. Erbs/Kohlhaas/*Diemer* § 16 UWG, Rdn. 16.

356 Vergl. nur: Fischer § 15, Rdn. 7.

357 Vergl. nur: Fischer § 15, Rdn. 7.

358 MünchKommStGB/*Voßen* § 344, Rdn. 28.

359 BVerfG, Beschluss vom 25. Februar 1987 – 1 BvR 1086/85, NJW 1987, 1929. Vergl. hierzu: **1. Teil C.VII.4.b).**

Verdächtigungen und solchen Anzeigen geschützt, die leichtfertig, *„das heißt ohne erkennbaren Grund erstattet werden“*[360].

Der Begriff der Leichtfertigkeit wird im gesamten Bereich der Jurisprudenz verwendet; vom Strafgesetzbuch[361] über das Handelsgesetzbuch[362], das Urhebergesetz[363], das Bundesjagdgesetz[364] bis zum Waffengesetz[365] ist er zu finden. Die Leichtfertigkeit ist jedoch ein originär strafrechtlicher Begriff. Im Zivilrecht dominiert demgegenüber der Begriff der groben Fahrlässigkeit[366]. In der strafrechtlichen Literatur wird dennoch der Begriff der Leichtfertigkeit häufig mit dem Begriff der groben Fahrlässigkeit des Zivilrechts verglichen[367]. Auch wenn andere Stimmen darauf hinweisen, dass dieser Vergleich wenig ergiebig sei[368], besteht Einigkeit, dass Leichtfertigkeit ein gesteigertes Maß an Fahrlässigkeit beschreibt[369]. Auch die zivilrechtliche Judikatur erklärt, dass der der strafrechtliche Begriff der Leichtfertigkeit eine gesteigerte Form der Fahrlässigkeit bezeichnet, die *„in etwa der groben Fahrlässigkeit des Zivilrechts entspricht.*[370]*“*. Bei einem Vergleich muss jedoch beachtet werden, dass der strafrechtliche Begriff der Leichtfertigkeit nur mit dem objektiven Tatbestand des Fahrlässigkeitsbegriffs des § 276 BGB verglichen werden kann[371]. Denn anders als im Strafrecht ist im Zivilrecht kein individueller, sondern nur ein auf die allgemeinen Verkehrsbedürfnisse ausgerichteter objektiver Sorgfaltsmaßstab anzulegen[372]. Leichtfertigkeit im strafrechtlichen Sinne liegt dann vor, wenn der Täter *grob achtlos handelt* und nicht beachtet, was sich unter den Voraussetzungen seiner Erkenntnisse und Fähigkeiten *aufdrängen* musste[373]. Entsprechend dem zivilrechtlichen objektiven Verschuldensmaßstab, wäre Leichtfertigkeit im zivilrechtlichen Sinne wie folgt zu formulieren: Leichtfertig handelt, wer außer Acht lässt, was jedermann in der

---

360 BVerfG, Beschluss vom 25. Februar 1987 – 1 BvR 1086/85, Rdn. 11 – juris.
361 Insbesondere bei Erfolgsqualifikationen: § 176b; § 306c StGB. Vergl. hierzu: Fischer § 15, Rdn. 20 m.w.N.
362 Bspw.: § 435 HGB.
363 Bspw.: § 108 b UrHG.
364 Bspw.: § 17 BJagdG.
365 Bspw.: § 5 WaffG.
366 Der Gesetzesentwurf der SPD Fraktion zum Whistleblowing verwendet allerdings den Begriff der Leichtfertigkeit in § 2 HinwGebSchG, kritisch hierzu: *Henssler,* Ausschussdrucksache 17(11)783, S. 26, 29.
367 Fischer § 15, Rdn. 20; S/S/*Sternberg-Lieben* § 15, Rdn. 205.
368 Roxin, AT I, § 24, Rdn. 82.
369 BGH, Urteil vom 9. November 1984 – 2 StR 257/84, Rdn. 20 – juris; Fischer § 15, Rdn. 20 m.w.N.; MünchKommStGB/*Radtke* § 306c, Rdn. 24 m.w.N.
370 BGH, Urteil vom 13. Dezember 1988 – VI ZR 235/87, Rdn. 23 – juris.
371 S/S/*Sternberg-Lieben* § 15, Rdn. 205.
372 Statt aller: Beck-OK-BGB/*Unberath* § 276, Rdn. 20 m.w.N.
373 Fischer § 15, Rdn. 20.

konkreten Situation hätte einleuchten müssen[374]. Die Begriffe Leichtfertigkeit und grobe Fahrlässigkeit sind somit sehr ähnlich, wenn auch nicht kongruent.

Indes gibt es auch Literaturstimmen, aus denen sich schließen lässt, dass mit Leichtfertigkeit im Zivilrecht ein Verschuldensmaßstab gemeint ist, der über die grobe Fahrlässigkeit hinausgeht und dem Bereich des bedingten Vorsatzes zuzuordnen ist[375]. Leichtfertig handele jemand, der die Augen vor einer Schadensmöglichkeit verschließt oder „*ins Blaue hinein*" handelt[376]. Allerdings ist zu beachten, dass der Unterschied im Verschuldensmaßstab zwischen demjenigen der sich „*blauäugig*" einer möglichen Schadensfolge verschließt und demjenigen, der die Umstände außer Acht lässt, die sich jedermann aufdrängen, schon sprachlich nur marginal ist und in der Praxis nur mit sehr geringer Wahrscheinlichkeit zu einer unterschiedlichen Bewertung der Sachverhaltsumstände führen wird. Entsprechend ist eine Vermengungen der Begriffspaare Leichtfertigkeit und grober Fahrlässigkeit gerade durch die Arbeitsgerichte zu beobachten. So entscheid etwa das Landesarbeitsgericht Hamm, dass das Verhalten eines Arbeitnehmers, der über 50.000 € in Bar nicht in den dafür am Arbeitsplatz vorgesehenen Tresor, sondern in einem Fach unter der Verkaufstheke lagert, *nicht nur als unbedacht, sondern als leichtfertig und damit grob fahrlässig* [...] anzusehen ist[377].

Die diesem Urteil zuzuordnende Thematik des innerbetrieblichen Schadensausgleichs trägt zur weiteren Verwirrung bei der Bestimmung des Fährlässigkeitsbegriffes bei. Die Privilegierte Arbeitnehmerhaftung ist auf den Rechtsgedanken des § 254 BGB zurückzuführen und soll den Arbeitnehmer vor existenzvernichtenden Schadensersatzansprüchen bewahren. Nach den von dem Großen Senat aufgestellten Grundsätzen gilt folgendes: Der Arbeitnehmer muss bei vorsätzlicher Schadensverursachung und in aller Regel bei grober Fahrlässigkeit den gesamten Schaden tragen, bei leichtester Fahrlässigkeit (*culpa levissima)* haftet er dagegen nicht, während bei normaler Fahrlässigkeit der Schaden in aller Regel zwischen Arbeitgeber und Arbeitnehmer quotal zu verteilen ist[378]. Grob fahrlässig handelt dabei derjenige, der die im Verkehr erforderliche Sorgfalt nach den Gesamtumständen in ungewöhnlich hohem Maß verletzt, weil er unbeachtet gelassen hat, was in der konkreten Situation für jedermann erkennbar gewesen ist, ihm also hätte einleuchten müssen[379]. Daneben hat das Bundesarbeitsgericht aber auch den Begriff der *gröbsten Fahrlässigkeit* geprägt, bei dem es sich um einen Fall der besonders groben Fahrläs-

---

374 MünchKommAktG/*Schaal* § 60 WpÜG, Rdn. 63. *Henssler,* Ausschussdrucksache 17(11)783, S. 26, 29.

375 Beck-OK-BGB/*Unberath* § 276, Rdn. 15; *Henssler,* Ausschussdrucksache 17(11)783, S. 26, 29.

376 Beck-OK-BGB/*Unberath* § 276, Rdn. 15.

377 LAG Hamm, Urteil vom 16. Dezember 2010 – 8 Sa 1071/10, Rdn. 35 – juris.

378 BAG, Beschluss vom 27. September 1994 – GS 1/89 (A), Rdn. 16 – juris; zuletzt: BAG, Urteil vom 15. November 2012 – 8 AZR 705/11, AP zu § 611 BGB Haftung des Arbeitnehmers Nr. 137.

379 BAG, Urt. v. 28. Oktober 2010 – 8 AZR 418/09, Rdn. 21 – juris; Beck-OK-ArbR/*Joussen* § 611 BGB, Rdn. 377, m.w.N.

sigkeit handeln soll[380]. Synonym verwendet wird darüber hinaus auch für die Fälle der leichtesten Fahrlässigkeit der Begriff der geringen Fahrlässigkeit[381] und für die normale Fahrlässigkeit die Synonyme mittlere oder gewöhnliche Fahrlässigkeit[382].

Klar ist, dass jenseits von Begriffsstreitigkeiten die zivilrechtliche Grundkonzeption des objektiven Verschuldensmaßstabes nicht verlassen werden darf. Ob der Arbeitnehmer sich leichtfertig bzw. grob fahrlässig auf falsche Angaben gestützt hat, muss daher anhand eines Vergleichs zu einem objektiven Dritten in der konkreten Situation ermittelt werden. Die individuellen Kenntnisse und Fähigkeiten bleiben dabei außer Acht. Da der Begriff der Leichtfertigkeit jedoch ein originär strafrechtlicher Terminus ist und die überwiegende Ansicht davon ausgeht, dass dieser „*in etwa*"[383] dem Begriff der groben Fahrlässigkeit entspricht, erscheint es vorzugswürdig diesen Begriff auch zu verwenden[384]. Da sich aber in der Rechtsprechung die Verwendung des Begriffes der Leichtfertigkeit etabliert hat, kann auch auf diesen Begriff zurückgegriffen werden. Inhaltliche Divergenzen bestehen insoweit nicht.

Stützt sich ein Whistleblower auf Angaben, deren Unwahrheit sich jedermann in der konkreten Situation hätten aufdrängen müssen, dann handelt er grob fahrlässig und somit leichtfertig. Bevor der Whistleblower sich daher einem Dritten offenbart, muss er zunächst überprüfen, ob er sich nicht leichtfertig auf unwahre Angaben hierbei stützt. Es besteht somit eine *Prüfpflicht* des Hinweisgebers hinsichtlich des Wahrheitsgehaltes der zu offenbarenden Informationen.

b) Differenzierung zwischen der Prüfungspflicht und der sachlichen Berechtigung des Vorwurfes

Hiervon klar zu differenzieren ist die Frage, ob der erhobenen Vorwurf sich letztlich als sachlich berechtigt, mithin als wahr erwiest oder eine abschließende Klärung nicht durchführbar ist. Die Frage nach dem Wahrheitsgehaltes des Vorwurfes und danach, ob der Whistleblower die Authentizität der offengelegten Information zumindest leichtfertig angenommen hat, können zwar einander beeinflussen, sind aber nicht zwingend gleichläufig. So stellt eine strafrechtliche Verurteilung aufgrund der offenbarten Information zwar ein Indiz dafür da, dass die Offenlegung nicht leichtfertig erfolgte, gleichzeitig kann auch bei einer Verurteilung und einem somit zutreffend erhobenen Vorwurf eine Kündigung dennoch erfolgen[385]. Umgekehrt besteht auch keinerlei Automatismus dahingehend, dass sofern die Information sich als unwahr herausstellt, der Vorwurf einer leichtfertigen Offenbarung zutreffend ist. Die isoliert

---

380 BAG, Urteil vom 25. September 1997 – 8 AZR 288/96, NZA 1998, 310.

381 MünchKommBGB/*Grundmann* § 276 BGB, Rdn. 108.

382 Beck-OK-ArbR/*Joussen* § 611 BGB, Rdn. 378.

383 BGH, Urteil vom 13. Dezember 1988 – VI ZR 235/87, Rdn. 23 – juris.

384 In diesem Sinne auch: *Henssler*, Ausschussdrucksache 17(11)783, S. 26, 29.

385 BAG, Urteil vom 7. Dezember 2006 – 2 AZR 400/05, Rdn. 18 – juris.; Vergl. zu dieser Problematik ausführlich: **1. Teil: C.II.3.**

von Erfüllung der Prüfungspflicht zu betrachtenden Auswirkungen des Umstandes, dass die offenbarte Information objektiv zutreffend ist, erfolgt unter: **1. Teil: C.II**.

c) Absenkung der Anforderungen an die Prüfungspflicht bei der Gefährdung von bedeutenden Rechtsgütern?

aa) Problematik

Die Anforderungen an die Prüfungspflicht des Whistleblowers sind nach den soeben dargestellten Grundsätzen als gering zu bezeichnen. Um dem Vorwurf einer leichtfertig falschen Offenbarung zu entgehen, muss der Hinweisgeber die Informationen – vor der Offenbarung – lediglich auf evidente, sich jedermann aufdrängende Unwahrheiten überprüfen. Er darf nicht *blauäugig* die Augen vor der Wahrheit verschließen.

Fraglich ist allerdings, ob diese marginalen Anforderungen bei Beachtung der konkret betroffenen Rechtsgüter weiter abzusenken sind. In Betracht käme eine solche Absenkung bei wichtigen oder überragend wichtigen Rechtsgütern, die unmittelbar gefährdet sind, deren Schädigung bereits begonnen hat oder denen irreversible Schäden drohen. Die Konfliktsituation verschärft sich weiter, wenn der Sachverhalt eine besondere Komplexität aufweist und die Gefährdungssituation daher nicht eindeutig beurteilt werden kann. In diesem Fall befindet sich der potentielle Whistleblower in einer Misere. Er muss einerseits auf unsicherer Grundlage entscheiden, ob eine Gefährdung von gewichtigen Rechtsgütern tatsächlich besteht, andererseits wären die Folgen der Realisierung der vermeintlichen Gefahr gravierend und eventuell irreversibel. Zu denken ist etwas daran, dass ein Mitarbeiter im Atomkraftwerk *Philippsburg 2* vage und zweifelhafte Hinweise auf einen möglicherweise bevorstehenden Störfall erhält, der allerdings einen SUPER-GAU verursachen könnte. Realisiert sich diese Gefahr, müsste aufgrund der atomaren Verseuchung, bei einem dem Reaktorunfall in *Fukushima* vergleichbaren Ausmaß, unmittelbar eine Evakuierungszone von 30 km eingerichtet werden. Innerhalb dieses Radius wären circa 1,7 Millionen Menschen von einer Evakuierung betroffen[386]. Dieses fiktive[387] Beispiel soll zugespitzt verdeutlichen, welche schwierige Konfliktlage bei der Gefährdung von wichtigen Rechtsgütern entstehen könnte. Allerdings ist nicht zu verschweigen, dass in der genannten Konstellation spezialgesetzliche Meldepflichten und besondere Beauftragte bestehen, die die Sicherheit des Kernkraftwerkes und die Meldung von Störfällen an die Behörden gewährleisten[388]. Insofern unterfällt die Konstellation nicht dem *klassischen*

---

386 Diese Berechnung hat das Magazin ZEIT ONLINE durchgeführt, vergl.: http://opendata.zeit.de/atomreaktoren/#/de/philippsburg-1.

387 Philippsburg 2 ist nicht nur das Atomkraftwerk mit der dichtesten Besiedelung in seiner Umgebung, es weist zudem die meisten meldepflichtigen Störfälle der noch im Betrieb befindlichen Kraftwerke auf. Seit der Inbetriebnahme 1984 waren 237 meldepflichtige Ereignissen zu verzeichnen, vergl.: http://www.bfs.de/de/kerntechnik/ereignisse/standorte/karte_kw.html (zuletzt abgerufen am 1. November 2014).

388 Vergl. hierzu: § 6, § 2 und § 4 der AtSMV (Atomrechtliche Sicherheitsbeauftragten- und Meldeverordnung).

Anwendungsbereich des Whistleblowings. Aber auch in einem authentischen Fall des Whistleblowings kann sich die Frage stellen, ob die Gefährdung besonders bedeutsamer Rechtsgüter eine Absenkung der Prüfungspflicht rechtfertigt. So führte auch die Altenpflegerin Frau Heinisch aus, deren Fall nachfolgend vertieft untersucht werden wird[389], dass aufgrund der Pflegemängel eine Gefahr für *„Leben und Gesundheit der Bewohner bestehe“*[390].

bb) Vergleichbare Konfliktlage in der Situation des einstweiligen Rechtsschutzes

Die Rechtsprechung ist mit der Problematik, einer nur lückenhaften Sachverhaltsaufklärung bei gleichzeitig bestehender besonderer Eilbedürftigkeit, regelmäßig im Rahmen des einstweiligen Rechtsschutzes konfrontiert.

Dabei wird, etwa im Rahmen der abstrakten Normenkontrolle nach § 47 Abs. 6 VwGO, für den Erlass einer einstweiligen Anordnung, mangels offensichtlicher Begründetheit der Hauptsache, die sogenannte Doppelhypothese angewendet[391]. Danach sind die Folgen, die eintreten würden, wenn die einstweilige Anordnung nicht erginge, der Normenkontrollantrag später aber in der Hauptsache Erfolg hätte, mit den Nachteilen abzuwägen, die entstünden, wenn die begehrte einstweilige Anordnung erlassen würde, der Normenkontrollantrag aber in der Hauptsache später erfolglos bliebe[392]. Auch im verwaltungsgerichtlichen Verfahren nach § 80 Abs. 5 VwGO sind die Erfolgsaussichten der Hauptsache von entscheidender Bedeutung. Lässt sich weder die Recht- noch die Unrechtmäßigkeit des Verwaltungsaktes sicher bestimmen, ist maßgeblich, ob irreversible Folgen zu befürchten sind, wenn die Entscheidung im vorläufigen Rechtsschutzverfahren von der Entscheidung in der Hauptsache abweicht[393]. Unsicherheiten in tatsächlicher oder rechtlicher Hinsicht sind entsprechend der Schwere der für den Antragsteller drohenden Nachteile zu seinen Gunsten zu berücksichtigen[394]. Kennzeichnend für das Verfahren im einstweiligen Rechtsschutz ist darüber hinaus, dass im Eilverfahren grundsätzlich keine umfassende und vertiefte Untersuchung der Sachlage[395] stattfinden muss.

389 **1. Teil: D.**

390 LAG Berlin, Urteil vom 28. März 2006 – 7 Sa 1884/05, Rdn. 4 – juris.

391 Exemplarisch für die Rechtsprechung: BayVGH, Beschluss vom 16. Mai 2011 – 1 NE 10.2657, Rdn. 35 – juris; OVG Frankfurt/Oder, Beschluss vom 13. Januar 2004 – 3 B 274/03 NE, Rdn. 20 – juris. Für die Literatur: Sodan/Ziekow/*Ziekow* § 47, Rdn. 395.

392 OVG Berlin-Brandenburg, Beschluss vom 28. August 2007 – OVG 2 S 63.07, Rdn. 16 – juris

393 Beck-OK-VwGO/*Gersdorf* § 80, Rdn. 190, m.w.N.

394 Beck-OK-VwGO/*Gersdorf* § 80, Rdn. 190, m.w.N.

395 Dieser verringerte Prüfungsmaßstab bezieht sich *„idealtypisch“* nur auf die Tatsachenfeststellung. Die rechtliche Würdigung des festgestellten Sachverhalts ist grundsätzlich vollständig und abschließend vorzunehmen, vergl.: Schoch/Schneider/Bier/*Schoch* § 80, Rdn. 401.

Dieser Grundsatz wird als summarische Prüfung beschrieben[396]. Danach müssen die Parteien die entscheidungserheblichen Tatsachen lediglich zur Überzeugung des Gerichtes glaubhaft machen. Die Glaubhaftmachung von Tatsachen erfordert einen geringeren Grad an Wahrscheinlichkeit als der volle Beweis[397]. Die Prüfungspflicht des Gerichtes ist somit geringer als im Hauptverfahren.

Übertragen auf die vorliegende Problematik lautet die Doppelhypothese wie folgt: Die Folgen, die eintreten würden, wenn der Whistleblower schweigt, die Gefahr sich tatsächlich aber realisiert, sind mit den Nachteilen abzuwägen, die entstünden, wenn der Whistleblower auf der unsicheren Informationsgrundlage die Offenbarung vornimmt, die Information sich jedoch als unrichtig herausstellt und die Gefahr tatsächlich nicht bestand. Aufgrund der besonderen Eilbedürftigkeit erfolgt diese Abwägung nach einer summarischen Prüfung des Sachverhaltes. Der Hinweisgeber muss somit keine weiteren umfassenden und vertieften Sachverhaltsnachforschungen betreiben. Kurzgefasst: Je schwerwiegender die bedrohten Rechtsgüter sind, umso geringer sind die Anforderungen der Prüfungspflicht des Hinweisgebers.

cc) Keine Absenkung der Prüfungspflicht bei Gefährdung von bedeutenden Rechtsgütern

Eine solche Wechselwirkung von Prüfungspflicht und gefährdetem Rechtsgut ist abzulehnen. Die Prüfungspflicht besteht in Whistleblowing-Konstellationen unabhängig davon, welches konkrete Rechtsgut durch den Missstand gefährdet ist.

Das Kriterium der Leichtfertigkeit ist derart gering, dass es bereits dem Maßstab einer summarischen Prüfung gleichkommt. Zugleich ist die Prüfung des Sachverhaltes nach summarischen Maßstäben, auch im Rahmen des einstweiligen Rechtsschutzes die *unterste* Grenze der zulässigen Feststellung des Sachverhaltes[398]. Ferner darf nicht verkannt werden, dass die Anforderungen an eine nicht leichtfertig unwahre Offenbarung kaum noch herabgesetzt werden können. Eine Verringerung der Verpflichtung zur Beachtung der Umstände, die sich jedermann in der konkreten Situation *aufdrängen,* käme einem Verzicht auf das Erfordernis der Prüfungspflicht gleich.

Im genannten Beispiel wäre der Kraftwerksmitarbeiter somit überhaupt nicht angehalten, den Wahrheitsgehalt der Information zu überprüfen. Er könnte jede noch so abwegige Meldung über vermeintliche Gefahren offenbaren, ohne zugleich arbeitsrechtliche Sanktionen fürchten zu müssen, obgleich die Fehlerhaftigkeit der Information sich jedermann hätte *aufdrängen* müssen. Der Arbeitgeber stünde der rufschädigenden Wirkung, solcher gänzlich unreflektierten Offenbarungen, machtlos gegenüber. Dass die Gefährdung von bedeutenden Rechtsgütern keinen Verzicht

396 Schoch/Schneider/Bier/*Schoch* § 80, Rdn. 399 ff. Dieser Grundsatz gilt auch in anderen Verfahrensarten des einstweiligen Rechtsschutzes, vergl. etwa zu § 47 Abs. 6 VwGO: OVG Berlin-Brandenburg, Beschluss vom 28. August 2007 – 2 S. 63/07, Rdn. 16 f. – juris.

397 Schoch/Schneider/Bier/*Schoch* § 80, Rdn. 404.

398 Schoch/Schneider/Bier/*Schoch* § 80, Rdn. 403.

auf die Prüfungspflicht des Hinweisgebers begründen kann, belegt auch der Umstand, dass bei der Gefährdung von besonders bedeutenden Rechtsgütern, wie im fiktiven Beispiel, gesonderte gesetzliche Anordnungen über das Meldeverfahren von Missständen bestehen[399]. Bereits hier verdeutlicht sich, dass es primär dem Staat und seinen Einrichtungen obliegt, die Rechtsgüter der Allgemeinheit zu schützen[400].

Des Weiteren bewirkt ein Absinken der Anforderungen gleichsam, dass selbst bedingt vorsätzlich unwahre Offenbarungen keinen Verstoß mehr gegen die Prüfungspflicht darstellen. Hierdurch würde die vom Bundesverfassungsgericht vorgenommene Privilegierung einer nicht leichtfertig falschen Offenbarung unzulässig auf den Bereich des Vorsatzes erstreckt.

Bereits die Grenze zwischen einer leichtfertig und einer bedingt vorsätzlich falschen Offenbarung ist gering. Nach einer Meinung in der Literatur beschreibe der zivilrechtliche Begriff der Leichtfertigkeit schon einen Verschuldensmaßstab, der dem Bereich des bedingten Vorsatzes zuzuordnen sei[401]. Die herrschende Meinung vergleicht den Begriff aber mit dem Verschuldensmaßstab der groben Fahrlässigkeit[402]. Der Hinweisgeber kann sich somit auf die vom Bundesverfassungsgericht entwickelte Privilegierung nur berufen, sofern ihm ein Fahrlässigkeitsvorwurf zu Last gelegt wird.

Der Whistleblower verletzt aber seine Prüfungspflicht, wenn er bedingt vorsätzlich falsche Angaben bei seiner Offenbarung macht. Dies gilt aber nur, sofern die Anforderungen an die Prüfungspflicht nicht weiter abgesenkt werden. Denn ein Maßstab der geringere Anforderung stellt, als die Umstände zu beachten, die sich jedermann in der konkreten Situation hätten aufdrängen müssen, umfasst auch (bedingt) vorsätzliches Verhalten. Auch die Gefährdung von bedeutenden Rechtsgütern kann allerdings nicht geeignet sein, (bedingt) vorsätzlich falsche Offenbarungen zu schützen.

Daneben ist die Privilegierung von besonders wichtigen Rechtsgütern auch ein Einfallstor für die Einbeziehung von Drittinteressen in das Arbeitsverhältnis. Die Einbeziehung von Interessen, die außerhalb des Arbeitsverhältnisses liegen, ist aber generell abzulehnen[403]. Hinzu kommt, dass die Abgrenzung, welche Interessen eine Absenkung des Prüfungsumfanges des Whistleblowers rechtfertigen und welche

399 S.o.: § 6, § 2 und § 4 der AtSMV (Atomrechtliche Sicherheitsbeauftragten- und Meldeverordnung).

400 Vergl. hierzu: **1. Teil: D.V.4.b)aa)(2)**.

401 Beck-OK-BGB/*Unberath* § 276, Rdn. 15.

402 Siehe hierzu ausführlich oben: **1. Teil: B.II.3.a)**.

403 Dieser Aspekt wird vertieft behandelt im Kapitel: **1. Teil: D.V.4.b)**. Allerdings zeigt sich auch schon an dieser Stelle, dass die Wahrnehmung der Allgemein- und Drittinteressen, die außerhalb der Sphäre der Arbeitsvertragsparteien bestehen, primär die Aufgabe des Staates und seiner Institutionen ist. In besonders sensiblen Bereichen, beispielsweise bei der Sicherheit von Atomkraftwerken (vergl. hierzu die zuvor benannten Normen der AtSMV) bestehen für die Aufsicht dezidierte Regelungen, um Missstände aufzudecken und zu beseitigen.

nicht, kaum vorgenommen werden kann und insoweit neue Unwägbarkeit schafft und somit insgesamt der Rechtssicherheit abträglich ist[404].

Festzuhalten bleibt, dass auch in Anbetracht der Gefährdung von bedeutenden Rechtsgütern der Hinweisgeber seine Prüfungspflicht wahren muss. Die in Frage stehenden Rechtsgüter bewirken keine weitere Verringerung der Prüfungspflicht des Hinweisgebers. Auch bei besonders gewichtigen Rechtsgütern trifft den Whistleblower die Pflicht, nicht leichtfertig Unwahrheiten zu verbreiten. Er darf nicht völlig unreflektiert und *ins Blaue hinein* vermeintliche Gefährdungen oder vermeintlich unmittelbar bevorstehende oder bereits eingetretene Schädigungen von bedeutenden Rechtsgütern annehmen.

Kann der Hinweisgeber wegen der besonderen Dringlichkeit oder Komplexität keine gesicherte Entscheidung darüber treffen, ob wesentliche Rechtsgüter gefährdet sind oder sogar irreparable Schäden drohen, so ist er berechtigt, nach Einbeziehung und Würdigung sämtlicher ihm zugänglicher Sachverhaltsinformationen und sofern die Unwahrheit der Information sich ihm nicht aufdrängte, die Gefährdungslage zu beurteilen und gegebenenfalls eine Offenbarung vorzunehmen. Hat der Whistleblower diese Prüfung vorgenommen, so handelte er nicht leichtfertig. Auch in den skizzierten, besonderen Konfliktsituationen stellt diese geringe Prüfungspflicht des Hinweisgebers keine unzulässige Überforderung dar[405].

d) Leichtfertigkeit und Irrtum

aa) Irrtum über den Wahrheitsgehalt der Informationen

„*Errare humanum est*"[406]. Auch in Whistleblowing-Konstellationen wird der Arbeitnehmer sich häufig, insbesondere im Angesicht der drohenden Kündigung, nach der Offenbarung seines Irrtums auf eben jenem berufen wollen. Die im Rahmen der Ausschlusstatbestände aufgeführte Differenzierung zwischen einer irrtümlichen Strafanzeige, die auf unwahren Sachverhaltsinformationen beruht, und der irrtümlichen Falschanzeige, die auf objektiv zutreffenden Informationen aber einer falschen Würdigung beruht, kann auch in diesem Abschnitt fruchtbar gemacht werden. In der ersten Alternative – der Offenbarung lagen unwahre Sachverhaltsinformationen zugrunde – ist entscheidend, ob der Arbeitnehmer die Unwahrheit der Informationen leichtfertig nicht erkannte. Der Maßstab, in welcher Konstellation von einer solchen leichtfertigen Annahme auszugehen ist, wurde im obigen Abschnitt ausführlich dargestellt.

---

404 Siehe zur vergleichbaren Problematik bei der Bestimmung eines *besonderen* öffentlichen Interesses: **1. Teil: D.V.4.b)aa)(3)(c).**

405 Die Frage, ob Frau Heinisch ihre Prüfungspflicht wahrte oder leichtfertig eine Gefährdung der Rechtsgüter Leib und Leben eines Menschen annahm, wird im Kapitel: **1. Teil: D.IV.1.**

406 Zurückgehend auf die lateinische Wendung: „*Errare (Errasse) humanum est, sed in errare (errore) perseverare diabolicum*".

bb) Irrtum auf der Subsumtions- oder Rechtsebene und die Auswirkungen einer vorhergehenden anwaltlichen Beratung

Schwieriger ist demgegenüber die Leichtfertigkeit zu bestimmen, wenn der Irrtum nicht im Bereich der Sachverhaltsinformationen anzusiedeln ist, sondern eine falsche Offenbarung aufgrund einer irrtümlichen Würdigung der objektiv zutreffenden Informationen erfolgte. Einem solchem Irrtum kann der Whistleblower sowohl auf der Rechtsebene als auch der Subsumtionsebene unterliegen. Beide Konstellationen der unzutreffenden Bewertung der Strafwürdigkeit von bestimmten Umständen, sind in der Praxis anzutreffen. Besonders prädestiniert für einen Subsumtionsirrtum sind dabei beispielsweise die komplexen Bereiche der Vermögensdelikte. Teilweise werden jedoch auch neue Straftatbestände kreiert. In einem Verfahren vor dem LAG Köln vom 2. Februar 2012, erhob ein Beschäftigter eines Verkehrsunternehmens den Vorwurf, sein Arbeitgeber sei für vermeintliche technische Mängel und Manipulationen verantwortlich. Daher habe er sich vorsätzlich, gemeinschaftlich und aus niederen Beweggründen in mehreren Fällen, der schweren Körperverletzung, der „*Verkehrs- und Transportgefährdung*" und des „*schweren Eingriffs in den Straßenverkehr*" schuldig gemacht[407].

Gerade weil die strafrechtliche Würdigung eines Sachverhaltes sich schwierig gestalten kann, sollte der Arbeitnehmer nicht voreilig entsprechende Vorwürfe gegenüber Dritten erheben. Wie das Verfahren vor dem LAG Köln vom Februar 2012 zeigt, drohen dem Arbeitnehmer nicht nur arbeitsrechtliche Konsequenzen. Bei einer strafrechtlichen Anschuldigung, die sich im Nachhinein als unrichtig herausstellt, begibt der Arbeitnehmer sich häufig in die Gefahr, im so genannten Umkehrverfahren sich wegen falscher Verdächtigung oder Verleumdung selbst strafbar zu machen[408]. Bei komplexen Sachverhalten ist dem Arbeitnehmer anzuraten, sich vor einer organisationsexternen Veröffentlichung der Informationen, durch eine rechtskundige Person beraten zu lassen. Wird diese rechtliche Einschätzung von einem Rechtsanwalt durchgeführt, so ist in der Informationsweitergabe noch keine externe Offenbarung von betrieblichen Missständen zu erblicken. Aufgrund der regelmäßig einschlägigen anwaltlichen Schweigepflicht, kann nicht davon gesprochen werden, dass die Information betriebsextern bekannt gemacht wurde. Der Whistleblower ist in seinem Vertrauen darauf schutzwürdig, dass der Rechtsanwalt seine berufliche Schweigepflicht wahren und nur in Abstimmung mit seinem Mandanten handeln wird[409]. Alternativ

---

407 LAG Köln, Urteil vom 2. Februar 2012 – 6 Sa 304/11, Rdn. 4 – juris. Ein Sachverständiger stellte letztlich fest, dass aufgrund der technischen Eigenart keine Mängel vorlagen. Da zur Überzeugung des Gerichtes auch noch feststand, dass der Arbeitnehmer ein Gespräch mit einem Zeugen hinsichtlich der vermeintlichen Manipulation der Busse durch den Arbeitgeber erfunden hatte, erachtete das LAG die Kündigung als wirksam. Ausführlich hierzu: **1. Teil: D.V.4.b)gg)(c).**

408 LAG Köln, Urteil vom 2. Februar 2012 – 6 Sa 304/11, Rdn. 5 – juris.

409 Die gegenteilige Handlungsweise verstößt nicht nur gegen den Berufsethos, sondern ist nach § 203 StGB auch strafbewehrt.

steht dem Arbeitnehmer auch die Möglichkeit zu, eine rechtliche Würdigung der Sachverhaltsinformationen anonymisiert zu erhalten.

Beherzigt der Whistleblower den obigen Rat und konsultiert eine entsprechend kundige Person, so erscheint zweifelhaft, ob in dieser Konstellation noch ein leichtfertiges Offenbaren vorliegen kann.

Ein Rechtsunkundiger kann sich in der Regel jedenfalls auf die Auskunft eines Rechtsanwaltes verlassen[410]. Ist diese Auskunft wider Erwarten falsch, so befindet sich ein Täter in einem unvermeidbaren Verbotsirrtum nach § 17 S. 1 StGB und ist straffrei, wenn nicht die wahre Rechtslage ohne weiteres erkennbar war[411]. Für einen Whistleblower, der sich zunächst von einem Rechtsanwalt hinsichtlich der Strafwürdigkeit eines bestimmten Verhaltens hat beraten lassen und erst hiernach eine entsprechende externe Stelle informiert, muss Entsprechendes gelten. War die Auskunft des Rechtsanwaltes hinsichtlich der Gesetzeswidrigkeit des Verhaltens des Arbeitgebers wider erwarten falsch und musste sich dies nicht jedermann in der konkreten Situation aufdrängen, so offenbarte der Arbeitnehmer nicht leichtfertig falsch betriebsinterne Vorgänge.

Eine abweichende Ansicht überspannt die Anforderungen, die an die Prüfungspflicht des Whistleblowers zu stellen sind. Es stellt sich die Frage, in welcher Konstellation der Whistleblower nicht leichtfertig handelt, wenn selbst die Rechtsauskunft eines Rechtsanwaltes oder einer vergleichbaren Person, die nicht offensichtlich falsch ist, nicht ausreichen kann, um eine Leichtfertigkeit der Offenbarung eines Missstandes auszuschließen. Ein älteres Urteil des LAG Köln, das vor der Entscheidung des BVerfG zum Whistleblowing ergangen ist[412], stützt diese Auffassung[413]. Danach könne ein Vertragsverstoß kündigungsrechtlich durch einen Irrtum nur dann abgeschwächt werden, wenn dieser unverschuldet sei. Dies sei er aber nur, wenn sich der Arbeitnehmer zuvor rechtskundigen Rat eingeholt habe. Auch in der Literatur wird die vorliegende Ansicht geteilt; so geht *Ulber* beispielsweise davon aus, dass der Umstand, dass eine Arbeitnehmerin eine Anzeige erst nach Rücksprache mit einem Anwalt erstatte, *„an sich massiv"* gegen die Annahme einer Leichtfertigkeit spreche[414]. Eine abweichende Auffassung vertritt lediglich das Landesarbeitsgericht Berlin in einem Urteil. Danach stehe die Beauftragung eines Rechtsanwaltes der Annahme der Leichtfertigkeit nicht entgegen[415]. Da dieses Urteil des Landesarbeitsgerichts Berlin an späterer Stelle insgesamt einer ausführlichen kritischen Würdigung unterzogen wird, soll auf diese,

---

410 Diese Überlegungen sind nicht im gleichen Maße auf andere betrieblichen Stellen übertragbar. So verfügen beispielsweise Betriebsratsvorsitzende oder Gewerkschaftsvertreter nicht über die nötigen, nachgewiesenen Kenntnisse.

411 S/S/*Sternberg-Lieben* § 17 Rdn. 18; Fischer § 17, Rdn. 9a.

412 Ein Bezug zum Kriterium der Leichtfertigkeit kann dem Urteil folglich nicht entnommen werden.

413 LAG Köln, Urteil vom 10. Juni 1994 – 13 Sa 237/94, LAGE § 626 BGB, Nr. 78.

414 *Ulber*, NZA 2011, 962, 963.

415 LAG Berlin, Urteil vom 28. März 2006, 7 Sa 1884/05, Rdn. 51 – juris.

bereits aus den genannten Gründen nicht überzeugende, abweichende Auffassung an der entsprechenden Stelle eingegangen werden[416].

4. Wirkung außerhalb des Strafverfahrens

Die Wirkung des Urteils des Bundesverfassungsgerichts geht weit über den Anwendungsbereich der Zulässigkeit einer Kündigung aufgrund einer Strafanzeige hinaus. Die Einschränkung, dass eine Kündigung aufgrund einer Strafanzeige im Regelfall nicht erfolgen kann, sofern Sie nicht auf wissentlich unwahre oder leichtfertig falsche Angaben gestützt wird, ist verallgemeinerungsfähig[417]. Durch die Wahrnehmung von staatsbürgerlichen Rechten darf im Regelfall, also ohne das Hinzutreten weiterer Umstände, kein Grund zur Kündigung abgeleitet werden. Führt das Offenbaren von betrieblichen Vorgängen nicht zu einer Strafanzeige, weil der Whistleblower den Arbeitgeber bei einer anderen externen Stelle anzeigt, so kann er sich zwar nicht wie bei einer Strafanzeige auf das staatsbürgerliche Recht aus Art. 2 Abs. 1 GG i.V.m. dem Rechtsstaatsprinzip stützen, jedoch auf die staatsbürgerlichen Rechte aus Art. 5 Abs. 1 GG und Art. 17 Abs. 1 GG. Insofern kann kein anderer Wertungsmaßstab gelten. Lediglich der Anknüpfungspunkt für den identischen Schutzmaßstab ist unterschiedlich.

Ein Urteil des Landesarbeitsgerichts Berlin-Brandenburg stützt diese These. Das Landesarbeitsgericht musste einen Fall entscheiden, in dem eine Arbeitnehmerin keine Strafanzeige erstattete, sondern mit einer Mitteilung an den Kreistagsvorsitzenden drohte[418]. Das Landesarbeitsgericht führt aus, dass nicht nur im Rahmen der Erstattung von Strafanzeigen die – nach den Vorgaben des Bundesverfassungsgericht entwickelte – Rechtsprechung des Bundesarbeitsgerichts zu beachten ist, sondern dass diese Grundsätze auch bei Anzeigen oder anzeigenähnlichen Mitteilungen bei anderen Behörden oder Aufsichtsgremien gelten[419]. Die Rechtsprechungsgrundsätze gelten somit vollumfänglich auch für das Offenbaren gegenüber anderen Stellen, außerhalb des Strafverfahrens.

---

416 S.u.: **1. Teil: D.IV.1.c)cc)**.

417 *Deiseroth* bezeichnet in seiner Stellungnahme zum Entwurf des HinwGebSchG eine solche Übertragung als *„naheliegend"*. Vergl.: Ausschussdrucksache 17(11)783, S. 41, 46.

418 Zwischen den Parteien war streitig, ob diese Drohung tatsächlich ausgesprochen wurde: LAG Berlin-Brandenburg, Urteil vom 21. Dezember 2009 – 10 Sa 2193/09, 10 Sa 2194/09, Rdn. 25, 67 – juris. Zur Problematik der Vergleichbarkeit von Drohung und tatsächlicher Anzeigeerstattung, vergl.: **1. Teil: A.II.6.f)**.

419 LAG Berlin, Urteil vom 21. Dezember 2009 – 10 Sa 2193/09, 10 Sa 2194/09, Rdn. 63 – juris.

5. *Umsetzung durch das BAG, Urteil des Bundesarbeitsgerichts vom 3. Juli 2003 – 2 AZR 235/02*

Die Erfurter Richter hatten zwei Jahre nach dem Urteil des Bundesverfassungsgerichts Gelegenheit, die neuen Vorgaben aus Karlsruhe umzusetzen. Die von dem Bundesverfassungsgericht vorgenommene Zäsur wurde konsequent umgesetzt. Die Richter des Bundesarbeitsgerichts sprachen ein Urteil, das bis heute als Grundsatzurteil für die Zulässigkeit einer Kündigung aufgrund des Offenbarens von betrieblichen Vorgängen gelten darf.

a) Sachverhalt

Das Bundesarbeitsgericht musste über die Wirksamkeit einer Kündigung eines Sozialarbeiters entscheiden, der den Arbeitgeber wegen der Veruntreuung von Geldern bei der Staatsanwaltschaft angezeigt hatte. Ein Ermittlungsverfahren wegen Untreue wurde nach § 170 Abs. 2 StPO eingestellt. Aufgrund eines Verstoßes gegen das Ausländergesetz wurde letztlich ein Bußgeldbescheid erlassen.

b) Entscheidung

Zunächst stellt das Bundesarbeitsgericht die von dem Bundesverfassungsgericht vorgegebenen Einschränkungen der Kündigungsmöglichkeit aufgrund einer Strafanzeige, die nicht wissentlich oder leichtfertig auf falschen Angaben gestützt wird, dar[420]. Es stellt darüber hinaus fest, dass das Bundesverfassungsgericht keinen Rechtssatz aufgestellt habe, dass eine Kündigung ausnahmslos dann zu verneinen sei, wenn der Arbeitnehmer eine Anzeige bei den Strafverfolgungsbehörden erstatte, ohne wissentlich oder leichtfertig falsche Angaben zu machen[421]. Wie schon die Formulierung *im Regelfall* zeige, seien *„auch von Verfassungs wegen weitere Ausnahmefälle denkbar, in denen eine Kündigung auch dann möglich ist, wenn die vom Bundesverfassungsgericht selbst formulierte Einschränkung der wissentlich oder leichtfertig gemachten falschen Angaben nicht eingreife*[422].“ Eine kündigungsrelevante erhebliche Verletzung arbeitsvertraglicher Nebenpflichten könne sich im Zusammenhang mit der Erstattung einer Strafanzeige im Einzelfall auch aus anderen Umständen ergeben[423]. Unter Berücksichtigung der grundrechtlichen Rahmenbedingungen, seien die vertraglichen Rücksichtnahmepflichten dahingehend zu konkretisieren, dass sich die Anzeige des Arbeitnehmers nicht als eine unverhältnismäßige Reaktion auf ein Verhalten des Arbeitgebers oder seines Repräsentanten darstellen darf. Dabei können als Indizien für eine unverhältnismäßige Reaktion des anzeigenden Arbeitnehmers sowohl *die Berechtigung der Anzeige* als auch *die Motivation des Anzeigenden* oder

420 BAG, Urteil vom 3. Juli 2003 – 2 AZR 235/02, Rdn. 27 – juris.
421 BAG, Urteil vom 3. Juli 2003 – 2 AZR 235/02, Rdn. 28 – juris.
422 BAG, Urteil vom 3. Juli 2003 – 2 AZR 235/02, Rdn. 29 – juris.
423 BAG, Urteil vom 3. Juli 2003 – 2 AZR 235/02, Leitsatz – juris.

ein *fehlender innerbetrieblicher Hinweis* auf die angezeigten Missstände sprechen[424]. Bedeutsam ist darüber hinaus, dass das Gericht klar herausstellt, dass es nicht zum Nachteil des Arbeitnehmers gereichen darf, wenn die nicht leichtfertig gestellte Anzeige sich im Nachhinein als unrichtig oder nicht aufklärbar erweist[425].

c) Bewertung

Das Urteil des Bundesarbeitsgerichts setzt einerseits konsequent die Vorgaben des Bundesverfassungsgerichts um und stellt zugleich klar, dass eine kündigungsrelevante Vertragspflichtverletzung auch dann vorliegen kann, wenn der Arbeitnehmer nicht wissentlich oder leichtfertig falsche Angaben bei der Offenbarung der Informationen machte. Die Vorinstanz hatte demgegenüber noch angenommen, dass eine Kündigung nur noch dann möglich sei, wenn der Arbeitnehmer hierbei wissentlich oder leichtfertig falsche Angaben gemacht habe[426]. Entsprechend den Vorgaben des Bundesverfassungsgerichts, unterscheidet das Bundesarbeitsgericht indes konsequent zwischen der Erfüllung einer staatsbürgerlichen Pflicht und der Wahrnehmung von staatsbürgerlichen Rechten. Bei letzterem kann eine Kündigung, entgegen dem Regelfall, durch das Hinzutreten weiterer Umstände, dennoch erfolgen. Diese Differenzierung im Schutzmaßstab des Whistleblowers, ist eindeutig in der Entscheidung des Bundesverfassungsgerichts enthalten. Hätte das Bundesverfassungsgericht einen solchen Rechtssatz nicht aufstellen wollen, so hätte es die Einschränkung der Sanktionsmöglichkeit für den *Regelfall,* entsprechend den Ausführungen bei der Erfüllung von staatsbürgerlichen Pflichten, ebenfalls weggelassen[427].

Dass die Konkretisierung der Rücksichtnahmepflicht unter Beachtung des grundrechtlichen Rahmens in einer Verhältnismäßigkeitsprüfung mündet, ist ebenfalls überzeugend. Die Grundrechte der Beteiligten kommen hierdurch mittelbar, über das Einfallstor der vertraglichen Rücksichtnahmepflicht (§ 241 Abs. 2 BGB), zur Geltung. Im Rahmen einer Verhältnismäßigkeitsprüfung können die Umstände des Einzelfalles berücksichtigt und die konfligierenden Grundrechtspositionen so in einem möglichst schonenden und gerechten Ausgleich überführt werden. Zugleich ist das Bundesarbeitsgericht auch um eine Konkretisierung der Verhältnismäßigkeitsprüfung bemüht, indem es verschiedene Kriterien aufführt die als Indizien bei der Prüfung der Verhältnismäßigkeit der Reaktion des Arbeitnehmers zu würdigen sind. Dies sind zum einen die Berechtigung der Anzeige, die Motivation des Anzeigenden oder die Frage nach einem vorhergehenden innerbetrieblichen Hinweis[428].

---

424 BAG, Urteil vom 3. Juli 2003 – 2 AZR 235/02, Rdn. 38 – juris.

425 BAG, Urteil vom 3. Juli 2003 – 2 AZR 235/02, Rdn. 33. – juris; Vergl. ausführlich zur Beweislastverteilung: **1. Teil: D.IV.1.b).**

426 LAG Hessen, Urteil vom 27. November 2001 – 15 Sa 411/01, Leitsatz, Rdn. 35 ff. – juris.

427 BVerfG, Beschluss vom 2. Juli 2001 – 1 BvR 2049/00 Rdn. 20 – juris. Ausführlich: **1. Teil: B.II.1.**

428 BAG, Urteil vom 3. Juli 2003 – 2 AZR 235/02, Rdn. 38 – juris.

Das Bundesarbeitsgericht hat somit eine zweistufige Prüfung etabliert. Zunächst sei davon auszugehen, dass im Regelfall eine Offenbarung von Betriebsinterna des Arbeitnehmers, soweit nicht *wissentlich oder leichtfertig* falsche Angaben hierbei gemacht werden, nicht zur Kündigung berechtige[429]. Offenbart der Whistleblower nicht in wissentlich unwahrer oder leichtfertig falscher Art und Weise betriebliche Missstände, so ist in dieser Konstellation die nachfolgende Abwägung bereits beträchtlich zu Gunsten des Whistleblowers vorbelastet. Allerdings kann eine Kündigung auch bei nicht wissentlich unwahren oder leichtfertig falschen Angaben erfolgen, wenn weitere Umstände hinzutreten, die die Anzeige des Arbeitnehmers insgesamt als unverhältnismäßige Reaktion auf ein Verhalten des Arbeitgebers erscheinen lässt. Für die Konstellation der Erfüllung der Voraussetzungen der Prüfungspflicht, gelten die Ausführungen entsprechend. Handelt der Whistleblower demnach bei der Offenbarung von Betriebsinterna bewusst wahrheitswidrig oder leichtfertig, so stellt dies einen gewichtigen Grund dar, der eine Kündigung zu rechtfertigen vermag. Dies ergibt sich bereits aus einem Umkehrschluss zu den Ausführungen des Bundesverfassungsgerichts und wird in der späteren Umsetzung durch das Bundesarbeitsgericht und die Instanzgerichte bestätigt. So führt das Bundesarbeitsgericht in der genannten Entscheidung aus, dass weitere Sachverhalte, außerhalb der Konstellation der wissentlich oder leichtfertig falschen Offenbarung, denkbar seien, in denen auch eine kündigungsrelevante *„erhebliche"* Verletzung der Pflichten des Arbeitnehmers vorliegt[430]. Noch deutlicher formuliert dies das Landesarbeitsgericht Köln in der zum Zeitpunkt der Bearbeitung jüngsten einschlägigen Entscheidung. Danach komme es *„maßgeblich"* darauf an, ob die Strafanzeige des Arbeitnehmers nicht auf einem wissentlich unwahrem Vortrag beruhe oder leichtfertig erfolge[431].

d) Kritik

Die Etablierung dieses zweiten Prüfungsschrittes wird in der Literatur teilweise kritisch gesehen[432]. Richtig ist, dass das Bundesarbeitsgericht über die vom Bundesverfassungsgericht[433] aufgestellten Voraussetzungen hinausgehend, eine Verhältnismäßigkeitsprüfung vornimmt. Allerdings ist zu beachten, dass das Bundesarbeitsgericht die Wirksamkeit einer solchen Kündigung bereits vor der Entscheidung des Bundesverfassungsgerichts am Maßstab der Verhältnismäßigkeitsprüfung gemessen hat. In einem Urteil aus dem Jahre 1991, in dem ein Arbeitnehmer eine Strafanzeige gegen seinen Arbeitgeber wegen eines Steuervergehens gestellt hatte, führt das Gericht aus, dass in jedem Falle geprüft werden müsse, ob der Arbeitnehmer in der Erstattung der Anzeige *„eine verhältnismäßige Reaktion zu dem Verhalten*

429 BAG, Urteil vom 3. Juli 2003 – 2 AZR 235/02, Rdn. 27 – juris.
430 BAG, Urteil vom 3. Juli 2003 – 2 AZR 235/02, Rdn. 26 – juris.
431 LAG Köln, Urteil vom 2. Februar 2012 – 6 Sa 304/11, Rdn. 25 – juris.
432 *Deiseroth,* Ausschussdrucksache 17(11)783, S. 41, 47.
433 BVerfG, Beschluss vom 2. Juli 2001 – 1 BVR 2049/00, NZA 2001, 888.

des Arbeitgebers sehen durfte“[434]. Insofern ist es ungenau, dem Bundesarbeitsgericht Umsetzungsmängel vorzuwerfen, es könnte allenfalls kritisiert werden, dass das Bundesarbeitsgericht zu Unrecht auf seiner Verhältnismäßigkeitsprüfung beharre. Da das Bundesverfassungsgericht jedoch nur Einschränkungen für die Zulässigkeit einer Kündigung aufgrund einer Anzeige für den *Regelfall* aufgestellt hatte, ist das Festhalten des Bundesarbeitsgerichts an der Verhältnismäßigkeitsprüfung überzeugend. Auch der Vorwurf einer Konturlosigkeit derselben kann nicht überzeugen[435]. Durch die Heranziehung von einzelnen Kriterien ist das Bundesarbeitsgericht um eine Konkretisierung und Eingrenzung bemüht. Meines Erachtens würde eine Rechtsprechung, die eine Kündigung aufgrund einer Offenbarung von Betriebsinterna nur dann erlaubt, sofern der Arbeitnehmer hierbei wissentlich unwahre oder leichtfertig falsche Angaben macht, die Besonderheiten der Loyalitäts- und Rücksichtnahmepflichten, die mit der freiwilligen Eingehung eines Arbeitsverhältnisses begründet werden, verkennen. Zudem wäre eine solche Rechtsprechung mit den verfassungsrechtlich verbürgten Rechten des Arbeitgebers nur schwerlich zu vereinbaren. Denn wie ausgeführt schützt Art. 12 GG beispielsweise das Interesse des Arbeitgebers, *„nur mit solchen Arbeitnehmern zusammenzuarbeiten, die die Ziele des Unternehmens fördern und das Unternehmen vor Schäden bewahren*“[436]. Vor diesem Hintergrund muss etwa in der Konstellation, in der ein Arbeitnehmer sich nicht leichtfertig auf unwahre Angaben stützt, zugleich jedoch unter der Umgehung eines zumutbaren innerbetrieblichen Klärungsversuches und mit böswilliger Schädigungsabsicht eine Strafanzeige erstattet, eine Möglichkeit für den Arbeitgeber bestehen, sich von diesem Arbeitnehmer zu trennen[437]. Die Verhältnismäßigkeitsprüfung ermöglicht es die vielen besonderen Aspekten, die sich aus der Natur der Arbeitsverhältnis als Dauerschuldverhältnis und den Umständen des Einzelfalles ergeben, zu beachten. Zudem hat das Bundesarbeitsgericht bereits früh herausgestellt, dass das Prinzip der Verhältnismäßigkeit im Kündigungsrecht ein allgemein gültiger Grundsatz sei[438]. Die Verhältnismäßigkeitsprüfung ist ein das gesamte Kündigungsrecht beherrschender allgemeiner Grundsatz. Dies ist mittlerweile im Grundsatz unbestritten und durch § 1 KSchG und § 626 BGB gesetzlich fixiert und teilweise konkretisiert[439]. Das Bundesarbeitsgericht hat somit die Vorgaben des Bundesverfassungsgerichts konsequent umgesetzt und konkretisiert

434 BAG, Urteil vom 4. Juli 1991 – 2 AZR 80/91, Rdn. 20 – juris.
435 *Deiseroth,* Ausschussdrucksache 17(11)783, S. 41, 47.
436 BAG, Urteil vom 3. Juli 2003 – 2 AZR 235/02, Rdn. 36 – juris.
437 Zur Problematik einer sachlich berechtigten, aber in Schädigungsabsicht vorgenommenen organisationsexternen Anzeige: **1. Teil: C.II.3.**
438 BAG, Urteil vom 30. Mai 1978 – 2 AZR 630/76, Rdn. 17 f. – juris.
439 Die genaue kündigungsrechtliche Ausgestaltung ist allerdings weiterhin streitig. Insbesondere ist fraglich, inwieweit das allgemeine Prinzip des Verhältnismäßigkeitsgrundsatzes durch gesetzliche Vorschriften konkretisiert bzw. verdrängt wird, vergl. hierzu: A/P/S/*Preis* Grundlagen H, Rdn. 64.

zutreffend die Rücksichtnahmepflicht durch eine Abwägung der widerstreitenden Interessen im Rahmen einer Verhältnismäßigkeitsprüfung[440].

6. *Kein enumerativer Kriterienkatalog des Bundesarbeitsgerichts*

Die Frage, ob es sich bei dem Kriterienkatalog um eine abschließende Aufzählung handelt, wurde bis zur Entscheidung des EGMR aus dem Jahre 2011 von der Literatur nicht behandelt. Bis zu diesem Zeitpunkt bestand auch kein dringendes Interesse an der Beantwortung der Frage. Möchte der Gesetzgeber zum Ausdruck bringen, dass eine Aufzählung nicht enumerativ sein soll, so bedient er sich vor allem dem Adverb *„insbesondere"*. Dieses Adverb fehlt in der Aufzählung des Bundesarbeitsgerichts. Dennoch spricht der Wortlaut gegen einen abschließenden Kriterienkatalog. So führt das Gericht aus, dass *„als Indizien* [...] *sowohl* [...] *als auch* [...] *oder"* beachtet werden *„können"*[441]. Wäre es die Intention des Bundesarbeitsgerichts gewesen, die Kriterien der Verhältnismäßigkeitsprüfung abschließend vorzugeben, so hätte es die Aufzählung zudem nicht im Konjunktiv vorgenommen. Außerdem spricht auch das Wesen der Verhältnismäßigkeitsprüfung für eine Entwicklungsoffenheit. Ein starrer, abschließender Kriterienkatalog konterkariert die jeder Verhältnismäßigkeitsprüfung immanenten Intention der Würdigung der besonderen Umstände des jeweiligen Einzelfalls. Die besseren Argumente sprechen daher dafür, dass der vom Bundesarbeitsgericht vorgegebene Kriterienkatalog einer Weiterentwicklung nicht versperrt ist.

Nachfolgend werden die vom Bundesarbeitsgericht vorgegebenen Abwägungsfaktoren, bis zum Zeitpunkt der Entscheidung des Europäischen Gerichtshofs für Menschenrechte in Sachen *Heinisch*, intensiv beleuchtet.

III. Fazit

Erwägt der Arbeitgeber gegenüber einem Beschäftigten aufgrund einer organisationsexternen Offenbarung von innerbetrieblichen Vorgängen eine Kündigung auszusprechen, so sollte er zuvor die Umstände der Offenbarung dezidiert betrachten. In bestimmten Konstellationen ist dieses Vorgehen a priori ohne Aussicht auf Erfolg **(I)**.

Sofern eine solche Konstellation nicht vorliegt, erfolgt die nächste Weichenstellung durch Beantwortung der Frage, ob das Whistleblowing im Rahmen der Erfüllung einer staatsbürgerlichen Pflicht (wie der Zeugenpflicht) erfolgte oder ob betriebliche Vorgänge im Rahmen der Wahrnehmung eines staatsbürgerlichen Rechts (bspw. durch eine Strafanzeige) organisationsextern bekannt gemacht wurden **(II)**. Nur in der ersten Konstellation ist der Whistleblower umfassend geschützt, sofern er im Rahmen dieser Pflicht nicht wissentliche unwahre oder leichtfertig falsche Angaben machte.

440 Zustimmend: *Kort*, FS Kreutz 2010, 247, 255. Danach seien die Ausführungen des BAG eine sinnvolle Ergänzung des Urteils des BVerfG und stünden nicht im Widerspruch zu dem Urteil oder blieben hinter diesem zurück.

441 BAG, Urteil vom 3. Juli 2003 – 2 AZR 235/02, Rdn. 38 – juris.

Bei der Wahrnehmung von staatsbürgerlichen Rechten kann demgegenüber, trotz des Umstandes, dass die Offenbarung nicht wissentlich oder leichtfertig unwahre Informationen enthielt, eine Kündigung, durch das Hinzutreten weiterer Umstände, wirksam erfolgen[442]. Welche weiteren Kriterien – entgegen dem Regelfall – die Kündigung aufgrund einer nicht wissentlich unwahren oder leichtfertig falschen organisationsexternen Offenbarung rechtfertigen, wird nachfolgend auf der **3. (C)** und **4. (D)** Ebene der Systematisierung vertieft untersucht. Die Rechtfertigung der Kündigung beruht in einer solchen Konstellation auf einer insgesamt unverhältnismäßigen Reaktion des Beschäftigten. Dabei sind auf der 3. Prüfungsebene **(C)** die Kriterien der Motivation, der sachlichen Berechtigung und der Verpflichtung zur vorherigen innerbetrieblichen Abhilfe zu würdigen. Die Frage, ob die Rechtsprechung des Europäischen Gerichtshofs für Menschenrecht in Sachen *Heinisch* eine Ergänzung oder Abweichung von diesen Prüfungsgrundsätzen erfordert, wird auf der 4. Prüfungsebene **(D)** untersucht.

Festzuhalten ist aber bereits an dieser Stelle, dass Whistleblower in Deutschland keinesfalls schutzlos sind. Im Gegenteil, die Kündigung aufgrund der Offenbarung eines betrieblichen Missstandes ist nach den Leitentscheidungen der höchstinstanzlichen Judikatur im Regelfall unzulässig. Voraussetzung ist allerdings, dass der Hinweisgeber vor der Offenbarung seine Prüfungspflicht erfüllte und nicht leichtfertig falsche Informationen veröffentlichte. Unterfällt die Offenbarung von betrieblichen Vorgängen dieser verfassungsrechtlich vorgegebenen Privilegierung, dann ist auch die Veröffentlichung von Verdachtsmomenten über das Bestehen eines Missstandes im Regelfall nicht geeignet, eine Kündigung des Beschäftigungsverhältnisses zu rechtfertigen.

Insofern kann die in der Einleitung vorangestellte These, dass ein Ungleichgewicht bestehe, wenn einerseits der Arbeitgeber bereits bei einem Verdacht auf ein strafbares Verhalten des Beschäftigten eine Kündigung aussprechen könne und andererseits der Beschäftigte dieses Risiko auch dann trage, wenn er einen Verdacht über ein gesetzeswidriges Verhalten des Arbeitgebers äußere, revidiert werden.

Verkennt der Hinweisgeber nicht *blauäugig* sich jedermann aufdrängende Unklarheiten, so ist seine Offenbarung im Regelfall nicht geeignet, eine Kündigung zu rechtfertigen[443].

---

442 Auch wenn der Schutzmaßstab somit unterschiedlich ist, muss in sämtlichen Konstellationen festgestellt werden, ob der Whistleblower seine Prüfungspflicht erfüllte, vergl.: **1. Teil: B.II.3.c)cc).**

443 In einem an späterer Stelle ausführlich zu besprechenden Urteil wurde eine Kündigung einer Bankangestellten für unwirksam erklärt, obwohl sie trotz *„dürftiger"* Verdachtsmomente schwere Anschuldigungen erhob. Maßgeblich stützte sich das Gericht hierbei auf den Umstand, dass die innerbetriebliche Meldung nicht leichtfertig erfolgte, vergl. : BAG, Urteil vom 27. September 2012 – 2 AZR 646/11, Rdn. 43 – juris. Ausführlich hierzu: **2. Teil: A.II.1.e).** Zudem ist nicht zu verkennen, dass auch die Verdachtskündigung des Arbeitgebers insgesamt strengen Beschränkungen unterliegt. Der Arbeitgeber ist grundsätzlich im Rahmen seiner

C. 3. Prüfungsebene – Die Abwägungskriterien im Übrigen bis zur Entscheidung des Europäischen Gerichtshofs für Menschenrechte

I. Motivation des Beschäftigten

Dem Kriterium der Motivation des Hinweisgebers maß das Bundesarbeitsgericht bereits vor der Entscheidung des Bundesverfassungsgerichts[444] zum Whistleblowing Bedeutung zu[445].

Erstmals Erwähnung findet das Kriterium in einer Entscheidung des Bundesarbeitsgerichts vom 4. Juli 1991[446]. Das Bundesarbeitsgericht musste über die Wirksamkeit einer außerordentlichen Kündigung entscheiden.

Die Parteien standen zeitweise in intimer Beziehung zueinander. Es kam jedoch zur Zerrüttung der Beziehung. Strittig ist zwischen den Parteien, ob die Arbeitnehmerin hiernach gedroht habe, sie werde den Arbeitgeber „*fertigmachen*"[447], indem sie ihm die Steuerfahndung „*auf den Hals hetze*"[448], falls er es wagen sollte, das Arbeitsverhältnis zu kündigen. Der Arbeitgeber kündigte das Beschäftigungsverhältnis aufgrund der Zerrüttung der persönlichen Beziehung zunächst ordentlich. Nachdem es jedoch zu einer Durchsuchung der Steuerbehörden kam, sprach der Arbeitgeber die außerordentliche Kündigung aus. Die Arbeitnehmerin bestreitet, ursächlich für die Durchsuchung der Steuerbehörden zu sein. Ob ein Verstoß gegen Normen des Steuerrechts vorlag, ist nicht abschließend geklärt. Das Bundesarbeitsgericht rügte, dass das LAG einen solchen Verstoß in tatsächlicher Hinsicht nicht hinreichend festgestellt habe[449]. Es sprächen lediglich einige Umstände hierfür[450]. Unstreitig unterstützte die Arbeitnehmerin die Durchsuchung der Steuerfahndung in den Privat- und Geschäftsräumen des Arbeitgebers durch gezielte Hinweise.

Aufklärungsobliegenheit verpflichtet, den Arbeitnehmer vor dem Ausspruch einer Kündigung anzuhören. Hierdurch soll dem Arbeitnehmer ermöglicht werden, bestimmte, zeitlich und räumlich eingegrenzte Indiztatsachen zu bestreiten oder den Verdacht entkräftende Tatsachen zu bezeichnen und so zur Aufhellung der für den Arbeitgeber im Dunkeln liegenden Geschehnisse beizutragen. Vergl. hierzu: BVerfG, Beschluss vom 4. November 2008 – 1 BvR 2587/06, NZA 2009, 53; BAG, Urteil vom 23. Juni 2009 – 2 AZR 474/07, Rdn. 56 – juris; MünchKommBGB/*Henssler* § 626 BGB, Rdn. 240 ff.

444 BVerfG, Beschluss vom 2. Juli 2001 – 1 BVR 2049/00, NZA 2001, 888.

445 Diesen Umstand stellt das BAG auch in der Entscheidung vom 3. Juli 2003 heraus. Vergl.: BAG, Urteil vom 3. Juli 2003 – 2 AZR 235/02, Rdn. 39 – juris.

446 BAG, Urteil vom 4. Juli 1991 – 2 AZR 80/91 – juris.

447 BAG, Urteil vom 4. Juli 1991 – 2 AZR 80/91, Rdn. 23 – juris.

448 BAG, Urteil vom 4. Juli 1991 – 2 AZR 80/91, Rdn. 7, 23 – juris.

449 BAG, Urteil vom 4. Juli 1991 – 2 AZR 80/91, Rdn. 25 – juris.

450 BAG, Urteil vom 4. Juli 1991 – 2 AZR 80/91, Rdn. 25 – juris.

Das Arbeitsgericht[451] und das Landesarbeitsgericht[452] gaben der Kündigungsschutzklage statt. Das Landesarbeitsgericht führte aus, dass bei einer objektiv berechtigten Anzeige, mit der die Arbeitnehmerin berechtigte eigene Interessen verfolge eine Kündigung nicht zulässig sei[453]. Das Bundesarbeitsgericht hob das Urteil des Landesarbeitsgerichts auf und verwies zur weiteren Sachverhaltsaufklärung und erneuten Entscheidung an das Arbeitsgericht zurück. Nach Auffassung der Richter des Bundesarbeitsgerichts habe die Vorinstanz dem Urteil einen Sachverhalt zu Grunde gelegt, den die Parteien so nicht vorgetragen haben. Die Arbeitnehmerin habe nie vorgetragen, sie wolle sich durch eine Selbstanzeige Straffreiheit verschaffen. Es bedürfe weiterer Aufklärung, aus welcher Motivation heraus die Arbeitnehmerin sich an das Finanzamt gewandt habe. Das Bundesarbeitsgericht wies noch daraufhin, dass sofern die Arbeitnehmerin das Finanzamt aus den „*niederen Beweggründen*"[454] kontaktierte, um den Arbeitgeber *fertigzumachen*, die Mitteilung vom Vorliegen einer strafbaren Handlung eine außerordentliche Kündigung rechtfertige[455]. Ein solches Verhalten stelle keine berechtigte Wahrnehmung der Interessen der Arbeitnehmerin dar[456].

Auch wenn die nachfolgende Entscheidung des Landesarbeitsgerichts leider nicht dokumentiert ist, so ist die Entscheidung des Bundesarbeitsgerichts dennoch für die weitere Entwicklung der Rechtsprechung maßgebend. Erstmals in seiner Rechtsprechung würdigte das Bundesarbeitsgericht die Motivation des anzeigenden Arbeitnehmers.

1. *Niedere Beweggründe als Motivation des Arbeitnehmers*

Dem neu eingeführten Kriterium der Motivation des Arbeitnehmers wies es sogleich einen hohen Stellenwert zu. Handelt der Arbeitnehmer aus unredlichen oder wie es das Bundesarbeitsgericht formuliert „*aus niederen Beweggründen*", so ist die Mitteilung des Vorliegens einer strafbaren Handlung nicht mehr vom berechtigten Interesse des Arbeitnehmers erfasst[457]. In einer nachfolgenden Entscheidung stellt das Bundesarbeitsgericht fest, dass die Beweggründe des Arbeitnehmers von besonderer Bedeutung seien[458]. Die Wortwahl des Bundesarbeitsgerichts verwundert. Auch die nachfolgende Rechtsprechung nimmt den Begriff der „*niederen Beweggründe*" teilweise auf[459]. Der unbestimmte Rechtsbegriff des niederen Beweggrundes ist insbesondere aus dem Strafrecht bekannt[460].

451 ArbG Bocholt, Urteil vom 30. November 1989 – 1 Ca 1638/89 – n.v.
452 LAG Hamm, Urteil vom 12. November 1990 – 19 (16) Sa 6/90 – juris.
453 LAG Hamm, Urteil vom 12. November 1990 – 19 (16) Sa 6/90 – juris.
454 BAG, Urteil vom 4. Juli 1991 – 2 AZR 80/91, Rdn. 26 – juris.
455 BAG, Urteil vom 4. Juli 1991 – 2 AZR 80/91, Orientierungssatz 1, 2, Rdn. 28 – juris.
456 BAG, Urteil vom 4. Juli 1991 – 2 AZR 80/91, Orientierungssatz 2 – juris.
457 BAG, Urteil vom 4. Juli 1991 – 2 AZR 80/91 – juris.
458 BAG, Urteil vom 3. Juli 2003 – 2 AZR 235/02 – juris.
459 Vergl. bspw.: OLG München, 30. Juli 2009 – 23 U 5706/08, Rdn. 24 – juris.
460 Vergl. insgesamt hierzu: *Kühl,* JuS 2010, 1041.

Der *sonstige niedrige* Beweggrund ist ein persönliches Mordmerkmal der ersten Gruppe, § 211 Abs. 2 Var. 4 StGB. Die durch den nationalsozialistischen Gesetzgeber vorgenommene Ergänzung des Tatbestand ist seit langem vielfältiger und mannigfaltiger Kritik aus der Wissenschaft ausgesetzt und zugleich einer der beiden Hauptanwendungsfälle des § 211 StGB in der Praxis[461]. Das Mordmerkmal des niedrigen Beweggrundes ist in seinem Kerngehalt nationalsozialistischem Gedankengut zuzuordnen[462]. Nach gegenwärtiger Rechtsprechung[463] liegt ein niederer Beweggrund zur Tötung dann vor, wenn das Motiv zur Tötung *„nach allgemeiner sittlicher Anschauung auf tiefster Stufe steht und deshalb besonders verachtenswert ist“*[464]. Dabei wurden von der Rechtsprechung beispielsweise folgende Beweggründe als niedrig anerkannt: die hemmungslose triebhafte Eigensucht[465], die Rachsucht[466], insbesondere die Blutrache[467] und die Wut aus nichtigem Anlass[468], welche beispielsweise dadurch ausgelöst wurde, dass das Vergewaltigungsopfer den erzwungenen Geschlechtsverkehr nicht als *„positives Erlebnis“* empfunden hat[469]. Auch qualifizierte die Rechtsprechung die Kindstötung durch die Mutter, weil diese sich zu jung fühlte und noch *„etwas erleben“*[470] wollte, als Mord aus niederen Beweggründen[471]. Vor dem Hintergrund dieser, zugegeben, drastischen Beispiele erscheint die Wahl der Begrifflichkeit der *niederen Beweggründe* etwas unbedacht. Wird ein Begriff im Strafrecht verwendet, um die Tötung eines dreijährigen Kindes, das seine Suppe nicht aufessen wollte, als Mord und nicht nur als Totschlag zu qualifizieren[472], so ist der Gebrauch des Terminus im Arbeitsrecht generell unangebracht[473].

Dies gilt unabhängig davon, dass das Bundesarbeitsgericht es nicht für sich in Anspruch nimmt, den strafrechtlichen Begriff der niederen Beweggründe verwenden zu wollen. Aufgrund der Relativität der Rechtsbegriffe[474] wäre eine solche Übertragung auch nicht ohne weiteres möglich.

---

461 *Deckers/Fischer/König/Bernsmann*, NStZ 2014, 9, 10 m.w.N. Den zweiten Hauptanwendungsfall bildet der Mord aus Heimtücke, vergl.: *Diesl.* a.a.O.

462 *Deckers/Fischer/König/Bernsmann*, NStZ 2014, 9.

463 Eine Reform der Tötungsdelikte im Allgemeinen und der Mordmerkmale im Besonderen scheint überfällig. Ausführlich hierzu unter Darstellung eines eigenen und vergangener Reformvorschläge: *Deckers/Fischer/König/Bernsmann*, NStZ 2014, 9 ff.

464 BGH, Urteil vom 25. Oktober 2010 – 1 StR 57/10, Rdn. 23 – juris; zum Begriff des niedrigen Beweggrundes: BGH, Urteil vom 2. Dezember 1987 – 2 StR 559/87; Fischer § 211, Rdn. 14a m.w.N.

465 BGH, Beschluss vom 20. August 1996 – 4 StR 361/96 – juris.

466 BGH, Beschluss vom 25. Oktober 2010 – 1 StR 57/10 – juris.

467 BGH, Urteil vom 10. Januar 2006 – 5 StR 341/05 – juris.

468 BGH, Urteil vom 5. Februar 1986 – 2 StR 682/85 – juris.

469 BGH, Urteil vom 11. Februar 1999 – 4 StR 647/98 – juris.

470 BGH, Urteil vom 30. Januar 2008 – 4 StR 352/08, Rdn. 5 – juris.

471 BGH, Urteil vom 30. Januar 2008 – 4 StR 352/08 – juris.

472 BGH, Urteil vom 5. Februar 1986 – 2 StR 682/85 – juris.

473 Vergl. auch MünchKommBGB/*Henssler* § 626 BGB, Rdn. 168, Fn. 644.

474 S. dazu: *Engisch*, S. 140, Fn. 34 m.w.N., S. 274; S/S/*Peron* § 34, Rdn. 12.

Zudem wird die Begrifflichkeit in beiden Rechtsgebieten unterschiedlich ausgelegt. In dem Eingang des Kapitels dargestellten Urteil des Bundesarbeitsgerichts vom 4. Juli 1991 wertete das Gericht es als niederen Beweggrund, dass die Arbeitnehmerin aus Wut über die Kündigung durch die Anzeige bei den Steuerbehörden ihren Arbeitgeber *„fertigmachen"* wollte[475]. Den Vorsatz jemanden *„fertigzumachen"*, ist für die Annahme des persönlichen Mordmerkmales der sonstigen niederen Beweggründe jedoch noch nicht ausreichend. Unter strafrechtlichen Gesichtspunkten ist immer noch zu prüfen, ob die Anstöße zur Wut oder Rachsucht ihrerseits auf niedriger Gesinnung beruhten[476]. Diese Prüfung nimmt das Bundesarbeitsgericht nicht vor. Im konkreten Fall wären zudem auch die Anforderungen der strafrechtlichen Auslegung der niederen Beweggründe nicht erfüllt. Ferner erscheint die Reaktion der Arbeitnehmerin auf den Verlust ihres Arbeitsplatzes nicht ausreichend verwerflich. Ob die Arbeitnehmerin *„die wirtschaftliche Existenz"*[477] des Arbeitgebers zerstören wollte, lässt sich nach den Sachverhalts Angaben nicht feststellen. Jedenfalls erfolgte die Reaktion der Arbeitnehmerin nicht aus nichtigem Anlass. Auch der Umstand, dass nachfolgend ein Landesarbeitsgericht, in Bezugnahme auf das Urteil des Bundesarbeitsgerichts vom 4. Juli 1991, explizit davon spricht, dass eine Kündigung des Arbeitnehmers in Betracht käme, wenn er seinen Arbeitgeber aus *„Rachsucht*[478]"anzeige, ändert an dem Ergebnis nichts. Die Anforderungen des Bundesarbeitsgerichts und des Bundesgerichtshofs für Strafsachen an den Begriff der niederen Beweggründe divergieren.

Unbedacht dessen, ist der Begriff der *niederen Beweggründe*, aufgrund der dargestellten strafrechtlichen Konnotation und des nationalsozialistischen Ursprunges, ungeeignet. Es sollte daher die dem Zivilrecht geläufigere Begrifflichkeit der *Unredlichkeit* verwendet werden[479].

2. Das Kriterium der Motivation des Arbeitnehmers zum „Whistleblowing" im Abwägungsprozess der Kündigung

Wichtiger jedoch als die Frage der Eignung der Begrifflichkeit, ist die Frage, nach der Eignung des Kriteriums. Die Frage lautet: Müssen die Beweggründe, die den Arbeitnehmer dazu verleiten, gesetzeswidrige Vorkommnisse oder sonstige betriebliche Missstände einem Dritten gegenüber zu offenbaren bei der Prüfung der Wirksamkeit einer Kündigung beachtet werden müssen? Die Antwort lautet: Ja!

---

475 BAG, Urteil vom 4. Juli 1991 – 2 AZR 80/91, Rdn. 26 – juris; Ausführlich oben: **1. Teil: C.I.**

476 BGH, Urteil vom 5. Februar 1986 – 2 StR 682/85, Rdn. 9 – juris.; BGH, Beschluss vom 25. Oktober 2010 – 1 StR 57/10, Rdn. 23 – juris; Fischer § 211, Rdn. 25; S/S/*Eser* § 211, Rdn. 18.

477 Staudinger/*Preis* § 626 BGB, Rdn. 131a.

478 LAG Hamm, Urteil vom 28. November 2003 – 10 Sa 1024/03, Rdn. 57 – juris.

479 Vergl. etwa: Beck-OK-BGB/*Sutschet* § 242, Rdn. 58 ff.; Staudinger/Eckpfeiler/*Huber* D., Rdn. 58 ff.

Unredliche oder rechtsmissbräuchliche Beweggründe des Hinweisgebers sind ein gewichtiges Indiz zur Rechtfertigung der Kündigung. Ist die Motivation des Hinweisgebers nicht unredlich oder rechtsmissbräuchlich, dann ist dies im Rahmen der Abwägung zu Gunsten des Whistleblowers zu würdigen. In der Grundsatzentscheidung des Bundesarbeitsgerichts aus dem Jahre 2003 spricht das Gericht sogar davon, dass den Gründen, die den Arbeitnehmer bewogen haben, „*besondere Bedeutung*" zuzumessen sei[480]. Allerdings ist auch das rechtsmissbräuchliche Motiv nur eines von mehreren zu würdigenden Indizien, die auf eine unverhältnismäßige Reaktion des Beschäftigten hinweisen können und somit eine Kündigung zu rechtfertigen vermögen[481]. Für den Bereich der außerordentlichen Kündigung gilt dies, aufgrund des vom Bundesarbeitsgericht stets postulierten Vorbehaltes der Einzelfallabwägung, erst recht.

Im gesamten Kündigungsrecht existieren, bis auf wenige Ausnahmen[482], keine *absoluten Kündigungsgründe*, die eine außerordentliche Kündigung stets rechtfertigen[483].

a) Ablehnung des Kriteriums

Teilweise wird in der Literatur die Eignung des Kriteriums bestritten[484]. Die überwiegende Literatur erschöpft sich darin, die Motivation als wichtiges Kriterium darzustellen, ohne über die Eignung zu befinden[485]. Nach Auffassung von *Strack* beruhe die Unbeachtlichkeit der Motivation darauf, dass, sofern die Information über einen Missstand zutreffend und richtig sei, es eigentlich irrelevant sei, von wem die Information stamme und warum diese weitergegeben wurde[486]. Diese Auffassung kann nicht überzeugen. Es ist gerade nicht irrelevant, von *wem* die Information über betriebliche Missstände stammt. Ein (öffentliches) Interesse an der Aufklärung und Beseitigung von Missständen darf nicht dazu führen, dass völlig unbeachtet bleibt, dass Beschäftigter und Arbeitgeber in einem besonderen Vertrauensverhältnis zueinander

---

480 BAG, Urteil vom 3. Juli 2003 – 2 AZR 235/02, Rdn. 39 – juris.

481 Eine genaue Einordnung des Kriteriums in die Rangfolge innerhalb der Abwägungskriterien erfolgt unter: **1. Teil: C.IV.**

482 Die einzigen Ausnahmen im gesamten Kündigungsrecht bildeten die § 64 Abs. 1 Nr. 1, 2, 3 und 5 SeemG. Diese Norm enthielt absolute Kündigungsgründe. Vergl. hierzu: A/P/S/*Preis* Grundlagen H, Rdn. 3; A/P/S/*Dörner* § 64 SeemG, Rdn. 3. Das SeemG ist zwar mit Wirkung zum 1. August 2013 durch das Seearbeitsgesetz (SeeArbG) ersetzt worden. Die Tatbestandsvoraussetzungen der absoluten Kündigungsgründe des § 64 SeemG sind indes wortgleich in § 67 Abs. 1 S. 2 SeeArbG aufgenommen worden. Weiterhin ist eine Abwägung nur bei Nr. 4 vorgesehen. Insgesamt ist daher die Annahme berechtigt, dass auch das SeeArbG weiterhin bestimmte absolute Kündigungsgründe enthält.

483 BAG, Urteil vom 10. Juni 2010 – 2 AZR 541/09 – *Emmely* – juris; vergl. auch: A/P/S/*Dörner/Vossen* § 626 BGB, Rdn. 56, m.w.N.

484 *Berthold*, S. 74; *Düsel*, S. 404; *Strack*, Ausschussdrucksache 17(11)783, S. 52, 65.

485 Bspw.: *von Busekist/Fahrig* BB 2013, 119, 121; *Király*, RdA 2012, 236, 237; MünchHdbArbR/*Reichold* § 48, Rdn. 41; *Simon/Schilling*, BB 2011, 2421, 2423.

486 *Strack*, Ausschussdrucksache 17(11)783, S. 52, 65.

stehen. Durch die Eingehung eines Beschäftigungsverhältnisses entstehen gegenseitige Rücksichtnahmepflichten[487]. Der Beschäftigte ist gerade nicht vergleichbar mit jeder anderen außenstehenden Person. Hält man es jedoch im Sinne von *Strack* für irrelevant, von wem die Information über betriebliche Missstände stammt, so stellt man Beschäftigte und Außenstehende Dritte auf dieselbe Stufe. Daraus folgt dann zugleich, dass schon im Ausgangspunkt jegliche Rücksichtsnahme- und Loyalitätspflicht des Beschäftigten negiert wird. Denn einen Außenstehenden, der in keinerlei arbeitsvertraglichen Beziehungen zu dem vom *Whistleblowing* betroffenen Arbeitgeber steht, treffen diesem gegenüber auch keine Loyalitätspflichten.

Andere Literaturstimmen[488] argumentieren mit dem bereits in einem anderen Kontext erwähnten Abschreckungseffekt[489]. Es sei zu befürchten, dass ein redlicher Whistleblower in einen Rechtfertigungsdruck hinsichtlich seiner Motivation zur Anzeige gerate und er daher von einer Offenlegung abgeschreckt werde[490]. Auch diese Ansicht vermag nicht zu überzeugen. Zunächst ist die Intensität der oben dargelegten Abschreckungsproblematik, im Rahmen von anonym getätigten Hinweisen, nicht vergleichbar[491]. Auch das Whistleblowing mit unredlicher Motivation ist grundsätzlich, solange es nicht die Grenze zur Schmähkritik erreicht, vom Schutzbereich der Meinungsfreiheit umfasst[492]. Demnach liegt ein möglicher Abschreckungseffekt – grundrechtlich betrachtet – nicht im Bereich der Schutzbereichseröffnung, sondern im weniger einschneidenden Bereich der Rechtfertigungsebene.

Entscheidend hinzu kommt, dass in den allermeisten Fällen gar kein großer Rechtfertigungsdruck auf dem Hinweisgeber lastet. Der Beweggrund zum Offenbaren von betrieblichen Missständen wird zumeist darauf beruhen, dass der Beschäftigte mit der Meldung der Vorgänge eine Verbesserung der Situation anstrebt. Ein unangenehmer Rechtfertigungsdruck kann, bei Lichte betrachtet, nur bei gleichzeitig unredlicher Motivation des Hinweisgebers entstehen. Ist es die Intention des Hinweisgebers, den Arbeitgeber zu denunzieren oder sogar böswillig zu schädigen, dann gerät er in der Tat in einen unangenehmen Rechtfertigungsdruck, wenn er diese Motivation einräumen muss. Indes ist ein dergestalt unredlich handelnder Arbeitnehmer auch nicht besonders schutzwürdig[493].

b) Weitere Argumente für die Beibehaltung des Kriteriums

Das Whistleblowing darf nicht als *Deckmantel* dienen, um unredlichen Arbeitnehmern ein Mittel zur Schädigung von Arbeitgebern zu ermöglichen. Auch könnte

487 S.o.: **1. Teil: A.I.**

488 *Berthold*, 74; *Schubert*, Ausschussdrucksache 17(11)783, S. 104.

489 S.o.: **1. Teil: A.II.2.a)cc).**

490 *Berthold*, S. 74 Bezug nehmend auf: *Schulz*, S. 96.

491 S.o.: **1. Teil: A.II.2.a)cc).**

492 S.o.: **1. Teil: A.II.2.a)aa).**

493 So auch der EGMR in der Rechtssache *Heinisch*, vergl.: EGMR, Urteil vom 21. Juli 2011 – 28274/08, Rdn. 69 – juris. Ausführlich zum Urteil des EGMR: **1. Teil: D.V.**

das Whistleblowing bei fehlender Würdigung der Motivation zum sanktionsfreien *Mobbing* von Arbeitskollegen genutzt werden[494]. Eine Nichtbeachtung des Kriteriums der Motivation des Beschäftigten öffnet somit dem Missbrauch Tür und Tor. Die Einbeziehung des Kriteriums bewirkt demgegenüber eine Abschreckung.

Auch bei Beachtung der grundrechtlich geschützten Interessen des Arbeitgebers scheint eine Würdigung des Kriteriums unumgänglich. Denn Art. 12 GG schützt das Interesse des Arbeitgebers, „*nur mit solchen Arbeitnehmern zusammenzuarbeiten, die die Ziele des Unternehmens fördern und das Unternehmen vor Schäden bewahren*"[495]. Aus dieser grundrechtlichen Schutzgewährung folgt zugleich, dass dem Arbeitgeber grundsätzlich die Möglichkeit eingeräumt werden muss, sich mit arbeitsrechtlichen Sanktionsmaßnahmen gegen unredliche Whistleblower zu erwehren. Unabdingbare Voraussetzungen ist dabei, dass derartiges unredliches Whistleblowing enttarnt werden kann, was wiederum unweigerlich die Würdigung der Motivation der Hinweisgebenden erfordert.

Das Kriterium der Motivation ist zudem aus vielen anderen arbeitsrechtlichen Konstellationen *bekannt und bewährt.* Insbesondere bei Kündigungen, die außerhalb des Anwendungsbereiches des KSchG erfolgen und daher unter anderem am Maßstab der Sittenwidrigkeit gemessen werden, ist zu prüfen, ob die Kündigung auf einem verwerflichen Motiv beruht[496].

Auch vor dem Hintergrund des Prognoseprinzips[497] müssen die Beweggründe des Hinweisgebers beachtet werden. Der Zweck einer verhaltensbedingten Kündigung ist nicht die Sanktion für eine begangene Vertragspflichtverletzung, sondern die Vermeidung von weiteren Vertragspflichtverletzungen[498]. Nach dem Prognoseprinzip muss entweder eine Wiederholungsgefahr von gleichartigen Pflichtverletzungen in der Zukunft bestehen, oder das vergangene Ereignis sich weiterhin – selbst ohne Wiederholungsgefahr – belastend auswirken, so dass eine gedeihliche Fortsetzung des Arbeitsverhältnisses ausgeschlossen ist[499]. Von einer solchen vertrauensvollen Fortsetzung des Arbeitsverhältnisses kann nur noch schwerlich ausgegangen werden, wenn der Arbeitnehmer in böswilliger Schädigungsabsicht handelte. Die stets[500]

494 *Henssler*, Ausschussdrucksache 17(11)783, S. 26, 28.

495 BAG, Urteil vom 3. Juli 2003 – 2 AZR 235/02, Rdn. 36 – juris.

496 BAG, Urteil vom 14. Dezember 2004 – 9 AZR 23/04, Rdn. 23 ff. – juris; A/P/S/*Preis* Grundlagen J, Rdn. 35 m.w.N.; KR-*Friedrich* § 13 KSchG, Rdn. 146 ff.; vergl. auch zu weiteren Konstellationen die Aufzählung bei *Berthold*, S. 73.

497 Hierzu allgemein: A/P/S/*Preis* Grundlagen H, Rdn. 74 ff.

498 A/P/S/*Dörner/Vossen* § 1 KSchG, Rdn. 272a.

499 A/P/S/*Dörner/Vossen* § 1 KSchG, Rdn. 272a; A/P/S/*Preis* Grundlagen H., Rdn. 81.

500 *Becker* bestreitet, dass dem Kriterium der Prognoseentscheidung in Whistleblowing-Konstellationen aufgrund einer vermeintlich zumeist fehlenden Wiederholungsgefahr große Bedeutung zukomme, vergl.: *Becker*, S. 132 f. Dies kann jedoch schon in Anbetracht des Umstandes, dass auch bei einem einmaligen Verstoß – ohne Wiederholungsgefahr – eine negative Prognose zur Rechtfertigung der Kündigung erforderlich ist, nicht überzeugen.

erforderliche Prognoseentscheidung kann daher nur sinnvoll getroffen werden, sofern die Motivation des Hinweisgebers zur Offenbarung der betriebsinternen Vorgänge einbezogen wird. Auch in anderen Rechtsordnungen, in denen teilweise ein Whistleblowerschutz kodifiziert worden ist, wird die Motivation des Hinweisgebers stets berücksichtigt. So gilt es etwa im britischen Recht nach § 43 G (1) c stets zu beachten, ob der Whistleblower in der Absicht handelte, sich persönlich zu bereichern[501].

c) *Zwischenergebnis*

Festzustellen bleibt zunächst, dass in Übereinstimmung mit dem Bundesarbeitsgericht[502], dem europäischen Gerichtshof für Menschenrechte[503] und Teilen der Literatur[504] an dem Kriterium der Motivation festzuhalten ist. Die Motivation ist auch zukünftig als *„Indiz"*[505] im Rahmen der Konkretisierung der vertraglichen Rücksichtnahmepflicht zu beachten.

Handelt der Arbeitnehmer einzig aus der unredlichen Gesinnung heraus, den Arbeitgeber zu denunzieren oder schädigen zu wollen, so ist dies rechtsmissbräuchlich und eine schwerwiegende Verletzung der arbeitsvertraglichen Rücksichtnahmepflicht aus § 241 Abs. 2[506]. Im Rahmen des Abwägungsprozesses ist eine unredliche Motivation ein gewichtiges Indiz für eine unverhältnismäßige Reaktion des Hinweisgebers und somit zugleich ein gewichtiger Umstand, der eine Kündigung zu rechtfertigen vermag[507].

Ist die Motivation des Hinweisgebers hingegen nicht unredlich, so spricht dieses Kriterium gegen die Wirksamkeit einer Kündigung.

3. *Motivbündel*

Berthold begründet ihre ablehnende Auffassung gegenüber dem Kriterium der Motivation unter anderem damit, dass die Frage des Umgangs mit Motivbündeln beim

---

501 Sec.: 43 G (1) c: *„he does not make the disclosure for purposes of personal gain"*, abrufbar unter: http://www.legislation.gov.uk/ukpga/1996/18/section/43G (zuletzt abgerufen am 1. November 2014). *Forst* verweist zudem auf entsprechende französische Gesetzgebung und der schweizerischen Rechtsauffassung, vergl.: *Forst*, EuZA 2013, 37, 71.

502 BAG, Urteil vom 3. Juli 2003 – 2 AZR 235/02, Rdn. 38 – juris.

503 EGMR, Urteil vom 21. Juli 2011 – 28274/08, Rdn. 69 – juris.

504 Ausdrücklich für die Beibehaltung des Kriteriums: *Henssler*, Ausschussdrucksache 17(11)783, S. 26, 28; *Bundesvereinigung der Deutschen Arbeitgeberverbände*, Ausschussdrucksache 17(11)783, S. 17, 19.

505 BAG, Urteil vom 3. Juli 2003 – 2 AZR 235/02, Rdn. 38 – juris.

506 In diesem Sinne auch: BAG, Urteil vom 3. Juli 2003 – 2 AZR 235/02, Rdn. 39 – juris.

507 Eine genaue Einordnung der Wertigkeit des Kriteriums innerhalb des Abwägungsvorganges erfolgt unter: **1. Teil: C.IV.**

Whistleblowing ungelöst sei[508]. Richtig ist, dass der Problematik des Zusammentreffens verschiedener Beweggründe eines Hinweisgebers bisher wenig Beachtung geschenkt wurde. Menschliches Handeln ist jedoch nur selten von einem einzelnen Beweggrund geleitet. Triebkraft ist zumeist eine Gemengelage von verschiedenen, sich überschneidenden Motiven. Auch beim Whistleblowing wird nur ausnahmsweise einzig der persönliche Groll den Beschäftigten zur Informationsweitergabe bewogen haben. Schwierigkeiten tauchen somit auf, wenn sowohl unredliche als auch redliche Motive den Whistleblower leiteten. Die Problematik des Umganges mit Motivbündeln ist insbesondere dem Strafrecht nicht fremd und wird auch im Arbeitsrecht von Literatur und Rechtsprechung in anderen Konstellationen behandelt.

a) Die strafrechtliche Bewertung von Motivbündeln.

Die strafrechtliche Literatur und Rechtsprechung haben sich zumeist im Zusammenhang mit den persönlichen Mordmerkmalen des § 211 StGB und insbesondere im Rahmen der *niedrigen Beweggründe* mit der Fragestellung auseinandergesetzt[509].

Bei einem Mord aus niederen Beweggründen muss das Hauptmotiv, das der Tat ihr Gepräge gibt, nach allgemeiner sittlicher Wertung auf tiefster Stufe stehen und deshalb besonders verwerflich sein[510]. Sind bei der Tatbegehung mehrere verschiedene und möglicherweise zusammenwirkende Motive des Täters zu berücksichtigen, so ist entscheidend, ob der leitende, die Tat prägende Handlungsantrieb für sich betrachtet die Voraussetzungen des niedrigen Beweggrundes erfüllt[511]. Für den Tatrichter stellt sich damit die anspruchsvolle Aufgabe, bei mehreren Zielen und Anlässen der Tat das *bewusstseinsdominante* Motiv festzustellen[512]. Bei Motivbündeln ist somit im Strafrecht auf das die Handlung prägende Motiv abzustellen. Kann ein bewusstseinsdominanter niederer Beweggrund nicht sicher festgestellt werden[513] oder sind mehrere Motive als gleichrangig zu bewerten und

508 *Berthold*, S. 74.

509 Die Problematik wird jedoch auch bspw. im Rahmen der Sexualdelikte oder des § 213 StGB diskutiert, vergl. hierzu: S/S/*Perron/Eisele* § 184g, Rdn. 10; S/S/*Eser* § 213, Rdn. 10; BGH, Urteil vom 14. Juli 1977 – 4 StR 291/77, Rdn. 8 – juris; vergl. auch: MünchKommStGB/*Schneider* § 211, Rdn. 82. Für das Mordmerkmal der Habgier wird die zu den niederen Beweggründen entwickelte Rechtsprechung entsprechend angewendet, vergl.: MünchKommStGB/*Schneider* § 211, Rdn. 67; S/S/*Eser* § 211, Rdn. 17.

510 Ständige Rechtsprechung: BGH, Urteil vom 16. Februar 2012 – 3 StR 346/11, Rdn.10 – juris; BGH, Urteil vom 1. März 2012 – 3 StR 425/11, Rdn. 14 – juris; Fischer § 211, Rdn. 19.

511 BGH, Urteil vom 6. Oktober. 2004 – 1 StR 286/04, Rdn. 16 – juris.

512 BGH, Urteil vom 6. Oktober. 2004 – 1 StR 286/04, Rdn. 16 – juris; MünchKommStGB/*Schneider* § 211, Rdn. 82.

513 BGH, Urteil vom 9. September 2003 – 5 StR 126/03, Rdn. 10 – juris.

ist eines dieser Motive nicht als besonders verachtenswert einzustufen[514], so ist das persönliche Mordmerkmal der sonstigen niedrigen Beweggründe nicht erfüllt. Des Weiteren erfordert der Grundsatz *in dubio pro reo* bei mehreren Tatmotiven das für den Angeklagten günstigste als leitend anzusehen[515].

b) Arbeitsrechtliche Bewertung

aa) Die Bewertung von Motivbündeln im AGG

Im Rahmen des Anwendungsbereichs des Allgemeinen Gleichbehandlungsgesetzes (AGG) wird die Problematik anders gelöst. Den Schutz vor diskriminierenden Maßnahmen im Zivilrechtsverkehr soll vor allem das AGG leisten[516]. Rechtliche Konsequenzen nach dem AGG erfordern insbesondere die Erfüllung des Kausalitätserfordernisses. Die Benachteiligung muss aufgrund einer oder mehrerer der in § 1 AGG genannten Gründe erfolgt sein[517]. Nur wenn die Benachteiligung durch eines der verpönten Merkmale motiviert ist oder hieran anknüpft, droht die Unwirksamkeit der in Frage stehenden Handlung sowie Schadensersatz- und Unterlassungsansprüche[518].

Die Problematik der Motivbündel wird immer dann virulent, wenn neben diskriminierenden Merkmalen auch zulässige Gründe ursächlich für eine ungünstigere Behandlung waren. Es stellt sich die Frage, ob eine sanktionswürdige Diskriminierung auch dann vorliegt, wenn zulässige Gründe mitursächlich für eine Benachteiligung waren. Nach Auffassung des Bundesarbeitsgerichts muss ein in § 1 AGG aufgeführtes Kriterium nicht „*monokausal*“[519] für die Benachteiligung sein. Ausreichend sei, dass ein in § 1 AGG genannter Grund Bestandteil eines Motivbündels sei, der die Entscheidung beeinflusst habe[520]. Das diskriminierende Motiv muss daher gerade nicht prägend für die ungünstige Behandlung gewesen sein, vielmehr darf es überhaupt keine Berücksichtigung gefunden haben. Liegen Indizien vor, die eine Benachteiligung wegen eines der verpönten Merkmale vermuten lassen, so trägt der Arbeitgeber darüber hinaus gemäß § 22 AGG die Beweislast dafür, dass die ungünstige Behandlung

---

514 BGH, Beschluss vom 22. Januar 2004 – 4 StR 319/03, Rdn. 18 – juris; MünchKommStGB/*Schneider* § 211, Rdn. 82.

515 BGH, Beschluss vom 9. Mai 2001 – 2 StR 123/01, Rdn. 8 – juris.

516 Meinel/Heyn/Herms AGG, § 1, Rdn. 6; vergl. zu anderen arbeitsrechtlichen Instituten im Dienste des Diskriminierungsschutzes: MünchKommBGB/*Thüsing* § 1 AGG, Rdn. 12 ff.

517 ErfK/*Schlachter* § 7 AGG Rdn. 3; Meinel/Heyn/Herms AGG § 3, Rdn. 7. Rust/Falke/*Rust* AGG, § 3, Rdn. 20 ff.

518 Bt.-Drs. 16/1780, S. 32; BAG, Urteil vom 17. Dezember 2009 – 8 AZR 670/08, Rdn. 19 – juris; vergl. zu den Rechtsfolgen der Verstöße gegen das AGG: *Preis*, Individualarbeitsrecht § 34 II. 6.

519 Begrifflichkeit nach: Rust/Falke/*Rust* AGG, § 7, Rdn. 25.

520 BAG, Urteil vom 13. Oktober 2009 – 9 AZR 722/08, Rdn. 50 – juris; BAG, Urteil vom 17. Dezember 2009 – 8 AZR 670/08, Rdn.19 – juris.

ausschließlich auf zulässigen Gründen beruhte[521]. Auch das Bundesverfassungsgericht hat in einer älteren Entscheidung, dreizehn Jahre vor dem Inkrafttreten des AGG, ausgesprochen, dass, sofern ein diskriminierendes Motiv Bestandteil eines Motivbündels sei, es nicht darauf ankomme, ob daneben auch andere Gründe für eine Ungleichbehandlung maßgeblich waren[522]. Zutreffend weist *Preis*[523] jedoch daraufhin, dass das Bundesverfassungsgericht in einer nachfolgenden Entscheidung[524] es nicht beanstandet hat, dass nach einem Urteil des LAG Baden-Württemberg[525] bei einer Kündigung außerhalb des Anwendungsbereiches des KSchG das unzulässige Merkmal maßgeblich für die Entscheidung gewesen sein muss[526]. Ungeachtet dessen gilt für die übrigen Bereiche des AGG, dass bei einer ungünstigeren Behandlung, beispielsweise im Bewerbungsprozess, bereits die bloße Beeinflussung durch ein verpöntes Merkmal zu einer Rechtsfolgen auslösenden Diskriminierung führen kann[527].

bb) § 612a BGB

Die Bewertung von Motivbündeln im Arbeitsrecht erfolgt allerdings nicht einheitlich. Die zuvor benannte Entscheidung des BVerfG verdeutlicht, dass selbst im Bereich des Benachteiligungsschutzes die Problematik der Motivbündel nicht einheitlich gelöst wird. So entspricht es ganz herrschender Ansicht, dass außerhalb des Anwendungsbereichs des AGG, im Rahmen des allgemeinen Benachteiligungsverbots nach § 612a BGB das prägende Motiv innerhalb eines Motivbündels entscheidend ist[528].

Nach § 612a BGB darf der Arbeitgeber einen Arbeitnehmer bei einer Vereinbarung oder einer Maßnahme nicht benachteiligen, weil der Arbeitnehmer in zulässiger Weise seine Rechte ausübt. Das Maßregelungsverbot ist aber nur dann verletzt, wenn zwischen der benachteiligende Maßnahme und der Rechtsausübung ein kausaler, unmittelbarer Zusammenhang besteht[529]. In ständiger Rechtsprechung geht das BAG aber davon aus, dass die zulässige Rechtsausübung *„der tragende Grund, dh. das wesentliche Motiv für die benachteiligende Maßnahme sein“* muss[530]. Nicht ausreichend ist es demgegenüber, *„dass die Rechtsausübung nur den äußeren Anlass für die Maßnahme bietet“*[531]. Im Rahmen des § 612 a BGB ist somit Voraussetzung,

---

521 Vergl.: BAG, Urteil vom 16. Februar 2012 – 8 AZR 697/10, Rdn. 58 – juris.
522 BVerfG, Beschluss vom 16. November – 1 BvR 258/86, Rdn. 49 – juris.
523 *Preis,* Individualarbeitsrecht § 34 II. 4. aa.).
524 BVerfG, Nichtannahmebeschluss, vom 21. Juni 2006 – 1 BvR 1659/04, Rdn. 21 – juris
525 LAG Baden-Württemberg, Urteil vom 23. Juni 2003 – 21 Sa 46/02, n.v.
526 Zur Anwendbarkeit der Wertungen des AGG im Kündigungsrecht vergl.: ErfK/*Schlachter* § 2 AGG, Rdn. 17 ff.
527 Vergl. hierzu etwa die zum Zeitpunkt der Bearbeitung jüngste Entscheidung des BAG: BAG, Urteil. vom 16. Februar 2012 – 8 AZR 697/10, Rdn. 42, 58 – juris.
528 Statt aller: A/P/S/*Linck* § 612a BGB, Rdn. 11.
529 Statt aller: A/P/S/*Linck* § 612a BGB, Rdn. 11.
530 BAG, Urteil vom 15. Juli 2009 – 5 AZR 486/08, Rdn. 22 – juris.
531 BAG, Urteil vom 17. März 2010 – 5 AZR 168/09, Rdn. 28 – juris.

dass die Rechtsausübung des Arbeitnehmers innerhalb eines Motivbündels das wesentliche, prägende Motiv war, das den Arbeitgeber zur Maßnahme veranlasste. Zur Bestimmung, ob ein Motiv prägend war, ist insbesondere der zeitliche Zusammenhang der Geschehnisse zu beachten. Zur Veranschaulichung kann eine Konstellation aufgeführt werden, die im Rahmen der Eingrenzung des arbeitsrechtlichen Whistleblowings bereits kurz benannt worden ist[532]. Gegenstand eines Urteils des LAG Sachsen-Anhalt ist eine Gesetzeswidrigkeit eines Arbeitgebers, die der Arbeitgeber in seiner Freizeit begangen hat[533]. Nach einem gemeinsamen privaten Saunabesuch des Arbeitgebers mit einer Arbeitnehmerin, stieß der Arbeitgeber beim Ausparken an ein anderes Auto. Er verließ den Unfallort mit der Arbeitnehmerin als Beifahrerin, jedoch ohne weitere Maßnahmen zu ergreifen und fuhr die Arbeitnehmerin nach Hause. Unmittelbar nachdem der Arbeitgeber erfuhr, dass die Arbeitnehmerin in einem eingeleiteten Ermittlungsverfahren in einer Zeugenaussage ihn belastete, erklärte er der Arbeitnehmerin, dass er ihr jetzt sofort die *„Papiere fertig mache"* und sie ihre Sachen nehmen und den Betrieb verlassen müsse. Noch bevor die Arbeitnehmerin den Betrieb verlassen hatte, händigte er ihr die schriftliche Kündigung aus.

Das LAG hatte keine Zweifel daran, dass das tragende Motiv der Kündigung die Ereignisse im Zusammenhang mit der Strafanzeige waren und erachtete die Kündigung als unzulässige Maßregelung[534]. Bereits der zeitliche Ablauf der Geschehnisse spreche auf den ersten Blick für einen unmittelbaren Zusammenhang[535]. Auch der unsubstantiierte Vortrag des Arbeitgebers, aus wirtschaftlichen Gründen die Kündigung gegenüber der Klägerin ausgesprochen zu haben sowie die nachträglich erfolgte Weiterbeschäftigung eines anderen Arbeitnehmers, der ebenfalls eine belastende Zeugenaussage abgegeben hatte, stellten die Motivation des Arbeitgeber für die Kündigung nicht in Zweifel[536].

c) Schlussfolgerung für den Umgang mit Motivbündeln beim Whistleblowing

Die strafrechtliche und die arbeitsrechtliche Bewältigung der Problematik divergieren teilweise. Im Strafrecht ist das die Tat prägende, bewusstseinsdominante Motiv entscheidend. Ebenso wird im Rahmen des § 612a BGB die Problematik der Motivbündel gelöst. Demgegenüber ist es im Anwendungsbereich des AGG grundsätzlich ausreichend, dass ein verpöntes Motiv bloßer Bestandteil eines Motivbündels ist.

532 Vergl. oben: **1. Teil: A.II.6.d).**

533 LAG Sachsen-Anhalt, Urteil vom 14. Februar 2006 – 8 Sa 385/05, Rdn. 4 ff. – juris. Vergl. zu einer Kündigung aufgrund eines internen Whistleblowings, die an § 612a BGB zu messen war: **2. Teil: A.II.1.d).** In dieser Entscheidung stellte das Gericht ebenfalls maßgeblich auf einen engen zeitlichen Zusammenhang ab und erachtete die Kündigung als unwirksam.

534 LAG Sachsen-Anhalt, Urteil vom 14. Februar 2006 – 8 Sa 385/05, Rdn. 16 ff. – juris.

535 LAG Sachsen-Anhalt, Urteil vom 14. Februar 2006 – 8 Sa 385/05, Rdn. 18 – juris.

536 LAG Sachsen-Anhalt, Urteil vom 14. Februar 2006 – 8 Sa 385/05, Rdn. 18 ff. – juris.

Es zeigt sich, dass zur Bewältigung der Problematik von mehreren zusammenwirkenden Motiven in unterschiedlichen Rechtsgebieten unterschiedliche Lösungskonzepte vertreten werden. Eine Kapitulation vor der Fragestellung wird aber von niemandem erwogen. Daher kann es auch nicht überzeugen, die Eignung des Kriteriums der Motivation mit dem Hinweis auf die bestehende ungelöste Problematik zu bestreiten[537]. Dass die Beweggründe als *„innere Tatsache“* grundsätzlich schwieriger im Prozess nachzuvollziehen sind, ist unbestreitbar[538]. Für diese *„anspruchsvolle“*[539] Aufgabe gelten im Zivilprozess jedoch die allgemeinen Grundsätze. Eine Beweisnot der beweisbelasteten Partei entsteht hierdurch nicht[540]. Institute wie die Möglichkeit der *mittelbaren* Beweisführung und gesetzliche Beweislastregeln, wie beispielsweise § 22 AGG, verhindern dies[541].

Haben sowohl redliche als auch unredliche Motive den Whistleblower zur Offenlegung eines betrieblichen Vorganges veranlasst, so ist fraglich, ob eine Übertragung des arbeits- oder strafrechtlichen Lösungsansatzes vorzugswürdig ist. Aufgrund der Sachnähe der Whistleblowingthematik zum speziellen Diskriminierungsschutz scheint die Übertragung des Lösungsweges nach den AGG Grundsätzen naheliegend. Vorzugswürdig ist es jedoch, entsprechend des strafrechtlichen Ansatzes und der Lösung im Rahmen des allgemeinen Maßreglungsverbots nach § 612a BGB, auf das *bewusstseinsdominante* Motiv abzustellen.

Bei Anwendung dieses Maßstabes käme eine für den Hinweisgeber negative Wirkung des Kriteriums der Motivation nur dann in Betracht, wenn die unredliche Gesinnung prägend war. Eine Übertragung der arbeitsrechtlichen Lösung im Diskriminierungsrecht wäre demgegenüber für den Whistleblower nachteilig. Nach diesen Grundsätzen genügte es bereits, dass der Hinweisgeber durch unredliche oder rechtsmissbräuchliche Beweggründe beeinflusst wurde. Eine negative Wirkung träfe den Hinweisgeber damit schneller und häufiger.

Der abweichende Lösungsansatz im Rahmen des AGG ist im Lichte des Schutzzweckes zu betrachten. Das AGG dient dem Schutze der Persönlichkeitsrechte und soll vor Benachteiligungen aufgrund der im Gesetz genannten Merkmale schützen[542]. Daher ist an vielen Stellen im AGG eine an diesem Schutzzweck des Gesetzes orientierte Auslegung erforderlich. Daraus folgt, dass viele Kriterien und unbestimmte Rechtsbegriffe extensiv ausgelegt werden, um einen möglichst umfassenden Schutz zu gewährleisten[543]. Vor diesem Hintergrund ist auch die Bewältigung der Problematik der Motivbündel einzuordnen. Der Diskriminierungsschutz ist

537 In diesem Sinne jedoch: *Berthold*, S. 74.
538 Gaier/Wendtland/*Gaier* AGG, § 3 Rdn. 150 f.
539 MünchKommStGB/*Schneider* § 211, Rdn. 82.
540 Gaier/Wendtland/*Gaier* AGG, § 3 Rdn. 150 f.
541 Gaier/Wendtland/*Gaier* AGG, § 3 Rdn. 150 f.
542 Meinel/Heyn/Herms AGG, § 1 Rdn. 6; *Preis*, Individualarbeitsrecht § 34 II. 1.
543 Vergl. bspw.: ErfK/*Schlachter* § 2 AGG, Rdn. 13; MünchKommBGB/*Thüsing* § 19 AGG, Rdn. 33.

schlicht effektiver, wenn es ausreichend ist, dass Rechtsfolgen bereits daraus resultieren, dass ein verpöntes Merkmal Bestandteil eines Motivbündels war.

Auch eine Bewertung der Motivbündel beim Whistleblowing sollte unter der Prämisse stehen, den Hinweisgeber möglichst effektiv zu schützen. Dies erfordert jedoch eine Übertragung der Lösungen, die bei einem Motivbündel auf das prägende Motiv abstellen.

Das Erfordernis eines prägenden unredlichen Motivs ist nicht nur für den Whistleblower vorteilhafter, es erscheint zudem unbillig, wenn das Abwägungskriterium der Motivation, aufgrund eines nicht *bewusstseinsdominanten* Motivs, zu Lasten des Whistleblowers gewertet wird.

Denn zu beachten ist, dass die Missstände, die die Beschäftigten zum Offenbaren von betrieblichen Vorgängen treiben, häufig von besonderer Brisanz sind und die Beschäftigten hierdurch oftmals selbst hohen psychischen Belastungen ausgesetzt sind[544]. Verweigert der Arbeitgeber dann auch noch trotz mehrerer Hinweise eine betriebsinterne Abhilfe, so ist es eine natürliche und gut nachvollziehbare Reaktion, dass in dem Hinweisgeber auch Wut und Frustration aufkeimen. Solange diese Motive jedoch nicht prägend für die Informationsweitergabe waren, sollte dieses typische und nachvollziehbare menschliche Verhalten dem Whistleblower nicht schaden.

Zu klären ist damit noch, ob auch die aus dem strafrechtlichen Zweifelsatz abgeleitete Privilegierung im Umgang mit Motivbündeln den Whistleblowern zu Gute kommen sollte. Sind im Strafrecht mehrere Motive als gegeben festgestellt wurden, so ist das für den Angeklagten günstigste als leitend anzusehen[545]. Diese Privilegierung ist jedoch nicht zu übertragen.

Zunächst ist zu beachten, dass die mit Verfassungsrang[546] ausgestatte Unschuldsvermutung diesseits strafrechtlicher Sachverhalte nicht anzuwenden ist[547]. Zudem kann eine nahtlose Übertragung strafrechtlicher Maßstäbe auf arbeitsrechtliche Sachverhalte weder den rechtlichen noch den praktischen Problemen des Arbeitslebens gerecht werden[548]. Die strafrechtliche Bewertung eines Lebenssachverhaltes kann niemals die individuellen arbeitsrechtlichen Besonderheiten hinreichend

544 Im Fall *Heinisch* beispielsweise erkrankte die Whistleblowerin aufgrund der durch die Missstände ausgelösten Überlastungssituation: EGMR, Urteil vom 21. Juli 2011 – 28274/08, Rdn. 8 – juris. Ausführlich zum gesamten Fall Heinisch: **1. Teil: D.**

545 S.o.: BGH, Beschluss vom 9. Mai 2001 – 2 StR 123/01, Rdn. 8 – juris.

546 Die Unschuldsvermutung genießt als besondere Ausprägung des Rechtsstaatsprinzips Verfassungsrang, vergl. nur: BVerfG, Urteil vom 19. März 2013 – 2 BvR 2628/10, 2 BvR 2883/10, 2 BvR 2155/11, Rdn. 61 – juris.

547 BVerfG, Beschluss vom 14. Januar 2008 – 2 BvR 1975/06; Rdn. 9 f. – juris; Sachs/*Degenhart* Art. 103 GG, Rdn. 55; *Noak*, JURA 2004, 539 ff.

548 Vergl. bspw. zur Problematik der starren Übertragung von strafrechtlichen Promillegrenzen: BAG, Urteil vom 25. Januar 1995 – 2 AZR 649/94, Rdn. 42 ff. – juris.

berücksichtigen[549]. Daher muss stets eine originär arbeitsrechtliche Bewertung des Sachverhaltes erfolgen. Folgerichtig ist daher beispielsweise für die Wirksamkeit einer Verdachtskündigung maßgeblich, ob durch den Verdacht das für das Arbeitsverhältnis erforderliche Vertrauen zerstört wurde[550]. Die strafrechtliche Würdigung des Verhaltens sowie der Ausgang eines Strafverfahrens sind demgegenüber nicht entscheidend[551]. Dasselbe gilt für die Grundsätze der Zulässigkeit einer verhaltensbedingten Kündigung aufgrund der Begehung einer Straftat. Die strafrechtliche Bewertung des Sachverhaltes steht bei der Bewertung einer solchen Kündigung ebenfalls nicht im Vordergrund[552]. Maßgeblich ist auch hier stets die Schwere des eingetretenen Vertrauensverlustes[553]. Auch bei einer Kündigung aufgrund von Whistleblowing ist der Ausgang des staatsanwaltlichen Ermittlungsverfahrens nicht maßgebend[554].

Eine vollständige Übertragung des strafrechtlichen Lösungskonzeptes birgt zudem die Gefahr, dass die Bemühungen um einen ausgewogenen Interessenausgleich beim Whistleblowing gefährdet werden. Auch bei der Bewertung eines einzelnen Kriteriums darf nicht das Ziel eines insgesamt ausgewogenen, beide Interessen wahrenden, Gesamtkonzeptes außer Acht gelassen werden. Auch bestünde nicht mehr die Möglichkeit, einzelfallspezifisch bestehende Besonderheiten und Eigenarten der Arbeitsleistung zu würdigen. So ist auch an dieser Stelle zu beachten, dass aufgrund der Dynamik der Rücksichtnahmepflicht (§ 241 Abs. 2 BGB)[555] eine im gleichem Maße unredliche Gesinnung eines bestimmten Arbeitnehmers weniger schwerwiegende Auswirkungen auf das Beschäftigungsverhältnis haben kann, als die eines anderen Arbeitnehmers. Die durch die unredliche Gesinnung hervorgerufene Störung des Arbeitsverhältnisses korrespondierend insoweit mit dem Maß an Vertrauen, das dem jeweiligen Arbeitnehmer entgegen gebracht wird. So wird das empfindsame Vertrauensverhältnis zu einem leitenden Angestellten, durch eine offenbarte unredliche Gesinnung, deutlich stärker beschädigt, als das Vertrauen zu einem *„einfachen“* Beschäftigten, dessen Tätigkeiten regelmäßig keine gesteigerte Vertrauensbeziehung erfordert. Bei letzterem sind zudem die Kenntnisse über betriebliche Vorgänge in der Regel begrenzter und insoweit die durch eine Offenbarung hervorgerufenen Schäden tendenziell geringfügiger. Insgesamt scheidet somit die Anwendung weiterer Privilegierungen des Whistleblowers bei der Problematik der Motivbündel aus.

---

549 Auch können die individuellen, betrieblichen Besonderheiten die Abwägung beeinflussen: **1. Teil: A.II, C.VI.2;** vergl. ferner: BAG, Urteil vom 26. März 2009 – 2 AZR 953/07, Rdn. 24 – juris.

550 BAG, Urteil vom 20. August 1997 – 2 AZR 620/96, Rdn. 18 – juris; ErfK/*Müller-Glöge* § 626 BGB, Rdn. 173.

551 A/P/S/*Dörner/Vossen* § 626 BGB, Rdn. 347; ErfK/*Müller-Glöge* § 626 BGB, Rdn. 179; LAG Niedersachsen, Beschluss vom 20. März 2009 – 10 TaBV 71/08, Rdn. 47 – juris.

552 BAG, Urteil vom 10. Juni 2010 – 2 AZR 541/09, Rdn. 30- *Emmely* – juris.

553 Beck-OK-ArbR/*Stoffels* § 626 BGB, Rdn. 126 m.w.N.

554 BAG, Urteil vom 7. Dezember 2006 – 2 AZR 400/05, Rdn. 18 – juris; vergl. auch: **1. Teil: C.II.3.**

555 S.o.: **1. Teil: A.II.**

d) Ergebnis

Wurde der Hinweisgeber sowohl von redlichen als auch unredlichen Motiven zur Informationsweitergabe bewogen, so kommt dem Kriterium der Motivation nur dann eine negative indizielle Wirkung zu, wenn die unredlichen oder rechtsmissbräuchlichen Motiven für die Informationsweitergabe prägend waren. Sind diese Motive demgegenüber nicht bewusstseinsdominant, dann ist das Kriterium der Motivation nicht zu Lasten des Whistleblowers zu werten.

Dieser Bewertung bewirkt zum einen, dass das gewichtige Kriterium der Motivation im Regelfall nicht zu Lasten des Arbeitnehmers zu werten ist, so dass das vom Bundesverfassungsgericht vorgegebene Regel-Ausnahme-Verhältnis verwirklicht wird. Zum anderen besteht aufgrund des strengen Maßstabs im Ergebnis häufig kein Unterschied zu den Auffassungen, die eine hohe Gewichtung der Motivation ablehnen, aber zugleich dem Kriterium ein den Schutz hinderndes Gewicht beimessen, *„wenn das Ziel des Whistleblowers ausschließlich oder doch ganz überwiegend darin besteht, den Angezeigten zu schädigen* [...]“[556].

4. Whistleblowing-Prämien

Im Zusammenhang mit dem Kriterium der Motivation steht auch die Problematik der sogenannten *„Whistleblowing-Prämien“*. Von unterschiedlichen Stellen und in regelmäßigen Abständen wird vorgeschlagen, auf die Motivation potentieller Hinweisgeber durch die Auslobung von finanziellen Vorteilen einzuwirken. So forderte beispielsweise die EU-Kommission die Mitgliedsstaaten auf, finanzielle Anreize für Whistleblower zu schaffen, um Insiderhandel oder Marktmanipulation aufzuklären[557].

Als Vorbild einer entsprechenden Prämienregelung könnte wiederum das Mutterland des Whistleblowings dienen: die USA. Letzte entsprechende legislatorische Tätigkeit, als konkrete Reaktion auf die Finanzkrise, war im Jahr 2010 der Erlass des *Dodd-Frank-Acts*[558]. In diesem ist unter anderem geregelt, dass der Whistleblower einen Provisionsanspruch hat, wenn er auf gesetzeswidrige Umstände im Finanzsektor hinweist, die zu Bußgeldern oder vergleichbar wirkenden Maßnahmen (*„Monetary Sanctions“*) von mindestens 1 Millionen Dollar führen. Von dieser Gesamtsumme erhält der Whistleblower als Belohnung (*„Award“*) zwischen 10 % und 30 %[559]. Diese

556 *Forst,* EuZA 2013, 37, 71.

557 http://www.handelsblatt.com/politik/international/wirtschaftskriminalitaet-eu-kommission-will-whistleblower-praemie-einfuehren/7301992.html (zuletzt abgerufen am 1. November 2014).

558 Der Dodd-Frank-Act ist abrufbar unter: http://www.gpo.gov/fdsys/pkg/PLAW-111publ203/pdf/PLAW-111publ203.pdf. (zuletzt abgerufen am 1. November 2014). Ein kurzer Überblick über die entscheidenden Vorschriften findet sich bei: Schemmel/Ruhmannseder/Witzigmann, Hinweisgebersysteme, Kap. 5 Rdn. 85.

559 Vergl.: Sec. 748, Sec. 922 des Dodd-Frank-Acts, abrufbar unter: http://www.gpo.gov/fdsys/pkg/PLAW-111publ203/pdf/PLAW-111publ203.pdf (zuletzt abgerufen am 1. November 2014). Zum Dodd-Frank-Act vergl. ferner: *Schürrle/Fleck,* CCZ 2011, 218.

Regelung führte etwa dazu, dass der Whistleblower *Bradley Birkenfeld* im Jahre 2012 eine Belohnung in Höhe von 104 Millionen US-Dollar erhielt[560].

In Anbetracht eines *rechtskulturellen Grabens* und grundlegender Unterschiede zwischen den Gesamtrechtsordnungen der Bundesrepublik Deutschland und den USA ist eine Übertragung US-amerikanischer Rechtsgrundsätze jedoch abzulehnen[561]. In Deutschland übt der Staat das Gewaltmonopol aus, so dass allein ihm die Strafverfolgung obliegt[562]. Nur ausnahmsweise wird dieses sogenannte Offizialprinzip[563] durchbrochen. So kann der Verletzte beispielsweise ein Klageerzwingungsverfahren nach § 172 Abs. 1 StPO anstreben oder unter bestimmten Voraussetzungen nach § 374 Abs. 1 StPO ausnahmsweise als Privatkläger die Strafverfolgung betreiben[564]. Ferner besteht die Möglichkeit im Wege der Nebenklage die Opferinteressen bei der Strafverfolgung gesondert zu vertreten, § 395 Abs. 1, 2 StPO. Abgesehen von diesen Ausnahmen obliegt einzig dem Staat die Strafverfolgung. Zudem ist ein Rückgriff auf Informanten und Vertrauenspersonen im deutschen Rechtssystem grundsätzlich nicht vorgesehen[565]. Zutreffend wird in der Literatur daraufhingewiesen, dass der Gesetzgeber bislang durch die Vorschrift des § 110a ff. StPO ausschließlich den Einsatz des Verdeckten Ermittlers, d.h. eines Beamten des Polizeidienstes, der unter einer ihm verliehenen, auf Dauer angelegten, veränderten Identität ermittelt, geregelt habe[566].

Demgegenüber gilt im US-amerikanischen Rechtssystem der Grundsatz des *private law enforcement*, nach dem der Bürger bei der Aufdeckung und Verfolgung von Gesetzesverstößen aktiv beteiligt und gegebenenfalls entlohnt werden soll[567]. Im Rahmen von sogenannten *qui-tam*-Regelungen[568] kann jeder Bürger einen anderen zugleich im eigenen sowie im Namen des Staates verklagen[569]. Ist die Klage erfolgreich, erhält der Bürger eine Provision, die sich an der erstrittenen Klagesumme orientiert. Diese Prinzipien sind seit langer Zeit in der US-amerikanischen Gesamtrechtsordnung verwurzelt. Der *False Claim Act*[570], der dem *Dodd-Frank-Act* vergleichbare Regelungen enthält, wurde bereits 1863 erlassen[571]. Nach geltender

---

560 Thüsing/*Thüsing/Forst*, Beschäftigtendatenschutz und Compliance § 6, Rdn. 4.

561 Generell kritisch gegenüber einer Übertragung *„holterdiepolter"* fremder Rechtsvorstellungen: *Junker*, FS Otto 2008, 157, 171.

562 S.o.: **1. Teil: A.II.2.b)**; S.u.: **1. Teil:D.V.4.b)aa)(2).**

563 Vergl. hierzu statt aller: KarlsruherKommStPO/*Fischer* Einl. II, Rdn. 6.

564 Antragsberechtigt für die Privatklage sind unter bestimmten Voraussetzungen auch die dem Verletzten oder Getöteten nahestehenden Personen, vergl. § 374 Abs. 2 StPO.

565 Ähnlich: *Buchert*, CCZ 2013, 144, 147.

566 *Buchert*, CCZ 2013, 144, 147.

567 Hierzu: *Groneberg*, S. 155 ff.

568 Qui tam steht für: qui tam pro domino rege quam pro se ipso in hac parte sequitur.

569 Hierzu: *Groneberg*, S. 155 f.; *Graser*, S. 225 f.

570 Im Anhang der Dissertation von *Groneberg* (S. 298 ff.) ist der False Claim Act abgedruckt.

571 Vergl. hierzu die Nachweise bei: *Forst*, EuZA 2013, 37, 43, Fn. 43.

Fassung werden Hinweisgeber, die erhebliche Steuerhinterziehungen offenbaren, mit einer Provision in Höhe von 15–30 % der erzielten Klagesumme belohnt[572]. Das Prinzip der *qui-tam*-Regelungen reicht sogar bis ins mittelalterliche England des 14. Jahrhunderts zurück[573]. Die Prämienregelungen für Whistleblower können sich somit in anderen Rechtsordnungen auf fest verwurzelten Prinzipen stützen, während eine solche Regelung in der historisch gewachsenen deutschen Gesamtrechtsordnung ein systemfremdes Unikat wäre.

Dies gilt auch vor dem Hintergrund, dass das deutsche Kartellrecht Bonusregelungen kennt, die für Hinweisgeber gewisse Privilegierungen enthalten. Bei genauer Betrachtung enthält das *Bonusprogramm* aber keinen Prämienanspruch für Whistleblower, sondern eine Kronzeugenregelung[574]. Das Bonusprogramm richtet sich auch nur an Kartellbeteiligte, die durch ihren Hinweis dazu beitragen, dass ein Kartell aufgedeckt wird. Erfasst werden somit nicht Beschäftigte, die zum Whistleblower werden, um betriebliche Missstände aufzudecken und zu beseitigen, sondern lediglich Whistleblower die versuchen, durch ihre Offenbarung einer eigenen Bestrafung für ihr kartellrechtswidriges Verhalten zu entgehen. Rücksichtnahmepflichten wie im Arbeitsverhältnis treffen den kartellrechtlichen Whistleblower gegenüber den übrigen Kartellbeteiligten nicht. Auch entlohnt die kartellrechtliche Kronzeugenregelung den Whistleblower nicht; vielmehr kann das Kartellamt in Anbetracht der Kooperation lediglich auf eine Bestrafung des Whistleblowers verzichten oder die Strafe mildern[575].

Die Auslobung einer Whistleblowing-Prämie birgt zudem die Gefahr, dass das Vertrauensverhältnis zwischen Arbeitnehmer und Arbeitgeber beeinträchtigt wird. Derartige Anreize setzen ein falsches Signal an die Belegschaft und können zu einem von finanziellen Interessen beflügelten, generellen Argwohn der Belegschaft gegenüber der Rechtschaffenheit des Arbeitgebers führen. Zugleich ist zu befürchten, dass die Anzahl der Fälle des missbräuchlichen Whistleblowings ansteigen würde, da durch die Auslobung von „*Fangprämien*“ primär Personen mit primär finanziellen Interessen angelockt würden[576].

Auch der EGMR führt in seinem Urteil explizit aus, dass eine Handlung, die durch *„die Erwartung eines persönlichen Vorteils wie eines finanziellen Gewinns motiviert ist,*

---

572 Aufgrund dieser Regelung erhielt ein Hinweisgeber im Jahre 2003 sogar eine Belohnung in Höhe von circa $ 150 Millionen. Vergl. die Nachweise bei: *Groneberg*, S. 158, Fn. 511.

573 *Kort*, FS Kreutz 2010, S. 247, 250.

574 Einzelheiten der Kronzeugenregelung legt das Bundeskartellamt fest. Abrufbar unter: http://www.bundeskartellamt.de/SharedDocs/Publikation/DE/Bekanntmachungen/Bekanntmachung%20-%20Bonusregelung.pdf?__blob=publicationFile&v=7. Zur einer Übertragung auf das Whistleblowing vergl.: CCZ 2011, 69.

575 Die genauen Voraussetzungen der kartellrechtlichen Kronzeugenregelung sind einsehbar unter: http://www.bundeskartellamt.de/SharedDocs/Publikation/DE/Bekanntmachungen/Bekanntmachung%20-%20Bonusregelung.pdf?__blob=publicationFile&v=7

576 *Buchert*, CCZ 2013, 144, 146.

kein besonders hohes Schutzniveau" rechtfertigt[577]. In Anlehnung an eine britische Regelung plädiert *Henssler* sogar dafür, den Schutz des Hinweisgebers gänzlich zu verweigern, wenn das Verhalten durch finanzielle Interessen motiviert ist[578].Gegen die Einführung einer Whistleblowing-Prämie wird des Weiteren angeführt, dass eine Prämienregelung unternehmsinterne Compliance-Maßnahmen konterkarieren könne und eine Haftungsfalle für den offenbarenden Arbeitnehmer darstelle[579]. Insbesondere in großen Unternehmen sind für die Einhaltung des gesetzeskonformen Verhaltens des Unternehmens ganze Compliance-Abteilungen zuständig[580]. Die Auslobung einer finanziellen Entlohnung könnte allerdings eine zu weitreichende (faktische) Delegation dieser Aufgabe an die einzelnen Arbeitnehmer bewirken. Besondere Schwierigkeiten ergäben sich zudem bei der Frage, wie hoch die Belohnung generell zu bemessen sei[581]. Wäre sie zu niedrig bemessen, bliebe die erhoffte Anreizwirkung aus; wäre sie dagegen zu hoch, so bestünden die beschriebenen Gefahren eines missbräuchlichen Whistleblowings sowie einer gegenseitigen Überwachung und Denunziation[582].

Prämien- oder Provisionsregelungen für die Offenbarung von Gesetzesverstößen sind der deutschen Gesetzgebung und Jurisdiktion fremd. Das arbeitsvertragliche Schuldverhältnis ist ein Dauerschuldverhältnis, welches die Arbeitsvertragsparteien zur gegenseitigen Rücksichtnahme verpflichtet und – idealtypisch – von gegenseitigem Vertrauen geprägt ist. Eine Prämienregelung für denjenigen, der Verfehlungen seines Vertragspartners offenbart, widerspricht dem auf Vertrauen basierenden Grundkonzept. Die Einführung einer Prämienregelung für Whistleblower ist somit insgesamt abzulehnen.

II. Die sachliche Berechtigung der Offenbarung

1. Eignung des Kriteriums

Mit der sachlichen Berechtigung wird der Wahrheitsgehalt der offenbarten Informationen in den Abwägungsvorgang einbezogen. Zu beachten ist, dass bei diesem Kriterium einzig der Frage nachgegangen wird, ob der beim Whistleblowing zum Ausdruck kommende Vorwurf objektiv zutreffend ist. Hiervon zu unterscheiden ist die Frage, ob der Hinweisgeber seiner Prüfungspflicht nachgekommen ist oder

577 EGMR, Urteil vom 21. Juli 2011 – 28274/08, Rdn. 69 – juris.

578 *Henssler,* Ausschussdrucksache 17(11)783, S. 26, 29, Sec 43G Employments Rights Act.

579 *Buchert,* CCZ 2013, 147 ff.

580 Einen guten Einblick hierin bietet die schriftliche Stellungnahme der Siemens AG in Ausschussdrucksache 17(11)783 S. 21.

581 Schemmel/Ruhmannseder/Witzigmann, Hinweisgebersysteme, Kap. 5, Rdn. 86; *Buchert,* CCZ 2013, 147, 149.

582 Schemmel/Ruhmannseder/Witzigmann, Hinweisgebersysteme, Kap. 5, Rdn. 86.

sich möglicherweise leichtfertig auf unwahre Angaben gestützt hat[583]. Einigkeit besteht darin, dass die sachliche Berechtigung als eines der Abwägungskriterien zu berücksichtigen ist. Einige Literaturstimmen messen dem Kriterium der sachlichen Berechtigung sogar maßgebliche Bedeutung zu[584]. Wie bereits ausgeführt, ist nach Ansicht des Bundesarbeitsgerichts ein anderes Kriterium von besonderer Bedeutung[585]. Allerdings ist auch nach Auffassung des Bundesarbeitsgerichts *„die Berechtigung*[586]*"* des Vorwurfes ein zu beachtendes Indiz. Entgegen einer anders lautenden Literaturstimme berücksichtigt das Bundesarbeitsgericht somit bei der Abwägungsentscheidung die sachliche Berechtigung der offenbarten Informationen[587]. Auch auf europäischer Ebene wird der Geltungsgehalt des Kriteriums nicht verkannt. In dem, an späterer Stelle, noch ausführlich zu besprechenden Urteil des Europäischen Gerichtshofs für Menschenrechte vom 21. Juli 2011 wird herausgestellt, dass die *„Authentizität der offengelegten Informationen"* ein für die Abwägungsentscheidung relevanter Faktor sei[588].

Ein wichtiger Vorteil dieses Kriteriums ist evident. Der Wahrheitsgehalt der Informationsweitergabe eines Whistleblower gegenüber einem Dritten lässt sich oftmals leicht verifizieren. Das Kriterium ist in der Praxis gut erfass- und verwertbar. Im Gegensatz dazu, bleiben beispielsweise die (wahren) inneren Beweggründe des Hinweisgebers häufig ungewiss. Die Motivation eines Whistleblowers ist kein derart leicht zugängliches Kriterium. Ob jedoch namentlich ein objektiver Straftatbestand durch ein bestimmtes Verhalten verwirklicht wurde, ist einzig von der Subsumtion des, als bewiesen anerkannten, Sachverhaltes unter die Tatbestandsvoraussetzungen abhängig. Ist danach der Vorwurf eines strafbaren Verhaltens des Arbeitsgebers zutreffend, also sachlich berechtigt, so steht ein leicht zu handhabendes objektives Kriterium zur Verfügung.

Insbesondere vor dem Hintergrund der immerzu postulierten und sklavisch zu beachtenden umfassenden Abwägung unter Berücksichtigung aller Umstände des Einzelfalles, erscheint die Begeisterung für ein leicht verifizierbares Kriterium nachvollziehbar[589]. Hinzu kommt, dass in der Praxis Kündigungsschutzprozesse oftmals emotional belastet sind. Ein verobjektivierbares Kriterium fördert eine sachliche Auseinandersetzung. Die sachliche Berechtigung des Vorwurfes ist somit ebenfalls im Rahmen der Abwägungsentscheidung zu beachten.

---

583 S.o. hierzu ausführlich: **1. Teil: B.II.**

584 *Forst*, NJW 2011, 3477, 3482; zustimmend: *Klasen/Schaefer* BB 2012, 641, 644.

585 S.o.: **1. Teil: C.I**; BAG, Urteil vom 3. Juli 2003 – 2 AZR 235/02, Rdn. 39 – juris.

586 BAG, Urteil vom 3. Juli 2003 – 2 AZR 235/02, Rdn. 38, 46 – juris.

587 Dies verkennt *Forst* in: *Forst*, NJW 2011, 3477, 3480.

588 EGMR, Urteil vom 21. Juli 2011 – 28274/08, Rdn. 67, 77 ff. – juris.

589 Zum Prinzip der Güter- und Interessenabwägung vergl.: *Preis*, S. 184 ff.; A/P/S/*Dersl.* Grundlagen H, Rdn. 42 ff.

2. Vorrangige Gewichtung des Kriteriums

Umstritten ist jedoch die Rangstellung des Kriteriums im Abwägungsprozess. Für *Forst* scheint das Kriterium von essentieller Bedeutung[590]. Nach seiner Ansicht müsse insbesondere das Bundesarbeitsgericht dem Kriterium des Wahrheitsgehalts der offenbarten Information deutlich mehr Gewicht verleihen. Ebenfalls abzulehnen sei die vorrangige Berücksichtigung anderer Kriterien durch den Europäischen Gerichtshofs für Menschenrechte[591]. Nach seiner Ansicht beruhe der hohe Bedeutungsgehalt des Kriteriums nicht auf seiner guten praktischen Verwertbarkeit. Die sachliche Berechtigung der Informationsweitergabe sei maßgeblich, weil bei einem objektiv zutreffenden Vorwurf eines gesetzwidrigen Verhaltens nicht der *„gute Ruf"* des Arbeitgebers, sondern nur der Anschein dessen geschützt werde[592]. Auf ähnliche Weise wurde im obigen Abschnitt gegen einen vermeintlichen Rechtfertigungsdruck bei der Offenbarung der Motivation des Arbeitnehmers argumentiert[593].

Daher ist der Argumentationsansatz im Ausgangspunkt auch nicht zu kritisieren. Nicht überzeugend ist jedoch die weitere Schlussfolgerung von *Forst.* Nach seiner Auffassung entfalle bei einem sachlich berechtigten Vorwurf zugleich jegliche Loyalitätspflicht des Arbeitnehmers[594]. Der Wahrheitsgehalt einer bestimmten Information entbindet den Arbeitnehmer jedoch nicht automatisch von seiner Loyalitätspflicht. Zunächst ist zu beachten, dass der gesamte *„gute Ruf"* eines Arbeitsgebers von einem einzelnen öffentlich gemachten Verstoß gegen gesetzliche Vorschriften zerstört werden kann, die Reputation eines Arbeitgebers sich jedoch auf diverse Bereiche erstreckt. Nur hinsichtlich des einzelnen Aspektes in dem der Gesetzesverstoß begangen wurde, könnte allenfalls nur noch von dem *„Anschein*[595]*"* eines guten Rufes gesprochen werden. In allen anderen gesetzeskonformen ausgeübten Betätigungsbereichen des Arbeitgebers besteht noch ein schützenswerter (Rest-)Ruf des Arbeitgebers. Dieser gegebenenfalls über lange Jahre hinweg mühselig erarbeitete *gute Ruf* kann nicht insgesamt, durch einen einzigen Verstoß in einem bestimmten Bereich, nur noch zum bloßen Anschein eines solchen degradiert werden.

Die Auffassung ist jedoch nicht nur zu generalisierend, sie ist auch in der dogmatischen Begründung angreifbar. Entgegen dem bei *Forst* vermittelten Eindruck, besteht auch bei gesetzeswidrigem Verhalten des Arbeitgebers weiterhin ein grundrechtlich geschütztes Interesse desselbigen und somit auch die hierzu korrelierende Loyalitätspflicht des Arbeitnehmers! Das bedeutet allerdings nicht, dass der Umstand des gesetzeswidrigen Handelns des Arbeitgebers überhaupt keine Beachtung findet. Die Beachtung der grundrechtlichen Rahmenbedingungen führt lediglich

---

590 *Forst,* NJW 2011, 3477.
591 *Forst,* NJW 2011, 3477, 3480, 3482.
592 *Forst,* NJW 2011, 3477, 3480.
593 S.o.: **1. Teil: C.I.2.a).**
594 *Forst,* NJW 2011, 3477, 3480.
595 *Forst,* NJW 2011, 3477, 3480.

dazu, dass die Loyalitätspflicht des Arbeitnehmers auch bei gesetzeswidrigem Verhalten des Arbeitgebers nicht vollständig ausgeschlossen ist.

Die Pflicht zur Loyalität des Arbeitnehmers beruht auf dem grundrechtlich verbürgten Recht des Arbeitgebers (Art. 12 Abs. 1 GG), von seinen Beschäftigten ein gewisses Maß an Rücksicht auf seine Interessen verlangen zu können[596]. In dem von *Forst*[597] selbst zitierten Urteil des Bundesverfassungsgerichts führt dies seine ständige Rechtsprechung aus. Danach ist der Schutzbereich des Art. 12 Abs. 1 GG grundsätzlich auch eröffnet, wenn die Tätigkeit gesetzlich verboten ist[598]. Etwas anderes gelte nur dann, wenn die Tätigkeit ihrem Wesen nach als verboten anzusehen ist, „*weil sie aufgrund ihrer Sozial- und Gemeinschaftsschädlichkeit schlechthin nicht am Schutz durch das Grundrecht der Berufsfreiheit*" teilhaben könne[599]. Der Arbeitgeber kann sich somit grundsätzlich auch bei verbotenen Verhaltensweisen auf den Grundrechtsschutz berufen[600]. Nur im Ausnahmefall ist bereits der Schutzbereich nicht eröffnet.

Bewirkt jedoch verfassungsrechtlich betrachtet die Gesetzeswidrigkeit der Tätigkeit keinen Schutzbereichsausschluss, sondern wird dieser Umstand erst auf der Ebene der Rechtfertigung, insbesondere im Rahmen der Verhältnismäßigkeitsprüfung[601], gewürdigt, so darf diese Wertung auch nicht auf der zivilrechtlichen Ebene verkannt werden.

Denn wie oben ausführlich dargelegt wurde, wird die Loyalitätspflicht des Arbeitnehmers maßgeblich von den grundrechtlichen Rahmenbedingungen bestimmt[602]. Bestimmt der verfassungsrechtliche Rahmen, dass eine gesetzeswidrige Tätigkeit des Arbeitgebers nicht per se zum Schutzbereichsausschluss führt, dann darf – spiegelbildlich – bei der Umsetzung dieser Wertung, eine unerlaubte Tätigkeit auch nicht per se zum Ausschluss der Rücksichtnahmepflicht führen.

Das Pendant zur verfassungsrechtlichen Ebene der Rechtfertigung ist auf der zivilrechtlichen Ebene die Frage nach der Verhältnismäßigkeit der Reaktion des Hinweisgebers. Dies hat das Bundesarbeitsgericht überzeugend festgestellt[603]. Die sachliche Berechtigung der Informationsweitergabe führt daher nicht zum Ausschluss der Loyalitätspflicht, sondern ist lediglich ein weiteres, in das Gesamtkonzept der

---

596 S.o.: **1. Teil: A.II.3**; BAG, Urteil vom 3. Juli 2003 – 2 AZR 235/02, Rdn. 31 – juris.

597 *Forst*, NJW 2011, 3477, 3480, Fn. 37.

598 BVerfG, Urteil vom 28. März 2006 – 1 BvR 1054/01 – *Odsset – Sportwette* – juris.

599 BVerfG, Urteil vom 28. März 2006 – 1 BvR 1054/01 – *Odsset – Sportwette*, Rdn. 83 – juris.

600 Noch weitergehend: Sachs/*Mann* Art. 12, Rdn. 52 ff.

601 BVerfG, Urteil vom 28. März 2006 – 1 BvR 1054/01 – *Odsset – Sportwette*, Rdn. 94 ff. – juris.

602 Die grundrechtlichen Rahmenbedingungen konkretisieren den Umfang und die Reichweite der Loyalitätspflichten: BAG, Urteil vom 3. Juli 2003 – 2 AZR 235/02, Rdn. 31 – juris; BAG, Urteil vom 12. Januar 2006 – 2 AZR 21/05 – Rdn. 46 – juris; Ausführlich: **1. Teil: A.II.**

603 S.o.: **1. Teil: B.II.5**.

Abwägung einzustellendes Kriterium, das ein Indiz für eine verhältnismäßige Reaktion des Arbeitnehmers sein kann.

Führt jedoch die sachliche Berechtigung des Vorwurfes nicht zum vollständigen Ausschluss der Loyalitätspflicht des Arbeitnehmers und besteht auch bei einem der Wahrheit entsprechendem Vorwurf nicht nur der bloße Anschein eines schützwürdigen Interesses, dann sind keine zwingenden Gründe mehr ersichtlich, die die Indizkraft des Kriterium der sachlichen Berechtigung als herausragend erscheinen lässt[604].

3. Sachliche Berechtigung und Motivation

Spannende Fragen wirft die Berücksichtigung des Kriteriums der sachlichen Berechtigung insbesondere in der Zusammenschau mit dem Kriterium der Motivation des Hinweisgebers auf.

Ist einerseits unstreitig, dass der Arbeitgeber einen Gesetzesverstoß oder sogar eine Straftat begangen hat und offenbarte andererseits der Arbeitnehmer dieses Verhalten einzig aus einer unredlichen Motivation heraus[605], so entsteht die missliche Lage, dass sich zwei grundsätzlich nicht schützenswerte Verhaltensweisen gegenüberstehen. Die Frage lautet: Überschattet die unredliche Motivation des Arbeitnehmers, den Arbeitgeber *fertigzumachen,* den Gesetzesverstoß desselbigen oder ist bei einem Gesetzesverstoß des Arbeitgebers eine Kündigung stets ausgeschlossen?

Begeht der Arbeitgeber einen Gesetzesverstoß, so ist dieses Verhalten von der Rechtsordnung missbilligt. Damit stehen im Ausgangspunkt grundsätzlich schutzunwürdige Interessen des Arbeitgebers in Rede[606]. Ein schützenswertes oder geschütztes Vertrauen des Straftäters, dass sein Vergehen oder Verbrechen unentdeckt bleibt, existiert ebenfalls nicht[607]. Die sachliche Berechtigung des erhobenen Vorwurfes führt jedoch nicht dazu, dass die weiteren Umstände der Informationsweitergabe unbeachtet bleiben. Eine Kündigung ist nicht stets ausgeschlossen, wenn der Arbeitgeber objektiv gesetzeswidrig gehandelt hat. Soeben wurde herausgearbeitet, dass auch ein gesetzeswidriges Verhalten des Arbeitgebers nicht zu einem vollständigen Ausschluss der Loyalitätspflicht des Beschäftigten führt[608]. Das Kriterium der sachlichen Berechtigung ist lediglich eines von vielen Indizien für die Beurteilung der Frage, ob eine Verletzung der Loyalitätspflicht vorliegt.

Durch eine solche Beurteilung wird auch nicht der Gesetzesverstoß des Arbeitgebers durch die unredliche Motivation des Whistleblowers überschattet. Die straf- oder ordnungsrechtlichen Konsequenzen für den Arbeitgeber auf der einen

---

604 Eine genaue Einordnung des Kriteriums in die Rangfolge des Abwägungsprozess erfolgt unter: **1. Teil: C.IV.**

605 Dieser Umstand wird für den beweisbelasteten Arbeitgeber in der Praxis allerdings schwer nachzuweisen sein. Vergl. zur Beweislast einer Kündigung aufgrund von Whistleblowing: **1. Teil: D.IV.1.a)** ff.

606 Staudinger/*Preis* § 626 BGB, Rdn. 131.

607 ErfK/*Preis* § 611 BGB, Rdn. 716.

608 S.o. **1. Teil: C.II.2.**

und die arbeitsrechtlichen Konsequenzen für den Beschäftigten auf der anderen Seite müssen getrennt betrachtet werden.

Das gesetzeswidrige Verhalten des Arbeitgebers wird durch die Mittel des Straf- oder Ordnungsrechts sanktioniert. Es ist die verfassungsrechtliche Pflicht des Staates, eine funktionsfähige Strafrechtspflege zu gewährleisten[609]. Dem Staat obliegt es, als wesentlicher *„Auftrag eines rechtsstaatlichen Gemeinwesens“*, Straftaten aufzuklären und zu verfolgen[610]. Wie bereits herausgestellt wurde, kann jedoch allein die strafrechtliche Bewertung den besonderen Anforderungen des Arbeitsrechts nicht gerecht werden[611]. Dieser Grundsatz muss auch für die Auflösung des vorliegenden Spannungsverhältnisses gelten. Alleine aufgrund des Umstandes, dass die Informationsweitergabe auf einen straf- oder ordnungsrechtlich objektiv zutreffenden Sachverhalt hinweist, sind arbeitsrechtliche Konsequenzen nicht automatisch hinfällig. Die arbeitsrechtliche Relevanz des Verhaltens des Beschäftigten bedarf einer eigenständigen Überprüfung nach originär arbeitsrechtlichen Maßstäben. Nur auf diese Weise kann der Umstand, dass das Verhalten des Beschäftigten ebenfalls missbilligenswert ist, hinreichende Beachtung finden. Der Beschäftigte offenbarte in der vorliegenden Konstellation in schutzunwürdiger Art und Weise, schutzunwürdige Interessen.

Ein genereller Ausschluss der Kündigungsmöglichkeit des Arbeitgebers, in der Konstellation, in der Beschäftigte dem Unternehmen bewusst Schäden zufügen, käme zudem einem Eingriff in den Kernbereich seiner grundrechtlich geschützten Interessen gleich. Art. 12 GG schützt das Interesse des Arbeitgebers, *„nur mit solchen Arbeitnehmern zusammenzuarbeiten, die die Ziele des Unternehmens fördern und das Unternehmen vor Schäden bewahren“*[612]. Bei bewusster Schädigungsabsicht durch eine Strafanzeige des Arbeitsnehmers muss daher die Möglichkeit bestehen, sich von diesem Arbeitnehmer zu trennen. Dies gilt auch für den Fall, dass dem Arbeitgeber ein von der Rechtsordnung missbilligtes Verhalten anzulasten ist, für welches er die ordnungs- oder strafrechtlichen Konsequenzen tragen muss. Auch das Bundesarbeitsgericht ist der Auffassung, dass eine Kündigung auch dann wirksam erfolgen kann, *„wenn eine Straftat* [durch den Arbeitgeber] *tatsächlich begangen wurde und eine Verurteilung“*[613] erfolgte.

Die eingangs aufgeworfene Frage ist somit wie folgt zu beantworten: Die unredliche Motivation des Hinweisgebers überschattet den Gesetzesverstoßes des Arbeitgebers nicht. Gleichwohl ist auch beim einem Gesetzesverstoß und einem somit

---

609 BVerfG, Beschluss vom 2. Juli 2001 – 1 BVR 2049/00, Rdn. 11 – juris.

610 BVerfG, Urteil vom 3. März 2004 – 1 BvR 2378/98, 1 BvR 1084/99 – *großer Lauschangriff*, Rdn. 208 – juris. Maunz/Dürig/*Grzeszick* Art. 20 GG, Rdn. 143.

611 S.o.: **1. Teil: C.I.3.c)**; BAG, Urteil vom 20. August 1997 – 2 AZR 620/96, Rdn. 18 – juris; BAG, Urteil vom 10. Juni 2010 – 2 AZR 541/09 – *Emmely*, NZA 2010, 1227, 1230; ErfK/*Müller-Glöge* § 626 BGB, Rdn. 173; Beck-OK-ArbR/*Stoffels* § 626 BGB, Rdn. 126 m.w.N.

612 BAG, Urteil vom 3. Juli 2003 – 2 AZR 235/02, Rdn. 36 – juris.

613 BAG, Urteil vom 7. Dezember 2006 – 2 AZR 400/05, Rdn. 18 – juris.

inhaltlich berechtigten Vorwurf die Kündigung des Whistleblowers, beispielsweise aufgrund unredlicher Motivation, nicht generell ausgeschlossen.

Zu demselben Ergebnis gelangen im Übrigen auch die Literaturmeinungen, die eine an sich berechtigte Anzeige unter einen Missbrauchsvorbehalt stellen[614]. Danach könne eine Anzeigeerstattung, die in bewusster Schädigungsabsicht erfolge, eine Kündigung rechtfertigen[615]. Nach der hier vertretenen Ansicht erfolgt eine solche Missbrauchskontrolle durch die Würdigung der Motivation des Hinweisgebers auch in der Konstellation, in der ein sachlich berechtigter Vorwurf erhoben wurde.

III. Innerbetriebliche Abhilfe

Die Frage, ob der Arbeitnehmer sich zunächst um eine innerbetriebliche Abhilfe bemühen muss, bevor er sich einem Dritten gegenüber offenbart, wird wie kaum ein anderes Kriterium kontrovers diskutiert. Neben der Pflicht zur innerbetrieblichen Meldung des Umstandes werden noch weitere innerbetriebliche Lösungsmodelle diskutiert.

1. Varianten neben der Verpflichtung zum vorherigen innerbetrieblichen Hinweis

a) Selbsthilfe

In Anlehnung an die als „*Schandurteil*“[616] bezeichnete Entscheidung des LAG Baden Württemberg aus dem Jahre 1976 vertritt *Wlotzke* die Auffassung, der Arbeitnehmer habe zuerst zu prüfen, ob er den Mangel nicht selbst beheben könne[617]. Wenn eine Selbsthilfe dem Arbeitnehmer nicht möglich oder unzumutbar sei, müsse der Arbeitnehmer zunächst die innerbetrieblichen Möglichkeiten zur Abhilfe ausschöpfen, bevor er sich an Dritte wende[618].

In dem der LAG Entscheidung zu Grunde liegenden Sachverhalt wurden Schweißarbeiten entgegen den geltenden Arbeitsschutzvorschriften durchgeführt[619]. Um diesen Zustand zu beseitigen, wandte sich der betroffene Arbeitnehmer zunächst an eine innerbetriebliche Stelle[620]. Nachdem dieser Versuch fruchtlos blieb, vertraute der

---

614 ErfK/*Preis* § 611 BGB, Rdn. 717; Staudinger/*Preis* § 626 BGB, Rdn. 131a.
615 ErfK/*Preis* § 611 BGB, Rdn. 717; Staudinger/*Preis* § 626 BGB, Rdn. 131a.
616 LAG Baden-Württemberg, Urteil vom 20. Oktober 1976 – 6 Sa 51/76, nur Leitsatz veröffentlich – juris; Die Frankfurter Rundschau titelte am 24.3.1980 „Schandurteil im Musterländle“, vergl.: *Müller,* NZA 2002, 424, 432, Fn. 95; andere bezeichnen das Urteil als abwegig und als Karikatur einer konturlosen Vertrauensrechtsprechung (*Preis,* S. 366) oder erblicken bei den Richtern eine arbeitnehmerfeindliche Gesinnung (*Berthold,* S. 18).
617 *Wlotzke,* FS Hilger/Stumpf, 723, 751 f.
618 *Wlotzke,* FS Hilger/Stumpf, 723, 752.
619 LAG Baden-Württemberg, Urteil vom 20. Oktober 1976 – 6 Sa 51/76 – juris.
620 Konkret kontaktierte der Arbeitnehmer einen Betriebsingenieur.

Kläger den Sachverhalt einem Gewerkschaftsvertreter an. Die Gewerkschaft wiederum erstatte beim Gewerbeaufsichtsamt Anzeige gegen den Arbeitgeber. Nachdem der Arbeitgeber erfahren hatte, dass die Anzeige auf ein Gespräch des Arbeitnehmers bei der Gewerkschaft zurückzuführen war, kündigte er dem Arbeitnehmer ordentlich.

Das LAG Baden Württemberg war der Auffassung, dass die Kündigung gerechtfertigt sei. Den unstreitig bestehenden Verstoß gegen Arbeitsschutzvorschriften hätte der Kläger in eigener Verantwortung beseitigen können und sei insoweit nicht auf behördliche Hilfe mit all ihren nachteiligen Folgen für den Arbeitgeber angewiesen gewesen[621]. Er hätte sich nach Atemschutzmasken erkundigen oder den Kunststoff vor dem Schweißen entfernen können[622]. Da ihm somit mehrere Möglichkeiten zur Verfügung gestanden haben, seien außerbetriebliche Schritte nicht erforderlich gewesen und eine Kündigung somit gerechtfertigt[623].

Das Gericht sah somit eine Verpflichtung des Arbeitnehmers, noch vor dem eigentlichen Versuch der innerbetrieblichen Abhilfe, die gesetzeswidrigen Zustände eigenverantwortlich zu beseitigen.

Eine solche Verpflichtung zur Selbsthilfe ist jedoch insgesamt abzulehnen[624]. Dies gilt unabhängig davon, ob bereits andere innerbetriebliche Abhilfeversuche durchgeführt wurden oder ein innerbetrieblicher Hinweis über den Missstand noch nicht erfolgte.

Die Pflicht zur Beseitigung von betrieblichen Missständen obliegt dem Arbeitgeber. Er ist für ein gesetzeskonformes Handeln des Unternehmens verantwortlich[625]. Die Gesamtheit der Maßnahmen, die ein Unternehmen ergreift, um das rechtmäßige Handeln seiner Organe und Mitarbeiter sicherzustellen, wird im Allgemeinen als Compliance bezeichnet[626]. Die *„Selbstverständlichkeit“*[627], dass ein Unternehmen verpflichtet ist, Maßnahmen zu ergreifen, um ein Handeln im Einklang mit den Gesetzen zu gewährleisten, beruht im deutschen Recht – gegenwärtig[628] – nicht

---

621 LAG Baden-Württemberg, Urteil vom 20. Oktober 1976 – 6 Sa 51/76, DB 1980, 2132.

622 LAG Baden-Württemberg, Urteil vom 20. Oktober 1976 – 6 Sa 51/76, *Berthold* S. 19.

623 LAG Baden-Württemberg, Urteil vom 20. Oktober 1976 – 6 Sa 51/76, DB 1980, 2132.

624 In diesem Sinne auch: *Berthold*, S. 75.

625 *Mengel*, Compliance, S. 6 f.; *Lelley*, Compliance, S. 9; Thüsing/*Thüsing*, Beschäftigtendatenschutz und Compliance § 2, Rdn. 48.

626 Vergl. zum Begriff der *Compliance*: *Mengel*, Compliance, S. 6 f.; *Lelley*, Compliance, S. 9; Thüsing/*Thüsing*, Beschäftigtendatenschutz und Compliance § 2, Rdn. 2 m.w.N.

627 *Schaefer/Baumann*, NJW 2011, 3601.

628 Der Entwurf des nordrheinwestfälischen Justizministers *„zur Einführung der strafrechtlichen Verantwortung von Unternehmen und sonstigen Verbänden“* sieht die Einführung eines echten Unternehmensstrafrechts vor und könnte somit den dogmatischen Anknüpfungspunkt für die Rechtspflicht der Unternehmen, ein gesetzeskonformes Verhalten zu gewährleisten, verändern. Der Entwurf ist abrufbar unter: http://www.justiz.nrw.de/JM/justizpolitik/jumiko/beschluesse/2013/

auf einer einzelnen Norm. Vielmehr variiert der dogmatische Anknüpfungspunkt danach, gegen welche Norm verstoßen worden ist.

Als wichtige Norm im Arbeitsrecht ist beispielsweise § 12 AGG zu benennen, der den Arbeitgeber verpflichtet, Maßnahmen zum Schutz vor Benachteiligungen wegen der in § 1 AGG genannten Gründe zu ergreifen. Als allgemeiner Auffangtatbestand für die Rechtspflicht, das gesetzeskonforme Verhalten des Unternehmens zu gewährleisten und zu überwachen, dient § 130 OWIG[629]. § 130 OWIG begründet, unter näher bezeichneten Voraussetzungen, eine bußgeldrechtliche Verantwortlichkeit des Inhabers eines Betriebes oder Unternehmens für Zuwiderhandlungen gegen betriebsbezogene Pflichten, die in dem Betrieb oder Unternehmen begangen worden sind, wenn die Zuwiderhandlung durch gehörige Aufsicht verhindert oder wesentlich erschwert worden wäre. Eine betriebsbezogene Zuwiderhandlung ist die Begehung einer Straftat oder Ordnungswidrigkeit durch einen anderen als den Betriebsinhaber oder seine nach § 130 OWIG i.V.m. § 9 OWIG haftbaren Repräsentanten[630]. Die Vorschrift beruht auf dem Gedanken, dass die Inhaber eines wirtschaftlich tätigen Unternehmens verpflichtet sind, Normverstößen entgegenzuwirken, die ihrem Organisationskreis entstammen[631]. Für Aktiengesellschaften ergibt sich die Pflicht zum gesetzeskonformen Handeln zudem aus § 93 Abs. 1 S. 1 AktG i.V.m. § 76 Abs. 1 AktG[632]. Diese, häufig als Legalitätspflicht bezeichnete, Pflicht wird für Geschäftsführer der Gesellschaften mit beschränkter Haftung in § 43 GmbHG verordnet[633]. Spezialgesetzliche Vorschriften zur Ergreifung von Compliance-Maßnahmen bestehen ferner im Banken[634]- und Versicherungswesen[635]. Für den in dieser Arbeit relevanten Aspekt bleibt, ungeachtet der Problematik um den jeweiligen dogmatischen Anknüpfungspunkt, festzuhalten, dass eine allgemein anerkannte Pflicht des Unternehmens besteht, das rechtskonforme Agieren sicherzustellen. Diese beinhaltet neben einer Überwachungspflicht auch die Pflicht zur Wiederherstellung des gesetzeskonformen Zustandes. Durch die Verpflichtung zur Selbsthilfe würde diese Unternehmenspflicht jedoch auf den einzelnen Arbeitnehmer verlagert.

---

herbstkonferenz13/zw3/TOP_II_5_Gesetzentwurf.pdf. Vergl. hierzu auch unten: **2. Teil: D.I.1.b)cc).**

629 *Moosmayer*, NJW 2012, 3013.

630 Bohnert, OWiG, § 130, Rdn. 25.

631 KarlsruherKommOWiG/*Rogall* § 130, Rdn. 1.

632 LG München I, Urteil vom 10. Dezember 2013 – 5 HK O 1387/10, NZG 2014, 345; MünchKommAktG/*Spindler* § 93 AktG, Rdn. 22 ff.; Eine Konkretisierung dieser Pflicht erfolgt zudem durch § 91 Abs. 2 AktG.

633 Exemplarisch aus der Literatur: Baumbach/Hueck/*Zöllner/Noack* GmbHG § 43, Rdn. 17 m.w.N.; Michalski/*Haas/Ziemons* GmbHG § 43, Rdn. 46, m.w.N.; Für die Rechtsprechung: BGH, Urteil vom 28. April 2008 – II ZR 264/06 – *GAMMA*, Rdn. 38 – juris.

634 § 33 WpHG; § 25a KWG

635 Solvency II Art. 45. Hierzu: *Hauschka*, CCZ 2014, 165.

Führt eine Selbstvornahme im Kaufrecht lediglich zum Verlust von Gewährleistungsrechten[636], so begründet eine arbeitsrechtliche Verpflichtung zur Selbsthilfe sogar beträchtliche Haftungsgefahren. Nimmt der Beschäftigte beispielsweise eigenmächtig Reparaturen an einer Maschine des Betriebes vor, so ist ein hieraus entstehender Schaden ihm grundsätzlich zuzurechnen. Aufgrund der Haftungsprivilegierung bei *betrieblich veranlasster Tätigkeit*[637] besteht eine Einstandspflicht des Arbeitnehmers grundsätzlich zwar nur bei solchen Schäden, die vorsätzlich oder grob fahrlässig verursacht wurden, dennoch ist die Belastung mit einer potentiell existenzvernichtenden Haftung, durch eine Delegierung des Pflichtenprogramms des Arbeitgebers auf den Arbeitnehmer, unbillig.

Die Pflicht zur Selbsthilfe sollte ursprünglich auf Mängel im Bereich des Arbeitsschutzes beschränkt werden[638]. Aber auch diese Eingrenzung der Verpflichtung zur Selbsthilfe ist abzulehnen. Die zentrale gegenwärtig geltende[639] gesetzliche Regelung des Arbeitsschutzes ist § 17 ArbSchG. Die Vorschrift sieht zwar bei Verstößen gegen die Arbeitssicherheit und den Gesundheitsschutz zwingend einen innerbetrieblichen Klärungsversuch vor[640], eine Verpflichtung zur Selbsthilfe enthält sie jedoch gerade nicht. Auch der Gesetzesgeber hat sich somit gegen die Delegation der Pflichten des Arbeitgebers auf den Beschäftigten entschieden.

Die höchstinstanzliche Rechtsprechung hat das Erfordernis der innerbetrieblichen Abhilfe in Form der Selbsthilfe des Arbeitnehmers ebenfalls nie anerkannt. In den einschlägigen Urteilen finden sich keinerlei Andeutungen, dass eine innerbetriebliche Abhilfe in Form der Selbsthilfe angezeigt wäre[641]. Gleiches gilt für die Auseinandersetzungen der Literatur jüngeren Datums642 und der europäischen Rechtsprechung[643]. Auch in den Entwürfen zur Kodifizierung eines Regelungswerkes zum Schutze der Whistleblower ist eine Verpflichtung zur Selbsthilfe nicht vorgesehen[644]. Die im Rahmen des HinwGebSchG ergangenen Stellungsnahmen der

636 H.M., vergl. nur: Staudinger/Eckpfeiler/*Beckmann* N., Rdn. 77.

637 Vergl. zu den Grundsätzen des innerbetrieblichen Schadensausgleiches: BAG GS, Beschluss vom 27. September 1994 – GS 1/89 (A), Rdn. 16 ff. – juris; BAG, Urteil vom 13. Januar 2012 – 8 AZR 432/11, Rdn. 20 – juris; MünchHdbArbR/*Reichold* § 51.

638 *Wlotzke*, FS Hilger/Stumpf, 723, 751 f.; das Urteil des LAG Baden-Württemberg behandelte ebenfalls einen Verstoß gegen Arbeitsschutzvorschriften; weitergehend jedoch beispielsweise: *Herbert/Oberrath* NZA 2005, 193, 197.

639 Die von *Wlotzke* und *Herbert/Oberrath* aufgeführten Vorschriften gelten nicht mehr.

640 A/P/S/*Greiner* § 17 ArbSchG, Rdn. 9 ff.

641 BAG, Urteil vom 22. Juli 2008 – 1 ABR 40/07 – juris; BAG, Urteil vom 7. Dezember 2006 – 2 AZR 400/05 – juris; BAG, Urteil vom 3. Juli 2003 – 2 AZR 235/02, Rdn. 38 – juris; BVerfG, Beschluss vom 2. Juli 2001 – 1 BVR 2049/00 – juris.

642 Exemplarisch: *von Busekist/Fahrig* BB 2013, 119, 124, der zwar in dem Verzicht auf einen innerbetrieblichen Klärungsversuch einen Verfassungsverstoß erblickt, jedoch auch keine Verpflichtung zur Selbsthilfe fordert.

643 EGMR, Urteil vom 21. Juli 2011 – 28274/08, Rdn. 65, 72 – juris.

644 Gesetzesentwurf der SPD Fraktion: HinwGebSchG (Hinweisgeberschutzgesetz), § 6, Bt.-Drs. 17/8567, S. 3; Gesetzesentwurf der Fraktion Die Grünen: Entwurf

Sachverständigen betonen zwar die Bedeutung der grundsätzlich durchzuführenden innerbetrieblichen Abhilfe, einen Hinweis darauf, dass eine solche innerbetriebliche Abhilfe auch durch eigene Initiative und in eigener Verantwortung durchzuführen sei, findet sich jedoch nicht[645].

Die Verpflichtung zur innerbetrieblichen Abhilfe in Form der Selbsthilfe des Arbeitnehmers ist somit gegenwärtig nicht mehr Bestandteil der arbeitsrechtlichen Auseinandersetzung mit dem Whistleblowing. Aufgrund der aufgezeigten unzulässigen Umkehrung der Pflichtenkreise und der Haftungsgefahren kommt der innerbetrieblichen Abhilfe in Form der Selbsthilfe somit zu Recht nur noch allenfalls rechtshistorische Bedeutung zu[646].

b) Leistungsverweigerungsrecht

aa) Gesetzliche Ausgangssituation

Anders verhält es sich demgegenüber mit dem Recht des Arbeitnehmers, die Ausführung einer gesetzeswidrigen Tätigkeit zu verweigern. Der Arbeitnehmer ist bereits de lege lata berechtigt, die Verrichtung einer gesetzeswidrigen Tätigkeit zu verweigern. Bei der Ausübung des Leistungsverweigerungsrechtes muss der Arbeitnehmer auf die Belange des Arbeitgebers hinreichend Rücksicht nehmen[647]. Allerdings muss beispielsweise ein Arbeitnehmer, der nicht im Besitz einer gültigen Fahrerlaubnis ist, eine Weisung zum Führen eines Kraftfahrzeuges nicht befolgen[648]. Auch bei einem Verstoß gegen ein Beschäftigungsverbot kann ein Arbeitnehmer die Verrichtung der Tätigkeit verweigern[649]. Anknüpfungspunkt für das Recht des Dienstverpflichteten, die Arbeitsleistung zu verweigern, ist grundsätzlich § 273 BGB[650]. In bestimmten Konstellationen existieren spezialgesetzliche Normierungen: Nach § 14 AGG steht dem Opfer einer Belästigung oder sexuellen Belästigung ein Leistungsverweigerungsrecht zu. Auch im Beamtenrecht existieren gesetzliche Spezialregelungen[651]. Das Recht, die Arbeitsleistung zu verweigern, kann dem Arbeitnehmer auch bei Verletzungen des allgemeinen Persönlichkeitsrechts zustehen[652]. Gleiches gilt für den Fall, dass der Arbeitgeber die sich aus § 618 BGB ergebende Schutzpflichten für die Gesundheit der

eines Gesetzes zur Förderung von Transparenz und zum Diskriminierungsschutz von Hinweisgeberinnen und Hinweisgebern (Whistleblower-Schutzgesetz), § 612b Abs. 1, Bt.-Drs. 17/9782, S. 3.

645 Exemplarisch: *Deiseroth*, Ausschussdrucksache 17(11)783, S. 41, 49.

646 Zu den weiteren Unterformen und Detailregelungen vergl.: *Düsel*, S. 310.

647 Vergl.: MünchKommBGB/*Müller-Glöge* § 611 BGB, Rdn. 11.

648 BAG, Urteil vom 23. Juni 1988 – 8 AZR 300/85, Rdn. 10 – juris.

649 ErfK/*Preis* § 106 GewO, Rdn. 4; Küttner/*Kreitner* Beschäftigungsverbot, Rdn. 4, 8 ff.

650 BAG, Urteil vom 13. März 2008 – 2 AZR 88/07, AP zu § 1 KSchG 1969 Nr. 87, Orientierungssatz 3; ErfK/*Preis* § 611 BGB, Rdn. 689.

651 Vergl. § 36 BeamStG, § 63 BBG.

652 BAG, Urteil vom 13. März 2008 – 2 AZR 88/07, Rdn. 41 ff. – juris.

Arbeitnehmer nicht erfüllt[653]. Auch wenn zumeist[654] von einem dem Arbeitnehmer zustehendem Leistungsverweigerungsrecht gesprochen wird, ist dies nicht in jeder Konstellation zutreffend.

Entscheidend ist, gegen welchen Normtypus die Verrichtung der Arbeitsleistung verstößt[655]. Ist die verletze Rechtsnorm zugleich ein Verbotsgesetz im Sinne des § 134 BGB, so ist die Weisung zur Ausübung kraft gesetzlicher Anordnung nichtig und der Arbeitnehmer nicht zur Ausführung verpflichtet[656]. In den klassischen Fällen des Leistungsverweigerungsrechtes im Arbeitsrecht ist demgegenüber die Erbringung der Arbeitsleistung dem Arbeitnehmer nach § 275 Abs. 3 aufgrund persönlicher oder anderer Gründe lediglich unzumutbar[657]. Klassische Beispiele hierfür sind: Die Pflege von erkrankten nahen Angehörigen oder der Arztbesuch innerhalb der regulären Arbeitszeit[658]. Im Unterschied zur Nichtigkeit nach § 134 BGB muss der Arbeitnehmer die Unzumutbarkeit der Leistungserbringung nach § 275 Abs. 3 BGB nicht durch eine Einrede geltend machen.

Die gegenwärtige Möglichkeit zur Leistungsverweigerung ist mit Risiken verbunden. Nur die berechtigte Arbeitsverweigerung bleibt für den Arbeitnehmer folgenlos. Bei einer unberechtigten Arbeitsverweigerung droht dem Arbeitnehmer demgegenüber die Kündigung[659]. Der Nachweis der Berechtigung zur Arbeitsverweigerung obliegt dabei dem Arbeitnehmer[660]. Dies gilt sowohl für die *echte* Leistungsverweigerung als auch für die Leistungsverweigerung aufgrund eines Verstoßes gegen ein Schutzgesetz[661]. In beiden Varianten trägt der Beschäftigte die Beweislast. Um in Whistleblowing-Konstellationen ein effektives Leistungsverweigerungsrecht zu schaffen, werden daher Beweislastprivilegierungen angedacht.

---

653 BAG, Urteil vom 8. Mai 1996 – 5 AZR 315/95, Rdn. 55 – juris; ErfK/*Wank* § 618 BGB, Rdn. 25 ff.; MünchKommBGB/*Henssler* § 618 BGB, Rdn. 91.

654 Vergl. nur: *Berthold,* S. 75; Gesetzesentwurf der SPD Fraktion: HinwGebSchG (Hinweisgeberschutzgesetz), § 7, Bt.-Drs. 17/8567, S. 3; Stellungnahmen der Sachverständigen zum Gesetzesentwurf in Ausschussdrucksache 17(11)783: *Bundesvereinigung der deutschen Arbeitgeberverbände,* S. 17, 19; *Deiseroth,* S. 41, 51; *Strack,* S. 52, 79; *Handelsverband Deutschland,* S. 106.

655 In diese Richtung: Küttner/*Kreitner* Leistungsverweigerungsrecht, Rdn. 4.

656 In diesem Sinne auch: MünchHdbArbR/*Kothe* § 291, Rdn. 29 ff.

657 Zu Abgrenzung von § 616 BGB und dem allgemeinen Leistungsverweigerungsrecht vergl.: MünchKommBGB/*Henssler* § 616 BGB, Rdn. 9; ErfK/*Preis* § 275 Abs. 3 BGB, Rdn. 685.

658 ErfK/*Preis* § 275 Abs. 3 BGB, Rdn. 686; weitere Beispiele zur Leistungsverweigerung aus persönlichen Gründen: MünchKommBGB/*Henssler* § 616 BGB, Rdn. 20 ff.

659 BAG, Urteil vom 21. Februar 1992 – 2 AZR 10/92, Rdn. 28 ff. – juris; BAG, Urteil vom 13. März 2008 – 2 AZR 88/07, AP zu § 1 KSchG 1969 Nr. 87, Rdn. 39, 51.

660 Staudinger/*Richardi/Fischinger* § 611 Rdn. 598; BAG, Urteil vom 21. Februar 1992 – 2 AZR 10/92 – juris, Rdn. 31.

661 Zu § 134 BGB vergl.: Palandt/*Ellenberger* § 134, Rdn. 12a.; zum Leistungsverweigerungsrecht vergl.: Staudinger/*Richardi/Fischinger* § 611 Rdn. 598; BAG, Urteil vom 21. Februar 1992 – 2 AZR 10/92, Rdn. 31 – juris.

bb) Privilegierte Leistungsverweigerung beim Whistleblowing

(1) Einschätzungsprärogative

Eine solche Privilegierung enthält beispielsweise das HinwGebSchG. Nach § 7 Abs. 2 HinwGebSchG sollte ein Leistungsverweigerungsrecht bereits dann bestehen, wenn der Hinweisgeber davon *„ausgehen darf, sich bei Ausführung der aufgetragenen Tätigkeit der Gefahr der Verfolgung einer Straftat oder der Ahndung einer nicht geringfügigen Ordnungswidrigkeit auszusetzen“*[662]. Ausweislich der Gesetzesbegründung solle für das Vorliegen eines solchen Umstandes die subjektive Sicht des Arbeitnehmers, die sich auch an den objektiven Tatsachen ausrichten solle, maßgeblich sein[663]. Eine solche subjektive/objektive Sicht sei beispielsweise bei der Beurteilung der Erforderlichkeit nach § 40 BetrVG anerkannt[664]. Eine solche gesetzliche Privilegierung kann nicht überzeugen.

Die Frage der Erforderlichkeit eines bestimmten Sachmittels nach § 40 BetrVG unterliegt nur der eingeschränkten gerichtlichen Kontrolle[665]. Die Rechtsprechung billigt dem Betriebsrat bei der Beurteilung dieser Frage somit eine Einschätzungsprärogative zu[666]. Eine solche Einschätzungsprärogative ist meines Erachtens für ein Leistungsverweigerungsrecht beim Whistleblowing abzulehnen. Durch einen weiten Beurteilungsspielraum des Whistleblowers bei der Überprüfung der Richtigkeit der Informationen wird ein beträchtliches Missbrauchsrisiko geschaffen. Objektive Tatsachen dürfen nicht nur ein Hilfskriterium bei der Bewertung der Richtigkeit des vermeintlichen Verstoßes sein[667], sondern müssen das maßgebliche Kriterium bilden. Ist demgegenüber die subjektive Sicht des Whistleblowers maßgebend, führt dies dazu, dass das Irrtumsrisiko einer unberechtigten Arbeitsverweigerung auf den Arbeitgeber verlagert wird. Der Whistleblower könnte sich im Irrtumsfall durch eine solche Privilegierung weitgehend gefahrlos darauf berufen, dass nach seiner subjektiven Ansicht beispielsweise ein Straftatbestand erfüllt gewesen sei[668]. Dies kann nicht überzeugen. Ebenso wenig wie die Pflicht zur Beseitigung von betrieblichen Missständen auf den Arbeitnehmer abgewälzt werden darf[669], darf der Arbeitnehmer nicht völlig aus seiner Verantwortung entlassen werden. Voreilige vermeintliche Enthüllungen stellen sich nicht selten als unbegründet heraus. Eine hierauf beruhende unberechtigte Arbeitsverweigerung kann zu erheblichen Störungen des Betriebsablaufes und einer Gefährdung des Betriebsfriedens führen.

---

662 Bt.-Drs. 17/8567, S. 3.

663 Bt.-Drs. 17/8567, S. 8.

664 Bt.-Drs. 17/8567, S. 8.

665 BAG, Beschluss vom 20. Januar 2010 – 7 ABR 79/08, Rdn. 13 – juris.

666 BAG, Beschluss vom 12. Mai 1999 – 7 ABR 36/97, Leitsatz 2 – juris; LAG Hessen, Beschluss vom 11. Juni 2012 – 16 TaBV 237/11, Rdn. 20 – juris.

667 In diesem Sinne jedoch: § 7 HinwGebSchG, Bt.-Drs. 17/8567, S. 8.

668 Exemplarisch für die fehlerhafte strafrechtliche Einschätzung eines Laien: LAG Köln, Urteil vom 2. Februar 2012 – 6 Sa 304/11, Rdn. 4 – juris

669 S.o.: **1. Teil: C.III.1.a)**.

Bei einer unberechtigten Arbeitsverweigerung sind daher oftmals nicht nur ein irreparabel eingetretener Imageschaden zu befürchten, sondern auch unmittelbare materielle Schäden. Der Whistleblower muss daher verpflichtet sein, die Richtigkeit seiner Informationen gewissenhaft anhand objektiver Kriterien zu überprüfen[670]. Ein weiter Beurteilungsspielraum im Rahmen der Ausübung eines Leistungsverweigerungsrechtes konterkariert jedoch eine solche sorgfältige Überprüfungspflicht.

Des Weiteren überzeugt die Übertragung des Beurteilungsspielraums aus § 40 Abs. 2 BetrVG nicht. Dem Betriebsrat wird als kollektives Interessenvertretungsorgan ein Beurteilungsspielraum zugebilligt hinsichtlich der Frage, welche Betriebsmittel er zu der sachgerechten Wahrnehmung seiner Aufgaben benötigt[671]. Dadurch soll gewährleistet werden, dass die Arbeit des Betriebsrates nicht unnötig erschwert und behindert wird[672]. Die Interessenlage im Rahmen des Kostenerstattungsanspruches des kollektiven Vertretungsorgans ist daher schon im Ausgangspunkt nicht zu der individualrechtlichen Problematik einer unberechtigten Leistungsverweigerung vergleichbar.

Ein Einschätzungsspielraum des Arbeitnehmers bei der Beurteilung der Berechtigung zur Leistungsverweigerung aufgrund eines betrieblichen Missstandes ist daher abzulehnen.

(2) Beamtenrechtliche Remonstrationspflicht

Ebenfalls abzulehnen sind Ansichten, die das Leistungsverweigerungsrecht des Arbeitnehmers beim Whistleblowing der beamtenrechtlichen Remonstrationspflicht nachbilden wollen[673]. Nach § 36 Abs. 2 BeamtStG bzw. § 63 Abs. 2 BBG muss der Beamte zunächst Bedenken gegen die Rechtmäßigkeit dienstlicher Anordnungen bei seinem Vorgesetzten geltend machen. Wird die Anordnung aufrechterhalten, kann er sich an den nächsthöheren Vorgesetzten wenden. Bestätigt dieser wiederum die Anordnung, muss der Beamte die Anordnung ausführen, es sei denn, es ist für den Beamten erkennbar, dass die Anordnung die Würde des Menschen verletzt oder einen Straf- oder Ordnungswidrigkeitstatbestand erfüllt. Der Beamte kann die Bestätigung der Anordnung durch den nächsthöheren Vorgesetzten in schriftlicher Form verlangen.

Diese gestufte beamtenrechtliche Remonstrationspflicht eignet sich nicht für eine Übertragung auf das *klassische* Arbeitsverhältnis. Schon aufgrund der in der freien Wirtschaft höchst individuell und unterschiedlich ausgestalteten Hierarchieebenen scheidet eine Übertragung aus. Die Ausformung der Hierarchie erfolgt nach Belieben des Arbeitgebers, so dass unter Umständen kein eindeutig nächsthöherer Vorgesetzter existiert. Ein enges Korsett von gesetzlichen Vorschriften

---

670 Zu den Anforderungen der Prüfungspflicht: **1. Teil: B.II.3.a)**.

671 BAG, Beschluss vom 11. November 1998 – 7 ABR 57/97, Rdn. 13 – juris.

672 GK-BetrVG/*Weber* § 40, Rdn. 1.

673 So ausdrücklich: *Strack* Ausschussdrucksache 17(11)783, S. 52, 79; ebenfalls in diese Richtung: *Deiseroth,* Ausschussdrucksache 17(11)783, S. 41, 51.

formt demgegenüber das Beamtenverhältnis. In dieser Gesamtstruktur ist auch die Remonstrationspflicht eingefasst. Die isolierte Übertragung einer einzelnen Vorschrift aus dem Beamtenrecht verkennt daher die grundlegenden strukturellen Unterschiede der beiden Beschäftigungsarten. Demgegenüber ist die Möglichkeit, eine schriftliche Bestätigung der Anordnung verlangen zu können, keine beamtentümliche Förmelei. Auch außerhalb des Beamtentums stellt ein solches Recht des Hinweisgebers eine sinnvolle Gestaltungsmöglichkeit dar, um eine Beweisnot zu verhindern.

(3) Ergebnis

Die Einführung eines Anspruches des Whistleblowers auf schriftliche Bestätigung der Anweisung die Arbeit, trotz der geäußerten Bedenken, weiterhin zu verrichten, ist im Rahmen einer leigislatorischen Initiative bedenkenswert. Allerdings kann der Hinweisgeber eine Beweisnot auch durch andere ihm zur Verfügung stehende Mittel abwenden[674]. Darüber hinausgehende Privilegierungen des Hinweisgebers im Rahmen des Leistungsverweigerungsrechts sind allerdings abzulehnen.

cc) Das Leistungsverweigerungsrecht als subsidiäre innerbetriebliche Maßnahme

Das Leistungsverweigerungsrecht ist von seiner Wesensart in Whistleblowing-Konstellationen nicht das geeignete Mittel der innerbetrieblichen Abhilfe. Das Leistungsverweigerungsrecht dient der Sicherung eigener Ansprüche und nicht der Beseitigung des innerbetrieblichen Missstandes. Durch eine bloße Arbeitsniederlegung wird ein gesetzeswidriger Zustand nicht beseitigt. Die Ausübung des Leistungsverweigerungsrechtes kann zur *Vergiftung* des Betriebsklimas führen und eine Trotzreaktion des Arbeitgebers hinsichtlich der Bereitschaft zur Beseitigung eines Missstandes herbeiführen. Die Beseitigung des Missstandes ist jedoch das vordergründige Interesse eines jeden redlichen Whistleblowers. Zudem setzt sich der Arbeitnehmer durch eine Arbeitsverweigerung dem beschriebenen Risiko von arbeitsrechtlichen Sanktionen aus. Das Irrtumsrisiko hinsichtlich der Berechtigung der Arbeitsverweigerung trägt der Arbeitnehmer.

Abseits der eingangs aufgeführten eindeutigen Sachverhalte, in denen der Arbeitnehmer die Ausführung der Tätigkeit verweigert um eine ordnungs- oder strafrechtliche Verantwortlichkeit zu vermeiden, sollte das Leistungsverweigerungsrecht generell nur als subsidiäres Mittel zur innerbetrieblichen Abhilfe wahrgenommen werden.

---

674 Zu denken ist etwa an die Hinzuziehung von Zeugen.

dd) Berechtigte Leistungsverweigerung grundsätzlich erst nach erfolgtem innerbetrieblichen Hinweis und Abhilfeversuch

Eine berechtigte Leistungsverweigerung kann meines Erachtens grundsätzlich erst nach einem vorherigen Hinweis und Abhilfeversuch durch den Arbeitgeber erfolgen. Dies gilt freilich nicht, wenn der Arbeitnehmer sich durch die Nichtausübung des Leistungsverweigerungsrechtes der beschriebenen Gefahr einer eigenen Strafbarkeit[675] oder einer Gesundheitsgefährdung aussetzt. Für die berechtigte Weigerung eines Arbeitnehmers eine Tätigkeit auszuführen, die gegen ein Verbotsgesetz im Sinne des § 134 BGB verstößt[676], gilt dies entsprechend.

Auch das Bundesarbeitsgericht hat die Auffassung vertreten, dass eine berechtigte Arbeitsverweigerung nur nach vorherigem Hinweis an den Arbeitgeber erfolgen kann[677]. Der Arbeitnehmer müsse bei der Ausübung seines Leistungsverweigerungsrechts auf die Interessen des Arbeitgebers Rücksicht nehmen und dürfe nicht voreilig einen Gesetzesverstoß annehmen und die Arbeit niederlegen. Das Zurückbehaltungsrecht selbst stehe unter dem Grundsatz von Treu und Glauben und dürfe nicht rechtsmissbräuchlich ausgeübt werden[678]. Der Arbeitnehmer sei daher verpflichtet, vor der Ausübung seines Zurückbehaltungsrechts dem Arbeitgeber klar und eindeutig mitzuteilen, er werde dieses Recht auf Grund einer ganz bestimmten, konkreten Gegenforderung ausüben. Nur so werde dem Arbeitgeber die Möglichkeit eröffnet, den möglichen Anspruch des Arbeitnehmers zu prüfen und zu erfüllen[679].

Übertragen auf eine Whistleblowing-Konstellation bedeutet dies, dass der Arbeitnehmer zunächst konkret darlegen muss, welche gesetzeswidrigen Missstände vorliegen und die Beseitigung dieser Umstände verlangen muss. Dabei ist ein pauschales Berufen auf einen Gesetzesverstoß nicht ausreichend[680]. Erst wenn der Arbeitgeber sich weigert oder gegebenenfalls die Beseitigung des Missstandes fehlschlägt, darf der Arbeitnehmer das Leistungsverweigerungsrecht ausüben.

Wann ein solcher Fehlschlag vorliegt, ist nach den Umständen des Einzelfalles zu bestimmen. Nach der kaufrechtliche Regelung des § 440 S. 2 BGB, gilt eine Nacherfüllung grundsätzlich nach dem erfolglosen zweiten Versuch als fehlgeschlagen[681].

---

675 BAG, Urteil vom 23. Juni 1988 – 8 AZR 300/85, Rdn. 10 – juris; Vergl. ferner: **1. Teil: B.I.3.**

676 S.o.: **1. Teil: C.III.1.b)aa).**

677 BAG, Urteil vom 13. März 2008 – 2 AZR 88/07, AP zu § 1 KSchG 1969 Nr. 87.

678 BAG, Urteil vom 13. März 2008 – 2 AZR 88/07, Rdn. 45 – juris; ebenso: ErfK/*Preis* § 611 BGB Rdn. 690; MünchKommBGB/*Müller-Glöge* § 611 BGB, Rdn. 11.

679 BAG, Urteil vom 13. März 2008 – 2 AZR 88/07, Rdn. 46 – juris.

680 Vergl.: BAG, Urteil vom 13. März 2008 – 2 AZR 88/07, AP zu § 1 KSchG 1969 Nr. 87, Rdn. 51 – juris.

681 Im Einzelfall kann auch im Rahmen des § 440 S. 2 BGB ausnahmsweise ein dritter Nacherfüllungsversuch zumutbar sein. Dies erfordert allerdings das Vorliegen spezieller Umstände. Als Beispiele hierfür werden besondere technisch-handwerklichen Anforderungen, ein hoher Zeitaufwand oder auch Witterungsbedingungen genannt, vergl.: MünchKommBGB/*Westermann* § 440 BGB, Rdn. 11.

Diese Regelung kann jedoch nicht analog herangezogen werden. Aufgrund der individuellen betrieblichen Gegebenheiten sowie der differierenden Komplexität und Eindeutigkeit eines Verstoßes können dem Arbeitgeber durchaus mehrere Abhilfeversuche zugestanden werden. Solange der Arbeitgeber sich um eine ernsthafte Beseitigung bemüht und die Behebung des Missstandes nicht aussichtslos erscheint, sollte der Whistleblower von einer Arbeitsniederlegung absehen. Das primäre Ziel des Whistleblowings, die Beseitigung des innerbetrieblichen Missstandes, ist durch die Offenbarung des Arbeitnehmers und dem ersten ernsthaften Abhilfeversuch des Arbeitgebers initiiert. Insgesamt ist daher bei Beurteilung des Fehlschlages der innerbetrieblichen Abhilfe, ein großzügiger Maßstab anzulegen. Ist der Verstoß allerdings evident und eine Abhilfe dem Arbeitgeber ohne größeren Aufwand zumutbar, so kann ein Fehlschlag bereits nach dem ersten gescheiterten Abhilfeversuch angenommen werden und der Arbeitnehmer die weitere Ausführung der Tätigkeit verweigern. Muss der Arbeitnehmer beispielsweise Schweißarbeiten ohne eine Atemschutzmaske ausführen und kann der gesetzeskonforme Zustand durch das schlichte Bereitstellen einer Schweißmaske herbeigeführt werden, so ist ein Fehlschlag bereits nach dem ersten gescheiterten Abhilfeversuch des Arbeitgebers anzunehmen und der Arbeitnehmer ist berechtigt, die weitere Ausführung der Tätigkeit zu verweigern[682]. In Anbetracht der möglichen Gesundheitsgefährdung bei der Ausführung von Schweißarbeiten ohne entsprechende Schutzmaßnahmen, ist der Arbeitnehmer in diesem Beispiel auch ausnahmsweise zur Arbeitsverweigerung vor einem entsprechenden innerbetrieblichen Hinweis berechtigt.

Diese Grundsätze stellen einen gerechten Ausgleich der Interessen dar. Die betrieblichen Abläufe und das Betriebsklima werden durch eine voreilige Arbeitsniederlegung nicht unnötig belastet. Zudem mindert der Arbeitnehmer, durch die grundsätzliche Pflicht einen innerbetrieblichen Missstand zunächst anzuzeigen und Abhilfeversuche abzuwarten, sein Risiko wegen unberechtigter Arbeitsverweigerung gekündigt zu werden. Der Arbeitgeber wird zugleich verpflichtet, Hinweisen auf Missstände ernsthaft nachzugehen. Schlussendlich wird somit auch die im beiderseitigen Interesse liegende Beseitigung des Missstandes gefördert.

Festzuhalten bleibt somit, dass in Übereinstimmung mit der Rechtsprechung des Bundesarbeitsgerichts eine berechtigte Leistungsverweigerung grundsätzlich erst nach einem innerbetrieblichen Klärungsversuch erfolgen kann.

---

682 Beispiel in Anlehnung an das Urteil des LAG Baden-Württemberg, vom 20. Oktober 1976 – 6 Sa 51/76, LAGE § 1 KSchG Verhaltensbedingte Kündigung Nr. 2. Gegenwärtige Regelungen zu dem Tragen von Atemschutzgeräten befinden sich beispielsweise in dem Anhang I GefStoffV.

2. *Innerbetrieblicher Hinweis*

a) Der Vorrang des innerbetrieblichen Hinweises

Die innerbetriebliche Abhilfe in Form eines innerbetrieblichen Hinweises und der Abhilfe durch den Arbeitgeber ist eines der zentralen Aspekte beim Whistleblowing. Zumeist wird anhand dieses Kriteriums zwischen internem und externem Whistleblowing differenziert[683]. Wobei unter letzterem alle Fälle der Informationsweitergabe zu fassen seien, die den organisationsinternen Bereich verlassen und externen Behörden, Medien oder der sonstigen Öffentlichkeit bekannt gemacht werden. Beim internen Whistleblowing wendet der Arbeitnehmer sich demgegenüber nur an den Arbeitgeber oder an eine entsprechend eingerichtete Stelle. Durch den Verzicht des Arbeitnehmers, einen betrieblichen Missstand unmittelbar einem externen Dritten zu offenbaren, ermöglicht er dem Arbeitgeber, den Missstand zu beseitigen, ohne dass gleichzeitig die Gefahr besteht, dass der Ruf des Arbeitgebers beschädigt, der Betriebsablauf behindert und der Betriebsfrieden gefährdet wird.

Aufgrund mangelnder juristischer oder technischer Kenntnisse erblicken Arbeitnehmer nicht selten nur scheinbare Gesetzeswidrigkeiten[684]. Haltlose, auf einem Missverständnis beruhende oder nebulöse Vorwürfe können aufgeklärt, klargestellt oder entwölkt werden, ohne dass die Informationen den organisationsexternen Bereich verlassen. Durch eine innerbetriebliche Anzeige werden derartige Fälle einer stillen Klärung beigeführt, ohne dass zugleich die mit einer externen Anzeige verbundenen Komplikationen eintreten. Dem innerbetrieblichen Klärungsversuch kommt somit auch eine Art *Filterfunktion* zu. Der Versuch der innerbetrieblichen Abhilfe durch einen entsprechenden Hinweis ist somit ein milderes damit grundsätzlich vorrangig zu wählendes Mittel. Da der Arbeitnehmer zur Rücksichtsnahme auf die Interesse des Arbeitgebers verpflichtet ist, hat er grundsätzlich zunächst dieses mildere Mittel zu wählen.

Das essentielle Interesse des Arbeitgebers betriebliche Missstände möglichst stillschweigend innerbetrieblich zu behandeln, ist durch die grundsätzliche Verpflichtung des Whistleblowers zur vorrangigen innerbetrieblichen Meldung eines Missstandes weitgehend anerkannt[685].

Insbesondere wenn die vom Whistleblower entdeckte Straftat auch den Arbeitgeber schädigt, ist aufgrund der Verpflichtung, Schäden vom Arbeitgeber abzuwenden, eine innerbetriebliche Klärung grundsätzlich angezeigt[686]. In diesen Fällen erfolgt der

683 MünchHdbArbR/*Reichold* § 48 Rdn. 41; *Schulz,* BB 2011, 629, 630; vehement für diese Differenzierung: *von Busekist/Fahrig* BB 2013, 119.

684 LAG Köln, Urteil vom 2. Februar 2012 – 6 Sa 304/11, NZA-RR 2012, 298; ausführlich hierzu unten: **1. Teil: D.V.4.b)gg)(c)**.

685 BAG, Urteil vom 3. Juli 2003 – 2 AZR 235/02, Rdn. 38 – juris; BAG, Urteil vom 7. Dezember 2006, 2 AZR 400/05, Rdn. 17 – juris; EGMR, Urteil vom 21. Juli 2011 – 28274/08, Rdn. 6 – juris; *von Busekist/Fahrig* BB 2013, 119, 122; *Simon/Schilling* BB 2011, 2421, 2423; Staudinger/*Preis* § 626 BGB, Rdn. 132.

686 BAG, Urteil vom 3. Juli 2003 – 2 AZR 235/02, Rdn. 42 – juris. S.o.: **1. Teil: A.II.3.**

interne Klärungsversuch nicht nur um einen drohenden Reputationsverlust durch eine externe Anzeige abzuwenden, sondern auch um den Arbeitgeber vor weiteren Schäden durch andere Arbeitnehmer zu schützen. Der Arbeitnehmer ist grundsätzlich verpflichtet den Arbeitgeber auch vor Schädigungen durch Kollegen zu schützen[687]. Die Einzelheiten der Pflicht zur Denunzierung von Arbeitskollegen und die im Umfeld hierzu stehenden Fragestellungen werden im **2. Teil: B** dargestellt. Insbesondere wird dort untersucht, in welchen konkreten Konstellationen eine vertragsimmanente Verpflichtung zur Meldung von gesetzeswidrigen oder internen Richtlinien widersprechenden Verhaltensweisen von Arbeitskollegen besteht, welche Konsequenzen aus der Verletzung dieser Pflicht resultieren können und inwieweit die innerbetriebliche Meldepflicht der Disposition der Vertragsparteien unterliegt.

Speziell bei größeren und komplexen Unternehmensstrukturen besteht die Möglichkeit, betriebliche Missstände oder gesetzliche Verstöße zu verschleiern[688]. Aufgrund dessen sind Hinweise von Whistleblowern in vielen Fällen der einzige Ansatzpunkt um Fehlverhalten aufzuklären[689]. Ein Konzern, der umfangreiche Regelungen zum Verfahrensablauf von internem Whistleblowing geschaffen hat, beschreibt dieses System als elementaren Bestandteil eines Compliance Programms[690].

Das HinwGebSchG wollte den grundsätzlichen Vorrang der innerbetrieblichen Anzeige abschaffen. Dem Hinweisgeber sollte das Recht eingeräumt werden, „*sich sofort an eine externe Stelle zu wenden*“[691]. Diese Passage des Gesetzesentwurfs wurde durch den weit überwiegenden Anteil der Sachverständigen, spiegelbildlich dem Meinungsstand in der Literatur[692], entsprechend kritisiert[693]. Teilweise wurde sogar die Verfassungskonformität einer solchen Regelung in Frage gestellt[694].

Auch die vereinzelnd bestehenden gesetzlichen Regelungen, die Hinweisgeber in bestimmten Konstellationen bereits gegenwärtig beachten müssen, verpflichten grundsätzlich dazu, zunächst den Missstand einer organisationsinternen Stelle

687 MünchHdbArbR/*Reichold* § 49, Rdn. 8 ff.

688 *Wybitul*, Ausschussdrucksache 17(11)783, S. 37, 38.

689 *Siemens AG*, Ausschussdrucksache 17(11)783, S. 21, 22.

690 *Siemens AG*, Ausschussdrucksache 17(11)783, S. 21, 22.

691 Bt.-Drs. 17/8567, § 6 HinwGebSchG; insofern auch abweichend von anderen Gesetzesentwürfen, vergl. bspw. § 78 ArbVG.

692 Nur sehr vereinzelnd finden sich Auffassungen, die auf das Kriterium der innerbetrieblichen Abhilfe gänzlich verzichten wollen: *Colneric*, AiB 1987, 261, 265.

693 Ausschussdrucksache 17(11)783: *Verband der Beschäftigten der obersten und oberen Bundesbehörden e. V.* S. 7, 13f.; *Bundesvereinigung der Deutschen Arbeitgeberverbände* S. 17, 18f.; *Bund der Richterinnen und Richter der Arbeitsgerichtsbarkeit* S. 23, 25; *Henssler* S. 26, 29; *Kramer*, S. 31, 34; *Deiseroth* S. 41, 49; *Handelsverband Deutschland*, S 106, 108; a.A.: *Strack* S. 52, 68 f.; *Schubert*, S. 104, 105.

694 Ohne dies jedoch näher zu begründen: *Kramer*, Ausschussdrucksache 17(11)783, S. 31, 34; *Wybitul*, Ausschussdrucksache 17(11)783, S. 37, 38.

mitzuteilen[695]. Lediglich im neu geschaffenen Seearbeitsgesetz (SeeArbG) hat ein Besatzungsmitglied nach § 128 Abs. 4 Nr. 5 das Recht, sich *„jederzeit unmittelbar"* bei geeigneten externen Stellen zu beschweren[696]. Die Verpflichtung zum vorherigen Versuch der innerbetrieblichen Abhilfe wahrt nicht nur die Interessen des Arbeitgebers, sie ist auch im Sinne des redlichen Whistleblowers, dessen Ziel die Beseitigung der Missstände und nicht die Denunziation des Arbeitgebers ist. Die betrieblichen Missstände können jedoch häufig am einfachsten und effektivsten direkt vor Ort durch den Arbeitgeber beseitigt werden.

Der Bedeutungsgehalt der internen Abhilfe wird auch in dem vom BVerfG entschiedenen *Pätsch-Fall* verdeutlicht. Das BVerfG bestätigte in dieser Entscheidung die Verurteilung eines Angestellten des deutschen Verfassungsschutzes, der einen Einzelfall einer verfassungswidrigen Telefonüberwachungsmaßnahmen unmittelbar gegenüber der Presse offenbarte, ohne zuvor den innerbetrieblichen Klärungsweg beschritten zu haben[697]. Da kein evidenter, besonders schwerer Verfassungsverstoß vorgelegen habe, sei er verpflichtet gewesen, die in der institutionellen Ordnung der Verwaltung und des demokratischen Staates liegenden Abhilfemöglichkeiten auszuschöpfen, bevor er den in seinen Folgen von ihm nicht übersehbaren und beherrschbaren Weg in die Öffentlichkeit beschreiten dürfe[698].

Allerdings birgt die Verpflichtung zur vorherigen innerbetrieblichen Meldung auch gewisse Schattenseiten für den Arbeitnehmer. Insbesondere sofern in dem betreffenden Unternehmen kein vertrauliches Meldesystem implementiert ist, begibt sich der Arbeitnehmer durch die Meldung eines Missstandes aus seiner Deckung und zugleich unter Umständen in Bedrängnis. Im schlimmsten Fall wird der Arbeitnehmer nun fortan als unbequemer Denunziant gebrandmarkt seien und mit schikanösen Maßnahmen des Arbeitgebers überzogen. Daneben ist auch fraglich, ob bereits das innerbetriebliche Whistleblowing eine kündigungsrelevante Vertragspflichtverletzung darstellen kann. Inwiefern diese Schattenseiten der innerbetrieblichen Meldung tatsächlich vorliegen und wie dem gegebenenfalls entgegenzuwirken ist, ist ebenfalls Bestandteil der Untersuchungen im **2. Teil**.

---

695 Vergl. § 17 Abs. 2 ArbSchG, § 36 Abs. 2 BeamtStG, § 63 Abs. 2 BBG. Nach § 7 WBeauftrG darf ein Soldat den Dienstweg zwar umgehen und sich unmittelbar an den Wehrbeauftragten wenden. Der Wehrbeauftragte ist allerdings ebenfalls ein organisationsinterner Ansprechpartner.

696 Eine Pflicht zur vorherigen internen Abhilfe besteht nicht. Nach § 128 Abs. 1 SeeArbG *„soll"* ein Besatzungsmitglied lediglich eine Beschwerde zunächst an den unmittelbaren Vorgesetzten an Bord richten. In dem bis zum 1. August 2013 maßgeblichen Seemannsgesetz waren Regelungen zur Beschwerde in den § 112 f. SeemG enthalten.

697 BVerfG, Beschluss vom 28. April 1970 – 1 BvR 690/65, NJW 1970, 1498. Der Angestellte wurde vom BGH zu einer viermonatigen Bewährungsstrafe wegen Geheimnisverrats nach § 353b StGB verurteilt.

698 BVerfG, Beschluss vom 28. April 1970 – 1 BvR 690/65, Rdn. 33 – juris.

Auch wenn die grundsätzliche Verpflichtung zur vorrangigen innerbetrieblichen Klärung zu Recht überwiegend anerkannt ist, so ist umstritten und weitgehend ungeklärt, in welchen Konstellationen eine Ausnahme von der Verpflichtung besteht.

b) Ausnahmen von der Verpflichtung des vorhergehenden innerbetrieblichen Hinweises

aa) Ausschlusstatbestände

Wie auch bei sämtlichen anderen Abwägungskriterien gilt auch an dieser Stelle, dass sofern ein Ausschlusstatbestand, die nachfolgenden Kriterien nicht mehr für die Rechtfertigung einer Kündigung herangezogen werden können. Begeht der Arbeitgeber eine Straftat gegen den Arbeitnehmer oder läuft der Arbeitnehmer Gefahr, sofern er Stillschweigen bewahrt, sich selbst der Strafverfolgung auszusetzen, so muss der Arbeitnehmer keinen vorherigen internen Hinweis erteilen. Letzteres erfasst nicht nur die Konstellationen des § 138 StGB, sondern auch Fallgestaltungen, in denen der Arbeitnehmer Umstände aufdeckt, die offenbaren, dass die objektiven Voraussetzungen der Teilnahme oder Mittäterschaft an einer Straftat des Arbeitgebers vorliegen oder das der Arbeitnehmer bei weiterem Zuwarten Gefahr läuft, sich selbst eines unechten[699] oder echten Unterlassungsdeliktes[700] strafbar zu machen. Daneben wird eine Vielzahl weiterer Ausnahmemöglichkeiten diskutiert.

bb) Weitere Einschränkungen

Auch die Rechtsprechung ist der Auffassung, dass keine Pflicht zu innerbetrieblichen Klärung besteht, wenn der Arbeitnehmer sich durch die Nichtanzeige selbst der Strafverfolgung aussetzen würde[701]. Daneben sei eine innerbetriebliche Meldung und Klärung aber auch dann unzumutbar, wenn eine Abhilfe vom Arbeitgeber berechtigterweise nicht zu erwarten sei und bei schwerwiegenden oder vom Arbeitgeber selbst begangenen Straftaten[702].

(1) Schwerwiegende Straftat

Wann eine Straftat *schwerwiegend* in diesem Sinne ist, hat das Bundesarbeitsgericht in denen zum Whistleblowing ergangenen Entscheidungen nicht festgelegt. In dem

699 Beim Whistleblowing kommt die Verwirklichung eines solchen Deliktes nur selten in Betracht. Hintergrund ist, dass für die Erfüllung des Tatbestandes eines unechten Unterlassungsdelikts, das Vorliegen einer Garantenpflicht unabdingbar ist. Eine solche Einstandspflicht kann regelmäßig nur den *Compliance Officer* treffen, dem die Überwachung des gesetzeskonformen Verhaltens des Unternehmens als Hauptleistungspflicht obliegt, vergl. hierzu: **1. Teil: A.II.6.a)bb).**

700 § 323c StGB.

701 BAG, Urteil vom 3. Juli 2003 – 2 AZR 235/02, Rdn. 41 – juris.

702 BAG, Urteil vom 3. Juli 2003 – 2 AZR 235/02, Rdn. 41 – juris; BAG vom 7. Dezember 2006 – 2 AZR 400/05, Rdn. 17 – juris.

Urteil vom 7. Dezember 2006 hatte das Bundesarbeitsgericht jedenfalls keine Zweifel daran, dass der Tatbestand der Untreue nach § 266 StGB, die mit einer Freiheitsstrafe von bis zu fünf Jahren bedroht ist, keineswegs ein Bagatelldelikt sei und daher diese Voraussetzung erfülle[703].

Allerdings ist hieraus nicht zu folgern, dass jedes Delikt mit einem entsprechenden Strafrahmen immer als *schwerwiegend* anzuerkennen ist.

Eine solche Differenzierung wäre im Hinblick darauf, dass der weit überwiegende Anteil der Straftatbestände im StGB einen entsprechenden oder noch höheren Strafrahmen aufweist, fragwürdig. Letztendlich wären damit nur so wenige Straftatbestände nicht als *schwerwiegend* zu klassifizieren, dass eine Differenzierung von schwerwiegenden und nicht schwerwiegenden Straftaten überflüssig ist. Eine *schwerwiegende* Tat muss jedoch schon nach dem Wortsinn von einigem Gewicht sein. Sie muss sich demnach auch quantitativ von den meisten anderen Straftatbeständen abheben. Ein solches Abheben ist allerdings nicht möglich, wenn beinahe alle Straftatbestände als schwerwiegend eingestuft werden. Dass dies auch nicht im Sinne des Senates war, lässt sich daraus folgern, dass das Gericht herausstellt, dass im konkreten Fall über Jahre hinweg insgesamt 30 Einzeltaten begangen wurden, die zu einer beträchtlichen Schadenssumme führten[704]. Der Senat nimmt mithin bei der Bewertung der Schwere einer Straftat eine Gesamtbetrachtung vor und orientiert sich nicht an dem einzelnen Unrechtsgehalt der Straftat.

Fraglich ist, ob dies überzeugen kann. Ein Vergleich zu den Grundsätzen der Zulässigkeit einer verhaltensbedingten Kündigung, aufgrund der Begehung einer Straftat, liefert keinen Erkenntnisgewinn. Die strafrechtliche Bewertung des Sachverhaltes steht bei der Bewertung einer solchen Kündigung nicht im Vordergrund[705]. Maßgeblich ist auch hier stets die Schwere des eingetretenen Vertrauensverlustes[706]. Bei der Einstufung einer Straftat als schwerwiegend muss eine Orientierung an originär strafrechtlichen Maßstäben erfolgen. Den Unrechtsgehalt, den der Gesetzgeber einem Delikt zugewiesen hat, drückt er mit der Festlegung des Strafrahmens aus. Das Strafgesetzbuch und die Strafprozessordnung nehmen in einigen Vorschriften Unterteilungen nach dem Strafrahmen vor. So werden in § 12 StGB Verbrechen und Vergehen definiert. Letzteres sind rechtswidrige Taten, die im Mindestmaß mit weniger als einem Jahr Freiheitsstrafe oder Geldstrafe bedroht sind. Die *Schwere* Körperverletzung nach § 226 StGB ist mit einem Strafrahmen von einem Jahr bis zu zehn Jahren ein Verbrechen. § 79 StGB regelt die Verjährungsfristen. Die Fünf-Stufige-Unterteilung der Verjährungsdauer orientiert sich ebenfalls an dem anerkannten Strafmaß[707]. Den Vorgaben des Bundesverfassungsgerichts entsprechend, sind gesetzlich in § 100c Abs. 2 StPO nur Straftaten als besonders schwere Straftaten

703 BAG, Urteil vom 7. Dezember 2006 – 2 AZR 400/05, Rdn. 17 – juris.
704 BAG, Urteil vom 7. Dezember 2006 – 2 AZR 400/05, Rdn. 17 – juris.
705 BAG, Urteil vom 10. Juni 2010 – 2 AZR 541/09, Rdn. 30 – *Emmely* – juris.
706 Beck-OK-ArbR/*Stoffels* § 626 BGB, Rdn. 126 m.w.N.
707 Lackner/Kühl/*Lackner* § 79 StGB, Rdn. 3.

bezeichnet, die eine höhere Höchststrafe als fünf Jahre Freiheitsstrafe vorsehen[708]. Schwere Straftaten im Sinne des § 100a Abs. 1 StPO sind demgegenüber auch Straftaten die nur mit einer Geldstrafe sanktioniert werden können. Nach § 140 Abs. 2 StPO ist ein Pflichtverteidiger zu bestellen, wenn dies nach der Schwere der Tat geboten erscheint. Nach allgemeiner Ansicht soll eine notwenige Verteidigung bei einer zu erwartenden Freiheitsstrafe von einem Jahr gegeben sein[709]. Ansatzpunkte für die Bestimmung der Schwere einer Straftat sind demnach ausreichend vorhanden und erfolgen stets in Anlehnung an den Strafrahmen des Deliktes.

Das Recht des Arbeitnehmers sich bei einer schwerwiegenden Straftat unmittelbar an einen Dritten zu wenden, beruht darauf, dass je schwerwiegender der Verstoß des Arbeitgebers gegen die Rechtsordnung ist, umso weniger kann er sich auf seine schützenswerten Interessen berufen[710]. Da der Gesetzgeber den Unrechtsgehalt einer Tat durch die Festlegung des Strafrahmens zum Ausdruck bringt, muss die Differenzierung sich ebenfalls hieran orientieren. Die von § 12 StGB vorgenommene Differenzierung erscheint dabei vorzugswürdig. Vergehen sind solche Straftaten, die der Gesetzgeber für geringer, Verbrechen solche, die er für höher strafwürdig hält[711]. Diese grundlegende Differenzierung von Verbrechen und Vergehen hat Auswirkungen auf viele Bereiche des Strafrechts. So ist nach § 23 Abs. 1 StGB der Versuch eines Verbrechens stets strafbar, der Versuchs eines Vergehens nur dann, wenn der Straftatbestand dies ausdrücklich bestimmt. Auch einzelne Straftatbestände wie die Bedrohung (§ 241 StGB) oder die Geldwäsche (§ 261 StGB) knüpfen an diese Differenzierung an und auch bei verfahrensrechtlichen Fragen ist diese Unterscheidung ebenfalls von Bedeutung[712]. Für den Hinweisgeber ist diese Differenzierung durch einen Blick ins Gesetz leicht nachzuvollziehen. Zudem sind die Straftaten, denen der Gesetzgeber den Rang eines Verbrechens zugewiesen hat, zumeist von derartig hoher krimineller Energie, dass das offenbarte Verhalten in der Regel auch einen bestimmten Verbrechenstatbestand erfüllen wird, unabhängig von der laienhaften Subsumtion des Whistleblowers. Das Irrtumsrisiko für den Hinweisgeber ist entsprechend geringer. Auch entspricht diese Unterteilung der allgemeinen Ansicht zu § 140 Abs. 2 StPO, nach dem von einer „Schweren Tat“ erst bei einer zu erwartenden Freiheitsstrafe von mindestens einem

---

708 BVerfG, Urteil vom 3. März 2004 – 1 BvR 2378/98 u. 1 BvR 1084/99 – *großer Lauschangriff*, Rdn. 249 – juris.

709 Kindhäuser, StPO, § 7, Rdn. 29; Dölling/Duttge/Rössner/*Weiling* § 140 StPO, Rdn. 16; OLG Hamm, Beschluss vom 14. November 2000 – 2 Ss 1013/2000, NStZ-RR 2001, 107, 108; OLG Oldenburg, Beschl. vom 26. Mai 2005 – 1 Ws 264/05, NStZ-RR 2005, 318.

710 Eine Ausschluss des grundrechtlichen Schutzes erfolgt jedoch erst bei schlechthin gemeinschädlichen Straftaten, vergl.: BVerfG, Urteil vom 28. März 2006 – 1 BvR 1054/01 – *Odsset – Sportwette*, Rdn. 83 – juris; S.o.: **1. Teil: C.II.2.**

711 Fischer § 12, Rdn. 1.

712 Vergl. § 25 GVG; § 153, 153a StPO.

Jahr auszugehen ist[713]. Straftaten, die der Gesetzgeber dem Unrechtsgehalt eines Vergehens zugewiesen hat, rechtfertigen demgegenüber nicht das Gefährdungspotential, das eine sofortige externe Anzeige für den Arbeitgeber birgt.

Die meisten Straftaten, die dem Arbeitgeber in Whistleblowing-Konstellationen vorgeworfen werden, insbesondere fahrlässige Körperverletzung, Betrug[714], Untreue[715] und Nötigung[716], berechtigen damit nicht dazu, alleine aufgrund des Unrechtsgehaltes der Tat, unmittelbar externe Dritte zu informieren. Diese Vergehen sind zwar keine „*Bagatelldelikte*"[717], jedoch auch keine schwerwiegenden Straftaten. Schwerwiegende Straftaten sind nur Verbrechen im Sinne des § 12 Abs. 1 StGB.

(2) Differenzierung nach der Person, die die Straftat begangen hat

Jedoch ergibt sich hieraus nicht, dass sich der Hinweisgeber nur bei einem Verbrechen unmittelbar an externe Dritte wenden kann. Die Freistellung von der Verpflichtung zur vorherigen innerbetrieblichen Klärung ist nicht nur von der Schwere der Tat abhängig, sondern auch davon, wer die Straftat begangen hat. Hat der Arbeitgeber oder sein gesetzlicher Vertreter die Straftat begangen, trifft den Arbeitnehmer ebenfalls keine Pflicht zur vorherigen innerbetrieblichen Klärung. Der zweite Senat hat in seiner Grundsatzentscheidung aus dem Jahre 2003 eindeutig herausgestellt, dass es sich um Alternativen handelt[718]. In der nachfolgenden Entscheidung aus dem Jahre 2006 wird dies sprachlich nicht mehr genauso eindeutig herausgestellt, letztlich jedoch bestätigt[719]. Die Anerkennung einer Ausnahme sowohl für die „*schwerwiegende*" als auch die vom Arbeitgeber selbst begangene oder ihm zurechenbare Straftat ist überzeugend.

Wie bereits ausgeführt, beruht die Verpflichtung zur vorherigen innerbetrieblichen Abhilfe darauf, dass dem Arbeitgeber gesetzwidrige Vorkommnisse häufig unbekannt sind. Durch die innerbetriebliche Hinweisverpflichtung soll dem Arbeitgeber gesetzeswidriges Verhalten offenbart werden. Begeht der Arbeitgeber allerdings selbst eine Straftat, so ist ihm der betriebliche Missstand bekannt. Eine Verpflichtung zum Hinweis auf einen dem Arbeitgeber bereits bekannten Missstand ist jedoch widersinnig. Dasselbe muss für die Konstellation gelten, dass der Arbeitgeber nichts von dem Missstand weiß, es jedoch hätte wissen müssen, weil der ihm zurechenbare gesetzliche

---

713 Kindhäuser, StPO, § 7 Rdn. 29; Dölling/Duttge/Rössner/*Weiling* § 140 StPO, Rdn. 16; OLG Hamm, Beschluss vom 14. November 2000 – 2 Ss 1013/2000, NStZ-RR 2001, 107, 108; OLG Oldenburg, Beschluss vom 26. Mai 2005 – 1 Ws 264/05, NStZ-RR 2005, 318.

714 LAG Berlin, Urteil vom 28. März 2006 – 7 Sa 1884/05 – Rdn. 5 – juris.

715 BAG, Urteil vom 3. Juni 2003 – 2 AZR 235/02, Rdn. 5 f. – juris; BAG, Urteil vom 7. Dezember 2006 – 2 AZR 400/05, Rdn. 4 – juris.

716 LAG Berlin, Urteil vom 28. März 2006 – 7 Sa 1884/05 – Rdn. 7 – juris.

717 BAG, Urteil vom 7. Dezember 2006 – 2 AZR 400/05, Rdn. 17 – juris.

718 BAG, Urteil vom 3. Juni 2003 – 2 AZR 235/02, Rdn. 41 – juris „*oder*".

719 BAG, Urteil vom 7. Dezember 2006 – 2 AZR 400/05, Rdn. 17 – juris, „*Hinzu kommt*".

Vertreter die Straftat begangen hat oder ihm ein generelles Organisationsverschulden anzulasten ist. Durch die Anerkennung dieser Möglichkeit zur unmittelbaren Meldung eines betrieblichen Missstandes gegenüber einer externen Stelle erfolgt gleichsam auch eine Relativierung der vorgenommen Beschränkung von *„schwerwiegenden"* Straftaten auf solche die ein Verbrechen im Sinne des § 12 Abs. 1 StGB darstellen. In vielen Fällen hat der Whistleblower daher auch bei einem bloßen Vergehen die Möglichkeit, unmittelbar, externe Dritte zu informieren.

(3) Abhilfe ist berechtigterweise nicht zu erwarten

Hat der Arbeitnehmer den Arbeitgeber auf die gesetzeswidrige Praxis im Unternehmen hingewiesen und reagiert der Arbeitgeber hierauf nicht, dann steht dem Arbeitnehmer ebenfalls der Weg offen, eine organisationsexterne Meldung vorzunehmen[720]. Eine Abhilfe sei in diesem Fall berechtigterweise nicht (mehr) zu erwarten und es bestehe insofern keine weitere vertragliche Rücksichtnahmepflicht mehr[721]. Dieser weiteren, vom Bundesarbeitsgericht vertretenen, Einschränkung der Pflicht zur vorherigen innerbetrieblichen Meldung ist zuzustimmen.

Durch die vorherige innerbetriebliche Meldung des Missstandes hat der Arbeitnehmer seine vertragliche Rücksichtnahmepflicht erfüllt. Bei Untätigkeit des Arbeitgebers kann von dem *„normalen"* Arbeitnehmer nicht verlangt werden, sich weiterhin um eine innerbetriebliche Abhilfe zu bemühen. Die arbeitsvertraglichen Nebenpflichten dürfen nicht überdehnt werden. Die Hauptleistungspflicht des Arbeitnehmers ist die Erbringung seiner Arbeitsleistung. Auf diese muss und soll er sich konzentrieren. Daher kann von ihm nicht verlangt werden, sich um eine innerbetriebliche Klärung weiterhin zu bemühen, wenn der Arbeitgeber diese Bemühungen offenbar nicht ernsthaft anstellt. Schweigt der Arbeitgeber, so ist dem Hinweisgeber zu empfehlen, den Vorgang der innerbetrieblichen Meldung entsprechend zu dokumentieren. Fehlt in dem Unternehmen ein formalisiertes Meldungssystem, sollte der Arbeitnehmer sich beweisrechtlich durch das Hinzuziehen von Zeugen oder anderer geeigneter Mittel[722] absichern.

Entsprechendes gilt erst recht, wenn der Arbeitgeber eine Abhilfe ausdrücklich verweigert. In diesem Fall muss der Hinweisgeber sich selbstverständlich nicht erneut um eine innerbetriebliche Abhilfe bemühen. Ein solches Bemühen wäre offenkundig aussichts- und somit sinnlos.

---

720 BAG, Urteil vom 3. Juni 2003 – 2 AZR 235/02, Rdn. 41 – juris.

721 BAG, Urteil vom 3. Juni 2003 – 2 AZR 235/02, Rdn. 41 – juris.

722 Geeignet erscheint namentlich die schriftliche Abfassung der innerbetrieblichen Beschwerde verbunden mit einer entsprechenden Eingangsbestätigung. Die beamtenrechtliche Remonstrationspflicht sieht unter bestimmten Voraussetzungen explizit das Recht des Hinweisgebers vor, eine schriftliche Bestätigung der Aufrechterhaltung der Anordnung zu verlangen, vergl. hierzu: **1. Teil: C.III.1.b)bb)(2).**

(4) Differenzierung nach den anzeigenden Personen

Eine Einschränkung soll für diejenigen Personen gelten, die mit der Überwachung des gesetzeskonformen Verhaltens des Unternehmens betraut wurden. Von dem Compliance Officer[723] könne aufgrund der besonderen Pflichtenstellung in höherem Maße Anstrengungen zur internen Abhilfe verlangt werden[724]. Wie sich diese *„höheren Anstrengungen"* konkret auswirken, wird allerdings offengelassen[725]. Dem Compliance Officer obliegt die Pflicht, sicherzustellen, dass das Unternehmen im Einklang mit den geltenden Gesetzen und Regeln handelt[726]. An Arbeitnehmer, deren Arbeitspflicht primär oder im Falle des Compliance Officer einzig darin besteht, das gesetzeskonforme Verhalten des Unternehmens und der Unternehmensangehörigen zu überwachen, sind in der Tat höhere Anforderungen im Rahmen der innerbetrieblichen Abhilfe zu stellen. Insofern unterscheiden sie sich von den übrigen Arbeitnehmern, deren Verpflichtung zur innerbetrieblichen Abhilfe sich *lediglich* aus der immanenten Nebenpflicht zur Rücksichtnahme ergibt[727]. Arbeitnehmer, die zur Überwachung des gesetzeskonformen Verhaltens des Unternehmens eingestellt sind, obliegt diese Aufgabe als Hauptleistungspflicht. Insbesondere die *„Berichtslinie"* und die Einzelheiten des Meldevorganges bei Verdachtsmomenten sind dabei häufig dezidiert arbeitsvertraglich geregelt[728]. Aber auch in Ermangelung einer solchen detaillierten expliziten arbeitsvertraglichen Regelung bestehen für den Compliance Officer oder vergleichbare Arbeitnehmer aufgrund ihrer Hauptleistungspflicht zur Überwachung erhöhte Anforderungen im Rahmen der innerbetrieblichen Abhilfe. Zumutbar erscheint es, insoweit nicht bereits nach dem ersten erfolglosen Klärungsversuch einen organisationsexternen Weg zu beschreiten. Vielmehr sind weitere innerbetriebliche Klärungsversuche zu unternehmen. Bestehen unterschiedliche Rechtsansichten zu dem Missstand, so muss der Compliance Officer ein weiteres Gespräch mit dem Arbeitgeber suchen, um ihn von der Richtigkeit seiner Einschätzung und der Notwendigkeit einer Abhilfe zu überzeugen. Ist der Arbeitgeber selbst in die gesetzeswidrigen Vorgänge involviert, so ist der Compliance Officer verpflichtet, sich an das zuständige Aufsichtsorgan der jeweiligen Organisationsstruktur zu wenden[729]. Selbst für den Fall, dass der Arbeitgeber eine Beseitigung des Missstandes ausdrücklich verweigert, so ist der Arbeitnehmer, aufgrund seiner besonderen Stellung, erneut dazu angehalten, auf den Arbeitgeber einzuwirken, um eine innerbetriebliche Beseitigung des Missstandes herbeizuführen. Erst bei beharrlicher Weigerung des Arbeitgebers und unter dem expliziten Hinweis darauf, dass ihm nunmehr nur noch die betriebsorganisationsexterne Meldung des

723 S.o.: **1. Teil: A.II.6.a)bb).**

724 *Krieger/Günther,* NZA 2010, 367, 373; *Illing/Umnuß,* CCZ 2009, 1, 5; KR-*Griebeling* § 1 KSchG, Rdn. 427a.

725 *Krieger/Günther,* NZA 2010, 367, 373; *Illing/Umnuß,* CCZ 2009, 1, 5.

726 S.o.: **1. Teil: A.II.6.a)bb).**

727 S.o.: **1. Teil: C.III.2.**

728 Beispiel bei: *Krieger/Günther,* NZA 2010, 367, 372.

729 In diesem Sinne ebenfalls: *Krieger/Günther* NZA 2010, 367, 372.

Missstandes verbleibe, darf er diesen Weg auch beschreiten. Stellen diese Anforderungen bei einem *normalen* Arbeitnehmer eine Überdehnung der arbeitsvertraglichen Nebenpflichten dar, ist dies aufgrund der besonderen Hauptleistungsverpflichtung des Compliance Officer oder vergleichbarer Arbeitnehmer gerade zu fordern.

Darüber hinausgehende Einschränkungen der grundsätzlichen Berechtigung zur sofortigen externen Meldung sind allerdings nicht anzuerkennen[730]. Auch der Compliance Officer darf in den Fällen, in denen er bei einer Nichtanzeige sich selbst der Gefahr einer Strafverfolgung aussetzt, die Straftat gegen ihn gerichtet ist und bei einer schwerwiegenden Straftat sofort eine organisationsexternen Stelle über den betrieblichen Missstand informieren. Lediglich in letzterem Fall ist eine gleichzeitige oder zeitnah nachfolgende Unterrichtung des Arbeitgebers über die organisationsexterne Meldung zu fordern.

(5) Grundsätze der Erforderlichkeit einer Abmahnung – Abmahnung „vice versa"

(a) Konzept

Nach einer weiteren Literaturansicht könne für die Frage, ob und inwieweit ausnahmsweise auf den Vorrang der innerbetrieblichen Abhilfe verzichtet werden könne, in umgekehrter Anwendung die Grundsätze über die Erforderlichkeit einer Abmahnung herangezogen werden[731].

Verzichte der Arbeitnehmer auf einen innerbetrieblichen Hinweis, so bringe er damit konkludent zum Ausdruck, dass er sich von einem innerbetrieblichen Hinweis keinen Erfolg verspreche[732]. Letztlich handele es sich um eine Aufkündigung des Vertrauens gegenüber der Abhilfebereitschaft oder -möglichkeit des Arbeitgebers[733]. Ein solches Vorgehen weise Parallelen zu der arbeitgeberseitigen Kündigung auf, die mit dem Wegfall der Vertrauensbasis begründet werde[734]. Infolgedessen könnten die Kriterien, die eine Entbehrlichkeit der Abmahnung für den Ausspruch einer wirksamen Kündigung begründen, umgekehrt für die Entbehrlichkeit der Ausschöpfung innerbetrieblicher Abhilfemöglichkeiten bei Anzeigen des Arbeitnehmers herangezogen werden[735]. Dies gelte umso mehr, weil dem innerbetrieblichen Hinweis, ebenso wie der Abmahnung, neben einer Hinweis- auch eine Warn- und Androhungsfunktion zukommen könne[736].

Konkret bewirkt die Anwendung der Grundsätze der „*Abmahnung vice versa*", dass zur Bestimmung der Ausnahmen von der Verpflichtung zur vorherigen innerbetrieblichen Meldung eine Verhältnismäßigkeitsprüfung angewendet wird. Die

---

730 in diesem Sinne wohl: *Illing/Umnuß*, CCZ 2009, 1, 5.
731 *Preis/Reinfeld,* ArbuR 1989, 361, 372; Stahlhacke/Preis/Vossen/*Preis*, Rdn. 635.
732 *Preis/Reinfeld,* ArbuR 1989, 361, 372.
733 *Preis/Reinfeld,* ArbuR 1989, 361, 372.
734 *Preis/Reinfeld,* ArbuR 1989, 361, 372.
735 *Preis/Reinfeld,* ArbuR 1989, 361, 372 f.
736 *Preis/Reinfeld,* ArbuR 1989, 361, 373.

Anwendung der Kriterien der Geeignetheit und Erforderlichkeit ergebe, dass ein innerbetrieblicher Hinweis bei einer Straftat gegen den Arbeitnehmer und bei einem erfolglosen Abhilfeverlangen entbehrlich sei[737]. Des Weiteren müsse dem Arbeitnehmer dann ein unmittelbares Anzeigerecht zustehen, wenn der Arbeitgeber nicht erwarten könne, dass sein Verhalten von der Gesellschaft im Allgemeinen und dem Arbeitnehmer im Besonderen toleriert werde. Dies gelte etwa für alle vorsätzlichen Straftaten[738]. Die aus der Anwendung der Konzeptes *„Abmahnung vice versa"* resultierenden Ergebnisse sind somit weitgehend kongruent zu den zuvor im **1. Teil: C.III.2.b)** bis **C.III.2.b)bb)(4)** dargestellten Ausnahmen[739].

(b) Kritik

Die Argumentation hinsichtlich der Vergleichbarkeit der Situationen überzeugt zunächst. Kündigt der Arbeitgeber dem Arbeitnehmer verhaltensbedingt, so fehlt ihm der Glaube, dass das Arbeitsverhältnis zukünftig vertrauensvoll fortgesetzt werden kann. Eine Kündigung ist stets zukunftsbezogen[740]. Die Entscheidung über die Rechtmäßigkeit einer Kündigung erfordert insbesondere bei der verhaltensbedingten Kündigung stets eine Negativprognose[741]. Der Zweck einer verhaltensbedingten Kündigung ist nicht eine Sanktion für eine begangene Vertragspflichtverletzung, sondern die Vermeidung des Risikos weiterer erheblicher Pflichtverletzungen[742]. Nach dem Prognoseprinzip muss entweder eine Wiederholungsgefahr von gleichartigen Pflichtverletzungen in der Zukunft bestehen oder das vergangene Ereignis sich weiterhin – selbst ohne Wiederholungsgefahr – belastend auswirken[743]. *„Vice versa"*[744] besteht bei einem Verzicht auf einen innerbetrieblichen Abhilfeversuch ein Mangel an Vertrauen darin, dass der Arbeitgeber den Missstand beseitigen wird.

Allerdings ist dies nicht in allen Situationen der Beweggrund zur unmittelbaren organisationsexternen Anzeige. Wie bereits ausgeführt, kann der Arbeitnehmer von einem innerbetrieblich Hinweis absehen, wenn eine schwerwiegende, vom Arbeitgeber selbst begangene oder gegen den offenbarenden Arbeitnehmer gerichtete Straftat vorliegt. Weitere Ausnahmen bestehen, sofern die Nichtanzeige des

737 *Preis/Reinfeld* ArbuR 1989, 361, 373.
738 *Preis/Reinfeld* ArbuR 1989, 361, 373.
739 Unterschiede bestehen nur in Nuancen. So etwa im Rahmen einer Ausnahme aufgrund der Begehungsart der Straftat. Das Kriterium der Vorsätzlichkeit ist nach der hier vertretenen Auffassung nicht entscheidend. Eine Orientierung erfolgt vielmehr an dem Strafrahmen, der dem Delikt zugewiesen ist, vergl.: **1. Teil: C.III.2.b)bb)(1).**
740 *Preis*, Individualarbeitsrecht § 62 II.
741 A.A: für den Bereich der betriebsbedingten Kündigung: ErfK/*Oetker* § 1 KSchG, Rdn. 79.
742 Ständige Rechtsprechung: BAG, Urteil vom 13. Dezember 2007 – 2 AZR 818/06, Rdn. 38 – juris; BAG, Urteil vom 26. November 2009 – 2 AZR 751/08, Rdn. 10 – juris.
743 A/P/S/*Dörner/Vossen* § 1 KSchG, Rdn. 272a.
744 *Preis/Reinfeld,* ArbuR 1989, 361, 372.

innerbetrieblichen Missstandes die strafrechtlich sanktionierte Anzeigepflicht aus § 138 StGB verletzt oder aus anderen Gründen eine eigene strafrechtliche Verantwortung droht. In all diesen Fällen erfolgt der Verzicht auf einen innerbetrieblichen Klärungsversuch nicht aufgrund einer Aufkündigung des Vertrauens in die Abhilfebereitschaft oder -möglichkeit des Arbeitgebers. Wendet der Arbeitnehmer sich unmittelbar an externe Dritte, weil er in eigenen Rechten durch den Arbeitgeber verletzt wurde, so beabsichtigt er hiermit – zumindest auch – eine Sanktionierung für das vergangene Verhalten des Arbeitgebers. Beschreitet der Arbeitnehmer aufgrund der Schwere des Verstoßes unmittelbar den externen Weg, so fühlt er sich hierzu bisweilen auch der Allgemeinheit gegenüber verpflichtet[745]. Auch gänzlich altruistische Beweggründe zur externen Offenbarung sind nicht auszuschließen. In den Fällen der gesetzlichen Anzeigeverpflichtung nach § 138 StGB oder bei der Offenbarung von Vorgängen, die die Gefahr einer eigenen strafrechtlichen Verantwortlichkeit begründen, erfolgt die externe Meldung, um sich vor einer solchen zu schützen. Die Motive beim – zulässigen – Verzicht auf eine innerbetriebliche Klärung sind somit vielschichtig und beruhen nicht stets auf einer Aufkündigung des Vertrauens gegenüber dem Arbeitgeber. Die umgekehrte Anwendung der Grundsätze der Erforderlichkeit einer Abmahnung kann somit nicht sämtliche Fallgestaltungen erfassen, in denen ein innerbetrieblicher Abhilfeversuch entbehrlich ist.

Nicht überzeugend ist demgegenüber die teilweise hervorgebrachte Kritik, dass eine betriebsinterne Anzeige nicht die einer Abmahnung vergleichbare Warn- oder Androhungsfunktion habe[746]. Wählt ein Whistleblower zunächst den Weg der innerbetrieblichen Klärung, so ist die Meldung des Verstoßes regelmäßig mit der Aufforderung zur Beseitigung und mit der Ankündigung verbunden, im Falle der Weigerung eine externe Meldung vorzunehmen. Auch wenn diese *Drohung* nicht immer explizit[747] ausgesprochen wird, so ist bei verständiger und lebensnaher Würdigung jeder innerbetrieblichen Anzeige dieser konkludente Erklärungsinhalt beizumessen[748].

Düsel kritisiert ebenfalls die Vergleichbarkeit der Abmahnung und der innerbetrieblichen Anzeige. Allerdings wählt er hierfür einen anderen Ansatzpunkt. Nicht aufgrund der vielschichtigen Motive zum Verzicht auf eine innerbetriebliche Klärung mangele es an der Vergleichbarkeit, sondern aufgrund der jeweils verletzten Normen. Eine Abmahnung erfolge, weil der Arbeitnehmer gegen eine bestimmte vertragliche Pflichten verstoßen habe. Verstoße der Arbeitgeber allerdings beispielsweise gegen Umweltschutzvorschriften, so bestehe kein Bezug zum Rechtsverhältnis der Arbeitsvertragsparteien[749]. Anderes gelte nur im Bereich des Arbeitsschutzes, wo Normverstöße zugleich Verletzungen der Fürsorgepflicht des Arbeitgebers seien[750].

745 Eine ähnliche Begründung erfolgt bei: *Preis/Reinfeld,* ArbuR 1989, 361, 373.
746 *Düsel,* S. 336 f.; *Berthold,* S. 78.
747 Ausdrücklich erfolgte eine solche Ankündigung im Falle *Heinisch*: LAG Berlin, Urteil vom 28. März 2006 – 7 Sa 1884/05, Rdn. 3 – juris.
748 In diesem Sinne auch: *Preis/Reinfeld,* ArbuR 1989, 361, 372.
749 *Düsel,* S. 336 f.
750 *Düsel,* S. 336 f.

Diese Kritik kann letztlich nicht überzeugen. Zunächst ist die Argumentation, wie *Düsel* selbst aufführt, nicht bei sämtlichen Verstößen des Arbeitgebers anwendbar. Dies für sich betrachtet ist jedoch nicht entscheidend. Denn auch die Betrachtung der Motive zum Verzicht auf eine innerbetriebliche Klärung können nicht in jedem Fall gegen das Konzept der „*Abmahnung vice versa*" angeführt werden. Außer in den beschriebenen Ausnahmefällen beruht die Entscheidung zur außerbetrieblichen Anzeige durchaus auf einem Vertrauensmangel hinsichtlich der Abhilfebereitschaft oder -möglichkeit des Arbeitgebers. *Düsel* verkennt meines Erachtens, dass nicht nur Normverstöße im Bereich des Arbeitsschutzes zugleich Verletzungen der Fürsorgepflicht des Arbeitgebers darstellen. Die Fürsorgepflicht des Arbeitgebers ist das Korrelat zur Loyalität- und Rücksichtnahmepflicht des Arbeitnehmers[751]. Entsprechend der Rücksichtnahmepflicht werden aus der allgemeinen Fürsorgepflicht eine Vielzahl von einzelnen Pflichten abgeleitet, von denen einige Pflichten gegenwärtig spezialgesetzlich kodifiziert sind[752]. Die Fürsorgepflichten verpflichten den Arbeitgeber insbesondere auf die Persönlichkeitsrechte des Arbeitnehmers Rücksicht zu nehmen und sie zu schützen[753]. Das AGG beispielsweise, soll vor einer Vielzahl von Persönlichkeitsverletzungen schützen[754]. So schützt § 3 Abs. 4 AGG vor sexuellen Belästigungen. Auch das Mobbing kann eine Persönlichkeitsverletzung darstellen[755]. Unabhängig davon, ob das konkrete Mobbing-Verhalten dem Anwendungsbereich des AGG unterfällt, kann das systematisches Anfeinden, Schikanieren oder Diskriminieren von Arbeitnehmern eine Verletzung der Nebenpflichten dar[756]. Dies gilt nicht nur für den Fall, dass der Arbeitgeber selbst das Mobbing betreibt[757], sondern auch, wenn ein Arbeitnehmer von Kollegen systematisch schikaniert wird. In dieser Konstellation trifft den Arbeitgeber die Pflicht sich schützend vor den betroffenen Arbeitnehmer zu stellen und gegen die Störer die erforderlichen Maßnahmen zu ergreifen[758]. Ein unmittelbarer Bezug zum Arbeitsverhältnis der Parteien besteht damit nicht nur bei einer Verletzung im Bereich des Arbeitsschutzes, sondern bei

---

751 Ausführlich oben: **1. Teil: A.I, A.II.**

752 Übersichtlich: Küttner/*Kreitner* Fürsorgepflicht, Rdn. 8 f.; MünchHdbArbR/*Reichold* § 83, Rdn. 9.

753 ErfK/*Preis* § 611 BGB, Rdn. 619; Küttner/*Kreitner* Fürsorgepflicht, Rdn. 8, 18; Schaub/*Linck* § 36, Rdn. 43d.

754 MünchHdbArbR/*Reichold* § 83, Rdn. 10; Küttner/*Kreitner* Fürsorgepflicht, Rdn. 8.

755 Vergl. hierzu: ErfK/*Preis* § 611 BGB, Rdn. 623.

756 MünchHdbArbR/*Reichold* § 49, Rdn. 42; ErfK/*Preis* § 611 BGB, Rdn. 623; BAG, Beschluss vom 15. Januar 1997 – 7 ABR 14/96, Rdn. 16 – juris; BAG, Urteil vom 25. Oktober 2007 – 8 AZR 593/06, Rdn. 60 – juris.

757 Dieses Phänomen wird auch „*Bossing*" genannt.

758 Dem Arbeitgeber steht bei der Erfüllung seiner Schutzpflicht ein gewisser Ermessenspielraum zu, so dass der betroffene Arbeitnehmer nicht in jedem Fall die Kündigung des mobbenden Kollegen oder Vorgesetzten verlangen kann, vergl.: BAG, Urteil vom 25. September 2007 – 8 AZR 593/06, Rdn. 64 ff. – juris. ErfK/*Preis* § 611 BGB, Rdn. 623; MünchHdbArbR/*Reichold* § 49, Rdn. 43.

sämtlichen Verstößen des Arbeitgebers gegen seine Nebenpflichten aus dem Arbeitsverhältnis. Die Vergleichbarkeit von Abmahnung und dem Verzicht auf die innerbetriebliche Abhilfe kann daher nicht mit der von *Düsel* geführten Argumentation überzeugend bestritten werden.

Bemerkenswert ist zudem, dass *Düsel* an dieser Stelle einen Bezug zum Rechtsverhältnis der Arbeitsvertragsparteien fordert, während er an anderer Stelle diesem Aspekt keine Beachtung schenkt.

So fordert er, dass das besondere öffentliche Interesse der offenbarten Information, in den Abwägungsvorgang einzubeziehen sei[759], obwohl dieses Interesse ebenfalls außerhalb des Rechtsverhältnisses der Arbeitsvertragsparteien steht[760].

(c) Fazit

Zu konstatieren ist, dass letztlich Zweifel an der Eignung der *„Abmahnung vice versa"* verbleiben. Dies gilt nicht nur bei Beachtung der mannigfaltigen Beweggründe zur sofortigen externen Anzeige. Hinzu kommt, dass das Konzept die Kriterien aus der Anwendung einer Verhältnismäßigkeitsprüfung entnimmt, bestimmt Ausnahmetatbestände jedoch unabhängig von einer Abwägung der widerstreitenden Interessen bestehen. Dies gilt namentlich für das Recht des Arbeitnehmers bei einer gegen ihn gerichteten Straftat unmittelbar eine organisationsexterne Meldung vorzunehmen. Dieses Recht ergibt sich aus der Befugnis des Arbeitnehmers, seine eigene Rechtsposition zu verteidigen. Aus der Beanspruchung des Gewaltmonopols durch den Staat folgt spiegelbildlich die Pflicht, die effektive Rechtsverfolgung zu gewährleisten[761], so dass in dieser Konstellation der Arbeitnehmer unmittelbar zu organisationsexternen Meldung berechtigt sein muss, ohne dass diese Berechtigung zuvor einer Verhältnismäßigkeitsprüfung zu unterziehen ist.

Ausnahmen von der Pflicht zur vorherigen innerbetrieblichen Abhilfe bestehen somit nur bei den im Kapitel **1. Teil: C.III.2.b)** genannten Konstellationen.

cc) Auswirkungen eines bestehenden Hinweisgebersystems auf den innerbetrieblichen Klärungsversuch

Die originären Problematiken im Zusammenhang mit der Implementierung und dem Betreiben eines innerbetrieblichen Hinweissystems sind nicht Gegenstand dieser

---

759 *Düsel*, S. 266 ff.

760 Die gesamte Problematik der Einbeziehung von öffentlichen Interessen in den Abwägungsvorgang wird ausführlich behandelt unter: **1. Teil: D.V.4.b)**.

761 S.o.: **1. Teil: A.II.2.b)**; BAG, Urteil vom 3. Juli 2003 – 2 AZR 235/02, Rdn. 33 – juris.

Untersuchung[762]. Ausgehend von einem gesetzeskonform[763] implementierten Hinweisgebersystem[764], soll jedoch untersucht werden, inwiefern ein solches System Auswirkungen auf die Verpflichtung zur vorherigen innerbetrieblichen Meldung haben kann. Die Frage, inwiefern für den Arbeitnehmer eine Pflicht zur Offenbarung von betrieblichen Missständen besteht, wird an dieser Stelle nicht behandelt[765]. Zu klären ist einzig, ob ein Hinweisgeber, der nach den bisherigen Grundsätzen zur unmittelbaren externen Offenbarung berechtigt wäre, aufgrund eines bestehenden innerbetrieblichen Meldesystems neuen Einschränkungen unterliegt. Vorstellbar ist etwa, dass das interne Meldesystem, abseits formeller Verfahrenshinweise, stets die mehrfache Beschreitung des innerbetrieblichen Klärungsweges vorschreibt, bevor eine Information einer organisationsexternen Stelle offenbart werden darf.

Weitgehend unproblematisch ist, dass mit der Einführung eines solchen internen Whistleblowing-Systems die Verpflichtung des Arbeitnehmers einhergeht, die eingeführte Organisationsstruktur des jeweiligen Meldesystems einzuhalten[766]. Eine solche Verpflichtung ist bereits aus der vertragsimmanenten allgemeinen Rücksichtnahmepflicht des Arbeitnehmers abzuleiten. Derartige Vorgaben dienen nicht nur dem legitimen Interesse des Arbeitgebers an der Koordinierung von Meldungen über innerbetriebliche Missstände[767]. Ein System mit eindeutigen Vorgaben zur Meldung von betrieblichen Missständen ist darüber hinaus geeignet, Hemmschwellen der Arbeitnehmer bei der Offenbarung von betrieblichen Missständen abzubauen. Steht dem potentiellen Hinweisgeber ein leicht zugängliches und standardisiertes Meldesystem zur Verfügung, so erübrigt sich für ihn insbesondere die Suche nach dem richtigen Adressaten. Gerade bei komplexen Unternehmens- und Hierarchieebenen kann sich

---

762 Die in diesem Zusammenhang auftretenden Probleme werden in anderen Dissertationen ausführlich behandelt, vergl. bspw.: *Fahrig,* Die Einführung eines Verhaltenskodexes und das Whistleblowing; *Kagan,* Das Mitbestimmungsrecht des Betriebsrates bei der Einführung von Ethikrichtlinien; *Lohse,* Beschäftigtendatenschutz bei der Verhinderung und Aufdeckung von Straftaten; *Schulz,* Ethikrichtlinien und Whistleblowing – Arbeitsrechtliche Aspekte der Einführung eines Compliance-Systems; *Simonet,* Die Implementierung interner Whistleblowingsysteme im Rahmen der Corporate Governance; *Steigert,* Datenschutz bei unternehmensinternen Whistleblowing-Systemen.

763 Ist ein innerbetriebliches Meldesystem unter Verstoß gegen gesetzliche Bestimmung errichtet worden, etwa unter Missachtung der Mitbestimmungsrechte des Betriebsrates, so scheitert eine hieraus abzuleitende Pflicht bereits an diesem Umstand. Vergl. insofern: BAG, Beschluss vom 22. Juli 2008 – 1 ABR 40/07, NZA 2008, 1248.

764 Vergl. zu den Anforderungen ausführlich: Schemmel/Ruhmannseder/Witzigmann, Hinweisgebersysteme, Kapitel 5. ff.

765 Siehe hierzu: **2. Teil: B.**

766 In diesem Sinne: *Klasen/Schäfer* BB 2012, 641, 642;

767 Ausführlich zu den Interessen des Arbeitgebers an der Implementierung eines Hinweisgebersystems: Schemmel/Ruhmannseder/Witzigmann, Hinweisgebersysteme, Kapitel 5. II *„Sechs gute Gründe für die Implementierung eines Hinweisgebersystems“*; vergl. auch: *Becker,* S. 166 ff., 177 ff.

bereits diese Hürde als beträchtlich erweisen. Zudem wird mit einem solchen System auch regelmäßig eine formalisierte Dokumentation[768] einhergehen, so dass eine mögliche Beweisnot des Arbeitnehmers im Hinblick auf die erfolglose Beschreitung des innerbetrieblichen Klärungsweges in einer späteren Auseinandersetzung vermieden wird[769]. Daneben begründet die Pflicht zur Einhaltung einer bestimmten Berichtslinie auch keine zusätzliche Belastung des Arbeitnehmers[770]. Der Hinweisgeber ist somit bei der Vornahme einer innerbetrieblichen Meldung eines Missstandes angehalten, das formalisierten Systems zur Meldung von Missständen zu nutzen.

Eine darüber hinausgehende qualitative Erweiterung der vorherigen innerbetrieblichen Meldepflicht ist jedoch abzulehnen. Die beispielhaft aufgeführte Verpflichtung, vor der organisationsexternen Offenbarung stets den innerbetrieblichen Klärungsweg mehrfach zu beschreiten, wäre somit unwirksam.

Die grundsätzliche Pflicht zur vorherigen innerbetrieblichen Meldung eines Missstandes beruht auf legitimen Interessen des Arbeitgebers und ist allgemein anerkannt[771]. Die Ausnahmen von dieser Verpflichtung beruhen jedoch auf Rechten, die der individual- und kollektivrechtlichen Disposition der Arbeitsvertragsparteien entzogen sind. Dies gilt insbesondere für den Fall, dass der Arbeitnehmer bei einer gegen ihn gerichteten Straftat zur unmittelbaren organisationsexternen Meldung berechtigt ist[772]. Ähnliches gilt für die Konstellation, dass durch die vorherige Beschreitung des innerbetrieblichen Klärungsweges und einer damit einhergehenden Verzögerung der externen Offenbarung ein Strafbarkeitsrisiko für den Arbeitnehmer begründet wird[773]. Aber auch die übrigen Ausnahmetatbestände beruhen nicht auf einer schlichten Interessensabwägung zwischen den Belangen der Arbeitsvertragsparteien, die in Anbetracht dessen, dass der Arbeitnehmer sich freiwillig[774] einer solchen Regelung unterwerfe, einer Änderung unbeschränkt zugänglich sei. So erschiene es etwa bei einer expliziten Weigerung des Arbeitgebers, den Missstand zu

---

768 Zu den datenschutzrechtlichen Aspekten eines Hinweisgebersystems vergl.: *Steigert,* Datenschutz bei unternehmensinternen Whistleblowing-Systemen.

769 Nach allgemeinen Grundsätzen trägt der Arbeitnehmer die Beweislast für den Umstand, dass ein vergeblicher innerbetrieblicher Abhilfeversuch durchgeführt wurde.

770 Ebenso: *Becker,* S. 189.

771 S.o.: **1. Teil: C.III.2.**

772 Auch dem Arbeitnehmer kann die Bewährung seiner eigenen Rechtsposition, durch die Inanspruchnahme der Staatsgewalt, nicht verwährt werden.

773 S.o.: **1. Teil: C.III.2.b)aa).**

774 Inwieweit die Privatautonomie der Vertragsparteien eine taugliche Rechtfertigungsgrundlage für eine Erweiterung der Hinweispflicht darstellt, wird ebenfalls an späterer Stelle untersucht werden, vergl.: **2. Teil: B.II.** Bereits an dieser Stelle sei auf die, aus dem strukturellen Machtgefälle resultierende, Problematik einer echten *freiwilligen* Regelung im Arbeitsrecht hingewiesen. Auch unterliegen solche Klauseln in der Regel der AGB-Kontrolle.

beseitigen als überflüssige Förmelei aufgrund einer entsprechenden kollektiv- oder individualrechtlichen Vereinbarung einen erneuten Abhilfeversuch zu initiieren[775].

Festzuhalten ist damit, dass ein individual- oder kollektivrechtliche legitimiertes Hinweisgebersystem keine qualitative Erweiterung der Pflicht zur vorherigen innerbetrieblichen Klärung bewirkt. Dies gilt auch für den Fall, dass das unternehmensinterne Meldesystem eine vertrauliche oder anonyme Anzeigeerstattung ermöglicht[776]. Der mit der Vertraulichkeit der Anzeigeerstattung einhergehende Schutz des Hinweisgebers vermag in diesem Zusammenhang keine abweichende Beurteilung zu rechtfertigen. Die Berechtigung des Hinweisgebers, einen Missstand unmittelbar externen Stellen unter Umgehung der organisationsinternen Abhilfemöglichkeiten zu offenbaren, besteht insoweit autonom von einem wirksamen und funktionstüchtig implementierten Hinweisgebersystem.

c) Gesetzlich geregelte innerbetriebliche Beschwerderechte

Partiell bestehen auch einige gesetzliche fixierte Beschwerderechte. § 17 Abs. 2 ArbSchG wurde in diesem Zusammenhang bereits mehrfach erwähnt. Daneben sind noch § 13 AGG und die §§ 84 und 85 BetrVG zu erwähnen. Das Beschwerderecht aus dem AGG ist auf die in § 1 AGG genannten Gründe beschränkt[777]. Erfasst werden also nur vom Arbeitnehmer empfundene Diskriminierungen[778]. Weiter ist demgegenüber das im § 84 des Betriebsverfassungsgesetzes geregelte Beschwerderecht[779]. Danach hat jeder Arbeitnehmer[780] das Recht sich bei der zuständigen Stelle des Betriebes zu beschweren, wenn er sich vom Arbeitgeber oder von Arbeitnehmern des Betriebes benachteiligt, ungerecht behandelt oder in sonstiger Weise beeinträchtigt fühlt. Sinn und Zweck der Regelung war die Institutionalisierung eines Beschwerdeverfahrens[781]. Der Arbeitnehmer kann zu seiner Unterstützung ein Betriebsratsmitglied hinzuziehen, § 84 Abs. 1 S. 2 BetrVG. Trotz der Regelung im Betriebsverfassungsrechts handelt es sich um einen Individualanspruch der Arbeitnehmer, der auch nicht an das Bestehen

---

775 Auch im Hinblick auf das allgemein anerkannte Prinzip des Verbots des widersprüchlichen Verhaltens erscheint ein mehrfacher Abhilfeversuch in diesen Konstellationen widersinnig. Etwas anderes kann nur für die Beschäftigten gelten, die nicht lediglich aufgrund der arbeitsvertraglichen Nebenpflicht zur Rücksichtsnahme auf die Interessen des Arbeitgebers verpflichtet sind, vergl. insoweit: **1. Teil: C.III.2.b)bb)(4).**

776 Vergl. zu den verschiedenen Erscheinungsformen der innerbetrieblichen Meldesystemen und insbesondere zu den Bedenken gegenüber einem anonymen Meldesystem: **2. Teil: D.I.**

777 Däubler/Bertzbach/*Buschmann* AGG, § 13, Rdn. 9.

778 MünchKommBGB/*Thüsing* § 13 AGG, Rdn. 2.

779 Im § 68 Abs. 1 Nr. 3 des Bundespersonalvertretungsgesetzes (BPersVG) findet sich eine vergleichbare Regelung. A.A. diesbezüglich: Richardi/*Thüsing* § 84, Rdn. 3.

780 Arbeitnehmer i.d.S. sind auch die im Entleiherbetrieb eingesetzten Leiharbeitnehmer, vergl.: Richardi/*Thüsing* § 84, Rdn. 2.

781 Richardi/*Thüsing* § 84, Rdn. 2.

eines Betriebsrates geknüpft ist[782]. Der Arbeitnehmer kann sich jedoch auch nach § 85 BetrVG mit einer Beschwerde an den Betriebsrat wenden. § 84 und § 85 BetrVG stehen selbstständig nebeneinander[783]. Der Arbeitnehmer hat somit die Wahl, ob er seine Beschwerde an den Betriebsrat oder an eine andere zuständige Stelle richtet[784]. In § 84 BetrVG ist die zuständige Stelle zumeist der unmittelbare Vorgesetze, nicht jedoch der Betriebsrat[785]. Auch wenn das Betriebsverfassungsgesetz somit hinsichtlich der Beschwerdeadressaten eine umfassende Regelung bietet, so besteht dennoch eine entscheidende Einschränkung. Nach allgemeiner Ansicht sind *„Popularbeschwerden"* vom Anwendungsbereich nicht umfasst[786]. Der Arbeitnehmer muss somit stets in einer individuellen Rechtsposition betroffen sein[787].

Die betrieblichen Missstände in Whistleblowing-Konstellationen betreffen indes häufig nicht den Arbeitnehmer selbst in seiner individuellen Rechtsposition, so dass auch diese Norm nur für einen sehr eingeschränkten Bereich anwendbar ist. Ist der Anwendungsbereich jedoch eröffnet, so kann der Arbeitnehmer den innerbetrieblichen Beschwerdeweg über § 84 oder § 85 BetrVG nutzen. Insbesondere der Anspruch auf Hinzuziehung eines Betriebsratsmitgliedes im Rahmen des Beschwerdeverfahrens ist aus beweisrechtlichen Gründen durchaus beachtenswert. Als ungünstig erweist sich jedoch, dass dem Hinweisgeber bei dem Verfahren nach § 84 und § 85 BetrVG kein Recht auf anonyme Behandlung der Beschwerde zugestanden wird[788]. § 85 BetrVG bietet die Möglichkeit, dass die Beschwerde gänzlich vom Betriebsrat übernommen wird. Im Einzelfall kann es durchaus sein, dass der Beschwerde des einzelnen Arbeitnehmers durch die Übernahme des Betriebsrates mehr Nachdruck verliehen wird[789]. Die Übernahme durch den Betriebsrat unterliegt jedoch, hinsichtlich der individuellen Beschwer des Arbeitnehmers, denselben den Anwendungsbereich einschränkenden Voraussetzungen wie das Verfahren nach § 84 BetrVG[790].

---

782 Richardi/*Thüsing* § 84, Rdn. 2.

783 Vergl.: GK-BetrVG/*Wiese/Franzen* § 84, Rdn. 31.

784 GK-BetrVG/*Wiese/Franzen* § 84, Rdn. 31, § 85 Rdn. 1, 4.

785 GK-BetrVG/*Wiese/Franzen* § 84, Rdn. 16.

786 ErfK/*Kania* § 84 BetrVG, Rdn. 1, 4; GK-BetrVG/*Wiese/Franzen* § 84, Rdn. 11; Richardi/*Thüsing* § 84 Rdn. 4; ErfK/*Kania* § 85 BetrVG, Rdn. 1; Richardi/*Thüsing* § 85, Rdn. 2 ff.; GK-BetrVG/*Wiese/Franzen* § 85, Rdn. 4.

787 BAG, Beschluss vom 22. November 2005 – 1 ABR 50/04, Rdn. 28 ff., AP zu § 85 BetrVG 1972 Nr. 2.

788 Explizit für § 84 BetrVG: GK-BetrVG/*Wiese/Franzen* § 84, Rdn. 23; Fitting § 84, Rdn. 14. Für § 85 BetrVG ergibt sich dies aus der Verweisung auf § 84 Abs. 2 BetrVG.

789 Vergl.: GK-BetrVG/*Wiese/Franzen* § 85, Rdn. 1.

790 ErfK/*Kania* § 85 BetrVG, Rdn. 1; Richardi/*Thüsing* § 85, Rdn. 2 ff.; GK-BetrVG/*Wiese/Franzen* § 85, Rdn. 4.

IV. Die Rangfolge der Kriterien im Übrigen

Nachdem nun sämtliche Abwägungskriterien der deutschen Rechtsprechung zur Rechtfertigung einer *whistleblowingbedingten* Kündigung untersucht wurden, bleibt abschließend noch die Frage nach der Rangordnung der Abwägungskriterien im Übrigen zu erörtern.

1. Motivation vorrangig gegenüber der sachlichen Berechtigung

Ausgehend von der Prämisse, dass die arbeitsrechtlichen Auswirkungen des Whistleblowings unter den Besonderheiten des Arbeitsrechts zu würdigen sind, kann eine vorrangige Gewichtung des Kriteriums der sachlichen Berechtigung gegenüber den anderen Abwägungskriterien nicht überzeugen. Die sachliche Berechtigung ist für die ordnungs- oder strafrechtlichen Sanktionsmaßnahmen gegenüber dem Arbeitgeber entscheidend, jedoch nicht für die Beurteilung der Kündigungsrelevanz des Verhaltens des Whistleblowers. Dieser Aspekt und weitere Umstände, die generell gegen eine zu hohe Gewichtung des Kriteriums sprechen, wurden **1. Teil: C.II.** dargestellt. Auch das Verhältnis der sachlichen Berechtigung zur Motivation wurde dort ausführlich behandelt. Dabei wurde herausgearbeitet, dass die sachliche Berechtigung nicht vorrangig gegenüber der Motivation zu würdigen ist[791].

2. Verhältnis der Motivation gegenüber der internen Hinweisverpflichtung

Ungeklärt ist letztlich noch die Gewichtung der Motivation gegenüber dem Erfordernis eines innerbetrieblichen Hinweises. Nach Ansicht des Bundesarbeitsgerichts, verdiene das Kriterium der Motivation zur Feststellung des Vorliegens einer im Übrigen unverhältnismäßigen Reaktion des Whistleblowers *„besondere"* Bedeutung[792]. Neben diesem Wortlaut spricht auch die Systematik der Subsumtion des Bundesarbeitsgerichts dafür, dass dem Kriterium der Motivation, innerhalb der Abwägungskriterien im Übrigen, eine vorrangige Stellung zukommen soll. Nachdem das Bundesarbeitsgericht die rechtliche Würdigung des Landesarbeitsgericht rügte, dass eine Kündigung stets ausscheide, sofern nicht wissentlich oder leichtfertig falsche Angaben gemacht werden[793], führte es nachfolgend aus, welche weiteren tatsächlichen Feststellungen durch das Landesarbeitsgericht vorzunehmen seien[794].

---

791 S.o.: **1. Teil: C.II.3, C.IV.1**.

792 BAG, Urteil vom 3. Juli 2003 – 2 AZR 235/02, Rdn. 39 – juris.

793 BAG, Urteil vom 3. Juli 2003 – 2 AZR 235/02, Rdn. 28 – juris. Eine Kündigung kann auch aufgrund einer im Übrigen unverhältnismäßigen Reaktion im Einzelfall erfolgen, sofern eine Pflichtverletzung im kündigungsrechtlich relevanten Ausmaß vorliegt. Zu dieser Bestimmung sind insbesondere die zuvor ausführlich erörterten Kriterien heranzuziehen.

794 BAG, Urteil vom 3. Juli 2003 – 2 AZR 235/02, Rdn. 43 ff. – juris.

Das Landesarbeitsgericht habe näher darzulegen, welche Motivation der Anzeigeerstattung zugrunde lag[795]. Erst im nächsten Abschnitt weist es das Landesarbeitsgericht an, *„darüber hinaus"* zu prüfen, ob der Kläger vor der Anzeigeerstattung nicht einen innerbetrieblichen Klärungsversuch hätte unternehmen müssen[796].

Die grundsätzliche Anerkennung des Kriteriums der Motivation fußt auf dem grundrechtlichen Anspruch des Arbeitgebers, nur mit solchen Arbeitnehmer zusammen zu arbeiten, die die Ziele des Unternehmens fördern und es vor Schäden bewahren. Daneben wurde die Bedeutung des Kriteriums als Instrument zur Vermeidung und Aufdeckung von missbräuchlichem Whistleblowing dargestellt. Auch das bei jeder verhaltensbedingten Kündigung durchzuführende Prognoseprinzip rechtfertigt die Einbeziehung und hohe Gewichtung der Beweggründe des Hinweisgebers in die Abwägungsentscheidung[797]. All dies rechtfertigt jedoch nicht, die Motivation des Hinweisgebers vorrangig gegenüber dem Erfordernis eines innerbetrieblichen Hinweises zu gewichten. Auch das Erfordernis des vorherigen innerbetrieblichen Hinweises kann überzeugende Argumente für dessen Anerkennung und Stellenwert innerhalb des Abwägungsprozesses anführen[798]. Die grundsätzliche Verpflichtung zur vorherigen innerbetrieblichen Klärung ist als milderes, die Arbeitgeberinteressen schonendes Mittel zur Beseitigung eines innerbetrieblichen Missstandes grundsätzlich anerkannt. Zudem stellt die innerbetriebliche Klärung nicht nur das mildere, sondern regelmäßig auch das geeignetere Mittel dar. Ein betrieblicher Missstand kann häufig am effektivsten durch den Arbeitgeber selbst unmittelbar vor Ort beseitigt werden. Somit liegt die innerbetriebliche Klärung auch im Interesse des redlichen Whistleblowers, dessen Ziel nicht die Denunziation des Arbeitgebers, sondern die Beseitigung des betrieblichen Missstandes darstellt. Auch die partiell bestehenden gesetzlichen Vorschriften, die in bestimmten Konstellationen des Whistleblowings bereits gegenwärtig zu beachten sind[799], statuieren grundsätzlich die Pflicht zur vorherigen innerbetrieblichen Klärung.

Letztlich muss jedoch keine Entscheidung hinsichtlich des Rangverhältnisses innerhalb dieser zwei Abwägungskriterien getroffen werden. Das Bestreben nach Systematisierung und einer damit einhergehenden Erleichterung der Prognose der Wirksamkeit einer *whistleblowingbedingten* Kündigung darf nicht dazu führen, dass eine Würdigung der besonderen Umstände des Einzelfalles erschwert wird. Die Abstufung der Abwägungskriterien in verschiedene Ebenen stößt an diesem Punkt an ihre Grenze und eine weitere Aufgliederung erscheint undienlich. Denn im Gegensatz zu dem Kriterium der sachlichen Berechtigung *kann*[800] alleine die Erfüllung eines

---

795 BAG, Urteil vom 3. Juli 2003 – 2 AZR 235/02, Rdn. 44 – juris.
796 BAG, Urteil vom 3. Juli 2003 – 2 AZR 235/02, Rdn. 44 – juris.
797 Siehe insgesamt hierzu: **1. Teil: C.I.**
798 Siehe insgesamt hierzu oben: **1. Teil: C.III.2.**
799 S.o.: **1.Teil: C.III.2.c)**
800 Im Unterschied hierzu hat die Erfüllung eines der Kriterien der Ausschlusstatbestände in jedem Fall Auswirkungen auf die Wirksamkeit der Kündigung. Demgegenüber kann eine Kündigung trotz fehlenden innerbetrieblichen Hinweises oder

der beiden Kriterien – missbräuchliche Motivation oder fehlender zugleich jedoch erforderlicher innerbetrieblicher Hinweis – Auswirkungen auf die Wirksamkeit der Kündigung haben. Denn sowohl der fehlenden innerbetriebliche Hinweis als auch die Offenbarung des Missstandes aufgrund einer unredlichen Motivation können schon – im Einzelfall – eine Vertragspflichtverletzung im kündigungsrelevanten Ausmaß darstellen. In einem an späterer Stelle noch ausführlich erörtertem Urteil des Landesarbeitsgerichts Köln führt das Gericht aus, dass die vorschnelle Anzeige angeblichen Fehlverhaltens des Arbeitgebers einen wichtigen Kündigungsgrund darstellt[801]. Die Kündigung sei gerechtfertigt, da die Arbeitnehmerin *„Jedenfalls"*[802] eine interne Klärung hätte versuchen müssen. In einem Urteil des Bundesarbeitsgerichts aus dem Jahre 1991[803] wird ausgeführt, dass sofern eine Arbeitnehmerin ihren Arbeitgeber *„fertigmachen"* wollte, dies keine Wahrnehmung berechtigter Interessen mehr darstellen kann[804]. Demgegenüber kann einzig der Umstand der sachlichen Berechtigung der offenbarten Information nicht der Wirksamkeit einer Kündigung entgegenstehen[805].

3. Ergebnis

Festzuhalten bleibt somit, dass innerhalb der Abwägungskriterien im Übrigen das Erfordernis der innerbetrieblichen Klärung und die Motivation des Hinweisgebers auf derselben Geltungsebene anzusiedeln sind und die sachliche Berechtigung der offenbarten Information nachrangig zu würdigen ist.

V. Grundsatz der Abmahnung

Im Rahmen der verhaltensbedingten Kündigung ist grundsätzlich eine vorherige Abmahnung erforderlich. Dieses Erfordernis ist Ausdruck des Verhältnismäßigkeitsgrundsatzes, der das gesamte Kündigungsschutzrecht beherrscht[806] und dient zugleich der Verobjektivierung der Negativprognose[807]. Der ebenfalls auf das

---

unredlicher Motivation dennoch zu verneinen sein. Dies ist etwa der Fall, sofern eine Ausnahme von der Verpflichtung zum vorherigen innerbetrieblichen Hinweis bestand oder die unredliche Motivation nicht prägend war.

801 LAG Köln, Urteil vom 5. Juli 2012 – 6 Sa 71/12, Leitsatz – juris.

802 LAG Köln, Urteil vom 5. Juli 2012 – 6 Sa 71/12, Rdn. 18 – juris.

803 Aufgrund der grundsätzlichen Anerkennung des Kriteriums der Motivation in Rechtsprechung und Literatur, ist es in diesem Zusammenhang unschädlich, dass die Entscheidung vor dem Beschluss des BVerfG aus dem Jahre 2001 erging.

804 BAG, Urteil vom 4. Juli 1991 – 2 AZR 80/91, Orientierungssatz 2, Rdn. 28 – juris; ausführlich: **1. Teil: C.I.**

805 BAG, Urteil vom 7. Dezember 2006 – 2 AZR 400/05, Rdn. 18 – juris; vergl. auch: **1. Teil: C.II.3.**

806 A/P/S/*Dörner/Vossen* § 1 KSchG, Rdn. 343.

807 Stahlhacke/Preis/Vossen/*Preis*, Rdn. 1201.

Ultima-Ratio-Prinzip zurückzuführende Grundsatz ist in Rechtsprechung[808] und Literatur[809] allgemein anerkannt und hat durch § 314 Abs. 2 S. 1 BGB[810] eine gesetzgeberische Bestätigung erfahren. Insofern erscheint es zunächst erstaunlich, dass dieser zentrale Aspekt der verhaltensbedingten Kündigung erst an dieser Stelle erwähnt wird. Dies ist jedoch dem Umstand geschuldet, dass die Abmahnung im Rahmen einer whistleblowingbedingten Kündigung eine Sonderstellung einzunehmen scheint. Bei Betrachtung der einschlägigen Rechtsprechung ist auffällig, dass dem Erfordernis der Abmahnung überwiegend keine[811] oder eine allenfalls nur sehr geringe Bedeutung zugemessen wird[812]. Entsprechendes gilt für die Auseinandersetzungen in der Literatur[813]. Dies ist verwunderlich. Denn nach ständiger Rechtsprechung ist eine Abmahnung vor jeder verhaltensbedingten Kündigung

---

808 BAG, Urteil vom 18. November 1986 – 7 AZR 674/84, NZA 1987, 418; BAG, Urteil vom 4. Juni 1997- 2 AZR 526/96, AP BGB § 626 Nr. 137; BAG, Urteil vom 10. Juni 2010 – 2 AZR 541/09, NZA 2010, 1227; BAG, Urteil vom 27. Januar 2011 – 2 AZR 825/09, NZA 2011, 798.

809 A/P/S/*Dörner/Vossen* § 1 KSchG, Rdn. 343 ff.; ErfK/*Müller-Glöge* § 626 BGB, Rdn. 29 ff.; Stahlhacke/Preis/Vossen/*Preis*, Rdn. 6 ff., 1201 ff.; v. Hoyningen-Huene/Linck/*Krause*, § 1 Rdn. 505 ff.; H/W/K/*Quecke* § 1 KSchG, Rdn. 186 ff.

810 § 314 Abs. 2 S. 1 BGB ist durch das SchuldRModG (BGBl I 2001, 3138), mit Wirkung zum 1. Januar 2002, eingeführt worden.

811 So behandelte das Bundesarbeitsgericht in seinem Grundsatzurteil vom 3. Juli 2003 das Kriterium überhaupt nicht, vergl.: BAG, Urteil vom 3. Juli 2003 – 2 AZR 235/03, NZA 2004, 427. Gleiches gilt, hinsichtlich der whistleblowingbedingten Pflichtverletzung, für die Entscheidung des Bundesarbeitsgerichtes vom 7. Dezember 2006, vergl.: BAG, Urteil vom 7. Dezember 2006 – 2 AZR 400/05, NJW 2007, 2204. Vergl. des Weiteren: BAG, Urteil vom 4. Juli 1991 – 2 AZR 80/91 – juris; LAG Köln, Urteil vom 5. Juli 2012 – 6 Sa 71/12 – juris.

812 Eine Ausnahme bildet insofern das Urteil des LAG Köln vom 2. Februar 2012. In diesem wird kurz auf das Kriterium der fehlenden Abmahnung eingegangen, vergl.: LAG Köln, Urteil vom 2. Februar 2012 – 6 Sa 304/11, Rdn. 31 – juris. In einem Urteil des LAG Hamm aus dem Jahre 2003 wird die Entbehrlichkeit der Abmahnung im Orientierungssatz 1. erwähnt, aber in den Gründen nicht weiter erörtert, vergl.: LAG Hamm (Westfalen), Urteil vom 28. November 2003 – 10 Sa 1024/03, LAGReport 2004, 184.

813 Lediglich bei *Becker*, S. 132 f., wird das Kriterium der Abmahnung kursorisch behandelt. Zudem weist *Reichold* im Münchener Handbuch zum Arbeitsrecht daraufhin, dass bei einem Verstoß des Arbeitnehmers gegen Schutz- bzw. Rücksichtnahmepflichten einer verhaltensbedingten Kündigung in aller Regel eine Abmahnung vorausgehen müsse, vergl.: MünchHdbArbR/*Reichold* § 50, Rdn. 8 f. Auch wenn nicht sicher ist, ob er *Reichold* hierbei auch die Konstellation des Whistleblowings im Blick hatte, so können diese Ausführungen als Argument gegen die Anerkennung einer Sonderstellung der whistleblowingbedingten Kündigung innerhalb der verhaltensbedingten Kündigungen gewertet werden.

auszusprechen, sofern ein steuerbares Verhalten[814] des Arbeitnehmers vorliegt und die Wiederherstellung des Vertrauens erwartet werden kann[815]. Eine Abmahnung ist nur dann entbehrlich, wenn sie ein ungeeignetes Mittel darstellt oder zur Interessenbefriedigung des Arbeitgebers aufgrund der Schwere der Pflichtverletzung nicht mehr ausreichend ist[816].

1. Entbehrlichkeit der Abmahnung beim Whistleblowing aufgrund fehlender Eignung

Ungeeignet ist eine Abmahnung insbesondere dann, wenn mit einer zukünftigen Verhaltensänderung des Arbeitnehmers nicht zu rechnen ist[817]. Sofern eine Kündigung einen besonders überzeugten und engagierten oder – im Einzelfall – uneinsichtigen und unbelehrbaren Whistleblower betrifft, kann eine vorherige Abmahnung entbehrlich sein. Dies wurde sowohl im Fall *Heinisch*[818] als auch in dem vom Landesarbeitsgericht Köln im Februar 2012 entschiedenen Fall[819] zutreffend entschieden. In beiden Fällen konnte auch bei Ausspruch einer Abmahnung nicht damit gerechnet werden, dass die Arbeitnehmer zukünftig Abstand von ihrem Verhalten nehmen werden[820]. Die Abmahnung konnte somit ihren Zweck[821] – Herbeiführung einer Verhaltensänderung oder Warnung des Arbeitnehmers – nicht erfüllen. In solchen Fällen *der Zweckverfehlung* wird in auch Whistleblowing-Konstellationen zu

---

814 Ein Fehlen des Kriteriums der Steuerbarkeit des Verhaltens rechtfertigt bei einer Kündigung, die aufgrund der Offenbarung von betriebsinternen Vorgängen erfolgt, keine Ausnahme von dem Erfordernis der Abmahnung. Sofern kein steuerbares Verhalten vorliegt, ist es bereits zweifelhaft, ob es sich noch um eine verhaltensbedingte Kündigung aufgrund von Whistleblowing handelt. Denn eine verhaltensbedingte Kündigung erfordert stets ein schuldhaftes, vorwerfbares und somit steuerbares Verhalten, vergl. hierzu: ErfK/*Oetker* § 1 KSchG, Rdn. 188 ff.

815 A/P/S/*Dörner/Vossen* § 1 KSchG, Rdn. 368.

816 Stahlhacke/Preis/Vossen/*Preis*, Rdn. 1207; A/P/S/*Dörner/Vossen* § 1 KSchG, Rdn. 369; zur älteren, ausdifferenzierteren Rechtsprechung vergl.: A/P/S/*Dörner/Vossen* § 1 KSchG, Rdn. 367.

817 A/P/S/*Dörner/Vossen* § 1 KSchG, Rdn. 369 m.w.N.; Stahlhacke/Preis/Vossen/*Preis*, Rdn. 1207 m.w.N.; BAG, Urteil vom 18. Mai 1994 – 2 AZR 626/93, Rdn. 21 – juris.

818 EGMR, Urteil vom 21. Juli 2011 – 28274/08, NZA 2011, 1269 ff. siehe hierzu ausführlich: **1. Teil: D.V.**

819 LAG Köln, Urteil vom 2. Februar 2012 – 6 Sa 304/11, NZA-RR 2012, 298 ff. Hierzu ausführlich: **1. Teil: D.V.4.b)gg)(c).**

820 Frau Brigitte Heinisch führte hinsichtlich der Pflegemängel eine langwierige Auseinandersetzung mit ihrem Arbeitgeber, vergl. hierzu ausführlich: **1. Teil: D.I.** Auch in dem vom LAG Köln entschiedenen Fall verfolgte der betreffende Arbeitnehmer vehement und hartnäckig die Beseitigung der vermeintlichen Missstände, vergl. hierzu: **1. Teil: D.V.4.b)gg)(c).**

821 Stahlhacke/Preis/Vossen/*Preis*, Rdn. 1207.

Recht auf das Erfordernis einer Abmahnung verzichtet[822]. Allerdings ist zu beachten, dass die Entbehrlichkeit der Abmahnung nicht vorschnell, aufgrund vermeintlicher Zweckverfehlung, angenommen werden sollte. Ausreichend ist bereits, dass der mit der Abmahnung beabsichtige Erfolg *gefördert* werden kann[823]. Dies ist nur dann nicht der Fall, wenn der Arbeitnehmer ausdrücklich zu erkennen gibt, dass er sein Verhalten nicht ändern wolle oder er die Vertragswidrigkeit seines Verhaltens sicher kannte[824]. Grundsätzlich ist stets zu hinterfragen, ob nicht objektiv die Prognose berechtigt ist, der Arbeitnehmer werde sich jedenfalls nach einer Abmahnung künftig wieder vertragstreu verhalten[825]. Alleine der Umstand der Ungeeignetheit der Abmahnung im Einzelfall erklärt somit nicht den geringen Bedeutungsgehalt der dem Abmahnerfordernis im Rahmen einer verhaltensbedingten Kündigung aufgrund von Whistleblowing überwiegend beigemessen wird.

Nicht zu überzeugen vermag diesbezüglich auch ein in der Literatur vertretener Ansatz. Danach sei zu beachten, dass es sich beim Whistleblowing typischerweise um ein Einzelereignis handele und somit eine Wiederholungsgefahr realistischerweise kaum angenommen werden könne[826]. Zum einen unterstellt diese Annahme, dass der betriebliche Missstand nach der Offenbarung entweder beseitigt oder der Arbeitnehmer fortan, trotz Fortbestehen des (vermeintlichen) Missstandes, keine weiteren Initiativen diesbezüglich mehr ergreifen wird. Nur in diesen zwei Konstellationen handelt es sich beim Whistleblowing um ein Einzelereignis. Zum anderen widerlegen namentlich die Rechtssache *Heinisch*[827] und das zuvor benannte Urteil des Landesarbeitsgerichts Köln[828] die Mutmaßung, dass beim Whistleblowing typischerweise ausschließlich eine dieser beiden Konstellationen vorliege. Noch gewichtiger ist der Umstand, dass im Rahmen dieser Argumentation verkannt wird, dass das Erfordernis der Abmahnung auch eine Ausprägung des Ultima-Ratio-Prinzips ist[829]. Gerade bei einmaligen Pflichtverletzungen, die keine Wiederholungsgefahr begründen, ist die Abmahnung das einschlägige und zugleich ausreichende Mittel zur Sanktionierung des Pflichtverstoßes des Arbeit-

822 Das LAG Köln beschäftigte sich – im Gegensatz zum LAG Berlin in der Rechtssache *Heinisch* – in seinem Urteil mit dem Abmahnerfordernis. Allerdings hielt es die Abmahnung nicht aufgrund der fehlenden Eignung für entbehrlich, sondern es stellte auf die Schwere der Vertragspflichtverletzung ab: LAG Köln, Urteil vom 2. Februar 2012 – 6 Sa 304/11, Rdn. 31 – juris.

823 Stahlhacke/Preis/Vossen/*Preis*, Rdn. 1207.

824 Stahlhacke/Preis/Vossen/*Preis*, Rdn. 1207.

825 BAG, Urteil vom 10. Juni 2010 – 2 AZR 541/09, Rdn. 38 – *Emmely* – juris.

826 *Becker*, S. 132 f. *Becker* weist nachfolgend daraufhin, dass nicht per se auf eine Abmahnung verzichtet werden könne, sofern jedoch ein unzulässiges Offenbaren vorliege, sei eine Abmahnung überwiegend entbehrlich.

827 EGMR, Urteil vom 21. Juli 2011 – 28274/08, NZA 2011, 1269 ff. Ausführlich hierzu: **1. Teil: D.V.**

828 LAG Köln, Urteil vom 2. Februar 2012 – 6 Sa 304/11, NZA-RR 2012, 298.

829 S.o.: **1. Teil: C.V.**

nehmers. Sofern keine Wiederholungsgefahr besteht, kann die zur Kündigung unabdingbare Negativprognose regelmäßig nicht getroffen werden. Bei einem einmaligen Vorgang ist bereits im Ausgangspunkt die Wahrscheinlichkeit einer gedeihlichen Fortsetzung des Arbeitsverhältnisses wesentlich höher. Sofern aufgrund der konkreten Umstände die unzulässige Offenbarung von Betriebsinterna ein gesondertes Ereignis bleiben wird, so spricht dies nicht gegen, sondern gerade für die Einschlägigkeit der Abmahnung. Die Abmahnung ist daher in solchen Konstellationen stets als verhältnismäßig milderes Mittel in Betracht zu ziehen.

Allerdings gilt dies nur unter der Einschränkung, dass die Pflichtverletzung nicht besonders bedeutsam ist.

2. *Entbehrlichkeit der Abmahnung aufgrund der Schwere der Pflichtverletzung*

Sofern die Pflichtverletzung besonders schwerwiegend und das Vertrauensverhältnis hierdurch massiv geschädigt ist, kann ausnahmsweise eine verhaltensbedingte Kündigung ohne vorherige Abmahnung ausgesprochen werden. Allerdings muss die Pflichtverletzung so massiv sein, *„dass selbst deren erstmalige Hinnahme dem Arbeitgeber nach objektiven Maßstäben unzumutbar und damit offensichtlich – auch für den Arbeitnehmer erkennbar – ausgeschlossen ist“*[830]. Auf diese zweite Ausnahme vom Abmahnerfordernis ist die geringe Verbreitung der Abmahnung im Rahmen der *whistleblowingbedingten* Kündigungen zurückzuführen[831].

Die Offenbarung von Betriebsinterna wird von vielen Arbeitgebern als in höchstem Maße illoyales Verhalten und schwerer Vertrauensbruch empfunden. Daher greifen die meisten Arbeitgeber auch gleich zum *„schärfsten Schwert“* des Arbeitsrechts- der außerordentlichen Kündigung[832]. Die zu dieser Thematik veröffentlichten Gerichtsentscheidungen lassen diesen Schluss jedenfalls zu[833].

Hinzuweisen ist in diesem Zusammenhang darauf, dass eine gewisse Korrelation zwischen der Begründetheit der außerordentlichen Kündigung und der

---

830 BAG, Urteil vom 9. Juni 2011 – 2 AZR 284/10, Rdn. 35 – juris.

831 Auch *Becker* stützt seine Argumentation letztlich auf den Aspekt der gravierenden Beeinträchtigung des Vertrauensverhältnisses, vergl.: *Becker* S. 133.

832 Wobei nicht zu verschweigen ist, dass die kundigen Arbeitgeber auch jeweils hilfsweise die ordentliche Kündigung aussprechen. Vergl. bspw.: BAG, Urteil vom 3. Juli 2003 – 2 AZR 235/03, Rdn. 7 – juris; ähnlich: *Becker*, S. 134.

833 In den dokumentierten gerichtlichen Auseinandersetzungen wurden überwiegend außerordentliche Kündigungen ausgesprochen, exemplarisch: BAG, Urteil vom 7. Dezember 2006 – 2 AZR 400/05, NJW 2007, 2204; BAG, Urteil vom 3. Juli 2003 – 2 AZR 235/02, NZA 2004, 427; BAG, Urteil vom 4. Juli 1991, 2 AZR 80/91 – juris; LAG Köln, Urteil vom 5. Juli 2012 – 6 Sa 71/12 – juris; LAG Köln, Urteil vom 2. Februar 2012 – 6 Sa 304/11, NZA-RR 2012, 298; LAG Hamm, Urteil vom 28. November 2003 – 10 Sa 1024/03 – juris. In diesem Sinne ebenfalls: *Becker*, S. 134.

Entbehrlichkeit der Abmahnung existiert[834]. In vielen Fällen, in denen die Intensität der Pflichtverletzung eine außerordentliche Kündigung rechtfertigt, ist zugleich auch eine Abmahnung entbehrlich[835].

Die restriktive Handhabung und die Sonderstellung, die dem Abmahnerfordernis im Rahmen der Sanktionierung von Whistleblowing bedingten Verstößen gegen die Rücksichtnahmepflicht überwiegend eingeräumt wird[836], können jedoch auch vor dem Hintergrund des Kriteriums der Schwere der Pflichtverletzung nicht überzeugen. Dies gilt insbesondere in Anbetracht dessen, dass die Judikatur in anderen Konstellationen der verhaltensbedingten Kündigung dem Erfordernis der Abmahnung einen hohen Stellenwert einräumt. Dies gilt namentlich im Rahmen von verhaltensbedingten Kündigungen aufgrund von sogenannten Bagatelldelikten[837]. So stützte etwa das Bundesarbeitsgericht die Unwirksamkeit der Kündigungen der Kassiererin *Emmely* auch auf das Fehlen einer Abmahnung[838]. Unschädlich ist es insoweit, dass in jüngeren Entscheidungen im Einzelfall auch auf das Erfordernis einer Abmahnung verzichtet wird[839]. Maßgeblich ist einzig, dass seit der *Emmely-Entscheidung* nicht mehr vertreten wird, dass ein Automatismus dahingehend bestehe, dass Vermögensdelikte gegen den Arbeitgeber stets eine Kündigung ohne vorherige Abmahnung rechtfertigen[840]. Entsprechend ist dem sich bisweilen aufdrängenden Eindruck eine Absage zu erteilen, dass bei einer unberechtigten Offenbarung von betrieblichen Vorgängen zwangsläufig eine Abmahnung entbehrlich ist[841]. Ein solcher Automatismus besteht ebenfalls nicht. Ferner kann die Annahme nicht überzeugen, dass in den Fällen des unberechtigten Whistleblowings eine Abmahnung

---

834 Stahlhacke/Preis/Vossen/*Preis,* Rdn. 1208.

835 Stahlhacke/Preis/Vossen/*Preis,* Rdn. 1208; v. Hoyningen-Huene/Linck/*Krause* § 1, Rdn. 515.

836 S.o.: **1. Teil: C.V.**

837 Als weiteres Beispiel aus der jüngeren Rechtsprechung kann auch eine verhaltensbedingte Kündigung aufgrund unzulässiger privater Internetnutzung während der Arbeitszeit angeführt werden. Auch in dieser Konstellation der verhaltensbedingten Kündigung stütze das Bundesarbeitsgericht die Unwirksamkeit der Kündigung maßgeblich auf das Fehlen einer Abmahnung, vergl.: BAG, Urteil vom 19. April 2012 – 2 AZR 186/11, Rdn. 24 ff. – juris. Vergl. zu einer weiteren Konstellation: BAG, Urteil vom 25. Oktober 2012 – 2 AZR 495/11, Rdn. 32 – juris.

838 BAG, Urteil vom 10. Juni 2010 – 2 AZR 541/09, Rdn. 32 ff., 58 – *Emmely* – juris; vergl. auch: *Weber,* RdA 2011, 108, 118 f.

839 BAG, Urteil vom 21.Juni 2012 – 2 AZR 153/11, NZA 2012, 1025; BAG, Urteil vom 9. Juni 2011, NZA 2011, 1342; ErfK/*Müller-Glöge* § 626 BGB, Rdn. 46 m.w.N.

840 *Stoffels,* NJW 2011, 118, 121; Däubler/Hjort/Schubert/Wolmerath/*Roos/Markowski* § 1 KSchG, Rdn. 334.

841 Diesen Eindruck vermittelt beispielsweise *Becker,* S: 132 f. Aber auch aufgrund der fehlenden oder allenfalls kursorischen Auseinandersetzung der Rechtsprechung mit dem Abmahnerfordernis in Whistleblowing-Konstellationen kann dieser Eindruck entstehen.

zumindest *überwiegend* entbehrlich sein dürfte[842]. Vielmehr ist stets für jeden Einzelfall zu prüfen, ob eine Abmahnung *ausnahmsweise*, aufgrund der Schwere der Pflichtverletzung, entbehrlich ist. Insoweit ist derselbe Prüfungsmaßstab wie bei anderen verhaltensbedingten Kündigungen anzuwenden.

3. Konzept zur Bestimmung der Entbehrlichkeit einer Abmahnung in Whistleblowing-Konstellationen

Die grundsätzliche Pflicht zur Abmahnung im Rahmen der verhaltensbedingten Kündigung muss auch in Whistleblowing-Konstellationen ernst genommen werden. Eine Ausnahme aufgrund der besonderen Schwere der Pflichtverletzung darf daher nicht pauschal unterstellt, sondern muss konkret bestimmt werden. Zur Feststellung der Schwere der Pflichtverletzung bietet sich daher zunächst die konsequente Subsumtion aller der **1. Teil: B** bis **C.III** behandelten Kriterien an. Der Vorteil einer solchen umfassenden Prüfung ist, dass hierdurch die Abmahnung die Funktion einer echten *„Vorstufe“*[843] zur Kündigung besäße. Allerdings könnte dies auch eine Überspannung der Prüfungspflicht des Arbeitgebers darstellen. Zudem besteht die Gefahr, dass hierdurch die umfassende Interessenabwägung, die stets im Rahmen der Begründetheitsprüfung der Kündigung erfolgt, auf diese Vorstufe vorverlagert wird.

Ideal erscheint es daher, nicht das gesamte zuvor dargestellte Abwägungsprogramm heranzuziehen, sondern lediglich die Kriterien der 2. Prüfungsebene[844]. Diese Eingrenzung des Prüfungsprogramms stellt auch keine unzumutbare Überdehnung der Pflichten des Arbeitgebers dar. Die Praxis zeigt, dass viele Arbeitgeber generell entschlossen sind, bei vermeintlich illoyalem Verhalten Kündigungen auszusprechen[845]. Insofern wird dieser gewichtige Aspekt im Rahmen der Rechtfertigung der Kündigung in jedem Falle dezidiert dargelegt werden müssen. Zugleich wahrt die Übertragung dieses einzelnen Aspektes aus der Begründetheitsprüfung der Kündigung den Abstand zur selben und verhindert eine Schwerpunktverlagerung der Abwägung auf die Vorfrage der Entbehrlichkeit einer Abmahnung.

Erfüllte der Whistleblower seine Prüfungspflicht, erfolgte also die Offenbarung der betriebsinternen Vorgänge nicht unter der Angabe von wissentlich unwahren oder leichtfertig falschen Umständen, so ist eine Abmahnung grundsätzlich nicht aufgrund der Schwere der Pflichtverletzung entbehrlich. Die Pflichtverletzung des Whistleblowers ist in einer solchen Konstellation prinzipiell nicht von schwerwiegender

---

842 So *Becker*, S. 133. Generell ist der Erkenntnisgewinn derartiger pauschaler Prognosen gering. Sofern eine solche pauschale Prognose aufgestellt werden müsste, so besteht aber, bei konsequenter Anwendung des Regel-Ausnahme-Verhältnisses, keine überwiegende Entbehrlichkeit, sondern eine überwiegende Erforderlichkeit der Abmahnung.

843 MünchKommBGB/*Hergenröder* § 1 KSchG, Rdn. 198.

844 Siehe hierzu ausführlich: **1. Teil: B.II**.

845 S.o.: **Fn. 833**.

Intensität. Dies folgt aus dem vom Bundesverfassungs- und Bundesarbeitsgericht aufgestellten Grundsätzen. Danach kann das Offenbaren von Betriebsinterna eine Kündigung im *Regelfall* – soweit nicht wissentlich unwahre oder leichtfertig falsche Angaben gemacht werden – nicht rechtfertigen[846]. Zwar ist nach dem Grundsatzurteil des Bundesarbeitsgerichts zur Wahrnehmung von staatsbürgerlichen Rechten eine Kündigung nur für den *Regelfall* ausgeschlossen, so dass durch das Hinzutreten weiterer Umstände dennoch eine insgesamt „*erhebliche*"[847], zur Kündigung berechtigende, Pflichtverletzung des Arbeitnehmers vorliegen kann. Im Ausgangspunkt allerdings ist die Pflichtverletzung somit – bei Erfüllung der Prüfungspflicht – nicht als schwerwiegend zu bezeichnen. Ein zulässiger Verzicht auf das Erfordernis der Abmahnung ist danach nur unter den Voraussetzungen der Ungeeignetheit möglich, in der Konstellation eines (mehrfach) einschlägig abgemahnten Beschäftigten oder wenn die Schwere der Pflichtverletzung – ausnahmsweise – mit einer insgesamt unverhältnismäßigen Reaktion des Whistleblowers begründet werden kann[848].

Eine strikte Anwendung dieses Konzeptes bewirkt zugleich eine Rückbesinnung auf das vom Bundesverfassungsgericht vorgegebene Regel-Ausnahmeverhältnis zur Unzulässigkeit einer Kündigung aufgrund der Offenbarung von betrieblichen Vorgängen. Sofern grundsätzlich nur noch in den Konstellationen auf eine Abmahnung verzichtet wird, in denen der Hinweisgeber wissentlich oder leichtfertig unwahre Angaben machte, und in den übrigen Fällen allein eine Abmahnung ausgesprochen wird, werden im *Regelfall* Whistleblowing-Konstellationen nicht zu einer Kündigung führen. Denn durch die Sanktionierung des Pflichtverstoßes mit dem Mittel der Abmahnung hat der Arbeitgeber sein Recht zur Kündigung verwirkt. In dem Ausspruch der Abmahnung liegt zugleich der konkludente Verzicht auf eine Kündigung wegen der Gründe, die Gegenstand der Abmahnung waren[849]. Dies gilt nur dann nicht, wenn sich die für die Abmahnung maßgebenden Umstände nachträglich geändert haben. Eine solche Änderung der Umstände ist indes an beachtliche Voraussetzungen geknüpft. Stellt sich etwa nachträglich heraus, dass dem Arbeitnehmer zahlenmäßig umfangreichere, der Sache nach aber identische Verfehlungen vorzuwerfen sind, so genügt dies den Anforderungen nur, sofern die quantitative Steigerung zugleich eine Veränderung der Qualität der Kündigungsgründe bewirkt[850]. Da sich diese Feststellungen in den vorliegenden Konstellationen auf den Aspekt der Erfüllung der Prüfpflicht hinsichtlich des Wahrheitsgehaltes

---

846 S.o.: **1. Teil: B.II.**

847 BAG, Urteil vom 3. Juli 2003 – 2 AZR 235/02, Rdn. 26 – juris.

848 Ungeachtet dessen, dass eine gewisse Einschränkung des Prüfungskonzeptes dadurch bewirkt wird, dass im Einzelfall beim Vorliegen der Kriterien der 3. Ebene, eine insgesamt unverhältnismäßige – ohne vorherige Abmahnung – zur Kündigung berechtigende Pflichtverletzung vorliegen kann, bietet das vorgeschlagene Systematisierungskonzept dem Arbeitgeber eine Orientierungshilfe.

849 Stahlhacke/Preis/Vossen/*Preis*, Rdn. 1205; A/P/S/*Dörner-Vossen* § 1 KSchG, Rdn. 404.

850 A/P/S/*Dörner-Vossen* § 1 KSchG, Rdn. 404.

der offenbarten Informationen beschränkt, wird im Regelfall eine Kündigung nach erfolgter Abmahnung nicht mehr möglich sein.

Dieses Konzept zur Einordnung des Abmahnerfordernisses im Rahmen der whistleblowingbedingten Kündigung kann sich mittelbar auf zwei instanzgerichtliche Urteile stützen. Das Landesarbeitsgericht Hamm musste im Jahre 2003 über die Wirksamkeit einer außerordentlichen Kündigung eines Arbeitnehmers befinden, der eine Strafanzeige gegen seinen Arbeitgeber wegen einer vermeintlich ausgesprochenen Morddrohung stellte[851]. Das Gericht führt aus, dass ein Arbeitnehmer, der leichtfertig und wahrheitswidrig Strafanzeige gegen seinen Arbeitgeber erstatte, eine schwere Pflichtverletzung begehe, die die außerordentliche Kündigung des Arbeitsverhältnisses ohne vorherige Abmahnung rechtfertige[852]. Die Richter folgerten somit unmittelbar aufgrund der zumindest leichtfertig falschen Angaben des Arbeitnehmers die Entbehrlichkeit der Abmahnung[853]. Auch in dem Urteil des Landesarbeitsgerichts Köln aus Februar 2012 ist die Korrelation zwischen bewusst oder leichtfertig wahrheitswidrigen Angaben und der Entbehrlichkeit der Abmahnung erkennbar[854]. Unschädlich ist es insoweit, dass das Landesarbeitsgericht Köln den zulässigen Verzicht zusätzlich noch mit weiteren Aspekten stützt[855]. Dieser Umstand ist darauf zurückzuführen, dass das Landesarbeitsgericht den Aspekt der Entbehrlichkeit der Abmahnung lediglich im Rahmen einer abschließenden Gesamtwürdigung flüchtig einfließen lässt. Festzuhalten ist somit, dass die Frage nach der Notwendigkeit einer vorhergehenden Abmahnung in Whistleblowing-Konstellationen in Wechselbeziehung zur Erfüllung der Voraussetzungen der Prüfungspflicht steht[856].

Das Erfordernis der Abmahnung wurde bisher im Rahmen des Whistleblowings zu Unrecht von Rechtsprechung und Literatur nicht hinreichend gewürdigt. Dies gilt nicht nur für die Konstellationen, in denen das Whistleblowing aufgrund der

---

851 LAG Hamm, Urteil vom 28. November 2003 – 10 Sa 1024/03 – juris. Das Urteil ist in der Praxis weitgehend unbekannt. So wird es beispielsweise in der Dissertation von Berthold, die ausschließlich die höchst- und instanzgerichtliche Rechtsprechung zum Whistleblowing behandelt, nicht erwähnt. Die geringe Bekanntheit des Urteils beruht zum einen wohl auf der Eindeutigkeit der kündigungsrelevanten Pflichtverletzung des Arbeitnehmers im konkreten Fall und zum anderen auf dem Umstand, dass das Urteil lediglich im LAGReport 2004, 184 abgedruckt ist.

852 LAG Hamm, Urteil vom 28. November 2003 – 10 Sa 1024/03, Orientierungssatz 1 – juris.

853 LAG Hamm, Urteil vom 28. November 2003 -10 Sa 1024/03, Rdn. 60 ff. – juris.

854 LAG Köln, Urteil vom 2. Februar 2012 – 6 Sa 304/11, Rdn. 31 – juris.

855 LAG Köln, Urteil vom 2. Februar 2012 – 6 Sa 304/11, Rdn. 31 – juris: *„objektiv nicht gerechtfertigte und schwerwiegende Vorwürfe“*.

856 Bei Verletzung der Prüfungspflicht liegt zugleich auch eine erhebliche Pflichtverletzung vor, die eine Kündigung rechtfertigen kann. Dieser Umstand beruht auf der zuvor beschriebenen Korrelation zwischen Entbehrlichkeit der Abmahnung und Rechtfertigung der Kündigung. Die Intensität der Vertragspflichtverletzung führt häufig sowohl zur Entbehrlichkeit der Abmahnung als auch zur Rechtfertigung einer außerordentlichen Kündigung. S.o.: **Fn 835.**

Umstände des Falles eine Einzelfallerscheinung bleiben wird. Abgesehen von den Fällen, in denen bereits (mehrfach) einschlägige Abmahnungen erfolgten oder sie ein ungeeignetes Mittel darstellt, ist eine Abmahnung im Regelfall nur dann entbehrlich, wenn der Arbeitnehmer wissentlich unwahre Angabe machte oder bei der Offenbarung der betrieblichen Vorgänge seine Prüfungspflicht verletzte und leichtfertig falsche Angaben machte. Bei der Prüfung, ob der konkrete Sachverhalte die Voraussetzungen eines der Ausnahmetatbestände erfüllt, ist eine restriktive Vorgehensweise ratsam. Verbleiben hiernach Unsicherheiten, so ist auch bei einer Kündigung aufgrund von Whistleblowing der Rat zu beherzigen, dass im Zweifel vor jeder verhaltensbedingten Kündigung eine Abmahnung auszusprechen ist[857]. Spricht der Arbeitgeber dennoch eine Kündigung ohne vorherige Abmahnung aus, so bestehen für die Rechtswirksamkeit hohe Hürden. Denn in diesen Konstellation ist – bei Anwendung des vorgeschlagenen Konzepts – das gewichtige Kriterium der Prüfungspflicht des Hinweisgebers hinsichtlich des Wahrheitsgehaltes der offenbarten Information bereits zu dessen Gunsten zu werten, so dass eine zur ordentlichen oder sogar außerordentlichen Kündigung berechtigende Pflichtverletzung nur schwer zu begründen sein wird[858].

4. *Erfordernis der Abmahnung bei einer Kündigung außerhalb des Anwendungsbereiches des KSchG*

a) *Im Rahmen einer außerordentlichen Kündigung nach § 626 BGB*

Das Prinzip der Abmahnung gilt nach überwiegender und überzeugender Ansicht auch für den Bereich der außerordentlichen verhaltensbedingten Kündigung[859]. Schon aufgrund der Strukturgleichheit und des Stufenverhältnisses der außerordentlichen und ordentlichen Kündigung ist das Erfordernis einer Abmahnung auch im Rahmen einer Kündigung nach § 626 BGB stets zu prüfen. Es gilt der einfache Rechtssatz, dass eine außerordentliche Kündigung jedenfalls dann unwirksam ist, wenn sie an den Schranken scheitern müsste, die für eine ordentliche Kündigung

---

857 v. Hoyningen-Huene/Linck/*Krause* § 1 Rdn. 512; einen entsprechenden Rat an die Praxis richtet auch *Preis* in: Stahlhacke/Preis/Vossen/*Preis*, Rdn. 1203.

858 Denkbar ist die Rechtfertigung einer außerordentlichen oder ordentlichen Kündigung ohne vorherige Abmahnung – trotz nicht wissentlich oder leichtfertig falschen Offenbarungen – aufgrund einer im Übrigen unverhältnismäßigen Reaktion. In Betracht kommt dabei insbesondere die Konstellation, in der dem Arbeitnehmer eine böswillige Schädigungsabsicht nachgewiesen werden kann. Aber auch beim Vorliegen anderer Kriterien der 3. Ebene kann im Einzelfall eine insgesamt unverhältnismäßige Reaktion und somit zur Kündigung berechtigende Pflichtverletzung vorliegen.

859 A/P/S/*Dörner-Vossen* § 626 BGB, Rdn. 84 f. m.w.N.; ErfK/*Müller-Glöge* § 626 BGB, Rdn. 29 ff.; jurisPK-BGB/*Weth*, § 626, Rdn. 33; KR-*Fischermeier* § 626 BGB, Rdn. 256; MünchKommBGB/*Henssler* § 626 BGB, Rdn. 89; BAG, Urteil vom 17. Februar 1994 – 2 AZR 616/93, Leitsatz 1. – juris.

gelten[860]. Im Bereich der verhaltensbedingten außerordentlichen Kündigung gilt das Erfordernis einer Abmahnung unabhängig davon, ob die Hauptleistungspflicht oder eine Nebenpflicht aus dem Arbeitsverhältnis, wie bei einer Whistleblowing-Konstellation, verletzt wurde[861]. Ist im konkreten Fall somit bereits eine ordentliche Kündigung aufgrund des einschlägigen milderen Mittels der Abmahnung unwirksam, so muss dies erst recht für die schärfere Sanktion – die außerordentliche Kündigung – gelten. Auch die in der Praxis zu beobachtende Kohärenz von Entbehrlichkeit der Abmahnung und Berechtigung zur außerordentlichen Kündigung[862] steht der grundsätzlichen Anwendbarkeit des Abmahnerfordernisses nicht entgegen[863].

b) Treuwidrige und sittenwidrige Kündigungen

Zu Beginn der Arbeit wurde ferner herausgestellt, dass aufgrund der jedem Schuldverhältnis immanenten Pflicht zur Rücksichtsnahme die Kündigungsrelevanz der Offenbarung von Betriebsinterna nicht maßgeblich von der Anwendbarkeit des KSchG abhängig ist[864]. Auch für den Whistleblower, der noch nicht die Wartezeit des § 1 Abs. 1 KSchG erfüllt hat oder einen Missstand in einem Kleinbetrieb im Sinne des § 23 Abs. 1 KSchG offenbart, ist die Wirksamkeit einer Kündigung – im Wesentlichen[865] – nach denselben Kriterien zu bestimmen. Da dem Kriterium der Abmahnung aber eine gewichtige Rolle beigemessen wurde, kann diese These nur von Bestand sein, wenn das Erfordernis der Abmahnung auch im Rahmen einer ordentlichen Kündigung zu beachten ist, die nicht am Bestandsschutz des KSchG, sondern nur am Maßstab der Treu- oder Sittenwidrigkeit zu messen ist.

aa) Grundsätzlich keine Abmahnung bei einer ordentlichen Kündigung außerhalb des Schutzbereiches des KSchG

Eine Erstreckung des Erfordernisses der Abmahnung auf die ordentliche Kündigung außerhalb des KSchG wird von der Rechtsprechung und der überwiegenden Literatur abgelehnt[866]. Das Erfordernis einer Abmahnung wird mit dem Grundsatz

860 Stahlhacke/Preis/Vossen/*Preis*, Rdn. 548.
861 v. Hoyningen-Huene/Linck/*Fischermeier* § 626 BGB, Rdn. 259.
862 Siehe hierzu: **1. Teil: C.V.2.**
863 In diesem Sinne jedoch: MünchHdbArbR/*Wank* § 98, Rdn. 62. Kritisch ebenfalls: v. Hoyningen-Huene/Linck/*Krause* § 1, Rdn. 515.
864 **1. Teil: A.**
865 Eine Ausnahme besteht – aus rein tatsächlichen Gründen – nur bei einer kurzfristigen Beschäftigung. Der Whistleblower, der nicht die sechsmonatige Wartezeit des KSchG erfüllt hat, wird eine unbeanstandete Dauer seines Beschäftigungsverhältnisses nicht mit demselben Gewicht vortragen können wie ein längerfristig Beschäftigter. Das vom Arbeitnehmer erworbene *Vertrauenskapital* ist allerdings für die Abwägung nur von marginaler Bedeutung, vergl. hierzu: **1. Teil C.VI.2.**
866 Nur wenige Stimmen in der Literatur befürworten eine solche Erstreckung. Nach *Adam* seien die Grundsätze der Abmahnung auch auf den *„kündigungsschutzfreien*

der Verhältnismäßigkeit respektive dem Ultima-Ratio-Prinzip begründet[867]. Nach Ansicht des BAG sei der Grundsatz der Verhältnismäßigkeit aber nur im Rahmen des normierten Kündigungsschutzes anzuwenden[868]. Die Abmahnung sei im Anwendungsbereich des Kündigungsschutzgesetzes Ausfluss des Grundsatzes der Verhältnismäßigkeit und zugleich Bestandteil des Kündigungsgrundes[869]. Folglich setze die Wirksamkeit einer Kündigung aus Gründen in dem Verhalten des Arbeitnehmers außerhalb des Anwendungsbereichs des Kündigungsschutzgesetzes in der Regel nicht voraus, dass dem Arbeitnehmer zuvor eine vergebliche Abmahnung erteilt worden sei[870].

Fraglich ist, ob diese Rechtsprechung nach der Einführung des § 314 Abs. 2 BGB durch das Schuldrechtsmodernisierungsgesetz[871] im Jahre 2002 noch überzeugend ist. Das BAG zeigte sich hiervon unbeeindruckt und hat seine Grundsätze in einem Urteil aus dem Jahre 2009 bestätigt[872]. Ein Einfluss der gesetzlichen Normierung ist nicht erkennbar[873]. Das Gericht hat eine mögliche Veränderung der Rechtsgrundsätze durch den § 314 Abs. 2 BGB nicht thematisiert[874]. Auch in der Literatur wird die Auffassung vertreten, dass sich durch die Normierung des Abmahnerfordernisses inhaltlich für das Kündigungsrechts nichts geändert habe[875]. Die Schwelle für eine treuwidrige oder sittenwidrige Kündigung sei gegenüber denen nach § 1 Abs. 2 KSchG vorausgesetzten Gründen insgesamt höher anzusetzen[876]. Daher erfordere eine nur an den Maßstäben der Treu- oder Sittenwidrigkeit zu messende Kündigung in der Regel keine vorherige Abmahnung[877]. Insbesondere rechtfertige eine schwere Loyalitätsverletzung nach wie vor die sofortige Kündigung[878]. Ferner wird argumentiert, dass im Bereich der ordentlichen Kündigung die Anwendung des Verhältnismäßigkeitsgrundsatzes nur dann zu rechtfertigen sei, wenn das Arbeitsverhältnis nach den §§ 1, 23 KSchG einem besonderen Bestandsschutz unterliege, während

---

Raum" anzuwenden, vergl.: *Adam,* AuR 2001, 41, 44 ff. Nach *Däubler* müsse eine Abmahnung einer Kündigung auch im Kleinbetrieb jedenfalls dann vorangehen, wenn dem Betrieb durch die Pflichtverletzung keine wesentlichen Nachteile entstanden seien und die Zusammenarbeit mit der Person des Arbeitgebers nicht unmittelbar betroffen sei, vergl.: *Däubler,* FS ArbG Rheinland-Pfalz, S. 271, 284.

867 S.o: **1. Teil: C.V.**

868 BAG, Urteil vom 21. Februar 2001 – 2 AZR 579/99, Rdn. 30 – juris.

869 BAG, Urteil vom 21. Februar 2001 – 2 AZR 579/99, Rdn. 30 – juris.

870 BAG, Urteil vom 21. Februar 2001 – 2 AZR 579/99, Leitsatz – juris. Kritisch zum Verzicht auf das Erfordernis der Abmahnung: *Otto,* RdA 2002, 99, 106 f.

871 SchuldRModG (BGBl I 2001, 3138), mit Wirkung zum 1. Januar 2002.

872 BAG, Urteil vom 23. April 2009 – 6 AZR 533/08, Rdn. 35 f. – juris.

873 Dies gilt auch für die Ausführungen von *Berkowsky* in: MünchHdbArbR/*Berkowsky* § 114, Rdn. 134.

874 BAG, Urteil vom 23. April 2009 – 6 AZR 533/08, NZA 2009, 1260.

875 KR-*Fischermeier* § 626 BGB, Rdn. 256; *Löwisch,* FS Wiedemann 2002, S. 311, 332.

876 ErfK/*Kiel* § 13 KSchG, Rdn. 19.

877 ErfK/*Kiel* § 13 KSchG, Rdn. 19.

878 *Löwisch,* FS Wiedemann 2002, S. 311, 332.

dann, wenn die ordentliche Kündigung keines Grundes bedürfe, grundsätzlich nur der auf den Ablauf der Kündigungsfrist begrenzte zeitliche Kündigungsschutz zu beachten sei, der allein die Anwendung des Verhältnismäßigkeitsgrundsatzes und somit die Anwendung des Abmahnerfordernisses nicht rechtfertige[879].

Diesem Ansatz kann entgegnet werden, dass grundsätzlich bei allen Gestaltungsrechten ein Anwendungsbereich für das Verhältnismäßigkeitsprinzip im Privatrecht eröffnet ist[880]. Zudem wird auch von den Vertretern, die eine Erstreckung des Abmahnerfordernisses im Allgemeinen ablehnen, darauf hingewiesen, dass insbesondere im Bereich der verhaltensbedingten Kündigungen und zwar nicht nur bei der Verletzung von Hauptleistungspflichten, *„sondern auch und gerade"* im Bereich der Verletzung von Schutz- und Nebenpflichten das Erfordernis der Abmahnung zu beachten sei[881].

Nach einer anderen Ansicht sei § 314 Abs. 2 BGB zwar nicht unmittelbar, aber mittelbar für den Bereich der ordentlichen Kündigungen anwendbar[882]. Aus einem Erst-Recht-Schluss folge, dass wenn das Gesetz schon für die außerordentlich verhaltensbedingte Kündigung in § 314 Abs. 2 BGB eine vorherige Abmahnung anordne, dies erst recht für die ordentliche verhaltensbedingte Kündigung gelten müsse[883]. Nach einer anderen Ansicht sei dieser Schluss unzulässig, da § 314 BGB ein eventuell bestehendes Recht zur ordentlichen Kündigung gerade unberührt lasse[884]. Zudem scheint auch der Erst-Recht-Schluss möglich, dass wenn für die schärfere Sanktion der ordentlichen Kündigung außerhalb des Anwendungsbereiches des KSchG kein materielles Begründungserfordernis bestehe, erst recht keine materiellen Einschränkungen für mildere Sanktionsmittel bestehen dürfen.

Ferner könnte die gesetzgeberische Entscheidung, bei einer Kündigung außerhalb des KSchG generell keine Rechtsfertigungspflicht zu verlangen und somit den Bestandsschutz massiv einzuschränken, durch die Anerkennung einer allgemeinen Pflicht zur Abmahnung konterkariert werden. Denn wählt der Arbeitgeber das mildere Sanktionsmittel der Abmahnung, so hat er zugleich in der Regel das Recht verwirkt, aufgrund derselben Pflichtverletzung eine Kündigung auszusprechen[885]. Die Pflicht zur vorherigen Abmahnung kann somit eine nachhaltige Beschränkung des Rechts zur ordentlichen Kündigung bewirken. Es erscheint aber widersinnig, einerseits das Kündigungsrecht im Kleinbetrieb und innerhalb der ersten 6 Monate

---

879 KR-*Fischermeier* § 626 BGB, Rdn. 258.

880 Grundlegend: *Preis,* S. 285 ff., 294 f.; *Dersl.* NZA 1997, 1256, 1267.

881 KR-*Fischermeier* § 626 BGB, Rdn. 259.

882 *Berkowsky,* AuA 2002, 11, 14.

883 *Berkowsky,* AuA 2002, 11, 14. Ob hiermit allerdings auch die Kündigungen außerhalb des Anwendungsbereiches des KSchG gemeint sind, lässt sich nicht abschließend feststellen. Die Ausführungen von *Berkowsky* an anderer Stelle (**Fn. 873**) weisen allerdings daraufhin, dass dieser Erst-Recht-Schluss nur für den Bereich der ordentlichen Kündigung nach dem KSchG gilt.

884 KR-*Fischermeier* § 626 BGB, Rdn. 258.

885 S.o.: **1. Teil: C.V.3.**

der Beschäftigung extensiv auszugestalten und andererseits dieses Recht auf der Vorstufe der Abmahnung wieder zu begrenzen. Nach der legislatorischen Entscheidung ist die ordentliche Kündigung eines Beschäftigungsverhältnisses außerhalb des Anwendungsbereiches des KSchG insgesamt nicht denselben Schranken zu unterwerfen, die für eine Kündigung innerhalb der Grenzen der §§ 1 Abs. 1 und § 23 Abs. 1 KSchG gelten. Andernfalls hätte es der Anwendungsbegrenzungen nicht bedurft. Der Gesetzgeber hat die kollidierenden grundrechtlichen Interessen bewusst abgewogen und sich für jene Schutzbereichsbeschränkungen entschieden[886]. Diese gesetzgeberische Entscheidung ist zu akzeptieren[887]. Ferner ist zu beachten, dass wenn über den Umweg der Treuwidrigkeit nach § 242 BGB dem Arbeitnehmer ein identischer Schutzmaßstab gewährt würde, dieser dann sogar besser stünde als der dem KSchG unterliegende Arbeitnehmer. Denn bei einer Berufung auf die Treuwidrigkeit sind auch nicht die Beschränkungen des KSchG, insbesondere die Präklusionsfrist der §§ 4 S. 1, 7 KSchG, einschlägig[888]. Auch kann die Einführung des § 314 BGB als Bestätigung der bisherigen Rechtsentwicklung im Arbeitsrecht angesehen werden[889]. Nach diesen Grundsätzen besteht aber, wie dargestellt, grundsätzlich keine Pflicht zur Abmahnung bei einer ordentlichen Kündigung außerhalb des KSchG. Diese Auffassung wird durch die Gesetzesmaterialien untermauert[890].

Insgesamt scheint es überzeugender, insbesondere aufgrund der andernfalls erfolgenden zu weitgehenden Annäherung des Schutzmaßstabs, das Erfordernis der Abmahnung grundsätzlich auf den Bereich der außerordentlichen und der ordentlichen Kündigungen innerhalb des KSchG zu beschränken.

bb) Anwendbarkeit der Abmahnung in Whistleblowing-Konstellationen außerhalb des KSchG

Dieses *Abstandsgebot* verhindert indes nicht, dass bei einer ordentlichen whistleblowingbedingten Kündigung auch außerhalb des Anwendungsbereiches des KSchG die Grundsätze der Abmahnung anzuwenden sind. Da das Erfordernis der Abmahnung, wie dargelegt, nicht den Konkretisierungen der Nebenpflicht zur Rücksichtnahme entstammt, sondern eine allgemeine kündigungsrechtliche Maxime ist, lässt sich eine Übertragung nicht mit dem schlichten Hinweis auf die Einschlägigkeit der Rücksichtnahmepflicht nach § 241 Abs. 2, § 242 BGB für jedes Schuldverhältnis begründen. Dennoch erscheint eine Übertragung in der speziellen Situation des Whistleblowings angezeigt.

---

886 Stahlhacke/Preis/Vossen/*Preis,* Rdn. 237.

887 BVerfG, Beschluss vom 27. Januar 1998 – 1 BvL 15/87, Rdn. 35 – juris. In dieser Entscheidung wird auch die Verfassungskonformität der Begrenzungen des KSchG bestätigt.

888 v. Hoyningen-Huene/Linck/*v. Hoyningen-Huene* § 13, Rdn. 87.

889 Stahlhacke/Preis/Vossen/*Preis,* Rdn. 1201.

890 Bt.-Drs. 14/6040, S. 177; Stahlhacke/Preis/Vossen/*Preis,* Rdn. 1201.

Zunächst ist zu beachten, dass die Anwendung des Instituts der Abmahnung nicht kategorisch, sondern nur für den Regelfall auf das KSchG beschränkt sein soll. Eine Ausnahme nach Treu und Glauben sei etwa dann zu erwägen, wenn sich der Arbeitgeber andernfalls mit der Kündigung in Widerspruch zu seinem bisherigen Verhalten setze[891]. Die Besonderheiten des Whistleblowings rechtfertigen es, für die Konstellationen der nicht leichtfertig oder wissentlich unwahren Offenbarungen einen weiteren Ausnahmetatbestand anzuerkennen.

Redliche Whistleblower handeln altruistisch. Entweder sie beabsichtigen die Allgemeinheit über betriebliche Missstände zu informieren (externes Whistleblowing) oder sie wollen dem Arbeitgeber (internes Whistleblowing) Missstände aufzeigen, um so weitere Schäden von ihm abzuwenden[892]. Jedenfalls handeln sie überwiegend nicht aus der Motivation heraus, den Arbeitgeber zu schädigen. Liegt eine solche unredliche Motivation dennoch vor, so ist der Arbeitgeber auch nicht auf das Erfordernis einer Abmahnung zu verweisen[893]. In den übrigen Fällen erscheint es jedoch angezeigt, die uneigennützige Gesinnung durch den Ausspruch einer Abmahnung, anstelle der Kündigung, zu honorieren.

In ihrer originären Funktion hat die Abmahnung insbesondere eine Warn- und Hinweiswirkung[894]. Eine Warnung des Arbeitgebers, dass der Arbeitnehmer durch ein bestimmtes Verhalten den Bestand seines Beschäftigungsverhältnisses gefährdet, ist immer dann besonders angezeigt, wenn der Arbeitnehmer nicht ohne weiteres erkennen konnte, dass er sich pflichtwidrig verhielt[895]. In diesem Zusammenhang gilt es zu beachten, dass bei einer Pflichtverletzung, die auf einer Verkennung schwieriger oder ungeklärter Rechtsfragen beruht, sogar im Einzelfall eine Abmahnung unzulässig sein kann[896]. Whistleblower sind bei der Frage der Zulässigkeit ihres Handelns zumeist mit solchen schwierigen Rechtsfragen konfrontiert.

Im Rahmen der Offenbarung von Betriebsinterna besteht regelmäßig nur ein schmaler Grat zwischen einer pflichtwidrigen und somit zur Kündigung berechtigenden Offenbarung und einer sanktionsfreien, grundrechtlich geschützten, Wahrnehmung

---

891 BAG, Urteil vom 21. Februar 2001 – 2 AZR 579/99, Rdn. 30 – juris.

892 In einem an späterer Stelle ausführlich erörterten Urteil des BAG zum internen Whistleblowing behauptete die Gekündigte, dass sie die innerbetriebliche Meldung über ein (vermeintliches) Fehlverhalten als ihre *„heiligste Pflicht"* angesehen habe, vergl.: BAG, Urteil vom 27. September 2012 – 2 AZR 646/11, Rdn. 9 – juris. Vergl. zu diesem Urteil ausführlich: **2. Teil: A.II.1.e).**

893 Vergl. zur unredlichen Motivation von Hinweisgebern und deren Auswirkungen: **1. Teil: C.I.**

894 MünchHdbArbR/*Berkowsky* § 114, Rdn. 123 ff.; vergl. ferner: **1. Teil C.V.1.**

895 Das Kriterium der Erkennbarkeit der Pflichtverletzung wird von der Rechtsprechung insbesondere dann gefordert, wenn die Entbehrlichkeit der Abmahnung mit der Schwere der Pflichtverletzung begründet werden soll, vergl.: BAG, Urteil vom 12. Januar 2006 – 2 AZR 21/05, Rdn. 55 – juris. Ausführlich hierzu: **1. Teil: C.V.2.**

896 BAG, Urteil vom 31. August 1994 – 7 AZR 893/93, Leitsatz 1, Rdn. 34 ff. – juris.

der Meinungsfreiheit[897]. Schon geringfügige Änderungen des Sachverhaltes oder eine abweichende tatrichterliche Würdigung können das Pendel in die entgegengesetzte Richtung ausschlagen lassen. Zudem sind im Rahmen der Abwägung eine Vielzahl von Kriterien zu beachten, die sich in bestimmten Konstellationen als diffiziler entlarven, als sie auf den ersten Anschein erscheinen[898].

Ferner entstammen die Kriterien einer umfassenden Abwägung der vertraglichen Rücksichtnahmepflicht unter Berücksichtigung des grundrechtlichen Rahmens. Die hieraus folgenden Zulässigkeitsgrenzen liegen daher *„nicht ohne weiteres auf der Hand“*[899]. Auch das BAG hat entschieden, dass in einer solchen Konstellation die Pflichtwidrigkeit nicht ohne weiteres erkennbar sei[900]. Aufgrund der Vielschichtigkeit und Komplexität ist eine Whistleblowing-Konstellation daher prädestiniert dafür, dass der Arbeitgeber den Hinweisgeber auf eine mögliche Überschreitung des rechtlich Zulässigen hinweist.

Zuzumuten ist dem Hinweisgeber aber, dass er einen vermeintlichen Missstand nicht leichtfertig offenbart, sondern den Wahrheitsgehalt auf sich jedermann aufdrängende Widersprüche und Unklarheiten überprüft. Hat der Whistleblower aber diese Prüfungspflicht erfüllt[901], so ist es insbesondere für den Arbeitnehmer als juristischen Laien, nur schwer zu prognostizieren, ob die Offenbarung dennoch eine zur Kündigung berechtigende Verletzung der Rücksichtnahmepflicht darstellt. Daher sollte der Arbeitgeber insbesondere in den Konstellationen, in denen der Hinweisgeber zunächst den innerbetrieblichen Klärungsweg beschritten hat, einen möglicherweise abwegigen Vorwurf nicht stillschweigend hinnehmen, sondern ihn aufklären und gegebenenfalls mit einer Abmahnung sanktionieren. Aber auch in der Situation, in der der Hinweisgeber unmittelbar eine organisationsexterne Offenbarung vorgenommen hat, kann eine Abmahnung das geeignete Mittel darstellen.

Diese Überlegungen gelten erst recht, wenn die Anwendung des KSchG nicht daran scheitert, dass ein Kleinbetrieb im Sinne des § 23 Abs. 1 KSchG vorliegt, sondern lediglich die Wartezeit des § 1 Abs. 1 S. 1 KSchG noch nicht erfüllt ist. Denn die zur Rechtfertigung der Kleinbetriebsklausel angeführten Argumente, etwa dass sich aufgrund der ohnehin dünnen Personaldecke jede zwischenmenschliche – auch nur subjektiv vom Arbeitgeber empfundene – Störung richtungsweisend auf das

---

897 Unzweifelhaft sind insoweit nur die von den Ausschlusstatbeständen erfassten Konstellationen, vergl.: **1. Teil: B.I.**

898 Vergl. etwa die Problematiken im Rahmen des Kriteriums der Motivation: **1. Teil: C.I.3; C.II.3.**

899 BAG, Urteil vom 12. Januar 2006 – 2 AZR 21/05, Rdn. 58 – juris.

900 BAG, Urteil vom 12. Januar 2006 – 2 AZR 21/05, Rdn. 58 – juris. In diesem Fall wurde die Kündigung aufgrund einer vermeintlichen Verletzung der Rücksichtnahmepflicht verneint. Die ehrverletzenden Äußerungen seien allenfalls geeignet gewesen, eine Abmahnung zu rechtfertigen, vergl.: BAG, Urteil vom 12. Januar 2006 – 2 AZR 21/05, Rdn. 31, 56 – juris.

901 S.o.: **1. Teil: B.II.**

Arbeitsverhältnis auswirke[902], greifen im Rahmen der von § 1 Abs. 1 S. 1 KSchG gesetzlich verordneten Probezeit nicht.

Aber nicht nur die Komplexität der Bestimmung der rechtlichen Grenzen des Whistleblowings streitet für die Anwendung des Instituts der Abmahnung. Spricht der Arbeitgeber anstelle einer Kündigung zunächst nur eine Abmahnung aus, so kann dies auch seinen Interessen dienen. Der einer Abmahnung immanente Hinweis, dass die konkrete Offenbarung möglicherweise die Zulässigkeitsgrenzen überschritten hat, kann ein Umdenken des Arbeitnehmers bewirken, welches zu einer Befriedung der Gesamtsituation führen kann[903]. Gleichsam sind durch den Ausspruch einer Abmahnung die Chancen beträchtlich gestiegen, dass bei einer erneuten, vergleichbaren Verfehlung eine gerichtsfeste Kündigung ausgesprochen werden kann[904]. Auch entgeht der Arbeitgeber dem Prozess- und Kostenrisiko eines Kündigungsschutzprozesses[905]. Daneben besteht beim Ausspruch einer Abmahnung auch die realistische Möglichkeit, dass das Beschäftigungsverhältnis zukünftig gedeihlich fortgesetzt werden kann. Auch wenn die Abmahnung ebenfalls keine positive Resonanz beim Arbeitnehmer hervorrufen wird, sind die negativen Auswirkungen hinsichtlich einer vertrauensvollen Zusammenarbeit wesentlich geringer, als wenn der Arbeitgeber unmittelbar die Kündigung ausspricht.

Eine herausgehobene Stellung der ordentlichen whistleblowingbedingten Kündigung kann auch mit der herausgehobenen Stellung des Grundrechts der Meinungsfreiheit innerhalb des Grundrechtskanons begründet werden.

Im Gegensatz zu anderen Konstellationen der treu- oder sittenwidrigen Kündigung, ist beim Whistleblowing nicht nur das Bestandsschutzinteresse gegen das Beendigungsinteresse abzuwägen. Beim Whistleblowing ist in fast allen Konstellationen das für jedes demokratische Gemeinwesen konstitutive Grundrecht der Meinungsfreiheit des Hinweisgebers einschlägig und für den Schutzmaßstab prägend[906]. Die Freiheit der Meinungsäußerung des Einzelnen ist ein unverzichtbarer Grundpfeiler eines jeden freiheitlichen-demokratischen Rechtsstaates und *„eines der*

---

902 Vergl. zu dieser Argumentation: *Urban,* S. 170.

903 Auch in der Konstellation der unzulässigen Umgehung des innerbetrieblichen Klärungsweges kann durch einen entsprechenden Widerruf des Beschäftigten dennoch eine Befriedung eintreten. Vergl. zu den Widerrufs- und Unterlassungsansprüchen des Arbeitgebers gegen den Whistleblower: **1. Teil: E.**

904 Dies gilt unabhängig davon, ob der abgemahnte Arbeitnehmer nachfolgend Kündigungsschutz erwirbt. Denn die einmal erteilte Abmahnung wirkt unabhängig hiervon fort, vergl.: MünchHdbArbR/*Berkowsky* § 114, Rdn. 135.

905 Allerdings kann auch die Abmahnung im Klagewege angegriffen werden. Ein Anspruch auf Entfernung einer unberechtigten Abmahnung steht dem Arbeitnehmer in entsprechender Anwendung der §§ 242, 1004 BGB zu. Zu den Voraussetzungen im Einzelnen, vergl. etwa: BAG, Urteil vom 27. November 2008 – 2 AZR 675/07, Rdn. 16 – juris.

906 Ausführlich hierzu: **1. Teil: A.II.2.a).**

vornehmsten Menschenrechte überhaupt"[907]. Mit diesem Werteverständnis erscheint es nur schwer zu vereinen, wenn einerseits innerhalb des Anwendungsbereiches des KSchG die Abmahnung selbst dem Grundsatz der Verhältnismäßigkeit genügen müsse und daher nicht bei geringfügigen Vertragspflichtverletzungen ausgesprochen werden könne[908], anderseits diese geringfügigen Verletzungen bei einem Betrieb mit regelmäßig weniger als 10 respektive 5 Arbeitnehmern oder innerhalb der gesetzlichen Wartezeit eine Kündigung rechtfertigen können.

Dass die konkret tangierten grundrechtlichen Gewährleistungen den Schutzmaßstab verstärken können, ist auch in der Rechtsprechung des BAG anerkannt. So wurde eine Kündigung für treuwidrig erachtet, die alleine aufgrund der Homosexualität des Arbeitnehmers ausgesprochen wurde[909]. Sind für die Konkretisierung des Schutzmaßstabes außerhalb des KSchG aber in „*erster Linie [...] die Grundrechte als „Richtlinien" zu beachten*"[910], erscheint es vor dem Hintergrund des konstitutiven Grundrechts der Meinungsfreiheit angezeigt, den Whistleblowern auch außerhalb des Anwendungsbereiches des KSchG einen abweichenden, stärkeren Schutz zuzugestehen. Die Übertragung der Grundsätze der Abmahnung ist eine Gestaltungsmöglichkeit, um diesen Anforderungen gerecht zu werden.

cc) Kein Verstoß gegen das Abstandsgebot bei Anwendung der Grundsätze der Abmahnung

Eine solche Übertragung steht auch im Einklang mit dem Abstandsgebot und den entsprechenden Entscheidungen des Bundesverfassungsgerichts zum Kündigungsschutz außerhalb des KSchG[911]. Wie bereits ausgeführt, dürfe die Anwendung der Generalklauseln nicht dazu führen, dass praktisch die im Kündigungsschutzgesetz vorgegebenen Maßstäbe der Sozialwidrigkeit Anwendung fänden[912]. Eine solche Gleichstellung erfolgt allerdings nicht. Zum einen ist die Erstreckung auf den Bereich einer Kündigung aufgrund von Whistleblowing begrenzt. Zum anderen sind selbstverständlich von einer Anwendung der Grundsätze der Abmahnung auch deren Ausnahmen umfasst. Ferner wird in einem Urteil des BVerfG auch darauf hingewiesen, dass der durch die Generalklauseln vermittelte Grundrechtsschutz umso schwächer wirke, je stärker die mit der Kleinbetriebsklausel geschützten

907 BVerfG, Urteil vom 15. Januar 1958 – 1 BvR 400/51 – *Lüth*, Rdn. 32 – juris.

908 So die ständige Rechtsprechung des BAG, vergl. etwa: BAG, Urteil vom 20. August 2009 – 2 AZR 499/08, Rdn. 9 – juris; BAG, Urteil vom 27. November 2008 – 2 AZR 675/07, Rdn. 16 – juris BAG, Urteil vom 13. November 1991 -5 AZR 74/91, Rdn. 15 ff. – juris. A.A.: MünchHdbArbR/*Berkowsky* § 114, Rdn. 137.

909 BAG, Urteil vom 23. Juni 1994 – 2 AZR 617/93, Rdn. 23 ff. – juris.

910 BAG, Urteil vom 23. Juni 1994 – 2 AZR 617/93, Rdn. 24 – juris.

911 BVerfG, Beschluss vom 27. Januar 1998 – 1 BvL 15/87, NZA 1998, 470; BVerfG, Beschluss vom 21. Juni 2006 – 1 BvR 1659/04, NZA 2006, 913.

912 BVerfG, Beschluss vom 27. Januar 1998 – 1 BvL 15/87, Rdn. 35 – juris; Vergl. ferner: BAG, Urteil vom 23. April 2009 – 6 AZR 533/08, Rdn. 32 – juris.

Grundrechtspositionen des Arbeitgebers im Einzelfall betroffen seien[913]. Im Whistleblowing Urteil hat das BVerfG aber eine Privilegierung der nicht wissentlich unwahren oder leichtfertig falschen Offenbarung angenommen[914]. Die grundrechtlich geschützten Interessen des Arbeitgebers sind somit in dieser Konstellation daher als im Ausgangspunkt geringer eingestuft worden. In der Whistleblowing-Entscheidung sind zudem keinerlei Andeutungen gemacht worden, dass die Anwendbarkeit des KSchG einen Einfluss auf den Schutzmaßstab habe[915]. Die verfassungsrechtlichen Grundentscheidung, eine Kündigung im Rahmen der nicht wissentlich unwahren oder leichtfertig falschen Wahrnehmung von staatsbürgerlichen Rechten im Regelfall nicht zuzulassen, wird, wie ausgeführt[916], effektiv durch die Anwendung des Instituts der Abmahnung umgesetzt.

Daher erscheint es insgesamt angezeigt, die Grundsätze der Abmahnung auch im Rahmen einer whistleblowingbedingten ordentlichen Kündigung anzuwenden, die nicht dem Anwendungsbereich des KSchG unterfällt, wenn der Whistleblower nicht wissentlich unwahre oder leichtfertig falsche Informationen offenbarte. Dabei ist es unerheblich, ob die Anwendung des KSchG an der Kleinbetriebsklausel des § 23 Abs. 1 KSchG oder der Wartezeitregelung des § 1 Abs. 1 S. 1 KSchG scheitert.

dd) Alternative Lösung, informelle Anhörung

Sofern das Erfordernis einer Abmahnung nicht auf sämtliche ordentliche whistleblowingbedingte Kündigungen erstreckt werden soll, ist zu bedenken, ob nicht zumindest vor Ausspruch einer Kündigung eine informelle Anhörung des Hinweisgebers ergehen muss. Eine solche Obliegenheit ist nach allgemeiner Ansicht im Rahmen einer Verdachtskündigung grundsätzlich erforderlich[917]. Auch bei einer Kündigung aufgrund von Whistleblowing kann das Erfordernis der Anhörung unmittelbar einschlägig sein. Denkbar ist etwa, dass der Arbeitgeber seine Kündigung auf den bloßen Verdacht stützt, dass durch die Offenbarung die Verschwiegenheitspflicht nach § 17 UWG verletzt wurde[918]. Aber auch abseits dieses eng umgrenzten Anwendungsbereichs[919] erscheint es angezeigt, dass der Kündigung eine Anhörung des Whistleblowers vorhergeht. In dieser sollte dem Whistleblower Gelegenheit

913 BVerfG, Beschluss vom 27. Januar 1998 – 1 BvL 15/87, Rdn. 35 – juris.

914 BVerfG, Beschluss vom 2. Juli 2001 – 1 BvR 2049/00, NZA 2001, 888; Vergl. hierzu ausführlich: **1. Teil: B.II.**

915 Das KSchG war auf das Rechtsverhältnis der Parteien anwendbar, vergl.: BVerfG, Beschluss vom 2. Juli 2001 – 1 BvR 2049/00, Rdn. 2 – juris.

916 Vergl.: **1. Teil: C.V.3.**

917 Statt aller: MünchKommBGB/*Henssler* § 626 BGB, Rdn. 249.

918 Vergl. hierzu: **1. Teil: A.I.1, A.II.6.c);** Vergl. zur strafrechtlichen Relevanz des Whistleblowings: *Zimmermann,* ArbRAktuell 2012, 58.

919 In der Praxis ist eine solche Fallkonstellation, in welcher eine Kündigung lediglich auf den Verdacht einer unzulässigen Offenbarung gestützt wurde, bislang nicht ersichtlich.

gegeben werden kann, den in der Offenbarung zum Ausdruck kommenden Vorwurf klarzustellen und gegebenenfalls zu revidieren.

Ähnlich wie bei einer *echten* Verdachtskündigung[920] sind an die Anhörung im Rahmen des Whistleblowings keine strengen formalen Anforderungen zu stellen. Sie kann formlos erfolgen und unterliegt keinen Fristen. Da die Anhörung aber dem beiderseitigen Interesse dient, den Vorwurf aufzuklären und die Gesamtsituation zu befrieden, sollte auf die Belange des Arbeitnehmers hinreichend Rücksicht genommen werden. Eine gewisse Vorankündigungszeit kann daher dienlich sein. Aber auch der Whistleblower sollte die Kooperationsbereitschaft des Arbeitgebers positiv bewerten und zur Vorbereitung auf das Gespräch die Verdachtsmomente sorgfältig zusammentragen und gegebenenfalls kritisch hinterfragen. Die Praxis zeigt, dass eine solche Kooperation im Einzelfall bereits erfolgt. Ein Beispiel hierfür ist das im **2. Teil: A.II.1.e**) besprochene Urteil des BAG. Nachdem eine Arbeitnehmerin ein vermeintliches Fehlverhalten eines Vorgesetzten innerbetrieblich gemeldet hatte, wurde in mehreren Personalgesprächen der Versuch unternommen, den Sachverhalt aufzuklären[921]. Das Urteil zeigt, dass der Verlauf eines solchen Gespräches zwar nicht zwingend eine Befriedung zur Folge haben muss, aber sich dennoch aus Arbeitgebersicht positiv auswirken kann[922]. Zeigt der Arbeitnehmer sich uneinsichtig und bestätigt seine erhobenen Vorwürfe, so kann dieses Verhalten sich nachteilig für den Arbeitnehmer im Rahmen der zu erstellenden Negativprognose auswirken. Ein Beharren des Whistleblowers auf seinem Vorwurf kann auch die Entbehrlichkeit der Abmahnung, sofern sie grundsätzlich erforderlich gewesen wäre, begründen[923]. Insbesondere wenn ein internes Hinweisgebersystem fehlt, dass eine solche Rücksspracheobliegenheit zwar nicht zwingend vorsehen muss aber dennoch die weitere Vorgehensweise zumeist regeln wird, sollte die Pflicht zur Anhörung des Whistleblowers nicht als belastende Förmelei, sondern als Chance betrachtet werden. Auch wenn der Whistleblower möglicherweise zu Unrecht einen bestehenden innerbetrieblichen Klärungsweg nicht beachtet hat und unmittelbar eine externe Offenbarung vorgenommen hat, sollte der Arbeitgeber die Chance zur Konfliktlösung nicht ungenutzt verstreichen lassen. Denn kann der Whistleblower von der Unrichtigkeit seiner Offenbarung überzeugt werden, so liegt die Annahme nicht fern, dass er auch bereit ist, seinen Irrtum über den vermeintlichen Missstand öffentlich zu bekunden. Widerruft der Whistleblower seine Offenbarungen, so bekämpft

---

920 ErfK/*Müller-Glöge* § 626 BGB, Rdn. 178.

921 BAG, Urteil vom 27. September 2012 – 2 AZR 646/11, Rdn. 8 ff. – juris.

922 Im Nachgang zum Personalgespräch erhob die Arbeitnehmerin den Vorwurf, welchen sie nachfolgend revidierte, ihr sei mit einer Strafanzeige gedroht worden, vergl.: BAG, Urteil vom 27. September 2012 – 2 AZR 646/11, Rdn. 10, 11, 44 – juris. Letztlich konnte aber auch dieses Verhalten die außerordentliche Kündigung nicht rechtfertigen. Vergl. hierzu im Einzelnen: **2. Teil: A.II.1.e).**

923 S.o.: **1. Teil: C.V.1.**

dies die vermeintlich verursachte negative Publizität wesentlich effektiver als eine Gegendarstellung oder ein Dementi des betroffenen Arbeitgebers[924].

5. Ergebnis

Das Prinzip der Abmahnung, das im Rahmen einer verhaltensbedingten Kündigung allgemein als *Vorstufe* und milderes Mittel anerkannt ist, wird bisweilen im Rahmen einer verhaltensbedingten Kündigung aufgrund von Whistleblowing von der Rechtsprechung unzulässigerweise vernachlässigt. Erfreulich ist insofern, dass die jüngste Auseinandersetzung der Judikatur mit der Whistleblowing-Problematik den Aspekt der Abmahnung zumindest nicht gänzlich unbeachtet lässt[925]. Die Entbehrlichkeit einer Abmahnung richtet sich auch in einer Whistleblowingkonstellation nach den allgemeinen Grundsätzen. Danach ist eine Abmahnung ausnahmsweise entbehrlich, wenn sie ein ungeeignetes Sanktionsmittel darstellt, der betreffenden Arbeitnehmer (mehrfach) einschlägig abgemahnt worden ist oder die Schwere der Pflichtverletzungen eine Beendigung des Beschäftigungsverhältnisses rechtfertigt. Aufgrund der Schwere der Pflichtverletzung ist eine Abmahnung in Whistleblowing-Konstellationen aber nur dann entbehrlich, wenn der Whistleblower seine Prüfungspflicht verletzte und mithin leichtfertig oder wissentlich unwahre Informationen offenbarte. Erfüllte der Whistleblower aber seine Prüfungspflicht, so kann die Entbehrlichkeit der Abmahnung nur noch ausnahmsweise mit der Schwere der Pflichtverletzung aufgrund einer insgesamt unverhältnismäßigen Reaktion (3. Prüfungsebene) begründet werden.

VI. Erfordernis einer abschließenden Interessenabwägung

Im Rahmen der dritten Ebene werden die Begleitumstände der Offenbarung dezidiert gewürdigt. Ungeachtet der Privilegierung einer nicht leichtfertig falschen oder wissentlich unwahren Offenbarung, kann eine Kündigung bei Hinzutreten von besonderen Umständen – entgegen dem Regelfall – somit dennoch rechtswirksam erfolgen[926]. Ob solche besonderen Umstände im konkreten Fall vorliegen, nach denen die Offenbarung des Whistleblowers als insgesamt unverhältnismäßige Reaktion erscheint, wird auf der 3. Ebene der Prüfung untersucht[927].

---

924 Ein Anspruch auf Widerruf des Arbeitgebers gegen den Whistleblower scheidet in der Regel allerdings aus. Vergl. hierzu und zu einem Unterlassungsanspruch des Arbeitgebers: **1. Teil: E.**

925 Zum Zeitpunkt der Bearbeitung war dies das Urteil der LAG Köln, das in diesem Kapitel bereits mehrfach angesprochen wurde, vergl.: LAG Köln, Urteil vom 2. Februar 2012 – 6 Sa 304/11, NZA-RR 2012, 298.

926 BAG, Urteil vom 3. Juli 2003- 2 AZR 235/02, Rdn. 29, 38 – juris.

927 Diese Verhältnismäßigkeitsprüfung bildet im Prüfungskonzept des Bundesarbeitsgerichts die 2. Stufe. S.o.: **1. Teil: B.II.5.c).**

1. *Allgemeine abschließende Interessenabwägung im Sinne der Rechtsprechung*

Die Verhältnismäßigkeitsprüfung in Whistleblowing-Konstellationen unterscheidet sich dabei von der gewöhnlichen, jeder verhaltens- und personenbedingten Kündigung immanenten[928], umfassenden Abwägung der beiderseitigen Interessen[929].

Nach ständiger Rechtsprechung ist in einer Gesamtwürdigung das Interesse des Arbeitgebers an der sofortigen Beendigung des Arbeitsverhältnisses gegen das Interesse des Arbeitnehmers an dessen Fortbestand abzuwägen[930]. Dabei müsse eine Kündigung insgesamt billigenswert und angemessen erscheinen[931]. In den Anfängen der Kündigungsrechtsprechung erfolgte eine Interessenabwägung im Sinne einer allumfassenden Billigkeitsabwägung, aus denen sämtliche Prinzipien der Kündigungsentscheidung abgeleitet wurden[932]. Diese Funktion nimmt die Interessenabwägung nicht mehr ein. So ist etwa das aus dem Ultima-Ratio-Prinzip folgende Erfordernis der Abmahnung gegenwärtig eine verselbstständigte kündigungsrechtliche Maxime, die keines Rückgriffs mehr auf das allgemeine Prinzip der Interessenabwägung bedarf[933]. Entsprechendes gilt für das Erfordernis der Negativprognose[934].

Das Bundesarbeitsgericht führt zu seiner Interessenabwägung nunmehr zunächst aus, dass es nicht möglich sei, die bei der Interessenabwägung zu berücksichtigenden Umstände abschließend und für alle Fälle einheitlich festzulegen[935]. Im Rahmen einer verhaltensbedingten Kündigung seien aber stets die beanstandungsfreie Dauer

---

928 Im Rahmen der betriebsbedingten Kündigung wird das Erfordernis einer einzelfallbezogenen Interessenabwägung von der überwiegenden Literatur und der gegenwärtigen Rechtsprechung zumeist abgelehnt. Ausführlich hierzu: KR-*Griebling* § 1 KSchG, Rdn. 547 ff.; Stahlhacke/Preis/Vossen/*Preis,* Rdn. 893; *Preis,* S. 208 ff.

929 Allgemein zum Prinzip der Interessenabwägung: *Preis,* S. 184 ff.; Stahlhacke/Preis/Vossen/*Preis,* Rdn. 880 ff.; vergl. aus der Rechtsprechung: BAG, Urteil vom 10. Juni 2010 – 2 AZR 541/09, Rdn. 34 – *Emmely* – juris.

930 BAG, Urteil vom 10. Juni 2010 – 2 AZR 541/09, Rdn. 34 – *Emmely* – juris; BAG, Urteil vom 2. März 1989 – 2 AZR 280/88, NZA 1989, 255; BAG, Urteil vom 4. November 1981 – 7 AZR 264/79, AP Nr. 4 zu § 1 KSchG Verhaltensbedingte Kündigung; MünchHdbArbR/*Berkowsky* § 110, Rdn. 42.

931 BAG, Urteil vom 12. Januar 2006 – 2 AZR 21/05, Rdn. 38 – juris; KR-*Griebling,* § 1 KSchG, Rdn. 409; MünchHdbArbR/*Berkowsky* § 114, Rdn. 14.

932 Statt aller: Stahlhacke/Preis/Vossen/*Preis,* Rdn. 1213.

933 Stahlhacke/Preis/Vossen/*Preis,* Rdn. 1213; *Preis,* Individualarbeitsrecht § 62 IV. Anders noch für das Erfordernis der Abmahnung: BAG, Urteil vom 28. Oktober 1971 – 2 AZR 15/71, Rdn. 20 – juris. Allerdings ist auch gegenwärtig der genaue Anknüpfungspunkt der Rechtsprechung für das Kriterium der Abmahnung nicht immer zweifelsfrei zu bestimmen. Vergl.: BAG, Urteil vom 10. Juni 2010 – 2 AZR 541/09, Rdn. 35 – *Emmely* – juris.

934 v. Hoyningen-Huene/*Krause* § 1, Rdn. 191, 498, 501 ff.

935 Dies gilt sowohl für die außerordentliche als auch die ordentliche Kündigung: BAG, Urteil vom 28. Januar 2010 – 2 AZR 1008/08, Rdn. 26, 31 – juris.

des Arbeitsverhältnisses[936], das Gewicht und die nachteiligen Auswirkungen[937] einer Vertragspflichtverletzung, eine mögliche Wiederholungsgefahr[938] und der Grad des Verschuldens des Arbeitnehmers zu berücksichtigen[939]. Darüber hinaus seien zumindest im Einzelfall auch Sozialfaktoren (Lebensalter, Unterhaltspflichten und die Lage auf dem Arbeitsmarkt) zu würdigen[940]. Eine marginale Berücksichtigung könne insbesondere bei einem spezifischen Zusammenhang zwischen Kündigungsvorwurf und sozialen Faktor erfolgen[941]. Die überwiegende Literatur steht der somit faktisch erfolgenden, auf eine einzelne Person beschränkten, Sozialauswahl kritisch gegenüber[942]. Zu Recht wird darauf hingewiesen, dass die Abwägung auf arbeitsvertragliche und sachverhaltsbezogene Umstände zu beschränken sei[943]. Das Gewicht der Vertragspflichtverletzung werde nicht deshalb geringer, weil der vertragsbrüchige Arbeitnehmer viele Kinder zu versorgen habe[944]. Beim Kündigungsgrund Whistleblowing ist aber selbst ein höchst mittelbarer Bezug zu einem Sozialfaktor nicht

---

936 BAG, Urteil vom 27. April 2006 – 2 AZR 415/05, Rdn. 19 – juris. Der Arbeitnehmer erwirbt in der Zeit seiner unbeanstandeten Beschäftigung ein gewisses „Vertrauenskapital", vergl. auch: KR-*Griebling* § 1 KSchG, Rdn. 410.

937 Siehe hierzu sogleich: **1. Teil: C.VII**.

938 Dieses Kriterium ist zudem insbesondere im Rahmen der Erforderlichkeit einer Abmahnung von großer Bedeutung. Bei fehlender Wiederholungsgefahr scheint nicht die Kündigung, sondern die Abmahnung das angezeigte Sanktionsinstrument. Vergl. hierzu ausführlich: **1. Teil: C.V.1**.

939 BAG, Urteil vom 28. Januar 2010 – 2 AZR 1008/08, Rdn. 26 f. – juris.

940 BAG, Urteil vom 27. April 2006 – 2 AZR 415/05, Rdn. 19 – juris. BAG, Urteil vom 26. März 2009 – 2 AZR 953/07, Rdn. 26 – juris.

941 BAG, Beschluss vom 16. Dezember 2004 – 2 ABR 7/04, Rdn. 28 – juris; Ein mittelbarer Bezug der Unterhaltspflichten zu einem verhaltensbedingten Kündigungsgrund kann zum Beispiel dann bestehen, wenn der Arbeitnehmer zu spät zur Arbeit kommt, da er noch sein erkranktes Kind versorgen musste, vergl.: BAG, Urteil vom 27. Februar 1997 – 2 AZR 302/96, Rdn. 23 – juris. Wird die Kündigung auf ein vorsätzliches Vermögensdelikt zum Nachteil des Arbeitgebers gestützt, so könne eine Unterhaltspflicht mittelbar dann Bedeutung erlangen, wenn das bestimmende Motiv zur Tat eine durch Unterhaltspflichten bedingte schlechte Vermögenslage gewesen sei, vergl.: BAG, Urteil vom 2. März 1989 – 2 AZR 280/88, Rdn. 58 ff. – juris. Vergl. hierzu auch: v. Hoyningen-Huene/Linck/*Linck* § 1 KSchG, Rdn. 504.

942 A/P/S/*Dörner/Vossen* § 1 KSchG, Rdn. 435; ErfK/*Oetker* § 1 KSchG, Rdn. 203; Stahlhacke/Preis/Vossen/*Preis*, Rdn. 1213; v. Hoyningen-Huene/Linck/*Krause* § 1, Rdn. 503 f. A.A. etwa: Fiebig/Gallner/Mestwerdt/Nägele/*Fiebig/Zimmermann* § 1 KSchG, Rdn. 323.

943 Stahlhacke/Preis/Vossen/*Preis*, Rdn. 1213. Entsprechend ist auch die Einbeziehung von Interessen, die außerhalb des Rechtsverhältnisses der Arbeitsvertragsparteien stehen, abzulehnen. Das öffentliche Interesse der offenbarten Information ist daher nicht in die Abwägung einzubeziehen, vergl. hierzu ausführlich: **1. Teil: D.V.4.b)**.

944 Stahlhacke/Preis/Vossen/*Preis*, Rdn. 1213.

ersichtlich. Insofern sind nur sachverhaltsbezogene Umstände und solche aus dem Verhältnis der Arbeitsvertragsparteien einzubeziehen.

2. *Whistleblowing spezifizierte abschließende Interessenabwägung*

Eine abschließende Gesamtwürdigung der besonderen Einzelfallumstände, unter Beachtung des Verhältnismäßigkeitsprinzips, wird auch im Rahmen einer Kündigung aufgrund der Offenbarung von Betriebsinterna vorgenommen. Allerdings bestehen hierbei wesentliche Unterschiede. Die in diesem Rahmen zu beachtenden Kriterien können abschließend und einheitlich für alle Fälle festgelegt werden. Zunächst ist dabei zu beachten, dass in der Whistleblowing spezifizierten Interessenabwägung nur noch die Kriterien der allgemeinen Interessenabwägung zu würdigen sind, die nicht bereits auf einer Prüfungsebene zuvor beachtet worden sind.

Das Kriterium des Verschuldens ist im Prüfungskonzept bereits auf der 2. Ebene zu beachten. Dort ist zu prüfen, ob der Hinweisgeber vor der Offenbarung die Anforderungen der Prüfungspflicht erfüllte oder ob er leichtfertig falsche Informationen offenbarte. Eine negative Indizwirkung kommt dem Kriterium dabei nur zu, wenn den Hinweisgeber der Vorwurf der Leichtfertigkeit trifft. Das Verschuldenskriterium ist bei einer verhaltensbedingten Kündigung aufgrund von Whistleblowing somit nicht nur spezifiziert, die Frage, ob der Hinweisgeber schuldhaft oder genauer gesagt leichtfertig handelte, ist die maßgebliche Weichenstellung. Handelte der Whistleblower bei der Offenbarung der Betriebsinterna nicht leichtfertig, so ist eine Kündigung – nach den Vorgaben des Bundesverfassungsgerichts – im Regelfall nicht möglich. Das Kriterium des Verschuldens ist im Rahmen einer whistleblowingbedingten Kündigung somit von essentieller Bedeutung. Demgegenüber kann es in anderen Konstellationen der verhaltensbedingten Kündigung nur von geringfügiger Bedeutung sein[945].

Andere von der Rechtsprechung ebenfalls im Rahmen der allgemeinen Interessenabwägung gewürdigte Kriterien, überschneiden sich mit der Whistleblowing spezifizierten Abwägung auf der 3. Ebene. So ist etwa die Frage, ob dem Verhalten des Arbeitnehmers eine besondere Verwerflichkeit innewohne[946], im Prüfungskonzept der 3 Ebene ebenfalls enthalten. Im Rahmen der Würdigung der Motivation

---

945 Auf das Kriterium des Verschuldens kann im Rahmen einer verhaltensbedingten Kündigung nie gänzlich verzichtet werden. Der Umstand der schuldhaften Vertragspflichtverletzung bildet bereits das Abgrenzungskriterium zur personenbedingten Kündigung, statt aller: ErfK/*Oetker* § 1 KSchG, Rdn. 188 ff. Allerdings ist das Ausmaß des Verschuldens etwa bei der Kündigung eines leistungsschwachen Arbeitnehmers (sog. low-performer) nur von untergeordneter Bedeutung. Beruht die Minderleistung auf einer unzureichenden Ausschöpfung des eigenen Leistungsvermögens, so kann eine Kündigung wirksam sein. Zu den Voraussetzungen im Einzelnen vergl.: BAG, Urteil vom 11. Dezember 2003 – 2 AZR 667/02, Rdn. 88 ff. – juris; BAG, Urteil vom 17. Januar 2008 – 2 AZR 536/06, Rdn. 13 ff. – juris.

946 BAG, Urteil vom 27. April 2006 – 2 AZR 415/05, Rdn. 19 – juris.

wird der Umstand, ob der Hinweisgeber aus unredlichen Beweggründen handelte, detailliert betrachtet.

Die verbleibenden Kriterien der spezifizierten einzelfallbezogenen Interessenabwägung sind klar umgrenzt und vereinfachen somit die Feststellung der Schwere der Vertragspflichtverletzung. Im Rahmen der 3. Prüfungsebene sind neben der Motivation noch die sachliche Berechtigung der Offenbarung und die grundsätzliche Verpflichtung zur innerbetrieblichen Abhilfe zu beachten.

Diese drei Abwägungskriterien sind in Ihrer Indizkraft aber nicht gleichrangig[947]. Nur das Kriterium der Motivation und das grundsätzliche Erfordernis eines vorhergehenden innerbetrieblichen Abhilfeversuches stehen auf derselben Geltungsebene. Die sachliche Berechtigung der offenbarten Information ist nachrangig zu würdigen.

Das spezifizierte Prüfungskonzept ist um das bei allen Kündigungen zu beachtende Kriterium der Dauer der Betriebszugehörigkeit zu ergänzen[948]. Ein vom Arbeitnehmer in der Zeit seiner unbeanstandeten Beschäftigung erworbenes *„Vertrauenskapital"* kann zusätzlich zu seinen Gunsten berücksichtigt werden. Dabei ist zu beachten, dass nicht stets die gesamte Zeitspanne der Betriebszugehörigkeit heranzuziehen ist, sondern nur die Dauer der unbeanstandeten Betriebszugehörigkeit[949].

Ambivalent kann sich demgegenüber die Stellung des Beschäftigten im Betrieb auswirken. Auch abseits der Fälle in denen die unzulässige Offenbarung von Betriebsinterna geeignet ist, eine Verletzung der Hauptleistungspflicht zu begründen[950], kann sich die Stellung des Arbeitnehmers in der betrieblichen Organisation auf den Umfang der Rücksichtnahmepflicht auswirken. Denn die Nebenpflicht zur Rücksichtnahme ist nicht starr, sondern dynamisch[951], so dass *„der konkrete Inhalt aus dem jeweiligen Arbeitsverhältnis und seinen besonderen Anforderungen"* die Abwägung im Einzelfall beeinflussen kann[952]. Einem Beschäftigten in einer leitenden Position wird ein gesteigertes Maß an Vertrauen entgegengebracht, so dass auch eine vergleichsweise geringfügigere Beschädigung der Vertrauensstellung schwerwiegend

---

947 So die hier vertretene Auffassung, s.o.: **1. Teil: C.IV.**

948 BAG, Urteil vom 10. Juni 2010 – 2 AZR 541/09, Rdn. 34 – *Emmely* – juris; BAG, Urteil vom 26. März 2009 – 2 AZR 953/07, Rdn. 28 – juris; A/P/S/*Dörner-Vossen* § 1 KSchG, Rdn. 437; Stahlhacke/Preis/Vossen/*Preis,* Rdn. 1214, 1230; v. Hoyningen-Huene/Linck/*Krause* § 1, Rdn. 308, 503. Im Rahmen der betriebsbedingten Kündigung verpflichtet bereits § 1 Abs. 3 S. 1 KSchG zur Berücksichtigung der Dauer der Betriebszugehörigkeit.

949 Zutreffend: v. Hoyningen-Huene/*Linck* § 1, Rdn. 503; Stahlhacke/Preis/Vossen/*Preis,* Rdn. 1214; Fiebig/Gallner/Mestwerdt/Nägele/*Fiebig/Zimmermann* § 1 KSchG, Rdn. 324; BAG, Urteil vom 10. Juni 2010 – 2 AZR 541/09 Rdn. 47 – *Emmely* – juris; LAG Niedersachsen, Urteil vom 22. November 2010 – 12 Sa 1115/10, Rdn. 46 – juris; LAG Baden-Württemberg, Urteil vom 30. September 2010 – 21 Sa 26/10, Rdn. 42 – juris.

950 S.o.: **1.Teil: A.II.6.a)bb)**

951 **1.Teil: A.II**

952 BAG, Urteil vom 26. März 2009 – 2 AZR 953/07, Rdn. 24 – juris.

sein kann. So obliegen beispielsweise dem Geschäftsführer gegenüber der Gesellschaft qualifizierte Loyalitäts- und Vermögenssorgepflichten, da ihnen auf Grund der uneingeschränkten Vertretungsmacht Zugriff auf das Gesellschaftsvermögen eingeräumt ist und hierdurch die Gesellschaft auf *„eine absolut integre Haltung angewiesen"* sei[953]. Demgegenüber bestehen etwa in Aushilfs- und Eintagsarbeitsverhältnissen geringere Rücksichtnahmepflichten[954]. Ist bei diesen Beschäftigungsverhältnissen schon aufgrund der Kurzweiligkeit von einer tendenziell geringeren Ausprägung der Rücksichtnahmepflichten auszugehen, können faktische Umstände auch eine Steigerung der Loyalität- und Rücksichtnahmepflicht bewirken. Solche Umstände können etwa dann vorliegen, wenn die Tätigkeit des Beschäftigten aufgrund einer besonderen Komplexität oder der räumlichen Entfernung[955] nur einer eingeschränkten Kontrolle der Gesellschaft unterliegt. Eine verschärfte Rücksichtnahmepflicht obliegt aber nicht nur den Beschäftigten in leitenden Positionen. Auch andere Beschäftigungsverhältnisse können in besonderem Maße von Vertrauen und Loyalität geprägt sein. Bei Mitarbeitern die für die Unternehmenskommunikation und die Darstellung des Unternehmens nach außen verantwortlich sind, wiegt eine unzulässige Offenbarung von Betriebsinterna ebenfalls besonders schwer[956]. Denn der Äußerung eines solchen Beschäftigten ist eine gewisse Richtigkeitsgewähr immanent, die eine Perpetuierung der negativen Publizität bewirkt. Besonders empfindsam für Loyalitätsverletzungen seien ferner Beschäftigungsverhältnisse, bei denen eine Aufnahme in die häusliche Gemeinschaft erfolge[957]. In einem an späterer Stelle ausführlich erörterten Fall des LAG Köln wurde dieser Umstand allerdings nicht thematisiert, obgleich die Kündigung eine Hauswirtschafterin betraf, die unter anderem auch mit der Betreuung der 2 Jahre und 10 Monate alten Kinder des Arbeitgebers beauftragt war[958]. In Übereinstimmung mit dieser Entscheidung, sind die soeben genannten besonderen Anforderungen aus den jeweiligen Beschäftigungsverhältnissen der Abwägungsentscheidung nicht tragend zu Grunde zu legen. Vielmehr ist die aufgrund der Eigenart des Beschäftigungsverhältnisses gesteigerte Loyalitäts- und Rücksichtnahmepflicht nur im Einzelfall ergänzt heranzuziehen und geeignet eine Abwägungsentscheidung zu verfestigen. Dieselbe Wertigkeit ist einem bestehenden *Vertrauenskapital* beizumessen.

953 OLG Dresden, Urteil vom 4. Dezember 2001 – 2 U 1145/01, Rdn. 88 – juris.

954 Schaub/*Linck* § 53, Rdn. 4.

955 Zu einer solchen Konstellation vergl.: OLG Frankfurt, Urteil vom 24. November 1992 – 5 U 67/90, Rdn. 11 – juris.

956 Im Einzelfall erscheint es denkbar, dass die leichtfertig falsche Offenbarung von betrieblichen Informationen bei einem solchen Beschäftigten sogar eine Verletzung der Hauptleistungspflicht des Arbeitsvertrages darstellt.

957 In diesem Sinne: Schaub/*Linck* § 53, Rdn. 4.

958 Vergl.: LAG Köln, Urteil 5. Juli 2012 – 6 Sa 71/12 – juris; **1. Teil: D.V.4.b)gg)(d)**.

Ähnlich wie das Ultima-Ratio-Prinzip für das Erfordernis der Abmahnung einen Rückgriff auf das allgemeine Prinzip der Interessenabwägung entbehrlich macht[959], ist bei Anwendung des spezifizierten Prüfungskonzeptes ein erneuter Rückgriff auf eine allgemeine Interessenabwägung nach Verhältnismäßigkeits- oder Billigkeitserwägungen nicht mehr erforderlich.

Die im Rahmen der allgemeinen Interessenabwägung zu beachtenden Kriterien sind insgesamt im 3. Stufigen-Prüfungskonzept enthalten, spezifiziert oder verdrängt worden. Insbesondere durch die 3. Prüfungsebene, die das Ergebnis einer verhältnismäßigen Konkretisierung der Rücksichtnahmepflicht darstellt[960], ist ein Rückgriff auf eine allgemeine Interessenabwägung entbehrlich.

Die Gefahr, dass die von der Rechtsprechung postulierte abschließende allgemeine Interessenabwägung zu einer beliebigen und konturlosen Abwägung nach Billigkeitsgesichtpunkten ausufert, besteht bei einer verhaltensbedingten Kündigung aufgrund Whistleblowing insofern nicht.

VII. Erfordernis des Nachweises eines konkreten Schadens in Whistleblowing-Konstellationen

Die Frage, welche Schäden das Whistleblowing für den Arbeitgeber verursacht, wurde bisher nur am Rande gewürdigt. Hintergrund ist, dass die Anforderungen an den konkreten Nachweis eines Schadens nicht überspannt werden dürfen. Das Ausmaß der erlittenen Rufschädigung ist für die Kündigungsrelevanz des Verhaltens nicht maßgeblich.

Eine whistleblowingbedingte Kündigung kann nicht mit dem bloßen Ansinnen des Arbeitgebers gerechtfertigt werden, einen vermeintlich illoyalen Denunzianten aus der Belegschaft zu *entfernen*. Eine Kündigung ist nur dann zulässig, wenn die Offenbarung der Betriebsinterna im Einzelfall eine Verletzung der Rücksichtnahmepflicht darstellte. Diese verpflichtet dazu, die Interessen, Rechtsgüter und Rechte der jeweils anderen Vertragspartei zu schonen[961]. Hieraus folgt aber nicht, dass das Ausmaß der durch das Whistleblowing erlittenen Rufschädigung des Arbeitgebers

---

959 Stahlhacke/Preis/Vossen/*Preis*, Rdn. 1213; vergl. ferner: A/P/S/*Kiel* § 1 KSchG, Rdn. 651. Danach verbleibe bei der betriebsbedingten Kündigung bei einer eingeschränkten Kontrolle der unternehmerischen Entscheidung und einer Konzentration der Verhältnismäßigkeitsprüfung auf den Ultima-Ratio-Grundsatz kein Raum für eine selbständige umfassende Interessenabwägung oder Billigkeitserwägungen.

960 S.o.: **1. Teil: B.II.5.c)**; BAG, Urteil vom 3. Juli 2003 – 2 AZR 235/02, Rdn. 38 – juris.

961 Siehe ausführlich zur Rücksichtnahmepflicht: **1. Teil: A.I.3**; Beck-OK-ArbR/*Rolfs* § 1 KSchG, Rdn. 299; ErfK/*Müller-Glöge* § 626 BGB, Rdn. 127a; v. Hoyningen-Huene/Linck/*Krause* § 1 KSchG, Rdn. 586; MünchHdbArbR/*Reichold* § 48, Rdn. 1; Schaub/*Linck* § 53, Rdn. 1, § 54, Rdn. 1; Stahlhacke/Preis/Vossen/*Preis*, Rdn. 603; BAG, Urteil vom 3. Juli 2003 – 2 AZR 235/02, Rdn. 30 – juris; BAG, Urteil vom 26. März 2009 – 2 AZR 953/07, Rdn. 24 – juris.

entscheidend ist. Seine Rücksichtnahmepflicht hat der Whistleblower nur dann verletzt, wenn die Offenbarung leichtfertig oder wissentlich unwahr erfolgte[962] oder eine insgesamt unverhältnismäßige Reaktion darstellte[963]. Das Ausmaß des erlittenen Schadens ist dabei nur peripher als weiteres Kriterium zur Darlegung einer insgesamt unverhältnismäßigen Reaktion heranzuziehen.

1. *Nachweisbarkeit der whistleblowingbedingten Schäden*

Diese insgesamt nur marginale Gewichtung beruht zum einen darauf, dass ein konkret durch das Whistleblowing verursachter Reputationsschaden des Arbeitgebers in der Praxis nicht sicher feststell- und bezifferbar ist. Insofern beschränken sich die meisten Ausführungen in der Literatur darauf, auf die schweren, meist irreparablen Schäden des Arbeitgebers hinzuweisen, ohne diese zu konkretisieren[964].

Schon die Annahme, dass dem guten Ruf eines Unternehmens ein messbarer, bestimmter materieller oder immaterieller Wert beigemessen werden kann, scheint gewagt. Dies unterstellt, ist aber die Behauptung, dass durch das Whistleblowing dieser Wert um einen bestimmten Betrag abgesenkt worden ist, hoch spekulativ und genügt somit nicht den Anforderungen der Darlegungslast der Parteien im Kündigungsprozess.

Aber auch der Nachweis, dass mittelbarer durch das Whistleblowing bestimmte *echte* materielle Schäden verursacht worden sind, scheint nur schwer möglich. Selbst sofern das Unternehmen nachweisen könnte, dass nach dem Whistleblowing insgesamt ein Einbruch der Auftragslage zu verzeichnen ist, wäre noch nicht der Nachweis erbracht, dass diese Umstände adäquat kausal auf dem Whistleblowing beruhen. Storniert etwa ein Unternehmen eine bereits getätigte Bestellung bei dem vom Whistleblowing betroffenen Unternehmen, so wird der Besteller zur Begründung nicht die durch das Whistleblowing hervorgerufene negative Publizität anführen,

---

962 S.o.: **1. Teil: B.**

963 Vergl. zu den in diesem Rahmen zu beachtenden Kriterien: **1. Teil: C.**

964 Exemplarisch: *Casper*, FS Winter, S. 77, 80; *Mahnhold*, NZA 2008, 737, 739; *Berswordt-Wallrabe/Großkopf*, RDG 2014, 64, 65; A/P/S/*Linck* § 612a BGB, Rdn. 7c; *Bundesvereinigung der Deutschen Arbeiterverbände*, Ausschussdrucksache 17(11)783 S. 17, 20. Demgegenüber weist *Becker* in seiner Arbeit auf Seite 138 kurz auf die Nachweisproblematik hin. Ein entsprechender Hinweis findet sich auch bei *Herbert/Oberrath*, NZA 2005, 193, 199. Konkreter werden die Folgen eines mit dem Whistleblowing einhergehenden Reputationsverlust bei *Forst* benannt. Er weist daraufhin, dass publik werdende Wirtschaftskriminalität zu einem Ausschluss von der öffentlichen Auftragsvergabe führen kann, vergl.: *Forst*, EuZA 2013, 37, 39. Allerdings erfolgt eine Aufnahme in eine entsprechende *schwarze Liste* (vergl. etwa § 4 KorruptionsbG NRW) nur dann, wenn die Offenbarungen des Whistleblowers objektiv zutreffend waren. In diesen Fällen sind die dem Unternehmen entstehenden Schäden dem Whistleblower nicht zuzurechnen. Die Frage der verursachten Reputationsschäden ist vielmehr nur dann von Bedeutung, wenn es sich um unberechtigte Vorwürfe handelt.

selbst sofern dies tatsächlich sein prägendes Motiv sein sollte, sondern sich auf andere Gründe stützen[965]. Unwahrscheinlich erscheint es zudem, dass dem betroffenen Unternehmen der Nachweis gelingt, dass durch die erlittene Rufschädigung adäquat kausal bestimmte materielle Schäden in einer bestimmten Höhe entstanden sind, da etwa gewinnbringende Geschäftsabschlüsse nicht mehr getätigt werden konnten. Insgesamt erscheint es nur theoretisch möglich, einen bezifferbaren, dezidierten Nachweis über die unmittelbaren oder mittelbaren Schädigungen zu erbringen[966].

Auch die Rechtsprechung erschöpft sich darin, auf das berechtigte Interesse des Arbeitgebers an dem Schutze seines guten Rufes hinzuweisen[967]. Eine konkrete Darlegung und Bezifferung des erlittenen Schadens ist in keiner gerichtlichen Abhandlung zum Whistleblowing zu finden. Dies gilt zumindest für den Bereich der Kündigungsschutzklagen[968]. Auch bei einer Kündigung aufgrund einer geschäftsschädigenden oder diffamierenden Äußerung betrachtet die Rechtsprechung die tatsächlich eingetretenen Schäden häufig nicht näher. So führt das BAG in einer einschlägigen Entscheidung nur aus, dass eine Äußerung die geeignet sei, bei Kunden Misstrauen in die Zuverlässigkeit und Bonität des Arbeitgebers hervorzurufen, an sich einen geeigneten Grund zur außerordentlichen Kündigung darstelle[969]. Auch

---

965 Diese Annahme rechtfertigt sich vor dem Hintergrund, dass die – nicht nachweisbare – negative Publizität nicht geeignet scheint, einen gesetzlichen Rücktrittsgrund darzustellen. Das Unternehmen, das die Vertragsbeziehung zum vom Whistleblowing betroffenen Unternehmen beenden will, wird daher dieses Motiv nicht angeben und sich, in Ermangelung eines vereinbarten Rücktrittsrechts, auf andere Erwägungen stützen.

966 Ein konkretes Beispiel, in dem der Nachweis eines kausalen Schadens scheiterte, findet sich im nachfolgenden Kapitel: **1. Teil: C. VII.4.**

967 Vergl. nur: BAG, Urteil vom 3. Juli 2003 – 2 AZR 235/02, Rdn. 30 – juris.

968 Vergl. ferner: **1. Teil C. VII. 4.** Dort werden die einzelnen Voraussetzungen eines Schadensersatzanspruches des Arbeitgebers gegen den Whistleblower behandelt. In diesem Rahmen wird auch ein Urteil besprochen, indem der Arbeitgeber – vergeblich – einen Schadensersatzanspruch in Millionenhöhe gegen einen ehemaligen Whistleblower geltend macht.

969 BAG, Urteil vom 6. Februar 1997 – 2 AZR 38/96, Rdn. 23 – juris. Dezidierter prüft das das BAG den entstandenen Schaden nur dann, wenn eine konkrete geschäftsschädigenden Handlung in Frage steht, vergl.: BAG, Urteil vom 17. Juni 1992 – 2 AZR 568/91, Rdn. 5, 19 ff. – juris. In dieser Entscheidung kritisiert das BAG, dass das LAG die gesamten Umstände der geschäftsschädigenden Handlung nicht umfassend gewürdigt habe. In der Interessenabwägung seien sowohl den Arbeitnehmer belastende als auch entlastende Umstände nicht hinreichend gewürdigt worden. Dabei wurde auch auf das konkrete Ausmaß des materiellen Schadens hingewiesen. Der Arbeitgeber hatte unter Beweisantritt behauptet, dass der Gekündigte einem Kunden anheimgestellt habe, den Auftrag einer anderen Firma zu erteilen. Hierdurch sei ein Schaden in Höhe von 18.000,00 DM entstanden, weil der Kunde tatsächlich den Auftrag anderweitig vergeben habe. Die Erwähnung der konkreten Schadenshöhe in dem genannten Fall darf nicht überbewertet werden.

das Urteil des EGMR in der Rechtssache *Heinisch* enthält nur scheinbar umfänglichere Ausführungen. Zwar weist der Gerichtshof in Rdn. 68 zunächst darauf hin, dass der dem Arbeitgeber „*durch die in Rede stehende Veröffentlichung möglicherweise*" entstandene Schaden berücksichtigt werden müsse, eine Feststellung des entstandenen Schadens erfolgt aber nicht[970]. In Rdn. 88 wird unter der Überschrift „*(ε) Der Schaden für die Arbeitgeberin*" lediglich konstatiert, dass die in der Strafanzeige aufgeworfenen Betrugsvorwürfe dem geschäftlichen Ruf und den wirtschaftlichen Interessen der Arbeitgeberin „*mit Sicherheit abträglich waren*"[971]. Eine nur im Ansatz konkretisierte Bezifferung findet sich somit ebenfalls nicht. Festzuhalten bleibt damit, dass das Ausmaß der durch das Whistleblowing erlittenen Rufschädigung bei einer gerichtlichen Auseinandersetzung nicht substantiiert dargelegt werden muss. Insofern ist es ausreichend, dass das Whistleblowing eine negative Publizität verursacht, die eine Gefährdung des guten Rufes des Arbeitgebers bedingen kann.

Diese abstrakte Gefahr, dass die Offenbarung eines bestimmten betrieblichen Vorgangs geeignet ist, den Arbeitgeber in Misskredit zu bringen, kann keiner Whistleblowing-Konstellation abgesprochen werden. Ist eine organisationsexterne Veröffentlichung von Betriebsinterna ausschließlich geeignet eine positive öffentlich Resonanz zu bewirken, so handelt es sich schon definitorisch nicht mehr um Whistleblowing. Denn dies umfasst nur das Offenbaren von organisationsintern aufgetretenen gesetzeswidrigen Vorkommnissen oder sonstigen unethische Missständen gegenüber einem Dritten[972]. Die allermeisten Fälle des Whistleblowings beruhen zudem darauf, dass ein Hinweisgeber gerade einen bestimmten Vorgang als gesetzwidrig oder unethisch empfindet und daher die Betriebsinterna bekannt macht[973]. Zumindest nach der Wahrnehmung des Hinweisgebers ist der gute Ruf des Arbeitgebers durch das entdeckte und offenbarte Verhalten somit gefährdet.

Vor dem Hintergrund der geringen Gewichtung, einer potentiell durch das Whistleblowing verursachten Rufschädigung im Rahmen der Abwägung, besteht indes kein Bedürfnis die Anforderungen zu verschärfen. Eine Verschärfung in dem Sinne, dass ein dezidierter Nachweis über die verursachten Schäden erbracht werden müsste, stünde zudem vor dem scheinbar unüberbrückbaren Problem, den Wert und die durch das Whistleblowing verursachte Wertminderung des guten Rufes des Arbeitgebers konkret darzulegen.

Gleichsam scheint eine höhere Gewichtung, im Sinne einer Gleichordnung zu den anderen Kriterien der 3. Prüfungsebene, nur im Gleichlauf mit einer Steigerung

---

Beim Vorliegen einer konkreten geschäftsschädigenden Handlung, wie bei der Empfehlung einen Vertragsabschluss mit einem Konkurrenten durchzuführen, existiert keine der Whistleblowing-Konstellation vergleichbare Beweisnot.

970 EGMR, Urteil vom 21. Juli 2011 – 28274/08, Rdn. 68 – juris.

971 EGMR, Urteil vom 21. Juli 2011 – 28274/08, Rdn. 88 – juris.

972 S.o.: **1. Teil A.II.6.**

973 Zu den Fällen, in denen der Whistleblower nicht *freiwillig* eine Offenbarung vornimmt, sondern hierzu, durch vertragsimmanente oder explizit getroffene Vereinbarungen, verpflichtet ist, vergl.: **2. Teil: A.I.**

der Nachweisverpflichtung gerechtfertigt. Nur für den Fall, dass die durch das Whistleblowing hervorgerufene negative Publizität einen adäquat kausalen, substantiiert dargelegten materiellen oder immateriellen Schaden verursachte, ist eine höhere Gewichtung denkbar. Denn eine Kündigung kann nicht tragend auf einen Umstand gestützt werden, der im Prozess nicht substantiiert dargelegt worden ist. Da einem solchen dezidierten Nachweis aber die genannten Probleme immanent sind, scheint dies nur eine hypothetische Möglichkeit.

2. *Der Schaden als Abwägungskriterium in anderen Konstellationen der verhaltensbedingten Kündigung*

Die Zurückhaltung bei der Gewichtung der erlittenen Rufschädigung steht ferner im Einklang mit der Beurteilung des Kriteriums in anderen Konstellationen der verhaltensbedingten Kündigung. Exemplarisch sei hierzu die Rechtsprechung zur Kündigung aufgrund eines Vermögensdelikts und insbesondere der Bagatelldelikte genannt.

Dabei ist zu beachten, dass hierbei die beschriebene Problematik der konkreten Bezifferung eines entstanden Schadens nicht besteht. Ein materieller Schaden des Arbeitgebers ist in diesen Konstellationen ohne weiteres beweisbar, dennoch ist dieser Aspekt nur von sehr untergeordneter Bedeutung. In der berühmt geworden *Emmely-Entscheidung*, bei der die Kündigung einer Kassiererin für rechtsunwirksam erklärt wurde, die gut drei Jahrzehnte Betriebszugehörigkeit aufweisen konnte und unberechtigt zu ihren Gunsten einen Pfandbon in Höhe von 1,30 € einlöste, stellte das Bundesarbeitsgericht im ersten Leitsatz heraus: „*Rechtswidrige und vorsätzliche Handlungen des Arbeitnehmers, die sich unmittelbar gegen das Vermögen des Arbeitgebers richten, können auch dann ein wichtiger Grund zur außerordentlichen Kündigung sein, wenn die Pflichtverletzung Sachen von nur geringem Wert betrifft oder nur zu einem geringfügigen, möglicherweise gar keinem Schaden geführt hat.*“[974] Noch eingehender ist die Entscheidung des Landesarbeitsgerichts Hamm aus demselben Jahr[975]. Dabei wurde einem Arbeitnehmer wegen eines „*Stromdiebstahls*“ gekündigt. Der Arbeitnehmer hatte einen Elektroroller auf der Arbeit aufgeladen. Dabei ist dem Arbeitgeber ein Schaden von circa 1,8 Cent entstanden[976]. Auch das Landesarbeitsgericht führt aus, dass die Verletzung des Eigentums oder Vermögens des Arbeitgebers als wichtiger Grund zur außerordentlichen Kündigung an sich geeignet sei, auch wenn nur Sachen von geringem Wert betroffen seien[977]. Das Gericht erachtete die Kündigung zwar insgesamt als unwirksam. Keine Bedeutung wurde allerdings dem Umstand des geringen Schadens beigemessen. Die Interessenabwägung erfolgte vorliegend zugunsten des Arbeitnehmers, da er eine fast 19-jährige unbeanstandete Betriebszugehörigkeit

974 BAG, Urteil vom 10. Juni 2010 – 2 AZR 541/09, Leitsatz 1 – juris.
975 LAG Hamm, Urteil vom 2. September 2010 – 16 Sa 260/10 – juris.
976 LAG Hamm, Urteil vom 2. September 2010 – 16 Sa 260/10, Rdn. 5 – juris.
977 LAG Hamm, Urteil vom 2. September 2010 – 16 Sa 260/10, Leitsatz 1 – juris.

aufweisen konnte[978] und die Stromnutzung zu privaten Zwecken (Aufladen von Handys, Benutzung privater Radios und Mikrowellen) allgemein geduldet wurde[979]. Ferner ist es ein Trugschluss, dass eine Kündigung bei einem geringfügigen Vermögensdelikt nur bei vorhergehender, einschlägiger Abmahnung möglich oder bei langer Betriebszugehörigkeit ausgeschlossen sei[980]. Dies bestätigt sich nicht nur bei Beachtung des zitierten Leitsatzes der *Emmely-Entscheidung.* Auch nachfolgende Urteile belegen, dass aufgrund der individuellen betrieblichen Gegebenheit oder der Stellung des Beschäftigten, eine (außerordentliche) Kündigung auch bei langjähriger, unbeanstandeter Betriebszugehörigkeit und ohne vorherige Abmahnung möglich ist[981]. Nach einem Urteil des LAG Niedersachsen war die Aneignung eines Päckchens Kaffee geeignet eine außerordentliche Kündigung zu rechtfertigen. Der Arbeitnehmer habe im konkreten Fall den Kernbereich seiner Aufgaben verletzt. Als Marktleiter obläge es ihm im besonderen Maße, für einen korrekten Umgang mit dem Eigentum der Arbeitgeberin Sorge zu tragen[982]. Der Verkaufs- oder Einkaufswert des Kaffees wurde dabei in der Entscheidung nicht einmal konkret beziffert[983]. Auch die Mitnahme eines Kalenders im Werte von 4,10 € kann bei einem 63-jährigen Beschäftigten mit einer Betriebszugehörigkeit von mehr als 28 Jahren eine außerordentliche Kündigung rechtfertigen, wenn der Arbeitgeber besonders darauf hingewiesen hat, dass Delikte gegen sein Eigentum nicht dulden werde[984]. Ausdrücklich betont das Gericht den beschriebenen Umstand, *„dass es bei Vermögensdelikten gegen den Arbeitgeber nicht zuvorderst um den Wert der Sache, sondern vielmehr um den eingetretenen Vertrauensverlust in die Redlichkeit des Arbeitnehmers geht.*“[985]

Auch in der Literatur wird der Ausschluss des Kündigungsrechts bei einem Vermögensdelikt mit einem nur geringen Schaden zu Recht abgelehnt[986]. Insbesondere die Übertragung von strafrechtlichen Geringfügigkeitsgrenzen (§§ 248a, 265a III StGB) kann vor dem Hintergrund des Prognoseprinzips nicht überzeugen[987].

---

978 ArbG Siegen, Urteil vom 14. Januar 2010 – 1 Ca 1070/09, Rdn. 49 – juris.

979 LAG Hamm, Urteil vom 2. September 2010 – 16 Sa 260/10, Rdn. 27 – juris.

980 Vergl. insgesamt: *Fuhlrott,* ArbRAktuell 2012, 496.

981 Ausführlich: *Fuhlrott,* ArbRAktuell 2012, 496.

982 LAG Niedersachsen, Urteil vom 22. November 2010 – 12 Sa 1115/10, Rdn. 45 – juris.

983 LAG Niedersachsen, Urteil vom 22. November 2010 – 12 Sa 1115/10 – juris.

984 LAG Baden-Württemberg, Urteil vom 30. September 2010 – 21 Sa 26/10, Rdn. 49 – juris.

985 LAG Baden-Württemberg, Urteil vom 30. September 2010 – 21 Sa 26/10, Rdn. 49 – juris.

986 A/P/S/*Dörner-Vossen* § 626 BGB, Rdn. 275 ff.; KR-*Fischermeier* § 626 BGB, Rdn. 100; kritisch gegenüber der Anerkennung eines geringfügigen Vermögensdeliktes als *„an sich“* geeigneter Grund zur außerordentlichen Kündigung: MünchKommBGB/*Henssler* § 626 BGB, Rdn. 77. Differenzierend und den Aspekt der Abmahnung betonend: Stahlhacke/Preis/Vossen/*Preis,* Rdn. 688.

987 In diesem Sinne: A/P/S/*Dörner-Vossen* § 626 BGB, Rdn. 276b; a.A.: Kittner/Däubler/Zwanziger, Kündigungsrecht, § 626 BGB, Rdn. 82.

Generell ablehnend gegenüber dem Kriterium äußert sich *Berkowsky*[988]: Habe der Arbeitsnehmer durch seine den Vertrag verletzende Handlung einen Schaden des Arbeitgebers verursacht, so hafte er hierfür nach den Regeln des allgemeinen Schuldrechts. Das Kündigungsrecht bestehe gegebenenfalls neben etwaigen Schadensersatzansprüchen.

3. Ergebnis

Der Umfang des durch den Arbeitnehmer verursachten Schadens ist im Allgemeinen im Rahmen einer verhaltensbedingten Kündigung nur am Rande zu würdigen. Selbst für den Bereich der Vermögensdelikte, bei denen ein materieller Schaden regelmäßig unproblematisch festgestellt und nachgewiesen werden kann, ist die Kündigungsrelevanz des Verhaltens nicht an diesem Aspekt auszurichten. Maßgeblich sind vielmehr die individuellen Besonderheiten. Für den Bereich der whistleblowingbedingten Kündigung, bei denen das Ausmaß der Rufschädigung nicht beziffer- und nachweisbar ist, muss diese Wertung erst recht gelten. Die Kündigungsrelevanz des Verhaltens wird nach denen unter **1. Teil B. bis C. VI.** dargestellten Prüfungsebenen gewürdigt. Nur von sehr untergeordneter Bedeutung ist der Umstand, welche Schäden das Whistleblowing verursachte. Eine höhere Gewichtung ist nur ausnahmsweise möglich, sofern substantiiert ein adäquat kausaler materieller oder immaterieller Schaden dargelegt werden kann. Indes scheint dies nur eine hypothetische Möglichkeit.

Der geringen Gewichtung des Schadenskriteriums steht der Umstand gegenüber, dass eine Beschädigung des guten Rufes des Arbeitgebers grundsätzlich nicht dezidiert dargelegt werden muss. Es ist insofern ausreichend, dass das Whistleblowing geeignet ist, eine negative Publizität zu bewirken, die eine Gefährdung des guten Rufes des Arbeitgebers bedingen kann. Diese abstrakte Gefahr besteht indes in jeder Whistleblowing-Konstellation.

4. Exkurs: Der Schadensersatzanspruch gegen den Whistleblower

a) Der materielle Schaden

Als Anspruchsgrundlage für einen Schadensersatzanspruch des Arbeitgebers gegen den Whistleblower kommt zunächst § 280 Abs. 1 BGB in Betracht. Neben diesem vertraglichen Schadensersatzanspruch ist parallel auch ein deliktischer Schadensersatzanspruch nach § 823 Abs. 1 BGB, § 826 BGB und nach § 823 Abs. 2 BGB i.V.m. § 17 UWG, § 164, §§ 185 ff. StGB[989] denkbar. Obgleich ein Schadensersatzanspruch gegen den Whistleblower bereits aufgrund der beschriebenen Nachweisschwierigkeiten praktisch ausgeschlossen erscheint, könnte bereits die Drohung des Arbeitgebers, den Hinweisgeber für entstandene Schäden haftbar zu machen, geeignet sein,

988 MünchHdbArbR/*Berkowsky* § 114, Rdn. 31.

989 Vergl. zur strafrechtlichen Relevanz des Whistleblowings: *Zimmermann*, ArbRAktuell 2012, 58.

den Whistleblower einzuschüchtern und von externen oder weiteren Offenbarungen abzuhalten[990]. Die Angst, durch das Whistleblowing nicht nur den Arbeitsplatz einzubüßen, sondern durch einen Schadensersatzanspruch weiteren, erheblichen finanziellen Belastungen ausgesetzt zu sein, ist zumeist aber unbegründet. Das LAG Hamm musste über eine Schadensersatzklage in Millionenhöhe entscheiden[991].

Gegen ihre ehemalige Chefärztin[992] und deren Lebensgefährten begehrte der Träger eines Universitätsklinikums einen Schadensersatzanspruch in Höhe von insgesamt 3.712.550,00 €[993]. Das Krankenhaus hatte seine Ersatzforderung damit begründet, dass es von der ehemaligen Beschäftigten und ihren Lebensgefährten durch die anonym erstatteten Strafanzeigen, die infolgedessen durchgeführte staatsanwaltschaftliche Durchsuchung und die anschließende „Pressekampagne" geschädigt worden sei[994]. Aufgrund der Ereignisse sei es gegenüber den Vorjahren zu einem signifikanten Rückgang der Operationen und der Behandlungsfälle gekommen[995]. Der Lebensgefährte hatte die Urheberschaft der anonymen Schreiben nachfolgend eingeräumt. Seine Lebensgefährtin und ehemalige Beschäftigte des Universitätsklinikum sei hieran allerdings nicht beteiligt gewesen[996]. Die Schadensersatzklage blieb in beiden Instanzen erfolglos[997].

Das Arbeitsgericht setzte sich dabei mit der beschriebenen Nachweisproblematik eines kausalen, bezifferbaren Schadens auseinander[998]. Es sei nicht hinreichend substantiiert dargelegt und beziffert worden, welcher Schaden durch die anonymen Anzeigen entstanden sei[999]. Auch die im Rahmen des entgangenen Gewinns anwendbare Beweiserleichterung führt zu keinem anderen Ergebnis. Nach § 252 Satz 2 BGB gilt der Gewinn als entgangen, der nach dem gewöhnlichen Lauf der Dinge oder nach den besonderen Umständen, insbesondere nach den getroffenen

---

990 Vergl. allgemein zu der Problematik der Repressalien gegenüber Whistleblowern: **2. Teil: D.II.**

991 LAG Hamm, Urteil vom 21. Juli 2011 – 11 Sa 2248/10 – juris.

992 Das Arbeitsverhältnis der Parteien war belastet. Seit Anfang Oktober 2007 kam es zu Auseinandersetzungen zwischen dem Klinikdirektor sowie weiteren ärztlichen Mitarbeitern und der Arbeitnehmerin. Im November 2007 wurde der Chefärztin gegenüber die Kündigung ausgesprochen. Hiergegen erhob die Arbeitnehmerin Kündigungsschutzklage. Bereits diese Auseinandersetzung generierte mediale Aufmerksamkeit. Die Parteien einigten sich letztlich auf eine Beendigung des Arbeitverhältnisses, vergl. LAG Hamm, Urteil vom 21. Juli 2011 – 11 Sa 2248/10, Rdn. 4 – juris.

993 ArbG Münster, Urteil vom 29. Oktober 2010 – 4 Ca 272/10, Rdn. 35 – juris. Von dieser Summe wurde zunächst ein Teilbetrag in Höhe von € 1.500.000,00 gerichtlich geltend gemacht.

994 LAG Hamm, Urteil vom 21. Juli 2011 – 11 Sa 2248/10, Leitsatz 2 – juris.

995 LAG Hamm, Urteil vom 21. Juli 2011 – 11 Sa 2248/10, Rdn. 24 ff. – juris.

996 LAG Hamm, Urteil vom 21. Juli 2011 – 11 Sa 2248/10, Rdn. 22 – juris.

997 Die zunächst eingelegte Revision zum BAG wurde zurückgenommen.

998 Siehe hierzu die Kapitel zuvor: **1.Teil: C.VII.1.**

999 ArbG Münster, Urteil vom 29. Oktober 2010 – 4 Ca 272/10, Rdn. 147 ff. – juris.

Anstalten und Vorkehrungen, mit Wahrscheinlichkeit erwartet werden konnte. Gemäß § 287 Abs. 1 S. 1 ZPO hat das Gericht über Schadensentstehung und Schadensumfang unter Würdigung aller Umstände nach freier Überzeugung zu entscheiden. Das Gericht stellt klar heraus, dass durch diese Beweiserleichterung keine Billigkeitshaftung bzw. eine willkürliche Entscheidung über den zuzuerkennenden Schaden eröffnet sei[1000]. Eine Schätzung sei unzulässig, wenn sie mangels greifbarer, von der Klägerin vorzutragender Anhaltspunkte *„völlig in der Luft"* hängen würde und willkürlich wäre[1001]. Vorliegend sei bereits nicht dargelegt, dass allein die anonymen Anzeigen ursächlich für die behaupteten Schäden gewesen seien[1002]. Ferner war der Vortrag der Klägerin insgesamt zu unsubstantiiert[1003]; bereits das Abstellen auf die Operationszahlen der Jahre 2007 und 2008 sei wenig aussagekräftig. Aus den bloßen Operationszahlen könne allein keine direkte Aussage bezogen auf einen eingetretenen Schaden getroffen werden. Hintergrund ist, dass jeweils für einen Patienten eine Fallpauschale gezahlt wird, die sich nach der Art der vorzunehmenden Operation richtet. Sind aber mehrere Operationen erforderlich, so sind die weiteren Operationen durch die Fallpauschale bereits abgegolten[1004]. Zudem ist der wirtschaftliche Erlös erheblich von der Art der konkreten Operation abhängig. Dieser betrage z.B. bei einer Herztransplantation ca. 100.000,00 €, während bei dem Wechsel eines Herzschrittmachers der Erlös bei 3.411,87 € liege[1005]. Ferner könne der Auflistung nicht entnommen werden, dass gerade in der Zeit, als in der Presse über die anonymen Schreiben des Ermittlungsverfahrens berichtet worden sei, ein Rückgang zu verzeichnen gewesen sei[1006]. Es fehle ein konkreter Sachvortrag der Klägerin unter Angabe von genauen Zahlen, welche Anzahl von Operationszuweisungen die Klägerin in einem repräsentativen Zeitraum jeweils erhalten habe[1007]. Die Angabe, dass ein Rückgang um ca. 40 % zu verzeichnen sei, genüge den Anforderungen gerade nicht[1008]. Auch Reserveursachen für den Rückgang der Fallzahlen in Jahr 2008 könnten nicht ausgeschlossen werden. Im Gegenteil, nach Auffassung des Gerichts bestehe, nach Auswertung der Zahlen, eine ebenso große Wahrscheinlichkeit dafür, dass der Rückgang auf das Ausscheiden der gekündigten Arbeitnehmerin zurückzuführen sei[1009].

Die Entscheidung belegt deutlich, die zuvor aufgestellte These, dass im Regelfall ein durch das Whistleblowing adäquat kausal verursachter Schaden nicht hinreichend substantiiert nachgewiesen werden kann. Auch die anwendbaren

---

1000 ArbG Münster, Urteil vom 29. Oktober 2010 – 4 Ca 272/10, Rdn. 158 – juris.
1001 ArbG Münster, Urteil vom 29. Oktober 2010 – 4 Ca 272/10, Rdn. 158 – juris.
1002 ArbG Münster, Urteil vom 29. Oktober 2010 – 4 Ca 272/10, Rdn. 162 – juris.
1003 ArbG Münster, Urteil vom 29. Oktober 2010 – 4 Ca 272/10, Rdn. 163 ff. – juris.
1004 ArbG Münster, Urteil vom 29. Oktober 2010 – 4 Ca 272/10, Rdn. 165 – juris.
1005 ArbG Münster, Urteil vom 29. Oktober 2010 – 4 Ca 272/10, Rdn. 201 – juris
1006 ArbG Münster, Urteil vom 29. Oktober 2010 – 4 Ca 272/10, Rdn. 171 – juris.
1007 ArbG Münster, Urteil vom 29. Oktober 2010 – 4 Ca 272/10, Rdn. 170 – juris.
1008 ArbG Münster, Urteil vom 29. Oktober 2010 – 4 Ca 272/10, Rdn. 176 – juris.
1009 ArbG Münster, Urteil vom 29. Oktober 2010 – 4 Ca 272/10, Rdn. 193 – juris.

Beweiserleichterungen mindern die Beweisnot des Schadensersatzgläubigers nur unbedeutend. Zumeist wird ein Schadensersatzanspruch bereits daran scheitern, dass die alleinige Ursächlichkeit der Offenbarung für die entstandenen Schäden nicht bewiesen ist. Für einen Schaden aus entgangenem Gewinn ist stets eine Vielzahl von Reserveursachen auszuschließen. Zudem belegt der Fall, dass die konkrete Schadensberechnung aufgrund betrieblicher Besonderheiten, wie etwa der Fallpauschale, sehr diffizil sein kann. Auch ist der Entscheidung zu entnehmen, dass der Referenzzeitraum für die Schadensberechnung großzügig zu bemessen ist.

b) Die Pflichtverletzung

Zum anderen scheitert ein Schadensersatzanspruch bereits häufig an dem Vorliegen einer Pflichtverletzung. Die Verletzung einer Vertragspflicht ist aber essentielle Voraussetzung eines vertraglichen Schadensersatzanspruches.

In den vorherigen Kapiteln der Arbeit wurde eingehend die Frage untersucht, in welchen Konstellationen das Whistleblowing aufgrund einer Verletzung der vertraglichen Pflicht zur Rücksichtsnahme eine Kündigung zu rechtfertigen vermag. Eine mögliche Schadensersatzpflicht ist ebenso wie die Kündigung des Arbeitsverhältnisses ein zivilrechtlicher Nachteil, den der Whistleblower nur unter bestimmten Voraussetzungen ausgesetzt werden darf. Daher sind die Kriterien, die die Pflichtwidrigkeit in diesem Zusammenhang begründen, auch für die Bestimmung einer Pflichtverletzung im Rahmen eines Schadensersatzanspruches heranzuziehen. Liegt kein Ausschlusstatbestand vor, ist somit zunächst entscheidend, ob die Offenbarung bewusst wahrheitswidrig oder leichtfertig erfolgte[1010]. Die für die kündigungsrechtliche Beurteilung maßgebende Weichenstellung ist somit auch im Rahmen der schadensersatzrechtlichen Fragestellung von prägender Bedeutung.

Die Begrenzung der Schadensersatzpflicht des Anzeigenden hat das Bundesverfassungsgericht bereits in einem Urteil aus dem Jahre 1987 aufgestellt[1011]. Gegenstand des Verfahrens war eine Schadensersatzklage eines vermeintlich zu Unrecht angezeigten Arztes wegen sexuellen Missbrauchs. Nachdem die Ermittlungen mangels hinreichenden Tatverdachts eingestellt worden waren, begehrte der Arzt von der Anzeigenden Ersatz seiner im Rahmen des Ermittlungsverfahrens entstandenen Kosten. Dieser Klage wurde zunächst stattgegeben[1012]. Das Verfassungsgericht hob dieses Urteil aber auf. Da im Ausgangsverfahren keinerlei Anhaltspunkte für ein unredliches Verhalten der Beschwerdeführerin im Sinne von *„bewußt unwahren oder leichtfertigen ehrverletzenden Behauptungen"* vorgelegen haben, sei die Verfassungsbeschwerde begründet[1013]. Denn die nicht wissentlich unwahre oder leichtfertige Strafanzeige eines Bürgers liege im allgemeinen Interesse des Rechtsstaates[1014]. Dass

1010 S.o.: **1. Teil: B.II.**
1011 BVerfG, Beschluss vom 25. Februar 1987 – 1 BvR 1086/85, NJW 1987, 1929.
1012 BVerfG, Beschluss vom 25. Februar 1987 – 1 BvR 1086/85, Rdn. 3 – juris.
1013 BVerfG, Beschluss vom 25. Februar 1987 – 1 BvR 1086/85, Rdn. 9 – juris.
1014 BVerfG, Beschluss vom 25. Februar 1987 – 1 BvR 1086/85, Rdn. 11 – juris.

erst im Jahre 2001 ergangene und für die Kündigungsrelevanz des Whistleblowings leitende Urteil des Bundesverfassungsgerichts, knüpft ausdrücklich an die Grundsätze an, die in der Entscheidung zur Schadensersatzpflicht aufgestellt worden sind. Wörtlich wird hierin ausgeführt, dass die für die Beurteilung der Verfassungsbeschwerde maßgebliche verfassungsrechtliche Frage durch das Bundesverfassungsgericht „*bereits hinreichend entschieden*" sei[1015].

Im benannten Fall der Schadensersatzklage gegen eine ehemalige Chefärztin, stütze das LAG sich vordergründig auf den Umstand, dass die darlegungspflichtige Klägerin nicht den Beweis erbracht habe, dass die anonymen Strafanzeigen bewusst Unwahrheiten enthielten oder leichtfertig erstattet worden sind[1016]. Das Lag hat somit die maßgeblich vom BVerfG fortentwickelte Rechtsprechung zum Whistleblowing aufgenommen und entsprechend umgesetzt.

Die Privilegierung einer nicht wissentlich oder leichtfertig falschen Offenbarung gilt sowohl im Rahmen eines vertraglichen als auch im Rahmen eines gesetzlichen Schadensersatzanspruches. Die Prüfung der Pflichtwidrigkeit im Rahmen des vertraglichen Anspruches erfolgt beim gesetzlichen Anspruch unter dem Tatbestandsmerkmal der Rechtwidrigkeit[1017].

Im Übrigen unterscheiden sich aber die Anforderungen, die an die Pflichtwidrigkeit im Rahmen eines vertraglichen Schadensersatzanspruches und an die Rechtswidrigkeit bei einem gesetzlichen Anspruch zu stellen sind.

Zwar ist die nicht pflichtwidrige Offenbarung zugleich eine nicht rechtswidrige Handlung im Sinne des Deliktsrechts, der Umkehrschluss ist allerdings nicht möglich. Einen Arbeitnehmer, der in einem freiwillig begründeten Dauerschuldverhältnis zum Arbeitgeber steht, kann der Vorwurf einer pflichtwidrigen Handlung auch dann treffen, wenn die Voraussetzungen der vom Bundesverfassungsgericht vorgegebenen Privilegierung nicht erfüllt sind. Denn eine vertragswidrige Pflichtverletzung ist nicht ausnahmslos dann zu verneinen, wenn die Offenbarung wissentlich unwahre Informationen enthielt oder sich auf leichtfertig falsche Umstände stützte. Eine Verletzung der vertraglichen Nebenpflicht zur Rücksichtnahme, kann auch auf einer insgesamt unverhältnismäßigen Reaktion beruhen[1018]. Diese aus der Fortentwicklung der kündigungsrechtlichen Rechtsprechung resultierende Ausdehnung des

---

1015 BVerfG, Stattgebender Kammerbeschluss vom 2. Juli 2001 – 1 BvR 2049/00, Rdn. 10 – juris.

1016 LAG Hamm, Urteil vom 21. Juli 2011 – 11 Sa 2248/10, Rdn. 103 ff. – juris. Die Problematiken der Zurechenbarkeit der Schäden hat das LAG dahinstehen lassen, vergl.: LAG Hamm, Urteil vom 21. Juli 2011 – 11 Sa 2248/10, Rdn. 111 – juris.

1017 Das Urteil des BVerfG zur Begrenzung der Schadensersatzpflicht erging zu einem Schadensersatzanspruch aus §§ 823 Abs. 1, Abs. 2 BGB i.V.m. § 186 StGB, vergl.: BVerfG, Beschluss vom 25. Februar 1987 – 1 BvR 1086/85, Rdn. 4 – juris. Vergl. ferner mit jeweils weiteren Nachweisen: Dauner-Lieb/Langen/*Katzenmeier* § 823, Rdn. 108; MünchKommBGB/*Wagner* § 823 BGB, Rdn. 605 ff.; Palandt/*Sprau* § 823, Rdn. 37.

1018 BAG, Urteil vom 3. Juli 2003 – 2 AZR 235/02, Rdn. 28 ff. – juris. Siehe hierzu ausführlich: **1. Teil: B. II. 5.**

Pflichtenprogramms, ist gleichsam geeignet, eine schadensersatzbegründende Pflichtverletzung darzustellen. Stand der Whistleblower zum Zeitpunkt der Offenbarung in einem Beschäftigungsverhältnis zum Schadensersatzgläubiger, stellt nicht nur die wissentlich oder leichtfertig falsche, sondern auch die insgesamt unverhältnismäßige Offenbarung eine Pflichtverletzung und somit einen Anknüpfungspunkt im Rahmen eines vertraglichen Schadensersatzanspruches dar. Da diese Erweiterungen aber einer Konkretisierung der vertraglichen Rücksichtnahmepflicht entstammen[1019], ist der Kriterienkatalog der 3. Prüfungsebene, nach dem sich die Unverhältnismäßigkeit bestimmt, nicht im Rahmen eines deliktischen Schadensersatzanspruches zu prüfen[1020]. Ein vertraglicher Schadensersatzanspruch gegen einen Beschäftigten ist somit die (geringfügig) erfolgversprechendere Alternative.

c) Das Verschuldenselement

Tradierter Grundsatz des Schadensrechts ist ferner das Verschulden. Sowohl bei den meisten gesetzlichen als auch den vertraglichen Schadensersatzsprüche ist das Element des Verschuldens ein Tatbestandsmerkmal[1021]. Die beim Whistleblowing in Betracht kommenden Anspruchsgrundlagen bilden insoweit keine Ausnahme. Sowohl für die deliktische Einstandspflicht nach § 823 Abs. 1 BGB als auch für einen schuldrechtlichen Anspruch nach § 280 Abs. 1 BGB ist ein Verschulden respektive ein Vertretenmüssen (§ 280 Abs. 1 S. 2 BGB) erforderlich[1022]. Dabei besteht beim Whistleblowing indes die Besonderheit, dass die Frage des Verschuldens bereits in der Prüfung der Pflichtverletzung bzw. der Widerrechtlichkeit enthalten ist. Die Leichtfertigkeit umschreibt dabei einen Maßstab, der dem Verschuldensmaßstab der groben Fahrlässigkeit entspricht[1023]. Die Frage des Verschuldens wird somit auf den Bereich der Pflichtverletzung vorverlagert[1024].

Ein Schadensersatzanspruch hat somit, in Abweichung von § 276 Abs. 1 BGB, nur dann Aussicht auf Erfolg, wenn der Hinweisgeber grob fahrlässig seine Prüfungspflicht verletzte oder wissentlich unwahre Informationen offenbarte. Ist die Pflichtverletzung des Hinweisgebers demgegenüber in einer insgesamt unverhältnismäßigen

---

1019 S.o.: **1. Teil: C.**

1020 A.A. offenbar: *Becker*, S. 135. Wonach der Whistleblower nur dann nicht rechtswidrig im Sinne des Deliktsrechts handle, wenn auch kein Zulässigkeitshindernis aus dem Verhältnismäßigkeitskanon bestanden habe.

1021 Auch im Rahmen der meisten gesetzlichen Schadensersatzsprüche ist das Verschulden Tatbestandsmerkmal. Eine Ausnahme besteht nur bei Gefährdungsdelikten, so etwa nach § 7 Abs. 1 StVG, § 833 S. 1 BGB oder § 1 Abs. 1 S. 1 ProdHaftG. Für die beim Whistleblowing in Betracht kommenden Schadensersatzansprüche ist ein Verschulden stets – unabhängig von der Anspruchsgrundlage – erforderlich.

1022 Als weitere Anspruchsgrundlagen kommen im Einzelfall noch in Betracht: § 826 BGB und § 823 Abs. 2 BGB i.V.m. § 17 UWG, § 164, §§ 185 ff. StGB.

1023 Siehe hierzu: **1. Teil: B.II.3.a).**

1024 Ebenso: *Becker*, S. 135.

Reaktion zu erblicken, dann muss überprüft werden, ob den Hinweisgeber ein Verschulden trifft. hinsichtlich dieser Kriterien ebenfalls der Vorwurf einer groben Verkennung seiner Pflichten trifft. Nur in dieser letzten Konstellation kommt dem Verschuldenskriterium eine eigenständige Bedeutung zu[1025]. Dabei ist zu beachten, dass auch in diesem Rahmen kein geringerer Verschuldensmaßstab als der der Leichtfertigkeit anzuwenden ist. Eine insgesamt unverhältnismäßige Reaktion des Hinweisgebers kann einen Schadensersatzanspruch somit nur dann begründen, wenn die Unverhältnismäßigkeit auf einer groben Verkennung des Pflichtenprogramms beruht. Andernfalls würde die im Urteil des Bundesverfassungsgerichts aus dem Jahre 1987 angelegte und 2001 bestätigte Privilegierung der nicht leichtfertig falschen Offenbarung umgangen werden[1026].

VIII. Fazit

Bei der Beurteilung der Kündigungsrelevanz einer organisationsexternen Offenbarung von Betriebsinterna (externes Whistleblowing) ist eine Vielzahl einzelner Kriterien zu beachten. In der Rechtsprechung hat sich indes ein dezidierter Kriterienkanon herauskristallisiert, der als verfestigt bezeichnet werden kann. Vor einer umfassenden Würdigung der genauen Umstände der Offenbarung ist zunächst zu untersuchen, ob nicht ein Ausschlusstatbestand vorliegt. Sind dessen Voraussetzungen erfüllt, ist eine Kündigung a priori ausgeschlossen. Dies gilt unabhängig von den weiteren Umständen der Offenbarung.

Die nächste Weichenstellung erfolgt durch Beantwortung der Frage, ob der Whistleblower vor der Offenbarung seine Prüfungspflicht gewahrt oder sich leichtfertig respektive wissentlich auf falsche Angaben gestützt hat. Wenn der Whistleblower seine Prüfungspflicht erfüllt hat und die Angaben im Rahmen der Erfüllung einer staatsbürgerlichen Pflicht erfolgt sind (etwa der Zeugenaussage), dann ist eine Kündigung ebenfalls ausgeschlossen.

Demgegenüber kann bei der Wahrnehmung von staatsbürgerlichen Rechten (wie etwa der Strafanzeige) eine Kündigung, obgleich die Offenbarung nicht wissentlich oder leichtfertig unwahre Informationen enthielt, dennoch wirksam erfolgen. Durch das Hinzutreten weiterer Umstände kann eine insgesamt unverhältnismäßige Reaktion des Beschäftigten vorliegen, die eine zur Kündigung berechtigende Pflichtverletzung darstellen kann (3. Ebene). Im Regelfall ist aber auch in diesen Konstellationen eine Kündigung ausgeschlossen. Das Gewicht eines Kündigungsgrundes kann die Offenbarung des Whistleblowers nur noch – ausnahmsweise – aufgrund einer insgesamt unverhältnismäßigen Reaktion erlangen.

Ob eine solche unverhältnismäßige Reaktion vorliegt, ist auf der 3. Prüfungsebene durch eine spezifizierte, einzelfallbezogene Interessenabwägung zu prüfen.

1025 Im Rahmen der Beurteilung der Kündigungsrelevanz der Pflichtverletzung wird das Kriterium des Verschuldens nur auf der 2. Prüfungsebene gewürdigt. S.o.: **1. Teil: C.VI.2.**

1026 Ähnlich: *Becker*, S. 135.

Hierbei sind folgende Kriterien zu würdigen: die Beweggründe des Whistleblowers, die sachliche Berechtigung der Offenbarung und die grundsätzliche Verpflichtung zur innerbetrieblichen Abhilfe. Dabei besitzen nur die Kriterien Motivation und innerbetriebliche Abhilfe dieselbe Indizkraft. Nachrangig ist die sachliche Berechtigung der Information zu würdigen.

Diese spezifizierte Interessenabwägung wird um den allgemein zu beachtenden Aspekt des *Vertrauenskapitals* ergänzt. Hierzu zählt zum Beispiel die Dauer der unbeanstandeten Betriebszugehörigkeit, die zu Gunsten des Whistleblowers berücksichtigt werden kann. Als nachteilig kann sich demgegenüber die Stellung des Whistleblowers im Betrieb auswirken, wenn aufgrund der Eigenart der Tätigkeit oder der Ausübung einer leitenden Funktion gesteigerte Anforderungen an das Vertrauensverhältnis zu stellen sind. In einer solchen Konstellation können vergleichsweise geringfügige Beschädigungen der Vertrauensstellung schwerwiegender wirken.

An den Nachweis einer Rufschädigung sind keine hohen Anforderungen zu stellen. Ein konkreter, bezifferter Nachweis über eine erlittene Rufschädigung muss nicht erbracht werden. Ausreichend ist insoweit die abstrakte Gefahr, dass die – unberechtigte – Offenbarung eine negative Publizität bewirkt, die eine Gefährdung des guten Rufes des Arbeitgebers bedingen kann. Eine Gewichtung der durch das Whistleblowing verursachten Schäden ist aber nur dann angezeigt, sofern der substantiierte Nachweis einer konkreten, kausalen Schädigung des guten Rufes oder anderer Rechtsgüter des Arbeitgebers erbracht ist. Die Führung dieses Nachweises scheint allerdings nur eine theoretische Möglichkeit.

Abschließend darf nicht verkannt werden, dass auch im Rahmen einer verhaltensbedingten Kündigung aufgrund von Whistleblowing das allgemeine Prinzip der Abmahnung nicht vernachlässigt werden darf. Insbesondere bei einer erstmaligen oder nicht leichtfertig falschen respektive wissentlich unwahren Offenbarung ist das mildere Mittel der Abmahnung im Regelfall ein gleich geeignetes und ausreichendes Sanktionsinstrument. Ein zulässiger Verzicht auf eine solche Warnung kann, abseits der Fallgruppen der Ungeeignetheit oder der einschlägig erfolgten Abmahnung, nur noch ausnahmsweise mit der Schwere der Pflichtverletzung begründet werden. Denn bei Wahrung der Prüfungspflicht ist die Pflichtverletzung im Ausgangspunkt gerade nicht schwerwiegend.

Das nachfolgende Schaubild veranschaulicht, das in der Zusammenfassung beschriebene, systematische Vorgehen bei der Bestimmung einer zur Kündigung berechtigenden Pflichtverletzung.

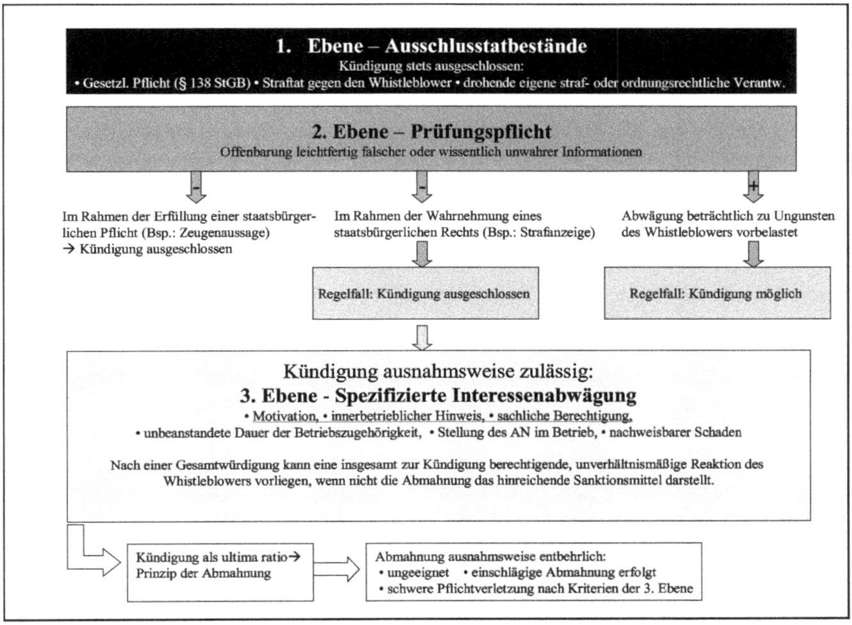

D. 4. Prüfungsebene? – Das Urteil des Europäischen Gerichtshofs für Menschenrechte im Fall *Heinisch* vom 21. Juli 2011 – 28274/08, das besondere öffentliche Interesse der offenbarten Informationen

Durch das Urteil des EGMR in Sachen Heinisch wurde der Problematik des Whistleblowings eine neue, bis dato zumindest im deutschen Recht, unbekannte mediale Aufmerksamkeit zuteil[1027]. Auch in der Jurisprudenz war der Widerhall beträchtlich[1028].

1027 So titelte die Süddeutsche Zeitung: „*Ein Fall von couragierter Kümmerei*“, vergl.: http://www.sueddeutsche.de/karriere/egmr-urteil-ein-fall-von-couragierter-kuemmerei-1.1123118 (zuletzt abgerufen am 1. November 2014); Die Frankfurter Allgemeine Zeitung schrieb: „*Gerichtshof schützt Meinungsfreiheit von Arbeitnehmern*“, vergl.: http://www.faz.net/aktuell/wirtschaft/recht-steuern/whistleblower-gerichtshof-schuetzt-meinungsfreiheit-von-arbeitnehmern-11113796.html (zuletzt abgerufen am 1. November 2014).

1028 Der Fall Heinisch wird in einer Vielzahl von Aufsätzen, Anmerkungen und Entscheidungsbesprechungen thematisiert: *Abraham*, ZRP 2012, 11; *Bauer*, ArbRAktuell 2011, 404; *Forst*, NJW 2011, 3477; *Király*, RdA 2012, 236; *Klasen/Schaefer*, BB 2012, 641; *Leuchten*, ZRP 2012, 142; *Schlachter*, RdA 2012, 108; *Simon/Schilling*, BB

Ob die Rechtssache *Heinisch* aber auch nachhaltige Veränderungen verursacht, soll Gegenstand der Untersuchung dieses Kapitels sein. Bevor die Frage untersucht werden kann, ob die Entscheidung des EGMR eine Umwälzung der bestehenden Rechtsgrundsätze bewirkt, lediglich deren Nuancierung verlangt, eine 4. Prüfungsebene erfordert oder gänzlich ohne Nachwirkungen bleibt, muss zunächst der innerstaatliche Verfahrensgang nachgezeichnet und einer kritischen Würdigung unterzogen werden.

I. Sachverhalt

Gegenstand des Verfahrens ist die Kündigungsschutzklage von Frau Brigitte Heinisch. Mit dieser Klage versucht die Klägerin sich gegen die außerordentliche Kündigung ihres Arbeitgebers zu wehren. Frau Heinisch war seit September 2000 als Altenpflegerin in einem Pflegeheim beschäftigt. Dieses Pflegeheim befand sich im Mehrheitsbesitz des Landes Berlin. Vom 24. Januar 2003 bis zum 19. Oktober 2004 wies Frau Heinisch, sowie einige ihrer Kollegen, die Geschäftsleitung regelmäßig darauf hin, dass sie aufgrund des Personalmangels überlastet seien. Infolgedessen könne die Pflege nicht ordnungsgemäß durchgeführt werden. Ab dem 19. Mai 2003 war Frau Heinisch zudem wiederholt erkrankt. Ausweislich einer ärztlichen Bescheinigung sei dies auf die Überlastungssituation zurückzuführen[1029]. Nach weiteren Hinweisen der Beschäftigten im Oktober 2004, wandte sie sich an einen Rechtsanwalt. Dieser erstattete im Dezember 2004 im Namen seiner Mandantin Anzeige gegen die Pflegeeinrichtung wegen besonders schweren Betruges nach § 263 Abs. 3 StGB. Aufgrund des Personalmangels und der unzureichenden Standards könne die angepriesene qualitativ hochwertige Pflege nicht geboten werden[1030]. Die Pflegeeinrichtung habe sowohl die Bewohner des Heimes als auch deren Angehörigen über ihr Leistungsvermögen und damit die Erfüllungsfähigkeit getäuscht[1031]. Daher sei der Tatbestand des Eingehungs- bzw. Erfüllungsbetruges erfüllt. Zudem erhob die Klägerin den Vorwurf des Abrechnungsbetruges. Pflegekräfte seien angehalten wurden, nicht erbrachte Leistungen zu dokumentieren. Insgesamt stehe „*ein Schaden in Millionenhöhe in Rede*“[1032]. Ob die geschilderten Missstände tatsächlich vorlagen, ist zwischen den Parteien streitig. Erstmals im Jahre 2002 stellte der medizinische Dienst der Krankenkassen erhebliche, auf die geringe Personalausstattung zurückzuführende, Mängel bei der geleisteten Pflege fest. Auch bei einer weiteren Prüfung im November 2003 stellte der medizinische Dienst schwerwiegende Mängel fest und drohte daher mit der Kündigung des Versorgungsvertrages. Hieraufhin fanden Umstrukturierungen statt. Hinsichtlich der letzten Prüfung des medizinischen Dienstes vom 18. November 2004 ist zwischen den Parteien streitig,

---

2011, 2421; *Ulber*, NZA 2011, 962; *Walk*, GWR 2011, 453; *Windel*, AP Nr. 235 zu § 626 BGB, Anmerkung.

1029 EGMR, Urteil vom 21. Juli 2011 – 28274/08, Rdn. 8 – juris.

1030 EGMR, Urteil vom 21. Juli 2011 – 28274/08, Rdn. 14 – juris.

1031 LAG Berlin, Urteil vom 28. März 2006 – 7 Sa 1884/05, Rdn. 6 – juris.

1032 LAG Berlin, Urteil vom 28. März 2006 – 7 Sa 1884/05, Rdn. 8 – juris.

ob dieser feststellte, dass die Personalsituation nur angespannt oder kritisch sei. Im weiteren Verlauf war die Klägerin auch an der Verbreitung eines Flugblattes beteiligt, in welchem in polemischer Art auf den vermeintlichen Personalmangel und die hieraus resultierenden Folgen aufmerksam gemacht wurde. Der Arbeitgeber erklärte schließlich wegen des Erstattens einer Strafanzeige und der Verteilung des Flugblatts die außerordentliche Kündigung. Ein staatsanwaltliches Ermittlungsverfahren wurde nach § 170 Abs. 2 StPO eingestellt[1033].

II. Urteil des Landesarbeitsgerichts Berlin vom 28. März 2006 – 7 Sa 1884/05

Das Landesarbeitsgericht Berlin befand, dass die Klägerin durch die Stellung der Strafanzeige in erheblichem Maße ihre arbeitsvertraglichen Rücksichtnahmepflichten aus § 241 Abs. 2 BGB verletzt habe. Die Klägerin habe ihre Anzeige leichtfertig auf Tatsachen gestützt, die im Prozess nicht hinreichend dargelegt werden konnten[1034]. Die erhobenen Vorwürfe seien nicht ansatzweise in einem erwiderungsfähigen und einem dem Beweis zugänglichen Sachverhalt dargestellt wurden[1035]. Trotz mehrfacher Aufforderung habe die Klägerin sich darauf beschränkt, den pauschalen Vorwurf des Abrechnungsbetruges zu wiederholen, ohne einen Vorfall im Hinblick auf bestimmte Patienten oder Pflegeleistungen zu konkretisieren[1036]. Zudem erweise sich die Strafanzeige auch als unverhältnismäßige Reaktion der Klägerin[1037]. Zunächst habe die Klägerin hinsichtlich des behaupteten Abrechnungsbetruges keine vorherige, ihr jedoch zumutbare, innerbetriebliche Klärung versucht[1038]. Außerdem bedurfte es einer Strafanzeige aufgrund der Kontrolle durch den Medizinischen Dienst nicht. Die Klägerin habe zunächst das Ergebnis der Untersuchung abwarten sollen[1039]. Schlussendlich folge aus all diesen Umständen, dass die Klägerin mit ihrer Anzeige nicht die Aufklärung oder die Verhinderung von weiteren Straftaten bezwecke, sondern eine Kampagne gegen die Arbeitgeberin betreibe, um ihre Forderungen durchsetzen zu können[1040]. Eine solche Strafanzeige, die leichtfertig unzutreffende Behauptungen enthalte, unverhältnismäßig sei und in Wahrheit anderen Zwecken diene, stelle eine erhebliche arbeitsvertragliche Pflichtverletzung dar, die an sich geeignet sei, eine fristlose Kündigung zu rechtfertigen[1041]. Das mildere Mittel der ordentlichen Kündigung käme unter Berücksichtigung aller Umstände des Einzelfalls und unter Abwägung der beiderseitigen Interessen der Vertragsparteien

1033 LAG Berlin, Urteil vom 28. März 2006 – 7 Sa 1884/05, Rdn. 50 – juris.
1034 LAG Berlin, Urteil vom 28. März 2006 – 7 Sa 1884/05, Rdn. 45 – juris.
1035 LAG Berlin, Urteil vom 28. März 2006 – 7 Sa 1884/05, Rdn. 47 – juris.
1036 LAG Berlin, Urteil vom 28. März 2006 – 7 Sa 1884/05, Rdn. 45 – juris.
1037 LAG Berlin, Urteil vom 28. März 2006 – 7 Sa 1884/05, Rdn. 45, 53 – juris.
1038 LAG Berlin, Urteil vom 28. März 2006 – 7 Sa 1884/05, Rdn. 53 – juris.
1039 LAG Berlin, Urteil vom 28. März 2006 – 7 Sa 1884/05, Rdn. 55 – juris.
1040 LAG Berlin, Urteil vom 28. März 2006 – 7 Sa 1884/05, Rdn. 57 f. – juris.
1041 LAG Berlin, Urteil vom 28. März 2006 – 7 Sa 1884/05, Rdn. 58 – juris.

vorliegend nicht in Betracht[1042]. Insofern sei die außerordentliche Kündigung auch unter Berücksichtigung der Dauer der Betriebszugehörigkeit, des Alters und der Unterhaltsverpflichtungen der Klägerin rechtswirksam[1043].

III. Nichtzulassungsbeschwerde und Nichtannahme der Verfassungsbeschwerde

Das Landesarbeitsgericht Berlin lies die Revision nicht zu, die hierauf erfolgt Nichtzulassungsbeschwerde[1044] wurde abgelehnt und die Verfassungsbeschwerde[1045] nicht zur Entscheidung angenommen. Nachdem somit alle nationalen ordentlichen[1046] und außerordentlichen[1047] Rechtsbehelfe ausgeschöpft waren, wandte sich die Klägerin mit ihrem Begehren an den Europäischen Gerichtshof für Menschenrechte.

IV. Kritische Würdigung der Entscheidung des LAG Berlin – 7 Sa 1884/05

Beachtlich ist, dass das Urteil des Landesarbeitsgerichts Berlin bereits vor der Entscheidung des Europäischen Gerichtshofs für Menschenrechte zu Kontroversen in der Literatur führte. Protagonisten waren hierbei *Binkert*[1048] und *Deiseroth*[1049]. Letzterer befand schon damals, dass die Entscheidung des Landesarbeitsgerichts Berlin nicht hinreichend die Rechtsprechungsgrundsätze des Bundesverfassungsgerichts beachtet habe[1050]. Seine Kritik besteht im Wesentlichen darin, dass das Landesarbeitsgericht Berlin das vom Bundesverfassungsgericht aufgestellte Regel-Ausnahmeverhältnis hinsichtlich der Zulässigkeit einer Kündigung aufgrund einer – nicht wissentlich unwahren oder leichtfertig falschen – Strafanzeige verkannt habe[1051].

1042 LAG Berlin, Urteil vom 28. März 2006 – 7 Sa 1884/05, Rdn. 60 – juris.

1043 LAG Berlin, Urteil vom 28. März 2006 – 7 Sa 1884/05, Rdn. 63 – juris.

1044 Ablehnung der Nichtzulassungsbeschwerde, BAG, Beschluss vom 6. Juni 2007 – 4 AZN 487/06 – juris.

1045 Nichtannahme der Verfassungsbeschwerde durch das BVerfG, vom 6. Dezember 2007 – 1 BvR 1905/07, n.v. Originaldokument abrufbar unter: http://www.menschen-wuerdige-pflege.de/material/Verfassungsgericht.jpg (zuletzt abgerufen am 1. November 2014).

1046 Ablehnung der Nichtzulassungsbeschwerde, BAG, Beschluss vom 6. Juni 2007 – 4 AZN 487/06 – juris.

1047 Nichtannahme der Verfassungsbeschwerde durch das BVerfG, vom 6. Dezember 2007 – 1 BvR 1905/07, n.v. Originaldokument abrufbar unter: http://www.menschen-wuerdige-pflege.de/material/Verfassungsgericht.jpg (zuletzt abgerufen am 1. November 2014).

1048 Binkert war zu diesem Zeitpunkt Vizepräsident des fusionierten LAG Berlin-Brandenburg.

1049 Richter am Bundesverwaltungsgericht.

1050 *Deiseroth,* AuR 2007, 34; *Dersl.,* AuR 2007, 198.

1051 *Deiseroth,* AuR 2007, 34, 35. III. 1.

Insbesondere habe das Gericht die aus diesem Grundsatz folgende Beweislastverteilung nicht richtig angewandt[1052]. In der *Replik* von *Binkert* wird die Verkennung der Beweislastverteilung durch das Landesarbeitsgericht bestritten[1053]. *Ulber* befindet, dass unter Beachtung der vom Bundesverfassungs- und Bundesarbeitsgericht aufgestellten Grundsätze die Entscheidung des Landesarbeitsgerichts *„unter keinem Gesichtspunkt vertretbar"* sei[1054]. Sollte das Urteil des Landesarbeitsgerichts Berlin tatsächlich die von der Rechtsprechung aufgestellten Grundsätze verkannt haben, dann ist dies nicht nur für die Klägerin bedauernswert. Der eingetretene Reputationsverlust für die Bundesrepublik Deutschland wäre zudem vermeidbar gewesen. Vor dem Hintergrund, dass der Europäische Gerichtshof für Menschenrechte auch über Menschenrechtsverletzungen in sämtlichen anderen Konventionsstaaten, wie zum Beispiel Russland, entscheidet, ist eine Beschädigung des Ansehens der Bundesrepublik Deutschland unbestreitbar, wenn der EGMR den deutschen Gerichten eine Verletzung der Meinungsfreiheit attestiert.

Das Landesarbeitsgericht Berlin erachtete die Kündigung aufgrund dreier Aspekte als wirksam: Die Strafanzeige sei leichtfertig erfolgt und stütze sich auf im Prozess nicht näher dargelegte Tatsachen **(1)**[1055]. Zudem erweise sich die Strafanzeige auch als insgesamt unverhältnismäßige Reaktion der Klägerin **(2)**[1056]. Drittens verfolge die Arbeitnehmerin in Wahrheit nicht die Absicht durch die Strafanzeige Straftaten aufzudecken oder weitere zu verhindern **(3)**[1057].

1. *Wissentlich unwahre oder leichtfertig falsche Angaben*

Unter 2.1.2 der Entscheidungsgründe des Urteils führt das Landesarbeitsgericht aus, dass die Klägerin ihre Strafanzeige wegen Abrechnungsbetruges leichtfertig auf Tatsachen gestützt habe, die im Prozess nicht dargelegt werden konnten[1058]. Trotz entsprechender Aufforderung habe die Klägerin für den von ihr in der Strafanzeige erhobenen Vorwurf nicht ansatzweise einen erwiderungsfähigen dem Beweis zugänglichen Sachverhalt dargestellt[1059]. Aus dieser Passage schließt *Deiseroth*, dass das Gericht die aus den Vorgaben des Bundesverfassungsgerichts folgende Beweislastverteilung nicht richtig erkannt habe. Denn eine Kündigung könne bei einer nicht wissentlich unwahren oder leichtfertig falschen Anzeige nur dann erfolgen, wenn im Streitfall dem Arbeitnehmer vor Gericht positiv nachgewiesen werde, dass er sich auf

1052 *Deiseroth,* AuR 2007, 198, I.

1053 *Binkert,* AuR 2007, 195, 197.

1054 *Ulber,* NZA 2011, 962, 963. Diese Annahme kritisiert wiederum *Windel.* Nach seiner Auffassung sprächen die besseren Argumente dafür, dass das LAG Berlin zutreffend entschieden habe, vergl.: *Windel,* AP zu § 626 Nr. 235, Anmerkung: II, 3. c.).

1055 LAG Berlin, Urteil vom 28. März 2006 – 7 Sa 1884/05, Rdn. 45–52 – juris.

1056 LAG Berlin, Urteil vom 28. März 2006 – 7 Sa 1884/05, Rdn. 52–56 – juris.

1057 LAG Berlin, Urteil vom 28. März 2006 – 7 Sa 1884/05, Rdn. 56–58 – juris.

1058 LAG Berlin, Urteil vom 28. März 2006 – 7 Sa 1884/05, Rdn. 45–52 – juris.

1059 LAG Berlin, Urteil vom 28. März 2006 – 7 Sa 1884/05, Rdn. 47 – juris.

wissentlich unwahre oder leichtfertig falsche Angaben stütze[1060]. *Binkert* weist demgegenüber daraufhin, dass das Landesarbeitsgericht Berlin die im Kündigungsprozess zu beachtende abgestufte Darlegungs- und Beweislast richtig angewandt habe[1061].

a) Allgemeine Darlegungs- und Beweislast im Kündigungsschutzprozess

Im Kündigungsschutzprozess obliegt zunächst dem Arbeitgeber die Darlegungs- und Beweislast. Er muss die Tatsachen zu beweisen, die die Kündigung bedingen[1062].

Eine Vertragspflichtverletzung und damit ein Kündigungsgrund liegt erst dann vor, wenn für das Verhalten keine Rechtfertigungs- oder Entschuldigungsgründe eingreifen[1063]. Der Kündigende ist auch grundsätzlich hierfür beweisbelastet[1064]. Allerdings muss der Arbeitgeber nicht von vornherein alle nur denkbaren Rechtfertigungsgründe widerlegen. Es greifen die Grundsätze der abgestufte Darlegungs- und Beweislast[1065]. Dies gilt sowohl für die außerordentliche als auch die ordentliche Kündigung[1066]. Beruft der Gekündigte sich auf Rechtfertigungsgründe, so muss er die tatsächlichen Grundlagen der Rechtfertigung oder Entschuldigung so substantiiert wie möglich darlegen[1067]. Nicht ausreichend ist es, wenn der Gekündigte pauschal und ohne nachprüfbare Angaben Rechtfertigungsgründe geltend macht[1068]. Der Arbeitgeber muss also *lediglich* die vom Arbeitnehmer substantiiert behaupteten Tatsachen widerlegen[1069]. Kündigt der Arbeitgeber dem Arbeitnehmer beispielsweise wegen eines Arbeitsversäumnisses, muss er auf einen entsprechend substantiierten Sachvortrag des Gekündigten ausräumen, dass das Fehlen nicht auf der vorgetragenen Erkrankung beruhte[1070]. Die Beweislast für den Kündigenden hängt damit maßgeblich vom Verhalten des Gekündigten ab. Die Abstufung der Darlegungs- und Beweislast kann in drei Stufen unterteilt werden.

Bleibt der Arbeitnehmer beispielsweise der Arbeit fern und kündigt der Arbeitgeber dem Arbeitnehmer infolgedessen, so muss er im Streitfall zunächst beweisen, dass der Arbeitnehmer tatsächlich nicht zur Arbeit erschienen ist (1. Stufe)[1071]. Der Arbeitnehmer ist nun in der Pflicht einen Rechtfertigungsgrund für das Fernbleiben substantiiert darzulegen (2. Stufe). Den Gekündigten trifft aber nur eine sekundäre Darlegungslast, an welche keine überzogenen Anforderungen zu stellen sind[1072]. Sie

1060 *Deiseroth*, AuR, 2007, 198.
1061 *Binkert*, AuR 2007, 195, 197.
1062 Vergl.: § 1 Abs. 2 S. 4 KSchG.
1063 Stahlhacke/Preis/Vossen/*Preis*, Rdn. 561.
1064 A/P/S/*Dörner-Vossen* § 626 BGB, Rdn. 173b.
1065 A/P/S/*Dörner-Vossen* § 626 BGB, Rdn. 175.
1066 Stahlhacke/Preis/Vossen/*Preis*, Rdn. 560; ErfK/*Müller-Glöge* § 626 BGB, Rdn. 234 ff.
1067 ErfK/*Müller-Glöge* § 626 BGB, Rdn. 235.
1068 A/P/S/*Dörner-Vossen* § 626 BGB, Rdn. 175a.
1069 ErfK/*Müller-Glöge* § 626 BGB, Rdn. 235.
1070 BAG, Urteil vom 26. August 1993 – 2 AZR 154/93, Rdn. 35 – juris.
1071 Stahlhacke/Preis/Vossen/*Preis*, Rdn. 561.
1072 BAG: Urteil vom 18. September 2008 – 2 AZR 1039/06, Rdn. 33 – juris.

dient allein dazu, es dem Kündigenden als primär darlegungs- und beweispflichtiger Partei zu ermöglichen, weitere Nachforschungen anzustellen und seinerseits substantiiert zum Kündigungsgrund vorzutragen und ggf. Beweis anzutreten[1073]. Genügt der Arbeitnehmer seiner sekundären Darlegungslast, obliegt es wiederum dem Arbeitgeber darzulegen und gegebenenfalls zu beweisen, dass der Rechtfertigungsgrund nicht bestanden hat (3. Stufe)[1074]. Die Nichterweislichkeit geht zu Lasten des Arbeitgebers[1075]. Im Ergebnis verbleibt es damit bei der objektiven Beweislast des Kündigenden[1076]. Den Nachweis der ersten Stufe, beispielsweise das Fernbleiben von der Arbeit, wird der Arbeitgeber regelmäßig ohne größere Schwierigkeiten erbringen. Beruft sich dann der Arbeitnehmer darauf, dass das Fernbleiben von der Arbeit berechtigt war, so muss er dies substantiiert darlegen. War sein Fehlen beispielsweise krankheitsbedingt, so muss er dies entsprechend nachweisen. Legt der Arbeitnehmer diesbezüglich eine Arbeitsunfähigkeitsbescheinigung vor, so begründet dies zunächst den Beweis der Arbeitsunfähigkeit[1077]. Es ist nun wiederum Sache des Arbeitgebers den Beweiswert des Attestes zu erschüttern (3. Stufe)[1078]. Allerdings muss der Arbeitnehmer beispielsweise die behandelnden Ärzte von der Schweigepflicht entbinden, um dem Arbeitgeber überhaupt die Chance zu ermöglichen, den Vortrag des Arbeitnehmers zu entkräften[1079].

b) Besondere Beweislastverteilung bei einer Kündigung aufgrund von Whistleblowing?

Überträgt man die Grundsätze der abgestuften Darlegungs- und Beweislast auf eine typische Whistleblowing-Konstellation ergibt sich folgendes: Der Arbeitgeber muss zunächst beweisen, dass tatsächlich ein Offenbaren von betriebsinternen Vorgängen gegenüber Dritten stattgefunden hat (1. Stufe). Beruft der Arbeitnehmer sich nun -substantiiert- darauf, dass das streitige Offenbaren der betriebsinternen Vorgänge aufgrund der Wahrnehmung berechtigter Interessen gerechtfertigt sei (2. Stufe), so obliegt es wiederum dem Arbeitgeber zu beweisen, dass das Offenbaren von betriebsinternen Vorgängen keinen Rechtfertigungsgrund darstellt (3. Stufe).

Der Arbeitnehmer muss also lediglich die Umstände, die ihn zum Offenbaren von betriebsinternen Vorgängen gegenüber Dritten veranlasst haben, im Kündigungsschutzprozess vortragen (2. Stufe). Pauschale Behauptungen genügen allerdings nicht[1080]. So muss er beispielsweise erklären, welchen gesetzeswidrigen Vorgang er wann beobachtet hat und inwiefern er den Wahrheitsgehalt der Informationen

1073 BAG: Urteil vom 18. September 2008 – 2 AZR 1039/06, Rdn. 33 – juris.
1074 Stahlhacke/Preis/Vossen/*Preis*, Rdn. 562.
1075 BAG: Urteil vom 18. September 2008 – 2 AZR 1039/06, Rdn. 33 – juris.
1076 ErfK/*Müller-Glöge* § 626 BGB, Rdn. 235.
1077 A/P/S/*Dörner/Vossen* § 626 BGB, Rdn. 175c.
1078 A/P/S/*Dörner/Vossen* § 626 BGB, Rdn. 175c.
1079 BAG, Urteil vom 12. März 2009 – 2 AZR 251/07, Rdn. 30 – juris.
1080 S.o.: **1. Teil: D.IV.1.a)**; A/P/S/*Dörner-Vossen* § 626 BGB, Rdn. 175a.

überprüft hat oder inwiefern eine solche Überprüfung entbehrlich war. Obgleich dürfen die Anforderungen an die Erfüllung der sekundären Darlegungslast nicht überspannt werden. Hat der Arbeitnehmer einen nur im Ansatz erwiderungsfähigen Sachverhalt dargestellt, so ist der primär beweisbelastete Arbeitgeber in der Pflicht, den Nachweis zu führen (3. Stufe), dass der Arbeitnehmer die Anzeige wissentlich oder leichtfertig auf unwahre Tatsachen gestützt hat oder die Anzeige insgesamt unverhältnismäßig war. Nach den Grundsätzen der abgestuften Darlegungs- und Beweislast trägt somit letztlich der Arbeitgeber bei einer Kündigung aufgrund von Whistleblowing, wie auch in anderen Konstellationen der verhaltensbedingten Kündigung, die Beweislast.

Diesen bereits aus den allgemeinen Grundsätzen hervorgehende Umstand, hat das Bundesarbeitsgericht in seiner Grundsatzentscheidung vom 3. Juli 2003 dahingehend klargestellt und präzisiert, dass bei einer nicht wissentlich unwahren oder leichtfertigen Behauptung der Hinweisgeber keine Nachteile dadurch erleiden darf, dass sich seine Behauptung nach behördlicher Prüfung als unrichtig oder nicht aufklärbar erweist[1081]. Weiter zu Gunsten des Arbeitnehmers präzisierte das BAG[1082] in einer späteren Entscheidung, dass der Rückschluss unzulässig sei, dass eine Strafanzeige immer dann leichtfertig erfolgt sei, wenn eine Verurteilung nicht erfolgt sei. Im umgekehrten Fall allerdings, könne die erfolgte Verurteilung ein Indiz seien, dass eine Anzeige nicht leichtfertig erhoben worden sei. Eine gewisse Präjudizialität wird somit ausschließlich zu Gunsten des Arbeitnehmers angenommen.

Nach Auffassung von *Deiseroth* folgt jedoch aus dem Urteil des Bundesverfassungsgerichts vom 2. Juli 2001 Weitergehendes[1083]. Die anerkannten Grundsätze der abgestuften Darlegungs- und Beweislast fänden keine Anwendung im Falle einer Strafanzeige gegen den Arbeitgeber. Denn in diesem Fall gehe es nicht um Rechtfertigungs- oder Entschuldigungsgrundsätze des Arbeitnehmers. Strafanzeigen seien nach dem Beschluss des Bundesverfassungsgerichts per se kein Grund für eine fristlose Kündigung. Sie bedürften weder eines Rechtfertigungs- noch eines Entschuldigungsgrundes, sofern nicht die Annahme eines Regelfalles zu verneinen sei und/oder positiv nachgewiesen sei, dass der Arbeitnehmer seine Strafanzeige auf wissentlich unwahre oder leichtfertig falsche Angaben gestützt habe[1084]. *Binkert* hält demgegenüber in seiner Replik entgegen, dass der Arbeitnehmer seinerseits zuerst einmal erklären müsse, auf welche Umstände er seine Vorwürfe stütze. Nur so könne er dem Arbeitgeber überhaupt ermöglichen, den Beweis zu führen, dass die Anzeige des Arbeitnehmers leichtfertig oder wissentlich falsch erfolgte. *Binkert* wendet also die Grundsätze der abgestuften Darlegungs- und Beweislast konsequent auch auf Whistleblowing-Konstellationen an.

1081 BAG, Urteil vom 3. Juli 2003 – 2 AZR 235/02, Rdn. 33 – juris.
1082 Vergl.: BAG, Urteil vom 7. Dezember 2006 – 2 AZR 400/05, Rdn. 18 – juris.
1083 BVerfG, Urteil vom 2. Juli 2001 – 1 BvR 2049/00, NZA 2001, 888 ff.
1084 *Deiseroth*, AuR 2007, 198 f.

Dies überzeugt. Für die verhaltensbedingte Kündigung aufgrund des Offenbarens von betriebsinternen Vorgängen gelten keine anderen Grundsätze als für jede andere außerordentliche oder ordentliche Kündigung.

Wie bereits ausgeführt hat das Bundesarbeitsgericht in vertretbarer Weise die Vorgaben des Bundesverfassungsgerichts umgesetzt[1085]. *Binkert* weist zu Recht darauf hin, dass sich ein Landesarbeitsgericht an den vom Bundesarbeitsgericht aufgestellten Voraussetzungen orientieren muss[1086].

Zunächst stellt sich die Frage, wie die von *Deiseroth* geforderte besondere Beweislastverteilung praktisch umgesetzt werden soll. Er fordert, dass es Sache des kündigenden Arbeitgebers sei, darzulegen und im Streitfall zu beweisen, dass der gekündigte Arbeitnehmer eine Strafanzeige auf wissentlich unwahrer oder leichtfertig falscher Grundlage erstattet habe[1087]. Dies ist zutreffend und auch bei der Anwendung der Grundsätze der abgestuften Darlegungs- und Beweislast gewährleistet. Die Beweislast dafür, dass der Arbeitnehmer sich bei der Anzeige leichtfertig oder bewusst auf unwahre Tatsachen gestützt hat, trägt, wie oben dargestellt, letztlich der Arbeitgeber. Auch wird nicht bestritten, dass das Bundesverfassungsgericht entschieden hat, dass im *Regelfall* die Wahrnehmung staatsbürgerlicher Rechte oder Pflichten im Strafverfahren – soweit nicht wissentlich unwahre oder leichtfertig falsche Angaben gemacht werden – eine Kündigung nicht rechtfertigen kann[1088].

Allerdings muss dem Arbeitgeber die Möglichkeit zustehen, den Beweis zu führen, dass der Arbeitnehmer leichtfertig falsche oder wissentliche unwahre Angaben gemacht hat. Diese Möglichkeit darf nicht von vornherein faktisch ausgeschlossen sein. Dies ist jedoch bei Anwendung von *Deiseroths* Beweislastregel der Fall. *Deiseroth* bestreitet die Anwendung der Grundsätze der Darlegungs- und Beweislast und somit zugleich auch jede Substantiierungspflicht des Arbeitnehmers hinsichtlich des in der Strafanzeige erhobenen Vorwurfes.

Eine entsprechende *Mitwirkungshandlung* trifft den Arbeitnehmer im Kündigungsschutzprozess aber nach den Grundsätzen der abgestuften Darlegungs- und Beweislast auf der *2. Stufe*[1089]. Der Arbeitnehmer darf sich der Beweiswürdigung nicht dadurch entziehen, dass er den in der Strafanzeige erhobenen Vorwurf lediglich pauschal behauptet, ohne einen ansatzweise erwiderungsfähigen und dem Beweis zugänglichen Sachverhalt darzustellen. Der Arbeitnehmer muss seinen Vorwurf verifizieren. Mehr als die substantiierte Darlegung, auf welche Erwägungen der Arbeitnehmer sich bei der Offenbarung von betriebsinternen Vorgängen stützte, erfordern die Grundsätze der abgestuften Darlegungs- und Beweislast nicht. Ein solcher substantiierter Vortrag muss jedoch auch zwingend gefordert werden. Andernfalls könnte der Arbeitnehmer

1085 S.o.: **1. Teil: B.II.5.**

1086 *Binkert*, AuR 2007, 195, 196.

1087 *Deiseroth*, AuR 2007, 198, 199.

1088 Im Gegenteil: Dieser wesentliche Aspekt spiegelt sich in den gewählten Systematisierungsebenen wider.

1089 S.o.: **1. Teil: D.IV.1.b).**

unter dem Deckmantel der, vermeintlich durch das Bundesverfassungsgericht vorgegebenen, Beweislastverteilung jederzeit sanktionslos Vorwürfe erheben und dem Arbeitgeber somit immensen Schaden zufügen.

Man stelle sich beispielsweise vor, ein Arbeitnehmer erstattet Strafanzeige gegen seinen Arbeitgeber, weil dieser angeblich im gesamten Konzern systematisch seine Mitarbeiter ausspioniere. Der Arbeitgeber ist ein deutsches Dax-Unternehmen mit vielen tausend Mitarbeitern, an vielen verschiedenen Standorten in Deutschland[1090]. In Anbetracht von in der Vergangenheit aufgedeckten Mitarbeiterüberwachungsskandalen bei deutschen Unternehmen[1091] und den gegenwärtigen Überwachungsprogrammen der NSA namens *Prism*, *XKeyscrore* oder *Tempora*[1092], ist die Sensibilität der Öffentlichkeit und ein hiermit einhergehender oder drohender Imageverlust[1093], allein durch das Gerücht einer unzulässigen Überwachung, enorm. Wenn dann in einem Kündigungsschutzprozess der Arbeitgeber dem Arbeitnehmer *„positiv"* nachweisen muss, dass dieser die in der Strafanzeige geäußerten Behauptungen auf wissentlich unwahre oder leichtfertig falsche Angaben stützte, ist es schon im Ausgangspunkt ein Fall der objektiven Unmöglichkeit, diesen Nachweis zu erbringen, wenn der Arbeitnehmer seinen Vorwurf nicht dahingehend konkretisieren muss, in welchem Betrieb, in welchem Zeitraum und auf welche Art und Weise Mitarbeiter ausspioniert wurden. Der Arbeitgeber hat schlicht keinerlei Möglichkeit, sich gegen einen unsubstantiierten und pauschalen Vorwurf zu erwehren.

Ein Mindestmaß an Mitwirkungshandlung führt auch nicht dazu, dass das Risiko der Nichterweislichkeit, dass der Arbeitnehmer bei seiner Anzeige wissentlich unwahre oder leichtfertig falsche Angaben gemacht hat, auf den Arbeitnehmer verlagert wird. Dieses Risiko trägt auch nach den allgemeinen Grundsätzen ebenfalls der Arbeitgeber. Dem Arbeitgeber darf nur nicht von vornherein jede Möglichkeit zur Führung des Beweises genommen werden. Dies ist jedoch der Fall, wenn der Arbeitnehmer den erhobenen Vorwurf nicht konkretisieren muss und der Arbeitgeber zugleich in der Pflicht ist, dem Arbeitnehmer *„positiv"* nachzuweisen, dass er wissentlich unwahre oder leichtfertig falsche Angaben gemacht hat.

1090 Fiktives Beispiel in Anlehnung an die Bespitzelung-Skandale.

1091 Der Stern titelte zu dem Überwachungsskandal bei *Lidl* unter anderem: *„Der Skandal der die Republik erschütterte"*, http://www.stern.de/wirtschaft/news/unternehmen/bespitzelung-bei-lidl-der-skandal-der-die-republik-erschuetterte-649156.html (zuletzt abgerufen am 1. November 2014). Vergl. ferner: *„Spitzelskandal ramponiert Lidl-Image"*, http://www.stern.de/wirtschaft/news/unternehmen/studie-spitzelskandal-ramponiert-lidl-image-654199.html (zuletzt abgerufen am 1. November 2014).

1092 Eine Übersicht und kurze Erklärung zu den genannten Überwachungsprogrammen findet sich bei: http://www.spiegel.de/netzwelt/netzpolitik/prism-tempora-xkeyscore-nsa-ueberwachung-im-ueberblick-a-912377.html (zuletzt abgerufen am 1. November 2014).

1093 Vergl. zu den problematischen Aspekten der durch das Whistleblowing verursachten Schäden: **1. Teil: C.VII.**

Eine solche von *Deiseroth* postulierte Beweislast-Regelung lässt sich zudem nicht den Vorgaben des Bundesverfassungsgerichts entnehmen. Die Anwendung der Grundsätze der abgestuften Darlegungs- und Beweislast gewährleistet, dass der Arbeitnehmer im *Regelfall* bei der Wahrnehmung staatsbürgerlicher Rechte oder Pflichten – soweit nicht wissentlich unwahre oder leichtfertig falsche Angaben gemacht werden – keine Nachteile erleidet. Denn die Beweislast dafür, dass die Anzeige des Arbeitnehmers unverhältnismäßig war oder er bewusst oder leichtfertig falsche Angaben machte, trägt der Arbeitgeber[1094]. Auch die Nichterweislichkeit des Vorwurfes geht zu seinen Lasten[1095]. Von dem Whistleblower wird lediglich gefordert, dass er die Umstände darlegt, die ihn zu Annahme eines gesetzeswidrigen Vorganges bewogen haben. Darüber hinaus gewährleistet die Anwendung der allgemeinen beweisrechtlichen Grundsätze auch, dass ebenfalls die verfassungsrechtlichen Interessen des Arbeitgebers geschützt werden. Eine wie von *Deiseroth* geforderte Beweislastverteilung, die einerseits den positiven Nachweis fordert und zugleich offenbar auf jegliche Mitwirkungshandlung des Arbeitnehmers verzichtet[1096], wäre ein unzulässiger Eingriff in die verfassungsrechtlich geschützten Interessen des Arbeitgebers[1097]. Denn die grundsätzliche Befugnis zur Führung des Beweises einer wissentlich oder leichtfertig falschen Offenbarung, wäre faktisch von der Erklärungsbereitschaft des Arbeitnehmers abhängig. Auch bei der Frage der Beweislastverteilung darf jedoch nicht gänzlich außer Acht gelassen werden, dass in Whistleblowing-Konstellationen stets die *konfligierenden* Grundrechtsinteressen zu betrachten sind und ein schonender Ausgleich derselben anzustreben ist. Dies ist nur möglich, wenn eine Beweislastverteilung besteht, die dem Arbeitgeber tatsächlich ermöglicht, den Beweis einer wissentlich oder leichtfertig falschen Anzeige zu führen. Diese Möglichkeit darf auch nicht davon abhängig sein, ob der Arbeitnehmer nach eigenem Gutdünken bereit ist, seinen in der Anzeige zum Ausdruck kommenden Vorwurf zu konkretisieren.

c) *Die Anwendung der abgestuften Darlegungs- und Beweislast des Landesarbeitsgerichts Berlin im Fall* Heinisch

Auch wenn die von *Deiseroth* geforderte besondere Beweislastverteilung abzulehnen ist und die allgemeinen kündigungsrechtlichen Grundsätze anzuwenden sind, so folgt hieraus nicht, dass der Lösung der Landesarbeitsgerichts im Fall *Heinisch* zuzustimmen ist. Nach Auffassung des Landesarbeitsgerichts habe die Klägerin ihre Anzeige leichtfertig auf Tatsachen gegründet, die im Prozess nicht dargelegt werden konnten[1098]. Die Klägerin habe nicht ansatzweise einen erwiderungsfähigen und dem Beweis zugänglichen Sachverhalt dargestellt, der den in der Strafanzeige

1094 S.o.: **1. Teil: D.IV.1.b).**
1095 S.o.: **1. Teil: D.IV.1.b).**
1096 *Binkert* weist *Deiseroth* in AuR 2007, 195, 197 auf diesen Umstand hin.
1097 Siehe hierzu ausführlich: **1. Teil: A.II.3.**
1098 LAG Berlin, Urteil vom 28. März 2006 – 7 Sa 1884/05, Rdn. 45 – juris.

geäußerten Vorwurf als nachvollziehbar hätte erscheinen lassen[1099]. Es sei nicht dargestellt worden, wer welche konkrete Anweisung erteilt habe, um welche Pflegeleistungen es sich handele und in welchem Zeitraum dies geschah[1100]. Alleine aus dem zwischen den Parteien streitigen Personalmangel ergebe sich kein ausreichender Anlass für die Annahme eines Abrechnungsbetruges[1101]. Insgesamt liege eine Anzeige *„ins Blaue hinein“* vor[1102].

Diese rechtliche Würdigung des Sachverhaltes durch das Landesarbeitsgericht ist meines Erachtens nur schwer vertretbar. Der Fehler liegt nicht darin begründet, dass die Grundsätze der Beweislastverteilung verkannt wurden, sondern bei der Anwendung dieser Grundsätze auf der Subsumtionsebene[1103]. Nach meinem Dafürhalten schließt das Landesarbeitsgericht nicht aufgrund der schlichten Nichterweislichkeit des erhobenen Vorwurfes darauf, dass die Klägerin leichtfertig handelte[1104]. Dies wäre ein evidenter Verstoß gegen die dargestellten Grundsätze[1105]. Das Landesarbeitsgericht ist vielmehr der Auffassung, dass die Klägerin nicht ihr Substantiierungspflicht nachgekommen ist (2. Stufe) und sich ihrer Mitwirkungspflicht gänzlich verweigert hat. Die Sachverhaltsangaben lassen diesen Schluss jedoch gerade nicht zu. Der Vorwurf, die Klägerin habe *„nicht einmal ansatzweise“* einen erwiderungsfähigen und dem Beweis zugänglichen Sachverhalt dargestellt, ist insgesamt unberechtigt[1106]!

Frau Heinisch begründet ihre Strafanzeige damit, dass den Kosten der Unterbringung in dem Pflegeheim keine auch nur annähernd adäquate Gegenleistung gegenüber stehe. Aufgrund eines bestehenden strukturellen Personalmangels täusche der Arbeitgeber daher über sein Leistungsvermögen und seine Erfüllungsfähigkeit[1107]. Darüber hinaus seien Pflegekräfte angehalten wurden, Leistungen zu dokumentieren, welche so gar nicht erbracht worden seien[1108]. Mithin stützt Frau Heinisch ihre Strafanzeige genau betrachtet mithin auf *zwei* verschiedene Aspekte. Zum einen täusche der Arbeitgeber aufgrund der personellen Unterbesetzung über seine Leistungsfähigkeit und zum anderen seien nicht dokumentierte Leistungen abgerechnet wurden. Es sind also zwei Betrugsvorwürfe voneinander zu unterscheiden. Zum einen ein Eingehungs- bzw. Erfüllungsbetrug[1109] aufgrund fehlender Leistungsfähigkeit, die auf einem Personalmangel beruht, und zum anderen ein Abrechnungsbetrug durch die Anweisung, Leistungen zu dokumentieren, die nicht

---

1099 LAG Berlin, Urteil vom 28. März 2006 – 7 Sa 1884/05, Rdn. 47 – juris.
1100 LAG Berlin, Urteil vom 28. März 2006 – 7 Sa 1884/05, Rdn. 47 – juris.
1101 LAG Berlin, Urteil vom 28. März 2006 – 7 Sa 1884/05, Rdn. 48 – juris.
1102 LAG Berlin, Urteil vom 28. März 2006 – 7 Sa 1884/05, Rdn. 50 – juris.
1103 Ähnlich: *Ulber*, NZA 2011, 962, 964 *„Der Schwerpunkt der Fehler* [...]“.
1104 In diesem Sinne jedoch: *Ulber*, NZA 2011, 962, 963.
1105 Vergl. nur: BAG, Urteil vom 3. Juli 2003 – 2 AZR 235/02, Rdn. 33 – juris; ausführlich s.o.: **1. Teil: D.IV.1.b)**.
1106 Vergl.: LAG Berlin, Urteil vom 28. März 2006 – 7 Sa 1884/05, Rdn. 47 – juris.
1107 LAG Berlin, Urteil vom 28. März 2006 – 7 Sa 1884/05, Rdn. 6 – juris.
1108 LAG Berlin, Urteil vom 28. März 2006 – 7 Sa 1884/05, Rdn. 7 – juris.
1109 S/S/*Cramer/Perron* § 263, Rdn. 125 ff.

erbracht worden sind. Unterstellt die Ausführungen sind zutreffend, so ist der Tatbestand des Betruges gemäß § 263 StGB hinsichtlich beider Vorwürfe gegenüber und zu Lasten der Heimbewohner bzw. der für die Unterbringung der Bewohner aufkommenden Personen erfüllt.

aa) Eingehungsbetrug aufgrund fehlender Leistungsfähigkeit

Der Vorwurf eines unsubstantiierten Vortrages ist zumindest im Hinblick auf den Eingehungsbetruges nicht nachvollziehbar. Die defizitäre Pflegesituation wurde unter Bezugnahme der Belastungsanzeigen detailliert geschildert[1110]. Dabei hat Frau Heinisch Punkte vorgebracht, die Zweifel an der Leistungsfähigkeit begründen können. Insbesondere hinsichtlich der personellen Unterbesetzung wurden konkrete Zahlen vorgetragen[1111]. So stehe in dem Bereich, in dem die Klägerin eingesetzt, war dem Pflegebedarf der 40 zu versorgenden Bewohner in Höhe von täglich 4365 Minuten eine verfügbare Arbeitszeit der vorhandenen Pflegekräfte von lediglich 2772 Minuten gegenüber. Auch wurden konkrete Auswirkungen dieses Personalmangels auf die Pflegeleistungen in den Überlastungsanzeigen benannt. So wird in den Überlastungsanzeigen zum Beispiel ausgeführt, dass „*Baden und regelmäßiges Duschen der Bewohner*“[1112] nicht möglich sei und „*keine ausreichende Zeit für eine (an die Pflegebedürftigen) angepasste Flüssigkeits- und Nahrungsaufnahme bestehe*“[1113]. Damit ist die Gekündigte den Anforderungen der abgestuften Beweislast nachgekommen. Es wäre nun Aufgabe des Arbeitgebers gewesen, substantiiert darzulegen und zu beweisen, dass ein entsprechender Personalmangel nicht besteht und die Arbeitnehmerin diesen Umstand wissentlich unwahr oder leichtfertig falsch behauptet hat.

Hierzu ist es jedoch nicht gekommen. Merkwürdigerweise lässt das Gericht die Frage offen, ob ein Personalmangel tatsächlich besteht und erhebt keinen Beweis hierüber: „*Soweit die Klägerin vorträgt, bereits aus dem von ihr behaupteten Personalmangel, der zwischen den Parteien höchst streitig ist, ergebe sich ein ausreichender Anlass für den von ihr angezeigten Abrechnungsbetrug, konnte die Berufungskammer diesen Zusammenhang ohne nähere Darlegung zu den dokumentierten Pflegeleistungen nicht herstellen. Insofern konnte dahinstehen, ob tatsächlich – wie von der Klägerin behauptet – bei der Beklagten ein Personalmangel bestanden hat.*“[1114] Der Personalmangel ist jedoch der zentrale Streitpunkt zwischen den Parteien.

Auch aufgrund der von anderen Arbeitnehmern vorgetragen Überlastungsanzeigen, den Feststellungen des Medizinischen Dienstes der Krankenkassen im

1110 Da das LAG diese Ausführungen nicht als entscheidungserheblich ansah, finden diese Passagen sich nicht in dem Tatbestand des Urteils und sind insoweit der Sekundärliteratur entnommen, vergl.: *Deiseroth,* AuR 2007, 198, 199.

1111 *Deiseroth,* AuR 2007, 198, 199 f.

1112 *Deiseroth,* AuR 2007, 198, 199.

1113 *Dersl.,* a.a.O.

1114 LAG Berlin, Urteil vom 28. März 2006 – 7 Sa 1884/05, Rdn. 49 – juris.

November 2003 und 2004 und den Ausführungen der Vorinstanz[1115] ist das Offenlassen der Frage des bestehenden Personalmangels nicht nachvollziehbar. Auch die Vorinstanz hat angenommen, dass ein gewisser Personalmangel objektiv vorzuliegen scheine[1116]. Selbst nach Darstellung des Arbeitgebers habe die Prüfung des Medizinischen Dienstes im November 2004 ergeben, dass die Personalsituation angespannt sei[1117].

Aus dem erstinstanzlichen Urteil lässt sich zudem entnehmen, dass Frau Heinisch sehr dezidiert dargelegt hat, in welchen Situationen und an welchen Tagen ein Personalmangel bestanden habe. So war sie in der Nacht zum 18. Mai 2003 mit nur einer weiteren examinierten Kraft und einem Pflegehelfer alleine für alle 159 Bewohner des sechsstöckigen Pflegeheims verantwortlich gewesen[1118]. Unter den Patienten sei ein Komapatient gewesen, 58 Bewohner seien bettlägerig gewesen und hätten regelmäßig gelagert werden müssen, 97 Patienten hätten regelmäßig zur Toilette geführt und inkontinenzversorgt werden müssen, zwei Bewohner hätten Essen gereicht bekommen, wobei ein Bewohner mit einer Sonde habe versorgt werden müssen, 96 Bewohner seien verwirrt und desorientiert gewesen[1119]. Des Weiteren sei es in dieser Schicht es zu diversen Zwischenfällen gekommen[1120]: Die Antidekubitusmatratze einer Bewohnerin sei seit Tagen überhitzt gewesen und habe Geräusche von sich gegeben, so dass die Zimmernachbarin der Nutzerin seit Tagen nicht habe schlafen können und sich beschwert habe. Eine verwirrte Patientin habe einer Patientin mit Schluckstörungen etwas zu trinken gegeben, was lebensgefährlich sein könne. Eine Bewohnerin sei gestürzt und verletzt in einer Blutlache aufgefunden worden. Nachdem die Klägerin die gesamte Nacht ohne Pause durchgearbeitet habe, sei sie zusammengebrochen und unmittelbar aufgrund der erheblichen Überlastungssituation erkrankt[1121].

Der Umstand, dass in der Nacht zum 18. Mai 2003 nur drei Pflegekräfte für die gesamte Versorgung der 159 Heimbewohner zuständig waren, wird vom Arbeitgeber nicht bestritten[1122]. Obgleich sei die Behauptung, dass 97 Bewohner regelmäßig zur Toilette geführt werden müssten, völlig aus der der Luft gegriffen sei, da den Inkontinenzproblemen nicht mit permanenten Toilettengängen begegnet werde[1123]. Ausdrücklich bestritt der Arbeitgeber, die Anzahl der verwirrten und

1115 LAG Berlin, Urteil vom 28. März 2006 – 7 Sa 1884/05, Rdn. 20 – juris.
1116 ArbG Berlin, Teilurteil vom 3. August 2005 – 39 Ca 4775/05, BeckRS 2011, 77275; LAG Berlin, Urteil vom 28. März 2006 – 7 Sa 1884/05, Rdn. 20 – juris.
1117 LAG Berlin, Urteil vom 28. März 2006 – 7 Sa 1884/05, Rdn. 2 – juris.
1118 ArbG Berlin, Teilurteil vom 3. August 2005 – 39 Ca 4775/05, BeckRS 2011, 77275.
1119 ArbG Berlin, Teilurteil vom 3. August 2005 – 39 Ca 4775/05, BeckRS 2011, 77275.
1120 ArbG Berlin, Teilurteil vom 3. August 2005 – 39 Ca 4775/05, BeckRS 2011, 77275.
1121 ArbG Berlin, Teilurteil vom 3. August 2005 – 39 Ca 4775/05, BeckRS 2011, 77275.
1122 ArbG Berlin, Teilurteil vom 3. August 2005 – 39 Ca 4775/05, BeckRS 2011, 77275.
1123 ArbG Berlin, Teilurteil vom 3. August 2005 – 39 Ca 4775/05, BeckRS 2011, 77275.

desorientierten Bewohner[1124]. Mit Nichtwissen bestritt der Arbeitgeber, dass eine Bewohnerin gestürzt und in einer Blutlache aufgefunden worden sei. Die in solchen Fällen erforderliche Meldung eines *„besonderen Vorkommnisses"* sei nicht erfolgt[1125].

Mögen bestimmten Ausführungen von Frau Heinisch auch gewisse Überzeichnungen anhaften, so ist dennoch zu beachten, dass objektiv betrachtet ein gewisser Personalmangel besteht, sofern 159 Bewohner der Pflegestufen 1 bis 3 von nur drei Pflegekräften versorgt werden müssen. Frau Heinisch versuchte auch in der Folgezeit, in einer Vielzahl weiterer Überlastungsanzeigen immer wieder, den Personalmangel darzulegen. Auch hierbei wurden die Umstände, aus denen sich eine Überlastungssituation ergebe, konkret dargelegt. So führten Frau Heinisch und eine weitere Kollegin in einer Überlastungsanzeige aus, dass am 6. August 2004 in der Frühschicht 2,75 Pflegekräfte, im Spätdienst 2 Pflegekräfte und im Nachdienst eine Pflegekraft im Einsatz gewesen seien, wobei in ihrem Pflegebereich derzeit 45 Bewohner betreut würden, davon 7 Schwerstpflegebedürftige, 15 Schwerpflegebedürftige, 17 erheblich Pflegebedürftige und 6 Nichtpflegebedürftige. Hohe Belastungen ergäben sich daraus, dass 6 Bewohner bettlägerig seien, 17 vom Rollstuhl abhängig seien, 9 regelmäßig zur Toilette geführt werden müssten, 26 eine Inkontinenzversorgung erhielten, 14 Essen gereicht bekämen, 8 eine Wundversorgung benötigten und 20 aufgrund ihres Verwirrungs- und Desorientierungsgrades besonderer Zuwendung bedürften[1126]. Insgesamt wies Frau Heinisch, vor der Erstattung der Strafanzeige, in einem Zeitraum vom 24. Januar 2003 bis zum 19. Oktober 2004, in 9 innerbetrieblichen Anzeigen auf eine personalbedingte Überlastungssituation hin[1127]. Dabei wurde die Überlastungsanzeige in 4 Fällen gemeinsam mit weiteren Beschäftigten gestellt. Neben Frau Heinisch zeigte ein anderer Beschäftigter am 22. September 2004 ebenfalls eine Überlastungssituation an. Zudem wies Frau Heinisch in 3 weiteren Situationen den Arbeitgeber auf Missstände in der Pflege hin[1128].

Besonders hervorzuheben ist ferner, dass objektiv betrachtet, selbst bei Zugrundlegung der Berechnungen des Arbeitgebers, ein Personalmangel auch noch zum Ende des Jahres 2004 bestand.

1124 Der Arbeitgeber bestreitet die vermeintlich *„genannte Anzahl von 36 verwirrten und desorientierten Bewohnern"*. Frau Heinisch behauptete allerdings sogar, dass die Anzahl der fraglichen Bewohner 96 betrug, vergl.: ArbG Berlin, Teilurteil vom 3. August 2005 – 39 Ca 4775/05, BeckRS 2011, 77275.

1125 ArbG Berlin, Teilurteil vom 3. August 2005 – 39 Ca 4775/05, BeckRS 2011, 77275.

1126 ArbG Berlin, Teilurteil vom 3. August 2005 – 39 Ca 4775/05, BeckRS 2011, 77275.

1127 ArbG Berlin, Teilurteil vom 3. August 2005 – 39 Ca 4775/05, BeckRS 2011, 77275.

1128 Frau Heinisch war am 12. März 2004 alleine für den Frühdienst eingeteilt und wies auf diesen Umstand die Pflegeleiterin hin. Ein Schreiben vom 13. November 2003 enthielt Hinweise auf allgemeine Missstände in der Pflege. Mit Schreiben vom 31. Oktober 2004 wies sie daraufhin, dass einer Bewohnerin am 28. Oktober 2004 ein notwendiges Schmerzmedikament nicht habe verabreicht werden können, da dieses nicht vorrätig gewesen sei.

Die Berechnung des Bruttopersonalbedarfs durch den Arbeitgeber für den 16. Oktober 2004 ergab, dass zu diesem Zeitpunkt der Personalbedarf im Dienstplan mit 11 Vollzeitkräften ausgewiesenen wurde. Unter Berücksichtigung des vom Arbeitgeber angegebenen *„Ausfallsatzes“* von 18 % und dem Abzug von urlaubsbedingt fehlenden Mitarbeitern, stand dem im Dienstplan ausgewiesenen Bedarf von 11 Vollzeitkräften eine rechnerisch tatsächlich mögliche Besetzung von nur 9,02 Vollzeitkräften gegenüber[1129].

Wenn aber selbst der Arbeitgeber gewisse Mängel einräumt und die Vorinstanz davon ausgeht, dass *„augenscheinlich“*[1130] auch objektiv ein gewisser Personalmangel vorzuliegen scheine, so erschließt sich nicht, warum das Landesarbeitsgericht nicht versuchte, durch Beweiserhebung, das tatsächliche Ausmaß des Personalmangels zu ergründen. Diese Umstände und die zuvor zitierten Ausführungen des Landesarbeitsgerichts[1131] lassen nur den Schluss zu, dass das Gericht die Ausführungen der Klägerin zum Personalmangel nicht gewürdigt hat, weil es den Zusammenhang zwischen personeller Unterbesetzung und Eingehungs- und Erfüllungsbetrug nicht erkannt hat. Bei der Beweiswürdigung wird offenbar verkannt, dass die Strafanzeige nicht nur den Vorwurf eines Abrechnungsbetruges enthält, sondern auch gestellt wurde, weil ein Betrug aufgrund der dauerhaft fehlenden Leistungsfähigkeit in Frage steht. Grundlage dieses Eingehungs- und Erfüllungsbetruges ist jedoch gerade die personelle Unterbesetzung. Mit den Ausführungen zu der personellen Situation hat die Klägerin diesen Betrugsvorwurf, ihrer Mitwirkungspflicht entsprechend, hinreichend substantiiert dargelegt. Hätte das Gericht diese Verbindung zwischen personeller Unterbesetzung und Eingehungsbetrug richtig erkannt, hätte es auch sehen müssen, dass die Arbeitnehmerin den Vorwurf der personellen Unterbesetzung nicht auf wissentlich unwahre oder leichtfertig falsche Angaben stütze.

Bemerkenswert ist, dass das Gericht an späterer Stelle zu erkennen gibt, dass es durchaus gesehen hat, dass die Klägerin den Personalmangel *„unter unterschiedlichen Aspekten und vermeintlichen Straftatbeständen“*[1132] behauptet hat. Auch scheint das Landesarbeitsgericht grundsätzlich zu erkennen, dass es sich um zwei unterschiedliche Betrugsvorwürfe handelt: [...] *mit den von ihr erhobenen Vorwürfen wie Abrechnungsbetrug und der gewagten Konstruktion eines Betruges zu Lasten der Angehörigen und Bewohner* [...].“[1133] Übergeht ein Gericht einen substantiierten Sachvortrag einer Klägerin, der von erkennbarer zentraler Relevanz für die Frage ist, ob sie bewusst wahrheitswidrig oder leichtfertig falsche Angaben hinsichtlich des Personalmangels machte, so ist dies äußerst unglücklich. Wird dann noch der Vortrag der Klägerin hinsichtlich des Personalmangels in einen falschen Bezug gesetzt, so ist dies eine

1129 ArbG Berlin, Teilurteil vom 3. August 2005 – 39 Ca 4775/05, BeckRS 2011, 77275.
1130 ArbG Berlin, Teilurteil vom 3. August 2005 – 39 Ca 4775/05, BeckRS 2011, 77275.
1131 Siehe das Zitat zu Beginn des Kapitels: LAG Berlin, Urteil vom 28. März 2006 – 7 Sa 1884/05, Rdn. 49 – juris.
1132 LAG Berlin, Urteil vom 28. März 2006 – 7 Sa 1884/05, Rdn. 55 – juris.
1133 LAG Berlin, Urteil vom 28. März 2006 – 7 Sa 1884/05, Rdn. 56 – juris.

unzutreffende rechtliche Würdigung des Sachverhaltes. Wird aufgrund dieser unzureichenden und unzutreffenden Würdigung es als erwiesen angesehen, dass die Klägerin leichtfertig gehandelt hat, so ist dies – milde formuliert – sehr bedenklich.

bb) Abrechnungsbetrug

Zuzustimmen ist dem Landesarbeitsgericht allerdings in dem Punkt, dass Frau Heinisch den Vorwurf des Abrechnungsbetruges nicht näher dargelegt hat. Es ist tatsächlich nicht nachzuvollziehen, welche Pflegeleistungen, in welchem Zeitraum und nach wessen Anweisung dokumentiert wurden, obwohl sie vermeintlich nicht erbracht worden seien. Fraglich ist allerdings, ob die Klägerin zu einer näheren Darlegung verpflichtet gewesen ist. Besteht ein gewisser Personalmangel, so liegt zunächst auch die Annahme nicht fern, dass es zu einem Abrechnungsbetrug kommt. Ein Pflegeheim kann eine personelle Unterbesetzung nur dadurch kompensieren, dass entweder Leistungen dokumentiert werden, die nicht erbracht werden oder Leistungen nicht erbracht werden, zu denen das Pflegeheim verpflichtet ist. Hätte das Gericht einen Beweis über das Ausmaß des Personalmangels erhoben, hätte zumindest geklärt werden können, ob überhaupt theoretisch alle dokumentierten Pflegeleistungen erbracht werden konnten. Da das Gericht diesen Beweis jedoch nicht erhoben hat, stellt es vorschnell fest, dass Frau keinen konkreten Einzelfall dargelegt habe. Es verkennt dabei zudem, dass Frau Heinisch keinen Zugang zu den gesamten Dokumentationsbögen hatte. Diese Möglichkeit steht nur dem Arbeitgeber zu. Es fragt sich somit, welchen Fall eines Abrechnungsbetruges Frau Heinisch hätte darlegen sollen, bei dem sie nicht selbst beteiligt war. Das Gericht fordert somit letztlich von der Klägerin einen Sachverhalt darzulegen, durch den sie sich selbst der Gefahr der Strafverfolgung ausgesetzt hätte. Dieser Umstand wird von der Literatur ebenfalls kritisch bewertet[1134].

Es drängt sich somit die Frage auf, ob von einem Arbeitnehmer de facto verlangt werden kann, im Kündigungsschutzprozess einen Sachverhalt darzulegen, durch den er sich selbst der Gefahr der Strafverfolgung aussetzt. Der Leitsatz einer Entscheidung des Landesarbeitsgerichts Hamm aus dem Jahre 2009 lässt vermuten, dass die Frage positiv zu beantworten ist. Danach ist der Arbeitnehmer *„bei einem Verstoß gegen das Wettbewerbsverbot des § 60 HGB zur Auskunft über sein wettbewerbswidriges Verhalten auch dann verpflichtet, wenn er sich durch die Auskunft in einem staatsanwaltschaftlichen Ermittlungsverfahren selbst belasten könnte.“*[1135] Der Nemo-tenetur-Grundsatz ist im Strafprozess eine der unverrückbaren und fundamentalen Wertentscheidungen[1136]. Das Bundesverfassungsgericht hat klar herausgestellt, dass ein Zwang, durch eigene Aussagen die Voraussetzungen für eine strafgerichtliche

---

1134 Kritisch hierzu: *Ulber*, NZA 2011, 962, 963.

1135 LAG Hamm, Urteil vom 3. März 2009 – 14 Sa 1689/08, Leitsatz – juris. Vergl. hierzu: *Dann*, CCZ 2010, 237; *Schäfer*, NJW-Spezial 2010, 120. Vergl. zur Selbstbelastungsfreiheit ebenfalls: **2. Teil: B.I.aa).**

1136 *Schäfer*, NJW-Spezial 2010, 120.

Verurteilung oder die Verhängung entsprechender Sanktionen liefern zu müssen, mit der Würde des Menschen unvereinbar ist[1137]. Allerdings folgt hieraus nicht, dass der Arbeitnehmer im Verfahren vor den Arbeitsgerichten nicht verpflichtet sein kann, Angaben zu machen, zu denen er im Strafverfahren nicht verpflichtet werden kann[1138]. Das Selbstbezichtigungsverbot wirkt außerhalb des Strafverfahrens nicht unmittelbar. Der Schutz der verfassungsrechtlich unveräußerlichen Rechte wird vielmehr dadurch gewährleistet, dass zwar einerseits im Zivilverfahren eine Aussagepflicht bestehen kann, andererseits diese Aussagen dann nicht an Strafverfolgungsbehörden weitergeleitet und im Strafverfahren nicht gegen den Willen des Beschuldigten verwertet werden dürfen[1139]. Eine außerhalb des Strafverfahrens erzwungene Selbstbezichtigung ist verfassungsrechtlich dann zulässig, wenn sie mit einem strafrechtlichen Verwertungsverbot einhergeht[1140].

Insofern stand die Gefahr einer möglichen Selbstbelastung einer Konkretisierung des Vorwurfes des Abrechnungsbetruges nicht entgegen. Der Vorwurf einer fehlenden Konkretisierung des Abrechnungsbetruges wurde von dem Landesarbeitsgericht somit zu Recht erhoben.

cc) Anwaltliche Beratung als Indiz gegen die Leichtfertigkeit und Auswirkungen der Einstellung des staatsanwaltlichen Ermittlungsverfahrens

Zu kritisieren ist das Landesarbeitsgericht jedoch wiederum bei der fehlenden Würdigung des Umstandes, dass der Anwalt der Klägerin in ihrem Namen die Strafanzeige erstattet hat. Wendet sich ein Rechtsunkundiger ratsuchend an einen Rechtsanwalt, so kann er sich in der Regel auf dessen Auskunft verlassen[1141]. Nun ist es in tatsächlicher Hinsicht nicht mehr aufklärbar, ob dem Anraten des Rechtsanwaltes von Frau Heinisch auch eine juristische Einschätzung der strafrechtlichen Relevanz des Verhaltens des Arbeitgebers vorausging. Bei lebensnaher Betrachtung ist dies jedoch, schon aufgrund der anwaltlichen Sorgfaltspflicht, äußerst wahrscheinlich. Die Strafanzeige durch einen Anwalt im Namen einer Mandantin ist nicht vergleichbar mit einer Anzeige eines Rechtsunkundigen, der einen Boten zur Überbringung der Anzeige losschickt. Frau Heinisch durfte sich durch das Anraten eines Rechtsanwaltes zu Strafanzeige bestärkt fühlen. Das Gericht hätte diesem Umstand mehr Gewicht beimessen müssen und es als Indiz gegen die Annahme

---

1137 Grundlegend: BVerfG, Beschluss vom 13. Januar 1981 – 1 BvR 116/77, NJW 1981, 1431, 1432.

1138 Vergl. auch: BGH, Urteil vom 19. März 1991 – 5 StR 516/90, Rdn. 24 – juris.

1139 Grundlegend: BVerfG, Beschluss vom 13. Januar 1981 – 1 BvR 116/77 – juris.

1140 Zuletzt: BVerfG, Nichtannahmebeschluss vom 31. März 2008 – 2 BvR 467/08, Rdn. 3 – juris.

1141 S.o.: **1. Teil: B.II.3.d)bb).**

der Leichtfertigkeit werten müssen[1142]. Das Gericht verkennt diese Wertung jedoch und verharrt auf seinem defizitären Ausgangspunkt. Die Leichtfertigkeit beruhe auf dem substanzlosen Vortrag der Vorwürfe und hieran könne auch der Umstand, dass die Klägerin einen Anwalt beauftragt habe, nichts ändern[1143].

Kritisch zu betrachten sind auch die Ausführungen des Gerichtes hinsichtlich der Bedeutung des Umstandes, dass die Staatsanwaltschaft keinerlei Ermittlungen eingeleitet hat[1144]. Aus dem Ausgang eines staatsanwaltlichen Ermittlungsverfahrens kann kein zwingender Rückschluss auf die Leichtfertigkeit bei der Offenbarung einer Information erfolgen. Dies hat das Bundesarbeitsgericht deutlich klargestellt[1145]. Zwar sei die erfolgte Verurteilung ein Indiz dafür, dass eine Anzeige nicht leichtfertig erhoben wurde. Jedoch gehe die Annahme fehl, dass eine Strafanzeige nur dann kein Verstoß gegen die arbeitsvertragliche Rücksichtnahmepflicht sei, wenn sie zu einer Verurteilung des Angezeigten führe. Eine unverhältnismäßige Reaktion des Hinweisgebers könne einerseits auch dann vorliegen, wenn eine Straftat tatsächlich begangen wurde und eine Verurteilung erfolgte. Sie könne andererseits aber auch dann zu verneinen sein, wenn eine Straftat in Wahrheit nicht vorliegt oder jedenfalls keine Verurteilung erfolgt. Auch wenn eine Entscheidung des Bundesarbeitsgerichts in dieser Deutlichkeit erst nach dem Urteil des Landesarbeitsgerichts erging, so war auch zuvor klar, dass von dem Ergebnis eines staatsanwaltlichen Ermittlungsverfahren nicht schematisch auf die Leichtfertigkeit des Hinweisgebers zu schließen ist[1146]. Insofern stehen auch diese Ausführungen im Konflikt zur höchstrichterlichen Rechtsprechung und zeichnen das Bild einer einseitigen Würdigung des Sachverhaltes zuungunsten der Arbeitnehmerin.

dd) Ergebnis

Insgesamt ist somit festzuhalten, dass die Klägerin ihre Anzeige nicht leichtfertig auf Tatsachen gestützt hat, die im Prozess nicht dargelegt werden konnten. Ursache der gegenteiligen Ansicht des Landesarbeitsgerichts ist die Verkennung des Zusammenhanges zwischen Strafanzeige aufgrund eines Erfüllungsbetruges und substantiiert dargelegten Personalmangel.

1142 S.o.: **1. Teil: B.II.3.d)bb);** ebenso: *Ulber/Wolf,* LAGE zu § 626 BGB 2002 Nr. 7b, S. 18.

1143 LAG Berlin, Urteil vom 28. März 2006 – 7 Sa 1884/05, Rdn. 51 – juris.

1144 LAG Berlin, Urteil vom 28. März 2006 – 7 Sa 1884/05, Rdn. 50 – juris.

1145 BAG, Urteil vom 7. Dezember 2006 – 2 AZR 400/05, Rdn. 18 – juris.

1146 Die strafrechtliche Bewertung eines bestimmten Verhaltens ist nie alleine maßgebend. Stets muss eine originär arbeitsrechtliche Bewertung des Sachverhaltes erfolgen. Vergl. bspw.: BAG, Urteil vom 10. Juni 2010 – 2 AZR 541/09, Rdn. 30 – *Emmely* – juris; BAG, Urteil vom 21. April 2005 – 2 AZR 255/04, Rdn. 33 – juris; BAG, Urteil vom 20. August 1997 – 2 AZR 620/96, Rdn. 18 – juris.

2. Unverhältnismäßige Reaktion der Arbeitnehmerin

Unter Punkt 2.1.2.2 versucht das Landesarbeitsgericht darzulegen, warum die Strafanzeige des Weiteren eine unverhältnismäßige Reaktion der Arbeitnehmerin gewesen sei[1147]. Wiederum ruft schon der Bezugspunkt der Unverhältnismäßigkeit Erstaunen hervor. Denn das Landesarbeitsgericht führt aus, dass die Strafanzeige sich als unverhältnismäßige Reaktion der Klägerin auf die Weigerung der Beklagten erweise, den von ihr behaupteten Personalmangel als bestehend anzuerkennen[1148]. Eine externe Anzeige erfolgt jedoch nicht, weil der Arbeitgeber sich weigert, einen bestimmten Umstand anzuerkennen. Beim (redlichen) Whistleblowing geht es nicht darum, seine Ansichten durchzusetzen[1149]. Ziel ist die Beseitigung eines betrieblichen Missstandes. Auch Frau Heinischs Intention war es, dass die aufgezeigten Mängel in der Pflege beseitigt werden. Insofern könnte die Strafanzeige vorliegend lediglich eine unverhältnismäßige Reaktion der Klägerin auf die Weigerung des Arbeitgebers darstellen, Missstände in der Pflege, die auf einem Personalmangel beruhen, anzuerkennen und zu beseitigen.

Darüber hinaus bestand im Grunde für das Landesarbeitsgerichts nach der Annahme der Leichtfertigkeit keine Veranlassung darzulegen, warum die Strafanzeige des Weiteren unverhältnismäßig war. Der Verdacht, dass das Landesarbeitsgericht sich selbst für die juristische Plausibilität seiner Ausführungen hinsichtlich der Leichtfertigkeit nicht in Sicherheit gewogen hat, liegt daher nicht fern[1150].

aa) Keine innerbetriebliche Abhilfe

Im Einzelnen versucht das Gericht unter 2.1.2.2.1 die Unverhältnismäßigkeit zunächst damit zu begründen, dass die Klägerin eine innerbetriebliche Abhilfe hinsichtlich des behaupteten Abrechnungsbetruges nicht versucht habe[1151]. Der Arbeitgeber habe ein erhebliches Interesse an einer innerbetrieblichen Klärung gehabt, um die Schäden durch einen Abrechnungsbetrug abzuwenden[1152]. Eine solcher Klärungsversuch sei der Klägerin auch zumutbar gewesen, da sie nicht davon ausgehen durfte, dass eine innerbetriebliche Klärung erfolglos bliebe und es nicht um Straftaten des Arbeitgebers oder um solche handele, bei deren Nichtanzeige sie sich selbst der Strafverfolgung aussetzen würde[1153].

Richtig ist, dass die Klägerin in den Belastungsanzeigen und sonstigen innerbetrieblichen Meldungen keinen konkreten Fall eines Abrechnungsbetruges dargelegt hat[1154]. Die Klägerin hat jedoch in einer Vielzahl von innerbetrieblichen Hinweisen

---

1147 LAG Berlin, Urteil vom 28. März 2006 – 7 Sa 1884/05, Rdn. 52–55 – juris.
1148 LAG Berlin, Urteil vom 28. März 2006 – 7 Sa 1884/05, Rdn. 52 – juris.
1149 Vergl. etwa: **1. Teil: C.III.1.b)cc), C.III.1.b)dd)**.
1150 *Ulber/Wolf*, LAGE § 626 BGB 2002 Nr. 7b, S. 19.
1151 LAG Berlin, Urteil vom 28. März 2006 – 7 Sa 1884/05, Rdn. 53–54 – juris.
1152 LAG Berlin, Urteil vom 28. März 2006 – 7 Sa 1884/05, Rdn. 53 – juris.
1153 LAG Berlin, Urteil vom 28. März 2006 – 7 Sa 1884/05, Rdn. 54 – juris.
1154 Siehe hierzu ausführlich im Kapitel zuvor.

auf verschiedene Mängel in der Pflege hingewiesen[1155]. Fraglich ist daher, ob eine Verpflichtung zu einem weiteren innerbetrieblichen Klärungsversuch hinsichtlich des Abrechnungsbetruges bestand.

Im **1. Teil: C.III.2.b)** werden die Ausnahmen von der Verpflichtung zu einem vorherigen innerbetrieblichen Klärungsversuch dargestellt. Vorliegend war die Annahme einiger Ausnahmekonstellationen denkbar. Die Ausnahme von der Verpflichtung zur vorherigen innerbetrieblichen Klärung und Meldung konnte jedoch nicht auf das Vorliegen einer *schwerwiegenden Straftat* gestützt werden[1156]. Sowohl der Vorwurf des schweren Betruges in Form eines Eingehungs- und Erfüllungsbetruges als auch der Abrechnungsbetrug stellen nach § 263 Abs. 3 und § 263 Abs. 1 StGB lediglich Vergehen dar. Nach der hier vertretenen Ansicht sind *schwerwiegende Straftat* jedoch nur solche, denen der Gesetzgeber den Strafrahmen eines Verbrechens zugewiesen hat. Hinsichtlich des Eingehungsbetruges wird dem Arbeitgeber jedoch angelastet, diese Straftat selbst begangen zu haben. Allerdings gilt dies wiederum nicht für den vermeintlichen Abrechnungsbetrug. Der Arbeitgeber hatte offenbar keine Kenntnis von der vermeintlichen Praxis, dass nicht durchgeführte Leistungen dokumentiert und abgerechnet wurden[1157]. Die Sachverhaltswürdigung des Landesarbeitsgerichts ist an dieser Stelle nicht vergleichbar kritisch zu betrachten. Insofern bestand keine Ausnahme von der Verpflichtung zur innerbetrieblichen Klärung aufgrund der Umstände der Straftat.

Allerdings ist der Arbeitnehmer von der Pflicht ebenfalls befreit, wenn eine Abhilfe berechtigterweise nicht zu erwarten ist. Dies ist jedenfalls dann der Fall, wenn der Arbeitnehmer den Arbeitgeber vergeblich auf die Missstände hingewiesen hat und dieser keine Abhilfe leistet[1158]. Frau Heinisch hat immer wieder in fast überobilgatorischer Art und Weise versucht, den Arbeitgeber zu bewegen, Maßnahmen gegen die Missstände in der Pflege zu ergreifen. Sie hat sogar ein Konzept mit detaillierten Vorschlägen zur Verbesserung ausgearbeitet und dem Arbeitgeber vorgelegt[1159]. Noch einen Monat vor der Strafanzeige hat die Klägerin durch Schreiben ihres Anwaltes erneut an den Arbeitgeber appelliert. Dieser hat die Vorwürfe jedoch pauschal zurückgewiesen[1160]. Konnte Frau Heinisch da wirklich noch hoffen, dass eine innerbetriebliche Klärung hinsichtlich der Abrechnungsvorwürfe von Erfolg sein wird? Zumal auch der Vorwurf des Abrechnungsbetruges ein Auswuchs des vom Arbeitgeber stets vehement und pauschal bestrittenen Personalmangels darstellt? In Anbetracht der grundsätzlich ablehnenden Haltung des Arbeitgebers gegenüber den in der Vergangenheit unternommenen Abhilfeversuchen war es

---

1155 S.o.: **1. Teil: D.IV.1.c)aa)**.

1156 A.A.: *Ulber/Wolf,* LAGE § 626 BGB 2002 Nr. 7b, S. 20.

1157 LAG Berlin, Urteil vom 28. März 2006 – 7 Sa 1884/05, Rdn. 53 – juris.

1158 BAG, Urteil vom 3. Juli 2003 – 2 AZR 235/02, Rdn. 41; Ausführlich oben: **1. Teil: C.III.2.b)bb)(3)**.

1159 *Deiseroth,* AuR 2007, 198, 199.

1160 LAG Berlin, Urteil vom 28. März 2006 – 7 Sa 1884/05, Rdn. 3, 4, 33 – juris.

unschädlich, dass Frau Heinisch hinsichtlich des Abrechnungsbetruges keinen weiteren innerbetrieblichen Klärungsversuch unternommen hat[1161].

Hinzu kommt, dass die Klägerin fürchtete sich selbst strafbar zu machen. Auch dieser Umstand begründet grundsätzlich die Möglichkeit der unmittelbaren organisationsexternen Meldung[1162]. Nicht näher dargelegt wird jedoch, warum Frau Heinisch fürchtete, sich selbst strafbar zu machen. Dem Urteil ist lediglich zu entnehmen, dass sie fürchtete, *„selbst strafrechtlich für die Defizite herangezogen zu werden"*[1163]. Aus diesen Aussagen lässt sich schließen, dass die Klägerin annahm, wegen unterlassener Hilfeleistung nach § 323c StGB strafrechtlich belangt zu werden. Eine Strafbarkeit wegen unterlassener Hilfeleistung scheint aufgrund der Mängel in der Pflege, die nachgehend eindrucksvoll durch den MDK[1164] bestätigt wurden, nicht gänzlich fernliegend. Zwar handelt es sich nicht um ein plötzlich auftretendes Ereignis und damit nicht um einen Unglücksfall oder eine gemeine Gefahr im Sinne des § 323c StGB[1165]. Allerdings könnte bei der dauerhaft fehlenden Gewährleistung der Grundhygiene in einer Pflegeeinrichtung das Tatbestandsmerkmal der *„gemeinen Not"* erfüllt sein[1166]. Üblicherweise werden hierunter nur Notlagen von größerem Ausmaß subsumiert wie: Der Ausbruch von Seuchen, Plünderungen, schwerwiegende Störungen der Nahrungsmittelversorgung und der Ausfall der Trinkwasserversorgung[1167]. Dennoch betreffen die Pflegemängel eine Mehrzahl an Personen, für die offenbar eine erhebliche Gesundheitsgefährdung bestand. Daher scheint es noch vertretbar, auch eine konstant defizitäre Pflegesituation als vom Schutzzweck der Norm erfasst anzusehen und als Unterfall der gemeinen Not anzuerkennen. Maßgeblich für die Beurteilung ist dabei eine verobjektivierte ex-ante Sicht[1168]. Entscheidend ist mithin das Urteil, das ein verständiger Beobachter auf Grund der ihm erkennbaren – sowie ggf. der zusätzlich dem Täter bekannten – Umstände fällen würde. Nach dieser Perspektive konnte Frau Heinisch von einer gemeinen Not ausgehen.

Als ein die Hilfspflicht auslösender Unglücksfall ist auch die Straftat eines Dritten einzustufen, wenn ein erheblicher Schaden droht[1169]. In diesem Zusammenhang ist darauf hinzuweisen, dass nach den Feststellungen des MDK für freiheitseinschränkende Maßnahmen wie das Hochstellen der Bettgitter und Fixierungen im Rollstuhl

---

1161 In diesem Sinne auch: *Ulber/Wolf,* LAGE § 626 BGB 2002 Nr. 7b, S. 20; *Deiseroth,* AuR 2007, 198, 200.

1162 BAG, Urteil vom 3. Juli 2003 – 2 AZR 235/02, Rdn. 41 – juris; Ausführlich: **1. Teil: C.III.2.b)aa).**

1163 LAG Berlin, Urteil vom 28. März 2006 – 7 Sa 1884/05, Rdn. 33 – juris.

1164 In der Zusammenfassung des MDK-Prüfberichtes vom 10. Mai 2006 ist die Rede von *„gravierenden Mängeln"* und nicht auszuschließenden bzw. bereits eingetretenen Folgeschäden, vergl.: MDK-Prüfbericht vom 10. Mai 2006, S. 47.

1165 Fischer § 323c, Rdn. 3.

1166 S/S/*Sternberg-Lieben/Hecker* § 323c, Rdn. 8.

1167 Fischer § 323c, Rdn. 8; S/S/*Sternberg-Lieben/Hecker* § 323c, Rdn. 8.

1168 Fischer § 323c, Rdn. 9.

1169 S/S/*Sternberg-Lieben/Hecker* § 323c, Rdn. 7.

keine Zustimmungen der Bewohner oder richterliche Genehmigungen vorlagen[1170]. Allerdings hat Frau Heinisch diesen Umstand nicht vorgebracht und zudem wiegen auch in dieser Konstellation die von Rechtsprechung und Literatur üblicherweise erfassten Fälle noch schwerer[1171]. Eine Ausnahme aufgrund befürchteter eigener Strafbarkeit begegnet somit letztlich Bedenken. Dennoch war ein weiterer innerbetrieblicher Klärungsversuch, hinsichtlich des Abrechnungsbetruges, aufgrund der Vielzahl der zuvor – fruchtlos – getätigten Abhilfeversuche entbehrlich.

bb) Klärung durch den MDK

Unter Punkt 2.1.2.2.2 führt das Gericht aus, dass eine Unverhältnismäßigkeit sich auch daraus ergebe, dass die Klägerin das Ergebnis der Untersuchung des MDK nicht abgewartet habe[1172].

(1) Staatliche Kontrollinstanz und individuelles Anzeigerecht

Fraglich ist, wie der Umstand zu bewerten ist, dass der Arbeitgeber einer staatlichen Aufsicht unterlag. Aus der bloßen Existenz einer staatlichen Kontrollinstanz lassen sich keine pauschalen Aussagen zur Zulässigkeit einer Offenbarung des Arbeitnehmers ableiten[1173]. Insbesondere folgt aus der Existenz einer Kontrollinstanz nicht zugleich, dass die organisationsexterne Offenbarung eines Einzelnen stets unzulässig ist. Ein solcher Grundsatz ist weder der Rechtsprechung noch der Literatur zu entnehmen und wäre zudem ein evidenter Verstoß gegen das Petitionsrecht aus Art. 17 Abs. 1 GG, wonach sich jedermann auch *einzeln* an die zuständigen Stellen wenden kann.

Meines Erachtens geht auch das Landesarbeitsgericht nicht davon aus, dass es der Strafanzeige schon deshalb nicht bedurfte, weil der Arbeitgeber einer staatlichen Kontrolle durch den MDK unterworfen war[1174]. Das Gericht führt zwar aus, dass der Arbeitgeber der Kontrolle des MDK unterlag, hieraus folgt jedoch nicht zugleich, dass das Landesarbeitsgericht aufgrund der schlichten Existenz einer staatlichen Kontrollinstanz dem einzelnen Arbeitnehmer generell ein individuelles Anzeigerecht abspricht. Das Landesarbeitsgericht führt nur aus, dass die Klägerin nicht habe befürchten müssen, dass der Kontrollmechanismus nicht funktioniere, da die MDK bereits früher Sanktionen in Aussicht gestellt habe. Allerdings sei es Frau Heinisch zuzumuten gewesen, wenn es ihr tatsächlich um die Qualität der Pflege gegangen wäre, zunächst das Ergebnis der durchgeführten Untersuchung abzuwarten[1175]. Das Gericht versucht somit an dieser Stelle konkret seine Erwägungen darzulegen, die es veranlasst haben, die Reaktion der Arbeitnehmerin als unverhältnismäßig einzustufen.

1170 Qualitätsprüfbericht des MDK vom 10. Mai 2006, S. 46.

1171 S/S/ *Sternberg-Lieben/Hecker* § 323c, Rdn. 7 (versuchter Mord oder Vergewaltigung).

1172 LAG Berlin, Urteil vom 28. März 2006 – 7 Sa 1884/05, Rdn. 55 – juris.

1173 Ebenso: *Ulber/Wolf*, LAGE § 626 BGB 2002 Nr. 7b, S. 24.

1174 So jedoch: *Ulber/Wolf*, LAGE § 626 BGB 2002 Nr. 7b, S. 21 ff.

1175 LAG Berlin, Urteil vom 28. März 2006 – 7 Sa 1884/05, Rdn. 55 – juris

Diese Bemühungen wären allerdings überflüssig gewesen, wenn das Gericht die Auffassung vertreten hätte, dass bei Existenz einer staatlichen Kontrolleinrichtung zugleich kein individuelles Anzeigerecht existieren könne. Dann hätte das Gericht dies schlicht festgestellt und nicht auf den Umstand hingewiesen, dass ein weiteres Abwarten auf das Ergebnis der staatlichen Kontrollinstanz zumutbar gewesen sei. Auch der Beginn des nächsten Absatzes, *„Aus all diesen Umständen wird deutlich, [...]"*[1176], spricht gegen die Annahme einer generalisierenden Verknüpfung von individuellem Anzeigerecht und staatlicher Aufsicht zu Lasten des Anzeigerechtes des Einzelnen. Auch diese abschließende Zusammenfassung ist nur dann sinnhaft, wenn das Gericht die organisationsexterne Anzeige nicht allgemein, sondern nur im Einzelfall, bei gleichzeitiger Existenz einer staatlichen Aufsicht, als unverhältnismäßig einstufte.

Festzuhalten bleibt, dass das Landesarbeitsgericht einzig das fehlende Zuwarten auf das Ergebnis der staatlichen Kontrolle als Indiz wertete, für eine *„in weiteren Punkten"*[1177] unverhältnismäßige Reaktion der Arbeitnehmerin.

(2) Negative Indizwirkung einer individuellen Anzeige bei anderen Stellen als der originär zuständigen staatlichen Kontrollinstanz

Fraglich ist, ob dem Umstand, dass der Einzelne einen betrieblichen Missstand bei einer anderen als der originär zuständigen Kontrollinstanz anzeigt, eine negative indizielle Wirkung zukommt. Dies ist im Grundsatz zu verneinen. Allerdings stellt die Offenbarung eines innerbetrieblichen Vorgangs bei einer anderen Stelle, etwa der Staatsanwaltschaft, dann eine unverhältnismäßige Reaktion dar, wenn sie nicht erforderlich war.

Eine individuelle Anzeige ist dann nicht erforderlich, wenn die staatliche Kontrollinstanz ein milderes Mittel darstellt und deren Kontrollen gleich geeignet sind, den Missstand zu beseitigen[1178]. Eine routinemäßige, nach festen Zyklen erfolgende Kontrolle ist für den Arbeitgeber stets ein milderes Mittel. Fallen bei einer solchen Kontrolle Missstände auf, dann wird dieses Ergebnis grundsätzlich nicht organisationsextern bekannt gegeben. Eine Ausnahme besteht bei gesetzlichen Vorschriften[1179]

1176 LAG Berlin, Urteil vom 28. März 2006 – 7 Sa 1884/05, Rdn. 56 – juris.

1177 LAG Berlin, Urteil vom 28. März 2006 – 7 Sa 1884/05, Rdn. 55 – juris.

1178 Die Erforderlichkeit wird rechtsgebietübergreifend stets in diesem Sinne verstanden. Vergl. etwa zur Erforderlichkeit der Verteidigungshandlung im Rahmen der Notwehr nach § 32 StGB: S/S/*Peron* § 32, Rdn. 34: *„Erforderlich ist die Verteidigung, wenn und soweit sie einerseits zur Abwehr des Angriffs geeignet ist und andererseits das relativ mildeste Gegenmittel darstellt"*. Zur Erforderlichkeit im Rahmen des verfassungsrechtlichen Grundsatzes der Verhältnismäßigkeit, vergl.: Maunz/Dürig/*Grzeszick*, Art. 20 VII, B, 2., Rdn. 113 ff. Aufgrund seiner fundamentalen Bedeutung als Element der allgemeinen Rechtsstaatlichkeit wird auf das Verfassungsprinzip der Erforderlichkeit, insbesondere im sensiblen Bereich der Eingriffsverwaltung, teilweise explizit hingewiesen: Vergl. etwa: § 2 PolG NRW; § 2 SPolG; § 3 BremPolG. Vergl. ferner: § 39 Abs. 2 LFBG.

1179 Bspw. § 115 SGB XI; § 40 LFGB.

und bei krassen und evidenten Missständen. Hinsichtlich letzterem ist etwa an die Fallkonstellation zu denken, dass die zuständige Behörde aufgrund gravierender Hygienemängel eine Schließung eines Betriebs vornimmt[1180]. In diesem Fall wird es regelmäßig nicht zu verhindern sein, dass die Information über die Betriebsschließung auch organisationsextern bekannt wird. Grundsätzlich sind aber die Interessen des Arbeitgebers bei einer staatlichen Routinekontrolle weniger stark belastet. Eine organisationsexterne Anzeige bei gleichzeitiger staatlicher Aufsicht ist nur dann unverhältnismäßig oder genauer gesagt nicht erforderlich, wenn die staatlichen, turnusgemäß erfolgenden, Routinekontrollen auch gleichsam geeignet sind, den Missstand zu beseitigen.

Diese Bewertung bedarf einer gesonderten Betrachtung der jeweiligen Umstände des Einzelfalls. Die Effektivität eines staatlichen Kontrollgremiums ist von mehreren Faktoren abhängig. Eine gewichtige Rolle spielt dabei die Art des Kontrollmechanismus, daneben ist beispielsweise auch von Bedeutung, ob die Behörde über ausreichende Sanktionsmechanismen verfügt, um den konkreten Missstand schnell und effektiv beseitigen zu können.

Im Fall Heinisch ist dabei besonderes Augenmerk auf den Kontrollmechanismus der MDK zu legen. Die MDK führt regelmäßig nur angemeldete Kontrollen durch. Lediglich 55 % der Einzel- und Stichproben werden unangemeldet durchgeführt[1181]. Hintergrund ist paradoxerweise, dass der MDK insbesondere dem Vorwurf entgegnen will, durch eine unangemeldete Kontrolle unverhältnismäßig in die Rechte des Arbeitgebers einzugreifen[1182]. Diese Schonung der Arbeitgeberinteressen führt jedoch zugleich dazu, dass die Effektivität der Kontrollmaßnahmen erheblich vermindert wird. Eine angemeldete Prüfung ist, bei Lichte betrachtet, niemals gleich geeignet ein repräsentatives und ungeschöntes Bild der tatsächlichen Verhältnisse darzustellen[1183]. Ähnlich wie in einem Bewerbungsgespräch wird stets das Bemühen im Vordergrund stehen, eigene Mängel zu verbergen. Zudem ist es aufgrund der Vorankündigungszeit dem Arbeitgeber möglich, erhebliche, grobe Mängel zu beseitigen. Bei einem derart ineffektiven Kontrollmechanismus, ist generell stark zu bezweifeln, dass die individuelle Anzeige bei einer anderen als der originär zuständigen staatlichen Stelle überhaupt ein Indiz für eine unverhältnismäßige Wahrnehmung des Anzeigerechts darstellen kann.

1180 Ermächtigungsgrundlage ist insofern § 39 LFBG. Die Länder sind in Ansehung des Art. 83 und 84 GG befugt, für die Durchführung des Verwaltungsverfahrens ergänzende Vorschriften zu erlassen. Einen Einblick in die Vielzahl der verschiedenen Verordnung findet sich bei: Meyer/Streinz/*Meyer*, LFGB, § 48, Rdn. 2 ff.

1181 *Deiseroth*, AuR 2007, 34, Fn. 8; gegenwärtig ergibt sich eine Veröffentlichungspflicht der Ergebnisse der Qualitätsprüfungen aus § 115 SGB XI.

1182 Hinzukommen noch weitere sozialrechtliche Aspekte, ausführlich hierzu: *Ulber/Wolf*, LAGE § 626 BGB 2002 Nr. 7b, S. 22.

1183 Ebenso für die Prüfung durch den MdK: *Ulber/Wolf*, LAGE § 626 BGB 2002 Nr. 7b, S. 22 f. m.w.N.

(3) Negative Indizwirkung eines fehlenden Zuwartens auf das Ergebnis einer durchgeführten Kontrolluntersuchung

(a) Maßstab im Fall Heinisch

In der Konstellation *Heinisch* besteht die weitere Besonderheit, dass die Strafanzeige zwar nach der Kontrolluntersuchung der staatlichen Aufsicht, jedoch vor der Ausfertigung des Ergebnisses der Untersuchung gestellt wurde. In der Konstellation, dass lediglich das Ergebnis der Kontrolluntersuchung aussteht, ist zum einen der Zeitraum zu beachten innerhalb der die Aufsicht fähig ist, Maßnahmen zu ergreifen. Zum anderen sind die konkret bedrohten Rechtsgüter von gesteigerter Bedeutung. Ein Abwarten auf das Kontrollergebnis der staatlichen Aufsicht kann nur dann verlangt werden, wenn sichergestellt ist, dass die Missstände durch die staatliche Aufsicht effektiv beseitig werden und dies auch innerhalb eines angemessenen Zeitraums zu erwarten ist.

In Anbetracht der vorliegenden Mängel, aufgrund derer eine Gefährdung der Patienten nicht ausgeschlossen werden konnte, musste gesichert sein, dass die Aufsicht innerhalb eines relativ kurzen Zeitraums Abhilfe schaffen kann. Bei einer nicht auszuschließenden Gefährdung der Rechtsgüter Leib und Leben eines Menschen beträgt diese Zeitspanne wenige Tage. Bei akuten Gefährdungen oder der Gefahr eines Eintritts irreversibler Schäden, ist sogar eine ad hoc Reaktion der staatlichen Aufsicht zu fordern. Ob diese Voraussetzungen im Fall Heinisch erfüllt waren, lässt sich im Nachhinein nicht mehr sicher feststellen[1184]. Die Zeitspanne, die der MDK benötigte, ist jedenfalls völlig unzureichend. Zu welchem Zeitpunkt das Ergebnis der Kontrolluntersuchung vom 18. November 2004 vorlag, lässt sich nicht mehr rekonstruieren. Aus dem Prüfungsbericht vom 10. Mai 2006 ergibt sich jedoch, dass das Ergebnis einer Kontrolluntersuchung bereits nach 2 Wochen vorliegen kann[1185]. Die Strafanzeige erfolgte indes erst am 7. Dezember 2004, mithin zweieinhalb Wochen später. Eine längere Zeitspanne nochmals abzuwarten, bis die Arbeitnehmerin externe Schritte ergreifen konnte, war unzumutbar. Dies gilt insbesondere auch in Anbetracht dessen, dass die Drohung der Kündigung des Versorgungsvertrages vom November 2003 fruchtlos geblieben ist. Die Strafanzeige der Klägerin war somit erforderlich. Der Kontrollmechanismus durch die MDK war nicht gleich geeignet, die Missstände effektiv und schnell zu beseitigen. Das fehlende Abwarten der Klägerin auf das Untersuchungsergebnis stellt somit, entgegen der Auffassung des Landesarbeitsgerichts, kein Indiz für eine unverhältnismäßige Reaktion dar.

Dass der Kontrollmechanismus durch den MDK nicht in der Lage war, Mängel in der Pflege effektiv zu beseitigen, wurde nachfolgend eindrucksvoll durch das eigene Gutachten des MDK vom 10.05.2006 bestätigt. Trotz der Drohung des MDK mit der

---

1184 Die Zusammenfassung des MDK Prüfberichtes legen eine solche Einschätzung jedoch nahe: MDK Prüfbericht vom 10. Mai 2006, S. 47 *„Folgeschäden bereits eingetreten"*.

1185 Die Untersuchungen zu diesem Prüfbericht wurden vom 26. April 2006 bis zum 27. April 2006 durchgeführt.

schärfsten ihr zur Verfügung stehenden Sanktion bereits im November 2003 – Kündigung des Versorgungsvertrages[1186] – bestanden weiterhin „*gravierende Mängel*"[1187]. So wird zusammenfassend festgestellt, dass „*Risiken für die Pflegebedürftigen nicht auszuschließen bzw. Folgeschäden bereits eingetreten*" sind[1188]. In Anbetracht des Umstandes, dass selbst im Mai 2006 die auf einen Personalmangel beruhenden Mängel noch weiterhin bestehen und als gravierend von dem MDK eingestuft wurden, stellt sich die Frage, wie lange das Landesarbeitsgericht der Klägerin aufbürden wollte noch auf eine Abhilfe durch den MDK zu hoffen und von einer Strafanzeige abzusehen? Angenommen Frau Heinisch hätte erst das Ergebnis der Qualitätsüberprüfung durch den MDK vom 18. November 2004 abgewartet, hätte sie dann hiernach andere Schritte ergreifen dürfen oder hätte sie nach den Beanstandungen im März 2003, im Juli 2003 und November 2004 bei der „*jeweils u.a. eine angespannte Personalsituation und Defizite in allen Qualitätsbereichen festgestellt und der dringende Handlungsbedarf verdeutlicht* [wurde][1189]", erst eine dritte Beanstandung durch die staatliche Kontrollinstanz abwarten müssen? In Anbetracht der fruchtlosen Rügen durch den MDK in der Vergangenheit kann festgehalten werden, dass auch das fehlende Zuwarten der Klägerin auf das ausstehende Kontrollergebnis der staatlichen Aufsicht nicht als negatives Indiz hinsichtlich einer unverhältnismäßigen Anzeige zu werten ist.

Im Übrigen stehen die Ausführungen des letzten Prüfberichtes des MDK aus dem Jahre 2006 im Widerspruch zu dem Tatbestand des Urteils des Landesarbeitsgerichts. Im Tatbestand des Landesarbeitsgerichts wird davon ausgegangen, dass streitig sei, ob „*die zusammenfassende Äußerung [des MDK] zum Personalbestand ergab, dass die Personalsituation zwar angespannt, jedoch nicht zu bemängeln sei*"[1190]. Nach der Qualitätsprüfung aus dem Jahre 2006 des MDK wurde in den Untersuchungen in den Jahren 2002, 2003 und insbesondere im November 2004 jeweils unter anderem eine angespannte Personalsituation und Defizite in allen Qualitätsbereichen festgestellt und der „*dringende Handlungsbedarf verdeutlicht*"[1191]. Ob diesbezüglich dem MDK oder dem Landesarbeitsgericht Berlin eine unsorgfältige Arbeitsweise vorzuwerfen ist, kann nicht mit Gewissheit beantwortet werden. Schon die bisherigen Ausführungen zeigen jedoch, dass das Landesarbeitsgericht sehr bemüht war, die Sachverhaltsinformationen möglichst kündigungsfreundlich auszulegen. Insofern liegt die Vermutung nicht fern, dass diese Ungenauigkeit bei der Darstellung der vergangenen Ereignisse der Sphäre des Arbeitsgerichtes zuzuordnen ist[1192].

1186 § 74 SGB XI.
1187 MDK Prüfbericht vom 10. Mai 2006, S. 47.
1188 MDK Prüfbericht vom 10. Mai 2006, S. 47.
1189 MDK Prüfbericht vom 10. Mai 2006, S. 2.
1190 LAG Berlin, Urteil vom 28. März 2006 – 7 Sa 1884/05, Rdn. 2 – juris.
1191 MDK Prüfbericht vom 10. Mai 2006, S. 2.
1192 Auch die Ausführungen des EGMR zur Rechtssache *Heinisch* stützen diese Vermutung, vergl. unten: **1. Teil: D.V.4.d)dd)(1).**

(b) Allgemeiner Maßstab zur Bestimmung der zumutbaren Zeitspanne

Zur Bestimmung der Zeitspanne, die dem Hinweisgeber vor der Einschaltung einer anderen Behörde allgemein noch zuzumuten ist, kann auf einen Vergleich zu der Situation im einstweiligen Rechtsschutz abgestellt werden. Der Rechtsschutzanspruch des Bürgers auf Gewährung einstweiligen Rechtsschutzes ist umso stärker und darf umso weniger zurückstehen, je schwerwiegender die ihm auferlegte Belastung ist und je mehr die Maßnahmen der Verwaltung Unabänderliches bewirken[1193]. Im Rahmen der abstrakten Normenkontrolle ist nach § 47 Abs. 6 VwGO für den Erlass einer einstweiligen Anordnung, mangels offensichtlicher Begründetheit der Hauptsache, nach allgemeiner Ansicht, die sogenannte Doppelhypothese anzuwenden[1194]. Danach sind die Folgen, die eintreten würden, wenn die einstweilige Anordnung nicht erginge, der Normenkontrollantrag später aber in der Hauptsache Erfolg hätte, mit den Nachteilen abzuwägen, die entstünden, wenn die begehrte einstweilige Anordnung erlassen würde, der Normenkontrollantrag aber in der Hauptsache später erfolglos bliebe[1195]. Auch im Rahmen des einstweiligen Rechtsschutzes im Verwaltungsprozess nach § 80 Abs. 5 VwGO sind die Erfolgsaussichten der Hauptsache von entscheidender Bedeutung. Kann weder die Recht- noch die Unrechtmäßigkeit des Verwaltungsaktes sicher bestimmt werden, ist maßgeblich, ob irreversible Folgen zu befürchten sind, sollte die Entscheidung im vorläufigen Rechtsschutzverfahren von der Entscheidung in der Hauptsache abweichen[1196]. Entsprechend der Schwere der für den Antragsteller drohenden Nachteile, sind Unsicherheiten in tatsächlicher oder rechtlicher Hinsicht zu seinen Gunsten zu berücksichtigen[1197].

Übertragen auf die vorliegende Situation bedeutete dies, dass je schwerwiegender die bedrohten Rechtsgüter sind, umso kürzer ist die dem Hinweisgeber zuzumutende Zeitspanne des Abwartens. Drohen sogar irreversible Schäden, so ist eine ad-hoc Reaktion der originären Aufsicht zu fordern, andernfalls ist der Whistleblower berechtigt, sich an andere Stellen zu wenden.

Stellt sich nachfolgend heraus, dass objektiv keine Gefährdungslage bestand, so sind die Konsequenzen dieses Irrtums maßgeblich davon abhängig, ob der Whistleblower leichtfertig in seiner Offenbarung unwahre Angaben machte[1198].

1193 Vergl. bereits: BVerfG, Beschluss vom 18. Juli 1973 – 1 BvR 23 u. 155/73, NJW 1974, 227, 228; BVerfG, Beschluss vom 10. Oktober 2003 – 1 BvR 2025/03, NVwZ 2003, 93, 94.

1194 Exemplarisch für die Rechtsprechung: BayVGH, Beschluss vom 16. Mai 2011 – 1 NE 10.2657, Rdn. 35 – juris; OVG Frankfurt/Oder, Beschluss vom 13. Januar 2004 – 3 B 274/03 NE, Rdn. 20 – juris;. Für die Literatur: Sodan/Ziekow/*Ziekow* § 47, Rdn. 395.

1195 OVG Berlin-Brandenburg, Beschluss vom 28. August 2007 – OVG 2 S 63.07, Rdn. 16 – juris.

1196 Beck-OK-VwGO/*Gersdorf* § 80, Rdn. 190, m.w.N.

1197 Beck-OK-VwGO/*Gersdorf* § 80, Rdn. 190, m.w.N.

1198 Die von der Rechtsprechung im einstweiligen Rechtsschutz angewandten Grundsätze der summarischen Prüfung rechtfertigen kein Abweichen von dem Umfang

cc) Andere Ziele der Arbeitnehmerin, Motivation

Handelt der Arbeitnehmer einzig aus der unredlichen Gesinnung heraus, den Arbeitgeber zu denunzieren oder schädigen zu wollen, so ist dies rechtsmissbräuchlich und eine schwerwiegende Verletzung der arbeitsvertraglichen Rücksichtnahmepflicht aus § 241 Abs. 2. Eine rechtsmissbräuchliche Motivation des Anzeigenden ist ein gewichtiges Indiz, das eine Kündigung zu rechtfertigen vermag[1199]. Das Landesarbeitsgericht unterstellt der Klägerin eine solche Absicht. Der Klägerin ginge es im Ergebnis *„um eine Kampagne gegen ihre Arbeitgeberin"*[1200]. Dies schlussfolgert das Landesarbeitsgericht aus dem prozessualen Verhalten der Klägerin und der *„polemischen Diktion der Strafanzeige"*[1201].

Zunächst weisen *Ulber/Wolf*[1202] zutreffend daraufhin, dass die Strafanzeige nicht von der Klägerin selbst formuliert wurde, sondern von ihrem Prozessbevollmächtigten[1203]. Dies entbindet die Klägerin zwar nicht aus der Verantwortung hinsichtlich des Inhaltes der Strafanzeige, der Vorwurf eines polemischen Stils kann ihr jedoch nicht gemacht werden. Auch wenn gewisse Übertreibungen und Verallgemeinerungen nicht von der Hand zu weisen sind, halten sich diese insgesamt in einem vertretbaren Rahmen und entbehren zudem nicht jeglicher Grundlage. Im Ergebnis steht im Vordergrund der Strafanzeige eine Darstellung von erheblichen Defiziten in der Pflege und keine, einer Schmähkritik gleichkommenden, Diffamierung der Arbeitgeberin. Obgleich die Klägerin eine sehr engagierte und damit zugleich in den Augen des Arbeitgebers vermeintlich unangenehme Mitarbeiterin war, so bestehen meiner Meinung nach keine Zweifel daran, dass die Klägerin nur von dem redlichen Bestreben getrieben war, die Missstände in der Pflegesituation zu beseitigen. Bemerkenswert ist, dass das Landesarbeitsgericht diese Motivlage der Klägerin an einer Stelle im Urteil selbst ausdrücklich herausstellt: „[...] *die Klägerin verfolgte mit ihrer Anzeige nicht einen eigenen Vorteil, sondern sie wollte sich aus subjektiver Sicht in besonderem Maße für die zu pflegenden Menschen einsetzen.*"[1204] Es ist geradezu paradox, wenn das Gericht dann im selben Absatz der Klägerin andererseits unterstellt, dass sie nicht einzelne Missstände der Pflege bekämpfen, sondern eine Kampagne gegen den Arbeitgeber führen wolle[1205].

Auch der Umstand, dass die Klägerin das Ergebnis der erneuten Untersuchung durch den MDK nicht erneut abwartete, deutet nicht auf eine unredliche Motivation

---

der Prüfungspflicht des Hinweisgebers. Auch bei einer besonderen Dringlichkeit, darf der Hinweisgeber nicht leichtfertig eine Gefährdungslage annehmen, sondern muss den Wahrheitsgehalt der Informationen überprüfen. Siehe hierzu ausführlich: **1. Teil: B.II.3.c)bb).**

1199 S.o.: **1. Teil: C.I.**

1200 LAG Berlin, Urteil vom 28. März 2006 – 7 Sa 1884/05, Rdn. 58 – juris.

1201 LAG Berlin, Urteil vom 28. März 2006 – 7 Sa 1884/05, Rdn. 56 – juris.

1202 *Ulber/Wolf*, LAGE § 626 BGB 2002 Nr. 7b, S. 21.

1203 LAG Berlin, Urteil vom 28. März 2006 – 7 Sa 1884/05, Rdn. 5 ff. – juris.

1204 LAG Berlin, Urteil vom 28. März 2006 – 7 Sa 1884/05, Rdn. 61 – juris.

1205 LAG Berlin, Urteil vom 28. März 2006 – 7 Sa 1884/05, Rdn. 61 – juris.

der Klägerin hin. Dieses Handeln ist lediglich Ausdruck des – zu Recht[1206] – fehlenden Vertrauens in die Abhilfefähigkeit des MDK und des besonderen Engagement der Klägerin gegen Missstände in der Pflege.

3. *Weitere Kritik*

a) Umkehrung des Regel-Ausnahme-Verhältnisses

Dem Landesarbeitsgericht wurde des Weiteren vorgeworfen, eine Uminterpretation der verfassungsrechtlichen Kontrollmaßstäbe vorgenommen zu haben[1207]. Fraglich ist, ob das Landesarbeitsgericht wirklich davon ausging, dass grundsätzlich eine Kündigung wegen der Wahrnehmung staatsbürgerlicher Rechte im Strafverfahren zulässig sei und diese nur im Ausnahmefall unzulässig sein könne. Dies wäre ein Verstoß gegen die Vorgaben des Bundesverfassungsgerichts, das das Regel-Ausnahme-Verhältnis in genau umgekehrter Reihenfolge festgelegt hatte. Die Wahrnehmung staatsbürgerlicher Rechte oder Pflichten darf *im Regelfall* gerade keinen Kündigungsgrund darstellen, soweit nicht wissentlich unwahre oder leichtfertig falsche Angaben gemacht werden[1208]. Das Bundesarbeitsgericht hat nachfolgend zwar ausgeführt, dass weitere Ausnahmen von der Regel denkbar seien, jedoch damit zugleich dieses Regel-Ausnahme-Verhältnis bestätigt[1209]. Dass die Kündigungsmöglichkeit in dieser Konstellation die Ausnahme von der Regel ist, wird auch, soweit ersichtlich, von niemandem bestritten.

Das Landesarbeitsgericht führt aus, dass *„im Grundsatz davon auszugehen* [ist], *dass eine zur (außerordentlichen) Kündigung berechtigende arbeitsvertragliche Pflichtverletzung an sich vorliegen kann, wenn der Arbeitnehmer Strafanzeige gegen den Arbeitgeber oder seine Repräsentanten erstattet und damit in erheblichem Maße gegen seine arbeitsvertraglichen Rücksichtnahmepflicht verstößt*[1210]." Auch wenn das Gericht nachfolgend zutreffend ausführt, dass ein Arbeitnehmer durch die Erstattung einer Strafanzeige eine im *„Grundsatz"*[1211] von der Verfassung geforderte und von der Rechtsordnung erlaubte und gebilligte Möglichkeit der Rechtsverfolgung wahrnimmt, so lässt die zitierte Textpassage den von den Kritikern[1212] geäußerte Vorwurf der Verkennung des Regel-Ausnahme-Verhältnisses plausibel erscheinen. Allerdings hält *Binkert* zu Recht entgegen, dass der vom Landesarbeitsgericht verwendete Obersatz auch anders interpretiert werden könnte. Das Landesarbeitsgericht habe

1206 S.o.: **1. Teil D.IV.2.bb)(3)(a)**.

1207 *Deiseroth,* AuR 2007, 34, 35; *Dersl.,* AuR 2007, 198, *Ulber/Wolf,* LAGE § 626 BGB 2002 Nr. 7b, S. 15 f.; *Ulber,* NZA 2011, 962, 964.

1208 S.o.: BVerfG, Urteil vom 2. Juli 2001 – 1 BvR 2049/00 – juris.

1209 S.o.: BAG, Urteil vom 3. Juli 2003 – 2 AZR 235/02 – juris

1210 LAG Berlin, Urteil vom 28. März 2006 – 7 Sa 1884/05, Rdn. 41 – juris.

1211 LAG Berlin, Urteil vom 28. März 2006 – 7 Sa 1884/05, Rdn. 42 – juris.

1212 *Deiseroth,* AuR 2007, 34, 35; *Dersl.,* AuR 2007, 198, *Ulber/Wolf,* LAGE § 626 BGB 2002 Nr. 7b, S. 15 f.

lediglich zum Ausdruck bringen wollen, dass *„vom gedanklichen Ausgangspunkt“*[1213] davon auszugehen sei, dass eine Kündigung erfolgen könne, wenn der Arbeitnehmer eine Strafanzeige erstatte und *„damit (also eben nicht: „somit“) in erheblichem Maße gegen seine arbeitsvertraglichen Rücksichtsnahmepflichten verstößt“*[1214]. Obgleich *Binkert* – zu Recht – auf die Möglichkeit einer abweichenden Interpretation hinweist, so vermag dies nicht den Vorwurf der Uminterpretation von verfassungsrechtlichen Vorgaben vollständig zu beseitigen. Es entspricht der juristischen Gepflogenheit, zuerst den Grundsatz darzustellen und danach dessen Ausnahmen. Hiervon ist das Landesarbeitsgericht ohne Not abgewichen.

Es ist dem Gericht vorzuwerfen, dass durch die Formulierungen des Obersatzes nicht hinreichend klar wird, ob es erkannt hat, dass eine Kündigung *im Regelfall,* ohne das Hinzutreten weiterer Umstände, nicht auf die Erstattung einer Anzeige gestützt werden kann. Obwohl meines Erachtens der Vorwurf einer Verkennung des Regel-Ausnahme-Verhältnisses dem Gericht letztlich, einzig aufgrund der Formulierung des Obersatzes, nicht sicher attestiert werden kann, so vervollständigt die unglückliche Formulierung dennoch den Eindruck, dass das Landesarbeitsgericht letztlich um eine sehr kündigungsfreundliche Auslegung der Rechtsprechungsvorgaben bemüht war. Die Klägerin scheint insgesamt mehr als illoyale Denunziantin und nicht als engagierte Mitarbeiterin wahrgenommen worden zu sein.

b) Austausch der Kündigungsgründe

Eine weitere Ungereimtheit im Urteil des Landesarbeitsgerichts offenbart sich bei der Betrachtung der vorinstanzlichen Entscheidung. Das Arbeitsgericht Berlin hatte entschieden, dass die Kündigung unwirksam sei[1215]. Nach seiner Ansicht waren die in dem Flugblatt getätigten Äußerungen nicht geeignet, eine Kündigung zu rechtfertigen. Die Äußerungen seien von der Meinungsfreiheit gedeckt, eine konkrete Beeinträchtigung des Betriebsfriedens durch das Flugblatt sei nicht vorgetragen worden und auf die Strafanzeige habe die Beklagte ihre Kündigung nicht gestützt[1216]. Bemerkenswert ist, dass das Landesarbeitsgericht die Wirksamkeit der Kündigung einzig auf die vom Arbeitgeber in erster Instanz nicht gerügte Strafanzeige stützt[1217].

Ein Auswechseln der Kündigungsgründe, durch die eine Kündigung einen völlig neuen Charakter erhält, ist schon materiellrechtlich nicht unproblematisch[1218]. Da jedoch die Wirksamkeit einer Kündigung nach der objektiven Rechtslage zu entscheiden ist, liegt der Kern der Problematik des *Nachschiebens* oder *Austauschens*

1213 *Binkert,* AuR 2007, 195, 197.
1214 *Binkert,* AuR 2007, 195, 197.
1215 ArbG Berlin, Urteil vom 3. August 2005 – 39 Ca 4775/05, BeckRS 2011, 77275.
1216 LAG Berlin, Urteil vom 28. März 2006 – 7 Sa 1884/05, Rdn. 20 – juris.
1217 Ein kurzer Hinweis auf diese Problematik findet sich bei: *Deiseroth* AuR 2007, 34, 35, Fn.10.
1218 BAG, Urteil vom 18. Januar 1980 – 7 AZR 260/78, NJW 1980 2486.

von Kündigungsgründen nicht auf der materiellrechtlichen Ebene[1219]. Das *Nachscheiben* ist insbesondere hinsichtlich der Betriebsratsanhörung problematisch[1220]. Stützt der Arbeitgeber seine Kündigung im Kündigungsschutzprozess auf andere Gründe als er dem Betriebsrat mitgeteilt hat, so ist die Betriebsratsanhörung unvollständig. Die Kündigung ist zwar nicht schon aus diesem Grund unwirksam, es ist dem Arbeitgeber jedoch verwehrt sich auf die dem Betriebsrat nicht mitgeteilten Gründe zu stützen[1221]. Dies gilt jedenfalls für Gründe, die dem Arbeitgeber zum Zeitpunkt des Kündigungsausspruchs bereits bekannt waren[1222]. Sind die nachgeschobenen Gründe dem Arbeitgeber zum Zeitpunkt des Kündigungsausspruches nicht bekannt, so kann er sich auf diese im Prozess nur dann berufen, wenn er die Anhörung des Betriebsrates nachgeholt hat[1223].

Die Betriebsratsanhörung erfolgte vorliegend am 4. Februar 2005. Zu diesem Zeitpunkt hatte der Arbeitgeber bereits Kenntnis von dem Umstand, dass Frau Heinisch eine Strafanzeige gestellt hatte[1224]. In dem Flugblatt, welches die Klägerin am 31. Januar an den Arbeitgeber faxte, wurde explizit auf die Strafanzeige hingewiesen. Mit Schreiben vom 1. Februar forderte der Arbeitgeber die Klägerin unter Zitierung der Passage über die Strafanzeige zur Stellungnahme auf. Somit hatte der Arbeitgeber zum Zeitpunkt des Ausspruches der Kündigung auch Kenntnis von der Strafanzeige. Sofern der Betriebsrat ausschließlich wegen einer Kündigung aufgrund des Verfassens des Flugblattes und nicht aufgrund der Strafanzeige angehört wurde, war es dem Arbeitgeber mithin verwehrt, sich im Kündigungsschutzprozess auf die Strafanzeige zu stützen.

Das Landesarbeitsgericht verkennt die Problematik nicht, nimmt jedoch wiederum eine gewagte Deutung vor. Die oben dargestellte Problematik besteht dann nicht, wenn gar kein Fall des *Nachschiebens* oder *Austauschen* der Kündigungsgründe vorliegt, sondern der Arbeitgeber die dem Betriebsrat bereits mitgeteilten Kündigungsgründe im Prozess lediglich weiter erläutert und konkretisiert[1225]. Auf diesen Umstand versucht das Landesarbeitsgericht sich zu stützen. Unter 2.2.1[1226] führt es aus: *„die Beklagte hat dem Betriebsrat mit Schreiben vom 4. Februar 2005 im Rahmen ihrer subjektiven Determination die ihr bekannten Kündigungsgründe mitgeteilt. Dazu zählte auch*

1219 Stahlhacke/Preis/Vossen/*Preis,* Rdn. 95.

1220 KR-*Fischermeier* § 626 BGB, Rdn. 183 f.; Stahlhacke/Preis/Vossen/*Preis,* Rdn. 352 ff.

1221 KR-*Fischermeier* § 626 BGB, Rdn. 183; Stahlhacke/Preis/Vossen/*Preis,* Rdn. 355.

1222 A/P/S/*Koch* § 102 BetrVG, Rdn. 173.

1223 Ständige Rechtsprechung: BAG, Urteil vom 11. April 1985 – 2 AZR 239/84, NZA 1986, 674; BAG, Urteil vom 26. September 1991 – 2 AZR 132/91, NZA 1992, 1073; BAG, Urteil vom 27. Januar 2011 – 2 AZR 825/09, NZA 2011, 798, 801. Vergl. ferner: ErfK/*Kania* § 102 BetrVG, Rdn. 27; ErfK/*Müller-Glöge* § 626 BGB, Rdn. 57; KR-*Fischermeier* § 626 BGB, Rdn. 183; Stahlhacke/Preis/Vossen/*Preis,* Rdn. 356; a.A. hinsichtlich der erneuten Anhörung: A/P/S/*Koch* § 102 BetrVG, Rdn. 174.

1224 LAG Berlin, Urteil vom 28. März 2006 – 7 Sa 1884/05, Rdn. 19 – juris.

1225 KR-*Fischermeier* § 626 BGB, Rdn. 183.

1226 LAG Berlin, Urteil vom 28. März 2006 – 7 Sa 1884/05, Rdn. 65 – juris.

die von der Klägerin gestellte Strafanzeige, auf die in dem Anhörungsschreiben Bezug genommen wird. Dass diese schon zum damaligen Zeitpunkt Teil des Kündigungsvorwurfs war, folgt – für den Betriebsrat erkennbar – aus dem Anhörungsschreiben an die Klägerin vom 1. Februar 2005 (Bl. 373 d.A.), das den Unterlagen für den Betriebsrat beigefügt war. Gegenstand dieser Anhörung war insbesondere die in dem Flugblatt enthaltene Äußerung, die Klägerin habe Strafanzeige gestellt [...]".

Die Grenzziehung zwischen jederzeit zulässiger Konkretisierung und an gewisse Voraussetzungen gebundenes Nachschieben von Kündigungsgründen kann im Einzelfall schwierig sein. Allerdings liegt der vorliegende Fall meines Erachtens nicht in einer solchen Grauzone. Wenn der Arbeitgeber aufgrund einer richterlichen Nachfrage oder eines qualifizierten Bestreitens des Gekündigten den Kündigungsgrund im Kündigungsschutzprozess substantiierter darlegt, ist dies unproblematisch[1227]. Eine solche Konkretisierung darf indes nicht zu einer wesentlichen Änderung des Kündigungssachverhaltes führen[1228]. Denn der Arbeitgeber ist bei der Darstellung der Kündigungsgründe zur Mitteilung derjenigen Tatsachen verpflichtet, die seinen Kündigungsentschluss tragen[1229]. Ein Fall des unzulässigen Nachschiebens liegt somit vor, wenn die nachträglichen *Erläuterungen* dem bisherigen Vortrag bzw. Sachverhalt erst das Gewicht eines kündigungsrechtlich erheblichen Grundes geben[1230]. Der Arbeitgeber darf lediglich „*Mosaiksteine*"[1231] aus demselben Bild hinzufügen.

Schon die Annahme, dass der Betriebsrat überhaupt erkannt hat, dass die Strafanzeige auch Bestandteil des Anhörungsverfahrens war, erscheint kühn. Das Gericht unterstellt dem Betriebsrat, dass er den gesamten Vorgang einer intensiven Prüfung unterzieht. In Anbetracht dessen, dass der Arbeitgeber nicht deutlich auf die Strafanzeige als Beweggrund hingewiesen hat und dieser Umstand sich mithin nur mittelbar aus einer Anlage ergab, erscheint dies unwahrscheinlich. Hinzu kommt, dass nicht davon auszugehen ist, dass der durchschnittliche Betriebsrat die Sachverhaltsangaben des Arbeitgebers eigenständig auf weitere kündigungsrelevante Umstände intensiv durchleuchtet.

Im Prozess vor dem Arbeitsgericht strebte der Arbeitgeber eine Kündigung an, weil er sich durch den Inhalt des Flugblattes denunziert fühlte. Das Arbeitsgericht lehnte dies aber ab, da unter anderem keine konkrete Beeinträchtigung des Betriebsfriedens durch das Flugblatt vorgetragen worden sei[1232]. Die mögliche weitere Pflichtverletzung durch die Stellung einer Strafanzeige wurde vom Arbeitgeber im Prozess vor dem Arbeitsgericht nicht gerügt[1233]. Das Landesarbeitsgericht unterstellt mithin dem Betriebsrat, dass er erkannt habe, dass die Kündigung nicht nur wegen der Pflichtverletzung „*Flugblatt*" erfolgen sollte, sondern auch wegen der zweiten Pflichtverletzung

1227 A/P/S/*Koch* § 102 BetrVG, Rdn. 166.
1228 A/P/S/*Koch* § 102 BetrVG, Rdn. 166.
1229 A/P/S/*Koch* § 102 BetrVG, Rdn. 166.
1230 Stahlhacke/Preis/Vossen/*Preis*, Rdn. 353.
1231 BAG, Urteil vom 11. Dezember 2003 – 2 AZR 536/02, Rdn. 29 – juris.
1232 LAG Berlin, Urteil vom 28. März 2006 – 7 Sa 1884/05, Rdn. 20 – juris.
1233 LAG Berlin, Urteil vom 28. März 2006 – 7 Sa 1884/05, Rdn. 20 – juris.

„*Strafanzeige gegen den Arbeitgeber*". Mithin unterstellt das Landesarbeitsgericht dem Betriebsrat zum Zeitpunkt der Anhörung Kenntnisse, die offenbar nicht einmal dem Arbeitgeber zu diesem Zeitpunkt besaß. Anders lässt sich nicht erklären, warum der Arbeitgeber sich nicht bereits, zumindest hilfsweise, auf die weitere Pflichtverletzung „*Strafanzeige*" im Kündigungsschutzprozess vor dem Arbeitsgericht berufen hat. Konsequenterweise konnte somit auch die Anhörung nur aufgrund der Verteilung des Flugblattes und nicht aufgrund der gestellten Strafanzeige erfolgen. Der tragende Grund des Kündigungsentschlusses des Arbeitgebers war jedenfalls die vermeintliche Pflichtverletzung „*Flugblatt*". Der Arbeitgeber hat zumindest nicht hinreichend deutlich gemacht, dass auch die Strafanzeige einen weiteren tragenden Grund darstellt. Eine Konkretisierung des Kündigungsgrundes „*Strafanzeige gegen den Arbeitgeber*"[1234] konnte somit meines Erachtens nicht mehr erfolgen.

Auch aufgrund des Umstandes, dass es sich vorliegend um zwei verschiedene Pflichtverletzungen handelt, scheidet eine zulässige Konkretisierung aus. Das Landesarbeitsgericht teilt ebenso die Auffassung, dass die Pflichtverletzungen *Flugblatt* und *Strafanzeige* zwei verschiedene Kündigungsgründe darstellen[1235]. Da in erster Instanz die Pflichtverletzung Flugblatt nicht als Kündigungsgrund anerkannt wurde, sah der Arbeitgeber sich nun gezwungen einen weiteren Kündigungsgrund darzulegen. So führt er in dem Berufungsprozess aus, „*Weiterhin habe die Klägerin aber auch mit der Strafanzeige [...]*". Die Darlegungen zum Kündigungsgrund *Strafanzeige* können jedoch keine „*Mosaiksteine*"[1236] zum Kündigungsgrund *Flugblatt* sein. Es handelt sich nicht um eine Konkretisierung zu „*demselben Bild*"[1237], sondern um zwei Pflichtverletzungen und damit sinnbildlich gesprochen um zwei verschiedene Bilder.

Des Weiteren war das Landesarbeitsgericht offenbar der Auffassung, dass erst die Strafanzeige das Gewicht eines kündigungsrechtlich erheblichen Grundes darstellt. Anders erklärt sich die Prüfungsfolge des Gerichtes nicht. Erst nach der umfassenden Prüfung der Kündigung aufgrund der Strafanzeige geht das Gericht ganz kurz auf die Verteilung des Flugblattes ein und lässt eine weitere Prüfung offen. Nach den oben dargestellten Grundsätzen scheidet eine zulässige Konkretisierung in einer solchen Konstellation ebenfalls aus[1238].

Insgesamt bleibt festzuhalten, dass sich mit guten Gründen vertreten lässt, dass ein Berufen auf den Kündigungsgrund *Strafanzeige* dem Landesarbeitsgericht verwehrt gewesen ist. Diesen Umstand hat der Prozessbevollmächtigte der Klägerin in der Nichtzulassungsbeschwerde auch vorgetragen. Allerdings war der Vortrag insofern unglücklich, da er offensichtlich unterstellte, dass das Landesarbeitsgericht das *Nachschieben* des Kündigungsgrundes *Strafanzeige* zugelassen habe, obwohl es

---

1234 LAG Berlin, Urteil vom 28. März 2006 – 7 Sa 1884/05, Rdn. 67 – juris.

1235 LAG Berlin, Urteil vom 28 März 2006 – 7 Sa 1884/05, Rdn. 69 – juris: „*Ob die weiteren von der Beklagten herangezogenen Kündigungsgründe, insbesondere das Flugblatt* [...]".

1236 BAG, Urteil vom 11. Dezember 2003 – 2 AZR 536/02, Rdn. 29 – juris.

1237 BAG, Urteil vom 11. Dezember 2003 – 2 AZR 536/02, Rdn. 29 – juris.

1238 Stahlhacke/Preis/Vossen/*Preis,* Rdn. 353.

davon ausgegangen ist, dass der Arbeitgeber sich *„ausdrücklich“* darauf berufen habe, die Kündigung nicht auf die Strafanzeige zu stützen[1239]. Einen solchen evidenten Verstoß hat das Landesarbeitsgericht in der Tat nicht begangen, dennoch ist aus den genannten Gründen die Verwertung des Kündigungsgrundes *Strafanzeige* bedenklich.

c) Entbehrlichkeit einer Abmahnung

Fraglich ist, ob die Kündigung als Ultima-Ratio wirklich erforderlich war oder zuvor eine Abmahnung hätte ausgesprochen werden müssen. Der Umstand, dass zuweilen das allgemein anerkannte Erfordernis der Abmahnung eine nicht gerechtfertigte Sonderstellung im Rahme der verhaltensbedingten Kündigung einnimmt, wurde bereits im **1. Teil: C.V.** ausführlich kritisiert. Insofern fügt sich das Urteil des Landesarbeitsgerichts nahezu nahtlos in diese Linie der Rechtsprechung ein. An der entsprechenden Passage im Urteil, an der eine Erörterung hätte stattfinden können, fehlen jegliche Aussagen zur Entbehrlichkeit einer Abmahnung[1240]. Dieser Umstand ist im vorliegenden Fall aber nicht vergleichsweise kritisch zu betrachten, denn auch wenn das Gericht eine Abmahnung nicht einmal erwogen hat, konnte vorliegend, unterstellt es läge ein Pflichtverletzung und somit ein zur Abmahnung berechtigendes Verhalten vor, zu Recht angenommen werden, dass die Abmahnung keine Verhaltensänderung der Arbeitnehmerin bewirkt hätte. Aus der Vielzahl der Überlastungsanzeigen und anderen innerbetrieblichen Meldung kann gefolgert werden, dass Frau Heinisch überzeugt davon war, die angeprangerten Missstände müssten beseitigt werden. Insofern wäre eine Abmahnung aufgrund fehlender Eignung ausnahmsweise entbehrlich gewesen[1241].

4. Fazit

Zusammenfassend kann folgendes festgestellt werden: Das Urteil des Landesarbeitsgerichts Berlin vom 28. März 2006 in Sachen *Heinisch* leidet zum Teil an gravierenden Mängel. Diese Mängel sind jedoch allesamt dem Bereich der Subsumtionsebene zuzuordnen. Insbesondere die Ausführungen, die das Gericht zu der Annahme der Leichtfertigkeit bewogen haben, sind zu kritisieren. Es erschließt sich nicht, warum das Landesarbeitsgericht über den zwischen den Parteien streitigen Personalmangel keinen Beweis erhob, die substantiierten Darlegungen der Klägerin zu der personellen Unterbesetzung ignorierte, die Verbindung zwischen Eingehungsbetrug und Personalmangel verkannte und schließlich aufgrund eines vermeintlich substanzlosen Vortrages die Leichtfertigkeit bejahte. Auch die wenigen Stimmen in der Literatur, die das Urteil verteidigen, konnten keine überzeugenden Erklärungen für diese Umstände anführen.

1239 BAG, Beschluss vom 6. Juni 2007 – 4 AZN 487/06, Rdn. 6 – juris.

1240 LAG Berlin, Urteil vom 28. März 2006 – 7 Sa 1884/05, Rdn. 60–63 – juris.

1241 Vergl. zu dieser ersten Variante, in der auf eine Abmahnung verzichtet werden kann: **1. Teil: C.V.1.; D.IV.4.**

Die weiteren Unstimmigkeiten des Urteils vervollständigen das Bild des Bemühens um eine kündigungsfreundliche Auslegung des Sachverhaltes. Die Unterstellung einer rechtsmissbräuchlichen Motivation und des Führens einer Kampagne von Frau Heinisch gegen den Arbeitgeber sind gewagt. Ferner ist sehr zweifelhaft, ob ein Berufen auf den Kündigungsgrund *Strafanzeige* überhaupt noch zulässig war. Verwunderlich und zugleich bezeichnend sind die Diskrepanzen in tatsächlicher Hinsicht zwischen dem Tatbestand des Urteils und dem Bericht des MDK vom 10.5.2006. Ebenfalls stark anzuzweifeln ist die Erforderlichkeit eines weiteren innerbetrieblichen Abhilfeversuchs. Der hohe Bedeutungsgehalt, der den Kontrollen der MDK beigemessen wurde, zeugt darüber hinaus von mangelnder Kenntnis der tatsächlichen Gegebenheiten in der Pflegebranche. Das Urteil des Landesarbeitsgerichts ist somit insgesamt von einer gewagten, teilweise fehlerhaften und einseitigen Sachverhaltswürdigung geprägt.

Das Gericht erkennt zwar zutreffend die von der Rechtsprechung aufgestellten Grundsätze, wendet diese jedoch unzutreffend an. Der Vorwurf einer bewussten Uminterpretation der verfassungsrechtlichen Vorgaben konnte aber nicht bestätigt werden. Eine grundsätzliche Verkennung des Regel-Ausnahme-Verhältnisses oder der vom Bundesarbeitsgericht entwickelten Grundsätze liegt dem Urteil nicht zugrunde.

Bei dem gefundenen Ergebnis drängt sich die Frage auf, wie die Entscheidung des Landesarbeitsgerichts Berlin durch das Raster der ordentlichen und außerordentlichen Rechtsbehelfe gelangen konnte. Hinsichtlich der Nichtzulassungsbeschwerde beim Bundesarbeitsgericht wurde bereits darauf hingewiesen, dass der Klägervertreter zumindest teilweise unglücklich die Revisionsgründe vorgetragen hat, indem er das Landesarbeitsgericht falsch zitierte. Dennoch sind die Mängel auf der Subsumtionsebene in vielerlei Hinsicht derart gravierend und evident, dass das Bundesarbeitsgericht diese nicht hätte ignorieren dürfen[1242]. Die restriktive Handhabung der Willkürkontrolle von Subsumtionsmängeln im Rahmen der Nichtzulassungsbeschwerde[1243] hat zu einer peinlichen und zudem vermeidbaren Schelte der deutschen Gerichtsbarkeit durch den Europäischen Gerichtshof für Menschenrechte geführt.

V. Das Urteil des Europäischen Gerichtshofs für Menschenrechte

1. Entscheidung

Der Europäische Gerichtshof für Menschrechte ist der Auffassung, dass die innerstaatlichen deutschen Gerichte in der vorliegenden Rechtssache keine gerechte Abwägung zwischen dem erforderlichen Schutz des Rufes und der Rechte des Arbeitgebers einerseits und dem erforderlichen Schutz der Meinungsfreiheit der Beschwerdeführerin andererseits vorgenommen haben[1244]. Daher sei Art. 10 der

1242 Im Ergebnis ähnlich: *Ulber*, NZA 2011, 962, 964.
1243 Dies kritisiert auch *Ulber* in: NZA 2011, 962, 964.
1244 EGMR, Urteil vom 21. Juli 2011 – 28274/08, Rdn. 94 – juris.

EMRK verletzt[1245]. Der Klägerin wurde ein immaterieller Schadensanspruch von 10.000 € zugesprochen[1246]. Für die Kosten und Auslagen des Verfahrens vor dem Gerichtshof wurden ihr weitere 5000 € zugesprochen[1247].

2. *Die Verfahrensart vor dem Europäischen Gerichtshof für Menschenrechte*

Der Zugang zum EGMR steht jeder natürlichen Person über die Individualrechtsbeschwerde nach Art. 34 EMRK offen. Bei einer solchen beruft sich ein Beschwerdeführer darauf, durch einen Konventionsstaat in einem der Rechte aus der Konvention verletzt worden zu sein. Das Verfahren ähnelt in seinen weiteren Zulässigkeitsvoraussetzungen – Art. 35 EMRK, Art. 45, 47 VerfO[1248] – dem Verfahren der Individualverfassungsbeschwerde vor dem Bundesverfassungsgericht nach Art. 93 Abs. 1 Nr. 4a GG. Auch der EGMR ist keine Superrevisionsinstanz, sondern überprüft nur Verletzungen der Konventionsrechte[1249]. Am Verfahren sind grundsätzlich nur der Beschwerdeführer und der beschwerdegegnerische Staat beteiligt. Liegt einer Beschwerde ein vor den innerstaatlichen Gerichten ausgetragener Streit unter Privatpersonen zu Grunde, so besteht die Problematik, dass die vor den innerstaatlichen Gerichten obsiegende Partei kein Recht auf Beteiligung an dem Verfahren vor dem EGMR hat. Die Möglichkeit der Beteiligung der Ausgangspartei liegt im Ermessen des Präsidenten des Gerichtshofs, Art. 36 Abs. 2 EMRK[1250]. Dieser Umstand wird von der Literatur[1251] und vom Bundesverfassungsgericht[1252] gleichermaßen kritisch betrachtet. Insbesondere vor dem Hintergrund der mittelbaren Auswirkungen der

1245 EGMR, Urteil vom 21. Juli 2011 – 28274/08, Rdn. 95 – juris.

1246 EGMR, Urteil vom 21. Juli 2011 – 28274/08, Rdn. 104 – juris.

1247 EGMR, Urteil vom 21. Juli 2011 – 28274/08, Rdn. 107 – juris.

1248 Die Verfahrensordnung ist auf der Homepage des EGMR abrufbar: http://www.echr.coe.int/Documents/Rules_Court_ENG.pdf, S. 25 f. (zuletzt abgerufen am 1. November 2014).

1249 Karpenstein/Meyer/*Mensching*, EMRK, Art. 5, Rdn. 45.

1250 Karpenstein/Meyer/*Wenzel*, EMRK, Art. 36, Rdn. 7.

1251 Karpenstein/Meyer/*Wenzel*, EMRK, Art. 36, Rdn. 10; Meyer-Ladewig, EMRK, Art. 36, Rdn. 3; *Windel*, AP Nr. 235 zu § 626 BGB, Anmerkung, II, 3. b.).

1252 BVerfG, Beschluss vom 14. Oktober 2004 – 2 BvR 1481/04, Rdn. 59 – *Görgülü* – juris. Bei einer Urteilsbeschwerde vor dem Bundesverfassungsgericht erhält die obsiegende Partei des Ausgangsverfahrens die Möglichkeit zur Stellungsnahme, vergl. nur: BVerfG, Beschluss vom 7. Dezember 2011 – 1 BvR 2678/10, Rdn. 26 – juris; BVerfG, Beschluss vom 13. Juni 2005 – 1 BvR 2875/04, Rdn. 11 – juris.

Urteile des EGMR ist diese Kritik gerechtfertigt[1253]. Im Fall Heinisch wurde die Möglichkeit, die Gegenseite des Ausgangsverfahrens zu beteiligen, nicht genutzt[1254].

3. *Art. 10 EMRK und Art. 5 Abs. 1 GG*

Zu beachten ist, dass der EGMR eine mögliche Verletzung des Whistleblowers ausschließlich an der Gewährleistungen der Meinungsfreiheit prüft. Nach der hier vertretenen Ansicht ist auch der nationale Schutzmaßstab maßgeblich an dieser Gewährleistung auszurichten[1255]. Nicht zu verschweigen ist allerdings, dass die EMRK auch nicht sämtliche grundrechtlichen Gewährleistungen umfasst. Dies gilt etwa für Art. 17 GG.

Auch der EGMR hat die grundlegende Bedeutung der Freiheit der Meinungsäußerung als *„wesentlichen Grundpfeiler einer demokratischen Gesellschaft“* herausgestellt[1256]. Darüber hinausgehenden Gemeinsamkeiten in der Auslegung der Gewährleistungen der Meinungsfreiheit zwischen dem BVerfG und dem EGMR lassen sich nicht immer zweifelsfrei belegen. Die Rechtsprechung des EGMR ist bisweilen inkonsistent[1257].

4. *Die Begründung der Entscheidung und die Abwägungskriterien*

Für den Europäischen Gerichtshof für Menschenrechte ist die Frage maßgeblich, ob ein Eingriff in das Recht auf freie Meinungsäußerung nach Art.10 EMRK notwendig war[1258]. Die Notwendigkeit beurteilt der EGMR danach, ob unter Berücksichtigung aller Umstände des Falles der Eingriff *„zu dem verfolgten berechtigten Ziel verhältnismäßig war“*[1259]. Diese umfassende Verhältnismäßigkeitsprüfung ist das *„Herzstück der Entscheidung*[1260]*“*. Der EGMR erachtet dabei folgende Kriterien als bedeutsam[1261]: An erster Stelle (*„in the first place“*) sollte der innerbetriebliche Klärungsweg beschritten

1253 Eine mittelbare Auswirkung der Urteile des EGMR ist die Möglichkeit zur Restitutionsklage. Vergl. hierzu und zu den weiteren mittelbaren Auswirkungen ausführlich: **1.Teil: D.V.4.b)ee)(2).**

1254 *Windel* stützt seine kritischen Anmerkungen zu dem Urteil im Wesentlichen auf diesen Umstand: *Windel,* AP Nr. 235 zu § 626 BGB, Anmerkung.

1255 S.o.: **1. Teil: A.II.2.a)aa), A.II.2.a)cc);** a.A.: *Klasen/Schaefer,* BB 2012 641, 643; *Becker,* DB 2011, 2202, 2204; *Dersl.,* S. 41; *Simon/Schilling,* BB 2011, 2421, 2422. Nur in wenigen Ausnahmekonstellationen des Whistleblowings ist Art. 5 Abs. 1 GG nicht unmittelbar anzuwenden, vergl. hierzu: **1. Teil: A.II.2.b).**

1256 EGMR, Urteil vom 21. September 2006 – 73604/01, Orientierungssatz 2 – juris; EGMR Urteil vom 21. Januar 1999 – 26/1998/929/1141, NJW 1999, 1315, 1316.

1257 Dies gilt etwa für die Anerkennung der negativen Meinungsfreiheit durch den EGMR oder der Frage, ob ein Aussageverweigerungsrecht von der Meinungsfreiheit umfasst sei, vergl.: Maunz/Dürig/*Grabenwarte* Art. 5 GG, Rdn. 99.

1258 EGMR, Urteil vom 21. Juli 2011 – 28274/08, Rdn. 51 ff. – juris.

1259 EGMR, Urteil vom 21. Juli 2011 – 28274/08, B. 3. (b) (iii) – juris.

1260 *Windel,* AP Nr. 235 zu § 626 BGB, Anmerkung, II. 2. c.).

1261 Die Rangfolge dieser Kriterien wird sogleich behandelt: **1. Teil: D.V.5.**

werden[1262]. Hinweise sollten zunächst gegenüber Vorgesetzten oder anderen zuständigen Stellen oder Einrichtungen erbracht werden. Nur wenn dies eindeutig unpraktikabel sei, dürfe als ultima ratio („*last resort*") die Öffentlichkeit informiert werden[1263].

Für die Beurteilung der Verhältnismäßigkeit seien daneben eine Reihe weiterer Faktoren zu berücksichtigen. Vor allem das öffentliche Interesse an der offengelegten Information sei besonders zu berücksichtigen („*In the first place, particular attention* [...]")[1264].

Der zweite („*The second factor*") für diese Abwägung relevante Faktor sei die Authentizität der offengelegten Information[1265]. Darüber hinaus bestehe die Pflicht, der sorgfältigen Prüfung, ob die Informationen zutreffend und zuverlässig sind[1266].

Die Beweggründe des anzeigenden Arbeitnehmers seien ein weiterer entscheidender Faktor[1267]. Es sei wichtig festzustellen, dass der Arbeitnehmer in gutem Glauben und in der Überzeugung gehandelt habe, dass die Informationen der Wahrheit entsprachen.

Schließlich bedürfe es bei der Beurteilung der Verhältnismäßigkeit auch eine Analyse der Schwere der gegen den Arbeitnehmer verhängten Strafe und deren Folgen („*penalty* [...] *and its consequences*").

a) Innerbetrieblicher Hinweis

Erfreulich ist, mit welchem Nachdruck („*last resort*") der EGMR die Erforderlichkeit eines vorherigen innerbetrieblichen Abhilfeversuches betont[1268]. Er rekurriert auch die vom Bundesarbeitsgericht anerkannten Ausnahmen von dem Grundsatz der vorherigen innerbetrieblichen Abhilfe und verweist auf das einschlägige Völkerrecht, das eine ähnliche Argumentation verfolgt[1269]. Letztlich teilt der Gerichtshof aufgrund der Vielzahl der zuvor getätigten innerbetrieblichen Klärungsversuche die Einschätzung, dass eine weitere innerbetriebliche Beschwerde „*kein wirksames Mittel dargestellt hätte*"[1270]. Diese Sachverhaltsdeutung deckt sich mit dem Ergebnis, das bei der kritischen Würdigung der Entscheidung des Landesarbeitsgerichts gefunden wurde[1271].

b) Öffentliches Interesse der offenbarten Informationen

Die Quintessenz des Urteils des EGMR ist jedoch, dass der Gerichtshof in Abweichung zu der deutschen Rechtsprechung auch das öffentliche Interesse an

---

1262 EGMR, Urteil vom 21. Juli 2011 – 28274/08, Rdn. 65 – juris.
1263 EGMR, Urteil vom 21. Juli 2011 – 28274/08, Rdn. 65 – juris.
1264 EGMR, Urteil vom 21. Juli 2011 – 28274/08, Rdn. 66 – juris.
1265 EGMR, Urteil vom 21. Juli 2011 – 28274/08, Rdn. 67 – juris.
1266 EGMR, Urteil vom 21. Juli 2011 – 28274/08, Rdn. 67 – juris.
1267 EGMR, Urteil vom 21. Juli 2011 – 28274/08, Rdn. 69 – juris.
1268 EGMR, Urteil vom 21. Juli 2011 – 28274/08, Rdn. 65 – juris.
1269 EGMR, Urteil vom 21. Juli 2011 – 28274/08, Rdn. 73 – juris.
1270 EGMR, Urteil vom 21. Juli 2011 – 28274/08, Rdn. 74 – juris.
1271 Vergl. oben: **1. Teil: D.IV.2.aa).**

der offengelegten Information als ein bei der Abwägung zu berücksichtigendes Kriterium benennt[1272].

In der deutschen Judikatur wird das öffentliche Interesse der offenbarten Information bei der whistleblowingbedingten Kündigung grundsätzlich nicht berücksichtigt[1273]. Sämtliche in dieser Arbeit bislang dargestellten Entscheidungen der Rechtsprechung beschränken die Abwägung auf die Interessen der Vertragparteien.

Die Berücksichtigung des öffentlichen Interesses an der offenbarten Information deutet sich lediglich am Rande in einer älteren Kündigungsentscheidung des LAG Baden-Württemberg an. So führt das Gericht aus, dass nicht lediglich über die Verletzung von Vorschriften informiert worden sei, *„die für die Allgemeinheit nur von untergeordneter Bedeutung"* seien[1274]. Allerdings schwenkt das Gericht hiernach sofort wieder auf die Interessen der Vertragsparteien zurück, indem es ausführt, dass eine umgehende Änderung der Zustände auch dem wohlverstandenen Interesse des Arbeitgebers entspreche, da eine mögliche Gesundheitsbeeinträchtigungen der Kunden das Ansehen und damit die Vermögenslage des Arbeitgebers erheblich gefährden könne[1275]. Das *Wallraff-Urteil* des BGH, indem sich ebenfalls eine Einbeziehung des öffentlichen Informationsinteresses andeutet[1276], ist aus vielen Gründen nicht verallgemeinerungsfähig[1277]. Zudem wurde das Urteil durch das BVerfG gerade aufgrund einer nicht hinreichenden Würdigung der Schutzinteressen des Arbeitgebers teilweise aufgehoben[1278]. Auch gilt es zu beachten, dass die *Wallraff-Entscheidung* in einem anderen arbeitsgerichtlichen Urteil, das sich ebenfalls mit einem Unterlassungsanspruch gegen einen ehemaligen Arbeitnehmer befasste, zwar in Bezug genommen, die Berücksichtigung der öffentlichen Interessen jedoch deutlich abgeschwächt worden ist[1279].

Ferner gilt es zu beachten, dass in der Rechtsprechung die Einbeziehung von Allgemeininteressen auch zu Lasten des Arbeitnehmers erfolgt. So argumentierte das LAG Schleswig-Holstein in dem Kündigungsschutzverfahren im sogenannten

---

1272 EGMR, Urteil vom 21. Juli 2011 – 28274/08, Rdn. 66 – juris.

1273 Im Ergebnis ebenso: *Becker*, S. 77; *Berthold*, S. 81; *Schulz*, S. 97.

1274 LAG Baden-Württemberg, Urteil vom 3. Februar 1987 – 7 (13) Sa 95/86, NZA 1987, 756.

1275 LAG Baden-Württemberg, Urteil vom 3. Februar 1987 – 7 (13) Sa 95/86, NZA 1987, 756.

1276 *„Das gilt jedenfalls dann, wenn es um die Aufdeckung von gewichtigen Mißständen geht, durch die die Öffentlichkeit betroffen ist und denen durch betriebsinternes Vorstelligwerden nicht erfolgreich begegnet werden kann"*, vergl.: BGH, Urteil vom 20. Januar 1981 – VI ZR 162/79, Rdn. 32 – juris.

1277 Augenscheinlich lassen sich aus einem Urteil des BGH keine Rückschlüsse auf die Rechtsprechung der Arbeitsgerichte ziehen. Aber auch aus anderen Gründen ist das Urteil nicht verallgemeinerungsfähig, vergl. hierzu: **1. Teil: E.II.**

1278 BVerfG, Beschluss vom 25. Januar 1984 – 1 BvR 272/81, Rdn. 41 ff. – juris; vergl. hierzu ebenfalls: **1. Teil: E.II.**

1279 ArbG Neunkirchen, Urteil vom 26. Oktober 2012 – 2 Ga 10/12, Rdn. 59 – juris.

BSE-Fall, dass die Arbeitnehmerin durch ihre unbedachte Äußerung über unbestätigte BSE-Verdachtsfälle die Ängste der Öffentlichkeit geschürt habe[1280]. Auch das BVerfG berücksichtigte das öffentliche Interesse zu Lasten eines Angestellten des Verfassungsschutzes, der Betriebsinterna organisationsextern veröffentlicht hatte und betonte dabei das öffentliche Interesse an der ungestörten und möglichst wirksamen Tätigkeit der Behörde[1281]. Eine Sonderstellung nimmt das Urteil des BAG vom 5. Februar 1981. Dieses Urteil ist nicht amtlich veröffentlicht und in der juristischen Auseinandersetzung entsprechend weitgehend unbekannt[1282]. Das BAG wies in diesem Fall die Kündigungsschutzklage eines Chefarztes ab, der nach seiner Ansicht bestehende betriebliche Missstände in einer Pressemitteilung angeprangert hatte[1283]. Dieses unveröffentlichte BAG Urteil enthält das eindeutigste Bekenntnis zur Berücksichtigung von öffentlichen Interessen. So führt das BAG aus, dass zumindest dann, „*wenn es sich um eine die Öffentlichkeit wesentlich berührenden Frage*" handele, der Arbeitnehmer berechtigt sei, sich an die Öffentlichkeit zu wenden[1284]. Unabhängig davon, dass die Kündigungsschutzklage des Arbeitnehmers

---

1280 LAG Schleswig-Holstein, Urteil vom 15. November 1995 – 3 Sa 404/95, n.v. Das Gericht stützte die Wirksamkeit der Kündigung maßgeblich darauf, dass die Arbeitnehmerin an die Öffentlichkeit getreten sei, ohne sich zuvor „*intensiv um eine innerdienstliche Klärung bemüht*" zu haben, obwohl der Arbeitgeber seine „*volle Unterstützung zugesichert*" habe. Eine echte Abwägung der widerstreitenden grundrechtlichen Interessen, wie sie nach den dargestellten Grundsätzen gegenwärtig durch die Arbeitgerichte vorgenommen wird, ist dem Urteil allerdings nicht zu entnehmen. Die Voraussetzungen der erhobenen Restitutionsklage waren nicht erfüllt, so dass die entsprechende Klage 1997 abgewiesen worden ist. Bemerkenswert ist allerdings, dass das Gericht in den Entscheidungsgründen anregt, „*nochmals zu überprüfen, ob nicht die Möglichkeit einer Reintegration der Klägerin*" bestehe, vergl.: LAG Schleswig-Holstein, Urteil vom 22. Juli 1997 – 3 Sa 58/96a, n.v. Eine Vielzahl der Dokumente sowie die Gerichtsurteile zu dem *BSE-Fall* können eingesehen werden unter: https://wiki.piratenpartei.de/Margrit_Herbst#22.7.1997:_Urteil_des_Landesarbeitsgerichts_Schleswig-Holstein_.28Az._3_Sa_58.2F96a.29 (zuletzt abgerufen am 1. November 2014).

1281 BVerfG, Beschluss vom 28. April 1970 – 1 BvR 690/65, Rdn. 33 – juris. Gegenstand der Verfassungsbeschwerde war eine Verurteilung des Hinweisgebers wegen vorsätzlicher Verletzung der Amtsverschwiegenheit nach § 353b StGB.

1282 BAG, Urteil vom 5. Februar 1981 – 2 AZR 883/78, n.v. Auszüge aus dem Urteil finden sich in: *Mückenberger,* KJ 1983, 81, 83 f.; *Zachert,* AuR 1984, 289, 291 f. In der Dissertation von Berthold wird das Urteil zwar dargestellt, im Rahmen der Berücksichtigung der öffentlichen Interessen durch die Rechtsprechung bleibt es allerdings unerwähnt, vergl.: *Berthold,* S. 38 f.; 81. In der Dissertation von *Becker* wird das Urteil nicht aufgeführt, vergl.: *Becker,* S. 75 ff.

1283 BAG, Urteil vom 5. Februar 1981 – 2 AZR 883/78, n.v., vergl. insoweit: *Mückenberger,* KJ 1983, 81, 83; *Zachert,* AuR 1984, 289, 291.

1284 BAG, Urteil vom 5. Februar 1981 – 2 AZR 883/78, n.v., vergl. insoweit: *Mückenberger,* KJ 1983, 81, 84.

im konkreten Fall dennoch abgewiesen worden ist[1285], bleibt dieses Bekenntnis zur Einbeziehung des öffentlichen Interesses in der höchstrichterlichen Rechtsprechung ein Unikat. Für die nachfolgende Entwicklung der Rechtsprechung zum Schutze von Whistleblowern erlangte es keinerlei Bedeutung, vielmehr distanzierte sich die Rechtsprechung stillschweigend hievon. Insbesondere die Grundsatzentscheidungen des BVerfG aus dem Jahre 2001[1286] und des BAG aus 2003[1287] sowie die jüngsten Auseinadersetzungen des BAG[1288] beinhalten keinerlei vergleichbaren Ausführungen oder verweisen auf die – nicht amtlich veröffentlichte – Entscheidung.

Festzuhalten bleibt somit, dass dem öffentlichen Interesse an der offenbarten Information des Whistleblowers in einem Kündigungsschutzprozess von der deutschen Judikatur, vor der Entscheidung des EGMR[1289], kein Gewicht beigemessen worden ist.

Gänzlich anders wird der Stellenwert des Kriteriums durch den EGMR bemessen. Nachdem Kriterium der innerbetrieblichen Abhilfe, sei das öffentliche Interesse *„besonders zu berücksichtigen"*[1290]. Die von der Beschwerdeführerin offengelegte Information über Pflegemängel, sei *„unbestreitbar von öffentlichem Interesse"*[1291]. Nach Art. 10 Abs. 2 EMRK bleibe daher *„wenig Raum"* für eine Einschränkung der öffentlichen Meinungsbildung[1292].

aa) Eignung des Kriteriums – öffentliches Interesse als systemfremdes Element

Mängel in Pflegeeinrichtungen sind nicht nur von vitalem Interesse für die Vertragsparteien. Gerade im Hinblick auf den demographischen Wandel sind die Altenpflege und deren Finanzierung eines der zentralen gesellschaftlichen Themen. Schlicht aufgrund dieses Umstandes darf indes nicht verkannt werden, dass sich beim Whistleblowing im Arbeitsrecht zwei Privatrechtssubjekte gegenüberstehen, die über

---

1285 BAG, Urteil vom 5. Februar 1981 – 2 AZR 883/78, n.v. Nach den Sachverhaltschilderungsschilderungen bei *Zachert,* bestand das wesentliche Motive der Veröffentlichungen in der Durchsetzung von Liquidationsansprüchen. Diese sei der tragende Grund für die Abweisung gewesen, da nach Ansicht des BAG private Interessen nicht geeignet seien, eine Presseveröffentlichung zu rechtfertigen, vergl.: *Zachert,* AuR 1984, 289, 291.

1286 BVerfG, Urteil vom 2. Juli 2001 – 1 BvR 2049/00 – juris, ausführlich hierzu: **1. Teil: B.II.**

1287 BAG, Urteil vom 3. Juli 2003 – 2 AZR 235/02 – juris, ausführlich hierzu: **1. Teil: B.II.5.**

1288 BAG, Urteil vom 27. September 2012 – 2 AZR 646/11 – juris, vergl. hierzu: **2. Teil: A.II.1.e);** BAG, Urteil vom 7. Dezember 2006 – 2 AZR 400/05 – juris, vergl. hierzu: **1. Teil: C.II.3.**

1289 Vergl. zu den Auswirkungen des Urteils des EGMR auf nachfolgend ergangene Entscheidungen, sogleich: **1. Teil: D.V.4.b)gg).**

1290 EGMR, Urteil vom 21. Juli 2011 – 28274/08, Rdn. 66 – juris.

1291 EGMR, Urteil vom 21. Juli 2011 – 28274/08, Rdn. 71 – juris.

1292 EGMR, Urteil vom 21. Juli 2011 – 28274/08, Rdn. 66 – juris.

die Verletzung einer aus diesem Rechtsverhältnis bestehenden Pflicht streiten. Die Einwirkung von Faktoren, auf das Ausmaß der Pflichtverletzung des Rechtsverhältnisses, die zugleich außerhalb dieses Rechtsverhältnisses stehen, bedarf einer hinreichenden dogmatischen Legitimation und Begründung. Denn Umfang und Grenzen der Loyalitätspflicht bestimmen sich nach einer an § 241 Abs. 2 BGB anknüpfenden umfassenden Interessenabwägung der konfligierenden Grundrechte der Arbeitsvertragsparteien. Diese Zweiseitigkeit des Abwägungsvorganges wäre bei Anerkennung eines öffentlichen Interesses jedoch beseitigt.

Dem deutschen Kündigungsrecht liegt eine strikt individualrechtliche Konzeption zu Grunde[1293]. Eine gerichtliche Klärung eines Kündigungsstreites befasst sich mit der Verletzung eines zwischen zwei Parteien bestehenden Rechtsverhältnisses. Daher sind auch nur deren spezifische Interessen zu berücksichtigen[1294]. Entweder hat der Gesetzgeber über einen Sonderkündigungsschutz besondere öffentliche Interessen geschützt, wie etwa in § 9 MuSchG oder § 81 SGB IX, oder es fehlt eine entsprechende Konkretisierung über Spezialnormen[1295]. In diesem Fall sollte der Arbeitsrichter sich hüten, zusätzliche Interessen seinem Urteil tragend zugrunde zu legen[1296]. Wird die individualrechtliche Konzeption aufgrund besonderer öffentlicher Interessen wie dem Schutz von schwangeren Frauen durch die Einräumung eines besonderen öffentlich-rechtlichen Kündigungsschutz verlassen, so geht hiermit einher, dass eine Kündigung regelmäßig nur noch nach behördlicher Einschätzung und Prüfung möglich ist[1297]. Die Einschätzung, ob eine Information von besonderem öffentlichem Interesse ist, obläge in Whistleblowing-Konstellationen jedoch dem jeweiligen Arbeitnehmer. Zudem besteht für das Whistleblowing kein spezialgesetzlicher Ausnahmetatbestand, der eine Durchbrechung der individualrechtlichen Konzeption zu rechtfertigen vermag.

(1) Fehlende dogmatische Legitimation der Einbeziehung des Kriteriums in den Abwägungsprozess

Auch wenn die Einbeziehung des öffentlichen Interesses schon seit langer Zeit vereinzelnd gefordert wird[1298], fehlt es jedoch häufig an eben jener Begründung, wie außerhalb des Rechtsverhältnisses stehende Allgemeinwohlinteressen auf die Rechtsbeziehung der Arbeitsvertragsparteien einwirken können, ohne dass eine gesetzliche Legitimierung besteht.

1293 Grundlegend: *Preis*, 237.

1294 *Preis*, 238.

1295 *Preis*, 240.

1296 *Preis*, 240.

1297 A/P/S/*Preis* Grundlagen G, Rdn. 20.

1298 Vehement: *Ogorek*, FS Manfred Weiss, S. 539, 551 ff.; *Deiseroth*, AuR 2007, 198, 200.

(a) Wünschenswerte Einbeziehung

Die Begründung, dass die allgemeinen Interessen an der Bekämpfung von Korruption, Steuerdelikten und Ähnlichem nur mithilfe des Wissens von *„Insidern"* gefördert werden kann, ist für sich betrachtet nicht ausreichend[1299]. Alleine der Umstand, dass eine solche Einwirkung wünschenswert sei, kann keine tragfähige Grundlage darstellen. Ebenso kann nicht argumentiert werden, dass eine gemeinwohlbezogene Anzeige die Interessen des Arbeitgebers nicht verletzen könne, da sein rechtswidriges Verhalten nicht schützenswert sei[1300]. Auch ein rechtswidriges Verhalten entbindet den Arbeitnehmer nicht von jeglicher Loyalitätspflicht[1301].

Eine dogmatische Begründung für die Einwirkung von Allgemeininteressen auf das Ausmaß der arbeitsvertraglichen Rücksichtnahmepflicht ist nicht leicht aufzufinden. Die Problematik wird scheinbar verkannt. Zumeist wird schlicht gefordert, dass das *„öffentliche Interesse* [...] *in hinreichendem Maße zur Geltung gebracht und berücksichtigt werden*[1302]*"* müsse. Die sehr stark von den individuellen Interessen der beteiligten Konfliktpartner ausgehende Betrachtungsweise der Arbeitsgerichte, werde der Bedeutung, die einer offenen Kommunikation in einer freiheitlich-demokratischen Gesellschaft zukomme, nicht immer gerecht[1303].

Noch weitergehend sind die lange Jahre vor dem Urteil des EGMR gemachten Ausführungen von *Ogorek,* die die Verortung der Whistleblowing-Problematik im traditionellen Kündigungsrecht als *„geradezu fatal"* bezeichnet[1304]. Der Schutz des Arbeitnehmers sei lediglich die nicht wegzudenkende Bedingung für die Erreichung des eigentlichen Zieles, mit Hilfe des Whistleblowers Kenntnis von massiven Missständen zu erhalten, an deren Beseitigung ein starkes öffentliches Interesse bestehe[1305]. Eine solche völlig von den arbeitsrechtlichen Besonderheiten losgelöste Betrachtungsweise kann keinesfalls überzeugen. Ausgangspunkt der arbeitsrechtlichen Auswirkungen des Whistleblowings muss die Frage bleiben, ob in der Offenbarung von betrieblichen Vorgängen zugleich eine Nebenpflichtverletzung des Arbeitnehmers liegt und somit ein kündigungsrelevantes Verhalten, das die Fortsetzung des Arbeitsverhältnisses als unzumutbar erscheinen lässt. Der Arbeitnehmer ist gerade nicht wie jede beliebige außenstehende Person zu behandeln, die in keinerlei – freiwillig begründetem – Dauerschuldverhältnis zu dem Arbeitgeber steht. Durch die Eingehung dieses Rechtsverhältnisses werden zugleich Loyalitätspflichten begründet, die letztlich eine unmittelbare Auswirkung von Art. 12 GG darstellen. Mögen einige Ziele des Whistleblowers, wie etwa die Kriminalitätsbekämpfung oder

---

1299 In diesem Sinne jedoch: *Berthold*, S. 84.

1300 *Berthold,* S. 84.

1301 S.o.: **1. Teil: C.II.2.**

1302 *Deiseroth,* Ausschussdrucksache 17(11)783, S. 41, 47.

1303 *Branahl,* HfR 2012, 1, 2.; ähnlich auch *Deiseroth* in Ausschussdrucksache 17(11)783, S. 41, 47: *„demokratischen Gemeinwesen"*; vergl. auch: *Schulz*, S. 97, 100.

1304 *Ogorek*, FS Manfred Weiss, S. 539, 551.

1305 *Ogorek*, FS Manfred Weiss, S. 539, 551.

der Umweltschutz[1306], über den arbeitsvertraglichen Kontext hinausgehen, so folgt hieraus nicht, dass die gesamte Betrachtung aus eben jenem Kontext herausgerissen werden darf. Die Betrachtung aus diesem arbeitsvertraglichen Kontext zu entreißen, bedeutet zugleich, jegliche Loyalitätspflicht im Ausgangspunkt zu verneinen und somit letztlich in den Kernbereich des Art. 12 GG einzugreifen.

Die rechtsvergleichende Arbeit von *Düsel* versucht zunächst das Wesen des öffentlichen Interesses zu ergründen[1307]. Neben der Privatisierung des öffentlichen Rechts finde zugleich eine Publizierung des Privatrechts und somit auch des Arbeitsrechtes statt[1308]. Das öffentliche Interesse sei die Frucht der Zusammenarbeit zwischen Staat und Zivilgesellschaft[1309]. Da für das Whistleblowing die Beteiligung von überindividuellen, öffentlichen Interessen prägend sei, reiche es aus, sich auf die *„argumentativen"* Aspekte des öffentlichen Interesses zu besinnen[1310]. Anzeigen von Arbeitnehmern seien oft eine *„notwendige Voraussetzung"*, um im Anschluss an die Offenbarung hoheitliche Maßnahmen durchführen zu können[1311]. Letztlich erschöpfen sich auch diese Ausführungen somit darin, die Bedeutung des öffentlichen Interesses darzulegen, ohne jedoch eine Legitimation zur Einbeziehung in das Arbeitsverhältnis darzustellen.

(b) Orientierung an gesetzlichen Vorschriften

Die bislang umfassendste Stellungnahme findet sich in der Dissertation von *Becker*[1312]. Zwar argumentiert *Becker* zunächst ebenfalls mit der *„schlechthin konstituierenden Bedeutung"* und der immanenten *„Artikulations- und Informationsfunktion"* der Meinungsfreiheit *„innerhalb der öffentlichen Diskussionskultur"*[1313], jedoch orientiert sich seine Argumentation auch an gesetzlichen Vorschriften. Letztlich kann jedoch auch diese Argumentation keine Einbeziehung von Allgemeininteressen in das Rechtsverhältnis der Arbeitsvertragsparteien rechtfertigen.

Nach § 53 BImSchG und den §§ 21 a ff. WHG könne der Arbeitnehmer im Allgemeininteresse liegende Belange des Umweltschutzes geltend machen[1314]. Ein entsprechender gesetzgeberischer Wille ergebe sich ferner aus dem § 21 Abs. 6 S. 1 GefahrStVO[1315]. Von den genannten Normen ist lediglich § 53 BImSchG de lege lata noch anwendbar. Zur Bestimmung des Vorliegens eines gesteigerten öffentlichen

---

1306 *Ogorek*, FS Manfred Weiss, S. 539, 554.
1307 *Düsel*, S. 266 ff.
1308 *Düsel*, S. 266.
1309 *Düsel*, S. 267.
1310 *Düsel*, S. 267.
1311 *Düsel*, S. 268.
1312 *Becker*, S. 67 ff.; bereits in DB 2011, 2202, 2203 weist Becker auf: *„womöglich"* zu erhebende grundsätzliche strukturelle Bedenken hin.
1313 *Becker*, S. 78 f.
1314 *Becker*, S. 78.
1315 *Becker*, S. 78.

Allgemeininteresses, das sodann in die Abwägung einzubeziehen sei, schlägt *Becker* nachfolgend ein Differenzierungskonzept vor, das sich an der Sanktionskompetenz des Staates orientiert[1316]. Nur sofern dem Staat bezüglich des angezeigten Verhaltens eine Sanktionskompetenz zustehe, könne das konkrete Allgemeininteresse in die Abwägung einbezogen werden[1317].

Positiv zu bewerten ist, dass die Auffassung erkennbar davon geprägt ist, die Problematik der Bestimmung der Wertigkeit eines öffentlichen oder gesteigerten öffentlichen Interesses zu beachten[1318]. Vermag ein solches Differenzierungskonzept, das von dem Bestreben der Eingrenzung und Präzisierung der einzubeziehenden öffentlichen Interessen geleitet ist, grundsätzlich überzeugen, so gilt dies nicht für das Fundament, auf dem die Durchbrechung der strikt individualrechtlichen Konzeption des deutschen Kündigungsschutzes beruht. Aus den aufgeführten gesetzlichen Vorschriften lässt sich kein verallgemeinerungsfähiger Wille zur Einbeziehung von öffentlichen Allgemeininteressen in die Abwägungsentscheidung beim Whistleblowing ableiten. Auch ein entsprechender allgemeiner Rechtsgrundsatz folgt hieraus nicht[1319].

Zunächst lässt sich aus einer aufgehobenen Norm ein gegenwärtiger gesetzgeberischer Wille nur schwerlich folgern[1320]. Vielmehr liegt der Schluss nahe, dass der Gesetzgeber sich von einem solchen Anzeigerecht distanzieren wollte. Dies gilt insbesondere in Anbetracht des Fehlens einer vergleichbaren Nachfolgeregelung. Aber auch aus der angeführten, gegenwärtig geltenden Norm – § 53 BImSchG – folgt meines Erachtens kein anderes Ergebnis. *Becker* verkennt, dass nach § 53 BImSchG keinesfalls alle Arbeitnehmer die im Allgemeininteresse liegenden Belange des Umweltschutzes geltend machen können. Vielmehr handelt es sich bei dem Immissionsschutzbeauftragten nach § 53 BImSchG um ein speziell zu bestellendes Überwachungsorgan, das nicht einmal in einem Beschäftigungsverhältnis zu dem Arbeitgeber stehen muss. Nach § 1 Abs. 1 der 5. BImSchV soll der Immissionsschutzbeauftragte zwar grundsätzlich Betriebsangehöriger sein, jedoch ist auch die Bestellung eines externen Immissionsschutzbeauftragten gestattet, § 5 Abs. 1 der 5. BImSchV. Vom Anwendungsbereich der Norm sind somit nicht nur sehr wenige Arbeitnehmer erfasst, denen die Überwachung zudem regelmäßig als Hauptleistungspflicht obliegen wird, sondern auch organisationsexterne Dritte. Normadressat ist zudem der Arbeitgeber oder der Anlagenbetreiber und nicht alle abhängig Beschäftigten. Die Norm verpflichtet den Arbeitgeber

---

1316 *Becker*, S. 80 f.

1317 *Becker*, S. 80 f.

1318 Vergl. hierzu sogleich: **1. Teil: D.V.4.b)aa)(3)(c)**. Auch *Becker* stellt diese Problematik an späterer Stelle klar heraus: *Becker* S. 82.

1319 In diesem Sinne: MünchHdbArbR/*Blomeyer* (2. Auflage) § 53, Rdn. 69; hierauf bezugnehmend: *Becker* S. 78. In der Altauflage des Münchener Handbuches wird zudem noch eine weitere – ebenfalls aufgehobene – Norm angeführt: § 54 KrW/AbfG. In der 3. Auflage wird im Münchener Kommentar die Auffassung von *Blomeyer* nicht mehr vertreten.

1320 Auf den Umstand, dass der § 21 Abs. 6 S. 1 GefahrStVO und die §§ 21 a ff. WHG zwischenzeitlich aufgehoben wurden, weist *Becker* ebenfalls hin: *Becker*, S. 78.

lediglich dazu, die Überwachung des immissionsschutzkonformen Verhaltens des Betriebs durch die Bestellung eines Betriebsbeauftragten zu gewährleisten. Zudem enthält das Bundesimmissionsschutzgesetz keinerlei Regelungen zur externen Meldung eines Verstoßes gegen das Gesetz. Dies gilt insbesondere auch für den Immissionsschutzbeauftragten. Dieser *„berät“* den Betreiber der Anlage lediglich und soll bei der Einhaltung und Verbesserung des Umweltschutzes mitwirken, § 54 BImSchG. Der Überwachungsbehörde gegenüber hat der Immissionsschutzbeauftragte keine Rechte und Pflichten. Insbesondere ist er ihr gegenüber nicht auskunftspflichtig[1321]. Folglich kann der Immissionsschutzbeauftragte sogar zur Verschwiegenheit gegenüber der Behörde verpflichtet werden[1322]. Im Fokus der Gesetzgebung war somit das besondere Vertrauensverhältnis zwischen Immissionsschutzbeauftragten und Betreiber[1323]. Die Norm soll daher keinesfalls eine Legitimationsgrundlage darstellen, um jedem Arbeitnehmer zu ermöglichen, die Einhaltung des Umweltschutzes im Betrieb zu überwachen und gegebenenfalls Verstöße organisationsextern bekannt zu machen.

Hinzu kommt, dass es sich bei den genannten Normen um solche mit Ausnahmecharakter handelt. Es ist aber grundsätzlich unzulässig, aus Ausnahmetatbeständen einen verallgemeinerungsfähigen Willen abzuleiten und zu übertragen. Es gelten die hergebrachten Grundsätze, dass solche Normen stets eng auszulegen und analogiefeindlich sind[1324].

Aus den genannten gesetzlichen Vorschriften kann daher meines Erachtens nicht der verallgemeinerungsfähige Gedanke abgeleitet werden, dass in die Abwägungsentscheidung Allgemeininteressen einzubeziehen sind. Eine tragfähige Legitimation zur Durchbrechung der strikt individualrechtlichen Konzeption des deutschen Kündigungsrechtes – ohne eine spezialgesetzliche Ermächtigung – ist somit weiterhin nicht ersichtlich.

(c) Die Begrenzung auf die Interessen der Vertragsparteien in anderen Konstellationen der Kündigung

Ferner darf nicht verkannt werden, dass die individualrechtliche Konzeption und die Beschränkung auf die Interessen der Arbeitsvertragsparteien für den Arbeitnehmer auch vorteilhaft sein kann und ein allgemeines Prinzip darstellt.

1321 Landmann/Rohmer/*Hansmann* UmweltR, § 54 BImSchG, Rdn. 9.

1322 Landmann/Rohmer/*Hansmann* UmweltR, Vorb. zu den §§ 53 bis 58 d, Rdn. 16.

1323 Landmann/Rohmer/*Hansmann* UmweltR, Vorb. zu den §§ 53 bis 58 d, Rdn. 7.

1324 *„singularia non sunt extendenda“*. Dieser Grundsatz geht auf den römischen Rechtsgelehrten *Aemilius Papinian* zurück, vergl. hierzu: Staudinger/Eckpfeiler/*Honsell* B., Rdn. 63; vergl. des Weiteren zum Analogieverbot etwa im Rahmen der Ausnahmevorschrift § 1374 Abs. 2 BGB: BGH, Beschluss vom 16. Oktober 2013 – XII ZB 277/12, NJW 2013, 3645; vergl. zu den §§ 844, 845 BGB: Staudinger/*Röthel* § 844 BGB, Rdn. 23 f.; vergl. ferner: BAG, Urteil vom 28. September 1983 – 7 AZR 266/82, Rdn. 12 – juris.

So kann das außerdienstliche Verhalten des Arbeitnehmers grundsätzlich nicht zur Rechtfertigung einer Kündigung herangezogen werden[1325]. Etwas anderes gilt nur dann, wenn die Verhaltensweisen sich konkret auf das Arbeitsverhältnis auswirken. Nicht ausreichend ist, dass dem Arbeitgeber ein bestimmtes außerdienstliches Verhalten des Arbeitnehmers missfällt und somit seine allgemeinen Interessen *berührt*, die über das konkrete Beschäftigungsverhältnis hinaus bestehen. Vielmehr muss das Verhalten des Arbeitnehmers außerhalb der Arbeitszeit geeignet sein, eine Verletzung der Nebenpflicht zur Rücksichtnahme darzustellen[1326]. Eine solche Verletzung kann aber nur bei einer konkreten Verbindung der Verhaltensweisen zum Beschäftigungsverhältnis angenommen werden. Ein Berufen des Arbeitgebers auf sein allgemeines Interesse keine Straftäter beschäftigen zu wollen, reicht gerade nicht aus. Erfüllt sind die Voraussetzungen beispielsweise, wenn der Arbeitnehmer außerhalb der Arbeitszeit Straftaten gegen das Vermögen des Arbeitgebers begeht[1327]. Gleiches gilt, wenn die Straftat unter Nutzung von Betriebsmitteln oder betrieblichen Einrichtungen begangen wird[1328]. Herangezogen werden können aber auch tätliche Angriffe auf Arbeitskollegen im privaten Umfeld[1329]. Ein konkreter Bezug zum Beschäftigungsverhältnis besteht ferner dann, wenn ein Lehrer wegen Sexualdelikten oder eine Kassiererin wegen außerdienstlichen Vermögensdelikten verurteilt wurde[1330]. Besteht in diesen Konstellationen die notwendige enge Verknüpfung zu den konkreten Interessen der jeweiligen Arbeitsvertragsparteien, so besteht eine solche Verknüpfung nicht, wenn ein gesamtgesellschaftliches Interesse an der offenbarten Information in den Abwägungsvorgang einbezogen werden soll. Denn charakteristisch für ein gesamtgesellschaftliches Interesse an der offenbarten Information ist gerade, dass Auswirkungen über die Interessen der Arbeitsvertragsparteien hinaus bestehen[1331].

Ist der Arbeitgeber aber einerseits bei der Rechtfertigung einer Kündigung aufgrund außerdienstlicher Vorkommnisse darauf beschränkt, nur solche Verhaltensweisen und Gesetzesverstöße heranzuziehen, die sich konkret auf das jeweilige Beschäftigungsverhältnis auswirken, so ist nicht ersichtlich, warum andererseits in der Konstellation des Whistleblowing, wenn die Gesetzeswidrigkeit oder die Verhaltensweise des Arbeitgebers bewertet werden muss, eine konkrete Verknüpfung

---

1325 KR-*Griebling* § 1 KSchG, Rdn. 450 ff., § 626 BGB, Rdn. 414; MünchKommBGB/*Hergenröder* § 1 KSchG, Rdn. 234; Stahlhacke/Preis/Vossen/*Preis*, Rdn. 639, v. Hoyningen/Huene § 1, Rdn. 618; Staudinger/*Preis* § 626 BGB, Rdn. 159; ErfK/*Müller-Glöge* § 626 BGB, Rdn. 82 ff.; BAG, Urteil vom 23. Oktober 2008 – 2 AZR 483/07 – juris.

1326 BAG, Urteil vom 28. Oktober 2010 – 2 AZR 293/09, Rdn. 12 ff. – juris.

1327 Staudinger/*Preis* § 626 BGB, Rdn. 159.

1328 BAG, Urteil vom 28. Oktober. 2010 – 2 AZR 293/09, Rdn.19 – juris.

1329 MünchKommBGB/*Hergenröder* § 1 KSchG, Rdn. 234.

1330 Zu beachten ist allerdings, dass bei den genannten Verhaltensweisen Zweifel an der Eignung der Arbeitnehmer zur Erfüllung der Arbeitsleistung bestehen und somit ein Grund zur personen- und nicht zur verhaltensbedingten Kündigung vorliegen kann, vergl. hierzu: v. Hoyningen-Huene/Linck/Krause § 1, Rdn. 625.

1331 Hierzu sogleich: **1. Teil: D.V.4.b)bb).**

zum jeweiligem Beschäftigungsverhältnis nicht erforderlich sei, sondern der Arbeitnehmer umso schützenwerter sei, je mehr die offenbarten Informationen über die Interessen der Arbeitsvertragsparteien hinaus von Bedeutung sind.

Durch die Anerkennung der Möglichkeit, dass auch ein außerdienstliches Verhalten eine Kündigung rechtfertigen kann, wird der zweiseitige Abwägungsvorgang nicht durchbrochen. Im Gegenteil, die strengen Voraussetzungen die für die Wirksamkeit einer solchen Kündigung gelten, verdeutlichen, dass einzig die Interessen der Arbeitsvertragsparteien als Anknüpfungspunkt für die Rechtfertigung einer Kündigung dienen können.

Ein weiteres Beispiel für das allgemeine Prinzip der Beschränkung auf die Interessen der Arbeitsvertragsparteien sind die Informationsrechte des Arbeitgebers.

So darf ein Arbeitgeber nur solche Fragen an einen Bewerber richten, an deren wahrheitsgemäßer Beantwortung ein berechtigtes, billigenswertes und schutzwürdiges Interesse besteht[1332]. Dabei ist entscheidend auf den konkret zu besetzenden Arbeitsplatz abzustellen. Je weniger die Frage für den angestrebten Arbeitsplatz und die zu verrichtende Tätigkeit selbst von Bedeutung ist, umso eher wird sie als unzulässig eingestuft werden müssen[1333]. Eine Frage nach Vorstrafen muss daher beispielsweise auf objektiv einschlägige Delikte oder Deliktsbereiche begrenzen sein[1334]. Auch wenn aus Arbeitgebersicht möglicherweise ein allgemeines Interesse besteht, über sämtliche Vorstrafen des Bewerbers informiert zu werden, so ist dieses, über den konkreten arbeitsvertraglichen Kontext hinausgehende, Interesse nicht schützenswert. Unzulässige Fragen darf ein Bewerber wahrheitswidrig beantworten, ohne mit negativen Folgen rechnen zu müssen[1335].

Alleine aufgrund des Umstands, dass sich die Begrenzung auf die Interessen der Arbeitsvertragsparteien im Einzelfall auch nachteilig für den Beschäftigten auswirken kann, wie vermeintlich bei der Würdigung einer Whistleblowing-Konstellation ohne eine Einbeziehung besonderer öffentlicher Interessen, ist eine Abweichung von diesem Grundkonzept nicht gerechtfertigt. Ferner ist zu beachten, dass die Ablehnung des Kriteriums keinen echten Nachteil für den Whistleblower bewirkt. Auch ohne die Einbeziehung eines besonderen öffentlichen Interesses an der offenbarten Information unterliegt die Kündigung eines Whistleblowers auch nach hergebrachten nationalen Grundsätzen insgesamt strengen Anforderungen[1336]. Hinzu kommt, dass das Kriterium des besonderen öffentlichen Interesses an der offenbarten Information neue Unwägbarkeiten schafft[1337] und somit zweifelhaft ist, ob eine Einbeziehung in den Abwägungsvorgang für den Whistleblower überhaupt vorteilhaft ist. Dies gilt umso

1332 ErfK/*Preis* § 611 BGB, Rdn. 271.
1333 ErfK/*Preis* § 611 BGB, Rdn. 271.
1334 BAG, Urteil vom 6. September 2012 – 2 AZR 270/11, Rdn. 28 – juris.
1335 Zu den Rechtsfolgen im Einzelnen, vergl.: ErfK/*Preis* § 611 BGB, Rdn. 286 f.
1336 S.o.: **1. Teil: B.III; C.VIII.**
1337 S.u.: **1. Teil: D.V.4.b)aa)(3)(c).**

mehr, da in den dargestellten Entscheidungen die Rechtsprechung das öffentliche Interesse auch zu Lasten der Whistleblower würdigte.

(2) Der Staat als Hüter der öffentlichen Interessen

In einem demokratischen Gemeinwesen besteht ein bedeutsames Interesse an der Aufdeckung von schwerwiegenden Straftaten, Rechtsverletzungen oder sonstigen Missständen. Dies wird nicht bestritten. Die Wahrnehmung und der Schutz dieser Interessen obliegen jedoch primär dem Staat. Der Schutz der Allgemeinheit ist nicht Sache des einzelnen Arbeitnehmers.

Es ist die verfassungsrechtliche Pflicht des Staates eine funktionsfähige Strafrechtspflege zu gewährleisten[1338]. Dem Staat obliegt es, als wesentlicher *„Auftrag eines rechtsstaatlichen Gemeinwesens“*, Straftaten aufzuklären und zu verfolgen[1339]. Mit dieser Pflicht im Rechtsstaat ist es beispielsweise nicht vereinbar, wenn derjenige, der eine gesetzlich auferlegte Pflicht erfüllt, wie die Zeugenpflicht, zivilrechtliche Nachteile erleidet, obwohl er nicht wissentlich unwahre oder leichtfertig falsche Angaben gemacht hat[1340]. Dasselbe gilt im Regelfall für denjenigen, der Rechte im Strafverfahren wahrnimmt[1341].

Der einzelne Bürger ist somit nur *Erfüllungsgehilfe* des Staates bei der Erfüllung einer ihm obliegenden Verpflichtung. Zugleich schützt der Staat seinen Erfüllungsgehilfen. Damit ist ebenso klargestellt, dass primär dem Staat und nicht dem einzelnen Bürger die Pflicht obliegt, Missstände und Gesetzesverstöße zu beseitigen. Nur bestimmten Personen in Arbeitsverhältnissen wird diese Pflicht zur Kontrolle des gesetzeskonformen Verhaltens des Arbeitgebers aufgebürdet[1342]. Beteiligt sich der einzelne Arbeitnehmer dennoch an der Erfüllung dieser primären Staatspflicht, so wird er zwar als *„Erfüllungsgehilfe“* geschützt, einen zusätzlichen, gesteigerten Schutz aufgrund eines öffentlichen Interesses erfährt er jedoch nur dort, wo gesetzliche Bestimmungen in Form eines Sonderkündigungsschutzes dies explizit regeln[1343]. Abseits dieser gesetzlichen Ausnahmekonstellation sind für die Frage der Verletzung der Rücksichtnahmepflicht öffentliche Interessen nicht einzubeziehen. Ein besonderes öffentliches Interesse an der offenbarten Information darf nicht den Blick dafür

---

1338 Vergl. nur den Beschluss des BVerfG zum Whistleblowing: BVerfG, Beschluss vom 2. Juli 2001 – 1 BVR 2049/00, Rdn. 11 – juris. Ausführlich hierzu: **1. Teil: B.II.**

1339 BVerfG, Urteil vom 3. März 2004 – 1 BvR 2378/98, 1 BvR 1084/99, Rdn. 208 – *großer Lauschangriff* – juris. Maunz/Dürig/*Grzeszick* Art. 20 GG, Rdn. 143.

1340 BVerfG, Beschluss vom 2. Juli 2001 – 1 BVR 2049/00, Rdn. 11 – juris. Ausführlich hierzu: **1. Teil: B.II.**

1341 BVerfG, Beschluss vom 2. Juli 2001 – 1 BVR 2049/00, Rdn. 20 – juris; **1. Teil: B.II.1.b).**

1342 Dies gilt etwa für den Compliance Officer, vergl. hierzu: **1. Teil: A.II.6.a)bb), C.III.2.b)bb)(4).**

1343 Für den oben genannten Immissionsschutzbeauftragten gilt beispielsweise ein besonderer Kündigungsschutz nach § 58 BImSchG. Vergl. zur Sonderstellung des Immissionsschutzbeauftragten: **1. Teil: D.V.4.b)aa)(1)(b).**

trüben, dass das besondere öffentliche Interesse der Allgemeinheit an den Verhältnissen im Gesundheitswesen, der Lebensmittelsicherheit, der Finanzmärkte oder bei der Kriminalitätsbekämpfung primär durch den Staat und seine jeweiligen Institutionen wahrgenommen und geschützt wird[1344]. Beim arbeitsrechtlichen Whistleblowing sind demgegenüber primär die konfligierenden Interessen der Arbeitsvertragsparteien zu beachten. Auf der einen Seite ist dies insbesondere das Recht des Arbeitnehmer auf freie Meinungsäußerung aus Art. 5 Abs. 1 GG[1345]. Auf der anderen Seite steht das aus Art. 12 GG resultierende Recht des Arbeitsgebers, von seinen Arbeitnehmern ein gewisses Maß an Rücksicht auf seine Interessen verlangen zu können. Die Wertungen dieser widerstreitenden Interessen werden grundrechtskonform im Rahmen der Konkretisierung der Rücksichtnahmepflicht gegeneinander abgewogen und ausgeformt. Das besondere öffentliche Interesse der Allgemeinheit steht diesem zweiseitigen Abwägungsvorgang wie ein Embolus gegenüber.

(3) Die Einbeziehung der öffentlichen Allgemeininteressen in das Rechtsverhältnis der Arbeitsvertragsparteien

Die einzige Möglichkeit, um das Kriterium in den Abwägungsprozess einzubeziehen, ist die Anknüpfung an eine der Abwägung zu Grunde liegende Wertung. Da das besondere öffentliche Interesse ein Abwägungskriterium gegen die Wirksamkeit einer Kündigung ist, kann es nur auf Seiten der Arbeitnehmerinteressen Berücksichtigung finden.

(a) Einbeziehung über Art. 5 Abs. 1 S. 1 GG

Zunächst erscheint eine Verknüpfung mit dem Grundrecht der Meinungsfreiheit angezeigt. Dies ist die in Whistleblowing-Konstellationen vordergründig zu beachtende grundrechtliche Gewährleistung[1346]. Auch der auch der Europäische Gerichtshof für Menschenrechte entwickelt das Kriterium aus dem entsprechenden Äquivalent der Europäischen Menschenrechtskonvention – Art. 10 Abs. 2 EMRK[1347]. Eine Anknüpfung des besonderen öffentlichen Interesses an Art. 5 Abs. 1 S. 1 GG begegnet indes, gerade im Hinblick auf den Wesensgehalt des Grundrechtes, erheblicher Bedenken.

Konsequent zu Ende gedacht, führt die Beachtung des öffentlichen Interesses der offengelegten Information dazu, dass zwischen Meinungsäußerungen von öffentlichem und nicht öffentlichem Interesse differenziert wird. Da ein mögliches

---

1344 Aufzählung orientiert an den Mutmaßungen der Literatur, welche weiteren Thematiken von besonderem öffentlichem Interesse seien: *Simon/Schilling* BB 2011, 2421, 2426; *Ogorek*, FS Manfred Weiss, S. 539, 554.

1345 Siehe hierzu ausführlich oben: **1. Teil: A.II.2.a)**. Sofern der Arbeitnehmer Rechte und Pflichten im Strafverfahren wahrnimmt, wird der Schutz ausnahmsweise nicht durch Art. 5 Abs. 1 GG sondern durch Art. 2 Abs. 1 GG i.V.m. dem Rechtsstaatsprinzip gewährleistet, vergl.: **1. Teil: A.II.2.b)**.

1346 S.o.: **1. Teil: A.II.2.a), A.II.2.a)cc)**.

1347 EGMR, Urteil vom 21. Juli 2011 – 28274/08, Rdn. 66 – juris.

öffentliches Interesse im Rahmen der Abwägung besonders zu gewichten sei, folgt hieraus zugleich, dass der Schutz dieser Meinungen, die auch ein öffentliches Interesse tangieren, als höherwertig betrachtet wird. Diese in der Anerkennung des öffentlichen Interesses als Abwägungsfaktor angelegte Differenzierung zwischen wichtigen und weniger wichtigen Meinungsäußerungen kann nicht überzeugen[1348]. Meinungen genießen den Schutz des Grundrechts nach Art. 5 Abs. 1 S. 1 GG, „*ohne dass es darauf ankommt, ob die Äußerung begründet oder grundlos, emotional oder rational ist, als wertvoll oder wertlos, gefährlich oder harmlos eingeschätzt wird*“[1349].

(b) Einbeziehung über Art. 2 Abs. 1 i.V.m. dem Rechtsstaatsprinzip

Bleibt letztlich nur die Möglichkeit, die öffentlichen Interessen über die anderen Rechte des Arbeitnehmers einfließen zu lassen. Neben der Meinungsfreiheit beeinflussen insbesondere die Wertungen aus Art. 2 Abs. 1 GG i.V.m. dem Rechtsstaatsprinzip den Abwägungsvorgang. Danach darf die Wahrnehmung von staatsbürgerlichen Rechten oder Pflichten im Strafverfahren, dem Arbeitnehmer – soweit er nicht wissentlich unwahre oder leichtfertig falsche Angaben macht – grundsätzlich nicht zum Nachteil gereichen[1350].

Um das öffentliche Interesse eines offengelegten Missstandes anerkennen zu können, müsste demnach dieses Interesse Bestandteil der Gewährleistungen des Arbeitnehmers aus Art. 2 Abs. 1 GG i.V.m. dem Rechtsstaatsprinzip sein. Es besteht jedoch für den Einzelnen keine der Zeugenpflicht vergleichbare allgemeine staatsbürgerliche Pflicht[1351], Missstände anzuzeigen und auf deren Beseitigung hinzuwirken. Das staatsbürgerliche Recht, Missstände anzuzeigen[1352], ist auch nicht davon abhängig, ob der angezeigte Sachverhalt von besonderem öffentlichem Interesse oder nur von privatem Interesse ist. Ausgangspunkt ist jeweils die aus der Beanspruchung des Gewaltmonopols resultierende Pflicht des Staates, den Bürger bei der Durchsetzung seiner Rechte mit Hilfe der Staatsgewalt zu unterstützen und ihn hierbei vor zivilrechtlichen Repressalien zu schützen[1353]. Diese Verpflichtung differenziert nicht zwischen Anliegen von öffentlichen und solchen von nicht öffentlichen Interesse. Die nicht wissentlich unwahre oder leichtfertige falsche Strafanzeige an sich liegt „*im allgemeinen Interesse*[1354]“. Dies gilt jedoch unabhängig davon, ob der Inhalt der Strafanzeige von lediglich privatem, öffentlichem oder besonderem öffentlichem Interesse ist. Insofern kann es letztlich auch nicht überzeugen, aus der Privilegierung

1348 In diesem Sinne auch: *Brors*, HfR 2012, 9, Rdn. 33.

1349 BVerfG, Beschluss vom 4. November 2009 – 1 BvR 2150/08, NJW 2010, 47, 48; s.o. m.w.N.: **1. Teil: A.II.2.a)aa).**

1350 BVerfG, Beschluss vom 2. Juli 2001 – 1 BvR 2049/00, NJW 2001, 3474; Vergl.: **1. Teil: A.II.2.b).**

1351 BVerfG, Beschluss vom 2. Juli 2001 – 1 BvR 2049/00, Rdn. 11 – juris.

1352 BVerfG, Beschluss vom 2. Juli 2001 – 1 BvR 2049/00, Rdn. 20 – juris.

1353 Ähnlich: *Brors*, HfR 2012, 9, Rdn. 31.

1354 BAG, Urteil vom 3. Juli 2003 – 2 AZR 235/02, Rdn. 33 – juris.

der nicht wissentlich unwahren oder leichtfertig falschen Strafanzeige, eine Einbeziehung *sonstiger* Allgemeininteressen zu folgern[1355].

Somit lässt sich auch aus Art. 2 Abs. 1 GG i.V.m. dem Rechtsstaatsprinzip keine Verbindung der öffentlichen Interessen zu dem Rechtsverhältnis der Arbeitsvertragsparteien herstellen. Das besondere öffentliche Interesse der offenbarten Information bleibt ein systemfremdes Abwägungskriterium.

(c) Weitere Probleme der Einbeziehung

Es bestehen jedoch nicht nur durchgreifende dogmatische Bedenken gegen die Anerkennung des öffentlichen Interesses an der offengelegten Information als Abwägungsfaktor. Das besondere öffentliche Interesse schafft mehr Verwirrung als Klarheit[1356]. Durch die Anerkennung des Kriteriums wurde ein neuer Unsicherheitsfaktor bei der Prognostizierung der Wirksamkeit einer aufgrund von Whistleblowing ausgesprochenen Kündigung geschaffen. Es bleibt unklar, welche weiteren Interessen, abgesehen von Mängeln in der Pflege, dieser neuen Kategorie zuzuordnen sind. Wünschenswerte Klarstellungen des EGMR sucht man vergebens. In der Literatur wurden daher schon spekuliert, welche weiteren Thematiken von öffentlichem Interesse seien und daher im Rahmen einer Kündigungsentscheidung besonders zu beachten sein. So werden als Themen von *„großem öffentlichen Interesse*[1357]*"* vorgeschlagen: Verhältnisse in Einrichtungen wie Pflegeheimen, Krankenhäusern und Gefängnissen, Lebensmittelsicherheit, Finanzgeschäfte, die volkswirtschaftliche Risiken nach sich ziehen[1358], gefährliche Konsumgüter wie giftbelastetes Kinderspielzeug, Mängel bei der Arbeitssicherheit und drohende Umweltschäden[1359]. Es drängt sich die Frage auf, ob auch Kindertagesstätten[1360] zu der Gruppe zu zählen sind oder ob das Ausspionieren und Abschöpfen von großen Datenmengen unter das Kriterium des öffentlichen Interesses subsumiert werden kann. Nach der Rechtsprechung soll auch die Verkehrssicherheit ein solches öffentliches Interesse darstellen[1361]. Einzige Gemeinsamkeit all dieser Kriterien ist, dass der Adressatenkreis der potentiell oder konkret von der offenbarten Information betroffenen Personen weitläufig ist und über den Einzelfall hinausgeht. Die Mutmaßungen von *Simon/Schilling* legen zudem nahe, dass auch zwischen Thematiken

1355 In diesem Sinne *Becker*, S. 67 ff.

1356 Ebenso: *Brors*, HfR 2012, 9, Rdn. 34; *Becker* erkennt diese Problematik ebenfalls, S. 81 f.

1357 *Simon/Schilling*, BB 2011, 2421, 2426.

1358 *Simon/Schilling*, BB 2011, 2421, 2426.

1359 *Schlachter*, RdA 2012, 108, 112.

1360 Bejahend: *Schlachter*, RdA 2012, 108, 112.

1361 LAG Köln, Urteil vom 2. Februar 2012 – 6 Sa 304/11, Rdn. 29 – juris. Vergl. hierzu ausführlich: **1. Teil: D.V.4.b)gg)(c).**

von „*großem*[1362]" bzw. „*starkem*[1363]" und mittleren und geringfügigem öffentlichem Interesse weiter differenziert werden kann. Dadurch verlöre der generell bereits „*ziemlich diffuse*[1364]" Begriff des öffentlichen Interesses weiter an Klarheit und die Bestimmung, welcher Sachverhalt vom öffentlichen Interesse noch erfasst ist, würde zum Vabanquespiel. Schlussendlich ist somit auch den Interessen der Hinweisgeber nach Rechtssicherheit und -klarheit nicht gedient.

Keine Lösung kann es zudem darstellen, im Zweifelsfalle das Vorliegen eines öffentlichen Interesses stets zu bejahen[1365].

Ferner trägt der Whistleblower das Risiko, dass ein besonderes öffentliches Interesse der offenbarten Information im konkreten Fall nicht anerkannt wird. Aufgrund der beschriebenen Unbestimmtheit des Kriteriums und des damit einhergehenden weiten tatrichterlichen Ermessensspielraums sollte der Whistleblower nicht das Wagnis eingehen, die Zulässigkeit seiner organisationsexternen Offenbarung primär auf ein vermeintlich bestehendes besonderes öffentliches Interesse zu stützen.

bb) Öffentliches Interesse nur bei Wirkung über den Einzelfall hinaus

Der EGMR betont in der Rechtssache *Heinisch* die gesamtgesellschaftliche Bedeutung von Informationen über die Qualität in der Pflege. In Gesellschaften, in denen der Anteil der auf institutionelle Pflege angewiesenen älteren Bevölkerung immer größer werde, sei die Veröffentlichung von Informationen über die Qualität dieser Pflege „*von größter Bedeutung*"[1366]. Im betreffenden Pflegeheim wurden insgesamt 160 Bewohner betreut[1367]. Ein öffentliches Interesse im Sinne des Gerichtshofs besteht daher nur dann, wenn die offenbarte Information potentiell oder tatsächlich einen breiten Teil der Bevölkerung betrifft und unter Umständen über den konkreten Einzelfall hinaus bedeutsam ist. Diese These wird dadurch gestützt, dass sämtliche von der Literatur in Ergänzung vorgeschlagene Themenkreise, die ebenfalls von öffentlichem Interesse seien, diese Voraussetzung nicht nur erfüllen, die Wirkung über den konkreten Einzelfall hinaus ist vielmehr die einzige Gemeinsamkeit der Merkmale[1368].

cc) Zwischenergebnis

Sollen bei einem Kündigungsstreit zwischen den Arbeitsvertragsparteien außerhalb dieses Rechtsverhältnisses stehende Allgemeinwohlinteressen einbezogen werden, wie ein besonderes öffentliche Interesse an der offenbarten Information, so bedarf es für diese Durchbrechung der strikt individualrechtlichen Konzeption des deutschen Kündigungsschutzes eine hinreichende dogmatische Legitimation. Eine tragfähige

1362 *Simon/Schilling*, BB 2011, 2421, 2426.
1363 *Simon/Schilling*, BB 2011, 2421, 2426.
1364 Beck-OK-ArbR/*Giesen* § 5 TVG, Rdn. 9.
1365 *Schlachter*, RdA 2012, 108, 112.
1366 EGMR, Urteil vom 21. Juli 2011 – 28274/08, Rdn. 71 – juris.
1367 LAG Berlin, Urteil vom 28. März 2006 – 7 Sa 1884/05, Rdn. 2 – juris.
1368 S.o. :**1. Teil: D.V.4.b)aa)(3)(c).**

Legitimation zur Durchbrechung der strikt individualrechtliche Konzeption des deutschen Kündigungsrechts ist, jedenfalls bis zur Entscheidung des EGMR[1369], nicht ersichtlich. Der zweiseitige Abwägungsprozess im Rahmen einer Kündigungsentscheidung sollte daher nicht um die dritte Komponente eines besonderen öffentlichen Interesses ergänzt werden. Das systemfremde Kriterium eines besonderen öffentlichen Interesses ist des Weiteren aufgrund der immanenten Differenzierung zwischen wichtigen und weniger wichtigen Meinungen bedenklich und schafft zudem durch seine Unbestimmtheit neue Unsicherheiten bei der Prognostizierung der Wirksamkeit einer Kündigung.

Nicht verkannt werden darf dabei, dass die Ablehnung der Einbeziehung des öffentlichen Interesses in den Abwägungsvorgang keine Verschlechterung des Schutzmaßstabes des Whistleblowers bewirkt. Der Umstand, dass eine offenbarte Information von vermeintlich allgemeingesellschaftlicher Relevanz ist, bewirkt lediglich keine Verstärkung des Schutzniveaus. Offenbarte der Whistleblower nicht leichtfertig falsche Informationen, so ist eine Kündigung im Regelfall nicht möglich[1370]. Dies gilt unabhängig davon, ob die Offenbarung eine Thematik von gesamtgesellschaftlicher Relevanz betrifft. Ebenso gilt allerdings, dass ein entsprechender Informationsgehalt nicht vor Sanktionen schützt, sofern die Offenbarung etwa unter unzulässiger Umgehung des innerbetrieblichen Klärungsweges und in Schädigungsabsicht vorgenommen wurde.

Am überzeugendsten wäre es insofern, die Zweiseitigkeit des Abwägungsvorganges zu bewahren und das öffentliche Interesse an der offenbarten Information nicht einzubeziehen.

dd) Andere Bewertung aufgrund staatlicher Trägerschaft der Pflegeeinrichtung

Ein eleganter Weg zur weitgehenden Wahrung der individualrechtlichen Konzeption des Kündigungsschutzes wäre es, den sachlichen Anwendungsbereich des Urteils des EGMR wesentlich einzuschränken. In Randnummer 71 bietet das Urteil hierfür vermeintlich einen Ansatzpunkt. In dem bereits zitierten Abschnitt, in dem der Gerichtshof die Bedeutsamkeit der offenbarten Information für eine dem demographischen Wandel unterliegende Gesellschaft herausstellt, führt er ebenfalls aus: „*Dies trifft umso mehr zu, wenn die institutionelle Pflege von einem staatlichen Unternehmen erbracht wird, da es hierbei um das Vertrauen der Allgemeinheit in die angemessene Erbringung von Leistungen im Rahmen der öffentlichen Daseinsvorsorge durch den Staat geht.*“[1371] Diese Ausführungen könnten dahingehend ausgelegt werden, dass das besondere öffentliche Interesse nur dann zu würdigen sei, sofern der Staat, mittelbar durch ein Unternehmen oder unmittelbar, Aufgaben der Daseinsvorsorge

1369 Vergl. zur Auswirkung der Entscheidung des EGMR sogleich unten: **1. Teil: D.V.4.b)ee).**

1370 Zum Maßstab der Leichtfertigkeit s.o.: **1. Teil: B.II.3.a).**

1371 EGMR, Urteil vom 21. Juli 2011 – 28274/08, Rdn. 71 – juris.

ausübe. Hierfür spricht neben dem zitierten Absatz auch die Hervorhebung des EGMR zu Beginn der Darstellung des Sachverhaltes, dass das Pflegeheim sich im Mehrheitsbesitz des Landes Berlin befinde[1372]. Diesen Umstand haben weder das Landesarbeitsgericht noch die Vorinstanz gesondert gewürdigt.

Allerdings sprechen die besseren Argumente dafür, dass der Gerichtshof, durch die Hervorhebung der staatlichen Trägerschaft der Einrichtung, keine Eingrenzung bewirken wollte. Schon der Wortlaut der zitierten Passage spricht gegen die Annahme, dass das öffentliche Interesse der offenbarten Information nur in bestimmten Konstellationen des Whistleblowings zu beachten sei. Hätte der Gerichtshof diese Eingrenzung vornehmen wollen, so hätte er nicht die Konjunktion *„umso mehr"* verwendet.

Auch der Sinn und Zweck der Einbeziehung des öffentlichen Interesses in den Abwägungsvorgang, nämlich die Aufdeckung und die Vermeidung von Missbrauch in besonders gesellschaftlich relevanten Bereichen[1373], spricht gegen eine eingrenzende Auslegung. Gesellschaftlich relevante Bereiche werden aber nur teilweise, unmittelbar oder mittelbar, durch den Staat ausgeübt. Eine Eingrenzung auf diese Bereiche wäre somit eine erhebliche Begrenzung der Wirkungskraft des Urteils. So ist die privatrechtliche Organisation nicht nur in dem Bereich der Pflege üblich, sondern in anderen Bereichen, die ebenfalls dem besonderen öffentlichen Interesse zugeordnet werden[1374], sogar die einzige Organisationsform. Zu denken ist etwa an die Lebensmittelproduktion[1375] oder den Finanzsektor[1376]. Dass der EGMR die Wirkungskraft seines eigenen Urteils in dieser erheblichen Weise beschränken wollte, erscheint fast ausgeschlossen. Denn auch wenn der Gerichtshof die deutsche Abwägungsgrundsätze insgesamt bestätigt hat[1377], merkt er etwa kritisch an, dass das deutsche Recht keinen speziellen Durchführungsmechanismus für die Untersuchung von Hinweisen eines Whistleblowers und für Forderungen nach entsprechender Abhilfe durch den Arbeitgeber bereithalte[1378].

Insgesamt erscheint es überzeugender, dass der EGMR seinen Grundsätzen eine umfassende Wirkungskraft verleihen und sie nicht auf die Bereiche der staatlich ausgeübten Daseinsvorsorge beschränken wollte. Die Problematik der Einbeziehung des öffentlichen Interesses in den Abwägungsvorgang kann somit nicht durch eine sachliche Eingrenzung des Anwendungsbereiches entschärft werden.

1372 EGMR, Urteil vom 21. Juli 2011 – 28274/08, Rdn. 6 – juris.

1373 So das Verständnis des EGMR, vergl.: EGMR, Urteil vom 21. Juli 2011 – 28274/08, Rdn. 71 – juris.

1374 Vergl. zu den Mutmaßungen, welche weitere Themen von besonderen öffentlichem Interesse seien: *Simon/Schilling*, BB 2011, 2421, 2426; *Schlachter*, RdA 2012, 108, 112.

1375 *Schlachter*, RdA 2012, 108, 112.

1376 *Simon/Schilling*, BB 2011, 2421, 2426.

1377 Vergl. hierzu nachfolgend: **1. Teil: D.V.7.**

1378 EGMR, Urteil vom 21. Juli 2011 – 28274/08, Rdn. 75 – juris. Nach *Windel* belege diese Ausführung, dass der Gerichtshof ein internes Whistleblowing System für Deutschland nahezu einfordere, vergl.: *Windel*, AP Nr. 235 zu § 626 BGB, Anmerkung.

ee) Auswirkung der Einbeziehung des öffentlichen Interesses durch den Europäischen Gerichtshofs für Menschenrechte

Nun besteht das Dilemma, das Urteile des EGMR nicht einfach ignoriert werden können. Die EMRK ist ein völkerrechtlicher Vertrag, den Deutschland als eines der 47 Konventionsstaaten unterzeichnet und ratifiziert hat.

(1) Unmittelbare Auswirkungen auf das nationale Recht

Nach Art. 46 EMRK haben sich die Hohen Vertragsparteien verpflichtet, in allen Rechtssachen, in denen sie Partei sind, das endgültige Urteil des Gerichtshofs zu befolgen. Nach Art. 41 EMRK kann der Gerichtshof, der verletzenden Vertragspartei eine Entschädigungspflicht auferlegen. Ein solcher Entschädigungsanspruch wurde auch im Fall *Heinisch* ausgesprochen[1379]. Darüber hinaus haben Urteile des EGMR jedoch keine unmittelbare Wirkung in dem Sinne, dass sie die Rechtskraft einer innerstaatlichen gerichtlichen Entscheidung beseitigen können. Dies hat das Bundesverfassungsgericht in mehreren Entscheidungen ausdrücklich festgestellt[1380]. Eine solche Kompetenz hat einzig das Bundesverfassungsgericht selbst[1381]. In der *Görgülu*-Entscheidung führt das Bundesverfassungsgericht aus, dass bei einem Konventionsverstoß durch Gerichtsentscheidungen „*weder die Europäische Menschenrechtskonvention noch das Grundgesetz dazu verpflichten, einem Urteil des Gerichtshofs, in dem festgestellt wird, dass die Entscheidung eines deutschen Gerichts unter Verletzung der Europäischen Menschenrechtskonvention zustande gekommen sei, eine die Rechtskraft dieser Entscheidung beseitigende Wirkung beizumessen*[1382]“. Daraus folgt, dass die Gerichtsentscheidung und somit auch die Kündigung von Frau *Heinisch* weiterhin wirksam sind. Die Verpflichtungen aus der Konvention treffen grundsätzlich nur den beklagten Staat[1383]. Auch die Möglichkeit einer Wiederaufnahme des Verfahrens aufgrund eines Urteils des Europäischen Gerichtshofs – § 580 Nr. 8 ZPO bzw. § 359 Nr. 6 StPO – ist kein Garant dafür, im konkreten Fall eine innerstaatliche abweichende Entscheidung herbeizuführen[1384].

1379 EGMR, Urteil vom 21. Juli 2011 – 28274/08, Rdn. 104 – juris.

1380 BVerfG, Beschluss vom 11. Oktober 1985 – 2 BvR 336/85, EuGRZ 1985, 654; BVerfG, Beschluss vom 14. Oktober 2004 – 2 BvR 1481/04, NJW 2004, 3407 – *Görgülü.*

1381 § 95 Abs. 2 BVerfGG; BVerfG, Urteil vom 5. Juni 1973 – 1 BvR 536/72 Rdn. 91 – *Lebach* – juris; vergl. hierzu Schlaich/Korioth/*Korioth*, Das Bundesverfassungsgericht, 5. Teil, Rdn. 375 ff.

1382 BVerfG, Beschluss vom 14. Oktober 2004 – 2 BvR 1481/04, Rdn. 52 – *Görgülü* – juris.

1383 Meyer-Ladewig, EMRK, Art. 46, Rdn. 14 ff.

1384 Zum Restitutionsverfahren siehe sogleich im folgenden Kapitel: **1. Teil: D.V.4.b) ee)(2).**

(2) Mittelbare Auswirkungen auf das nationale Recht: Völkerrechtsfreundliche Auslegung und Restitutionsklage

Die Wirkungskraft der Entscheidungen des EGMR erschöpft sich jedoch nicht in dem Zuspruch von Entschädigungsansprüchen. Dies wird dem Bedeutungsgehalt eines völkerrechtlichen Vertrages nicht gerecht. Die Urteile des EGMR haben jedenfalls mittelbare Auswirkungen auf die nationale Rechtsprechung. Die konkrete Umsetzung der Urteile auf nationaler Ebene erfolgt jedoch von Konventionsstaat zu Konventionsstaat unterschiedlich. Dabei ist maßgeblich, welchem Bedeutungsgehalt der Europäischer Menschenrechtskonvention beigemessen wird. Das Spektrum reicht von suprakonstitutionellen, einer konstitutionellen, einer besonderen übergesetzlichen bis hin zu einer einfachgesetzlichen Geltung[1385]. Während in einigen Konventionsstaaten die EMRK sogar über der Verfassung steht[1386], einen fehlenden Grundrechtskatalog ersetzt[1387] oder zwischen Verfassung und einfachem Gesetz steht[1388], siedelt die EMRK in Deutschland am unterem Rand des möglichen Geltungsspektrums.

Die Europäische Menschenrechtskonvention steht, nach ständiger Rechtsprechung des Bundesverfassungsgericht aufgrund ihrer Inkorporation über Art. 59 Abs. 2 S. 1 GG, in der deutschen Rechtsordnung im Range eines förmlichen Bundesgesetzes[1389]. Da jedoch nach Art. 20 Abs. 3 GG eine umfassende Bindung der Staatsgewalt an Recht und Gesetz besteht, muss die rechtsprechende Gewalt, die EMRK – in der Auslegung durch den Europäischen Gerichtshof für Menschenrechte – beachten[1390].

Aufgrund dieses Geltungsranges der EMRK dürfen die innerstaatlichen Gerichte die Entscheidungen des EGMR nicht schlicht ignorieren, sondern sind zur Beachtung der Urteile des EGMR und einer völkerrechtsfreundlichen Auslegung angehalten. Der Konventionstext ist auf der fachgerichtlichen Ebene als *„Auslegungshilfe*[1391]*"* heranzuziehen. Das bedeutet zunächst, dass die zuständigen Fachgerichte sich *„bei ihrer Verhältnismäßigkeitsprüfung mit den Abwägungsergebnissen der Entscheidung erkennbar auseinander setzen"*[1392] müssen. Die Konventionsbestimmungen müssen in der Auslegung des Gerichtshofs in die Entscheidungsfindung einbezogen werden.

1385 Vergl.: *Windel*, JR 2011, 323.

1386 So in den Niederlanden, vergl.: Pache, EuR 2004, 393, 395; ausführlich, *Logemann*, S. 125 ff.

1387 So in Österreich, vergl.: Karpenstein/Meyer/*Breuer*, EMRK, Art. 46, Rdn. 47.

1388 So in Italien, vergl.: Karpenstein/Meyer/*Breuer*, EMRK, Art. 46, Rdn. 47.

1389 BVerfG, Beschluss vom 14. Oktober 2004 – 2 BvR 1481/04, Rdn. 30 – *Görgülü* – juris; Karpenstein/Mayer/*Breuer*, EMRK, Art. 46, Rdn. 48.

1390 BVerfG, Beschluss vom 14. Oktober 2004 – 2 BvR 1481/04, Rdn. 53 – *Görgülü* – juris.

1391 BVerfG, Beschluss vom 14. Oktober 2004 – 2 BvR 1481/04 Rdn. 32 – *Görgülü* – juris.; BVerfG, Urteil vom 4. Mai 2011 – 2 BvR 2333/08, 2 BvR 2365/09, 2 BvR 571/10, 2 BvR 740/10, 2 BvR 1152/10, Leitsatz 2.a.) – *Sicherungsverwahrung* – juris.

1392 BVerfG, Beschluss vom 14. Oktober 2004 – 2 BvR 1481/04 Rdn. 50 – *Görgülü* – juris.

Das Fachgericht muss sich zumindest „*gebührend*" mit ihr auseinandersetzen[1393]. Das bedeutet jedoch nicht zugleich, dass die deutschen Gerichte die Urteile des EGMR sklavisch umsetzen müssen. Allerdings kann die Wirkungskraft der Entscheidungen des EGMR auch nicht mit dem Verweis auf eine Einzelfallentscheidung ignoriert werden[1394]. Die deutschen Gerichte sind verpflichtet, die Auffassung des EGMR gebührend zu berücksichtigen und einzubeziehen. Zugleich können die innerstaatlichen Gerichte jedoch eine abweichende Auffassung vertreten. Das Fachgericht muss lediglich „*nachvollziehbar begründen*", warum es nach Beachtung des Urteils des Gerichtshofs gleichwohl der völkerrechtlichen Rechtsauffassung nicht folgt[1395]. Die völkerrechtsfreundliche Auslegung endet dort, wo sie zu Einschränkungen oder Minderungen des Grundrechtsschutzes führt[1396]. Insbesondere in mehrpoligen Grundrechtsverhältnissen, wie beim Whistleblowing, bei denen ein „*Mehr*" an Freiheit für den einen Grundrechtsträger zugleich ein „*Weniger*" für einen anderen bedeutet, kann dieses „*Rezeptionshemmnis*" bestehen[1397]. In solchen Situationen kommt es regelmäßig auf sensible Abwägungen zwischen verschiedenen subjektiven Rechtspositionen an, die bei einer geringfügigen Änderung der Subjekte des Rechtsstreits oder der tatsächlichen oder rechtlichen Verhältnisse im Ergebnis anders ausfallen können und eine Abweichung von der Entscheidung des EGMR rechtfertigen[1398]. Exemplarisch hierfür können die Verfahren der Prinzessin Caroline von Hannover vor dem Europäischen Gerichtshof für Menschenrechte genannt werden. Wurde im ersten Verfahren der Prinzessin von Hannover gegen die Bundesrepublik Deutschland noch eine Verletzung der Konvention festgestellt[1399], so ging der Gerichtshof im Verfahren *von Hannover gegen Deutschland Nr. 2* davon aus, dass „*angesichts des Ermessensspielraums, der den innerstaatlichen Gerichten in der Sache zusteht, wenn sie konkurrierende Interessen abwägen*" der etwas anders gelagerte Sachverhalt keine Verletzung der Konvention darstellt[1400].

1393 BVerfG, Beschluss vom 14. Oktober 2004 – 2 BvR 1481/04, Rdn. 62 – *Görgülü* – juris.

1394 In diese Richtung könnten die Ausführungen von *Becker*, S. 81 f. verstanden werden; *Dersl.*, DB 2011, 2202, 2204.

1395 BVerfG, Beschluss vom 14. Oktober 2004 – 2 BvR 1481/04, Rdn. 50 – *Görgülü* – juris. ; kritisch hierzu: Meyer-Ladewig, EMRK, Art. 46 Rdn. 31 ff.

1396 BVerfG, Beschluss vom 14. Oktober 2004 – 2 BvR 1481/04, Rdn. 32 – *Görgülü* – juris; BVerfG, Urteil vom 4. Mai 2011 – 2 BvR 2333/08, 2 BvR 2365/09, 2 BvR 571/10, 2 BvR 740/10, 2 BvR 1152/10, Rdn. 93 – *Sicherungsverwahrung* – juris.

1397 BVerfG, Urteil vom 4. Mai 2011 – 2 BvR 2333/08, 2 BvR 2365/09, 2 BvR 571/10, 2 BvR 740/10, 2 BvR 1152/10, Rdn. 93 – *Sicherungsverwahrung* – juris.

1398 BVerfG, Beschluss vom 14. Oktober 2004 – 2 BvR 1481/04, Rdn. 50 – *Görgülü* – juris.

1399 EGMR, Urteil vom 24. Juni 2004 – 59320/00, NJW 2004, 2647 und EGMR, Urteil vom 28. Juli 2005 – 59320/00 – juris.

1400 EGMR, Urteil vom 7. Februar 2012 – 40660/08, 60641/08, Rdn. 126 – juris.

Daraus folgt, dass selbst wenn das innerstaatliche Recht – wie das deutsche Recht in den § 580 Nr. 8 ZPO und § 359 Nr. 6 StPO – die Möglichkeit der Wiederaufnahme aufgrund eines Urteils des EGMR vorsieht, eine erneute Entscheidung des innerstaatlichen Gerichts nach Auseinandersetzung mit der Entscheidung des Gerichtshofs von dieser abweichen und das zuvor gefundene Ergebnis, beispielsweise die Wirksamkeit der Kündigung, erneut bestätigen kann. Das könnte nun dazu führen, dass der Fall wiederum zum EGMR getragen wird und so ein *„verfassungs- und völkerrechtliches Ping-Pong-Spiel*[1401]*"* entsteht. Im Fall *Heinisch* besteht diese Gefahr jedoch nicht. Nachdem die Wiederaufnahme des Verfahrens bewirkt wurde, schlossen die Parteien einen Vergleich vor dem Landesarbeitsgericht Berlin. Frau *Heinisch* akzeptierte die ordentliche Kündigung und erhielt im Gegenzug eine Abfindung in Höhe von 90.000 €[1402].

ff) Zwischenergebnis

Die Anerkennung des öffentlichen Interesses als relevanter Abwägungsfaktor durch den EGMR überwindet die dogmatischen Probleme bei der Einbeziehung des Kriteriums in das Rechtsverhältnis der Arbeitsvertragsparteien. Aufgrund der Einordnung der Urteile des EGMR als förmliches Bundesgesetz, kann nun erstmalig das Kriterium des öffentlichen Interesses – ohne durchgreifende dogmatische Bedenken – in die Abwägungsentscheidung einbezogen werden. Nach den dargestellten Auswirkungen der EMRK – in der Auslegung durch den EGMR – muss das Kriterium sogar durch die Arbeitsgerichte bei zukünftigen Entscheidungen gewürdigt werden.

gg) Die Auswirkungen der Rechtsprechung des EGMR auf die zukünftige Entwicklung

(a) Die Einwirkung des öffentlichen Interesses auf die Arbeitsvertragsparteien in gesetzlichen Vorschriften

Die Einflussnahme von öffentlichen oder allgemeinen Interessen auf die Arbeitsvertragsparteien ist nach gesetzlichen Vorschriften in anderen Konstellationen gegeben[1403]. So sieht etwa § 15 Abs. 2 ArbZG die Möglichkeit vor, dass weitere Ausnahmen von den Arbeitszeitbeschränkungen möglich sind, wenn dies im öffentlichen Interesse dringend nötig ist. Auch die Erklärung der Allgemeinverbindlichkeit eines Tarifvertrages erfolgt nur, wenn dies im öffentlichen Interesse geboten erscheint, § 5 Abs. 1 Nr. 2 TVG.

1401 *Nußberger*, RdA 2012, 270, 276.

1402 http://blog.beck.de/2012/05/28/whistleblowing-was-ist-eigentlich-aus-dem-fall-heinisch-geworden (zuletzt abgerufen am 1. November 2014); http://www.berlin.de/gerichte/arbeitsgericht/presse/archiv/20120524.1640.370551.html (zuletzt abgerufen am 1. November 2014).

1403 § 15 Abs. 2 ArbZG, § 5 Abs. 1 Nr. 2 TVG.

Eine Betrachtung der Kommentierung zu § 5 TVG zeigt, dass auch hier das Kriterium des öffentlichen Interesses kritisch gesehen wird. So wird das Kriterium als ziemlich diffus bezeichnet und auf die Eröffnung einer Einflussnahme nach politischen Opportunitätsgesichtspunkten hingewiesen[1404]. Auffällig ist zudem, dass in beiden Vorschriften eine Einwirkung von öffentlichen Interessen in das Arbeitsrecht nur durch staatliche Stellen erfolgt. Die Einschätzung, wann eine Information von öffentlichem Interesse ist, erfolgt beim Whistleblowing jedoch nicht durch eine staatliche Aufsichtsbehörde, sondern durch den jeweiligen Arbeitnehmer[1405]. Dies ist ein gewichtiger Unterschied.

Zum einen verfügen die jeweiligen Aufsichtsbehörden über die nötigen Kompetenzen, um eine gewissenhafte und wohl abgewogene Entscheidung treffen zu können. Ob ein Whistleblower überhaupt über eine entsprechende Sachkompetenz verfügt, ist demgegenüber von den Zufälligkeiten der Einzelfallkonstellation abhängig. Mechanismen, die ein Mindestmaß an Sachkompetenz absichern, bestehen nicht. Demgegenüber sind die Kompetenzen der Behörden entsprechend ihren Zuständigkeiten verteilt, so dass vermutet werden darf, dass die sachlich zuständige Aufsichtsbehörde auch über eine entsprechende Sachkompetenz verfügt. Die Zuständigkeitsbeschränkung bewirkt somit die Absicherung eines Mindestmaßes an Sachkompetenz. Auch gesetzliche Vorschriften gewährleisten die sachgemäße Erfüllung. So schreibt etwa § 20 GDG-LSA[1406] Abs. 1vor, dass die Träger des Öffentlichen Gesundheitsdienstes ihre Dienststellen zur Durchführung ihrer Aufgaben ausreichend mit Fachkräften zu besetzen und sächlich auszustatten haben. Nach § 20 GDG-LSA Abs. 3 muss beispielsweise sichergestellt sein, dass für die unteren Veterinärbehörde mindestens eine Person tätig ist, die die beamtenrechtlichen Voraussetzungen für die Laufbahn des höheren Veterinärdienstes besitzt (Amtstierarzt). Über vergleichbare Qualifikation wird der Beschäftigte in einer Fleischverarbeitungsfabrik regelmäßig nicht verfügen. Befindet er allerdings, dass die Aufdeckung einer bestimmten Art und Weise der Fleischverarbeitung oder Tierhaltung im öffentlichen Interesse sei, weil damit vermeintlich Gesundheitsgefahren einhergehen oder ein generelles gesellschaftliches Informationsbedürfnis bestehe, so wird ihm die Kompetenz zur Beurteilung dieses vermeintlich, öffentlichen Interesses an der Informationsweitergabe, nach Ansicht des EGMR, ebenfalls zugebilligt[1407].

1404 Beck-OK-ArbR/§ 5 TVG, Rdn. 9.

1405 Vergl. zu dieser Problematik bereits oben: **1. Teil: D.V.4.b)aa)**; A/P/S/*Preis* Grundlagen G, Rdn. 20.

1406 Gesetz über den Öffentlichen Gesundheitsdienst und die Berufsausübung im Gesundheitswesen im Land Sachsen-Anhalt.

1407 Diese Ausführungen dürfen nicht dahingehend missverstanden werden, dass die Verdienste der Whistleblower, die die Gammelfleischskandale aufdeckten, geschmälert werden sollen. Der vom Miroslav Strecker aufdeckte Gammelfleischskandal in einem Wertinger Unternehmen war mit einem Umfang von 130 Tonnen einer der größten Fleischskandale in Deutschland. Der verantwortliche Unternehmer wurde letztlich zu einer Haftstrafe von 2 Jahren verurteilt, vergl.:

Zum anderen dürfen innerhalb der bestehenden Vorschriften nicht sämtliche öffentliche Interessen berücksichtigt werden, sondern nur solche, die dem jeweiligen Schutzzweck der Norm unterfallen. So sind für das öffentliche Interesse im Sinne des § 5 Abs. 1 Nr. 2 TVG nur die Belange der von der Allgemeinverbindlichkeit betroffenen Arbeitgeber und Arbeitnehmer zu berücksichtigen[1408]. Für die Arbeitnehmer ist das im Falle der Individualnorm das Bedürfnis nach Schutz durch angemessene Mindestarbeitsbedingungen[1409]. Sonstige staatliche oder gesamtgesellschaftliche Interessen dürfen die Entscheidung gerade nicht beeinflussen. Unzulässig ist daher insbesondere eine Allgemeinverbindlichkeitserklärung die dem Zweck dient, die öffentlichen Kassen zu entlasten, Wettbewerbsschutz zu bieten oder höhere Steuereinnahmen zu generieren[1410]. Der Umfang der möglicherweise zu beachtenden Interessen ist somit eng umgrenzt auf die Interessen der von der Erstreckung des Tarifvertrages betroffenen Arbeitnehmer und Arbeitgeber. Anknüpfungspunkt bleibt folglich weiterhin das Arbeitsverhältnis. Ferner ist zu beachten, dass das Bundesministerium für Arbeit im Rahmen der Beurteilung des öffentlichen Interesses zwar über einen gewissen Ermessenspielraum verfügt[1411], die Entscheidung allerdings der gerichtlichen Kontrolle unterliegt[1412]. Des Weiteren kann eine Allgemeinverbindlichkeitserklärung nur im Einvernehmen mit dem Tarifausschusses ergehen[1413]. Insofern besteht neben der gerichtlichen Kontrolle eine weitere verfahrensrechtliche Absicherung. Durch diese Kontrollmechanismen wird der Gefahr entgegengewirkt,

---

http://www.spiegel.de/wirtschaft/service/ekel-doener-fleischhaendler-muss-zwei-jahre-ins-gefaengnis-a-779555.html (zuletzt abgerufen am 1. November 2014). Allerdings handelt es sich bei den sogenannten Gammelfleischskandalen zumeist um Umetikettierung von abgelaufenen oder nicht (mehr) für den menschlichen Verzehr bestimmten Fleischwaren. Eine besondere Sachkompetenz ist in diesen Fällen somit nicht erforderlich. Vergl. zur Besonderheit des Falles, dass Herr Strecker in keiner arbeitsvertraglichen Beziehungen zu dem Gammelfleisch vertreibenden Unternehmen stand, sondern Arbeitnehmer eines Subunternehmens war, das für das Wertinger Unternehmen Logistikleistungen erbrachte: **1. Teil: A.II.6.d).**

1408 Löwisch/Rieble, § 5 TVG, Rdn. 181.

1409 Löwisch/Rieble, § 5 TVG, Rdn. 181.

1410 Löwisch/Rieble, § 5 TVG, Rdn. 183.

1411 BVerfG, Beschluss vom 24. Mai 1977 – 2 BvL 11/74, Rdn. 67 – juris; BAG, Urteil vom 28. März 1990 – 4 AZR 536/89, Rdn. 18 – juris; BVerwG, Urteil vom 3. November 1988 – 7 C 115.86, Rdn. 35 – juris.

1412 BVerfG, Beschluss vom 24. Mai 1977 – 2 BvL 11/74, Rdn. 67 – juris; BAG, Urteil vom 22. Oktober 2003 – 10 AZR 13/03, Rdn. 85, 106 f. – juris; BAG, Urteil vom 28. März 1990 – 4 AZR 536/89, Rdn. 18 – juris; BVerwG, Urteil vom 3. November 1988 – 7 C 115.86, Rdn. 35 – juris. Entsprechendes gilt für die Ausübung des pflichtgemäßen Ermessens der Behörde im Rahmen von § 15 ArbZG, vergl.: ErfK/*Wank* § 15 ArbZG, Rdn. 9.

1413 § 5 Abs. 1 TVG. Der Tarifausschuss besteht aus je drei Vertretern der Spitzenorganisationen der Arbeitgeber und der Arbeitnehmer.

dass das Kriterium des öffentlichen Interesses als Einfallstor für die Einbeziehung sachfremder Erwägungen dient.

Die Beurteilung, ob eine Information von öffentlichem Interesse ist, erfolgt bei Whistleblowing jedoch ohne jegliche verfahrensrechtliche Absicherung einzig nach der Einschätzung des Hinweisgebers. Das diffuse Kriterium des öffentlichen Interesses unterliegt somit in Whistleblowing-Konstellationen keiner gesonderten Kontrolle, sondern ist der willkürlichen Einordnung desjenigen überlassen, dem ein Berufen in der konkreten Situation vorteilhaft erscheint.

(b) Die Einflussnahme des öffentlichen Interesses nach den Grundsätzen der völkerrechtsfreundlichen Auslegung

Trotz der Ausstrahlungswirkung der Entscheidungen des EGMR können die nationalen Arbeitsgerichte auch weiterhin ihre bisher verwendeten Kriterien anwenden. Nach den Grundsätzen der völkerrechtsfreundlichen Auslegung ist es keinesfalls erforderlich, dass die Arbeitsgerichte das Kriterium des öffentlichen Interesses übergewichten und ihrer Entscheidung zukünftig maßgeblich hiernach richten. Vielmehr können die nationalen Gerichte mit nachvollziehbaren Argumenten von der Auffassung des Gerichtshofs abweichen[1414]. Dies gilt vorliegend umso mehr, da bereits an dieser Stelle zu betonen ist, dass der EGMR die deutschen Abwägungsgrundsätze, mit Ausnahme des öffentlichen Interesses, im Wesentlichen bestätigt hat[1415].

Einerseits sollte das Interesse der Öffentlichkeit an der offengelegten Information zwar beachtet werden, um ein verfassungs- völkerrechtliches *Ping-Pong-Spiel*[1416] zu verhindern, andererseits ist aufgrund der geäußerten Bedenken hinsichtlich der Unbestimmtheit und der Systemfremdheit des Kriteriums eine starke Einflussnahme zu verhindern.

Bei Beachtung dieser Folgewirkung ist die teils fehlerhafte und teils fehlende Würdigung der tatsächlichen Umstände durch das Landesarbeitsgericht Berlin in der Rechtssache *Heinisch* noch kritischer zu betrachten. Das Urteil ist nicht mehr nur eine unglückliche Einzelfallentscheidung, sondern der Auslöser dafür, dass die Arbeitsgerichte künftig ein ebenso unbestimmtes wie ungeeignetes Abwägungskriterium beachten müssen. Hierdurch besteht die Gefahr, dass die gesamte Problematik des Whistleblowings in eine falsche Richtung geleitet wird.

Die ersten nach der Rechtssache *Heinisch* ergangenen nationalen Urteile der Instanzgerichte lassen aber hoffen, dass diese Entwicklung nicht eintritt und keine Übergewichtung der Rechtsprechung des EGMR erfolgt.

1414 S.o.: **1. Teil: D.V.4.b)ee)(2).**

1415 Vergl.: EGMR, Urteil vom 21. Juli 2011 – 28274/08, Rdn. 48 – juris. Ausführlicher hierzu unten: **1. Teil: D.V.7.**

1416 S.o.: *Nußberger*, RdA 2012, 270, 276.

(c) LAG Köln, Urteil vom 2. Februar 2012 – 6 Sa 304/11

(aa) Sachverhalt

Im ersten dokumentierten Urteil der deutschen Arbeitsgerichte nach der Rechtssache *Heinisch* befasste sich das Landesarbeitsgericht Köln mit der außerordentlichen Kündigung eines Betriebsratsmitgliedes, das sich mehrfach an die Staatsanwaltschaft und die Polizei wendete, um vermeintliche Straftaten des Arbeitgebers zu melden. Das Landesarbeitsgericht befand zwar, dass die außerordentliche Kündigung unwirksam sei, bestätigte jedoch zugleich die Wirksamkeit einer außerordentlichen Kündigung mit Auslauffrist[1417]. In einem ersten Vorfall vom Februar 2012 wendete der Arbeitnehmer sich in einem Brief an die Staatsanwaltschaft und erhob schwere Vorwürfe gegen seinen Arbeitgeber[1418]. Dieser habe über Jahre hinweg Linienbusse der Firma Volvo *„verkehrs- und betriebsuntauglich mit Wissen und damit vorsätzlich zum Transport von Fahrgästen in den Verkehr geschickt."* Hierdurch seien folgende Umstände dem Arbeitgeber anzulasten: *„-Körperverletzung in mehreren Fällen, -schwere Körperverletzung, -schwerer Eingriff in den Straßenverkehr, -Verkehrsgefährdung -Transportgefährdung"*. Zudem sei das gesamte Vorgehen *„gemeinschaftlich, vorsätzlich und aus niederen Beweggründen von den zuständigen, verantwortlichen Abteilungsleiter durchgeführt und durchgesetzt"* wurden. Aufgrund dieses Schreibens wurde ein Ermittlungsverfahren gegen den Arbeitgeber eingeleitet. Im Zuge dessen kam es auch zu Durchsuchungen der Geschäftsräume des Arbeitgebers. Das Ermittlungsverfahren wurde jedoch mangels hinreichenden Tatverdachtes nach § 170 Abs. 2 StPO eingestellt[1419]. Ein tödlicher Zwischenfall mit einem Bus des Arbeitgebers veranlasste den Arbeitnehmer erneut Kontakt mit der Staatsanwaltschaft bzw. der Polizei zu suchen[1420]. Bei dem Zwischenfall am 5. April 2010 betätigte ein alkoholisierter Jugendlicher einen Nothahn einer Bustür, öffnete diese, sprang aus dem fahrenden Bus und verunglückte tödlich. Das von der Staatsanwaltschaft eingeleitete Ermittlungsverfahren wurde nach § 170 Abs. 2 StPO am 13. April 2010 eingestellt, da es sich um einen Unfalltod aus eigenem Verschulden handele[1421]. Der Arbeitnehmer wendete sich nachfolgend in einer E-Mail vom 19. Mai 2010 an einen Polizeikommissar[1422]. Hierin erhob er den Vorwurf, dass der Arbeitgeber Manipulationen an der Bustechnik vorgenommen habe, ohne die der tödliche Unfall vom 5. April 2010 sich nicht ereignet hätte. Konkret sei die Koppelung des Nothahns mit der automatischen Bremsvorrichtung manipuliert worden. Dies habe ihm ein Mitarbeiter der Arbeitgeberin eindeutig bestätigt. Die Staatsanwaltschaft nahm aufgrund dieses Schreibens die Ermittlungen wieder auf[1423]. Ein in diesem Zusammenhang

1417 LAG Köln, Urteil vom 2. Februar 2012 – 6 Sa 304/11, Rdn. 21 – juris.
1418 LAG Köln, Urteil vom 2. Februar 2012 – 6 Sa 304/11, Rdn. 4 – juris.
1419 LAG Köln, Urteil vom 2. Februar 2012 – 6 Sa 304/11, Rdn. 5 – juris.
1420 LAG Köln, Urteil vom 2. Februar 2012 – 6 Sa 304/11, Rdn. 7 – juris.
1421 LAG Köln, Urteil vom 2. Februar 2012 – 6 Sa 304/11, Rdn. 6 – juris.
1422 LAG Köln, Urteil vom 2. Februar 2012 – 6 Sa 304/11, Rdn. 7 – juris.
1423 LAG Köln, Urteil vom 2. Februar 2012 – 6 Sa 304/11, Rdn. 8 – juris.

erstelltes Sachverständigengutachten stellte jedoch fest, dass das entsprechende Busmodell niemals mit einer entsprechenden technischen Koppelung zwischen Nothahn und Bremsanlage ausgestattet war.

(bb) Entscheidung

Zur Überzeugung des Gerichtes stehe fest, dass der Arbeitnehmer jedenfalls in der E-Mail vom 19. April 2010 wissentliche unwahre Tatsachen hinsichtlich der Manipulation der Technik und des Gespräches mit dem Mitarbeiter des Arbeitgebers erhoben habe[1424]. Aufgrund des Gespräches mit dem erwähnten Mitarbeiter, in dem dieser dem Arbeitnehmer erläutert habe, dass eine Manipulation der Technik durch den Arbeitgeber nicht in Betracht komme, da eine entsprechende Bremskoppelung bei dem konkreten Busmodell nicht existiere, habe dem Arbeitnehmer bewusst sein müssen, dass die erhobenen Vorwürfe einer sachlichen Grundlage entbehren[1425]. Die stets erforderliche sorgfältige Prüfung, ob die Informationen zutreffend und zuverlässig seien, habe der Arbeitnehmer offensichtlich nicht vorgenommen. Es handele sich um objektiv unzutreffende Vorwürfe unter Angabe einer falschen Quelle[1426]. Mit dieser unwahren Behauptung habe der Kläger einen schwerwiegenden Verstoß gegen seine arbeitsvertragliche Loyalitätspflicht begangen, die eine außerordentliche Kündigung mit Auslauffrist rechtfertige[1427].

(cc) Bewertung

Die Entscheidung des Landesarbeitsgerichts ist zu begrüßen. Maßgeblich für das Gericht war dabei der Umstand, dass der Arbeitnehmer sich zumindest hinsichtlich der E-Mail vom 19. Mai 2010 wissentlich auf unwahre Tatsachen gestützt habe. Die Wirksamkeit der Kündigung ergibt sich für das Gericht somit bereits auf der ersten Stufe des Prüfungsprogramms[1428]. Konsequenterweise geht das Gericht auch nicht auf die weiteren Voraussetzungen einer im Übrigen unverhältnismäßigen Anzeige des Arbeitnehmers ein[1429]. Zur Überzeugung des Gerichts steht nach Vernehmung des vom Arbeitnehmer benannten Zeugen fest, dass der Zeuge keine technischen Manipulationen des Arbeitgebers einräumte, sondern vielmehr dem Arbeitnehmer die fehlende Grundlage seines Manipulationsvorwurfes erläuterte. Aufgrund der tatsächlichen Feststellungen des Sachverständigen hinsichtlich der fehlenden Koppelung

---

1424 LAG Köln, Urteil vom 2. Februar 2012 – 6 Sa 304/11, Rdn. 28 – juris.
1425 LAG Köln, Urteil vom 2. Februar 2012 – 6 Sa 304/11, Rdn. 28 f. – juris.
1426 LAG Köln, Urteil vom 2. Februar 2012 – 6 Sa 304/11, Rdn. 29 – juris.
1427 LAG Köln, Urteil vom 2. Februar 2012 – 6 Sa 304/11, Rdn. 29 f. – juris.
1428 Die erste Stufe der Prüfung ist nach dem hier verwendeten Prüfungskonzept die zweite Stufe. Hintergrund ist, dass die Rechtsprechung nicht ausdrücklich die Prüfung der Ausschlusstatbestände voranstellt, vergl. hierzu: **1. Teil: B.I,B.II.5.c).** Vergl. zu dem abgestuften Prüfungskonzept auch die Übersicht im Anschluss an Kapitel: **1. Teil: D.V.7.**
1429 Ausführlich hierzu: **1. Teil: C.**

zwischen automatischen Bremsvorgang und der Betätigung des Nothahns erscheint diese Aussage auch realistischer als die vom Arbeitnehmer behauptete Version des Gespräches mit dem Zeugen. Bemerkenswerter als die letztlich nicht nachprüfbaren Ausführungen hinsichtlich der Glaubwürdigkeit des Parteienvortrages ist der Umgang des Landesarbeitsgerichts mit dem Urteil des Europäischen Gerichtshofs für Menschenrechte.

Entsprechend dem Grundsatz der völkerrechtsfreundlichen Auslegung[1430] nimmt das Landesarbeitsgericht das Urteil des Gerichtshofs zur Kenntnis und führt die wesentlichen Aussagen aus. Eine Beeinflussung der Entscheidung des Landesarbeitsgerichts durch das Urteil des Gerichtshofs ist indes nicht feststellbar.

Zunächst führt das Landesarbeitsgericht die durch das Bundesverfassungsgericht beeinflusste Rechtsprechung des Bundesarbeitsgerichts aus, nach der eine Anzeige nicht auf wissentlich unwahrem oder leichtfertig falschem Vortrag beruhen dürfe. Zudem dürfe die Strafanzeige nicht als unverhältnismäßige Reaktion zu qualifizieren sein[1431]. Erst hiernach wird das Urteil des Europäischen Gerichtshofs in Sachen *Heinisch* dargestellt[1432]. Das Landesarbeitsgericht streitet hierbei ebenfalls für die hier vertretene Auffassung, dass der Gerichtshof der innerbetrieblichen Klärung den Vorrang gegenüber den übrigen Kriterien einräumt[1433]. Die Einbeziehung von Allgemeininteressen in den Abwägungsvorgang stehe den vom Bundesverfassungsgericht und Bundesarbeitsgericht entwickelten Kriterien nicht entgegen, sondern könne als ergänzende Fortentwicklung angesehen werden. Der Europäische Gerichtshof habe die bereits von den deutschen Gerichten herausgearbeiteten Grundsätze weiter präzisiert. Letztlich entscheidend sei eine durch die Grundrechte der Beteiligten geprägte umfassende Interessenabwägung unter besonderer Berücksichtigung von Interessen der Allgemeinheit[1434].

Diese Ausführungen können nur teilweise überzeugen. Zwar ist es richtig, dass der Europäische Gerichtshof im Wesentlichen die Grundsätze der deutschen Rechtsprechung hinsichtlich des Whistleblowings bestätigt hat[1435], eine Präzisierung dieser Grundsätze ist durch die Einbeziehung des öffentlichen Interesses jedoch nicht erfolgt. Anstelle einer ergänzenden Fortentwicklung und Präzisierung der Rechtsgrundsätze schafft das systemfremde Kriterium neue Unklarheiten[1436].

Allerdings ist zu beachten, dass das Landesarbeitsgericht aufgrund der Grundsätze der völkerrechtsfreundlichen Auslegung angehalten ist, das Urteil mit Wohlwollen zur Kenntnis zu nehmen. Das Gericht muss sich erkennbar mit dem Urteil

1430 S.o.: **1. Teil: D.V.4.b)ee)(2).**

1431 LAG Köln, Urteil vom 2. Februar 2012 – 6 Sa 304/11, Rdn. 25 – juris.

1432 LAG Köln, Urteil vom 2. Februar 2012 – 6 Sa 304/11, Rdn. 26 – juris.

1433 LAG Köln, Urteil vom 2. Februar 2012 – 6 Sa 304/11, Rdn. 26 – juris. Zum Streit um die Auslegung der Rangordnung nach Ansicht des EGMR: **1. Teil: D.V.5.**

1434 LAG Köln, Urteil vom 2. Februar 2012 – 6 Sa 304/11, Rdn. 27 – juris.

1435 S.u.: **1. Teil: D.V.7.**

1436 S.o.: **1. Teil: D.V.4.b)aa)(3)(c).**

auseinandersetzen[1437]. Wenn das Landesarbeitsgericht ein langwieriges und aufsehenerregendes Verfahren wie im Fall *Görgölü* vermeiden möchte, so ist es angehalten mit offener Kritik zurückhaltend umzugehen. Dass auch das Landesarbeitsgericht erhebliche Bedenken gegen die Einbeziehung des öffentlichen Interesses hegt, zeigt sich daran, dass trotz der lobenden Worte für den Europäischen Gerichtshof das Kriterium des öffentlichen Interesses keinen erkennbaren Einfluss auf das Ergebnis der Abwägungsentscheidung gehabt hat. So führt das Gericht aus, dass auch wenn die erstatte Anzeige *„wegen des hohen Guts der Verkehrssicherheit an sich im öffentlichen Interesse gelegen hat* [...], *so bleibt festzustellen, dass der Kläger mit der unwahren Behauptung, der Zeuge B habe eine Manipulation an den Sicherheitseinrichtungen eingeräumt, die Grenze des Zulässigen überschritten hat*"[1438]. Damit stellt das Landesarbeitsgericht eindeutig heraus, dass das Urteil des Europäischen Gerichtshofs für Menschenrechte keinerlei Auswirkungen auf die erste Stufe der Prüfung der Wirksamkeit einer Kündigung hat. Beruht die Offenbarung der Betriebsinterna auf wissentlich unwahren oder leichtfertig falschen Tatsachen, so sind die weiteren Kriterien nicht mehr für die Frage der Wirksamkeit einer Kündigung von entscheidender Bedeutung[1439]. Dies gilt auch für das neue Kriterium eines öffentlichen Interesses an der offenbarten Information. Trotz eines solchen Informationsgehaltes ist bei einer Anzeige die leichtfertig falsche oder wissentlich unwahre Informationen enthält eine Kündigung gerechtfertigt. Hierdurch hat das Gericht den Bedeutungsgehalt des Abwägungskriteriums erheblich eingeschränkt. Auch hinsichtlich der Beeinflussung des Abwägungsergebnisses auf der zweiten Stufe, einer im Übrigen unverhältnismäßigen Anzeige, scheint dem Kriterium des öffentlichen Interesses kein besonderer Stellenwert beigemessen zu werden. Bei der im Verhältnis zur Darstellung der Entscheidung des Gerichtshofs sehr kurzen Subsumtion[1440] des Kriteriums des öffentlichen Interesses wird zugleich das Kriterium der Motivation gewürdigt[1441]. Zudem wird das öffentliche Interesse im weiteren Verlauf im Gegensatz zu der Motivation des Arbeitnehmers[1442] auch nicht erneut zu Gunsten des Whistleblowers berücksichtigt.

Insgesamt ist das Urteil des Landesarbeitsgerichts durchweg positiv zu bewerten. Das Gericht hat sich einerseits in hinreichender Art und Weise mit der Rechtssache *Heinisch* auseinandergesetzt und sich somit der Gefahr einer Aufhebung durch das Bundesverfassungsgericht entzogen. Andererseits hat sich das Gericht in bemerkenswerter Deutlichkeit unbeeindruckt von der Entscheidung des Europäischen Gerichtshofs für Menschenrechte gezeigt und die Abwägung nach den bekannten Grundsätzen des Bundesarbeitsgerichts vorgenommen. Hätte das Landesarbeitsgericht zu einem Zeitpunkt vor der Entscheidung des Europäischen Gerichtshofs für

1437 S.o.: **1. Teil: D.V.4.b)ee)(2)**.
1438 LAG Köln, Urteil vom 2. Februar 2012 – 6 Sa 304/11, Rdn. 29 – juris.
1439 S.o.: **1. Teil: B.III.**
1440 Die Subsumtion umfasst nur einen einzigen Satz: LAG Köln, Urteil vom 2. Februar 2012 – 6 Sa 304/11, Rdn. 29 – juris.
1441 LAG Köln, Urteil vom 2. Februar 2012 – 6 Sa 304/11, Rdn. 29 – juris.
1442 LAG Köln, Urteil vom 2. Februar 2012 – 6 Sa 304/11, Rdn. 31 – juris.

Menschenrechte über den Sachverhalt entscheiden müssen, so wäre es zu demselben Ergebnis, der Wirksamkeit der Kündigung, gelangt. Lediglich der Absatz, in dem das Urteil des Gerichtshofs referiert wurde und die kurze Subsumtion des öffentlichen Interesses wären in dem Urteil nicht enthalten gewesen[1443]. Die Auswirkungen der Rechtssache *Heinisch* auf den vorliegenden Fall des Landesarbeitsgerichts waren somit marginal.

(d) LAG Köln, Urteil vom 5. Juli 2012 – 6 Sa 71/12

(aa) Sachverhalt

In einem weiteren Sachverhalt musste das Landesarbeitsgericht Köln über die Wirksamkeit einer außerordentlichen Kündigung befinden, die gegenüber einer privaten Haushaltshilfe ausgesprochen wurde. Die Hauswirtschafterin war unter anderem mit der Betreuung der Kinder beauftragt. Nachdem gegenüber der Haushaltwirtschafterin die ordentliche Kündigung ausgesprochen wurde, informierte diese das Jugendamt über eine angebliche Verwahrlosung eines der Kinder ihres Arbeitgebers[1444]. Das Arbeitsgericht erachtete die außerordentliche Kündigung als wirksam. Das Landesarbeitsgericht bestätigte diese Auffassung[1445].

(bb) Entscheidung

Nach Auffassung des Gerichtes handele es sich bei der Anzeige gegenüber dem Jugendamt (nach der unstreitigen Chronologie der Ereignisse) um eine unverhältnismäßige Reaktion der Arbeitnehmerin auf die zuvor ausgesprochene ordentliche Kündigung des Arbeitsverhältnisses. Die Arbeitnehmerin hätte – unterstellt die Missstände sind zutreffend – schon viel früher unter Beachtung ihrer Loyalitätspflicht eine interne Klärung mit ihrem Arbeitgeber versuchen müssen. Ein klärendes Gespräch sei der Hauwirtschafterin auch durchaus zumutbar gewesen. Erst nach dem Scheitern eines solchen Versuchs sei die Einschaltung der Behörde in Erwägung zu ziehen. Durch die vorschnelle Anzeige beim Jugendamt habe die Klägerin ihren Arbeitgeber leichtfertig beschuldigt und das Vertrauensverhältnis in einer Weise belastet, die eine außerordentliche Kündigung rechtfertige[1446].

(cc) Bewertung

Das Urteil des Landesarbeitsgerichts verdient Zustimmung. Die chronologischen Ereignisse lassen den Schluss zu, dass die Arbeitnehmerin sich weniger um das Wohlergehen der Kinder sorgte, sondern aufgrund von Enttäuschung oder Verärgerung über die ordentliche Kündigung ihres Anstellungsverhältnisses eine Anzeige beim Jugendamt erstatte. Es erschließt sich nicht, warum die Arbeitnehmerin plötzlich

---

1443 LAG Köln, Urteil vom 2. Februar 2012 – 6 Sa 304/11, Rdn. 26, 29 – juris.
1444 LAG Köln, Urteil vom 5. Juli 2012 – 6 Sa 71/12, Rdn. 2, 18 – juris.
1445 LAG Köln, Urteil vom 5. Juli 2012 – 6 Sa 71/12, Rdn. 2, 13 ff. – juris.
1446 LAG Köln, Urteil vom 5. Juli 2012 – 6 Sa 71/12, Rdn. 18 – juris.

nach der Kündigung des Anstellungsverhältnisses Bedenken hinsichtlich des Wohlergehens des Kindes hegte. Zudem verstrickte die Arbeitnehmerin sich hinsichtlich des vermeintlich schlechten Zustandes des Kindes in Widersprüche[1447]. Der Sachverhalt weist insofern Parallelen zu der Entscheidung des Bundesarbeitsgerichts aus dem Jahre 1991 auf, in dem erstmals das Kriterium der Motivation gewürdigt wurde[1448]. In diesem Fall drohte eine Arbeitnehmerin dem Arbeitgeber, ihn *„fertig zu machen"*[1449], sofern dieser das Beschäftigungsverhältnis kündige. Vorliegend ist das Landesarbeitsgericht aufgrund der Chronologie der Ereignisse und der Widersprüche hinsichtlich des Zustandes des Kindes, von einer unredlichen Motivation der Arbeitnehmerin zur Anzeige beim Jugendamt überzeugt. Wie auch in der Entscheidung aus dem Jahre 1991 wird die Wirksamkeit der Kündigung maßgeblich auf die unredliche Motivation der Arbeitnehmerin gestützt. Daneben ist auch der Umstand bedeutsam, dass die Arbeitnehmerin keinen internen Klärungsversuch unternahm[1450].

Das Urteil fügt sich somit nahtlos in das Prüfungsprogramm des Bundesarbeitsgerichts ein. Von der Entscheidung des Europäischen Gerichtshofs für Menschenrechte hat das Gericht sich erneut wenig beeindrucken und beeinflussen lassen. Aufgrund seiner Hervorhebung der Bedeutung der innerbetrieblichen Abhilfe[1451] hätte der Europäische Gerichtshof im vorliegenden Fall die Kündigung wohl ebenfalls als wirksam erachtet. Zunächst führt das Landesarbeitsgericht aus, dass es maßgeblich darauf ankomme, ob die (Straf-) Anzeige des Arbeitnehmers auf einem wissentlich unwahrem Vortrag beruhe oder leichtfertig erfolge, zudem dürfe die Anzeige nicht als unverhältnismäßige Reaktion zu qualifizieren sein[1452]. Dies ist das zweistufige Prüfungsprogramm, das das Bundesarbeitsgericht seit der Grundsatzentscheidung aus dem Jahre 2003 anwendet[1453]. Erst hiernach geht das Landesarbeitsgericht auf das Urteil des EGMR in der Rechtssache *Heinisch* ein und referiert kurz dessen Aussagen[1454]. Noch deutlicher als im Urteil vom Februar 2012[1455] zeigt sich, dass die konkrete Abwägungsentscheidung nicht von der Rechtssache *Heinisch* beeinflusst ist. Denn im Gegensatz zu Urteil vom Februar 2012 subsumiert das Landesarbeitsgericht das öffentliche Interesse des vermeintlich offenbarten Missstandes überhaupt nicht. Jedoch wäre eine solche Subsumtion aufgrund der Thematik des Sachverhaltes durchaus naheliegend.

Man müsste doch annehmen, dass ein allgemeines gesellschaftliches Interesse an dem Wohlergehen und der körperlichen Unversehrtheit von Kindern besteht. In regelmäßigen Abständen beherrschen den gesellschaftlichen Diskurs die Fragen, in

1447 LAG Köln, Urteil vom 5. Juli 2012 – 6 Sa 71/12, Rdn. 19 – juris.
1448 S.o.: **1. Teil: C.I.**
1449 BAG, Urteil vom 4. Juli 1991 – 2 AZR 80/91 Rdn. 27 – juris. Zwischen den Parteien war streitig, ob diese Drohung tatsächlich ausgesprochen wurde.
1450 LAG Köln, Urteil vom 5. Juli 2012 – 6 Sa 71/12, Rdn. 18 – juris.
1451 S.o. **1. Teil: D.V.4.a)**
1452 LAG Köln, Urteil vom 5. Juli 2012 – 6 Sa 71/12, Rdn. 16 – juris.
1453 S.o.: **1. Teil: B.II.5.c).**
1454 LAG Köln, Urteil vom 5. Juli 2012 – 6 Sa 71/12, Rdn. 17 – juris.
1455 S.o.: **1. Teil: D.V.4.b)gg)(c).**

welchem Ausmaß Kinder von Gewalt, Misshandlung und Verwahrlosung bedroht sind und wie diese Probleme bewältigt werden können[1456]. Auch legislatorische Aktivitäten, wie die Einführung des Bundeskinderschutzgesetzes (BKiSchG)[1457], bezeugen die stetige Aktualität und gesellschaftliche Relevanz. Der Koalitionsvertrag zur 18. Legislaturperiode enthält ebenfalls die Ankündigung, dass der Kinderschutz kontinuierlich weiterentwickelt werde[1458]. Bei dem allgemeinen gesellschaftlichen Interesses an dem Wohlergehen von Kindern drängte sich eine Subsumtion somit geradezu auf.

Möglich ist, dass das Landesarbeitsgericht eine Subsumtion des Kriteriums des öffentlichen Interesses für entbehrlich hielt, da aufgrund des fehlenden innerbetrieblichen Klärungsversuches und der unredlichen Motivation die Entscheidung des Gerichtes bereits unumstößlich feststand. Wahrscheinlicher ist jedoch, dass das Landesarbeitsgericht – zutreffend – der Auffassung war, dass die zu beurteilende Konstellation, in der *lediglich* das Wohlergehen eines einzelnen Kindes in Frage steht, nicht unter das Kriterium des öffentlichen Interesses des Gerichtshofs subsumierbar ist.

Das besondere öffentliche Interesse an einer offenbarten Information, im Sinne des Gerichtshofs, besteht nur bei Sachverhalten, die einen breiten Teil der Bevölkerung betreffen oder betreffen können und somit Auswirkungen über den konkreten Sachverhalt hinaus entfalten. Dies wurde im **1. Teil: D.V.4.b)bb)** herausgestellt. Der Gerichtshof betonte in der Rechtssache *Heinisch* die gesamtgesellschaftliche Bedeutung von Informationen über die Qualität oder Mängel in der Pflege. Auch wenn die körperliche Unversehrtheit jedes einzelnen Kindes im gesellschaftlichen Interesse stehen sollte, so waren vorliegend die Voraussetzungen eines öffentlichen Interesses im Sinne des EGMR nicht erfüllt. Die vermeintliche Verwahrlosung eines einzelnen Kindes hat keine Auswirkungen über das Einzelschicksal hinaus. Im Fall *Heinisch* waren demgegenüber potentiell circa 160 Heimbewohner von den Missständen betroffen[1459], ungeachtet des Umstandes, dass der Fall Heinisch potentiell auf institutionelle Mängel in der Altenpflege hindeutete. Auch die von der Literatur als vergleichbar erachtete Themen, wie die Lebensmittelsicherheit, volkswirtschaftlich riskante Finanzgeschäfte oder die Verhältnisse in Krankenhäusern, betreffen

---

1456 Große mediale Aufmerksamkeit erregte etwa das Buch der beiden Berliner Rechtsmediziner *Tsokos* und *Guddat* mit dem Titel: *„Deutschland misshandelt seine Kinder“*. Die Autoren erheben den Vorwurf, dass die staatlichen Institutionen auf ganzer Linie versagt hätten und ein kollektives Leugnen der Missstände erfolge, vergl.: http://www.tagesspiegel.de/politik/rechtsmediziner-klagen-kindesmisshandlung-an-deutschland-verleugnet-im-kollektiv/9405294.html.

1457 Vergl. BGBL, 2011 Teil I Nr. 70, S. 2975.

1458 Koalitionsvertrag zur 18. Legislaturperiode von CDU/CSU/SPD: *„Deutschlands Zukunft gestalten“*, S. 100, abrufbar unter: https://www.cdu.de/sites/default/files/media/dokumente/koalitionsvertrag.pdf (zuletzt abgerufen am 1. November 2014).

1459 S.o.: **1. Teil: D.IV.1.c)aa);** ArbG Berlin, Teilurteil vom 3. August 2005 – 39 Ca 4775/05, BeckRS 2011, 77275.

stets einen umfassenderen, weitläufigeren Personenkreis und haben potentiell Auswirkungen über einen konkreten Einzelfall hinaus.

Die problematischen Folgen einer solchen Einschränkung des öffentlichen Interesses offenbart die vorliegende Fallkonstellation. Das Kriterium des öffentlichen Interesses an der offenbarten Information führt zu einer unbilligen Verschiebung des Abwägungsergebnisses. Der Gerichtshof müsste im vorliegenden Fall, sofern er sein Verständnis eines öffentlichen Interesses konsequent fortsetzt, aufgrund der fehlenden Auswirkungen über den konkreten Sachverhalt hinaus ein öffentliches Interesse an der offenbarten Information ablehnen. Aufgrund der erheblichen Bedeutung des Kriteriums des öffentlichen Interesses folgt hieraus zugleich, dass ein Whistleblower bei einer Offenlegung von Informationen ohne ein solches Interesse geringer geschützt ist. Ein auf den Einzelfall begrenzter schwerwiegender Missstand unterliegt somit einem geringeren Schutzniveau als ein Sachverhalt, dessen Missstand deutlich weniger schwerwiegend ist, potentiell oder konkret jedoch einen breiteren Adressatenkreis betrifft. Diese aus der Einbeziehung und Anerkennung eines hohen Stellenwertes im Abwägungsvorgang folgende Differenzierung des Schutzmaßstabes kann nicht überzeugen. Bei Beachtung dieser Auswirkung der Auffassung des Gerichtshofs erscheint die Einbeziehung in die Abwägungsentscheidung und insbesondere die hohe Gewichtung eines gesellschaftlichen Interesses an der offenbarten Information noch fragwürdiger.

(e) BAG, Urteil vom 27. September 2012 – 2 AZR 646/11

Auch das Bundesarbeitsgericht musste sich im Nachgang bereits mit der Rechtsprechung des Europäischen Gerichtshofs für Menschenrechte auseinander setzen[1460]. Allerdings betraf dieses Urteil die Sonderkonstellation einer Kündigung aufgrund internen Whistleblowing. Das Urteil wird daher ausführlich im Kapitel **2. Teil: A.II.1.e)** besprochen.

hh) Zwischenergebnis

Insgesamt ist festzuhalten, dass das Kriterium des öffentlichen Interesses nicht nur systemfremd und in hohem Maße unbestimmt ist, sondern auch zu einer unbilligen Verschiebung des Abwägungsergebnisses führen kann. Obgleich die dogmatischen Hürden durch die Wirkungskraft des Urteils des EGMR überwunden worden sind, bestehen die inhaltlichen Bedenken unverändert fort. Eine grundlegenden Neuorientierung und Umwälzung der Rechtsprechungsgrundsätze erfordern die Grundsätze der völkerrechtsfreundlichen Auslegung indes nicht. Insofern ist eine geringfügige Gewichtung des gesellschaftlichen Interesses der offenbarten Information auf der 3. Prüfungsebene des Abwägungskonzeptes, entsprechend den Urteilen des Landesarbeitsgerichts Köln, angezeigt.

1460 BAG, Urteil vom 27. September 2012 – 2 AZR 646/11 – juris.

c) Authentizität der offengelegten Informationen, Prüfungspflicht

Als den zweiten und damit insgesamt dritten relevanten Faktor bezeichnet der Gerichtshof die Authentizität der offengelegten Information[1461]. Die Bedeutung der Echtheit der offenbarten Informationen wurde vorliegend unter dem vom Bundesarbeitsgericht verwendeten Begriff der sachlichen Berechtigung erläutert. Der Wahrheitsgehalt der offengelegten Information muss in die Abwägungsentscheidung miteinbezogen werden. Hierin besteht insoweit in Rechtsprechung und Literatur Einigkeit[1462]. Der Gerichtshof führt weiter aus, dass derjenige, der Informationen offenlegen wolle, sorgfältig prüfen müsse, ob die Informationen zutreffend und zuverlässig seien. Diese Prüfungspflicht bestehe, soweit die Umstände es erlauben[1463]. Bei genauer Betrachtung fällt auf, dass der Gerichtshof somit nicht nur ein weiteres Abwägungskriterium, sondern zwei zusammenhängende aber dennoch verschieden Aspekte benannt hat. Zum einen den nach objektiven Kriterien zu bestimmenden Wahrheitsgehalt des Vorwurfes und zum anderen die Frage, ob der Whistleblower diese Authentizität hinreichend überprüft hat. Diese Vermengung ist unglücklich. Denn der Umstand, dass es sich hierbei um zwei verschiedene Kriterien handelt, deren Bedeutungsgehalt zudem unterschiedlich ist, wird hierdurch verschleiert[1464]. Die vom Bundesverfassungsgericht aufgestellte Prüfpflicht des Hinweisgebers, sich nicht leichtfertig auf unwahre Informationen zu stützen[1465], ist deutlich gewichtiger als die Frage, ob die Informationen letztlich objektiv zutreffend sind.

Die fehlende Differenzierung wird auch im Rahmen der Anwendung der Grundsätze auf den vorliegenden Fall fortgesetzt. So referiert der Gerichtshof unter dem Stichwort der Authentizität die Rechtsprechung des Bundesverfassungsgerichts hinsichtlich der Prüfungspflicht der offenbarten Informationen[1466] und die Rechtsprechung des Bundesarbeitsgerichts zu den Folgen einer privilegierten Anzeige, deren Wahrheitsgehalt sich letztlich nicht feststellen lässt[1467].

Die Regierung führt in ihrer Stellungnahme aus, dass aufgrund der (vermeintlich[1468]) fehlenden Konkretisierung das innerstaatliche Gericht den Wahrheitsgehalt der in der Anzeige enthaltenen Informationen nicht überprüfen konnte und daher letztlich davon ausgegangen ist, dass die Anzeige von Frau Heinisch leichtfertig erfolgte[1469]. Die Ausführungen finden sich auch in der Urteilsbegründung des Gerichtshofs wieder. Das Vorbringen der Regierung, die Authentizität der Behauptungen sei in Frage gestellt, weil die Vorwürfe nicht weiter konkretisiert wurden,

1461 EGMR, Urteil vom 21. Juli 2011 – 28274/08, Rdn. 67 – juris.
1462 S.o.: **1. Teil: C.II.1.**
1463 EGMR, Urteil vom 21. Juli 2011 – 28274/08, Rdn. 67 – juris.
1464 S.o.: **1. Teil: B.II.3.b).**
1465 S.o.: **1. Teil: B.II, C.VIII.**
1466 EGMR, Urteil vom 21. Juli 2011 – 28274/08, Rdn. 78 – juris.
1467 EGMR, Urteil vom 21. Juli 2011 – 28274/08, Rdn. 80 – juris.
1468 S.o.: **1. Teil: D.IV.1.c)aa).**
1469 EGMR, Urteil vom 21. Juli 2011 – 28274/08, Rdn. 53 – juris.

überzeugt den Gerichtshof nicht[1470]. Das Landesarbeitsgericht hat jedoch gerade keinen Beweis über den Wahrheitsgehalt der offengelegten Informationen erhoben, sondern ist (zu Unrecht) davon ausgegangen, dass die Leichtfertigkeit auf einem substanzlosen Vortrag beruhe[1471]. Der Gerichtshof ist daher an dieser Stelle etwas ungenau, wenn er davon ausgeht, dass aufgrund mangelnder Konkretisierung die Authentizität in Frage gestellt wird. Aufgrund mangelnder Konkretisierung hat das Landesarbeitsgericht die Leichtfertigkeit angenommen[1472]. Allerdings ist auch darauf hinzuweisen, dass diese Vermischung von Authentizität und leichtfertiger Annahme derselben bereits in den genannten Ausführungen der Regierung angelegt war[1473]. Unabhängig hiervon kann die Vermengung der Frage nach dem Wahrheitsgehalt des erhobenen Vorwurfes und der gewichtigeren Frage, ob die Prüfungspflicht durch eine leichtfertige Annahme des Wahrheitsgehaltes verletzt wurde, nicht überzeugen.

Zu Recht kritisiert der Gerichthof in diesem Zusammenhang auch die Annahme des Landesarbeitsgerichts, dass sich aus der Einstellung des Ermittlungsverfahrens Rückschlüsse auf die Leichtfertigkeit einer Strafanzeige ziehen lassen[1474].

Unklar bleibt allerdings, was der Gerichthof mit der Einschränkung der Prüfungspflicht hinsichtlich der Authentizität „*-soweit die Umstände dies erlauben-*[1475]" zum Ausdruck bringen wollte. Leider greift der Gerichtshof das selbst auferlegte Prüfungsprogramm bei der Anwendung seiner eigenen Grundsätze nicht auf und äußert sich nicht zur der einschränkenden Voraussetzung[1476]. In diesem Abschnitt wird auch auf ein anderes Urteil des Gerichtshofs verwiesen, das indes keinen Erkenntnisgewinn liefert. Es wird auf das Urteil *Bladet Tromsø und Stensaas gegen Norwegen* verwiesen[1477].

Dem Urteil lag ein Streit über eine Verleumdungsklage zu Grunde. In norwegischen Zeitungen wurde negativ über die Brutalität der Seehundjagd berichtet.

In dem in Bezug genommen Abschnitt[1478] wird der Frage nachgegangen, inwiefern eine „*Zeitung*" von der sie üblicherweise treffenden Verpflichtung entbunden

1470 EGMR, Urteil vom 21. Juli 2011 – 28274/08, Rdn. 80 – juris.

1471 Diese Würdigung durch das LAG Berlin wurde bereits ausführlich kritisiert, vergl.: **1. Teil: D.IV.1.c)aa) ff.**

1472 LAG Berlin, Urteil vom 28. März 2006 – 7 Sa 1884/05, Rdn. 45–52 – juris. Ausführlich unter: **1. Teil: D.IV.1.**

1473 EGMR, Urteil vom 21. Juli 2011 – 28274/08, Rdn. 53 – juris.

1474 EGMR, Urteil vom 21. Juli 2011 – 28274/08, Rdn. 80 – juris; LAG Berlin, Urteil vom 28. März 2006 – 7 Sa 1884/05, Rdn. 50 – juris.

1475 EGMR, Urteil vom 21. Juli 2011 – 28274/08, Rdn. 67 – juris.

1476 EGMR, Urteil vom 21. Juli 2011 – 28274/08, Rdn. 77–81 – juris.

1477 EGMR, Urteil vom 20. Mai 1999 – 21980/93, NJW 2000, 1015; Originaldokument abrufbar unter: http://hudoc.echr.coe.int/sites/eng/Pages/search.aspx#{"fulltext":["21980/93"],"documentcollectionid2":["GRANDCHAMBER","CHAMBER"],"itemid":["001-58369"]}

1478 In der Rechtssache *Heinisch* wird auf die Randnummer 65 verwiesen. Tatsächlich beginnt der relevante Abschnitt der Entscheidung des Gerichtshofs in Sachen *Bladet Tromsø und Stensaas gegen Norwegen* erst ab Randnummer 66.

ist, die Richtigkeit von Tatsachenbehauptungen einer fremden Quelle zu überprüfen[1479]. Im konkreten Fall erachtete der Gerichtshof eine solche Überprüfung als entbehrlich, da es sich um einen amtlichen Bericht eines Inspektors handelte, der von dem zuständigen Ministerium hiermit beauftragt wurde[1480]. Diese Wertung ist jedoch nicht auf Whistleblowing-Konstellationen zu übertragen.

Die Problematik liegt dabei nicht darin begründet, dass vorliegend nach Auffassung des EGMR die Gewährleistungen der Pressefreiheit einschlägig waren. Auch wenn die EMRK nicht wie das Grundgesetz in Art. 5 Abs. 1 S. 2 GG die Pressefreiheit ausdrücklich schützt, so geht der EGMR davon aus, dass der umfassende Schutz journalistischer Betätigung von Art. 10 Abs. 1 EMRK umfasst wird. Nach der deutschen Grundrechtsdogmatik ist die Pressefreiheit jedoch kein Spezialfall der Meinungsfreiheit[1481]. Auch Meinungsäußerungen in der Presse werden durch Art. 5 Abs. 1 S. 1 GG geschützt[1482]. Diese unterschiedliche Bewertung stünde einer Übertragung aber nicht im Wege. Eine Übertragung dieser Wertung des Gerichtshofs kann allerdings in der Sache nicht überzeugen.

Trotz einer besonderen Sachkompetenz der Informationsquelle kann ein leichtfertiges Offenbaren dann bestehen, wenn sich die Fehlerhaftigkeit der Informationen aufdrängen musste[1483]. Der Whistleblower kann sich also auch bei besonders vertrauensvollen oder sachkompetenten Quellen nicht *blind* auf die Richtigkeit der Information verlassen. Ohne eine solche Einschränkung erfolgt andernfalls eine Delegation der *sorgfältigen („carefully verify“)*[1484] bzw. nicht *leichtfertigen*[1485] Prüfung des Wahrheitsgehaltes der Information auf Dritte, die zumeist nicht in einer Rechtsbeziehung zum Arbeitgeber stehen. Ein gewisses Maß an Eigenverantwortlichkeit, bei der Überprüfung der Richtigkeit der zu offenbarenden Informationen, muss aber bei dem Hinweisgeber verbleiben.

d) Beweggründe des Whistleblowers

Als weiteren entscheidenden Faktor werden die Beweggründe des Missstände anzeigenden Arbeitnehmers benannt[1486]. Eine Handlung, die durch persönlichen Groll, persönliche Feindschaft oder die Erwartung eines persönlichen Vorteils wie eines finanziellen Gewinns motiviert sei, rechtfertige kein besonders hohes Schutzniveau[1487].

1479 EGMR, Urteil vom 20. Mai 1999 – 21980/93, NJW 2000, 1015, 1018.

1480 EGMR, Urteil vom 20. Mai 1999 – 21980/93, NJW 2000, 1015, 1018.

1481 BVerfG, Beschluss vom 9. Oktober 1991 – 1 BvR 1555/88, Rdn. 38 – juris.

1482 BVerfG, Beschluss vom 9. Oktober 1991 – 1 BvR 1555/88, Rdn. 39 – juris.

1483 S.o.: **1. Teil: B.II.3.d)bb).**

1484 So die Begrifflichkeit des EGMR: EGMR, Urteil vom 21. Juli 2011 – 28274/08, Rdn. 67 – juris.

1485 So der Terminus in der deutschen Gerichtsbarkeit: BVerfG, Beschluss vom 2. Juli 2001 – 1 BvR 2049/00, Rdn. 11, 20 – juris; BAG, Urteil vom 3. Juli 2003 – 2 AZR 235/02, Rdn. 27 ff. – juris.

1486 EGMR, Urteil vom 21. Juli 2011 – 28274/08, Rdn. 69 – juris.

1487 EGMR, Urteil vom 21. Juli 2011 – 28274/08, Rdn. 69 – juris.

Der Gerichthof bestätigt die auch hier vertretene Ansicht, dass der Hauptbeweggrund von Frau *Heinisch* zum Whistleblowing die Beseitigung von Mängeln in der Pflege war. Die Klägerin habe im Interesse der Allgemeinheit die mutmaßlichen Rechtsverletzungen bei der Staatsanwaltschaft angezeigt[1488].

Die Motivation des Arbeitnehmers ist insbesondere für das Bundesarbeitsgericht von besonderer Bedeutung[1489]. Die Beachtung der Motivation des Arbeitnehmers dient letztlich dazu, um rechtsmissbräuchliches oder unredliches Whistleblowing sanktionieren zu können[1490]. Das zunächst vertraut klingende Kriterium der Motivation des Arbeitnehmers, weicht jedoch bei genauer Betrachtung erheblich von dem üblichen Verständnis ab. Denn der Gerichtshof würdigt nicht nur isoliert die Motivation des Whistleblowers, sondern verknüpft die Prüfung des Beweggrundes mit einer Reihe weiterer, teilweise bereits gewürdigter, Kriterien.

aa) Verknüpfung der Prüfung der Motivation mit weiteren Kriterien der Abwägung

Zunächst weist der Gerichtshof auf das geringe Schutzniveau einer Handlung hin, die durch persönlichen Groll getragen ist. Sogleich führt er im selben Absatz aber aus, dass es wichtig sei festzustellen, ob die Offenlegung in gutem Glauben und in der Überzeugung erfolgte, dass die Informationen wahr waren, sie im öffentlichen Interesse lagen und keine anderen, diskreteren Mittel existierten, um gegen den angeprangerten Missstand vorzugehen[1491]. Die Anwendung der Grundsätze des Abwägungskriteriums *Beweggrund* auf den konkreten Fall erfolgt schließlich sogar unter der Überschrift, ob die Beschwerdeführerin *in gutem Glauben* handelte[1492].

Diese Vermengung von Kriterien kann nicht überzeugen. Insbesondere stellt sich die Frage, warum der Gerichtshof das Kriterium des diskreteren Mittels erneut aufgreift und mit der Prüfung der Beweggründe zu verknüpfen versucht. Mit dem diskreteren Mittel kann nur die grundsätzlich bestehende Verpflichtung zur vorherigen innerbetrieblichen Meldung des Missstandes gemeint sein[1493]. Eine Verbindung des Kriteriums der Motivation mit dem Kriterium der innerbetrieblichen Abhilfe kann jedoch nicht sinnvoll hergestellt werden. Bei der Prüfung der Motivation erfolgt eine Würdigung der inneren Gründe des Arbeitnehmers, um unredliches oder rechtsmissbräuchliches Whistleblowing enttarnen und sanktionieren zu können. Die grundsätzlich bestehende Pflicht zu vorherigen innerbetrieblichen Abhilfe besteht jedoch isoliert und insoweit unabhängig von der jeweiligen Motivation des Arbeitnehmers. Des Weiteren bestand für den Gerichtshof überhaupt kein

1488 EGMR, Urteil vom 21. Juli 2011 – 28274/08, Rdn. 83 – juris.

1489 Auch nach der hier vertretenen Ansicht ist die Motivation ein gewichtiges Abwägungskriterium. Siehe hierzu ausführlich oben: **1. Teil: C.I.**

1490 S.o: **1. Teil: C.I.2.**

1491 EGMR, Urteil vom 21. Juli 2011 – 28274/08, Rdn. 69 – juris.

1492 EGMR, Urteil vom 21. Juli 2011 – 28274/08, (δ) Rdn. 82–87 – juris.

1493 Ebenso: *Deiseroth*, Ausschussdrucksache 17(11)783, S. 41, 47.

Bedürfnis, dieses Kriterium erneut aufzugreifen. Denn mit der Pflicht zur vorherigen innerbetrieblichen Meldung hatte sich der Gerichtshof bereits zuvor zureichend auseinandergesetzt[1494].

Dasselbe gilt für die Würdigung des Umstandes, ob die Informationen wahr waren[1495]. Hinzu kommt, dass der Gerichtshof diesen Aspekt des selbst auferlegten Prüfungsprogramms im Rahmen der Motivation – erneut[1496] – nicht bei der konkreten Anwendung der Grundsätze untersucht[1497].

bb) Die Einbeziehung eines öffentlichen Interesses an der offenbarten Informationen im Rahmen der Würdigung der Motivation des Hinweisgebers

Unglücklich ist auch die Verbindung von Motivation und öffentlichem Interesse. Zunächst gilt auch in diesem Rahmen, dass die Frage nach der Motivation des Hinweisgebers nicht sinnvoll mit dem Aspekt verknüpft werden kann, ob der Hinweisgeber glaubte, im öffentlichen Interesse zu handeln. Bei offengelegten Informationen von allgemeinem Interesse soll nach Ansicht des Gerichtshofs ein erhöhter Schutz des Whistleblowers bestehen. Die Würdigung der Motivation des Hinweisgebers kann demgegenüber nur dazu dienen, unredliches und rechtsmissbräuchliches Whistleblowing herauszufiltern. Die Kriterien stehen sich somit in ihrer Schutzrichtung konträr gegenüber. Aus der Einbeziehung des öffentlichen Interesses in das Prüfungsprogramm der Beweggründe des Arbeitnehmers resultiert noch ein weiteres Problem.

Es stellt sich die Frage, wie die Würdigung der Motivation erfolgen kann, wenn die offengelegte Information nicht von besonderem öffentlichem Interesse war, weil die Information nicht einen für die Gesellschaft besonders relevanten Bereich betrifft. Im deutschen Rechtssystem bestünde diese Problematik nicht, da jede Strafanzeige, unabhängig von der möglichen öffentlichen Brisanz des Inhaltes, dem öffentlichen Interesse der Allgemeinheit an der Aufklärung von Gesetzeswidrigkeiten dient[1498]. Der EGMR bewertet jedoch das öffentliche Interesse der offengelegten Informationen anders. Nach seiner Auffassung sind nur solche Informationen von öffentlichem Interesse, die für einen Großteil der Gesellschaft eine besonders relevante Thematik betreffen[1499]. Läge dem EGMR nun ein Fall zur Überprüfung vor, in dem ein Arbeitnehmer nicht auf Mängel in einem für die gesamte Gesellschaft

---

1494 EGMR, Urteil vom 21. Juli 2011 – 28274/08, Rdn. 65, 72–76 – juris.

1495 EGMR, Urteil vom 21. Juli 2011 – 28274/08, Rdn. 67, 77–81 – juris.

1496 So ebenfalls im Rahmen des Prüfungspunktes Authentizität. Die vorgegebene Einschränkung, „*soweit die Umstände dies erlauben*", wurden bei der konkreten Anwendung nicht aufgegriffen, vergl.: EGMR, Urteil vom 21. Juli 2011 – 28274/08, Rdn. 67, 77 ff. – juris.

1497 EGMR, Urteil vom 21. Juli 2011 – 28274/08, Rdn. 83 – juris.

1498 S.o.: **1. Teil: D.V.4.b)aa)(3)(b).**

1499 S.o.: **1. Teil: D.V.4.b)bb).**

bedeutsamen Bereich wie der Pflegebranche, der Finanzwelt oder der Lebensmittelsicherheit[1500] hinweist, sondern beispielsweise auf gesamtgesellschaftlich völlig irrelevante, dennoch gesetzeswidrige Unregelmäßigkeiten zwischen seinem Arbeitgeber und einem Lieferanten, so befände der Gerichtshof sich in einem Dilemma. Entweder er erkennt als öffentliches Interesse auch das Interesse der Allgemeinheit an der Aufklärung jeder Gesetzeswidrigkeit an und schließt sich somit der deutschen Rechtsprechung an oder er kann das nach seiner Auffassung nicht bestehende, öffentliche Interesse im Rahmen der Beweggründe nicht würdigen. In der ersten Alternative entzöge der Gerichtshof sich selbst durch die Anerkennung eines öffentlichen Interesses an der Verfolgung jeglicher Gesetzeswidrigkeit der Grundlage, zwischen Themen von öffentlichem Interesse und solchen ohne zu differenzieren. Denn bei Anerkennung eines bedingungslosen öffentlichen Interesses der Allgemeinheit an der Verfolgung jeglicher Gesetzeswidrigkeit ist der Ausgangspunkt die Pflicht des Staates, den Bürger bei der Durchsetzung seiner Rechte zu schützen[1501]. Diese Pflicht kann indes nicht nach der Thematik der angezeigten Straftat differenzieren[1502]. Geht der Gerichtshof den zweiten Weg, so konterkariert er zugleich durch die Nichtanwendung in einem solchen Fall seine eigenen Grundsätze. Es zeigt sich, dass durch die Einbeziehung des öffentlichen Interesses in das Prüfungsprogramm der Motivation des Hinweisgebers der Gerichtshof sich selbst in eine Erklärungsnot manövriert hat.

cc) Guter Glaube

Schlussendlich müsse auch geprüft werden, ob die Offenlegung in gutem Glauben erfolgte. Dieses Kriterium wird zwar bei der Anwendung des Prüfungsprogramms auf den konkreten Fall erwähnt, allerdings bleibt unklar, was der Gerichtshof hiermit konkret zum Ausdruck bringen wollte. Er stellt lediglich fest, dass die Klägerin in gutem Glauben gehandelt habe[1503]. Die Verwendung des Begriffs des guten Glaubens ist in der deutschen Auseinandersetzung mit der Whistleblowing-Problematik nicht sehr geläufig. Der britische Employment Rights Act enthält demgegenüber eine entsprechende Formulierung in § 43 G („*good faith*“)[1504]. Auch die parlamentarische Versammlung des Europarates greift in ihrer Erklärung zum „*Protection of*

1500 Diese Themen werden unter anderem in der Literatur als weitere Konstellationen eines besonderen öffentlichen Interesses aufgeführt, vergl.: *Simon/Schilling* BB 2011, 2421, 2426.

1501 Diese Staatspflicht resultiert spiegelbildlich aus der Beanspruchung des Gewaltmonopols, s.o.: **1. Teil: D.V.4.b)aa)(3)(b)**.

1502 S.o.: **1. Teil: D.V.4.b)aa)(3)(a), D.V.4.b)aa)(3)(b)**.

1503 EGMR, Urteil vom 21. Juli 2011 – 28274/08, Rdn. 83 – juris.

1504 http://www.legislation.gov.uk/ukpga/1996/18/section/43G#commentary-c1632511 (zuletzt abgerufen am 1. November 2014).

whistle-blowers[1505]" auf den Begriff zurück. Im deutschen Recht ist der *gute Glaube* insbesondere im Sachenrecht von Bedeutung. Gutgläubig ist derjenige, der nicht bösgläubig ist. Nach § 932 Abs. 2 BGB ist der Erwerber nicht in gutem Glauben, wenn ihm bekannt oder infolge grober Fahrlässigkeit unbekannt ist, dass die Sache nicht dem Veräußerer gehört. Guter Glaube bezieht sich somit nicht auf die Motivation zum Eigentumserwerb sondern auf den Kenntnisstand über die Eigentumslage. Auch internationale Regelungen knüpfen die Gutgläubigkeit an einen bestimmten Kenntnisstand und nicht an eine Motivationslage an. Nach 6.2.4 der Resolution der Parlamentarischen Versammlung des Europarates *(Protection of „whistle-blowers"*[1506]*)* handelt derjenige in gutem Glauben, der vernünftige Gründe für die Annahme hatte, dass die offengelegten Informationen der Wahrheit entsprachen. Soweit das Bundesarbeitsgericht den Begriff verwendet, so geschieht dies ebenfalls im Bezug zum Kenntnisstand. Derjenige, der im guten Glauben eine Strafanzeige erstatte, dürfe keine Nachteile erleiden, wenn sich seine Behauptung letztlich als unrichtig oder nicht aufklärbar erweise, da die nicht wissentlich unwahre oder leichtfertige Strafanzeige im allgemeinen Interesse liege[1507]. Ein Beweggrund kann verwerflich, unredlich, redlich oder schützenswert sein – jedoch nicht gutgläubig[1508]. Gutgläubigkeit bezieht sich immer auf einen Wissensstand und nicht auf eine Motivationslage. Gutgläubig ist somit nicht derjenige, der aus redlichen Absichten einen betriebsinternen Vorgang offenbart, sondern derjenige, der hinsichtlich des Wahrheitsgehaltes der Informationen gutgläubig ist. Gutgläubigkeit umschreibt daher das Ausmaß der Prüfungspflicht des Whistleblowers bezüglich des Wahrheitsgehaltes der zu offenbarenden Information.

Da im deutschen Recht diesbezüglich die Wertungen des Bundesverfassungsgerichts zu beachten sind[1509], müsste eine Definition des guten Glaubens in Anlehnung an die einschlägige Rechtsprechung erfolgen. Danach ist nicht ausreichend, dass jemand mit vernünftigen Gründen auf den Wahrheitsgehalt vertraut, sondern gutgläubig ist nur derjenige, der nicht wissentlich unwahre oder leichtfertig falsche Informationen offenbart[1510]. Ein Erkenntnisgewinn geht gleichwohl mit der Verwendung der Begrifflichkeit des guten Glaubens nicht einher.

1505 http://assembly.coe.int/main.asp?link=/documents/adoptedtext/ta10/eres1729.htm (zuletzt abgerufen am 1. November 2014).

1506 http://assembly.coe.int/main.asp?link=/documents/adoptedtext/ta10/eres1729.htm (zuletzt abgerufen am 1. November 2014); vergl. auch: EGMR, Urteil vom 21. Juli 2011 – 28274/08, Rdn. 37 – juris.

1507 BAG, Urteil vom 3. Juli 2003 – 2 AZR 235/02, Rdn. 33 – juris.

1508 Unzutreffend insofern: *Brock*, öAT 2011, 243, 245; LAG Berlin, Urteil vom 28. März 2006 – 7 Sa 1884/05, Rdn. 50 ff – juris.

1509 BVerfG, Beschluss vom 2. Juli 2001 – 1 BvR 2049/00, Rdn. 11, 20 – juris; Ausführlich oben: **1. Teil: B.II.**

1510 BVerfG, Beschluss vom 2. Juli 2001 – 1 BvR 2049/00, Rdn. 11, 20 – juris; Ausführlich oben: **1. Teil: B.II.**

Insgesamt sind die Ausführungen des Gerichtshofs im Abschnitt über die Gutgläubigkeit bzw. die Beweggründe des Arbeitnehmers wenig überzeugend und für die weitere Rechtsentwicklung nicht fruchtbar zu machen. Das zunächst vertraut klingende Prüfungsprogramm der Beweggründe des Whistleblowers weicht bei genauerer Betrachtung erheblich von den vorzugswürdigen, deutschen Rechtsprechungsgrundsätzen ab. Der Gerichtshof vermengt bei der Prüfung der Beweggründe einerseits bereits gewürdigte Kriterien und fügt andererseits neue Einschränkungen und Kriterien hinzu, ohne jedoch deren Bedeutungsgehalt klar zu bestimmen. Unter welchen konkreten Voraussetzungen ein guter Glaube vorliegt, lässt sich aus der Entscheidung des Gerichtshofs nicht entnehmen. Die vom Gerichtshof vorgenommene Prüfung der Beweggründe ist bereits – deutlich präziser – vollumfänglich im nationalen Prüfungskonzept der Gerichte enthalten. Insbesondere sollte auch von der Verwendung der Begrifflichkeit des *guten Glaubens* weiterhin Abstand genommen werden.

dd) Weitere Aussagen innerhalb des Prüfungsabschnittes

(1) MDK

Systematisch unter dem Prüfungsaspekt der Motivation bzw. des guten Glaubens fragwürdig, inhaltlich jedoch nachvollziehbar, geht der Gerichtshof auf die Bedeutung der Kontrolle durch den MDK ein. Überzeugend und in der Terminologie[1511] ähnlich, führt er aus, dass die Kontrolle durch den MDK kein *„wirksames Mittel*[1512]*"* zu Beseitigung der Mängel dargestellt habe. Die früheren Bemängelungen durch den MDK haben zu keinerlei Veränderungen geführt, die Mängel bestünden fort.

Im Rahmen der Untersuchung des Urteils des Landesarbeitsgerichts Berlin wurde auf die Diskrepanz in tatsächlicher Hinsicht zwischen dem Bericht des MDK und der Sachverhaltsfeststellungen durch das Gericht hingewiesen[1513]. Ausweislich des Berichts des MDK aus dem Jahre 2006, wiesen auch die vorherigen Prüfberichte auf eine angespannte Personalsituation und den dringenden Handlungsbedarf hin[1514]. Im Urteil des Landesarbeitsgerichts wird aber festgestellt, dass streitig sei, ob der MDK in seinem Bericht aus dem Jahre 2004 die Personalsituation bemängelt habe[1515]. Der EGMR führt ebenfalls aus, dass bereits in Jahren 2002, 2003 und 2004 Pflegemängel benannt worden seien[1516]. Dies bestärkt die Annahme, dass der Fehler, der zur Diskrepanz in tatsächlicher Hinsicht zwischen dem Bericht des MDK und den Feststellungen des Landesarbeitsgerichts führte, der Sphäre des Landesarbeitsgerichts Berlin zuzuordnen ist. Denn es ist nicht zu vermuten, dass der EGMR sich für diese Annahme einzig auf die Behauptung in dem Prüfbericht des MDK aus

1511 S.o.: **1. Teil: D.IV.2.bb)(2)** *„milderes Mittel"*.
1512 EGMR, Urteil vom 21. Juli 2011 – 28274/08, Rdn. 84 – juris.
1513 S.o.: **1. Teil: D.IV.2.bb)(3)(a).**
1514 MDK Prüfbericht vom 10. Mai 2006, S. 2.
1515 LAG Berlin, Urteil vom 28. März 2006 – 7 Sa 1884/05, Rdn. 2 – juris.
1516 EGMR, Urteil vom 21. Juli 2011 – 28274/08, Rdn. 84 – juris.

dem Jahre 2006 verlässt, ohne zugleich diese Angaben durch eine Einsicht in ältere Prüfberichte zu verifizieren[1517].

(2) Umstände der Strafanzeige

Systematisch zutreffend und inhaltlich überzeugend, lehnt der Gerichtshof die Argumentation ab, dass sich aus der Polemik der Strafanzeige der wahre unredliche Beweggrund der Arbeitnehmerin ergebe. Zwar wird auf den Umstand nicht eingegangen, dass der polemische Stil nicht aus der Feder der Klägerin selbst stammt[1518], allerdings wird zu Recht darauf hingewiesen, dass die Übertreibungen und Verallgemeinerungen nicht einer sachlichen Grundlage entbehren und keinen grundlosen persönlichen Angriff auf die Arbeitgeberin darstellen, sondern eine Beschreibung von Defiziten in der Altenpflege[1519]. Systematisch unter dem Aspekt der Motivation wiederum fragwürdig stellt der Gerichtshof fest, dass die Klägerin bei der Stellung der Strafanzeige sich von einem Rechtsanwalt beraten ließ. Der Umstand der Beratung durch einen Rechtsanwalt ist jedoch im Rahmen der Prüfung der Leichtfertigkeit zu würdigen und nicht im Rahmen der Motivation. Lässt sich eine Whistleblower vor der Stellung einer Strafanzeige von einem Rechtsanwalt beraten, so ist dies ein gewichtiges Argument gegen die Annahme der Leichtfertigkeit der Offenbarung[1520]. Bemerkenswert ist, dass der Gerichtshof – wohl aufgrund des Vortrages der Klägerin – nicht nur davon ausgeht, dass der Rechtsanwalt im Auftrag der Klägerin die Strafanzeige verfasste, sondern auch davon, dass der Rechtsanwalt beratend und unterstützend hierbei tätig war, den vorgebrachten Sachverhalt würdigte und die Strafanzeige dementsprechend stellte. Diese Umstände ließen sich dem Urteil des Landesarbeitsgerichts Berlin nicht entnehmen. Das Landesarbeitsgericht sprach nur von einer Beauftragung eines Anwaltes mit der Strafanzeige[1521]. Diese Würdigung wurde bereits bei der Besprechung des Urteils des Landesarbeitsgerichts kritisch betrachtet. Bei einer lebensnahen Auslegung und aufgrund der anwaltlichen Sorgfaltspflicht ist nicht davon auszugehen, dass ein Anwalt im Namen seiner Mandantin eine Strafanzeige gegen ihren Arbeitgeber erstattet, ohne dass dieser

---

1517 Allerdings lassen die Ausführungen des EGMR auch Raum für Spekulation, ob eine Überprüfung der Angaben in dem Bericht des MDK aus dem Jahre 2006 stattgefunden hat. Denn der EGMR scheint auch die Diskrepanz zwischen dem Bericht des MDK aus dem Jahre 2006 und dem Tatbestand des Urteils des LAG Berlin nicht erkannt zu haben.

1518 S.o.: **1. Teil: D.IV.2.cc)**. Der Gerichtshof würdigt den Umstand, dass der Rechtsanwalt die Strafanzeige verfasste zwar in der nachfolgenden Randnummer, allerdings wird hierbei ebenso nicht auf stilistische Element eingegangen, vergl.: EGMR, Urteil vom 21. Juli 2011 – 28274/08, Rdn. 86 – juris.

1519 EGMR, Urteil vom 21. Juli 2011 – 28274/08, Rdn. 85 – juris.

1520 S.o.: **1. Teil: B.II.3.d)bb).**

1521 LAG Berlin, Urteil vom 28. März 2006 – 7 Sa 1884/05, Rdn. 51 – juris.

Anzeige eine kritisch Würdigung der Sachverhaltsinformationen und eine juristische Einschätzung der Auswirkungen vorherging[1522].

(3) Die Benachrichtigung der Strafverfolgungsbehörden anstelle der Medien als Indiz für eine redliche Motivation

Höchst interessant sind die Ausführungen, die der EGMR im Rahmen der Randnummer 86 tätigt. Das Ergebnis, dass die die Arbeitnehmerin ihren Arbeitgeber nicht anprangern wollte, bestätige sich auch aufgrund der Tatsache, dass eine externe Offenlegung nicht über die Medien oder Flugblätter erfolgte, um eine maximale öffentliche Aufmerksamkeit zu erreichen, sondern die Arbeitnehmerin sich zunächst an die Strafverfolgungsbehörden wandte, um Ermittlungen zu veranlassen[1523]. Zunächst kann dieser Umstand zu Recht herangezogen werden, um die Argumentation zu unterstützen, dass die Klägerin die Beseitigung der Mängel in der Pflegeeinrichtung anstrebte und nicht aufgrund der unredlichen Intention handelte, den Arbeitgeber anzuprangern oder bewusst zu schädigen. Bevorzugt ein Whistleblower bei der externen Information eine breite mediale Plattform, so deutet dies regelmäßig auf eine unredliche Gesinnung hin. Ist es andererseits die Intention des Whistleblowers, die Beseitigung des Missstandes durch seine Offenbarungen voranzutreiben, dann wird er zunächst die mit den notwendigen Kompetenzen ausgestattete Behörde kontaktieren. Informiert er demgegenüber zuerst die Presse, dann kann eine Beseitigung des Missstandes nur durch den Arbeitgeber selbst erfolgen, der sich einem, von dem Whistleblower gewollten und erzeugten, medialen Druck beugt. Die vorrangige Information der Presse anstelle der zuständigen Behörde kann somit ein Indiz für eine unredliche Gesinnung des Whistleblowers sein.

Spannend ist die Frage, ob neben dem Rückschluss auf die Motivation des Hinweisgebers ein generelles Stufenverhältnis bei der Information von externen Stellen besteht. Die Frage lautet: Muss der Hinweisgeber, bei der organisationsexternen Meldung von Missständen zunächst die zuständigen Behörden informieren und einen entsprechenden Abhilfeversuch abwarten, bevor er sich mit der Information an die allgemeine Öffentlichkeit wendet?

(4) Rangverhältnis bei der Information von externen Stellen

Für ein striktes Rangverhältnis in dem Sinne, dass bevor die allgemeine Öffentlichkeit informiert werden darf, zunächst eine Abhilfe bei der jeweils zuständigen Behörde zu ersuchen und abzuwarten ist, finden sich in der Rechtsprechung keine expliziten Nachweise. Dies liegt zunächst darin begründet, dass viele von der Rechtsprechung entschiedenen Fälle sich mit der Konstellation befassen, in dem

---

1522 S.o.: **1. Teil: B.II.3.d)bb).**

1523 EGMR, Urteil vom 21. Juli 2011 – 28274/08, Rdn. 86 – juris.

Missstände nur gegenüber einer entsprechenden Behörde offenbart wurden[1524] bzw. eine Mitwirkung im Rahmen des behördlichen Verfahrens stattgefunden hat[1525]. In diesen Konstellationen war eine Stellungnahme zu einem eventuellen Stufenverhältnis daher nicht angezeigt. Allerdings findet sich eine ausdrücklich Stellungnahme auch nicht in den Entscheidungen, in denen der Whistleblower zunächst die zuständigen Behörden und hiernach die Öffentlichkeit informierte[1526]. Mittelbar lässt sich die Befürwortung eines Rangverhältnis jedoch aus anderen Entscheidungen der Rechtsprechung ableiten. In einem zum Zeitpunkt der Bearbeitung jüngerem und bereits in einem anderen Kontext thematisierten Urteil des Landesarbeitsgerichts Köln musste das Gericht über die Wirksamkeit einer außerordentlichen Kündigung eines Arbeitnehmers befinden, der seinen Arbeitgeber wegen einer Vielzahl von vermeintlich begangenen Delikten bei der Staatsanwaltschaft anzeigte[1527]. Zu Gunsten des Klägers berücksichtigte das Gericht, dass der Arbeitnehmer *„nicht den Weg in die breite Öffentlichkeit suchte, sondern die von ihm geäußerten Vorwürfe mit der Bitte um vertrauliche Behandlung an die Strafverfolgungsbehörden herantrug. Hätte der Kläger die Öffentlichkeit etwa über die Presse informiert, hätte dies einen sehr viel größeren Schaden für die Beklagte auslösen können*[1528]*“*. In einem älteren Fall erachtete das Landesarbeitsgericht Köln den Umstand, dass Falschinformationen an die Presse gegeben wurden als besonders erhebliche Störung des Arbeitsverhältnisses[1529]. Die Rechtsprechung steht somit einer externen Information von Dritten unter Umgehung der zuständigen Behörden aufgrund eines gesteigerten Schädigungsrisikos kritisch gegenüber.

Ähnlich wird in der Literatur argumentiert und teilweise explizit ein solches Rangverhältnis aufgestellt[1530]. Bei berechtigten Anzeigen müsse sich der Arbeitnehmer zunächst an die zuständigen Behörden wenden und dürfe nicht unmittelbar die Presse informieren. Die Flucht in die Öffentlichkeit, insbesondere die Einschaltung der Presse, könne nur das letzte Mittel zur Aufdeckung anders nicht beizukommender Missstände darstellen. Der Arbeitnehmer sei verpflichtet unnötigen Schaden vom

1524 LAG Köln, Urteil vom 5. Juli 2012 – 6 Sa 71/12 – juris; BAG, Urteil vom 7. Dezember 2006 – 2 AZR 400/05 – juris; BAG, Urteil vom 3. Juli 2003 – 2 AZR 235/02 – juris; BAG, Urteil vom 14. Dezember 1972 – 2 AZR 115/72 – juris; BAG, Urteil vom 5. Februar 1959 – 2 AZR 60/56 – juris.

1525 BVerfG, Beschluss vom 2. Juli 2001 – 1 BvR 2049/00 – juris (Mitwirkung im Rahmen einer Zeugenaussage); BAG, Urteil vom 4. Juli 1991 – 2 AZR 80/91, Rdn. 5, 8, 27 – juris (zumindest Mitwirkung im Rahmen der Ermittlungen der Steuerbehörden).

1526 LAG Berlin, Urteil vom 28. März 2006 – 7 Sa 1884/05 – juris; BAG, Urteil vom 11. August 1982 – 5 AZR 1089/79 – juris.

1527 LAG Köln, Urteil vom 2. Februar 2012 – 6 Sa 304/11 – juris; S.o.: **1. Teil: D.V.4.b) gg)(c).**

1528 LAG Köln, Urteil vom 2. Februar 2012 – 6 Sa 304/11, Rdn. 31 – juris.

1529 LAG Köln, Urteil vom 3. Mai 2000 – 2 Sa 78/00, Rdn. 46 – juris.

1530 Staudinger/*Preis* § 626 BGB, Rdn. 133.

Betrieb fernzuhalten, daher verbiete sich regelmäßig eine Einschaltung der Presse[1531]. Die meisten Stimmen in der Literatur nehmen jedoch nicht ausdrücklich zu einem Stufenverhältnis Stellung. Aus den Stellungnahmen lässt sich lediglich indirekt die Befürwortung eines solchen Stufenverhältnisses ableiten. So könne eine Kündigung berechtigt sein, wenn nicht der interne Klärungsweg beschritten werde, sondern zu früh eine externe Stelle *„oder sogar die Öffentlichkeit“* informiert werde[1532].

Der Entwurf eines Hinweisgeberschutzgesetzes[1533] sah in § 6 Abs. 1 und § 6 Abs. 2 ebenfalls ein Rangverhältnis zwischen der Information einer externen Stelle nach § 3 Abs. 5[1534] und der allgemeinen Öffentlichkeit vor. Auch den bestehenden gesetzlichen Bestimmungen, die jeweils einen partiellen Bereich der Whistleblowing-Problematik erfassen, kann mittelbar diese Abstufung entnommen werden. So bestimmt § 17 Abs. 2 ArbSchG, dass der Beschäftigte sich nach einem fruchtlosen Hinweis an den Arbeitgeber an die zuständigen Behörden wenden darf. Nach einem internen Klärungsversuch[1535] kann sich ebenfalls der betriebliche Datenschutzbeauftragte in Zweifelsfällen an die zuständige Behörde wenden, § 4g Abs. 1 S. 2 BDSG. In diesen Normen wird somit die Befugnis geschaffen, nach einem innerbetrieblichen Klärungsversuch eine zuständige Behörde zu informieren, nicht jedoch die allgemeine Öffentlichkeit. Erfolgt in diesen Fällen die externe Information somit unmittelbar gegenüber der allgemeinen Öffentlichkeit, so liegt ein Verstoß gegen die gesetzlichen Bestimmungen vor.

Auch andere Rechtsordnungen kennen eine entsprechende Abstufung bei der Information von organisationsexternen Stellen. Im britischen Recht wurde ein Rangverhältnis durch den *Public Interest Disclosure Act*[1536] ebenfalls im Arbeitsrechtsgesetz[1537] eingeführt. Nach Sec 43C[1538] und Sec 43F[1539] *Employments Rights Act* sind betriebsinterne Missstände zunächst dem Arbeitgeber, den zuständigen Behörden oder anderen speziellen Stellen zu melden. Eindeutig nachrangig ist demgegenüber

1531 Staudinger/*Preis* § 626 BGB, Rdn. 133.

1532 *von Busekist/Fahrig*, BB 2013, 119, 122.

1533 Hinweisgeberschutzgesetz (HinwGebSchG), Bt.-Drs. 17/8567, S. 2 f.

1534 § 3 Abs. 5 HinwGebSchG lautet: *„Zuständige externe Stellen sind diejenigen Behörden, die für die Entgegennahme der Anzeige oder Beseitigung des jeweiligen Missstandes sachlich und örtlich zuständig sind. Die Staatsanwaltschaften und die Polizei sind im Zweifel stets zur Entgegennahme und Weiterleitung von Hinweisen an die sachlich und örtlich zuständige Behörde zuständig.“*

1535 Trotz des abweichenden Gesetzeswortlauts wird ein interner Klärungsversuch vor der Einschaltung der Aufsichtsbehörde für erforderlich gehalten, vergl.: Gola/Schomerus, § 4g BDSG, Rdn. 16; *von Busekist/Fahrig*, BB 2013, 119, 122.

1536 Vergl. hierzu ausführlich: *James*, Ausschussdrucksache 17(11)783, S. 99 ff.

1537 *Employments Right Act* http://www.legislation.gov.uk/ukpga/1996/18/contents (abgerufen am 21. September 2013).

1538 Sec 43C Disclosure to employer or other responsible person, http://www.legislation.gov.uk/ukpga/1996/18/section/43C (abgerufen am 21. September 2013).

1539 Sec 43F Disclosure to prescribed person, http://www.legislation.gov.uk/ukpga/1996/18/section/43F (abgerufen am 21. September 2013).

in Sec 43G[1540] *Employments Rights Act* die Möglichkeit vorgesehen, die allgemeine Öffentlichkeit zu informieren.

Bei der externen Information ist richtigerweise ein Stufenverhältnis zwischen der Information der zuständigen Behörde und der sonstigen Öffentlichkeit anzuerkennen. Der Hinweisgeber muss zunächst die zuständigen Behörden informieren und einen Abhilfeversuch durch diese abwarten. Erst hiernach darf er sich als *ultima ratio* an die allgemeine Öffentlichkeit, insbesondere die Medien, Gewerkschaftsvertreter[1541] oder sonstige Dritte, wenden. Verfährt der Whistleblower nicht in dieser Reihenfolge, erfolgt eine Bekämpfung des (vermeintlichen) Missstandes nicht durch ein rechtsstaatliches Verfahren, sondern durch die Ausübung öffentlichen Drucks auf den Arbeitgeber. Die Gefahr, dass die sachliche Berechtigung des Vorwurfes aus dem Fokus der Auseinandersetzung gerät und dem Arbeitgeber vermeidbarer und irreparabler Schaden zugefügt wird, ist bei einer externen Offenbarung unter Umgehung der zuständigen Behörden wesentlich größer. Die organisationsexterne Meldung bei der zuständigen Behörde ist aufgrund der geringeren Publizität des behördlichen Verfahrens ein schwächerer Eingriff in die Interessen des Arbeitgebers und somit ein milderes Mittel. Aufgrund der behördlichen Befugnisse ist die Kontaktaufnahme mit staatlichen Stellen zugleich mindestens gleich geeignet, den Missstand zu beseitigen. Oftmals ist die Meldung bei den zuständigen Behörden sogar wesentlich besser geeignet den betrieblichen Missstand zu bekämpfen. Denn nur die staatlichen Behörden verfügen über die notwendigen Zwangsmittel, um gegebenenfalls schnell und effektiv eingreifen zu können. Zudem besitzen sie zumeist – aufgrund ihres begrenzten Aufgabenbereichs – auch die notwendigen Fachkenntnisse und sind somit in der Lage, echte von vermeintlichen Missständen zu unterscheiden.

Die vorrangige Information der zuständigen Behörden kann im Einzelfall auch eine gewisse Filterfunktion erfüllen. Ist der erhobene Vorwurf eines gesetzeswidrigen Verhaltens objektiv abwegig, so kann ein entsprechender Hinweis der zuständigen Behörden bewirken, dass der Hinweisgeber seine fehlerhafte Beurteilung erkennt und davon absieht, den vermeintlichen Missstand einer breiten Öffentlichkeit bekannt zu machen. Weitere Rufschädigungen des Arbeitgebers wären somit abgewendet. Eine ähnliche Filterfunktion kommt bereits der grundsätzlichen Verpflichtung zur innerbetrieblichen Meldung zu[1542]. Allerdings ist die Annahme nicht fernliegend, dass ein Beschäftigter der unabhängigen und fachkundigen Einschätzung und Bewertung einer staatlichen Behörde mehr Gewicht beimisst, als der Beurteilung seines Arbeitgebers, dem er gerade ein gesetzeswidriges Verhalten vorwürft. Insofern ist dieser zusätzliche Filter im Einzelfall noch effektiver.

1540 Sec 43G Disclosure in other cases, http://www.legislation.gov.uk/ukpga/1996/18/section/43G (abgerufen am 21. September 2013).

1541 Vergl. zu einer solchen Konstellation: LAG Baden-Württemberg, Urteil vom 20. Oktober 1976 – 6 Sa 51/76, EzA § 1KSchG Nr. 8.

1542 S.o.: **1. Teil: C.III.2.a).**

Bei einer organisationsexternen Meldung von betrieblichen Missständen ist eine Offenbarung gegenüber den zuständigen Behörden somit das mildere und gleich geeignete und daher in der Regel das zunächst zu wählende *erforderliche* Mittel.

(5) Ausnahmen vom Vorrang der Information der zuständigen Behörden beim externen Whistleblowing

Hinsichtlich der Ausnahmen von der Einhaltung des Stufenverhältnisses, können grundsätzlich die Erkenntnisse der Ausnahmetatbestände von der Verpflichtung zur innerbetrieblichen Abhilfe fruchtbar gemacht werden[1543].

(a) Handlungsunfähigkeit oder -unwilligkeit der Behörden

Eine Ausnahme von der Einhaltung des Stufenverhältnisses scheint am ehesten dann in Betracht zu kommen, wenn von einer Anzeige des Sachverhaltes bei behördlicher Stelle keine Abhilfe zu erwarten ist. Allerdings stellt sich die Frage, wann der Hinweisgeber, ohne zuvor einen entsprechenden Versuch unternommen zu haben, berechtigterweise davon ausgehen kann, dass ein staatliches Verfahren keine Abhilfe gewährleistet. Auch im Rahmen der Entbehrlichkeit der innerbetrieblichen Abhilfe muss der Hinweisgeber den Arbeitgeber zunächst vergeblich auf den Missstand hingewiesen haben oder er muss anhand vergangener Ereignisse die mangelnde Abhilfebereitschaft oder -fähigkeit belegen[1544]. Bei einer erstmaligen Meldung des Missstandes scheint ein Verzicht auf das Stufenverhältnis aufgrund der fehlenden Erfolgsaussicht des behördlichen Abhilfeversuches nur eine theoretische Möglichkeit. Der Arbeitnehmer müsste darlegen, warum er berechtigterweise davon ausgehen durfte, dass die Behörden, ohne dass ein entsprechender Versuch stattgefunden hat, unfähig oder ungewillt sind, den Missstand zu beseitigen. Dies wird kaum möglich sein. Denn dem Verlangen des Bürgers nach staatlicher Abhilfe steht die Pflicht des Staates zum Einschreiten gegenüber. So ist beispielsweise die Staatsanwaltschaft nach dem Legalitätsprinzip verpflichtet, wegen aller verfolgbaren Straftaten einzuschreiten, sofern zureichende tatsächliche Anhaltspunkte vorliegen, § 152 Abs. 2 StPO[1545]. Nur bei einer offensichtlichen Handlungsunfähigkeit oder -unwilligkeit der zuständigen staatlichen Behörden kann auf deren Hilfe berechtigterweise verzichtet werden. Hat der Arbeitgeber unmittelbar eine Straftat gegenüber dem Whistleblower verübt, so kann eine Einstellung der Ermittlungen durch die Staatsanwaltschaft nach § 170 Abs. 2 StPO aber selbstverständlich nicht dazu führen, dass aufgrund einer vermeintlichen Handlungsunwilligkeit der Staatanwaltschaft, der Whistleblower die Strafverfolgung nunmehr eigenmächtig, unter Verletzung des Gewaltmonopols des Staates, betreiben darf. Vielmehr bietet sich für ihn die Möglichkeit, im Klageerzwingungsverfahren nach § 172 StPO die staatliche Rechtsverfolgung fortzusetzen. Allgemein besteht auch in anderen

---

1543 S.o.: **1. Teil: C.III.2.b).**

1544 S.o.: **1. Teil: C.III.2.b)bb)(3), D.IV.2.aa).**

1545 Statt aller: Pfeiffer, STPO, § 152, Rdn. 2.

Konstellationen die Möglichkeit, durch neue Informationen eine Wiederaufnahme der Ermittlungen zu bewirken[1546]. Die Handlungsunfähigkeit der Behörde darf somit nicht voreilig angenommen werden. Eine solche Unfähigkeit zur Beseitigung des Missstandes konnte aber bei dem MDK zum Zeitpunkt der Rechtssache *Heinisch* festgestellt werden[1547]. Sofern im Bereich der Pflege keine Effektivierung der Aufsicht durch den MDK erfolgte[1548], könnte bei einer Meldung von Pflegemissständen über eine Umgehung eines Abhilfeversuchs durch den MDK nachgedacht werden. Jedoch bestünde dann immer noch die Möglichkeit, andere staatliche Behörden[1549] zu kontaktieren, bevor die Information gegenüber der allgemeinen Öffentlichkeit offenbart wird. Hat der Hinweisgeber sich jedoch erstmalig um einen staatlichen Abhilfeversuch bemüht und bestehen die betrieblichen Missstände fort, so ist er nicht erneut gehalten, das Stufenverhältnis im Rahmen der Information von externen Stellen einzuhalten.

Diese aus der Handlungsunfähigkeit der Behörden geschlussfolgerte Einschränkung der vorrangigen Information der zuständigen staatlichen Stellen, ist im Ergebnis der in der Literatur vertretene Auffassung vergleichbar, nach der eine Flucht in die (allgemeine) Öffentlichkeit nur das letzte Mittel nicht *„anders beizukommender Missstände“* darstellt[1550].

(b) Ausnahmen aufgrund der Umstände der Straftat

Auch für die im Rahmen der vorherigen innerbetrieblichen Hinweisverpflichtung anerkannte Ausnahmekonstellation der schwerwiegenden oder vom Arbeitgeber selbst begangenen Straftat stellt sich die Frage, warum der Arbeitnehmer bei einer externen Anzeige auf die Klärung durch die Staatsanwaltschaft und Polizei verzichten sollte. So kann zum Beispiel die Korruptionsstraftat eines einzelnen Angestellten durch eine entsprechende Presseberichtserstattung dem gesamten Unternehmen Schaden zufügen. Die Aufdeckung und Sanktionierung der Straftat erfolgt aber nicht durch eine Pressberichtserstattung, sondern durch die staatlichen Ermittlungsbehörden, die alleine über die notwenigen Zwangsmittel verfügen. Eine Presseberichtserstattung ist nur geeignet, dem Arbeitgeber weiteren Schaden zuzufügen.

1546 Vergl. zu einer solchen Konstellation: LAG Köln, Urteil vom 2. Februar 2012 – 6 Sa 304/11, Rdn. 8 – juris.

1547 S.o.: **1. Teil: D.IV.2.bb)(3)(a),**

1548 Insbesondere das Fehlen von unangekündigten Kontrollen des MDK wurde kritisch betrachtet, vergl.: **1. Teil: D.IV.2.bb)(2).**

1549 Kann die originär zuständige Aufsicht keine Abhilfe gewährleisten, kommen als andere zuständige Behörden stets die Polizei oder die Staatsanwaltschaft in Betracht. Vergl. insofern auch § 3 Abs. 5 HinwGebSchG, Bt.-Drs. 17/8567, S. 2 f.

1550 Staudinger/*Preis* § 626 BGB, Rdn. 133.

(c) Umgehung des Stufenverhältnisses aufgrund besonderer öffentlicher Interessen

Eine externe Meldung unter Umgehung der staatlichen Aufsicht scheint auch für den Fall, dass aufgrund des Missstandes öffentliche Interessen im Sinne der Rechtsprechung des EGMR gefährdet sind, in der Regel nicht angezeigt. Existiert aufgrund eines Missstandes eine Gefahr für die Allgemeinheit, so erfolgt die Warnung der Allgemeinheit ebenfalls durch staatliche Einrichtungen. § 26 Abs. 2 Nr. 9 Produktsicherheitsgesetz (ProdSG), bestimmt etwa, dass die zuständigen Behörden die Verbraucher vor Risiken eines Produktes warnen. In besonders sensiblen Bereichen wie der Arznei- oder Lebensmittelsicherheit bestehen noch dezidiertere Warnbefugnisse und Pflichten der zuständigen Behörden. Für den Bereich der Arzneimittel regeln die § 69 Abs. 4 AMG und § 28 Abs. 1 MPG entsprechende Befugnisse der Behörden. Für die Lebensmittelsicherheit werden Warnungen durch die jeweils nach Landesrecht zuständigen Behörden ausgesprochen, § 40 LFBG (Lebensmittel- und Futtermittelgesetzbuch)[1551]. Eine Ausnahme aufgrund von Gefahren für die Allgemeinheit kann daher wiederum nur in Betracht kommen, wenn die jeweiligen Behörden unfähig oder unwillens sind, eine entsprechend hinreichende Warnung auszusprechen.

(d) Fehlender behördlicher Adressat

Da hinsichtlich der Begehung von Straftaten immer die Polizei oder die Staatsanwaltschaft als zuständige Stellen zur Verfügung stehen und auch bei anderen Gesetzesverstößen des Arbeitgebers jeweils eine zuständige behördliche Stelle existiert, kann eine Umgehung des Stufenverhältnisses auch nicht damit begründet werden, dass kein behördlicher Ansprechpartner existiere. Der Entwurf des Hinweisgeberschutzes sah insoweit im § 3 Abs. 5 S. 2 sogar vor, dass die Staatsanwaltschaft und die Polizei stets zuständig sind zur *„Entgegennahme und Weiterleitung von Hinweisen an die sachlich und örtlich zuständige Stelle“*[1552]. Der Hinweisgeber ist jedenfalls verpflichtet, sich über die entsprechend zuständige Stelle zu informieren. Hierzu könnte er beispielsweise auch Hilfestellung beim Betriebsrat ersuchen, sofern ein solcher existiert. In den üblichen Konfliktsituation – etwa bei Verstößen gegen das Arbeitszeitgesetz[1553] – wird der Betriebsrat dem Arbeitnehmer die entsprechend zuständige Stelle nennen können. Andernfalls steht der Hinweisgeber in der Pflicht, durch weitere Recherchen die entsprechend zuständige Stelle ausfindig zu machen. Ein Ombudsmann oder ein entsprechend gestaltetes internes Whistleblowing-System,

---

1551 Vergl. auch das gemeinsame Internetportal mit den aktuellen Warnungen der jeweils zuständigen Stellen: http://www.lebensmittelwarnung.de/bvl-lmw-de/app/process/warnung/start/bvllmwde.p_oeffentlicher_bereich.ss_aktuelle_warnungen?_opensaga_navigationId=bvllmwde.p_oeffentlicher_bereich.n_aktuelle_warnungen.

1552 HinwGebSchG, Bt.-Drs. 17/8567, S. 2 f.

1553 Hinsichtlich des in der Praxis häufig vorkommenden Konfliktthemas der Verstöße gegen das ArbSchG ist das Gewerbeaufsichtsamt bzw. das Amt für Arbeitsschutz zuständige Stelle i.S.d. § 17 Abs. 2 ArbSchG.

könnte diese Verpflichtung dem Hinweisgeber abnehmen oder zumindest bei der Ermittlung der zuständigen Stelle unterstützend tätig werden[1554].

e) Die Schwere der Sanktion gegenüber dem Whistleblower

Als letztes Kriterium („*Lastly*") berücksichtigt der Europäische Gerichtshof für Menschenrechte die Schwere der Sanktion, die gegen den Whistleblower verhängt wurde[1555]. Zu Recht weist der Gerichtshof daraufhin, dass mit der außerordentlichen Kündigung schwerste Sanktion ausgesprochen wurde, die das Arbeitsrecht zur Verfügung stellt.

Im deutschen Kündigungsrecht ist Auffassung tief verwurzelt und allgemein anerkannt, dass diese schärfste Sanktion nur als *ultima ratio* in Betracht gezogen werden kann. Eine außerordentliche Kündigung ist nur gerechtfertigt, wenn alle anderen, nach den jeweiligen Umständen möglichen und angemessenen milderen Mittel wie z.B. die Abmahnung, Versetzung, einverständliche Abänderung der Arbeitsbedingungen, außerordentliche Änderungskündigung oder eine ordentliche Kündigung, nicht zumutbar sind und das Arbeitsverhältnis in seiner gegenwärtigen Form nicht mehr, auch nicht befristet, fortgesetzt werden kann[1556]. Stets ist zunächst zu fragen, ob die Kündigung zur Erreichung des angestrebten Zweckes geeignet ist und zur Erreichung dieses Zieles kein milderes Mittel zur Verfügung steht[1557]. Aufgrund des Stufenverhältnisses zur ordentlichen Kündigung, ist eine außerordentliche Kündigung jedenfalls dann unwirksam, wenn sie schon an den Rechtsschranken scheitern müsste, die für eine ordentliche Kündigung gelten[1558]. Die Rechtsprechung verwirklicht den *ultima ratio* Gedanken, indem die Wirksamkeit einer außerordentlichen Kündigung einer zweistufigen Prüfung unterzogen wird[1559]. Zunächst wird geprüft, ob der konkrete Sachverhalt ohne seine besonderen Umstände *an sich* d.h. typischerweise als wichtiger Grund geeignet ist[1560]. Alsdann bedarf es der weiteren Prüfung, ob dem Kündigenden die Fortsetzung des Arbeitsverhältnisses unter Berücksichtigung der konkreten Umstände des Falls und unter Abwägung der Interessen beider Vertragsteile – jedenfalls bis zum Ablauf der Kündigungsfrist – zumutbar ist oder nicht[1561].

Die deutsche Rechtsprechung berücksichtigt somit ebenfalls stets die Schwere der ausgesprochenen arbeitsrechtlichen Sanktion.

1554 Vergl. ausführlich zu diesen Aspekten des internen Whistleblowings: **2. Teil: D.I.2.**
1555 EGMR, Urteil vom 21. Juli 2011 – 28274/08, Rdn. 70, 91 – juris.
1556 Statt aller: MünchKommBGB/*Henssler* 626 BGB, Rdn. 87.
1557 MünchKommBGB/*Henssler* 626 BGB, Rdn. 87.
1558 Statt aller: A/P/S/*Dörner/Vossen* § 626 BGB Rdn. 25.
1559 Statt aller: A/P/S/*Dörner/Vossen* § 626 BGB Rdn. 28.
1560 BAG, Urteil vom 10. Juni 2010 – 2 AZR 541, Rdn. 16 – *Emmely* – juris.
1561 BAG, Urteil vom 10. Juni 2010 – 2 AZR 541, Rdn. 16 – *Emmely* – juris.

f) Chilling effect

Allerdings berücksichtigt der Gerichtshof, entsprechend seines überindividualistischen Ansatzes, nicht nur die Schwere der Sanktion für den betroffenen Arbeitnehmer, sondern auch, dass *„eine erhebliche abschreckende Wirkung (serious chilling effect)"* für die anderen Arbeitnehmer des Arbeitgebers aufgrund der Kündigung entstanden sei[1562]. Darüber hinaus könnten auch andere Arbeitnehmer abgeschreckt werden, Mängel in der institutionellen Pflege anzuzeigen[1563]. Diese abschreckende Wirkung schade der Gesellschaft als Ganzes und müsse daher berücksichtigt werden[1564]. Die vom Gerichtshof verwendete Terminologie des *chilling effects* ist in der deutschen Jurisprudenz nicht geläufig. Entsprechend findet sich der Begriff auch nur in der englischen Originalversion[1565]. Mit dem Begriff werden allgemein Maßnahmen bezeichnet, die eine abschreckende oder hemmende Wirkung bei der Wahrnehmung der Meinungsfreiheit ausüben[1566].

Diese Ausführungen des Gerichtshofs stehen wiederum vor der Problematik, der strikt individualrechtlichen Konzeption des deutschen Kündigungsschutzes[1567] diametral entgegenzustehen. Ebenso wie bei der Berücksichtigung des öffentlichen Interesses an der offenbarten Information gilt, dass die Drittinteressen der Allgemeinheit, betriebsangehöriger oder betriebsfremder Arbeitnehmer, nicht bei der Entscheidung über das Ausmaß einer Verletzung des Rechtsverhältnisses der Arbeitsvertragsparteien gewürdigt werden können[1568]. Ferner besteht die parallele Problematik, dass äußerst zweifelhaft ist, in welchen weiteren Konstellationen die Berücksichtigung eines Abschreckungseffektes in die Abwägung einzubeziehen ist[1569]. Auch die Berücksichtigung eines *chilling effect* führt somit zu neuen Unwägbarkeiten in einem Kündigungsprozess und ist daher der Rechtssicherheit nicht förderlich. Sie dient damit letztlich auch nicht den Interessen der Whistleblower.

Kritisch zu bewerten ist auch der Umstand, dass das Gericht den möglicherweise bestehenden negativen Abschreckungseffekt, schlicht pauschal unterstellt hat, ohne einen konkreten Nachweis hierfür zu erbringen.

5. Rangordnung der Abwägungskriterien

Spannend und zugleich von großer Bedeutung ist die Frage, ob der EGMR seine Abwägungskriterien in einer Rangordnung zueinander sieht.

1562 EGMR, Urteil vom 21. Juli 2011 – 28274/08, Rdn. 91 – juris.

1563 EGMR, Urteil vom 21. Juli 2011 – 28274/08, Rdn. 91 – juris.

1564 EGMR, Urteil vom 21. Juli 2011 – 28274/08, Rdn. 91 – juris.

1565 Abrufbar unter: http://hudoc.echr.coe.int/sites/eng/pages/search.aspx?i=001-105777.

1566 *Frowein,* EuGRZ 2008, 117; siehe auch oben: **1. Teil: A.II.2.a)cc).**

1567 S.o.: **1. Teil: D.V.4.b)aa);** *Preis,* 237 ff.

1568 S.o.: **1. Teil: D.V.4.b)aa);** *Preis,* 237 ff.

1569 S.o.: **1. Teil: D.V.4.b)aa)(3)(c).**

Das LAG Köln musste sich in den beiden bereits zuvor besprochenen Entscheidungen mit dem Urteil des EGMR auseinander setzen[1570]. Hinsichtlich einer Rangordnung der vom EGMR verwendeten Kriterien geht es dabei von Folgendem aus: Für den Gerichtshof sei *„In erster Linie"* maßgeblich, ob die Verpflichtung zur innerbetrieblichen Abhilfe eingehalten worden sei[1571]. *„Darüber hinaus"* bestehe vor der Offenbarung die Pflicht zu überprüfen, ob die Informationen zuverlässig und zutreffend seien[1572]. *„Wesentlich sei außerdem"*, ob die Person die Offenlegung in gutem Glauben und in der Überzeugung vorgenommen hat, dass die Information wahr sei, dass sie im öffentlichen Interesse liege, und dass keine anderen, diskreteren Mittel existierten, um gegen den angeprangerten Missstand vorzugehen[1573]. Noch zutreffend führt das LAG Köln die Sonderstellung aus, die der EGMR dem Kriterium der innerbetrieblichen Abhilfe eingeräumt hat. Weniger überzeugend ist allerdings die weitere Zusammenfassung der Entscheidung. Zwar ist auch diese weitere Darstellung des Urteils des EGMR nicht falsch, allerdings verschleiert das LAG den Bedeutungsgehalt des öffentlichen Interesses. Das LAG Köln beginnt die Darstellung des Urteils des EGMR mit einer Bezugnahme auf die Rdn. 65 und führt hiernach die Rdn. 67 und 68 aus[1574]. Die Rdn. 66 der Entscheidung, in welcher der EGMR ausführt, dass das öffentliche Interesse *„besonders zu berücksichtigen"*[1575] sei, wird im Urteil des LAG Köln nicht erwähnt. Die Zusammenfassung der Entscheidung des EGMR scheint somit primär vor dem Hintergrund der völkerrechtsfreundlichen Auslegung erfolgt und nicht an dem Wortlaut des Urteils orientiert. Denn zu beachten ist, dass das LAG vor der Problematik stand, das systemfremde Abwägungselement in das hergebrachte Prüfungskonzept einzufügen. Dabei käme dem LAG der Umstand gelegen, wenn das neu einzubeziehende Kriterium keinen wesentlichen Stellenwert einnimmt. Denn umso geringer der Stellenwert ist, den der EGMR vermeintlich dem öffentlichen Interesse der offenbarten Information beigemessen hat, umso leichter kann eine Entscheidung weiterhin maßgeblich auf andere Erwägungen gestützt werden, ohne zugleich die Grundsätze der völkerrechtsfreundlichen Auslegung zu verletzen. Entsprechend suggeriert die Zusammenfassung des Urteils des EGMR durch das LAG Köln, dass der Aspekt des öffentlichen Interesses an der offenbarten

1570 S.o.: **1. Teil: D.V.4.b)gg)(c), D.V.4.b)gg)(d).**
1571 LAG Köln, Urteil vom 5. Juli 2012 – 6 Sa 71/12, Rdn. 17 – juris; LAG Köln, Urteil vom 2. Februar 2012 – 6 Sa 304/11, Rdn. 26 – juris.
1572 LAG Köln, Urteil vom 5. Juli 2012 – 6 Sa 71/12, Rdn. 17 – juris; LAG Köln, Urteil vom 2. Februar 2012 – 6 Sa 304/11, Rdn. 26 – juris.
1573 LAG Köln, Urteil vom 5. Juli 2012 – 6 Sa 71/12, Rdn. 17 – juris; LAG Köln, Urteil vom 2. Februar 2012 – 6 Sa 304/11, Rdn. 26 – juris.
1574 LAG Köln, Urteil vom 2. Februar 2012 – 6 Sa 304/11, Rdn. 26 – juris. Die Bezugnahme auf Randnummern findet sich in der zweiten Entscheidung des LAG Köln nicht mehr, vergl.: LAG Köln, Urteil vom 5. Juli 2012 – 6 Sa 71/12, Rdn. 17.
1575 EGMR, Urteil vom 21. Juli 2011 – 28274/08, Rdn. 66 – juris.

Information nur im Rahmen der weiteren Abwägung zu berücksichtigen sei und keine besondere Rangstellung einnehme[1576].

Eine mögliche Hierarchie der Kriterien wird auch in der Literatur bejaht, jedoch wird die Rangordnung unterschiedlich festgelegt. Nach *Forst* sei die innerbetriebliche Abhilfe das oberste Kriterium und die übrigen Kriterien seien nachfolgend in der zuvor aufgeführten Reihenfolge zu beachten[1577]. Nach *Deiseroth* habe der EGMR demgegenüber seine Entscheidung auf sechs Abwägungskriterien gestützt, wobei an erster Stelle zu gewichten sei, ob die Enthüllung der Missstände im öffentlichen Interesse liege[1578]. *Deiseroth* hatte bereits in der Entscheidungsbesprechung des dem Urteil zugrunde liegende Verfahrens vor dem Landesarbeitsgericht Berlin die fehlende Berücksichtigung des besonderen öffentlichen Interesse der offengelegten Information kritisiert[1579]. Insofern ist seine Begeisterung für die Anerkennung der Bedeutung des öffentlichen Interesses nachvollziehbar. Allerdings sprechen die besseren Gründe gegen die von *Deiseroth* angenommene Rangfolge und für die von *Forst* und auch in der Gliederung zum Ausdruck kommende Rangfolge[1580].

Der Gerichtshof führt aus, dass an erster Stelle (*„in the first place"*) Hinweise innerbetrieblich vorgebracht werden sollten und nur wenn dies eindeutig unpraktikabel sei, könne als ultima ratio (*„last resort"*) die Öffentlichkeit informiert werden[1581]. Erst hiernach im nächsten Absatz führt der Gerichtshof aus, dass bei der Beurteilung der Verhältnismäßigkeit eine Reihe weiterer Faktoren zu berücksichtigen seien[1582]. Hierbei sei vor allem (*„in the first place"*) das öffentliche Interesse an der offengelegten Information besonders zu berücksichtigen[1583]. Der Wortlaut und die Systematik sprechen eindeutig dafür, dass der Gerichtshof eine 2-Stufige Abwägung vornimmt.

Zunächst müsse der Frage nachgegangen werden, ob ein innerbetrieblicher Hinweis erfolgt sei. Nur wenn dies eindeutig unpraktikabel sei, könne als ultima ratio die Öffentlichkeit informiert werden. Der Gerichtshof betont somit mit Nachdruck den Vorrang der innerbetrieblichen Abhilfe. Erst nach Prüfung dieses Kriteriums seien auf der nächsten Stufe eine Reihe weiterer Kriterien zu berücksichtigen, von denen das öffentliche Interesse wiederum an erster Stelle zu beachten sei.

Die deutsche Übersetzung ist insofern etwas ungenau, weil sie bei Randnummer 66, im Abschnitt über das Kriterium des öffentlichen Interesses, nicht zum Ausdruck bringt, dass dieses Kriterium im Rahmen der übrigen Kriterien an erster Stelle zu

---

1576 Auch wenn die Darstellung des Urteils nicht überzeugen kann, verstößt das LAG Köln in beiden Entscheidungen nicht gegen die Grundsätze der völkerrechtsfreundlichen Auslegung, vergl. hierzu: **1. Teil: D.V.4.b)gg)(c)(cc), D.V.4.b)gg)(d)(cc).**

1577 *Forst*, NJW 2011, 3477, 3480.

1578 *Deiseroth*, Ausschussdrucksache 17(11)783, S. 41.

1579 *Deiseroth,* AuR 2007, 198, 200.

1580 **1. Teil: D.V.4.a)** bis **D.V.4.e).**

1581 EGMR, Urteil vom 21. Juli 2011 – 28274/08, Rdn. 65 – juris.

1582 EGMR, Urteil vom 21. Juli 2011 – 28274/08, Rdn. 66 – juris.

1583 EGMR, Urteil vom 21. Juli 2011 – 28274/08, Rdn. 66 – juris.

beachten sei. In der englischen Originalversion[1584] wird die Zweistufigkeit der Prüfung und das hierin zugleich zum Ausdruck kommende Subordninationsverhältnis des öffentlichen Interesses an der offenbarten Information zu dem Kriterium der innerbetrieblichen Abhilfe noch deutlicher. Beide Kriterien sind im Rahmen der Abwägungsstufen *„in the first place*[1585]" zu berücksichtigen. Sprachlich ergäbe eine andere Schlussfolgerung als die eines Zweistufigen Abwägungsvorganges keinen Sinn. Ein Kriterium kann nicht in einem Absatz als an erster Stelle zu berücksichtigen beschrieben werden und im nächsten Absatz ein anderes Kriterium als an erster Stelle zu berücksichtigen benannt werden, wenn diese Kriterien nicht auf einer jeweils anderen Stufe an erster Stelle zu berücksichtigen sind. So viel sprachliche Ungenauigkeit kann dem Gerichtshof nicht unterstellt werden. Auch dass im Rahmen der Abwägung der übrigen Kriterien auf der zweiten Stufe die Authentizität der offengelegten Information als zweiter für diese Abwägung relevanter Faktor benannt wird, spricht für die Deutung einer Zweistufigkeit. Denn in der Aufzählung ist dies nicht der zweite sondern, nach dem Erfordernis der innerbetrieblichen Abhilfe und dem öffentlichen Interesse, der insgesamt dritte genannte Abwägungsfaktor. Die Authentizität kann nur der zweite relevante Abwägungsfaktor sein, wenn sie dies auf der zweiten Stufen der Prüfung sein soll.

Unglücklich ist allerdings, dass bei der Anwendung der aufgestellten Grundsätze der Gerichtshof zunächst das öffentliche Interesse an der offengelegten Information würdigt[1586] und erst hiernach der Frage nach der innerbetrieblichen Abhilfe nachgeht[1587]. Diese systematische Ungenauigkeit und Abweichung vom eigenen Prüfungsprogramm des EGMR ist kritisch zu betrachten, führt allerdings nicht dazu, dass das aufgestellte Rangverhältnis zu revidieren ist. Da der Gerichtshof die Zulässigkeit der externen Offenlegung letztlich bejaht[1588], war die Stelle der Prüfung der Verpflichtung zur innerbetrieblichen Abhilfe nicht entscheidend. Eine andere Beurteilung wäre nur dann erforderlich gewesen, wenn der EGMR trotz Ablehnung der Zulässigkeit einer externen Offenlegung, eine weitere Prüfung der Verletzung der Meinungsfreiheit vorgenommen hätte.

Festzuhalten bleibt, dass die Abwägungsentscheidung des EGMR zweistufig vorgenommen wird. Auf der ersten Stufe ist dabei maßgeblich, ob der Hinweisgeber seine grundsätzlich bestehende Pflicht zur vorherigen innerbetrieblichen Meldung wahrte. Erst auf der nächsten Stufe erfolgt die Verhältnismäßigkeitsprüfung im engeren Sinne. Hierbei ist das Kriterium des öffentlichen Interesses besonders zu berücksichtigen. Als weitere Kriterien sind die Authentizität, die Beweggründe des Whistleblowers, die Schwere der ausgesprochenen Sanktion und ein möglicher *chilling effect* zu berücksichtigen. Der Prüfungspunkt Authentizität umfasst dabei

---

1584 Abrufbar unter: http://hudoc.echr.coe.int/sites/eng/pages/search.aspx?i=001-105777.
1585 EGMR, Urteil vom 21. Juli 2011 – 28274/08, Rdn. 65, 66 – juris.
1586 EGMR, Urteil vom 21. Juli 2011 – 28274/08, Rdn. 71 – juris.
1587 EGMR, Urteil vom 21. Juli 2011 – 28274/08, Rdn. 71 – juris.
1588 EGMR, Urteil vom 21. Juli 2011 – 28274/08, Rdn. 76 – juris.

sowohl die Frage, ob der Whistleblower seine Prüfungspflicht wahrte, als auch den Umstand, ob die offenbarten Informationen objektiv zutreffend waren.

6. *Abweichende Rangfolge gegenüber den nationalen Rechtsprechungsgrundsätzen*

Der EGMR hat in seine Abwägungsentscheidung nicht nur ein der deutschen Rechtsprechung fremdes Kriterium einbezogen, sondern auch die Rangfolge der Prüfungskriterien abweichend festgelegt. Augenscheinlich ist der unterschiedliche Bedeutungsgehalt der dem Kriterium der innerbetrieblichen Meldung beigemessen wird. Bei der vom Bundesverfassungsgericht vorgegebenen und vom Bundesarbeitsgericht ergänzten Prüfung ist das Abwägungskriterium des vorherigen innerbetrieblichen Hinweises nur eines unter vielen Kriterien[1589]. Das BAG prüft das Kriterium im Rahmen der 2. Stufe[1590] seines Prüfungskonzeptes zur Feststellung einer insgesamt unverhältnismäßigen Reaktion. Nach der hier vertretenen Ansicht, ist das Kriterium nur vorrangig gegenüber der sachlichen Berechtigung, im Bedeutungsgehalt dem Kriterium der Motivation gleichgestellt und kann im Einzelfall auch durch die Kriterien der Betriebszugehörigkeit, der Stellung des Beschäftigten im Betrieb und einem nachweisbaren Schaden ergänzt werden[1591]. Ferner ist es eindeutig subsidiär zu der Frage, ob der Hinweisgeber sich leichtfertig oder wissentlich auf unwahre Informationen stützte[1592]. Die Erfüllung der Prüfungspflicht ist nach den deutschen Rechtsgrundsätzen die maßgebliche Weichenstellung[1593] und für den EGMR nur eines der Kriterien der Verhältnismäßigkeitsprüfung.

7. *Kritische Würdigung: Grundsatzurteil oder lediglich marginale Abweichung von der deutschen Rechtsprechung?*

Nach der Untersuchung des Urteils des LAG Berlin verblieb ein insgesamt sehr kritischer Eindruck[1594]. Die Mängel der Entscheidung waren dabei allesamt der Subsumtionsebene zuzuordnen. Die Einzelfallabwägung hätte daher auch bereits

1589 S.o.: **1. Teil: C.III.**

1590 Diese 2. Stufe der Prüfung ist nach der hier vertretenen Ansicht die 3. Ebene. Vergl. zur zweistufigen Prüfung des BAG: **1. Teil: B.II.5.c).** Hintergrund dieser Abweichung ist, dass nach der hier vorgeschlagenen Systematisierung Ausschlusstatbestände dem Prüfungskonzept vorangestellt sind, nach denen bei bestimmten Fallkonstellationen eine Kündigung von vornherein ausgeschlossen ist. Diese (Vor-)Prüfung nehmen die Gerichte nicht ausdrücklich vor, sondern beginnen unmittelbar mit der vom BVerfG vorgegebenen Privilegierung, die bei dem hier vertretenen Prüfungskonzept erst die 2. Ebene der Prüfung darstellt.

1591 S.o.: **1. Teil: C.IV.2, C.VI.2.**

1592 S.o.: **1. Teil: B.II.3.**

1593 S.o.: **1. Teil: B.II.**

1594 S.o.: **1. Teil: D.IV.**

vor dem LAG zu Gunsten von Frau Heinisch ergehen können – insgesamt sprachen die besseren Argumente hierfür[1595]. Diese Entscheidung haben nun die Straßburger Richter getroffen.

Zugleich darf aber nicht verkannt werden, dass der EGMR keine grundsätzliche Kritik an der deutschen Rechtsprechung und ihrem Umgang mit Whistleblowern geübt hat[1596]. Dies gilt trotz der beschriebenen grundsätzlichen Divergenzen zu den innerstaatlichen Rechtsgrundsätzen und dem abweichenden Ergebnis im Einzelfall. Im Wesentlichen wurden die deutschen Rechtsgrundsätze durch die Entscheidung bestätigt. Der Gerichtshof führt aus, dass durch die erfolgte Auslegung und Konkretisierung des § 626 Abs. 1 BGB hinreichend vorhersehbar sei, dass eine Offenbarung von Missständen grundsätzlich einen wichtigen Grund für eine Kündigung darstellen könne[1597]. Das Urteil des EGMR in Sachen Heinisch erfordert mithin keine Umwälzung, sondern lediglich eine Nuancierung der bestehenden Rechtsgrundsätze zum Schutz von Whistleblowern.

Auch in den nachfolgend ergangenen nationalen Urteilen wird diese Einschätzung geteilt. In den Entscheidungen des LAG Köln wird ausgeführt, dass die Einbeziehung von Allgemeininteressen in den Abwägungsvorgang durch den EGMR *„als ergänzende Fortentwicklung“*[1598] angesehen werden könne, respektive dass die deutschen Rechtsgrundsätze durch die vom Gerichtshof betonten Aspekte *„weiter präzisiert worden“* seien[1599]. Das BAG formuliert in der noch zu besprechenden Entscheidung zum internen Whistleblowing zurückhaltender und führt lediglich aus, dass die Entscheidung in Sachen Heinisch eine Bewertung nach den hergebrachten Grundsätzen nicht *„generell“* ausschließe[1600]. Diese Einschätzung, die mit dem weitesten zeitlichen Abstand zum Urteil des EGMR erging, scheint dabei die treffendste. Denn zum einen ist eine Präzisierung des Abwägungsvorgangs durch die Ergänzung der zweiseitigen Abwägung um die dritte Komponente des Allgemeininteresses nicht erfolgt und zum anderen scheint der Begriff der Fortentwicklung die Divergenzen in der Rechtsauffassung zu sehr zu beschönigen[1601].

Bei der vorzunehmenden Nuancierung ist allerdings Zurückhaltung geboten. Die Urteile des LAG Köln können dabei als Vorbild dienen. Denn auch wenn das Ergebnis der Entscheidung des EGMR überzeugender ist als das des LAG Berlin, so

1595 Ausführlich s.o.: **1. Teil: D.IV.**

1596 Nur nach der Ansicht von *Windel* habe der EGMR Regelungen für interne Whistleblowing-Systeme in Deutschland nahezu eingefordert, vergl.: *Windel*, AP Nr. 235 zu § 626 BGB, Anmerkung, III.

1597 Vergl.: EGMR, Urteil vom 21. Juli 2011 – 28274/08, Rdn. 48 – juris.

1598 LAG Köln, Urteil vom 2. Februar 2012 – 6 Sa 304/11, Rdn. 27 – juris.

1599 LAG Köln, Urteil vom 5. Juli 2012 – 6 Sa 71/12, Rdn. 17 – juris

1600 BAG, Urteil vom 27. September 2012 – 2 AZR 646/11, Rdn. 37 – juris. Siehe hierzu ausführlich unten: **2. Teil: A.II.1.e).**

1601 Das LAG Köln spricht in der zweiten Entscheidung vom Juli 2012 auch nicht mehr von einer solchen Fortentwicklung, vergl.: LAG Köln, Urteil vom 5. Juli 2012 – 6 Sa 71/12, Rdn. 17 – juris.

gilt dies nicht für die Rechtsgrundsätze, auf denen es beruht. Denn der EGMR hat die Abwägung zwar anders, aber nicht frei von Widersprüchen vorgenommen[1602]. Dies gilt nicht nur vor dem Hintergrund der hier vertretenen Ablehnung der Einbeziehung von Allgemeininteressen in den zweiseitigen Abwägungsvorgang[1603]. Der EGMR präsentiert insgesamt ein Konglomerat von Abwägungskriterien, bei dem bereits die Rangordnung nicht zweifelsfrei hervortritt und somit Konfliktpotential generiert[1604]. Ferner werden teilweise Kriterien mehrfach gewürdigt und das eigene Prüfungskonzept nicht konsequent eingehalten[1605]. Demgegenüber scheint die Prüfung nach hergebrachten innerstaatlichen Grundsätzen insgesamt klarer und konsistenter.

Zu beachten ist des Weiteren, dass es bei der erforderlichen diffizilen Abwägung der widerstreitenden Interessen so gut wie ausgeschlossen scheint, eine Lösung zu präsentieren, die stets von allen Beteiligten als gelungen empfunden wird. Eine Kündigungsentscheidung wird immerwährend von den Umständen des Einzelfalles und der tatrichterlichen Würdigung derselben beeinflusst sein. Es ist nicht auszuschließen, dass die Würdigung im Lichte der Besonderheiten des Einzelfalles dazu führen kann, dass vereinzelnd auch streitbare oder fragwürdige Entscheidungen getroffen werden. Gleichzeitig ist der den Gerichten im Rahmen der Abwägung eingeräumte Entscheidungsspielraum unverzichtbar, um sachgerechte Entscheidungen im Einzelfall zu gewährleisten. Der Rechtssicherheit und -klarheit förderlich ist es, wenn diese Entscheidungen weitgehend prognostizierbar bleiben. Diesem Zweck scheint das nationale Abwägungskonzept besser zu dienen als die vom EGMR vorgenommene Prüfung.

Ferner darf nicht verkannt werden, dass die Grundsätze der völkerrechtsfreundlichen Auslegung zwar dazu verpflichten, die Urteile des EGMR zu würdigen. Eine echte Bindungswirken vermögen jedoch nur die Entscheidungen des BVerfG zu erzielen[1606]. Schon vor diesem Hintergrund ist der Rechtsschutz der Whistleblower leitend an der Entscheidung des BVerfG und den hierauf beruhenden Fortentwicklung des BAG zu orientieren und nicht an der Rechtsauffassung des EGMR. Dementsprechend ist die Grundstruktur der Abwägung beizubehalten und das vom EGMR angewandte Kriterium des öffentlichen Interesses an der offenbarten Information hierin einzufügen. Die Implementierung einer vierten Ebene der Prüfung scheint weder angezeigt noch erforderlich. Am geeignetsten scheint es, das öffentliche Interesse innerhalb der dritten Ebene der Prüfung als weiteres Abwägungskriterium hinzuziehen. Durch diese Einordnung wird die Grundstruktur des nationalen Schutzkonzeptes gewahrt und zugleich den Grundsätzen

1602 Zu einem ähnlichen Ergebnis kommt auch *Windel*, vergl.: *Windel*, AP Nr. 235 zu § 626 BGB, Anmerkung, II 3. c.).

1603 S.o.: **1. Teil: D.V.4.b).**

1604 S.o.: **1. Teil: D.V.5.**

1605 S.o.: **1. Teil: D.V.4.c), D.V.4.d)aa), D.V.4.d)cc).**

1606 § 31 Abs. 1 BVerfGG.

der völkerrechtsfreundlichen Auslegung genüge getan. Innerhalb der dritten Prüfungsebene[1607] ist das vom EGMR vorgegebene, aber zugleich systemfremde Abwägungselement zwischen den spezifizierten und den allgemein im Rahmen einer verhaltensbedingten Kündigung zu beachtenden Kriterien einzuordnen. Die Erkenntnisse aus der Rechtssache *Heinisch* einbezogen, veranschaulicht das nachfolgende Schaubild die Grundsätze, die für die Bestimmung einer Pflichtverletzung aufgrund eines externen Whistleblowings im Einzelfall zu beachten sind.

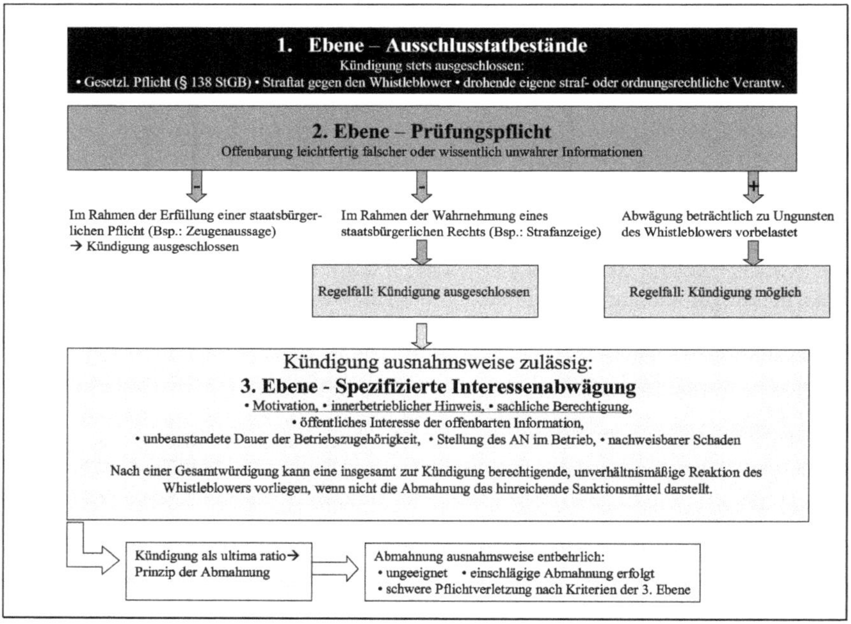

E. Exkurs: Unterlassungs- und Widerrufsanspruch des Arbeitgebers gegen den Whistleblower

I. Unterlassungsanspruch im bestehenden Arbeitsverhältnis

Im Rahmen einer organisationsexternen Offenbarung kann es auch im Interesse des Arbeitgebers sein, zu verhindern, dass der Whistleblower seine Äußerungen über Missstände im Betrieb des Arbeitgebers in der Öffentlichkeit wiederholt und so die negative Publizität für den Arbeitgeber perpetuiert wird. Ein Unterlassungsanspruch

1607 Vergl. zur Rangordnung der Kriterien Motivation, innerbetrieblicher Hinweis und sachliche Berechtigung zueinander: **1. Teil: C.IV.**

des Arbeitgebers bei vertragswidrigen Verhalten des Arbeitnehmers ergibt sich bereits aus dem Arbeitsvertrag[1608]. Daneben kann ein Unterlassungsanspruch auch nach § 1004 BGB analog i.V.m. § 823 Abs. 1 BGB bestehen[1609].

Offenbart ein Arbeitnehmer im bestehenden Arbeitsverhältnis betriebliche Missstände, so ist die mit diesem Verhalten einhergehende Verletzung der Rücksichtnahmepflicht gleichermaßen geeignet, den Ausspruch einer Kündigung zu rechtfertigen und einen äußerungsrechtlichen Unterlassungsanspruch zu begründen, der sich auf dieselbe Offenbarung stützt.

Denn eine Verletzung der Rücksichtnahmepflicht liegt nur dann vor, wenn die Konkretisierung der vertraglichen Rücksichtnahmepflicht unter Beachtung des grundrechtlichen Rahmens ergeben hat, dass die Meinungsfreiheit des Beschäftigten hinter die Interessen des Arbeitgebers zurücktreten musste. Da dieselbe Interessenabwägung auch im Rahmen eines Unterlassungsanspruchs vorzunehmen ist, ist die Pflichtverletzung ebenso geeignet, einen Unterlassungsanspruch zu begründen[1610].

II. Unterlassungsanspruch nach beendetem Arbeitsverhältnis

Schwieriger sind demgegenüber die Konstellationen zu beurteilen, in denen ein Unterlassungsanspruch gegen einen ehemaligen Mitarbeiter geltend gemacht werden soll. Entscheidend ist hierbei die Frage, ob die Rücksichtnahme- und Verschwiegenheitspflichten auch im nachvertraglichen Bereich fortwirken. Nur bei einer Fortwirkung der Pflichten kann die in einem Kündigungsschutzprozess festgestellte Wirksamkeit einer Kündigung ein Präjudiz für die Begründetheit eines Unterlassungsanspruchs darstellen.

Einem Urteil des ArbG Berlin scheint aber die Schlussfolgerung entnommen werden zu können, dass eine präjudizielle Wirkung nicht besteht. Denn obwohl die Kündigung des Whistleblowers zuvor als rechtswirksam erachtet worden war, hat das Gericht entschieden, dass ein Unterlassungsanspruch gegen den Whistleblower, bestimmte Äußerungen über Missstände zu unterlassen, abzuweisen ist[1611]. Dieses Urteil ist aber weder widersprüchlich noch kann es die aufgeworfene Fragestellung beantworten. Denn der geltend gemachte äußerungsrechtliche Unterlassungsanspruch richtete sich nicht gegen dieselbe Offenbarung, die der Kündigungsentscheidung zu Grunde gelegen hatte. Er richtete sich gegen andere Äußerungen, die nach der Kündigung des Arbeitsverhältnisses ausgesprochen worden sind, so dass eine

---

1608 MünchHdbArbR/*Reichold* § 51, Rdn. 3; Küttner/*Küttner/Röller/Kreitner/Windsheimer/Ruppelt* Unterlassungsanspruch, Rdn. 22.

1609 Vergl.: BAG, Beschluss vom 15. Oktober 2013 – 1 ABR 31/12, NZA 2014, 319. Im konkreten Fall stützte das BAG den Anspruch unmittelbar auf § 1004 Abs. 1 S. 2 BGB.

1610 In der Praxis scheitern viele Unterlassungsansprüche aber an der hinreichenden Bestimmtheit der Antragsstellung.

1611 ArbG Berlin, Urteil vom 2. September 2014 – 31 Ga 11742/14, BeckRS 2014, 72283; Vergl. hierzu: *Brungs/Klinkhammer,* ArbRAktuell 2014, 520.

präjudizielle Wirkung des Kündigungsrechtsstreits von vornherein ausschied[1612]. Aus diesem Grund[1613] konnte die Interessenabwägung im Rahmen des Kündigungsschutzprozess zu Lasten des Whistleblowers und im Rahmen des Unterlassungsanspruchs zu seinen Gunsten ergehen, ohne dass hierdurch Rückschlüsse auf die Nachwirkung der Rücksichtnahme- und Verschwiegenheitspflichten zulässig sind.

1. *Nachwirkung der Rücksichtnahme- sowie der Verschwiegenheitspflicht*

Nach überwiegender und überzeugender Ansicht wirkt nur die Verschwiegenheitspflicht im nachvertraglichen Bereich. Die Begrenzungen, die beim Whistleblowing aus der allgemeinen Rücksichtnahmepflicht resultieren, wirken demgegenüber nicht nach.

In der Literatur wird lediglich die Erstreckung der Verschwiegenheitspflichten auf den nachvertraglichen Bereich problematisiert[1614]. In einer Whistleblowing-Konstellation deutet sich eine Nachwirkung der Rücksichtnahmepflicht lediglich in einem Urteil des Arbeitsgerichts Neunkirchen an[1615]. Danach sei ein ehemaliger Arbeitnehmer von der Rücksichtnahme auf die schutzwürdigen Interessen seines früheren Arbeitgebers bei Äußerungen über das Unternehmen nicht gänzlich durch Art. 5 Abs. 1 GG freigestellt. Allerdings erkennt das Gericht ebenfalls an, dass sich in der nachvertraglichen Phase das Gewicht der schutzwürdigen Interessen des Arbeitgebers verringere. Diese Ausführungen sind erkennbar dem *Walraff-Urteil* des BGH entnommen[1616].

Um sich Informationen über Missstände bei der „*Bild*"- Zeitung zu verschaffen, ließ sich *Günther Wallraff* unter dem Deckmann *Hans Esser* als Journalist bei der Zeitung beschäftigen. Die gewonnenen Informationen veröffentlichte er in dem Buch: *„Der Aufmacher. Der Mann, der bei „Bild" Hans Esser war"*, in dem er sich kritisch mit den journalistischen Methoden, der redaktionellen Arbeit und den Inhalten der „*Bild*"-Zeitung auseinandersetzte. Der Verlag begehrte die Unterlassung der

---

1612 ArbG Berlin, Urteil vom 2. September 2014 – 31 Ga 11742/14, BeckRS 2014, 72283; *Brungs/Klinkhammer*, ArbRAktuell 2014, 520.

1613 Missverständlich ist insofern eine Anmerkung zu dem Urteil des ArbG Berlin in der Zeitschrift ArbRB, in der ausgeführt wird, dass der Arbeitnehmer zwar gegen seine Pflichten aus dem Arbeitsvertrag verstoßen habe, die Äußerungen selbst aber vom Recht der Meinungsfreiheit gedeckt seien, vergl.: http://www.otto-schmidt.de/news/arbeits-und-sozialrecht/whistleblowing-arbeitnehmer-mussen-zur-kundigung-berechtigende-ausserungen-nicht-zwingend-unterlassen-2014-09-04.html (zuletzt abgerufen am 1. November 2014).

1614 MünchHdbArbR/*Reichold* § 48, Rdn. 44; Küttner/*Küttner/Röller/Kreitner/Seidel/Ruppelt* Treuepflichten, Rdn. 11.

1615 ArbG Neunkirchen, Urteil vom 26. Oktober 2012 – 2 Ga 10/12, Rdn. 59 ff. – juris.

1616 BGH, Urteil vom 20. Januar 1981 – VI ZR 162/79, Rdn. 32 – juris.

Veröffentlichung einer Vielzahl von Textpassagen des Buches und war letztendlich vor dem Bundesverfassungsgericht teilweise erfolgreich[1617].

Allgemeine Rückschlüsse auf die Nachwirkung der Verschwiegenheits- oder Rücksichtnahmepflicht eines ehemaligen Arbeitnehmers können den Wallraff-Entscheidungen allerdings nicht entnommen werden. Die Entscheidungen sind nicht verallgemeinerungsfähig[1618]. Zum einen gilt es, die atypische Sachverhaltskonstellation zu beachten, in der ein Enthüllungsjournalist ein Beschäftigungsverhältnis nur zum Schein eingegangen ist, um Informationen über den Arbeitgeber zu erlangen, um diese nach Beendigung des Beschäftigungsverhältnisses zu verwerten. Wenn der BGH es in einer solchen Konstellation erwägt, letztlich aber gänzlich ablehnt, aufgrund einer nachvertraglichen Pflicht einen Unterlassungsanspruch anzuerkennen, lässt das noch nicht den Schluss zu, dass allgemein auch die Rücksichtnahmepflichten im nachvertraglichen Bereich wirken. Zum anderen unterfielen die konkreten Informationen über den Inhalt und den Ablauf einer Redaktionskonferenz, hinsichtlich derer der Unterlassungsanspruch durch das BVerfG letztlich anerkannt worden ist, dem Betriebs- und Geschäftsgeheimnis[1619]. Daher waren, trotz insoweit ungenauer Terminologe, nicht die nachvertraglichen Rücksichtnahmepflichten, sondern die spezielleren Verschwiegenheitspflichten betroffen[1620], die zudem durch die Zugehörigkeit des Arbeitgebers zur Presse nochmals einem gesondert zu bewertenden Schutzmaßstab unterstanden[1621].

Unschädlich ist es auch, dass das BAG in einer Entscheidung den Begriff einer allgemeinen nachvertraglichen Treuepflicht verwendet hat[1622]. Gegenstand dieser Entscheidung war nicht die Verletzung der nachvertraglichen Treue- und Rücksichtnahmepflicht aufgrund eines Whistleblowings, die Entscheidung erging zur Zulässigkeit von Wettbewerbshandlungen eines ausgeschiedenen Arbeitnehmers, der nicht durch ein Wettbewerbsverbot nach §§ 74 ff. HGB gebunden war.

1617 BVerfG, Beschluss vom 25. Januar 1984 – 1 BvR 272/81, Rdn. 39 ff. – juris. Der BGH hatte den Unterlassungsanspruch vollumfänglich abgewiesen. Nachdem Urteil des BVerfG mussten in dem Buch einige Stellen geschwärzt werden. Die geschwärzten Passagen des Buches sind allerdings bei einer sogenannten „*Enthüllungsplattform*" im Internet einsehbar.

1618 Im Ergebnis ebenso, allerdings in einem anderen Zusammenhang: *Becker,* S. 124, Fn. 384.

1619 BVerfG, Beschluss vom 25. Januar 1984 – 1 BvR 272/81, Rdn. 39 ff. – juris.

1620 Vergl. zur Abgrenzung der Verschwiegenheits- und Rücksichtnahmepflicht sowie zum Begriff des Betriebs- und Geschäftsgeheimnis oben: **1. Teil: A.II.6.c).**

1621 Insbesondere das BVerfG hob die Zugehörigkeit des Arbeitgebers zur Presse hervor und stellte dementsprechend teilweise eine Verletzung des Grundrechts der Pressefreiheit fest, vergl.: BVerfG, Beschluss vom 25. Januar 1984 – 1 BvR 272/81, Leitsätze – juris.

1622 BAG, Urteil vom 19. Mai 1998 – 9 AZR 394/97, Rdn. 52 – juris; vergl. ferner: LAG Köln, Beschluss vom 18. Januar 2012 – 9 Ta 407/11, Rdn. 42 – juris.

Vielmehr gilt es zu beachten, dass in der Rechtsprechung bei Offenbarungen eines ehemaligen Arbeitnehmers nur dann eine Pflichtverletzung angenommen wird, wenn hierin zugleich ein Verstoß gegen die Verschwiegenheitspflicht liegt[1623]. Es ist keine Entscheidung bekannt, in der aufgrund eines Whistleblowings die Verletzung einer nachwirkenden Rücksichtnahmepflicht anerkannt worden ist. Auch in der Entscheidung des ArbG Neunkirchen wurde der Unterlassungsanspruch, der sich nicht auf die Verletzung der Verschwiegenheitspflicht stützen konnte, letztlich abgelehnt[1624].

Die strikte Begrenzung der Nachwirkung auf die Verschwiegenheitspflicht und damit auf Sachverhalte, die ein Betriebs- oder Geschäftsgeheimnisse erfassen, ist sachgemäß[1625].

Mit der Beendigung des Arbeitsverhältnisses finden die hierdurch begründeten beiderseitigen Rechte und Pflichten für die Zukunft grundsätzlich ihr Ende; eine Nachwirkung kommt nur „*in einem sehr begrenzten Umfang in Betracht kommen*“[1626].

Die Fortwirkung von Pflichten bedarf daher entweder einer zulässigen gesonderten Vereinbarung der Parteien oder es müssten zumindest gesetzliche Bestimmungen existieren, die den Bedeutungsgehalt der Pflichten derart hervorheben, dass die Annahme einer Nachwirkung – ausnahmsweise – gerechtfertig ist. Solche Bestimmungen finden sich bei der Verschwiegenheitspflicht, aber nicht bei der allgemeinen Rücksichtnahmepflicht.

Die Verletzung von Betriebsgeheimnissen kann nicht nur Schadensersatzansprüche nach den §§ 823 Abs. 1, 2 BGB, § 826 BGB begründen, nach § 17 UWG ist der Verrat von Geschäfts- und Betriebsgeheimnissen sogar strafbewehrt. Betriebsgeheimnisse können zudem auch dem Schutz des Patenrechts unterstellt werden[1627]. Sofern gesetzliche Sonderbestimmungen funktionsbezogene Verschwiegenheitspflichten statuieren, ist die Nachwirkung teilweise explizit gesetzlich angeordnet, zugleich ist der Geltungsbereich aber auf Betriebs- und Geschäftgeheimnisse beschränkt, so beispielsweise in § 79 Abs. 1 S. 2 BetrVG. Betriebsgeheimnisse stehen somit innerhalb und außerhalb der arbeitsvertraglichen Beziehungen unter dem besonderen Schutz der Rechtsordnung. Die allgemeine Rücksichtnahmepflicht kann demgegenüber einzig aus der Regelung des § 241 Abs. 2 BGB hergeleitet werden.

1623 Vergl.: BAG, Urteil vom 15. Dezember 1987 – 3 AZR 474/86, Rdn. 26 – juris; BAG, Urteil vom 16. März 1982 – 3 AZR 83/79, Rdn. 38 – juris.

1624 ArbG Neunkirchen, Urteil vom 26. Oktober 2012 – 2 Ga 10/12, Rdn. 59 ff. – juris. Zwar konnte das Gericht aufgrund einer fehlenden Wiederholungsgefahr eine abschließende Entscheidung über die Verletzung der Rücksichtnahmepflicht durch das Whistleblowing offenlassen, dennoch ist keine gerichtliche Entscheidung bekannt, in der aufgrund eines Whistleblowings die Verletzung der nachwirkenden Rücksichtnahmepflicht anerkannt worden ist.

1625 Im Ergebnis ebenso: MünchHdbArbR/*Reichold*, § 48, Rdn. 44; Küttner/*Küttner/Röller/Kreitner/Seidel/Ruppelt* Treuepflichten, Rdn. 11.

1626 BAG, Urteil vom 24. November 1956 – 2 AZR 345/56, Leitsatz – juris.

1627 Vergl.: BAG, Urteil vom 16. März 1982 – 3 AZR 83/79, Rdn. 38 – juris.

Endet das Schuldverhältnis, enden somit zugleich auch die Beschränkungen, die sich aus § 241 Abs. 2 BGB ergeben.

Die Beschränkungen des konstitutiven Grundrechts der Meinungsfreiheit, die mit der Eingehung eines Dauerschuldverhältnisses entstanden sind, entfallen somit – im Wesentlichen – mit der Beendigungen des Beschäftigungsverhältnisses. Lediglich die Pflicht zur Verschwiegenheit über Betriebs- und Geschäftsgeheimnisse wirkt auch im nachvertraglichen Bereich fort. Diese Verschwiegenheitspflicht endet erst, wenn die geheimhaltungsbedürftige Tatsache entweder kein Betriebs- oder Geschäftsgeheimnis mehr ist oder vom Arbeitgeber als nicht mehr geheimhaltungsbedürftig erklärt wird[1628].

2. Ergebnis

Stellt das Whistleblowing eine Verletzung der Rücksichtnahmepflicht dar, so stehen dem Arbeitgeber zunächst beide Handlungsoptionen (Unterlassungsanspruch und Kündigung) zur Verfügung. Kündigt der Arbeitgeber dem Arbeitnehmer und macht er nachfolgend einen Unterlassungsanspruch geltend, so sind im Rahmen der Interessenabwägung aufgrund der fehlenden Nachwirkung nicht mehr die gleichen, arbeitsrechtsspezifischen Maßstäbe anzuwenden, so dass eine Kündigung begründet sein kann, ein Unterlassungsanspruch aber als unbegründet abzuweisen ist.

Hiervon abzugrenzen sind die Konstellationen, in denen die whistleblowingbedingte Kündigung nicht auf die Verletzung der allgemeinen Rücksichtnahmepflicht, sondern auf einen Verstoß gegen die Verschwiegenheitspflicht gestützt worden ist. Denn im Gegensatz zur Rücksichtnahmepflicht wirkt die Verschwiegenheitspflicht auch im nachvertraglichen Bereich fort. In diesem Fall ist die Pflichtverletzung, die zur Kündigung berechtigte, gleichermaßen geeignet, einen Unterlassungsanspruch nach dem Ausspruch der Kündigung zu rechtfertigen. Der Kündigungsschutzprozess besitzt somit präjudizielle Wirkung für einen Unterlassungsanspruch, der auf dieselbe Verletzung der Verschwiegenheitspflicht gestützt wird.

III. Anspruch auf Widerruf

Neben einem Unterlassungsanspruch könnte der Arbeitgeber auch erwägen, einen Widerrufsanspruch geltend zu machen. Die durch das Whistleblowing verursachte negative Publizität würde am effektivsten bekämpft, wenn der Arbeitgeber den Arbeitnehmer nicht nur zur Unterlassung der betreffenden Äußerung verpflichten könnte, sondern sogar zum Widerruf. Neben der beschriebenen und auch im Rahmen eines Widerrufsanspruchs zu beachtenden Differenzierung zwischen Äußerungen, die im bestehenden oder nach gekündigten Arbeitsverhältnis getroffen

1628 Allgemeine Ansicht: Vergl. etwa zu § 79 BetrVG: ErfK/*Kania* § 79 BetrVG, Rdn. 11.

worden sind, gilt es ferner zu beachten, dass ein Widerrufsanspruchs nur bei Tatsachenbehauptungen und nicht bei Werturteilen in Betracht kommt[1629].

Denn niemand darf gezwungen werden, seiner subjektiven Meinung öffentlich abzuschwören[1630]. Daher kann einerseits ein Anspruch auf Unterlassung einer bestimmten Äußerung begründet sein, während der Anspruch auf Widerruf der Äußerung ausscheidet[1631].

F. Zusammenfassung der wesentlichen Ergebnisse zum externen Whistleblowing in Thesen

1. Whistleblower sind *de lege lata* nicht schutzlos den Folgen ihrer organisationsexternen Offenbarungen ausgesetzt. In Ermangelung einer gesetzlichen Regelung hat die Rechtsprechung einen dezidierten Kriterienkanon entwickelt, der einen hinreichenden Kündigungsschutz gewährleistet. Der vom Bundesverfassungsgericht vorgegebene und vom Bundesarbeitsgericht fortentwickelte Schutzmaßstab kann als verfestigt bezeichnet werden. Der von der Rechtsprechung angewandte Kriterienkanon beruht auf einer Konkretisierung der vertraglichen Rücksichtnahmepflicht unter Berücksichtigung der konfligierenden grundrechtlichen Interessen. Die Kündigung aufgrund der organisationsexternen Offenbarung von betrieblichen Missständen unterliegt insgesamt strengen Anforderungen.
2. Vor einer umfassenden Würdigung der genauen Umstände der Offenbarung ist in einem ersten Schritt zu prüfen, ob ein Ausschlusstatbestand vorliegt (1. Prüfungsebene). In diesem Fall ist eine Kündigung *a priori* ohne Aussicht auf Erfolg.
3. Die nächste Weichenstellung im Rahmen des Prüfungskonzeptes erfolgt durch Beantwortung der Frage, ob der Hinweisgeber vor der Offenbarung seine Prüfungspflicht gewahrt oder sich leichtfertig respektive wissentlich auf falsche Angaben gestützt hat (2. Prüfungsebene). Dabei ist die Erfüllung der Prüfungspflicht nicht mit dem Umstand zu verwechseln, ob die offenbarten Missstände sich letztlich als objektiv zutreffend oder als unrichtig erweisen. Die sachliche Berechtigung der Offenbarung ist erst an späterer Stelle zu würdigen. Leichtfertig handelt der Whistleblower dann, wenn er *„blauäugig"* die Unwahrheit verkennt und Umstände außer Acht lässt, die sich jedermann hätten aufdrängen müssen.
4. Im Rahmen der Prüfungspflicht ist zwischen der Erfüllung einer staatsbürgerlichen Pflicht (wie z.B. der Pflicht zur Zeugenaussage) und der Wahrnehmung eines staatsbürgerlichen Rechts (wie z.B. der Erstattung einer Strafanzeige) zu

---

1629 BGH, Urteil vom 23. Februar 1999 – VI ZR 140/98, Rdn. 10 – juris; BGH, Urteil vom 18. Oktober 1977 – VI ZR 171/76, Rdn. 14 – juris; LAG Hessen, Urteil vom 7. September 2005 – 8 Sa 2212/04, Rdn. 47 – juris.

1630 BGH, Urteil vom 23. Februar 1999 – VI ZR 140/98, Rdn. 10 – juris

1631 Vergl. zu einem solchen Fall: LAG Hessen, Urteil vom 7. September 2005 – 8 Sa 2212/04, Rdn. 44 ff., 54 ff. – juris.

differenzieren. Offenbarte der Hinweisgeber im Rahmen der Erfüllung einer staatsbürgerlichen Pflicht nicht wissentlich unwahre oder leichtfertig falsche Umstände, kann eine Kündigung nicht wirksam erfolgen. Erfüllte der Whistleblower seine Prüfungspflicht, ist nur im Rahmen der Wahrnehmung eines staatsbürgerlichen Rechts eine Kündigung weiterhin denkbar.

5. Im Rahmen der Wahrnehmung eines staatsbürgerlichen Rechts kann die Offenbarung des Whistleblowers – ausnahmsweise – eine insgesamt unverhältnismäßige, ebenfalls zur Kündigung berechtigende arbeitsvertragliche Pflichtverletzung darstellen. Im Rahmen dieser Verhältnismäßigkeitsprüfung sind auf der 3. Prüfungsebene dabei folgende Umstände zu würdigen: Die Motivation des Hinweisgebers, die grundsätzliche Verpflichtung zum vorherigen innerbetrieblichen Hinweis, die sachliche Berechtigung des Vorwurfes und ein besonderes öffentliches Interesse an der offenbarten Information.
6. Dieses spezifizierte Prüfungskonzept ist um den Aspekt des *Vertrauenskapitals* zu ergänzen, der bei allen verhaltensbedingten Kündigungen zu beachten ist. Ein vom Arbeitnehmer in der Zeit seiner unbeanstandeten Beschäftigung erworbenes Vertrauen kann zusätzlich zu seinen Gunsten berücksichtigt werden. Ebenfalls geeignet, die Abwägungsentscheidung zu beeinflussen, ist eine besondere Vertrauensstellung des Whistleblowers, die sich aufgrund der Anforderungen der konkreten Arbeitsleistung oder der Stellung des Beschäftigten in der betrieblichen Hierarchie ergeben kann. Ein Beschäftigter in einer leitenden Position unterliegt strengeren Rücksichtnahmepflichten, so dass sich eine Pflichtverletzung durch das Whistleblowing schwerwiegender auswirken kann. Eine Berücksichtigung der durch das Whistleblowing verursachten Schäden ist demgegenüber nur ausnahmsweise möglich. Voraussetzung ist, dass der Arbeitgeber den Nachweis einer konkreten, kausalen Schädigung erbringt. Die Führung dieses Nachweises scheint allerdings nur eine hypothetische Möglichkeit. Diese ergänzenden Kriterien können im Einzelfall herangezogen werden, um die Abwägungsentscheidung zu verfestigen.
7. Die auf der 3. Prüfungsebene zu würdigenden Kriterien der spezifizierten Interessenabwägung sind in ihrer Indizkraft nicht gleichrangig. In der Indizkraft nachrangig, gegenüber dem Kriterium der Motivation und dem Erfordernis eines innerbetrieblichen Hinweises, ist das Kriterium der sachlichen Berechtigung. Keine Abstufung besteht zwischen den Kriterien der Motivation und des innerbetrieblichen Hinweises. Demgegenüber ist der vom EGMR in Sachen Heinisch betonte Aspekt eines besonderen öffentlichen Interesses an der offenbarten Information nachrangig gegenüber allen Kriterien der spezifizierten Interessenabwägung.
8. Dem Kriterium der Motivation, welches für das BAG von besonderer Bedeutung ist, ist nur dann eine negative indizielle Wirkung beizumessen, wenn die unredlichen oder rechtsmissbräuchlichen Motive für die Informationsweitergabe prägend waren. Sind diese Motive demgegenüber nicht bewusstseinsdominant, ist das Kriterium der Motivation nicht zu Lasten des Whistleblowers zu werten.

9. Vor der organisationsexternen Offenbarung ist der Whistleblower grundsätzlich verpflichtet, zunächst den innerbetrieblichen Klärungsweg zu beschreiten. Neben denen bereits durch die Ausschlusstatbestände vorgegebenen Einschränkungen ist eine Ausnahme hiervon insbesondere bei schwerwiegenden (Verbrechen gemäß § 12 Abs. 1 StGB) oder vom Arbeitgeber bzw. seinem Vertreter selbst begangenen Straftaten anzuerkennen. Eine weitere Ausnahme besteht dann, wenn eine Abhilfe berechtigterweise nicht (mehr) zu erwarten ist. Keine weiteren Ausnahmen bestehen aufgrund eines wirksam implementierten internen Meldesystems. Der Hinweisgeber ist aber angehalten, ein bestehendes, individual- oder kollektivrechtlich wirksam errichtetes, formalisiertes Meldesystem zu nutzen. Qualitative Erweiterungen der Pflicht zur vorherigen innerbetrieblichen Meldung können nur spezielle Arbeitnehmer treffen, denen die Überwachung des gesetzeskonformen Verhaltens des Unternehmens als Hauptleistungspflicht obliegt. Eine Verpflichtung zur Selbsthilfe, in Form der eigenverantwortlichen Beseitigung von innerbetrieblichen Missständen, besteht nicht. Von dem im Einzelfall möglicherweise einschlägigen Leistungsverweigerungsrecht sollte nur zurückhaltend Gebrauch gemacht werden. Das Leistungsverweigerungsrecht ist von seiner Wesensart in Whistleblowing-Konstellationen nicht das geeignete Mittel der innerbetrieblichen Abhilfe. Eine berechtigte Leistungsverweigerung kann zudem – im Regelfall – erst nach einem vorherigen Hinweis und Abhilfeversuch durch den Arbeitgeber erfolgen.
10. Im Rahmen der externen Offenbarung besteht ein Stufenverhältnis: Der Hinweisgeber muss zunächst den betrieblichen Missstand gegenüber einer zuständigen Behörde offenbaren und einen Abhilfeversuch durch diese abwarten. Erst hiernach darf er sich als *ultima ratio* an die allgemeine Öffentlichkeit, insbesondere an die Medien, wenden. Ausnahmen von der Einhaltung dieses Stufenverhältnisses bestehen bei einer, nach strengen Maßstäben zu beurteilenden, Handlungsunwilligkeit oder -unfähigkeit der Behörden. Ferner können aus einer Umgehung des Stufenverhältnisses auch Rückschlüsse auf die Beweggründe des Whistleblowers gezogen werden. Wählt der Whistleblower eine breite mediale Plattform für seine Offenbarung, anstatt die zuständigen Behörden zu informieren, die über die notwendigen Kompetenzen zur Beseitigung des Missstandes verfügen, kann dies auf eine unredliche Gesinnung des Whistleblowers hindeuten.
11. Wenn der Betrieb des Whistleblowers einer dauerhaften staatlichen Aufsicht unterliegt, folgt aus diesem Umstand nicht zugleich, dass das Individualrecht zur Offenbarung von Missständen ausgeschlossen ist. Gleichwohl können mit der Existenz einer Aufsichtsbehörde gewisse Beschränkungen für den Arbeitnehmer einhergehen. So ist eine individuelle Anzeige bei einer anderen als der originär zuständigen Stelle nicht erforderlich, wenn die staatlichen, turnusgemäß erfolgenden, Routinekontrollen gleichsam geeignet sind, den Missstand zu beseitigen. Voraussetzung dieser Beschränkung ist allerdings, dass die Aufsichtsbehörde in der Lage ist, den konkreten Missstand effektiv und schnell zu beseitigen. Die Effektivität eines staatlichen Kontrollgremiums ist von mehreren

Faktoren abhängig und muss für jeden Einzelfall beurteilt werden. Eine gewichtige Rolle spielen dabei unter anderem die Art des Kontrollmechanismus und die zur Verfügung stehenden Sanktionsmöglichkeiten der Aufsichtsbehörde.

12. Eine Kündigung ist nicht stets ausgeschlossen, wenn der Arbeitgeber objektiv gesetzeswidrig gehandelt hat. Ein schützenswertes Interesse des Arbeitgebers, dass sein gesetzeswidriges Verhalten unentdeckt bleibt, existiert nicht. Offenbart der Whistleblower aber seinerseits diese schutzunwürdigen Interessen in schutzunwürdiger Weise, etwa weil er mit vorsätzlicher Schädigungsabsicht handelt, so kann eine Kündigung gegebenenfalls dennoch rechtswirksam erfolgen. Die sachliche Berechtigung ist nur eines der zu berücksichtigenden Kriterien innerhalb des Abwägungsvorgangs auf der 3. Prüfungsebene. Eine zur Kündigung berechtigende, unverhältnismäßige Reaktion kann daher einerseits selbst dann vorliegen, wenn eine Straftat tatsächlich begangen wurde und eine Verurteilung erfolgte. Sie kann andererseits aber auch zu verneinen sein, wenn ein gesetzeswidriges Verhalten nicht vorliegt. Ferner ist es unzulässig, aus dem Umstand, dass die Offenbarung sich letztlich als sachlich unwahr oder nicht aufklärbar erweist, auf ein leichtfertiges Handeln (2. Stufe der Prüfung) des Whistleblowers zu schließen.
13. Das Prinzip der Abmahnung ist eine allgemein anerkannte kündigungsrechtliche Maxime, der bisweilen im Rahmen einer verhaltensbedingten Kündigung aufgrund von Whistleblowing eine nicht gerechtfertigte Sonderstellung eingeräumt wird. Erfüllte der Whistleblower aber seine Prüfungspflicht, so kann die Entbehrlichkeit der Abmahnung nur noch ausnahmsweise mit der Schwere der Pflichtverletzung aufgrund einer insgesamt unverhältnismäßigen Reaktion (3. Prüfungsebene) begründet werden. Im Übrigen ist eine vorherige Abmahnung nur nach den allgemeinen Grundsätzen entbehrlich. Ist ein Arbeitnehmer bereits (mehrfach) einschlägig abgemahnt worden oder ist das Sanktionsmittel aufgrund der besonderen Umstände ungeeignet, so kann der Arbeitgeber berechtigt sein, auf das mildere Sanktionsmittel der Abmahnung zu verzichten und eine Kündigung auszusprechen.
14. Die Auswirkungen der Entscheidung des EGMR in Sachen Heinisch sind begrenzt. Der EGMR hat die von der nationalen Rechtsprechung entwickelten Grundsätze zum Schutz der Whistleblower bei organisationsexternen Offenbarungen im Wesentlichen bestätigt. Das Urteil erfordert lediglich eine Nuancierung der Rechtsgrundsätze. Bei dieser Anpassung, die nach den Grundsätzen der völkerrechtsfreundlichen Auslegung unausweichlich ist, ist allerdings Zurückhaltung geboten. Denn auch wenn die Wirkungskraft des Urteils des EGMR die dogmatischen Bedenken gegenüber der Einbeziehung von Drittinteressen in den zweiseitigen Abwägungsvorgang überwindet, bestehen die inhaltlichen Bedenken unverändert fort. Zudem führt die Unbestimmtheit des Kriteriums des besonderen öffentlichen Interesses an der offenbarten Information zu neuen Unwägbarkeiten. Die nachfolgend in der Rechtsprechung ergangenen Entscheidungen werden den Anforderungen einer schonenden Anpassung, die zugleich

die Grundsätze der völkerrechtsfreundlichen Auslegung wahrt, gerecht. Eine Umwälzung der hergebrachten Grundsätze erfolgte nicht.

15. Der auf einer Konkretisierung der vertragsimmanenten Nebenpflichten beruhende Schutzmaßstab gilt – im Wesentlichen vergleichbar – auch außerhalb des Anwendungsbereichs des KSchG. *De lege lata* wird dieser Schutz durch § 612a BGB gewährt.

2. Teil: Internes Whistleblowing

Zu Beginn der Arbeit wurde herausgestellt, dass die vorstehenden Ausführungen zunächst von der Konstellation des externen Whistleblowings ausgehen, bei welchem der betriebliche Missstand (letztlich) über den betriebsinternen Bereich hinaus bekannt gemacht wird. Die Kündigungsrelevanz eines solchen Verhaltens wurde intensiv untersucht.

Unter derselben Prämisse erfolgt nachfolgend die Betrachtung des internen Whistleblowings, bei dem der Hinweis über einen betrieblichen Missstand den organisationsinternen Bereich nicht verlässt und einzig gegenüber einer entsprechenden Meldestelle erhoben wird. Die Fragestellungen und Problematiken im Zusammenhang mit der Kündigungsrelevanz des internen Whistleblowings sind gegenwärtig noch ungeklärt[1632]. Den Schwerpunkt anderer Untersuchungen zum internen Whistleblowing bilden Problematiken im Umkreis der rechtswirksamen Implementierung eines internen Meldesystems[1633].

Das interne Whistleblowing bildet häufig, aber nicht zwingend, die Vorstufe zum externen Whistleblowing. Entschließt sich ein Beschäftigter *freiwillig*[1634], einen betrieblichen Missstand zu offenbaren, so ist er grundsätzlich zunächst verpflichtet, den innerbetrieblichen Klärungsweg zu beschreiten[1635]. Die nicht oder nicht hinreichend durchgeführte innerbetriebliche Abhilfe ist als Abwägungskriterium im Rahmen des externen Whistleblowings auf der dritten Stufe zu würdigen.

Nunmehr ist aber die Fragestellung zu untersuchen, inwiefern bereits das interne Whistleblowing an sich, bei dem lediglich ein organisationsinterner Hinweis erfolgte, eine zur Kündigung berechtigende Pflichtverletzung darstellen kann **(2. Teil: A)**.

Im Rahmen der Untersuchungen zum internen Whistleblowing ist darüber hinaus eine gänzliche neue Fragstellung zu erörtern. Wurden bislang stets die Auswirkungen

1632 Das interne Whistleblowing wird teilweise zu Unrecht, wie die nachfolgende Untersuchung zeigen wird, als „*weitgehend unproblematisch*" bezeichnet, so etwa: *Groneberg*, S. 216.

1633 *Fahrig*, Die Einführung eines Verhaltenskodexes und das Whistleblowing; *Kagan*, Das Mitbestimmungsrecht des Betriebsrates bei der Einführung von Ethikrichtlinien; *Lohse*, Beschäftigtendatenschutz bei der Verhinderung und Aufdeckung von Straftaten; *Rein*, Die individualrechtliche Implementierung einer Ethikrichtlinie mit vorweggenommener Abmahnung; *Schulz*, Ethikrichtlinien und Whistleblowing – Arbeitsrechtliche Aspekte der Einführung eines Compliance-Systems; *Simonet*, Die Implementierung interner Whistleblowingsysteme im Rahmen der Corporate Governance; *Steigert*, Datenschutz bei unternehmensinternen Whistleblowing-Systemen.

1634 Ob eine Pflicht zum internen Whistleblowing bestehen kann, wird nachfolgend ebenfalls untersucht, vergl.: **2. Teil: B.**

1635 Vergl.: **1. Teil: C.III.2.**

der ungewollten Offenbarung eines innerbetrieblichen Missstandes betrachtet, so ist im letzten Abschnitt **(2. Teil: B)** der Blickwinkel zu verändern. Fraglich ist, ob der Arbeitnehmer auch dann eine Pflichtverletzung begeht, sofern er schweigt und den betrieblichen Missstand nicht gegenüber betrieblichen Stellen offenbart, obwohl dies im explizit geäußerten oder konkludenten Interesse des Arbeitgebers ist. Nach allgemeinen Rechtsgrundsätzen kann ein Schweigen nur dann rechtliche Wirkung entfalten, sofern eine Pflicht zur Offenbarung besteht[1636]. Inwiefern bereits eine vertragsimmanente Pflicht zur Denunziation von Arbeitskollegen besteht und ob die Vereinbarung einer umfassenden Pflicht zur Offenbarung von gesetzeswidrigen oder unternehmensintern verpönten Vorgängen zulässig ist, wird in diesem Zusammenhang zu klären sein. Zunächst ist jedoch die Situation zu beleuchten, in der ein Hinweis auf einen innerbetrieblichen Missstand dem Arbeitgeber missfällt.

A. Die interne Offenbarung eines betrieblichen Missstandes als Grund zur verhaltensbedingten Kündigung – die Vornahme des internen Whistleblowings

In der Literatur wird weit überwiegend eine Differenzierung zwischen den Konstellationen des internen und externen Whistleblowings vorgenommen[1637]. Dabei bleibt allerdings oftmals offen, welche Relevanz dieser Unterscheidung zukommt. Das Bundesarbeitsgericht favorisiert demgegenüber diese Unterteilung nicht[1638]. Im Hinblick auf die Kündigungsrelevanz des Verhaltens ist diese Differenzierung jedoch angezeigt. Die durch das interne Whistleblowing einerseits und der externen Offenbarung andererseits verletzten Pflichten sind nicht ohne weiteres vergleichbar. In der Praxis ist die Konstellation, dass ein Arbeitgeber bereits aufgrund eines internen

1636 Vergl. allgemein hierzu: MünchKommHGB/*Welter* § 362, Rdn. 1; Staudinger/Eckpfeiler/*Schiemann* C., Rdn. 19.

1637 Kritisch gegenüber einer fehlenden Differenzierung: *von Busekist/Fahrig*, BB 2013, 119. Demgegenüber erfasst *Reinfeld* unter dem Stichwort des Whistleblowings nur die Offenbarung gegenüber externen Stellen, vergl.: MünchAnwHdbArbR/*Reinfeld* § 30, Rdn. 38 ff.; ebenso: KR-*Griebling* § 1 KSchG, Rdn. 427. *Forst* unterscheidet demgegenüber sogar das interne, semiinterne, semiexterne und externe Whistleblowing, vergl.: *Forst*, RDV 2013, 122, 124.

1638 Vergl. BAG, Urteil vom 27. September 2012 – 2 AZR 646/11, Orientierungssatz 3, Rdn. 37 – juris. Das Bundesarbeitsgericht geht offenbar davon aus, dass Whistleblowing nur die Konstellationen erfasse, in denen ein Arbeitnehmer eine Anzeige bei Strafverfolgungsbehörden oder anderen zuständigen Stellen erstattet. Neben den Ausführungen an der genannten Stelle deutet auf diese sehr enge Umgrenzung des Begriffes auch der Umstand hin, dass dort einzig auf frühere Entscheidungen verwiesen wird, in denen ebenfalls eine Strafanzeige durch den Arbeitnehmer erstattet worden ist. Allerdings kann diese enge Umgrenzung aus den nachfolgend aufgeführten Gründen nicht überzeugen.

Hinweises auf einen bestehenden betrieblichen Missstand arbeitsrechtliche Sanktionsmaßnahmen gegenüber dem Whistleblower, bis hin zur Kündigung, ergreift, selten anzutreffen. Weit überwiegend werden solche Schritte erst nach einer organisationsexternen Offenbarung erwogen. Gleichwohl sind in der Rechtsprechung Fälle bekannt, in denen Kündigungen auf lediglich organisationsinterne Hinweise auf (vermeintliche) Missstände gestützt worden sind. Solche Sanktionsmaßnahmen sind aber erst dann denkbar, wenn die innerbetriebliche *Anzeige* an sich bereits eine Pflichtverletzung darstellt[1639].

I. Pflichtverletzung aufgrund der innerbetrieblichen Offenbarung eines Missstandes

1. Keine Verletzung der Rücksichtnahme- und Loyalitätspflicht

Erfolgt die Offenbarung lediglich gegenüber betriebsinternen Stellen, so kann der Arbeitgeber sich nicht darauf berufen, aufgrund dieses Hinweises habe der Whistleblower seine Rücksichtsnahme- und Loyalitätspflicht verletzt.

Sofern die Information den betrieblichen Bereich nicht verlässt, ist nicht ersichtlich, inwiefern der Arbeitgeber eine Rufschädigung erleiden könnte[1640]. Es besteht keinesfalls eine derart ausgeprägte allgemeine Loyalitätspflicht des Arbeitnehmers, dass er von vornherein nicht berechtigt sei, einen betrieblichen Missstand organisationsintern anzusprechen[1641]. Das Grundrecht der Meinungsfreiheit verwirkt der Arbeitnehmer nicht durch die Eingehung eines Beschäftigungsverhältnisses[1642].

An dieser Stelle verdeutlicht sich erneut, dass die Verwendung der Terminologie Loyalitätspflichtverletzung missverständlich sein kann. Denn im Rahmen der Verletzung der Rücksichtnahme- und Loyalitätspflicht ist nicht darauf abzustellen, ob der Arbeitgeber die Offenbarung an sich als illoyales und subversives Verhalten empfindet, sondern ob bei der Offenbarung die Rechte, Rechtsgüter und Interessen des Arbeitgebers hinreichend beachtet wurden[1643]. Die kritische Äußerung über betriebliche Verhältnisse an sich, stellt noch keine Verletzung der Rücksichtnahmepflicht dar[1644]. Das Gefühl des Arbeitgebers ein bestimmter Beschäftigter verhalte sich illoyal, rechtfertigt den Ausspruch einer Kündigung nicht. Durch die Eingehung des Dauerschuldverhältnisses ist der Arbeitnehmer lediglich dazu verpflichtet, bei der Wahrnehmung seines Grundrechtes auf Meinungsfreiheit die Interessen und

---

1639 A.A wohl: *Rein,* S. 31; *Fahrig,* S. 85 f.

1640 Vergl. zur Problematik des Schadenskriterium beim externen Whistleblowing: **1. Teil: C.VII.**

1641 Siehe ausführlich zu den Grenzen der Rücksichtnahmepflicht: **1. Teil: A.II.**; vergl. auch: BAG, Urteil vom 12. Januar 2006 – 2 AZR 21/05, Rdn. 52 – juris.

1642 S.o.: **1. Teil: A.II.**

1643 S.o.: **1. Teil: A.I.**

1644 S.o.: **A.I.2;** BAG, Urteil vom 12. Januar 2006 – 2 AZR 21/05, Orientierungssatz 2 – juris.

Rechte seines Arbeitgebers nicht gänzlich außer Acht zu lassen und ihn vor vermeidbaren Schäden zu schützen. Dem Arbeitgeber drohen aufgrund des internen Whistleblowings an sich aber keine vergleichbaren Schäden, wie bei einem externen Whistleblowing. Insbesondere kann ein interner Hinweis keine negative Publizität verursachen.

Will der Arbeitgeber gleichwohl Sanktionsmaßnahmen, bis hin zur Kündigung, ergreifen, so muss dem Hinweisgeber die Verletzung einer anderen Vertragspflicht anzulasten sein.

2. Verletzung der Verschwiegenheitspflicht

In Betracht kommt eine Verletzung der Verschwiegenheitspflicht. Die Pflicht zur Loyalität bzw. Rücksichtnahme und die Verschwiegenheitspflicht ähneln sich, sind aber nicht kongruent[1645]. Eine Verletzung der arbeitsvertraglichen Verschwiegenheitspflicht kann nur dann vorliegen, sofern die organisationsintern offenbarte Information ein Betriebs- oder Geschäftsgeheimnis i.S.d. § 17 UWG darstellt.

Der Schutzbereich der Norm ist nicht auf betriebsexterne Personen beschränkt. „*Jemand*" im Sinne der Norm kann auch eine andere betriebsangehörige Person des Unternehmens sein[1646]. Voraussetzung ist lediglich, dass der Mitteilungsempfänger nicht zum Personenkreis der Geheimnisträger gehört. Eine zur Kündigung berechtigende Verletzung der Verschwiegenheitspflicht kann damit auch dann vorliegen, wenn die Mitteilung über einen betrieblichen Missstand nicht den organisationsinternen Bereich verlässt. Allerdings ist eine solche Konstellation von der Rechtsprechung noch nicht behandelt worden.

3. Verletzung der Persönlichkeitsrechte von anderen Arbeitnehmern

Deutlich praxisrelevanter erscheint demgegenüber die Möglichkeit, dass interne Meldungen bei entsprechenden Stellen eine Verletzung der Persönlichkeitsrechte anderer Beschäftigter darstellen. Beschuldigt beispielsweise ein Arbeitnehmer einen anderen eines gesetzeswidrigen oder missbilligenswerten Verhaltens, so kann dies eine ehrverletzende Äußerung darstellen, die eine Kündigung zu rechtfertigen vermag[1647]. Nach der ständigen Rechtsprechung können grobe Beleidigungen des Arbeitgebers oder von Arbeitskollegen, „*die nach Form und Inhalt eine erhebliche Ehrverletzung für den Betroffenen bedeuten*", einen erheblichen Verstoß des Arbeitnehmers gegen seine vertragliche Rücksichtnahmepflicht darstellen und somit eine

---

1645 Vergl. zur Unterscheidung oben: **1. Teil: A.I.1.**

1646 Vergl.: Erbs/Kohlhaas/*Diemer* § 17 UWG, Rdn. 26.

1647 Vergl.: BAG, Urteil vom 10. Dezember 2009 – 2 AZR 534/08, Rdn. 17 ff. – juris; BAG, Urteil vom 12. Januar 2006 – 2 AZR 21/05, Rdn. 45 ff. – juris; BAG, Urteil vom 24. November 2005 – 2 AZR 584/04, Rdn. 22 ff. – juris; BAG, Urteil vom 10. Oktober 2002 – 2 AZR 418/01, Rdn. 23 ff. – juris; A/P/S/*Dörner/Vossen* § 1 KSchG, Rdn. 294 ff.

verhaltensbedingte Kündigung rechtfertigen[1648]. Um einen Fall des internen Whistleblowings handelt es sich jedoch erst dann, wenn nicht lediglich grobe Beleidigungen getätigt oder unwahre Tatsachen über Arbeitskollegen behauptet werden, sondern wenn diese Äußerungen zugleich den Vorwurf eines gesetzeswidrigen, unethischen oder internen Richtlinien[1649] zu wider laufenden Verhaltens beinhalten. Sind diese Voraussetzungen erfüllt, ist zunächst unbeachtlich, ob ein entsprechender innerbetrieblicher Hinweis auf gesicherter oder lediglich auf der Grundlage eines Gerüchtes erfolgte. Der Wahrheitsgehalt ist ebenso wie die weiteren Umstände der innerbetrieblichen Meldung (etwa die Beweggründe) nicht für die grundsätzliche Zuordnung zum internen Whistleblowing entscheidend[1650]. Die Begleitumstände der innerbetrieblichen Meldung sind erst für die Frage relevant, ob in der Offenbarung ein Pflichtverstoß zu erblicken ist.

4. Störung des Betriebsfriedens

Beim internen Whistleblowing kommt die Verletzung einer weiteren speziellen Ausprägung der Rücksichtnahmepflicht in Betracht[1651]. Der innerbetriebliche Hinweis auf einen bestehenden Missstand kann zu einer Störung des Betriebsfriedens führen. Unabhängig davon, dass ein innerbetrieblicher Hinweis geeignet sein kann, eine kündigungsrelevante Ehrverletzung eines Betriebsangehörigen darzustellen, kann ein solcher Hinweis eine Störung des Betriebsablaufs oder des Betriebsfrie-

---

1648 BAG, Urteil vom 10. Dezember 2009 – 2 AZR 534/08, Rdn. 17 – juris.

1649 Die Ergänzung der Definition des internen Whistleblowings um den Aspekt des Verstoßes gegen interne Richtlinien, stellt keinen Widerspruch zur dargestellten Definition des externen Whistleblowings dar, in welcher dieser Aspekt nicht ausdrücklich aufgeführt worden ist. Im Rahmen der Erläuterung der Definition zum externen Whistleblowing wurde herausgestellt, dass sämtliche externe Offenbarungen umfasst sind, die geeignet sind, eine negative Publizität zu bewirken, vergl.: **1. Teil: A.II.6.b)**. Vom Anwendungsbereich umfasst sind somit Meldungen über Verhaltensweisen, die gegen interne Richtlinien verstoßen. Da es in der Praxis aber kaum vorstellbar und ein Fall in der Rechtsprechung ebenfalls nicht bekannt ist, dass ein Verstoß gegen interne Richtlinien gegenüber externen Stellen offenbart wurde, ist dieser Umstand im Rahmen des externen Whistleblowings nicht gesondert aufgeführt worden. Im Rahmen des internen Whistleblowings erscheint die (deklaratorische) Klarstellung allerdings sinnvoll. In der Konstellation der lediglich organisationsinternen Offenbarung sind interne Richtlinien von eigenständiger Bedeutung. Zum einen sind in der Rechtsprechung Konstellationen bekannt, in denen lediglich ein Verstoß gegen interne Richtlinien innerbetrieblich angezeigt worden ist **(2. Teil: A.II.1.e))** und zum anderen ist nicht jede individual- oder kollektivrechtliche Regelung einer entsprechenden Meldepflicht von Verstößen gegen interne Richtlinien rechtswirksam **(2. Teil: B.II.)**.

1650 A.A. offenbar: Schemmel/Ruhmannseder/Witzigmann, Hinweisgebersyteme, S. 7.

1651 A/P/S/*Dörner-Vossen* § 1 KSchG, Rdn. 299; KR-*Griebling* § 1 KSchG, Rdn. 467.

dens verursachen, aufgrund dessen ebenfalls eine Kündigung erfolgen kann[1652]. Der Betriebsfrieden bezeichnet die Summe aller Faktoren, die – unter Einschluss des Arbeitgebers – das Zusammenleben und Zusammenwirken der im Betrieb tätigen Betriebsangehörigen ermöglichen, erleichtern oder auch nur erträglicher machen[1653]. Ist aufgrund des innerbetrieblichen Hinweises eine Störung des Betriebsfriedens eingetreten, die zudem auch konkrete Auswirkungen auf den Betriebsablauf verursacht[1654], so kann eine Kündigung auch bei einem Hinweis, der nicht den innerbetrieblichen Bereich verlässt, gerechtfertigt sein.

Zu beachten ist, dass bei einem Sachverhalt der sowohl eine Ehrverletzung als auch eine Störung des Betriebsfriedens darstellt, diese beiden Pflichtverletzungen nicht isoliert voneinander zu betrachten sind[1655]. Genau betrachtet ist es so, dass die in der Diffamierung eines Arbeitskollegen zu erblickende Pflichtverletzung die Möglichkeit bedingt, eine Kündigung zusätzlich mit dem Aspekt der Störung des Betriebsfriedens zu stützen. Denn alleine die Beeinträchtigung des Betriebsfriedens, ohne konkrete Feststellung einer arbeitsvertraglichen Pflichtverletzung, vermag eine Kündigung nicht zu rechtfertigen[1656]. Ist die in der innerbetrieblichen Meldung zum Ausdruck kommende Diffamierung isoliert betrachtet nicht geeignet, eine Kündigung zu rechtfertigen, so kann durch eine zugleich eingetretene Betriebsstörung die innerbetriebliche Meldung dennoch das Gewicht eines Kündigungsgrundes erlangen. In der Rechtsprechung wurde eine Störung der betrieblichen Abläufe insbesondere durch allgemein politische Meinungsäußerungen thematisiert[1657]. Eine solche Kundgabe der persönlichen Haltung beinhaltet aber keine Offenbarung eines innerbetrieblichen Missstandes und ist somit nicht dem Tatbestand des internen Whistleblowings zuzuordnen.

II. Sinngemäße Anwendung der Abwägungskriterien zum externen Whistleblowing auf die Konstellation des internen Whistleblowings

Nach dem nun die potentiell durch die innerbetriebliche Anzeige verletzten Nebenpflichten erörtert sind, stellt sich die Frage, ob zur Bestimmung einer Vertragspflicht-

1652 BAG, Urteil vom 10. Dezember 2009 – 2 AZR 534/08, Rdn. 16 – juris; BAG, Urteil vom 12. Januar 2006 – 2 AZR 21/05, Rdn. 49 ff. – juris; BAG, Urteil vom 24. November 2005 – 2 AZR 584/04, Rdn. 26 ff. – juris; BAG, Urteil vom 10. Oktober 2002 – 2 AZR 418/01, Rdn. 26 – juris.

1653 BAG, Urteil vom 9. Dezember 1982 – 2 AZR 620/80, Rdn. 48 – juris; Beck-OK-ArbR/*Rolfs* § 1 KSchG, Rdn. 315.

1654 A/P/S/*Dörner/Vossen* § 1 KSchG, Rdn. 299.

1655 BAG, Urteil vom 10. Dezember 2009 – 2 AZR 534/08, Rdn. 16 ff. – juris.

1656 BAG, Urteil vom 24. Juni 2004 – 2 AZR 63/03, Orientierungssatz 3 – juris.

1657 Vergl. hierzu etwa: BAG, Urteil vom 9. Dezember 1982 – 2 AZR 620/80 – *Anti-Strauß-Plakette*, NJW 1982, 1142; kritisch zu diesem Urteil: A/P/S/*Dörner-Vossen* § 1 KSchG, Rdn. 300.

verletzung im kündigungsrelevanten Ausmaß, das für das externe Whistleblowing herausgearbeitete Abwägungskonzept sinngemäß auf die Konstellation des internen Whistleblowings übertragbar ist. Für eine solche Übertragbarkeit spricht der Umstand, dass die Pflichtverletzung in beiden Konstellationen den vertraglichen Nebenpflichten zuzuordnen ist. Hiergegen könnte jedoch angeführt werden, dass bestimmte, vom internen Whistleblowing potentiell tangierte, Nebenpflichten nur mittelbar die Interessen der Arbeitgeber schützen und in der Konstellation des externen Whistleblowings die Interessen des Arbeitsgebers stets unmittelbar betroffen sind. Nur mittelbar sind die Interessen des Arbeitgebers betroffen, wenn die innerbetriebliche Meldung die Persönlichkeitsrechte der Betroffenen verletzt. Allerdings wurde bereits herausgestellt, dass die diffamierende Äußerung an sich, noch nicht den Tatbestand des internen Whistleblowings erfüllt. Da eine dem Whistleblowing unterfallende ehrenrührige innerbetriebliche Meldung zumeist auch eine Gefährdung des Betriebsfriedens bewirken wird, ist die Überschneidung der geschützten Interessen letztlich unschädlich. Bei einer Verletzung der übrigen Nebenpflichten – Gebot zur Wahrung des Betriebsfriedens und Verschwiegenheitspflicht – sind die Interessen der Arbeitgeber unmittelbar berührt. Festzustellen ist somit, dass sowohl beim internen als auch beim externen Whistleblowing arbeitsrechtliche Sanktionsmaßnahmen einzig aufgrund einer Verletzung einer arbeitsvertraglichen Nebenpflicht erfolgen. In beiden Konstellationen sind zudem – zumindest mittelbar – spezielle Ausprägungen der Nebenpflicht zur Rücksichtnahme auf die Interessen des Arbeitgebers verletzt. Aufgrund der Kongruenz der Legitimationsgrundlage für die arbeitsrechtlichen Sanktionsmaßnahmen erscheint eine sinngemäße Übertragung somit naheliegend.

1. *Die Kündigung aufgrund des internen Whistleblowings im Spiegel der Rechtsprechung*

Bisher hat die Rechtsprechung aber auf eine Übertragung der Abwägungsgrundsätze zum externen Whistleblowing auf die Konstellation des internen Whistleblowings weitgehend verzichtet. Bereits das Auffinden einer Konstellation, die unter den Anwendungsbereich des internen Whistleblowings subsumierbar wäre, gestaltet sich, aus den genannten Gründen, schwierig.

Auch die von der Literatur hierzu teilweise unter dem Stichwort der *Denunziation* aufgeführten Entscheidungen erfüllen zumeist nicht den Tatbestand des internen Whistleblowings[1658]. Zwar handelt es sich hierbei häufig um Behauptungen, die einen innerbetrieblichen Missstand darstellen, allerdings fehlt es zugleich am konstitutiven Merkmal des lediglich organisationsinternen Hinweises.

1658 Vergl.: KR-*Griebling* § 1 KSchG, Rdn. 466.

a) LAG Rheinland-Pfalz, Urteil vom 16. Februar 1996 – 10 Sa 1090/95

In einem vom Landesarbeitsgericht Rheinland-Pfalz entschiedenen Fall wurde die Behauptung einer sexuellen Belästigung durch einen Vorgesetzten erst im Kündigungsschutzprozess erhoben und nicht vor einer betriebsinternen Stelle[1659]. Auch wenn das Urteil somit nicht der Konstellation des internen Whistleblowings zugeordnet werden kann, ist dennoch bezeichnend, dass sich die vom Bundesverfassungsgericht vorgegebenen Einschränkungen zum externen Whistleblowing[1660], hinsichtlich einer wissentlichen unwahren Strafanzeige, in den Ausführungen des Landesarbeitsgerichts wiederfinden. So führt das LAG aus, „*daß eine bewußt wahrheitswidrige Behauptung von einer Beschäftigten, sie sei von ihrem Vorgesetzten sexuell belästigt worden, eine Kündigung zu rechtfertigen vermag*"[1661]. Allerdings war das Urteil des Bundesverfassungsgerichts zum Zeitpunkt der Entscheidung des Landesarbeitsgerichts noch nicht ergangen war, so dass sich hieraus jedoch nur schwerlich Rückschlüsse auf eine Übertragung der Abwägungsgrundsätze schließen.

Obgleich das Urteil des LAG nicht der Konstellation des internen Whistleblowings unterfällt, verdeutlicht es, dass das Kriterium der Prüfungspflicht auch in anderen Konstellationen der verhaltensbedingten Kündigung als allgemeingültige Maxime zu beachten ist. Auch das Bundesarbeitsgericht stellt in anderen Konstellationen der verhaltensbedingten Kündigung fest, dass eine „*bewusst wahrheitswidrig aufgestellte*" Behauptung allgemein geeignet ist, eine Kündigung zu rechtfertigen[1662].

b) LAG Schleswig-Holstein, Urteil vom 20. September 2007 – 4 Sa 192/07

Eine dem internen Whistleblowing nahekommenden Sachverhalt musste das Landesarbeitsgerichts Schleswig-Holstein entscheiden. Dort sprach der Arbeitgeber gegenüber einer Arbeitnehmerin eine Kündigung aus, da die Arbeitnehmerin vermeintlich unzutreffende Gerüchte über eine intime, von ihr gewünschte, Beziehung zu dem Geschäftsführer der Arbeitgeberin bestätigte[1663]. Hätte eine andere Arbeitnehmerin diese vermeintliche Liebesbeziehung bei einer innerbetrieblichen Stelle angezeigt, da sie dieses Verhaltens als missbilligenswert empfand oder sich aufgrund einer entgegenstehenden innerbetrieblichen Vorschrift hierzu verpflichtet fühlte, läge ein Fall des internen Whistleblowings vor. Dies gilt unabhängig von der rechtlichen Zulässigkeit einer Klausel, die intime Beziehungen unter Arbeitskollegen

---

1659 LAG Rheinland-Pfalz, Urteil vom 16. Februar 1996 – 10 Sa 1090/95, NZA-RR 1997, 169.

1660 BVerfG, Beschluss vom 2. Juli 2001 – 1 BvR 2049/00, Rdn. 11, 20 – juris; S.o.: **1. Teil: B.II.**

1661 LAG Rheinland-Pfalz, Urteil vom 16. Februar 1996 – 10 Sa 1090/95, NZA-RR 1997, 169, 170.

1662 Vergl. etwa zur verhaltensbedingten Kündigung aufgrund einer ehrverletzenden Äußerung: BAG, Urteil vom 10. Dezember 2009 – 2 AZR 534/08; Rdn. 17 – juris.

1663 LAG Schleswig-Holstein, Urteil vom 20. September 2007 – 4 Sa 192/07, Rdn. 62 – juris.

verbietet[1664]. Die vorliegend erfolgte bloße Bestätigung durch die Arbeitnehmerin, ist jedoch keine innerbetriebliche Anzeige eines (vermeintlichen) Missstandes. Hinzuweisen ist aber darauf, dass auch in der Entscheidung des Landesarbeitsgerichts Schleswig-Holstein festgestellt wird, dass eine *„bewusst wahrheitswidrige"*, in die Ehre und Würde eines Vorgesetzten eingreifende Behauptung eine Kündigung rechtfertigen kann[1665].

c) BAG, Urteil vom 18. Juni 1970 – 2 AZR 369/69

Den ersten dokumentierten Fall einer Kündigung aufgrund *echten* internen Whistleblowing behandelte das Bundesarbeitsgericht im Jahre 1970[1666]. Dabei monierte eine Verwaltungsangestellte Missstände bei der Berechnung der Erschließungsbeiträge. Die Arbeitnehmerin bat um ihre Versetzung. Auf Rückfragen des Personalleiters, der auf die organisatorischen Schwierigkeiten ihrer Versetzung hinwies, erläuterte die Arbeitnehmerin, dass die Erschließungsbeträge falsch berechnet würden und ihr Vorgesetzter jedwede Änderung ablehne. Der Personalleiter lehnte die Versetzung mit der Begründung ab, dass die Vorwürfe unberechtigt sein[1667]. Hiernach verschlechterte sich das Arbeitsverhältnis zunehmend. Die Arbeitnehmerin wendete sich auch an den Oberbürgermeister und drohte damit die Staatanwaltschaft zu informieren, sofern er das Verhalten des Leiters des Vermessungsamtes decke. Noch am selben Tag erfolgte eine Versetzung[1668]. Nachfolgend erhob die Arbeitnehmerin eine Dienstaufsichtsbeschwerde gegen den Oberbürgermeister. Diese blieb zwar erfolglos, allerdings wurde eingeräumt, dass der Vorwurf der fehlerhaften Bescheidung teilweise zutreffend sei[1669]. Im Anschluss wurde gegenüber der Arbeitnehmerin die ordentliche Kündigung ausgesprochen. Erst hiernach suchte die Klägerin den Weg in die Öffentlichkeit und berichtete einigen Hauseigentümern persönlich, dass von Ihnen zu hohe Erschließungsbeträge gefordert worden seien[1670]. Diesen zeitlichen Ablauf hat das Landesarbeitsgericht, im Gegensatz zum Arbeitsgericht, festgestellt,

---

1664 Solche im US-amerikanischen Rechtssystem verbreiteten *Liebesklauseln* können nach deutschen Recht aufgrund des schwerwiegenden Eingriff in die Persönlichkeitsrechte der Arbeitnehmer nicht wirksam durch individual- oder kollektivrechtliche Vereinbarungen in das Arbeitsverhältnis implementiert werden, vergl.: LAG Düsseldorf, Beschluss vom 14. November 2005 – 10 TaBV 46/05, Leitsatz 8, Rdn. 135 ff. – *Wal-Mart-Fall* – juris; vergl. ferner: BAG, Beschluss vom 22. Juli 2008 – 1 ABR 40/07, Rdn. 63 ff. – *Honeywell* – juris.

1665 LAG Schleswig-Holstein, Urteil vom 20. September 2007 – 4 Sa 192/07, Rdn. 62 – juris.

1666 BAG, Urteil vom 18. Juni 1970 – 2 AZR 369/69 – juris.

1667 BAG, Urteil vom 18. Juni 1970 – 2 AZR 369/69, Rdn. 1 – juris.

1668 BAG, Urteil vom 18. Juni 1970 – 2 AZR 369/69, Rdn. 6 – juris.

1669 BAG, Urteil vom 18. Juni 1970 – 2 AZR 369/69, Rdn. 7 – juris.

1670 BAG, Urteil vom 18. Juni 1970 – 2 AZR 369/69, Rdn. 9 – juris.

so dass die Wirksamkeit der Kündigung nur am Maßstab der organisationsinternen Vorgänge zu messen war[1671].

Das Bundesarbeitsgericht befand, dass die Kündigung nicht wirksam auf organisationsinterne Meldungen von Verstößen gegen Satzungsvorschriften gestützt werden konnte und bestätigte insofern die Auffassung des Landesarbeitsgerichts[1672]. Dabei finden sich in der Urteilsbegründung Ausführungen, die ebenfalls im Rahmen einer Kündigung aufgrund externen Whistleblowing zu beachten sind.

So habe nicht festgestellt werden können, dass haltlose oder übereilte Beschuldigungen erhoben worden seien oder dem Handeln sachfremde Motive zu Grunde lagen[1673]. Das Kriterium der Motivation ist auch im Rahmen des externen Whistleblowings ein bedeutendes Abwägungskriterium[1674]. Die nachfolgend im Urteil aufgeführten Aspekte deuten ferner an, dass eine Prüfungspflicht der Beschäftigten bezüglich des Wahrheitsgehaltes der angezeigten Informationen bestanden habe. Wobei die damalige Terminologie einer nicht „*voreilig und unbedacht*[1675]" offenbarten Information dem gegenwärtig verwendeten Begriff der Leichtfertigkeit gleicht. Des Weiteren wurde ebenfalls der Wahrheitsgehalt der innerbetrieblichen Anzeige gewürdigt[1676], der nach heutigen Maßstäben im Rahmen der sachlichen Berechtigung der Offenbarung zu würdigen ist[1677].

Das Bundesarbeitsgericht beurteilte damit die Wirksamkeit der Kündigung aufgrund von internem Whistleblowing nach einem sehr gleichartigen Prüfungskonzept, dass auch einer heutigen Entscheidung zum externen Whistleblowing zu Grunde gelegt wird. Beachtet man zusätzlich den zeitlichen Kontext der Entscheidung, in der einige der relevanten Kriterien generell noch unbekannt[1678] oder zumindest weniger ausdifferenziert betrachtet wurden[1679], so ist die Annahme gerechtfertigt, dass das Bundesarbeitsgericht den Fall des internen Whistleblowings nach den gleichen Maßstäben beurteilen wollte wie eine Konstellation der organisationsexternen Offenbarung.

Hierfür spricht auch der Umstand, dass das Bundesarbeitsgericht keinerlei Andeutungen dahingehend macht, dass der Fall anders zu bewerten gewesen wäre, sofern die Angestellte vor der Kündigung eine externe Offenbarung vorgenommen hätte. Da der zeitliche Ablauf zwischen den Parteien zunächst streitig war, wäre

---

1671 BAG, Urteil vom 18. Juni 1970 – 2 AZR 369/69, Rdn. 12 – juris.

1672 BAG, Urteil vom 18. Juni 1970 – 2 AZR 369/69, Leitsatz, Rdn. 11 – juris.

1673 BAG, Urteil vom 18. Juni 1970 – 2 AZR 369/69, Rdn. 17 ff. – juris.

1674 Siehe hierzu ausführlich oben: **1. Teil: C.I.**

1675 BAG, Urteil vom 18. Juni 1970 – 2 AZR 369/69, Rdn. 21 – juris.

1676 BAG, Urteil vom 18. Juni 1970 – 2 AZR 369/69, Rdn. 20 – juris.

1677 Vergl. zum Kriterium der sachlichen Berechtigung ausführlich: **1. Teil: C.II.**

1678 Dies gilt für das Kriterium des öffentlichen Interesses der offenbarten Information. Siehe hierzu ausführlich oben: **1. Teil: D.V.4.b)**.

1679 Dies gilt für die auf das Urteil des BVerfG zurückgehende Differenzierung zwischen der Erfüllung einer staatsbürgerlichen Pflicht und der Wahrnehmung eines staatsbürgerlichen Rechts. S.o: **1. Teil: B.II, B.III.**

eine solche klarstellende Anmerkung des BAG, in einem *obiter dictum*, durchaus denkbar gewesen. Der Arbeitgeber wurde jedoch mit dem Einwand nicht gehört, dass die der Kündigung nachgehende externe Offenbarung das frühere Verhalten der Angestellten in einem härteren Licht erscheinen lasse. Zwar stünden die Vorgänge in einem sachlichen Zusammenhang, jedoch könne aus der externen Offenbarung nicht geschlossen werden, die Klägerin habe es von vornherein darauf angelegt, eine Rufschädigung herbeizuführen[1680].

d) LAG Schleswig-Holstein, Urteil vom 28. Juni 2005 – 5 Sa 64/05

Eine Sonderkonstellation einer lediglich internen Offenbarung behandelte das LAG Schleswig-Holstein. Da im konkreten Fall lediglich ein Zeitraum von (maximal) zwei Tagen zwischen dem Zugang eines innerbetrieblichen Beschwerdeschreibens und der Ausfertigung der Kündigung des Hinweisgebers lag, wurde die Unwirksamkeit der Kündigung unproblematisch nach § 612a BGB festgestellt[1681].

Im konkreten Fall hatte ein als Kraftfahrer beschäftigter Arbeitnehmer seinen Arbeitgeber mehrfach auf Mängel bei der Transportsicherung hingewiesen hat[1682]. Da entsprechendes Befestigungsmaterial nicht vorhanden sei, könne die Ladung nicht ordnungsgemäß gesichert werden. Nachdem es zu einem Zwischenfall gekommen war, forderte der Beschäftigte den Arbeitgeber schriftlich erneut auf, die Mängel zu beheben. Nur zwei Tage nachdem der Arbeitgeber Kenntnis von der schriftlichen Beschwerde erlangt haben konnte, sprach er *„auf dem Fuße"*[1683] die Kündigung aus. Mit einer Kündigungsschutzklage setzte sich der Arbeitnehmer erfolgreich hiergegen zur Wehr. In beiden Instanzen wurde die Kündigung zutreffend als unwirksam erachtet[1684].

Ein Verstoß gegen § 612a BGB, der die Unwirksamkeit der Kündigung bewirkt, war aufgrund der zeitlichen Abfolge von innerbetrieblicher Beschwerde und Kündigung evident. Der Arbeitgeber hat diesen zeitlichen Zusammenhang nicht widerlegen können, sondern nur pauschal behauptet, er hätte aufgrund verbaler Entgleisungen des Arbeitnehmers den Entschluss zur Kündigung bereits vor der innerbetrieblichen Meldung gefasst[1685]. Die Gerichte mussten sich aber nicht nur aufgrund des Umstandes einer offensichtlich maßregelnden Kündigung nicht vertieft mit einer möglichen Nebenpflichtverletzung des Arbeitnehmers auseinandersetzen, eine Pflichtverletzung durch die innerbetriebliche Beschwerde kam vorliegend nicht in Betracht. Die Beschwerde des Arbeitnehmers zielte einzig darauf

---

1680 BAG, Urteil vom 18. Juni 1970 – 2 AZR 369/69, Rdn. 13 – juris.
1681 LAG Schleswig-Holstein, Urteil vom 28. Juni 2005 – 5 Sa 64/05 – juris. Da das Beschäftigungsverhältnis noch keine sechs Monate bestand, waren die Anwendungsvoraussetzungen des KSchG noch nicht erfüllt.
1682 LAG Schleswig-Holstein, Urteil vom 28. Juni 2005 – 5 Sa 64/05 – juris.
1683 LAG Schleswig-Holstein, Urteil vom 28. Juni 2005 – 5 Sa 64/05, Rdn. 29 – juris.
1684 LAG Schleswig-Holstein, Urteil vom 28. Juni 2005 – 5 Sa 64/05, Rdn. 24 – juris.
1685 LAG Schleswig-Holstein, Urteil vom 28. Juni 2005 – 5 Sa 64/05, Rdn. 30 ff. – juris.

ab, auf die bestehenden Mängel aufmerksam zu machen und eine Beseitigung zu bewirken. Sie enthielt keinerlei Diffamierungen oder Drohungen, nicht einmal die Ergreifung externer Schritte wurde explizit angekündigt[1686]. Zudem war ein Verstoß gegen Sicherheitsvorschriften evident. Die innerbetriebliche Meldung war mithin sachlich berechtigt. Auch waren keinerlei Anhaltspunkte ersichtlich, dass der Arbeitnehmer mit der innerbetrieblichen Meldung unredliche Motive verfolgte. Da das Gericht somit keine umfassende Würdigung des Sachverhaltes und der Grenzen der Nebenpflichten vornehmen musste und aufgrund des zeitlichen Zusammenhangs der Umstand einer lediglich maßregelenden Kündigung offensichtlich war, ist das Urteil nicht verallgemeinerungsfähig.

e) BAG, Urteil vom 27. September 2012 – 2 AZR 646/11

Deutlich besser geeignet, um die Frage einer Übertragung der Abwägungsgrundsätze zu beantworten, ist das zweite Urteil des BAG zu einer Konstellation des internen Whistleblowings. Bereits die erste, zuvor dargestellte, Auseinandersetzung des Bundesarbeitsgerichts mit einem Fall zum internen Whistleblowing verdeutlichte eingehend die Tendenz zur Anwendung von gleichförmigen Bewertungsmaßstäben. Diese in dem Urteil aus dem Jahre 1970 angedeutete Kongruenz der Prüfungskonzepte, wird in dem zweiten vom Bundesarbeitsgericht behandelten Fall zum internen Whistleblowing zunächst in erfreulicher Klarheit bestätigt. So führt das Bundesarbeitsgericht explizit aus, dass einiges dafür spreche, die Grundsätze des (externen) Whistleblowings *„sinngemäß auf den Bereich innerbetrieblicher Anzeigen zu übertragen“*[1687].

In dem zugrunde liegenden Fall wurde gegenüber einer ordentlich unkündbaren Arbeitnehmerin die außerordentliche Kündigung und hilfsweise die außerordentliche Kündigung mit sozialer Auslauffrist erklärt. Gestützte wurde diese Kündigung auf die Meldung der Arbeitnehmerin eines vermeintlichen Verstoßes gegen interne Vorgaben[1688]. Die Arbeitnehmerin wandte sich an die interne Revision um dort einen vermeintlichen *„schweren und vorsätzlichen Verstoß gegen die Sicherheitsrichtlinien* [...] *und ggfls. gegen gesetzliche Richtlinien“* anzuzeigen[1689]. Anlass dieser innerbetrieblichen Meldung waren vermeintliche Versäumnisse des Filialleiters in einem Kundengespräch[1690]. Bei dem streitigen Ereignis war die gekündigte Arbeitnehmerin an der Kasse eingesetzt und beobachtete eine Arbeitskollegin bei der Kundenbetreuung. Im Rahmen dieses Kundengespräches kam es zu Unstimmigkeiten. Die Arbeitskollegin hegte Zweifel an der Echtheit eines der vorgelegten Ausweisdokumente. Aufgrund dessen entwickelten sich im weiteren Verlauf des Gespräches

1686 LAG Schleswig-Holstein, Urteil vom 28. Juni 2005 – 5 Sa 64/05, Rdn. 2 ff. – juris.
1687 BAG, Urteil vom 27. September 2012 – 2 AZR 646/11, Orientierungssatz 3, Rdn. 38 – juris.
1688 LAG Düsseldorf, Urteil vom 7. April 2011 – 11 Sa 58/11, Rdn. 57 – juris.
1689 BAG, Urteil vom 27. September 2012 – 2 AZR 646/11, Rdn. 5 – juris.
1690 BAG, Urteil vom 27. September 2012 – 2 AZR 646/11, Rdn. 4 ff. – juris.

Kontroversen, so dass der Filialleiter die Betreuung der Kunden übernahm. Nachfolgend übergab dieser der Arbeitskollegin Unterlagen aus dem Kundengespräch zur weiteren Bearbeitung. Diesen Unterlagen waren zwei Fotokopien der Ausweisdokumente beigefügt, auf denen vermerkt war, dass das Original vorgelegen habe. Die Kundebetreuerin berichtete unter anderem der an der Kasse eingesetzten Arbeitnehmerin von ihren Zweifeln an der Echtheit der Ausweisdokumente, woraufhin die Arbeitnehmerin die oben genannte innerbetriebliche Meldung bei der internen Revision vornahm.

Die aufgrund der innerbetrieblichen Meldung erklärte Kündigung wurde in allen Instanzen für rechtunwirksam erachtet[1691]. Einen Vergleich zu der Situation des externen Whistleblowings wurde aber erst durch das Bundesarbeitsgericht erwogen[1692]. Leider scheut sich das Bundesarbeitsgericht davor, die befürwortete sinngemäße Übertragung in letzter Konsequenz zu verwirklichen.

So stellt das BAG fest, dass die mit der sinngemäßen Übertragung zusammenhängenden tatsächlichen und rechtlichen Fragen im konkreten Fall keiner vertieften Erörterung bedürften. Die Annahme des Landesarbeitsgerichts, die fristlose Kündigung erweise sich zumindest im Rahmen einer Einzelfallbeurteilung als nicht gerechtfertigt, halte einer revisionsrechtlichen Überprüfung stand[1693].

Diese Zurückhaltung erklärt sich bei einem Blick auf die Ausführungen des BAG zwei Absätze zuvor. In diesen führt das Bundesarbeitsgericht zunächst sein zweistufiges Abwägungskonzept zur Bewertung einer externen Whistleblowing-Konstellation aus, nachdem nicht nur bei wissentlich oder leichtfertig falschen Angaben eine Kündigung zulässig sei, sondern auch bei einer unverhältnismäßigen Reaktion. Sodann weist es kurz daraufhin, dass die Rechtssache *Heinisch*, nach der das Whistleblowing grundsätzlich auch dem Schutzbereich des Art. 10 EMRK unterfalle, eine solche Bewertung nicht generell ausschließe[1694]. Den Kernaspekt des Urteil in Sachen *Heinisch*, dass, entgegen den deutschen Rechtsgrundsätzen, das Kriterium des besonderen öffentlichen Interesses an der offenbarten Information in die Abwägung einzubeziehen sei, verschweigt das Bundesarbeitsgericht gänzlich. Dies suggeriert eine Konformität der deutschen Rechtsgrundsätze mit denen des Europäischen Gerichthof für Menschenrechte, die in diesem Maße nicht existiert[1695].

Der vom Bundesarbeitsgericht vorgenommene kurze und zudem unreflektierter Hinwies auf die Rechtsprechungsgrundsätze des Europäischen Gerichtshofs für Menschenrechte genügt den Anforderungen an die völkerrechtsfreundliche Auslegung[1696]

1691 ArbG Düsseldorf, Urteil vom 10. November 2010 – 8 Ca 4900/10 – juris; LAG Düsseldorf, Urteil vom 7. April 2011 – 11 Sa 58/11 – juris; BAG, Urteil vom 27. September 2012 – 2 AZR 646/11 – juris.

1692 ArbG Düsseldorf, Urteil vom 10. November 2010 – 8 Ca 4900/10 – juris; LAG Düsseldorf, Urteil vom 7. April 2011 – 11 Sa 58/11 – juris.

1693 BAG, Urteil vom 27. September 2012 – 2 AZR 646/11, Rdn. 39 – juris.

1694 BAG, Urteil vom 27. September 2012 – 2 AZR 646/11, Rdn. 37 – juris

1695 S.o.: **1. Teil: D.V.6.**

1696 Siehe hierzu oben: **1. Teil: D.V.4.b)ee)(2)**.

der Urteile des Europäischen Gerichthof für Menschenrechte aber nur dann, sofern die europäischen Grundsätze nicht entscheidungserheblich waren. Anders ausgedrückt: Bei einer vertieften Erörterung der mit dem Whistleblowing zusammenhängenden tatsächlichen und rechtlichen Fragen, wäre zugleich eine vertiefte Erörterung der Rechtssache *Heinisch* unumgänglich gewesen. Insbesondere hätte das Bundesarbeitsgericht zu der, den deutschen Rechtsgrundsätzen widersprechenden, Einbeziehung des Kriteriums des öffentlichen Interesses Stellung beziehen müssen.

In Anbetracht dessen, das vorliegend möglicherweise ein Verstoß gegen das Geldwäschegesetz erfolgte und somit ein überindividualistisches Interesse tangiert ist, wäre eine Auseinandersetzung mit dem Kriterium unvermeidbar gewesen. Dieser Konfrontation versucht das Bundesarbeitsgericht sich zu entziehen, indem es erklärt, dass der vorliegende Fall keiner vertiefte Erörterung der Grundsätze des externen Whistleblowings bedürfe, da die Kündigung *„zumindest“* im Rahmen einer gegebenenfalls vorzunehmenden Einzellfallbeurteilung und Interessenabwägung nicht gerechtfertigt sei[1697].

Dieser *Kunstgriff*, der offenbar von dem Bestreben geprägt ist, eine offene Auseinandersetzung und Konfrontation mit der Rechtsprechung des Europäischen Gerichtshofs für Menschenrechte zu vermeiden, vermag nicht zu überzeugen. Bemerkenswert ist schon der Umstand, dass das Gericht, entgegen früherer und allgemeiner Gepflogenheiten, die zur Bestimmung der Unverhältnismäßigkeit heranzuziehenden Kriterien nicht im Einzelnen benennt, sondern nur auf die einschlägigen Urteile verweist[1698]. Bei expliziter Nennung der einzelnen Kriterien wäre die Divergenz zu der Entscheidung des EGMR in Sachen *Heinisch* leichter identifizierbar gewesen.

Zur Vermeidung einer offenen Konfrontation mit dem Europäischen Gerichtshofs für Menschenrechte hat das Bundesarbeitsgericht auf eine explizite und konsequente sinngemäße Übertragung des Prüfungsprogramms zum externen Whistleblowing auf die Konstellation des internen Whistleblowings verzichtet.

Dies kann allerdings nicht darüber hinweg täuschen, dass das Bundesarbeitsgericht dennoch im konkreten Fall dasselbe Prüfungskonzept anwendet wie beim externen Whistleblowing.

So beginnt die Prüfung der Pflichtverletzung der Arbeitnehmerin mit der Feststellung, dass die Arbeitgeberin nicht den Beweis geführt habe, dass die Arbeitnehmerin falsche Tatsachenbehauptungen aufgestellt habe. Auch wenn die Anschuldigungen auf dürftigen Verdachtsmomenten beruht haben, seien sie gleichwohl nicht *„ins Blaue hinein“* erhoben wurden[1699].

Auch wenn die Terminologie geringfügig abweicht und Verweise auf die entsprechenden Rechtsgrundsätze fehlen, so ist dennoch evident, dass diese Ausführungen denen der Rechtsprechung zum externen Whistleblowing entliehen sind, nachdem

1697 BAG, Urteil vom 27. September 2012 – 2 AZR 646/11, Rdn. 39 – juris.
1698 BAG, Urteil vom 27. September 2012 – 2 AZR 646/11, Rdn. 37 – juris.
1699 BAG, Urteil vom 27. September 2012 – 2 AZR 646/11, Rdn. 43 – juris.

auf der ersten Stufe zunächst zu prüfen ist, ob wissentlich unwahre oder leichtfertig falsche Informationen offenbart wurden. Die Wendung *„ins Blaue hinein“* ist sogar allgemein als Umschreibung eines leichtfertigen Handelns anerkannt[1700]. Somit würdigt das Bundesarbeitsgericht, in konsequenter Anwendung seiner Abwägungsgrundsätze zum externen Whistleblowing und insoweit auch in Übereinstimmung mit den zuvor aufgeführten Entscheidungen der Instanzgerichte[1701], auch im Rahmen des internen Whistleblowings zunächst das Kriterium der Prüfungspflicht[1702].

Bereits dieser Umstand bewirkt, dass die Kündigungsrelevanz des internen Whistleblowings nach einem wesentlich engeren Korsett zu bestimmen ist, als es bei einer Abwägung unter Beachtung aller Umstände des Einzelfalles möglich wäre. Zunächst ist stets die Frage zu erörtern, ob der Hinweisgeber seine Prüfungspflicht erfüllte und nicht leichtfertig falsche Angabe machte oder die innerbetriebliche Meldung sogar wissentliche unwahre Darstellungen enthielt[1703].

Im weiteren Verlauf weist das Bundesarbeitsgericht auch noch auf die Bedeutung der Motivation hin[1704]. Dieses Kriterium ist nach Ansicht des Bundesarbeitsgerichts das gewichtigste Kriterium innerhalb der zweiten Stufe der Abwägung[1705]. Einzig das verbleibende Abwägungskriterium der sachlichen Berechtigung wird nicht ausdrücklich subsumiert.

Auf das, nach der hier vertretenen Ansicht, innerhalb dieser Kriterien ebenfalls – nachrangig – zu würdigende Kriterium eines besonderen öffentlichen Interesses, geht das Bundesarbeitsgericht aus den genannten Gründen nicht ein. Indem das Bundesarbeitsgericht explizit eine sinngemäße Übertragung der Grundsätze des externen Whistleblowings befürwortet[1706], zugleich aber das Kriterium eines besonderen öffentlichen Interesses dabei gänzlich außer Acht lässt[1707], widerspricht das Gericht somit konkludent zugleich einer Einbeziehung eines öffentlichen Interesses in den Abwägungsvorgang. Das höchstinstanzliche Arbeitsgericht offenbart somit ebenfalls[1708]eine ablehnende Haltung gegenüber der Einbeziehung des öffentlichen Interesses und urteilt weitgehend unbeeindruckt von der Entscheidung des Europäischen Gerichtshofs für Menschenrechte. Die vorgenommene sinngemäße Prüfung des BAG entspricht dem tradierten Zweistufigen-Abwägungskonzept zum externen Whistleblowing, das auch vor der Entscheidung des Europäischen Gerichtshofs für Menschrechte angewandt worden ist.

1700 S.o.: **1. Teil: B.II.3.a).**
1701 S.o.: **2. Teil: A.II.1.a), A.II.1.b).**
1702 Vergl. ausführlich zur 2. Prüfungsebene: **1. Teil: B.I.**
1703 S.o.: **1. Teil: B.II.**
1704 BAG, Urteil vom 27. September 2012 – 2 AZR 646/11, Rdn. 43 – juris.
1705 S.o.: **1. Teil: C.I.2.c), C.IV.2.**
1706 BAG, Urteil vom 27. September 2012 – 2 AZR 646/11, Rdn. 38 – juris.
1707 BAG, Urteil vom 27. September 2012 – 2 AZR 646/11 – juris.
1708 Vergl. zur der hier vertretenen kritischen Haltung: **1. Teil: D.V.4.b)cc).** Zur kritischen Haltung des LAG Köln vergl.: **1. Teil: D.V.4.b)gg)(c), D.V.4.b)gg)(d).**

f) Zwischenergebnis

Zu konstatieren ist somit, dass das Bundesarbeitsgericht bei der Bewertung der Kündigungsrelevanz des internen Whistleblowings keinen abweichenden Maßstab anlegt, sondern in Parallelität zur Entwicklung der Rechtsgrundsätze zum externen Whistleblowing stringent eine sinngemäße Übertragung der Abwägungskriterien vornimmt. Die in Anbetracht der Entscheidung des Europäischen Gerichtshofs geübte Zurückhaltung, gegenüber einer offenen und vollständigen Übertragung aller in Betracht kommenden Abwägungskriterien, kann nicht überzeugen.

2. Literaturansichten

In der Literatur wird die Kündigungsrelevanz des internen Whistleblowings nicht beleuchtet[1709]. Die Konstellation einer Kündigung aufgrund einer Offenbarung von betrieblichen Missständen, die den organisationsinternen Bereich nicht verlässt, wird gänzlich ausgespart. Lediglich in der Arbeit von *Berthold* wird das Urteil des Bundesarbeitsgerichts aus dem Jahre 1970 kursorisch behandelt[1710]. Dabei wird nicht deutlich, ob die Besonderheit des Umstandes einer lediglich organisationsinternen Meldung erkannt wurde. Zwar wird darauf hingewiesen, dass die Ausführungen nur bedingt verallgemeinerungsfähig seien, da das Bundesarbeitsgericht auf die Zugehörigkeit der Klägerin zum öffentlichen Dienst abgestellt habe, allerdings scheint sich dies nur auf die Anwendbarkeit des Art. 17 GG zu beziehen. Denn das Urteil wird zusammen mit anderen Fällen des externen Whistleblowings, bei denen die Offenbarung gegenüber einer Behörde zugleich eine organisationsexterne Offenlegung des Missstandes bedeutete, im Kapitel Whistleblowing gegenüber Behörden aufgeführt[1711]. Auf die Besonderheit, dass aufgrund der Zugehörigkeit der Klägerin zum öffentlichen Dienst die innerbetriebliche Offenbarung zwingend gegenüber einer Behörde erfolgen musste, und somit ein Fall des internen Whistleblowings vorlag, wird nicht hingewiesen. Ungeachtet dessen, beschränken sich die Ausführungen auf die bloße Darstellung der Entscheidung.

Auch der im Jahre 2012 entschiedene Fall des Bundesarbeitsgerichts verursachte nur eine sehr geringe Resonanz in der Literatur. Lediglich in einer kurzen Urteilsanmerkung von *Siebert* wird das Urteil erläutert. Dabei wird jedoch nicht auf die Problematik einer sinngemäßen Übertragung der Abwägungsgrundsätze des externen Whistleblowings auf die Fälle der innerbetrieblichen Anzeige eingegangen, sondern das Urteil als lesenswertes Beispiel benannt, für den generell bei außerordentlichen Kündigungen anzulegenden Maßstab[1712].

1709 Vereinzelnd wird das interne Whistleblowing sogar als *„weitgehend unproblematisch“* bezeichnet, so etwa: *Groneberg*, S. 216.

1710 *Berthold*, S. 12 ff.

1711 Vergl.: *Berthold*, S. 9.

1712 *Siebert*, ArbRAktuell 2013, 268.

3. Sinngemäße Anwendung

Der vom Bundesarbeitsgericht in den Entscheidungen aus dem Jahre 1970 und 2012 erkennbare Ansatz einer sinngemäßen Übertragung der Abwägungsgrundsätze zum externen Whistleblowing auf die Konstellationen des internen Whistleblowings überzeugt grundsätzlich. Ein Wesensunterschied, der einer solchen Übertragung entgegenstünde, ist nicht ersichtlich. Ergreift der Arbeitgeber bereits bei einem organisationsinternem Hinweis arbeitsrechtliche Sanktionen, so bestimmt sich die Wirksamkeit dieser grundsätzlich nach denselben Abwägungskriterien, die zur Konstellation des externen Whistleblowings erarbeitet worden sind.

Sinngemäße Anwendung bedeutet insofern, dass alle Kriterien die beim externen Whistleblowing zu beachten sind, auch bei der Prüfung der Konstellation des internen Whistleblowings soweit wie möglich heranzuziehen sind. Die den Kriterien zugeordnete Wertigkeit ist dabei grundsätzlich ebenfalls zu bewahren. Eine Abweichung ist nur gerechtfertigt, sofern die Eigenart des internen Whistleblowings dies erfordert. Eine nahtlose Übertragung der herausgearbeiteten Abwägungsgrundsätze zum externen Whistleblowing kann bei einer sinngemäßen Anwendung auf die Konstellation des internen Whistleblowings aber nicht erfolgen.

Offensichtlich gilt dies für die erste Ebene der Prüfung (Ausschlusstatbestände)[1713]. Die gesetzliche Anzeigepflicht des § 138 StGB kann nicht durch eine innerbetriebliche Anzeige gegenüber dem Arbeitgeber erfüllt werden. Dasselbe gilt für die Konstellationen in denen die Straftat unmittelbar gegen den Arbeitnehmer gerichtet ist oder der Arbeitnehmer, sofern er Stillschweigen über den betrieblichen Missstand bewahrt, sich der Gefahr einer eigenen Strafbarkeit aussetzt. Evident ist ebenfalls, dass das Kriterium der grundsätzlichen Pflicht zu einem vorherigen innerbetrieblichen Hinweis nicht herangezogen werden kann. Denn ebenjene Pflicht erfüllt der Hinweisgeber durch eine lediglich organisationsinterne Meldung des Missstandes.

a) 1. und 2. Stufe des Prüfungskonzeptes im Rahmen des internen Whistleblowings

Die sinngemäße Übertragung führt daher dazu, dass an erster Stelle die Frage steht, ob der Hinweisgeber seine Prüfungspflicht erfüllt hat oder bei der innerbetrieblichen Meldung leichtfertig falsche oder sogar wissentlich unwahre Angaben machte[1714]. Die Feststellung der Leichtfertigkeit erfolgt nach den gleichen Grundsätzen wie im Rahmen des externen Whistleblowings. Abweichende Besonderheiten bestehen insofern nicht. Dies gilt insbesondere für die Konstellationen, in denen der Wahrheitsgehalt der innerbetrieblichen Meldung letztlich nicht aufklärbar ist[1715]. Im Anschluss hieran

---

1713 S.o.: **1. Teil: B.I.**

1714 Ebenso: BAG, Urteil vom 27. September 2012 – 2 AZR 646/11, Rdn. 43 – juris; vergl.: **2. Teil: A.II.1.e)**.

1715 BAG, Urteil vom 3. Juli 2003 – 2 AZR 235/02, Rdn. 33 – juris; S.o.: **1. Teil: B.II.5.b)**.

sind auf der zweiten Stufe der Prüfung zum internen Whistleblowing, die Kriterien der dritten Prüfungsebene des externen Whistleblowings zu beachten.

Fraglich ist, ob hinsichtlich des Rangverhältnisses der im Rahmen des internen Whistleblowings verbleibenden drei Abwägungskriterien – Motivation, sachliche Berechtigung und besonderes öffentliches Interesse – Besonderheiten zu beachten sind?

aa) Relativierung des Bedeutungsgehaltes der Motivation im Rahmen des internen Whistleblowings?

Das Urteil des Bundesarbeitsgerichts aus dem Jahre 2012 zum internen Whistleblowing erfordert es, das Kriterium der Motivation erneut einer gesonderten Betrachtung zu unterziehen. Den Beweggründen misst das Bundesarbeitsgericht im Rahmen des externen Whistleblowings *„besondere Bedeutung*[1716]*" zu*[1717]. Diese besondere Bedeutung, im Sinne des gewichtigsten Indizes im Rahmen der Abwägungskriterien auf der zweiten Stufe, relativiert das Bundesarbeitsgericht in der Konstellation des internen Whistleblowings.

Im entschiedenen Fall war das Arbeitsverhältnis der Klägerin insgesamt angespannt. So äußerte die Arbeitnehmerin etwa in einem anderen Rechtsstreit mit der Arbeitgeberin, dass sie schon einige Filialleiter habe *„kommen und gehen sehen"* und auch den jetzigen *„aussitzen"* werde[1718]. Aufgrund dieser Äußerungen erscheint die Annahme nicht fernliegend, dass die Arbeitnehmerin einzig aus persönlichem Groll eine innerbetriebliche Meldung erstatte. Das Gericht führt aber aus, dass die möglicherweise bestehende Pflichtverletzung ausreichend mit einer Abmahnung sanktioniert sei[1719]. Dieser Vorrang der Abmahnung gelte selbst dann, wenn der innerbetrieblichen *„Anzeige"* sachfremde Motive zugrunde gelegen haben sollten[1720].

Da das Bundesarbeitsgericht somit selbst in dieser Konstellation davon ausgeht, dass eine Kündigung nicht erforderlich ist, misst es einer unredlichen Motivation im Rahmen des internen Whistleblowings eine geringere Bedeutung zu, als einer entsprechend motivierten organisationsexternen Offenbarung. Denn bei letzterem erblickt das Bundesarbeitsgericht grundsätzlich eine zur Kündigung berechtigende unverhältnismäßige Reaktion des Arbeitnehmers[1721]. Vermag die unredliche

1716 BAG, Urteil vom 3. Juli 2003 – 2 AZR 235/02, Rdn. 39 – juris.

1717 Siehe ausführlich zum Kriterium der Motivation: **1. Teil: C.I.**

1718 LAG Düsseldorf, Urteil vom 7. April 2011 – 11 Sa 58/11, Rdn. 3, 68 – juris; BAG, Urteil vom 27. September 2012 – 2 AZR 646/11, Rdn. 13 – juris.

1719 BAG, Urteil vom 27. September 2012 – 2 AZR 646/11, Rdn. 43 – juris. Die mögliche Pflichtverletzung erblickt das Bundesarbeitsgericht darin, dass die Arbeitnehmerin, trotz nur dürftiger Verdachtsmomente, nicht lediglich einen Verdacht äußerte, sondern eine Anschuldigung erhob.

1720 BAG, Urteil vom 27. September 2012 – 2 AZR 646/11, Rdn. 43 – juris.

1721 Siehe ausführlich hierzu: **1. Teil: C.I, C.IV.2**; BAG, Urteil vom 3. Juli 2003 – 2 AZR 235/02, Rdn. 39 – juris; BAG, Urteil vom 4. Juli 1991 – 2 AZR 80/91, Orientierungssatz 2 – juris.

Motivation im Rahmen des externen Whistleblowings noch regelmäßig eine Kündigung zu rechtfertigen, so ist ein entsprechender Beweggrund beim internen Whistleblowing durch eine Abmahnung hinreichend sanktioniert.

Fraglich ist, ob diese Relativierung des Bedeutungsgehaltes des Kriteriums überzeugen kann. Das Kriterium der Motivation des Whistleblowers wird im Rahmen der externen Offenbarung vom Bundesarbeitsgericht – zu Recht – als gewichtigstes Kriterium innerhalb der dritten Prüfungsebene gewürdigt. Der hohe Bedeutungsgehalt des Kriteriums beruht auf mehreren Aspekten[1722]. Zunächst ist zu beachten, dass ein grundrechtlich verbürgter Anspruch des Arbeitgebers besteht, nur mit solchen Arbeitnehmer zusammen zu arbeiten, die die Ziele des Unternehmens fördern und es vor Schäden bewahren. Insofern dürfen Sanktionsmöglichkeiten gegenüber Arbeitnehmern, die unredliches und bewusst schädigendes Whistleblowing betreiben, nicht ausgeschlossen sein. Allerdings kann nur durch die Einbeziehung der Beweggründe des Whistleblowers ein solches rechtsmissbräuchliches Whistleblowing enttarnt werden. Bei Nichtbeachtung der Motivation könnte der Arbeitnehmer unter dem Deckmantel des Whistleblowings den Arbeitgeber unbehelligt schädigen. Insofern bewirkt die Einbeziehung des Kriteriums auch eine gewisse Abschreckung. Auch die bei einer verhaltensbedingten Kündigung stets erforderliche Negativprognose ist nur sinnvoll unter Beachtung der Motivation des Hinweisgebers durchzuführen. Diese Erwägungen zur Rechtfertigung des hohen Bedeutungsgehaltes des Kriteriums im Rahmen des externen Whistleblowings greifen nicht im gleichen Ausmaß in der Konstellation des internen Whistleblowings, so dass zugleich die Grundlage einer überproportionalen Gewichtung entfällt.

Ein unredliches internes Whistleblowing kann keine Schäden im existentiellen Ausmaß bewirken. Beim internen Whistleblowing besteht die Gefahr einer Rufschädigung des Arbeitgebers überhaupt nicht[1723]. Schäden des Arbeitgebers können lediglich aus der verursachten Störung des Betriebsfriedens resultieren[1724]. Diese möglicherweise verursachten betrieblichen Ablaufstörungen sind gleichwohl nicht denen mit dem externen Whistleblowing einhergehenden Gefahren vergleichbar. Sofern ein Arbeitskollege über einen anderen Arbeitskollegen behauptet, ihm sei ein betrieblicher Missstand anzulasten, so mag dies zu Unruhen in der Belegschaft führen, diese Verstimmungen sind jedoch keinesfalls den Turbulenzen vergleichbar,

1722 Ausführlich s.o.: **1. Teil: C.I.2, C.IV.1, C.IV.2.**

1723 S.o.: **1. Teil: A.I.1.**

1724 Ungeachtet dessen, kann das interne Whistleblowing auch einen Verstoß gegen die Verschwiegenheitspflicht darstellen. Allerdings ist diese Konstellation nur von geringer praktischer Relevanz. Grundsätzlich denkbar ist aber, dass ein Geheimnisträger einem Dritten ein Betriebs- oder Geschäftsgeheimnis offenbart, der zugleich Betriebsangehöriger ist, aber nicht zum Personenkreis der Geheimnisträger gehört, vergl.: **2. Teil: A.I.2.**

die beispielsweise bei einer externen Meldung über vermeintlich bakteriell kontaminierte Lebensmittel entstehen können[1725].

Auch das Vertrauensverhältnis zum Arbeitgeber scheint durch eine unredliche innerbetriebliche Meldung regelmäßig nicht im selben Maße belastet. Immerhin ist die unredliche organisationsinterne Anzeige, im Vergleich zur organisationsexternen Meldung, noch das diskretere Mittel.

Ferner gilt es zu beachten, dass die meisten Menschen dazu neigen, Kritik an ihrer Mitmenschen zu üben[1726]. Zwar ist die Grenze zu einem tolerierbaren Maß, dieser dem menschlichen Wesen wohl immanenten Verhaltensweise, in jeden Fall überschritten, wenn das Mittel der innerbetrieblichen Anzeige pervertiert wird, um Missfallen über einen Kollegen zum Ausdruck zu bringen. Dieser missbilligenswerte Umstand kann aber keine überproportionale Gewichtung der Motivation innerhalb der übrigen Kriterien rechtfertigen.

bb) Ergebnis

Die Relativierung der herausgehobenen Stellung des Kriteriums der Motivation im Rahmen des internen Whistleblowings im Vergleich zum externen Whistleblowing überzeugt.

Gleichwohl bleiben die Beweggründe im Rahmen der Abwägung auf der Zweiten Stufe nicht gänzlich unbeachtet. Eine Berücksichtigung ist zur Durchführung der Negativprognose weiterhin unumgänglich. Ebenso können unredliche innerbetriebliche Hinweise ohne eine Berücksichtigung der Motivation nicht entdeckt und sanktioniert werden. Eine solche Sanktionierung muss aufgrund des grundrechtlich geschützten Interesses des Arbeitgebers *„nur mit solchen Arbeitnehmern zusammenzuarbeiten, die die Ziele des Unternehmens fördern und das Unternehmen*

1725 Nach einer Schätzung, verursachte die Warnung der Hamburger Gesundheitssenatorin vor spanischen Gurken, die mit Ehec-Bakterien kontaminiert seien, Schäden in Höhe von wöchentlich € 200 Millionen. Es stellte sich letztlich heraus, dass die spanischen Gurken zwar verunreinigt, aber nicht Auslöser der Ehec-Epidemie waren. Vergl.: http://www.faz.net/aktuell/gesellschaft/gesundheit/suche-nach-ehec-quelle-spanische-gurken-nicht-epidemie-ausloeser-1637570.html (zuletzt abgerufen am 1. November 2014). Ermächtigungsgrundlage für ein solches behördliches Handeln ist grundsätzlich § 40 LFBG. Vergl. hierzu: *Schoch*, NJW 2012, 2844. Für einen Schadensersatzanspruch müsste der vermeintlich Geschädigte die Kausalität zwischen Warnung und eingetretenen Schäden nachweisen. Bereits diesen Nachweis zu erbringen, erscheint schwierig. Vergl. hierzu: **1. Teil: C.VII.** Hinzu kommt, dass vorliegend bereits das Vorliegen einer rechtswidrigen Handlung zweifelhaft erscheint. Die Gurken waren zwar nicht Auslöser der Epidemie, allerdings wiesen sie dennoch Verunreinigungen auf.

1726 Nach Auffassung des Bundesarbeitsgericht ist dies sogar *„die bekannte Neigung aller Menschen“*, vergl.: BAG, Urteil vom 21. Oktober 1965 – 2 AZR 2/65, Rdn. 20 – juris.

vor Schäden bewahren" aber weiterhin möglich sein[1727]. Auch die Abschreckungswirkung auf Arbeitnehmer, die einen Missbrauch der innerbetrieblichen Meldesysteme erwägen, entfiele gleichsam, sofern die Motivation des Hinweisgebers nicht mehr berücksichtigt wird. Darüber hinaus obliegt es dem Arbeitgeber aufgrund seiner Schutz- und Fürsorgepflicht aus § 241 Abs. 2 BGB, das systematische Anfeinden, Schikanieren oder Diskriminieren (Mobbing[1728]) im Betrieb zu unterbinden und sich gegebenenfalls schützend vor einen betroffenen Arbeitnehmer zu stellen[1729]. Diese Pflicht kann der Arbeitgeber aber nur dann erfüllen, wenn er zumindest versucht, die Beweggründe der innerbetrieblichen Meldung zu eruieren. Ziel eines wirtschaftlich handelnden Arbeitgebers ist es, ein Betriebsklima zu schaffen, indem die Arbeitsprozesse möglichst störungsfrei und somit effektiv verrichtet werden. Missbräuchliches internes Whistleblowing ist diesem Betriebsfrieden ebenso abträglich, wie die Furcht bei berechtigten innerbetrieblichen Meldung Repressalien ausgesetzt zu sein. Sind von einem organisationsinternen Hinweis Arbeitskollegen betroffen, so sind auch diese daran interessiert, dass die Beweggründe des Hinweisgebers nicht außer Acht gelassen werden.

cc) Wertigkeit der sachlichen Berechtigung innerhalb der zweiten Prüfungsstufe

Gleichsam ist auch nicht der Schluss zulässig, dass aufgrund der Einschränkung der Wertigkeit der Beweggründe zur innerbetrieblichen Offenbarung, das Kriterium der sachlichen Berechtigung vorrangig, innerhalb der zweiten Prüfungsstufe zu beachten ist. Die Argumente für einen herausgehobenen Stellenwert der sachlichen Berechtigung sind nicht auf die Situation einer lediglich internen Offenbarung übertragbar. Die Befürworter argumentieren, dass aus schutzunwürdigen, gesetzwidrigen Verhaltensweisen kein schützenswerter Ruf des Arbeitgebers resultieren könne. Unterstellt bei einem sachlich zutreffenden Vorwurf bestünde daher nur noch der bloße Anschein eines guten Rufes des Arbeitgebers[1730], so ist dies, in der Konstellation der lediglich organisationsinternen Offenbarung, unbeachtlich. Denn die Nebenpflichtverletzung beruht bei einer lediglich internen Offenbarung beruht nicht auf einer möglichen Gefährdung des guten Rufs des Arbeitgebers. Vielmehr sind die Interessen an einer Wahrung des Betriebsfriedens und dem Schutz der Persönlichkeitsrechte anderer Arbeitnehmer betroffen. Eine Verletzung dieser schützenswerten Interessen richtet sich jedoch nicht primär danach, ob die innerbetriebliche Meldung sachlich zutreffende Informationen enthält.

1727 BAG, Urteil vom 3. Juli 2003 – 2 AZR 235/02, Rdn. 36 – juris.

1728 Zum Begriff des Mobbings: BAG, Beschluss vom 15. Januar 1997 – 7 ABR 14/96, NZA 1997, 781.

1729 MünchHdbArbR/*Reichold* § 86, Rdn. 24; A/P/S/*Dörner-Vossen* § 626 BGB, Rdn. 238c.

1730 S.o.: *Forst*, NJW 2011, 3477, 3480; ausführlich hierzu: **1. Teil: C.II.2.**

Die Relativierung des Bedeutungsgehaltes der Motivation bewirkt somit, dass die Kriterien Motivation und sachliche Berechtigung innerhalb der zweiten Prüfungsebene gleichrangig zu betrachten sind.

Die Überlegungen die zur nachrangigen Einordnung des Kriteriums des besonderen öffentlichen Interesses gegenüber den zuvor genannten Kriterien im Rahmen des externen Whistleblowings führten[1731], sind gleichsam im Rahmen des internen Whistleblowings zutreffend, so dass auch in diesen Konstellationen das besondere öffentliche Interesse an der Information nur nachrangig zu würdigen ist.

b) 3. Prüfungsstufe – originäre Kriterien des internen Whistleblowings, Betriebsfrieden und Persönlichkeitsrechte

Allerdings erschöpft sich die Prüfung der Rechtfertigung einer arbeitsrechtlichen Sanktionsmaßnahme, nach einem internen Whistleblowing, nicht in diesen zwei Stufen. Die zum externen Whistleblowing erarbeiteten und sinngemäß auf das interne Whistleblowing übertragenen Abwägungsgrundsätze sind Ausdruck einer Konkretisierung der arbeitsvertraglichen Rücksichtnahmepflicht, unter besonderer Beachtung der durch die externe Offenbarung tangierten, konfligierenden grundrechtlichen Interessen. Da im Rahmen des internen Whistleblowings weitere spezielle Ausprägungen der Rücksichtnahmepflicht verletzt sein können, sind im Einzelfall weitere Aspekte zu würdigen.

Sofern der Arbeitgeber eine Kündigung auf eine Störung des Betriebsfriedens stützt, so muss er eine solche dezidiert darlegen. Die bloße Möglichkeit einer hervorgerufenen Störung vermag eine verhaltensbedingte Kündigung nicht zu rechtfertigen[1732].

Stützt der Arbeitgeber demgegenüber seine Kündigungserklärung auf den diffamierenden Inhalt einer innerbetrieblichen Meldung, so sind die Begleitumstände besonders zu würdigen. Bei Berücksichtigung eines vorherrschenden allgemein rauen Umgangston in einem Betrieb oder einem bestimmten Betriebsteil vermag etwa eine verbale Entgleisung in einem weniger strengen Licht erscheinen[1733]. Diese Privilegierung gilt aber nicht, sofern die innerbetriebliche Anzeige gröbste Beleidigungen enthält[1734]. Auch die Ernsthaftigkeit der enthaltenden ehrenrührigen Äußerungen ist

---

1731 S.o.: **1. Teil D.V.4.b) ff.**

1732 S.o.: **2. Teil: A.I.4**; BAG, Urteil vom 27. September 2012 – 2 AZR 646/11, Rdn. 45 – juris.

1733 LAG Rheinland-Pfalz, Urteil vom 18. August 2011 – 2 Sa 232/11, Rdn. 23 – juris.

1734 LAG Düsseldorf, Urteil vom 10. Dezember 2008 – 12 Sa 1190/08, Rdn. 13 – juris. Dies bedeutet aber nicht, dass eine Kündigung in einer solchen Konstellation stets zulässig ist. Im obigen Fall des LAG Düsseldorf wurde die außerordentliche Kündigung, trotz gröbster Beleidigungen und Bedrohungen, als unwirksam erachtet: LAG Düsseldorf, Urteil vom 10. Dezember 2008 – 12 Sa 1190/08, Rdn. 18 ff. – juris.

zu würdigen[1735]. Evident ist ebenfalls, dass einer Aussage kein Sinn beigelegt werden darf, den sie nicht besitzt. Sind die enthaltenden Äußerungen mehrdeutig, so muss eine ebenfalls mögliche und für den Hinweisgeber günstige, nicht diffamierende, Deutung mit überzeugenden Gründen ausgeschlossen werden. Bei Aussagen die bildlich eingekleidet sind, müssen sowohl die Einkleidung der Aussage selbst als auch die Kernaussage je für sich dahin überprüft werden, ob sie eine Grenzüberschreitung darstellen[1736].

Weitere im Zusammenhang mit diffamierenden Äußerungen im Allgemeinen zu beachtende Einschränkungen, werden in der Konstellation des internen Whistleblowings nur selten von besonderer Relevanz sein. So ist im Allgemeinen zu beachten, dass der sich negativ äußernde Arbeitnehmer in seinem Vertrauen darauf geschützt ist, dass die Inhalte eines privaten Gespräches unter Arbeitskollegen nicht nach außen getragen werden[1737]. Etwas anderes gilt nur dann, wenn der Arbeitnehmer selbst die Vertraulichkeit des Gespräches aufhebt, so dass die Gelegenheit für Dritte, seine Äußerungen zur Kenntnis zu nehmen, ihm zurechenbar wird[1738]. Ein solcher Fall liegt beispielsweise dann vor, wenn der sich negativ äußernde Arbeitnehmer eine ehrenrührige Behauptung an eine – vermeintliche – Vertrauensperson richtet, damit diese die Gerüchte im Betrieb in Umlauf bringt[1739].

Diese Einschränkungen werden für das interne Whistleblowing nur dann bedeutsam, sofern die innerbetriebliche Anzeige ein privates Gespräches unter Arbeitskollegen wiedergibt, in dem betriebliche Missstände thematisiert werden und nicht lediglich private Gesinnungen ohne Bezug zum Beschäftigungsverhältnis wiedergegeben werden[1740]. Die Tatbestandsvoraussetzungen des internen Whistleblowings sind aber dann erfüllt, wenn der Hinweisgeber nach einem privaten Gespräche unter Arbeitskollegen sich dafür entschließt, das Fehlverhalten eines Vorgesetzten durch eine innerbetriebliche Meldung zu rügen[1741]. Unschädlich ist es zudem, ob der Arbeitnehmer sich auf eigene Erkenntnisse stützt oder sich auf die Angaben eines Kollegen verlässt. Allerdings sollte der Hinweisgeber, um dem Vorwurf der

---

1735 KR-*Griebeling* § 1 KSchG, Rdn. 463. Am angegebenen Ort werden weitere Umstände aufgeführt, die im Rahmen einer Kündigung aufgrund einer beleidigenden Äußerung zu beachten sind.

1736 BAG, Urteil vom 24. November 2005 – 2 AZR 584/04, Rdn. 27 – juris.

1737 BAG, Urteil vom 10. Dezember 2009 – 2 AZR 534/08, Rdn. 18 – juris.

1738 A/P/S/*Dörner-Vossen* § 626 BGB, Rdn. 230; v. Hoyningen-Huene/Linck/*Krause* § 1 KSchG, Rdn. 637; KR-*Fischermeier* § 626 BGB, Rdn. 415.

1739 A/P/S/*Dörner-Vossen* § 626 BGB, Rdn. 230; KR-*Fischermeier* § 1 KSchG, Rdn. 465.

1740 Zu einem solchen Fall: BAG, Urteil vom 21. Oktober 1965 – 2 AZR 2/65 – juris.

1741 Vergl. zu der Frage, ob auch eine Pflicht des Arbeitnehmers bestehen kann, Informationen aus einem vertraulichen Gespräch zu offenbaren: **2. Teil: B.I.3.d); B.I.3.e)gg)**.

Leichtfertigkeit zu entgehen, deutlich zu erkennen geben, ob der erhobene Vorwurf auf eigenen Erkenntnissen oder auf denen Dritter fußt[1742].

4. *Strengere Anforderungen an eine Kündigung aufgrund des internen Whistleblowings*

Das in diesem Abschnitt intensiv beleuchtete Urteil des Bundesarbeitsgerichts aus dem Jahre 2012 wirft die Frage auf, ob eine Kündigung aufgrund eines lediglich internen Hinweises generell (noch) strengeren Anforderungen zu unterstellen ist als eine Kündigung aufgrund externen Whistleblowing.

Im Rahmen der sinngemäßen Übertragung der Kriterien weist das Gericht daraufhin, dass die Arbeitnehmerin ihre Pflicht zur Diskretion zumindest insoweit gewahrt habe, da sie sich an eine innerbetriebliche Stelle („*Zentrale Revision*") der Arbeitgeberin gewandt habe[1743]. Zunächst bestätigen diese Ausführungen das herausgestellte Ergebnis[1744], dass der Umstand der innerbetrieblichen Meldung *an sich* kein Verstoß gegen eine Nebenpflicht aus dem Arbeitsverhältnis darstellen kann. Die Erfüllung der im Rahmen des externen Whistleblowings grundsätzlich bestehenden Pflicht zur vorherigen innerbetrieblichen Meldung ist vielmehr Ausdruck einer die Arbeitgeberinteressen schonenden, diskreten Vorgehensweise.

Fraglich ist aber, ob den Ausführungen darüber hinaus ein weitergehender Bedeutungsgehalt beigemessen werden kann. Es erscheint durchaus denkbar, in diesen Ausführungen einen Anhaltspunkt für ein generell (noch) restriktiveres Verständnis des Bundesarbeitsgerichts zur Kündigungsberechtigung im Falle des internen Whistleblowings zu erblicken. Denn der Hinweis, dass die Arbeitnehmerin ihre Pflicht zur Diskretion wahrte, indem sie sich an die *„Zentrale Revision"* der Arbeitgeberin wandte, wäre schlicht überflüssig, sofern diesem Verhalten nicht eine gewisse rechtliche Bedeutung beigemessen werden soll. Obgleich erscheint einzig diese Hervorhebung, der die Arbeitgeberinteressen schonenden Vorgehensweisen der Gekündigten, noch nicht geeignet, die Annahme zu rechtfertigen, dass das Bundesarbeitsgericht grundsätzlich noch höhere Anforderungen an die Zulässigkeit einer Kündigung aufgrund von internen Whistleblowing stellt.

Es gilt aber ferner zu beachten, dass das Bundesarbeitsgericht nicht nur den Umstand der diskreten Vorgehensweise lobend hervorhebt, sondern auch auf den Vorrang der Abmahnung verweist, dem im Rahmen des externen Whistleblowings – zu Unrecht – bisweilen bestenfalls kursorische Beachtung zugemessen worden ist[1745] .

1742 Den Umstand, dass die in der innerbetrieblichen Meldung zum Ausdruck kommenden Anschuldigungen nicht durchgängig auf eigener Wahrnehmung beruhten, hat die Arbeitnehmerin beispielsweise in dem besprochenen Urteil des BAG, vom 27. September 2012 (2-AZR 646/11, Rdn. 24 ff. – juris) nur unzureichend klargestellt, vergl.: **2. Teil: A.II.1.e)**.

1743 BAG, Urteil vom 27. September 2012 – 2 AZR 646/11, Rdn. 43 – juris.

1744 S.o.: **2. Teil: A.I.1.**

1745 S.o.: **1. Teil: C.V.**

Bereits im Rahmen der Würdigung des Kriteriums der Motivation wurde darauf hingewiesen, dass das Bundesarbeitsgericht durch die Betonung des Vorrangs der Abmahnung, sogar in der Konstellation in der der Offenbarende von sachfremden Motiven geleitet ist, eine Entwertung des Bedeutungsgehaltes der Motivation vornimmt. Betrachtet man erneut diesen Umstand, dass das Bundesarbeitsgerichts einerseits davon ausgeht, dass die unredliche Motivation im Rahmen des externen Whistleblowings regelmäßig eine Kündigung rechtfertigt und eine entsprechende Motivlage beim internen Whistleblowing durch eine Abmahnung hinreichend sanktioniert ist, so wird das Stufenverhältnis des internen Whistleblowings zum externen Whistleblowing greifbar. In der einen Konstellation ist die missbräuchliche innerbetriebliche Anzeige durch eine Abmahnung hinreichend sanktioniert, während in der Konstellation der organisationsexternen Offenbarung eine vergleichbare Motivationslage regelmäßig zur Kündigung berechtigt. Die Wirksamkeit einer Kündigung aufgrund eines organisationsinternen Hinweises unterliegt somit noch strengeren Anforderungen als eine Kündigung, die aufgrund einer organisationsfremden Offenbarung erfolgt.

Der Umstand, dass dem Arbeitgeber in der Konstellation des internen Whistleblowings einer der am häufigsten erhobenen Einwände generell verwehrt ist, verfestigt diese Annahme. Oftmals wird von Arbeitgeberseite in Whistleblowing-Konstellationen gerügt, dass der Hinweisgeber den innerbetrieblichen Klärungsweg nicht oder nicht hinreichend beschritten habe. Diesen Einwand kann der Arbeitgeber im Rahmen des internen Whistleblowings freilich nicht erheben. Denn Gegenstand der arbeitsrechtlichen Sanktionsmaßnahme beim internen Whistleblowing ist gerade die – vermeintlich missbräuchliche – Nutzung des internen Meldesystems und nicht der Verzicht auf einen vorherigen organisationsinternen Hinweis oder die nicht hinreichende Beschreitung des innerbetrieblichen Klärungsweges.

Festzuhalten bleibt somit, dass eine Kündigung aufgrund des internen Whistleblowings insgesamt noch strengeren Anforderungen unterliegt als eine vergleichbare organisationsfremde Offenbarung.

5. Zwischenergebnis

Die vom Bundesarbeitsgericht stillschweigend vorgenommene sinngemäße Übertragung des Prüfungskonzeptes zum externen Whistleblowing, auf die Konstellation des internen Whistleblowings, überzeugt. Allerdings erfordert die Eigenart der lediglich organisationsinternen Offenbarung von betrieblichen Missständen einige Anpassungen des Prüfungskonzeptes. Dies beinhaltet sowohl Einschränkungen als auch Erweiterung des Kriterienkatalogs. Vor diesem Hintergrund erstaunt es, dass der Konstellation des internen Whistleblowings bisher nur geringe Bedeutung beigemessen wurde. Denn die Wirksamkeit einer solchen Kündigung bestimmt sich nicht nach einer freien Würdigung des Sachverhaltes, unter besonderer Beachtung aller Umstände des Einzelfalles. Die Zulässigkeit einer Kündigung aufgrund einer innerbetrieblichen Meldung ist nach einem engen Korsett von Kriterien zu bestimmen, die zum Teil den Grundsätzen des externen Whistleblowings entliehen sind und sich zum Teil an anderen verhaltensbedingten Kündigungsgründen orientieren.

Insbesondere bedarf es zunächst der Feststellung, ob die innerbetriebliche Meldung auf leichtfertig oder wissentlich falschen Angaben beruhte. Nach dieser ersten Weichenstellung sind in einem zweiten Schritt die Kriterien der 3. Prüfungsebene des externen Whistleblowings – Motivation, sachliche Berechtigung und besonderes öffentliches Interesse – zu übertragen. Dabei ist zu beachten, dass innerhalb der zweiten Prüfungsebene keine Hierarchie zwischen der Motivation und der sachlichen Berechtigung existiert. Diese beiden Kriterien sind gleichrangig zu würdigen. Innerhalb dieses Prüfungsabschnittes ist das Kriterium des besonderen öffentlichen Interesses, insofern übereinstimmend zum externen Whistleblowing, nachrangig zu würdigen. Dieser zweistufige Prüfungsaufbau wird, je nachdem welche konkrete Ausformung der Nebenpflichten durch die organisationsinterne Anzeige verletzt worden ist, um eine dritte Prüfungsebene erweitert. Soll die Kündigung des Anzeigenden etwa aufgrund einer diffamierenden innerbetrieblichen Meldung erfolgen, so sind die Begleitumstände besonders zu würdigen (vorherrschender rauer Umgangston, Mehrdeutig- und Ernsthaftigkeit der Aussagen).

III. Fazit

Insgesamt ist zu konstatieren, dass von der Möglichkeit einer Kündigung aufgrund eines lediglich organisationsexternen Hinweises nur zurückhaltend Gebrauch gemacht werden sollte. Die Voraussetzungen zur Rechtfertigung einer solchen Kündigung sind beträchtlich und im Vergleich zu einer Kündigung aufgrund externen Whistleblowing nochmals strenger. Der Arbeitgeber sollte einen lediglich organisationsintern vorgebrachten Hinweis auf einen Missstand nicht als subversives Verhalten empfinden, sondern vielmehr die Chancen eines solchen Hinweises sehen.

Im Rahmen des externen Whistleblowings ist der Whistleblower regelmäßig verpflichtet, zunächst organisationsintern einen Missstand anzuzeigen. Diese Verpflichtung beruht auf dem Umstand, dass die innerbetriebliche Meldung im Vergleich zur externen Offenbarung das mildere, die Arbeitgeberinteressen schonende, Mittel darstellt[1746]. Ist der Whistleblower somit im Rahmen des externen Whistleblowings regelmäßig angehalten, zunächst den innerbetrieblichen Klärungsweg zu beschreiten, so muss diese, die Arbeitgeberinteressen schonende, Vorgehensweise auch dann honoriert werden, wenn der Vorgang des internen Whistleblowings isoliert betrachtet wird. Der innerbetriebliche Hinweis auf einen Missstand *an sich* stellt keinen Verstoß gegen eine Nebenpflicht aus dem Arbeitsverhältnis dar. Sofern ausnahmsweise – aus den genannten Gründen – dennoch bereits das interne Whistleblowing eine Pflichtverletzung begründet, so wird das Sanktionsinteresse des Arbeitgebers regelmäßig durch eine Abmahnung hinreichend gewahrt sein. Auch das Bundesarbeitsgericht erkennt explizit an, im Gegensatz zur Konstellation

1746 Siehe hierzu ausführlich: **1. Teil: C.III.2.**

des externen Whistleblowings, dass die Abmahnung als vorrangiges Sanktionsmittel im Rahmen des internen Whistleblowings zu beachten ist.

B. Die Nichtvornahme des internen Whistleblowings

I. Die Pflichtverletzung durch Unterlassen

Bisherige Grundlage der Betrachtung waren stets die Konstellationen, in denen der Arbeitnehmer sich der Gefahr von arbeitsrechtlichen Sanktionen aussetzte, indem er einen Missstand, extern oder intern, offenbarte, weil er ein Schweigen nicht weiter hinnehmen wollte. Nun aber wird der Frage nachgegangen, ob der Arbeitnehmer auch rechtliche Konsequenzen fürchten muss, wenn er schweigt und einen Missstand gegenüber seinem Arbeitgeber nicht offenbart. Wurden zuvor stets die Konstellationen beleuchtet, in denen eine Offenbarung von Betriebsinterna dem Arbeitgeber missfällt, ist nunmehr zu untersuchen, ob der Arbeitnehmer auch dann eine Pflichtverletzung begeht, wenn er nicht zum Whistleblower wird, obwohl dies vom Arbeitgeber erwünscht ist. Der Arbeitnehmer, der von einem Fehlverhalten eines Arbeitskollegen Kenntnis erlangt, befindet sich regelmäßig in einem besonderen Dilemma. Offenbart er dem Arbeitgeber das Verhalten des Arbeitskollegen, so wird er möglicherweise fortan als Denunziant aus der betrieblichen Gemeinschaft ausgeschlossen sein. War der Arbeitnehmer im konkreten Fall allerdings zur Meldung verpflichtet, so gefährdet er durch sein Schweigen möglicherweise sein eigenes Beschäftigungsverhältnis.

Die Konstellationen einer Pflicht zum internen Whistleblowing sind von den Konstellationen abzugrenzen, in denen der Whistleblower eine Pflichtverletzung begeht, indem er im Rahmen des externen Whistleblowings nicht zunächst den innerbetrieblichen Klärungsweg beschritten hat[1747]. Auch wenn es sich in beiden Konstellationen um internes Whistleblowing handelt, sind die Situationen nicht vergleichbar. Während in der bereits besprochenen Konstellation fraglich ist, ob der *freiwillig* zur externen Offenbarung Entschlossene zunächst einen innerbetrieblichen Hinweis erteilen muss, ist nunmehr zu untersuchen, ob ein Beschäftigter aufgrund seiner arbeitsvertraglichen Pflichten auch *gezwungen* sein kann, einen internen Hinweis zu erteilen, obwohl er keine Offenbarung aus eigenem Antrieb vornehmen und den Missstand verschweigen wollte.

Nach allgemeinen Rechtsgrundsätzen entfaltet ein Schweigen nur dann rechtliche Wirkung, sofern eine Pflicht zur Offenbarung besteht[1748]. Daher ist zunächst zu untersuchen, auf welcher Rechtsgrundlage eine Meldepflicht des Arbeitnehmers bestehen kann.

1747 Vergl. zu dem Abwägungskriterium eines vorherigen innerbetrieblichen Hinweises im Rahmen des externen Whistleblowings: **1. Teil: C.III.2.**

1748 Vergl. allgemein zur fehlenden Rechtswirkung des Schweigens: MünchKommBGB/*Busche* § 147, Rdn. 6; MünchKommHGB/*Welter* § 362, Rdn. 1; Staudinger/Eckpfeiler/*Schiemann* C., Rdn. 19.

1. *Allgemeine gesetzliche Meldepflicht*

Eine Rechtspflicht zum Anzeigen von bestimmten Geschehnissen trifft nicht nur den Arbeitnehmer, sondern jeden einzelnen Bürger. Nach § 138 StGB sind Kenntnisse über das Vorhaben oder die Ausführung von bestimmten Straftaten anzeigepflichtig. Allerdings trifft diese Anzeigepflicht nicht den Arbeitnehmer in seiner Stellung als abhängig Beschäftigter in einem Dauerschuldverhältnis, sondern als Staatsbürger. Es handelt sich um eine staatliche Meldepflicht und nicht um eine Offenbarungspflicht gegenüber dem Arbeitgeber. § 138 StGB statuiert somit keine Pflicht zum internen Whistleblowing. Gleiches gilt für § 4g Abs. 1 BDSG. Danach kann sich der betriebliche Datenschutzbeauftragte an die zuständige Behörde wenden.

Eine gesetzliche Pflicht zur Anzeige von Missständen gegenüber dem Arbeitgeber besteht gegenwärtig einzig nach § 16 Abs. 1 ArbSchG. Danach müssen die Beschäftigten dem Arbeitgeber oder dem zuständigen Vorgesetzten jede von ihnen festgestellte unmittelbare erhebliche Gefahr für die Sicherheit und Gesundheit sowie jeden an den Schutzsystemen festgestellten Defekt unverzüglich melden. Außerhalb des Arbeits- und Gesundheitsschutzes besteht keine allgemeine gesetzlich Pflicht, Kenntnisse über bestimmte Missstände im Betrieb anzuzeigen.

2. *Die vertragsimmanente Pflicht zur internen Offenbarung von betrieblichen Missständen*

Grundlage einer allgemeinen Pflicht eines Beschäftigten zur innerbetrieblichen Anzeige von Missständen gegenüber dem Arbeitgeber sind, in Ermangelung expliziter Abreden[1749], die dem Arbeitsvertrag immanenten Nebenpflichten aus § 241 Abs. 2 BGB i.V.m. § 242 BGB[1750]. Die Nebenpflichten begrenzen nicht nur die Wahrnehmung des Rechts des Arbeitnehmers, einen betrieblichen Missstand organisationsintern oder -extern zu offenbaren, sondern können auch eine Pflicht begründen, einen Missstand dem Arbeitgeber zu melden.

Ebenso wie im Rahmen der Nebenpflichten, die das Anzeigerecht des Arbeitnehmers begrenzen, ist auch bei den Nebenpflichten zur Anzeigepflicht die verwendete Terminologie uneinheitlich[1751]. Letztlich ist die unbestritten[1752] bestehende Nebenpflicht des Arbeitnehmers zur Meldung von bestimmten Missständen am präzisesten mit dem Begriff der Schadensabwendungspflicht beschrieben. Schon zu Beginn der Arbeit wurde das grundrechtlich geschützte Interesse des Arbeitgebers

---

1749 Vergl. hierzu sogleich: **2. Teil: B.II.**

1750 Vergl. allgemein zu den Nebenpflichten: **1. Teil: A.I; A.II.**

1751 So verwendet das BAG auch zur Umschreibung der Meldepflicht den Begriff der Treuepflicht, vergl.: BAG, Urteil vom 18. Juni 1970 – 1 AZR 520/69, Rdn. 12 – juris.

1752 ErfK/*Preis* § 611 BGB, Rdn. 742; MünchHdbArbR/*Reichold* § 49, Rdn. 8; MünchKommBGB/*Müller-Glöge* § 611, Rdn. 1082; Küttner/*Röller/Poeche/Seidel/Schlege* Anzeigepflichten Arbeitnehmer, Rdn. 2 f. Ausführlich zu den durch die Nebenpflichten begründeten Anzeigepflichten: *Schulz*, 146 ff.

herausgestellt, *„nur mit solchen Arbeitnehmern zusammenzuarbeiten, die die Ziele des Unternehmens fördern und das Unternehmen vor Schäden bewahren*[1753]*"*. Eine Nebenpflicht zur Abwendung von Schäden des Vertragspartners besteht auch in anderen Dauerschuldverhältnissen. So ist nach § 536c BGB der Mieter verpflichtet, dem Vermieter Mängel an der Mietsache anzuzeigen. Diese Nebenpflicht des Mieters soll dem Vermieter ermöglichen, Mängel an der Mietsache zu beseitigen, um einen größeren Schadenseintritt zu verhindern[1754].

Ungeachtet einer Nebenpflicht zur Schadensabwehr können bestimmten Arbeitnehmern die Meldung und Aufdeckung von Missständen als Hauptleistungspflicht obliegen[1755]. Zu denken ist dabei etwa an Beschäftigte des Werkschutzes, der Innenrevision, einer Hausdetektei oder Beschäftigte, die Einlass- und Taschenkontrollen durchführen. Auch der Compliance Officer und Mitarbeiter die nur mit Compliance-Aufgaben betraut sind, sind bereits aufgrund ihrer Hauptleistungspflicht verpflichtet, das gesetzesmäßige Verhalten des Unternehmens zu gewährleisten[1756]. Diese Beschäftigtengruppen sollen im Folgenden nicht betrachtet werden.

In Abgrenzung zu einer Verpflichtung zur Selbsthilfe bei Missständen[1757], ist zu beachten, dass die Pflicht zur Schadensabwehr bei Kenntnis von betrieblichen Missständen regelmäßig darin erschöpft ist, dass der Arbeitnehmer seine Kenntnisse dem Arbeitgeber offenbart. Keinesfalls ist es erforderlich, dass der Arbeitnehmer sich zur Schadensabwehr selbst in Gefahr begibt. Bezugnehmend auf den geschilderten Fall eines Brandes, den der Arbeitnehmer beim Verlassen des Betriebsgeländes bemerkt, ist der Arbeitnehmer daher zwar verpflichtet, den Brand dem Arbeitgeber oder einer anderen zuständigen Stelle zu melden, er muss aber nicht selbst versuchen, einen gefährlichen Brand zu löschen[1758]. Die über eine Meldung hinausgehende Verpflichtung zur eigenverantwortlichen Beseitigung des Missstandes – als Ausprägung der Schadensabwendungspflicht – wird in der Literatur vereinzelnd für den eigenen Arbeitsbereich angenommen, soweit eine Beseitigung zumutbar und möglich sei[1759]. Eine solche Pflicht zur Selbsthilfe ist allerdings aufgrund der mit einer eigenverantwortlichen Beseitigung einhergehenden Gefahr der Beschädigung des Eigentums und der hieraus resultierenden Haftungsgefahr des Arbeitnehmers abzulehnen[1760].

1753 Vergl. bereits oben: **1. Teil: A.II.3;** BAG, Urteil vom 3. Juli 2003 – 2 AZR 235/02, Rdn. 36 – juris.

1754 Die Meldepflicht des Mieters ist ein Ausfluss seiner Obhutspflicht, vergl.: MünchKommBGB/*Häublein* § 536c BGB, Rdn. 1 ff.

1755 Vergl.: MünchHdbArbR/*Reichold* § 49, Rdn. 8.

1756 Vergl. zum Compliance Officer: **1.Teil: A.II.6.a)bb).**

1757 Vergl. zur Ablehnung einer Verpflichtung zur Selbsthilfe bereits: **1. Teil: C.III.1.a).**

1758 Im Ergebnis ebenso: *Diller*, DB 2004, 313, 314.

1759 MünchHdbArbR/*Reichold* § 48, Rdn. 8; MünchKommBGB/*Müller-Glöge* § 611, Rdn. 1082; Schaub/*Linck* § 53, Rdn. 44.

1760 Vergl. allgemein zu den Argumenten gegen die Anerkennung einer Pflicht zur Selbsthilfe: **1. Teil: C.III.1.a).** Entstehen bei dem eigenverantwortlichen Beseitigungsversuch des Arbeitnehmers Schäden am Eigentum des Arbeitgebers, so ist er

3. *Kriterien zur Bestimmung des Vorliegens einer dem Arbeitsvertrag immanenten Nebenpflicht zum Whistleblowing*

Zur Konkretisierung einer Nebenpflicht zur innerbetrieblichen Meldung werden von Literatur und Rechtsprechung verschiedene Kriterien benannt.

a) *Funktionale Abgrenzung nach den Arbeitsbereichen der Beschäftigten*

Um die Anzeigepflichten eines Arbeitnehmers einzuschränken und konkret zu bestimmen, bietet sich eine Begrenzung anhand des Aufgabenbereichs der Beschäftigten an. Eine solche funktionale Begrenzung geht auf ein Urteil des BAG aus dem Jahre 1970 zurück.

In diesem Urteil hat das BAG erstmals eine konkrete Mitteilungspflicht eines Arbeitnehmers gegenüber dem Arbeitgeber hinsichtlich eines Fehlverhaltens eines Arbeitskollegen angenommen[1761]. Im entschiedenen Fall war der von der Anzeigepflicht betroffene Arbeitnehmer, ein kaufmännischer Angestellter eines Versorgungsunternehmens, unter anderem für die Abrechnung der „*Hauskassierer*" des Unternehmens zuständig[1762]. Obwohl er von Unterschlagungen eines der Hauskassierer wusste, offenbarte er dieses Fehlverhalten dem Arbeitgeber nicht. Er beschränkte sich darauf, dass Verhalten des veruntreuenden Arbeitskollegen selbst zu rügen, der versprach, den unterschlagenen Geldbetrag auszugleichen[1763]. Nachdem der Arbeitgeber von den Unterschlagungen erfuhr, verlangte er von dem Arbeitnehmer, der das Fehlverhalten des Arbeitskollegen nicht offenbarte, den veruntreuten Betrag zu ersetzen. Das BAG befand, dass das Schweigen des Arbeitnehmers in diesem Fall rechtswidrig gewesen sei[1764]. Dabei könne dahingestellt blieben, ob ein Arbeitnehmer in jedem Fall verpflichtet sei, gegen den Arbeitgeber gerichtete schädigende Handlungen seiner Arbeitskollegen dem Arbeitgeber mitzuteilen. Jedenfalls bestehe eine solche Verpflichtung, „*wenn sich die schädigende Haltung in dem Aufgabenbereich abspielt, mit dem der betreffende Arbeitnehmer betraut ist, und wenn eine Wiederholungsgefahr besteht, d.h. es nicht von der Hand zu weisen ist, daß durch ein Unterlassen der Meldung des Arbeitnehmers an den Arbeitgeber der*

---

zwar in gewisser Weise durch die Grundsätze der privilegierenden Arbeitnehmerhaftung geschützt, allerdings greifen diese nicht bei grober Fahrlässigkeit, so dass eine Pflicht zur Selbstbeseitigung im Ergebnis ein beträchtliches Haftungsrisiko für den Arbeitnehmer statuiert. Vergl. zu der privilegierten Arbeitnehmerhaftung nur: BAG, Beschluss vom 27. September 1994 – GS 1/89 (A), Rdn. 16 – juris.

1761 BAG, Urteil vom 18. Juni 1970 – 1 AZR 520/69, – juris. In einem älteren Fall des BAG, auf das im Urteil in Rdn. 11 Bezug genommen wird, wird lediglich eine aus der Treuepflicht „*irgendwie geartete Überwachungs- und Kontrollpflicht*" eines leitenden Angestellten thematisiert, vergl.: BAG, Urteil vom 12. Mai 1958 – 2 AZR 539/56, AP Nr. 5 zu § 611 BGB Treuepflicht.

1762 BAG, Urteil vom 18. Juni 1970 – 1 AZR 520/69, Rdn. 3 – juris.

1763 BAG, Urteil vom 18. Juni 1970 – 1 AZR 520/69, Rdn. 4 f. – juris.

1764 BAG, Urteil vom 18. Juni 1970 – 1 AZR 520/69, Rdn. 10 – juris.

dem Arbeitgeber entstehende Schaden nicht behoben oder sogar vergrößert wird."[1765] Es handele sich um eine aktualisierte Überwachungs- und Kontrollpflicht, die sich aus der Stellung des Arbeitnehmers ergebe[1766].

In einem weiteren Urteil aus dem Jahre 1997 hat das BAG ebenfalls eine arbeitsplatzbezogene Anzeigepflicht bejaht. Danach verstoße ein Buchhalterin, die erfahre, dass eine andere Mitarbeiterin einen Firmencheck über ihr Privatkonto einziehe, und dann, anstatt ihren Arbeitgeber sofort zu benachrichtigen, der ungetreuen Mitarbeiterin noch den fraglichen Kontoauszug aushändige, in ganz erheblichem Maße gegen ihrer arbeitsvertraglichen Pflichten[1767]. Das BAG befand, dass das Verhalten der Buchhalterin, die diesen Vorgang zudem einen Monat vertuscht hatte, *an sich* geeignet sei, eine außerordentliche Kündigung zu rechtfertigen[1768].

Eine solche funktionale Begrenzung nach den Aufgabenbereichen der Beschäftigten ist aber nur dann sinnvoll, wenn hierdurch nicht lediglich diejenigen Beschäftigten erfasst werden, denen die Anzeige und Überwachung von Fehlverhalten schon als Hauptleistungspflicht obliegt[1769]. Andernfalls bliebe unklar, ob eine funktionale Abgrenzung eine von der Hauptleistungspflicht unabhängig bestehende Nebenpflicht zur Schadensabwehr begründen kann. Dies erscheint zunächst fraglich, da in beiden BAG-Entscheidungen aufgrund des Aufgabenbereichs der jeweils betroffenen Arbeitnehmer eine Anzeigeverpflichtung auch als Bestandteil der Hauptleistungspflicht in Betracht kommt. Um eine allgemein wirkende Anzeigepflicht zu begründen, bedarf es daher zum einen einer umfassenden Wirkung für alle Arbeitsverhältnisse und zum anderen eines Abgrenzungskriteriums zu den Beschäftigten der Compliance Abteilungen, den Pförtnern und vergleichbaren Mitarbeitern.

Eine umfassende Wirkung wird dadurch gewährleistet, dass die Rechtsprechung die Meldepflicht mit einer Nebenpflicht begründet[1770], die somit jedem Arbeitsverhältnis immanent ist. Insofern ist es nicht entscheidend, ob es sich hierbei um eine unselbstständige, leistungsbezogene Nebenpflicht oder um eine selbstständige Nebenpflicht handelt, die von der Erfüllung der Hauptleistungspflicht unabhängig ist[1771]. Fraglich ist aber, ob das Kriterium einer aktualisierten Überwachungs- und Kontrollpflicht geeignet ist, eine Abgrenzung zu den Beschäftigungsgruppen zu gewährleisten, denen stets aufgrund ihrer arbeitsvertraglich vereinbarten Leistungspflicht eine

1765 BAG, Urteil vom 18. Juni 1970 – 1 AZR 520/69, Rdn. 11 – juris.

1766 BAG, Urteil vom 18. Juni 1970 – 1 AZR 520/69, Rdn. 11 – juris.

1767 BAG, Urteil vom 6. November 1997 – 2 AZR 162/97, Rdn. 25 – juris.

1768 Da hinreichende Tatsachenfeststellungen zur Frist des § 626 BGB fehlten, konnte das BAG hierüber nicht abschließend befinden, vergl.: BAG, Urteil vom 6. November 1997 – 2 AZR 162/97, Rdn. 25 – juris.

1769 Gemeint sind hiermit die zuvor benannten Arbeitnehmer (s.o.: 2. Teil: **B.I.2.**), die als Pförtner, bei der Innenrevision oder beim Werkschutz tätig sind.

1770 Das BAG bezeichnet die Nebenpflicht als *Treuepflicht,* vergl.: BAG, Urteil vom 18. Juni 1970 – 1 AZR 520/69, Rdn. 12 – juris.

1771 A.A. offenbar: *Schulz,* 163 ff.

Kontroll- und Überwachungspflicht für ihren Aufgabenbereich zukommt. Das von der Rechtsprechung gewählte Kriterium kann diese Abgrenzung leisten[1772].

Denn das BAG hat in seiner Entscheidung, trotz der insoweit missverständlichen Formulierung einer aktualisierten Überwachungspflicht, eine allgemeine Nebenpflicht zur Meldung von Missständen statuiert, die über eine vertraglich vereinbarte Hauptleistungspflicht zur Überwachung- und Kontrolle hinausgeht. Für diese Auslegung spricht, dass das BAG in seiner ersten Entscheidung aus dem Jahre 1970 nachfolgend ausführt, dass ohne *„Rücksicht darauf, welche vertraglichen Verpflichtungen dem Bekl.* [Arbeitnehmer] *der Kl.* [Arbeitgeberin] *gegenüber im einzelnen oblagen, stellte bei den hier vorl. Sachverhalt das Unterlassen einer Meldung* [...] *eine Verletzung der dem Bekl. obliegenden Treuepflichtverletzung dar*[1773]."

Aus diesen Ausführungen kann gefolgert werden, dass jeder Beschäftigte für seinen Arbeitsbereich, unabhängig davon, welche vertraglichen Hauptleistungspflichten ihm konkret obliegen, grundsätzlich aufgrund einer Nebenpflicht verpflichtet sein kann, den Arbeitgeber über Missstände zu informieren. Der Unterschied zu den Beschäftigten, bei denen eine Überwachungs- und Kontrollpflicht vertraglich vereinbart worden ist, besteht darin, dass der Arbeitnehmer nicht aktiv nach Missständen suchen muss, sofern er aber in seinem Arbeitsbereich dennoch mit Missständen konfrontiert wird, kann er zur Meldung aufgrund einer Nebenpflicht verpflichtet sein. Die Rechtsprechung erfasst somit auch die Konstellationen, in denen Sekretärinnen oder Sachbearbeiter zufällig Missstände in ihrem Aufgabenbereich entdecken[1774]. Die in der Literatur vereinzelnd anzutreffende Kritik[1775], dass das BAG keine über die vertraglich vereinbarte Überwachungs- und Kontrollpflicht hinausgehende allgemeine, auf den Nebenpflichten beruhende, Meldepflicht festgelegt habe, überzeugt daher nicht[1776].

1772 A.A.: *Schulz*, S. 153 ff.

1773 BAG, Urteil vom 18. Juni 1970 – 1 AZR 520/69, Rdn. 14 – juris.

1774 A.A.: *Becker*, 182. Der Aspekt der Zufälligkeit wird insbesondere von Mahnhold betont, vergl.: *Mahnhold*, NZA 2008, 737, 739.

1775 Nach *Schulz* liefere die Rechtsprechung keine Ergebnisse für die Frage, ob über die Fälle einer vertraglichen Überwachungs- und Kontrollpflicht hinaus eine Meldeverpflichtung bestehe. Die ablehnende Haltung gegenüber der funktionalen Abgrenzung nach Arbeitsbereichen zur Bestimmung einer Anzeigeverpflichtung begründet *Schulz* im Wesentlichen damit, dass nur eine selbstständige Nebenpflicht, die gerade unabhängig von der Hauptleistungspflicht und somit dem Arbeitsbereich bestehe, herangezogen werden könne, um eine allen Arbeitsverhältnissen immanente Anzeigeverpflichtung zu bestimmen, vergl.: *Schulz*, 153 f., 163 ff.

1776 Auch der BGH, der über die Meldepflicht eines freien Mitarbeiters entscheiden musste, führt aus, dass das BAG eine Meldepflicht eines Arbeitnehmers nur für den Fall bejaht hat, wenn dem Arbeitnehmer entweder allgemein eine Überwachungsaufgabe übertragen worden sei oder ihn eine aktualisierte Kontrollpflicht treffe, vergl.: BGH, Urteil vom 23. Februar 1989 – IX ZR 236/86, Rdn. 21 – juris.

Auch die in der Literatur erhobene Kritik, dass die Rechtsprechung durch die funktionale Abgrenzung eine Meldepflicht im Wesentlichen auf Arbeitnehmer in Vorgesetztenfunktionen begrenzt habe, kann nicht geteilt werden[1777]. Bereits in der besprochenen Entscheidung des BAG zur Anzeigepflicht eines kaufmännischen Angestellten, besaß der meldepflichtige Arbeitnehmer keine allgemeine oder speziell auf den Arbeitnehmer, dessen Fehlverhalten er hätte anzeigen müssen, beschränkte Vorgesetztenfunktion[1778]. Auch in einem anderen vom LAG Hamm entschiedenen Fall wurde eine Pflichtverletzung aufgrund einer Nichtanzeige eines Diebstahls anerkannt, obwohl der Arbeitnehmer nicht der Vorgesetzte des Arbeitnehmers war, dessen Verhalten er hätte anzeigen müssen[1779]. In einem weiteren Fall des LAG Berlin wurde die Anzeigepflicht eines Fleischergesellen bejaht, der ein Fehlverhalten eines Betriebsratsmitglieds verschwiegen hatte[1780]. Die entschiedenen Fälle zeigen, dass die Rechtsprechung die Meldepflicht somit nicht auf Leitungsorgane des Unternehmens oder Arbeitnehmer mit Vorgesetztenfunktion begrenzt, vielmehr kann jedem Arbeitnehmer die Nebenpflicht obliegen, bestimmte Missstände in seinem Arbeitsbereich dem Arbeitgeber zu melden.

Für die Eignung des Abgrenzungskriteriums spricht ferner, dass ein Arbeitnehmer regelmäßig nur über die nötige Sachkunde in seinem Arbeitsbereich verfügen wird, so dass er auf sicherer Grundlage beurteilen kann, ob tatsächlich ein Missstand vorliegt. Die Begrenzung auf die Meldepflicht innerhalb des eigenen Arbeitsbereiches wirkt somit präventiv fehlerhaften innerbetrieblichen Meldungen entgegen, die stets geeignet sind, das Betriebsklima zu gefährden. Die Eingrenzung dient damit auch dem Interesse des Arbeitgebers, den Betriebsfrieden im Unternehmen zu erhalten. Die Begrenzung zur Meldung von Rechtsverstößen aus dem eigenen Arbeitsbereich verhindert ferner, dass unter den Mitarbeitern das Gefühl entsteht, sie seien gegenseitig zur Bespitzelung und Denunziation aufgerufen. Die Gefahr, dass eine Meldepflicht eine Stimmung des gegenseitigen Misstrauens schaffen kann, war dem BAG in dem benannten Urteil zur Anzeigepflicht eines kaufmännischen Angestellten ebenfalls bewusst. Unmittelbar nachdem das BAG in dem Urteil die Meldepflicht für den vorliegenden Fall festgestellt hat, führt es im nächsten Absatz aus: „*In Fällen vorliegender Art von dem Arbeitnehmer eine Meldung an den Arbeitgeber zu fordern, bedeutet nicht, daß dem Arbeitnehmer ungerechtfertigt eine Anschwärzung seiner Arbeitskollegen zugemutet würde.*“[1781]

Allerdings ist die Begrenzung auf eine Meldepflicht von Missständen aus dem eigenen Arbeitsbereich nur ein erster Schritt. Sie ist nicht geeignet, sämtliche Fallkonstellationen abzubilden, in denen eine Anzeigepflicht besteht. Andernfalls bestünde

1777 *Becker*, 182; *Mahnhold*, NZA 2008, 737, 739.

1778 BAG, Urteil vom 18. Juni 1970 – 1 AZR 520/69 – juris.

1779 Vergl.: LAG Hamm, Urteil vom 29. Juli 1994 – 18 (2) Sa 2016/93, BeckRS 1994, 30461299.

1780 LAG Berlin, Urteil vom 9. Januar 1989 – 9 Sa 93/88, BeckRS 1989, 30454810. Vergl. zur Sachverhaltsschilderung unten: **2. Teil: B.I.3.b).**

1781 BAG, Urteil vom 18. Juni 1970 – 1 AZR 520/69, Rdn. 12 – juris.

beispielsweise in dem in der Einleitung geschilderten Fall, bei dem der Arbeitnehmer einen Brand erst nach getaner Arbeit und beim Verlassen des Betriebsgeländes bemerkt, keine Meldepflicht. Auch hat das BAG beispielsweise entschieden, dass ein Arbeitnehmer, der eine gegenüber dem Vormonat erheblich erhöhte Vergütung erhält und sich diese nicht sachlich erklären kann, pflichtwidrig handelt, wenn er sich nicht beim Arbeitgeber über den Grund für die gestiegene Bezahlung vergewissert[1782]. Auch hierbei handelt es sich nicht um eine Meldepflicht die den unmittelbaren Arbeitsbereich des Arbeitnehmers betrifft.

Festzuhalten ist, dass die funktionale Abgrenzung nach den jeweiligen Arbeitsbereichen der Arbeitnehmer ein sinnvolles, aber nicht das einzige Kriterium ist, um das Vorliegen einer Meldepflicht zu bestimmen.

b) Ausmaß des drohenden Schadens

Als weiteres Kriterium für die Bestimmung einer Nebenpflicht zur innerbetrieblichen Offenbarung von Missständen ist das Ausmaß des Schadens zu berücksichtigen. Schon der Begriff der Nebenpflicht zur Schadensabwehr verdeutlicht, dass das Kriterium des drohenden oder bereits eingetretenen Schadens zu berücksichtigen ist. Das Kriterium ist *essentialia negotii* einer Schadensabwendungspflicht. Allgemein wird entsprechend in der Literatur eine Anzeigeverpflichtung bei drohenden schweren Schäden anerkannt. Vereinzelnd wird dabei zwischen Personenschäden und schweren Sach- oder Personenschäden differenziert[1783]. Dass bei drohenden schweren Personen- oder Sachschäden eine Pflicht zur zumutbaren Schadensabwehr des Arbeitnehmers besteht, kann kaum bestritten werden.

Auch der *Wal-Mart-Entscheidung* des LAG Düsseldorf kann entnommen werden, dass das Schadenskriterium unverzichtbarer Bestandteil einer Meldepflicht ist.

Gegenstand des Verfahrens war die Mitbestimmungspflichtigkeit einer sogenannten Ethikrichtlinie, die für die Arbeitnehmer bestimmte Verhaltensge- und -verbote vorsah – beispielsweise das Verbot einer Liebesbeziehung zu einem Arbeitskollegen. Zudem enthielt die Ethikrichtlinie eine Whistleblowingklausel, die die Beschäftigten aufforderte, jeglichen Verstoß gegen den Verhaltenskodex durch einen anderen Mitarbeiter dem Arbeitgeber anzuzeigen[1784]. Dieser umfassenden von

1782 BAG, Urteil vom 1. Juni 1995 – 6 AZR 912/94, Rdn. 30 ff. – juris. Im konkreten Fall wurde dementsprechend eine Rückzahlungspflicht des Arbeitnehmers bejaht.

1783 ErfK/*Preis*, § 611 BGB, Rdn. 742 (Personen- oder schwerer Sachschaden); *Fritz/Nolden* CCZ 2010, 170, 172 (Personen oder erheblicher Sachschaden); MünchHdbArbR/*Reichold* § 49, Rdn. 10 (Gefahr erheblicher Sachschäden); MünchKommBGB/*Müller-Glöge* § 611 BGB, Rdn. 1084 (Personen oder erheblicher Sachschaden). Die Rechtsprechung verzichtet demgegenüber auf eine Begrenzung einer Anzeigepflicht nur bei schweren oder erheblichen Schäden, vergl.: BAG, Urteil vom 18. Juni 1970 – 1 AZR 520/69, Rdn. 11 – juris; BAG, Urteil vom 1. Juni 1995 – 6 AZR 912/94, Rdn. 35 – juris.

1784 LAG Düsseldorf, Beschluss vom 14. November 2005 – 10 TaBV 46/05, Rdn. 115 – juris.

dem Kriterium des Schadens losgelösten Meldepflicht steht das LAG sehr kritisch gegenüber. Es führt aus, dass eine Ethikrichtlinie, die Mitarbeiter verpflichte, auch solche Umstände zu melden, bei denen ein Schaden nicht entstanden sei oder zu entstehen drohe, weit über die Nebenpflicht zur Schadensabwehr hinaus gehe und geeignet sei, das Zusammenleben in der Betriebsgemeinschaft und den Betriebsfrieden nachhaltig zu stören[1785].

Das Schadenskriterium als Anknüpfungspunkt für eine Meldepflicht bewirkt eine Ausgrenzung von Bagatelldelikten, die keinerlei Schäden für den Arbeitgeber verursachen können. Denn Ausgangspunkt der Meldepflichten des Arbeitnehmers ist das grundrechtlich geschützte Interesse des Arbeitgebers, vor Schäden geschützt zu werden. Daher kann richtigerweise keine Meldepflicht für solche Verstöße bestehen, die keine Schäden für den Arbeitgeber verursachen können.

Zu denken ist dabei etwa an Verstöße von Arbeitskollegen gegen interne Ordnungsvorschriften. Als Beispiele seien Verstöße gegen ein Rauchverbot benannt. Beobachtet etwa ein Arbeitnehmer einen anderen Kollegen dabei, wie er außerhalb des vom Arbeitgeber eigens eingerichteten Raucherbereichs raucht, so ist er nicht dazu verpflichtet, diese Pflichtverletzung zu melden. Anders ist die Situation aber dann, wenn der Verstoß gegen das Rauchverbot die Gefahr einer Schädigung bedingt. Dabei ist das Ausschlusskriterium der Gefahr einer Schädigung weit zu fassen. Ein Schaden droht nicht nur, wenn ein Beschäftigter in unmittelbarer Nähe zu leicht entzündlichen Materialien eine Zigarette raucht, ein Schaden kann bei einem Verstoß gegen ein Rauchverbot beispielsweise auch darin liegen, dass eine Störung des Betriebsfriedens zu befürchten ist, da sich andere Arbeitnehmer von dem rauchenden Kollegen belästigt fühlen. Ebenso können Rufschädigungen des Arbeitgebers erfasst werden, sofern sie hinreichend konkret sind und drohen sich in materiellen Schäden zu verwirklichen. Entsprechend sind Verstöße gegen Kleiderordnungen grundsätzlich ebenfalls nicht anzeigepflichtig. Etwas anderes kann aber dann gelten, wenn aufgrund des äußeren Erscheinungsbilds eines Verkäufers gewinnbringende Geschäftsabschlüsse nicht erzielt werden konnten und somit ein materieller Schaden entstanden ist[1786].

Generell gilt es zu beachten, dass es zur Bestimmung der Nebenpflicht zur Meldung von Missständen unerheblich ist, ob die den Arbeitgeber objektiv schädigenden Umstände vorsätzlich oder fahrlässig verursacht werden. Es ist irrelevant, ob ein Feuer im Betrieb durch vorsätzliches oder fahrlässiges Verhalten eines Dritten verursacht worden ist oder ob ein Blitzeinschlag die Ursache des Brandes ist. In allen Fällen besteht gleichermaßen ein Interesse des Arbeitgebers vor Schäden geschützt zu werden[1787].

1785 LAG Düsseldorf, Beschluss vom 14. November 2005 – 10 TaBV 46/05, Rdn. 114 – juris.

1786 Nach anderer Ansicht seien Verstöße gegen interne Kleiderordnungen nie anzeigepflichtig, vergl.: *Becker*, 185.

1787 Die Nebenpflicht zur Meldung von bestimmten Kenntnissen dient ebenso nicht dazu, den Arbeitgeber in die Lage zu versetzen, eine Sanktionierung des Fehlverhaltens des Arbeitskollegen bewirken zu können, vergl. hierzu: **2. Teil: B.I.5.c)**.

Festzuhalten ist, dass eine unbedingte Verpflichtung zur Meldung sämtlicher Verstöße, also auch solcher, die keinerlei Schäden verursachen können, die Nebenpflicht des Arbeitnehmers überspannt und zu Recht von der Rechtsprechung[1788] und der überwiegenden Literatur[1789] abgelehnt wird.

c) Art des Fehlverhaltens

In jüngerer Zeit wird vermehrt eine Orientierung der Meldepflichten an der Art des Fehlverhaltens vorgeschlagen[1790]. Dabei wird nicht eine Unterteilung zwischen vorsätzlichen oder fahrlässigen[1791] oder straf-[1792] und ordnungsrechtlich relevanten Fehlverhalten favorisiert, sondern eine Orientierung an § 130 OWiG. Die Pflicht zur Meldung eines Fehlverhaltens solle nur Verstöße gegen betriebsbezogene Pflichten i.S.d. § 130 OWiG umfassen[1793].

Die Orientierung an § 130 OWiG ist vor dem Hintergrund zu sehen, dass dem Aspekt der Compliance ein immer größer Bedeutungsgehalt zugemessen wird[1794]. Die Befürworter einer Orientierung an § 130 OWiG weisen dementsprechend daraufhin,

---

Vergl. ferner zur Bedeutung des Vorsatzes des schädigenden Arbeitnehmers: **2. Teil: B.I.3.e)ii).**

1788 LAG Düsseldorf, Beschluss vom 14. November 2005 – 10 TaBV 46/05, Rdn. 114 – juris; vergl. ferner: BGH, Urteil vom 23. Februar 1989 – IX ZR 236/86, Orientierungssatz 1 – juris. Obgleich es zu beachten gilt, dass die Rechtsprechung des BGH nicht unmittelbar für den Umfang der Meldepflichten eines Arbeitnehmers herangezogen werden kann. Denn der BGH hat über die Anzeigepflicht eines freien Mitarbeiters entschieden. Der BGH weist im genannten Urteil mehrfach auf die Schwierigkeiten einer nahtlosen Übertragung der arbeitsrechtlichen Abwägungsgrundsätze hin, vergl.: BGH, Urteil vom 23. Februar 1989 – IX ZR 236/86, Rdn. 19 – juris. Umgekehrt ist das Rezeptionshemmnis allerdings geringer. Entsprechend verweist das BAG in einer anderen Entscheidung auf die Rechtsprechung des BGH, vergl.: BAG, Urteil vom 1. Juni 1995 – 6 AZR 912/94, Rdn. 35 – juris.

1789 Eine allgemeine, unbedingte Anzeigepflicht im Ergebnis ebenfalls ablehnend: *Schulz,* 162; *Rein,* 148 ff.; *Mengel/Hagemeister,* BB 2007, 1386, 1389; *Schuster/Darsow,* NZA 2005, 273, 276; Vergl. zu der älteren Literaturansicht, die eine unbedingte Anzeigepflicht bejaht, die Nachweise bei: BGH, Urteil vom 23. Februar 1989 – IX ZR 236/86, Rdn. 20 – juris.

1790 Zuerst: *Mahnhold,* NZA 2008, 737, 739. Nachfolgend: *Schulz,* 165 ff.; *Becker* 183 ff.

1791 Eine Differenzierung zwischen fahrlässigen Schädigungen und vorsätzlichen Verstößen wurde in der älteren Literatur vorgeschlagen, vergl. hierzu die Nachweise bei: *Becker,* 180 f., Fn. 559.

1792 Vergl. zur zutreffenden Begründung der Ablehnung einer Orientierung an der Erfüllung eines Straftatbestandes: *Schulz,* 165.

1793 *Mahnhold,* NZA 2008, 737, 739. Einschränkend aber im Ergebnis ebenfalls an § 130 OWiG orientiert: *Becker,* 185; *Schulz,* 173 f.

1794 Vergl. zu den jüngsten Reformbestrebungen auf dem Bereich des Unternehmensstrafrechts, die die Compliance Aktivitäten der Unternehmen noch verstärken könnten: **2. Teil: D.I.1.b)cc).**

dass die Konkretisierung der Meldepflichten am Maßstab des § 130 OWiG auf die Vermeidung von Haftungsrisiken des Unternehmens für das Fehlverhalten der Arbeitnehmer abziele[1795]. Der Vorteil gegenüber einer Orientierung an dem möglichen Schadensumfang bestehe vor allem darin, dass eindeutig festgestellt werden könne, ob eine Anzeigepflicht im konkreten Fall bestehe[1796]. Es darf jedoch bezweifelt werden, dass ein Arbeitnehmer, der im konkreten Fall vor der Frage steht, ob ein bestimmter Missstand anzeigepflichtig ist, anhand einer Subsumtion der Tatbestandsmerkmale des § 130 OWiG feststellen kann, ob eine Anzeigepflicht besteht. Das Kriterium des (drohenden) Schadensumfangs bietet ihm beispielsweise eindeutigere Anhaltspunkte.

Letztlich ist die Anknüpfung an die ordnungsrechtliche Verantwortung des Arbeitgebers, die in § 130 OWiG festgeschrieben ist und die durch eine entsprechende Anzeigepflicht des Arbeitnehmers vermieden werden soll, ebenfalls der Versuch, ein Fehlverhalten zu erfassen, das geeignet ist, den Arbeitgeber zu schädigen[1797]. Der Ausgangspunkt der Überlegungen ist insoweit ebenfalls das Schadenskriterium. Eine Präzisierung erfolgt durch Anwendung der Tatbestandsmerkmale aber nicht. Im Gegenteil, für den anzeigepflichtigen Arbeitnehmer wird die Bestimmung einer entsprechenden Pflicht bei Anknüpfung an § 130 OWiG undurchsichtiger. Zudem ist nicht zu verkennen, dass eine Anknüpfung an die ordnungsrechtliche Verantwortlichkeit des Arbeitgebers nach § 130 OWiG nur einen Ausschnitt der Missstände umfasst, die einen Schaden für den Arbeitgeber verursachen können. Entsprechend werden von den Befürwortern einer Orientierung an § 130 OWiG auch weitere Kriterien aufgeführt, bei denen eine Meldepflicht bestehe[1798]. Nach *Becker* sei ein Verhalten meldepflichtig, dass sich entweder unmittelbar auf betriebsbezogene Pflichten i.S.v. § 130 OWiG beziehe oder einen *„nicht bloß unerheblichen haftungsrechtlichen Anspruch"* gegen den Arbeitgeber auslösen könne[1799]. Nach *Schulz* könne eine Meldepflicht dahingehend konkretisiert werden, dass der Arbeitnehmer zur innerbetrieblichen Meldung verpflichtet sei, wenn „[...] *das Fehlverhalten dazu geeignet ist, das Unternehmen zu schädigen und das Fehlverhalten mit Strafe oder Geldbuße bedroht ist"*[1800].

Es zeigt sich, dass trotz der immanenten Unbestimmtheit des Schadenskriteriums ein Verzicht auf dasselbige nicht möglich ist, sofern das Interesse des Arbeitgebers, vor Schäden geschützt zu werden, umfassend im Rahmen einer Meldepflicht abgebildet werden soll. Eine Orientierung an der ordnungsrechtlichen Verantwortlichkeit des Arbeitgebers ist erkennbar von der Fokussierung auf den Aspekt der

---

1795 *Becker,* 184.

1796 *Becker,* 183.

1797 Ausdrücklich: *Schulz,* 165.

1798 Nach *Mahnhold* seien Verstöße gegen rein zivilrechtliche Pflichten, die allenfalls zu Schadensersatzansprüchen zu Lasten des Arbeitgebers führen könnten, nicht aber in Zusammenhang mit Ordnungswidrigkeiten oder Straftaten stehen, Grenzfälle einer Meldepflicht, vergl.: *Mahnhold,* NZA 2008, 737, 739.

1799 *Becker,* 185.

1800 *Schulz,* 149.

Compliance geprägt. Vermag dies insbesondere aus haftungsrechtlichen Gründen nachzuvollziehen sein, bietet eine solche Orientierung dem von einer – vermeintlichen – Anzeigepflicht betroffenen Arbeitnehmer keinerlei Vorteile. Im Gegenteil, die Bestimmung einer rechtlichen Verpflichtung zur Offenbarung im konkreten Fall wird für den betroffenen Arbeitnehmer – als juristischen Laien – erschwert.

d) Korrektiv im Einzelfall durch die Zumutbarkeitsgrenze

Da nach den bisherigen Kriterien in einer Vielzahl von Konstellationen eine Meldepflicht des Arbeitnehmers besteht, ist ein Korrektiv erforderlich, um eine unzumutbare Überspannung der Meldepflicht auszuschließen. Literatur und Rechtsprechung können eine Vielzahl von Eingrenzungskriterien entnommen werden.

aa) Nemo-tenetur-Grundsatz

Unzumutbar erscheint eine Verpflichtung zur Meldung eines Missstandes insbesondere dann, wenn der Arbeitnehmer sich hierdurch selbst belasten müsste. Das Reichsarbeitsgericht hat ausgeführt, dass eine Verpflichtung zur Abgabe von Erklärungen, die im Ergebnis dazu führen würde, dass der Arbeitnehmer sich selbst bezichtigen müsse, nicht bestehen könne[1801]. Dies bedürfe *„keiner weiteren Ausführung"*[1802]. Gegenwärtig wird die Reichweite des Selbstbelastungsschutzes im Zivilrecht differenzierter betrachtet. Zunächst gilt es die Konstellationen zu unterscheiden, in denen der Arbeitnehmer durch eine Pflicht zur Meldung gegenüber dem Arbeitgeber sich zugleich in die Gefahr begeben würde, wegen einer Straftat oder einer Ordnungswidrigkeit verfolgt zu werden und die Konstellationen, in denen der Arbeitnehmer ein sonstiges Fehlverhalten offenbaren würde.

(1) Meldepflicht über eigene straf- oder ordnungsrechtlich relevante Verhaltensweisen

Der Grundsatz *nemo tenetur se ipsum accusare*, wonach niemand gezwungen werden darf, durch eine eigene Aussage die Voraussetzungen für eine strafgerichtliche Verurteilung zu schaffen, ist im Strafprozess eine der unverrückbaren und fundamentalen Wertentscheidungen[1803] und in § 55 Abs. 1 StPO[1804] für den Zeugen gesetzlich fixiert[1805]. Das Bundesverfassungsgericht hat klar herausgestellt, dass ein Zwang,

---

1801 RAG, Urteil vom 29. Juni 1932 – RAG 162/32, Entscheidungen des Reichsarbeitsgerichts und der Landesarbeitsgerichte, Band 15, 561, 565.

1802 RAG, a.a.O.

1803 *Schäfer*, NJW-Spezial 2010, 120.

1804 Für den Zivilprozess enthält § 384 Nr. 2 ZPO eine entsprechende Regelung, die über § 46 Abs. 2 S. 1 ArbGG auch in den Verfahren vor den Arbeitgerichten zu beachten ist.

1805 Für den Beschuldigten und den Angeklagten enthält die StPO in den §§ 115 Abs. 3 S. 1 (Vorführung nach Verhaftung), 136 Abs. 1 S. 2 (erste richterliche Vernehmung),

durch eigene Aussagen die Voraussetzungen für eine strafgerichtliche Verurteilung oder die Verhängung entsprechender Sanktionen liefern zu müssen, mit der Würde des Menschen unvereinbar ist[1806].

Die Wirkung des nemo-tenetur-Grundsatzes muss im Zivilrecht allerdings differenziert betrachtet werden. Allgemein anerkannt ist, dass die Selbstbelastungsfreiheit als Bestandteil des allgemeinen Persönlichkeitsrechts aus Art. 1 Abs. 1 GG i.V.m. Art 2. Abs. 1 GG mittelbar auch im Zivilrecht wirkt[1807]. Aufgrund dieser begrenzten Wirkung führt die Anwendung des nemo-tenetur-Grundsatzes im Zivilrecht aber nicht in jedem Fall zu einem Auskunftsverweigerungsrecht.

Der Schutz der verfassungsrechtlich unveräußerlichen Rechte wird vielmehr dadurch gewährleistet, dass im Zivilverfahren zwar eine Aussagepflicht besteht, diese Aussagen aber nicht an Strafverfolgungsbehörden weitergeleitet und im Strafverfahren nicht gegen den Willen des Beschuldigten verwertet werden dürfen[1808]. Eine außerhalb des Strafverfahrens erzwungene Selbstbezichtigung ist verfassungsrechtlich dann zulässig, wenn sie mit einem strafrechtlichen Verwertungsverbot einhergeht[1809]. Entsprechend hat das LAG Hamm beispielsweise entschieden, dass ein Arbeitnehmer, *„bei einem Verstoß gegen das Wettbewerbsverbot des § 60 HGB zur Auskunft über sein wettbewerbswidriges Verhalten auch dann verpflichtet* [ist], *wenn er sich durch die Auskunft in einem staatsanwaltschaftlichen Ermittlungsverfahren selbst belasten könnte."* [1810]

Obgleich gilt es zu beachten, dass vorliegend nicht die Reichweite einer Auskunftspflicht des Arbeitnehmers in Frage steht, sondern die Begrenzung seiner Anzeigepflicht. Für den vorliegenden Fall des Konfliktes zwischen der Selbstbelastungsfreiheit und der aus der Nebenpflicht zur Schadensabwehr resultierende Anzeigepflichten, ist es vorzugswürdig, eine Anzeigepflicht unmittelbar abzulehnen und den nemo-tenetur-Grundsatz nicht erst mittelbar über den *Umweg* eines strafrechtlichen Verwertungsverbots zu verwirklichen.

Denn der Umweg über ein strafrechtliches Beweisverwertungsverbotes ist mit einem beträchtlichen Risiko für den Arbeitnehmer verbunden, da die Reichweite des

---

163a Abs. 4 S. 2 (Vernehmung durch Staatsanwaltschaft und Polizei) und 243 Abs. 5 einfachgesetzliche Ausprägungen des nemo-tenetur-Grundsatzes.

1806 Grundlegend: BVerfG, Beschluss vom 13. Januar 1981 – 1 BvR 116/77, NJW 1981, 1431, 1432. Vergl. ferner: BVerfG, Beschluss vom 6. Februar 2002 – 2 BvR 1249/01, NJW 2002, 1411, 1412.

1807 Vergl. nur: BVerfG, Nichtannahmebeschluss vom 31. März 2008 – 2 BvR 467/08 – juris. Nur eine Literaturstimme lehnt *„bei Vorgängen, die Gegenstand einer arbeitsvertraglichen Beschäftigung"* seien, die Anwendung des nemo-tenetur-Grundsatzes im Ergebnis ab, vergl.: *Fritz/Nolden*, CCZ 2010, 170, 177.

1808 Grundlegend: BVerfG, Beschluss vom 13. Januar 1981 – 1 BvR 116/77 – juris.

1809 Zuletzt: BVerfG, Nichtannahmebeschluss vom 31. März 2008 – 2 BvR 467/08, Rdn. 3 – juris.

1810 LAG Hamm, Urteil vom 3. März 2009 – 14 Sa 1689/08, Leitsatz – juris.

Verwertungsverbots weitgehend ungeklärt ist[1811]. Zutreffend wird in der Literatur darauf verwiesen, dass bei Annahme einer Auskunftspflicht nur ein Beweisverwertungsverbot mit Fernwirkung (Verwendungsverbot) den Arbeitnehmer effektiv schützen kann[1812]. Im Unterschied zu einem bloßen Verwertungsverbot darf bei einem Verwendungsverbot die Aussage auch nicht dazu verwendet werden, andere Beweismittel zu erlangen[1813]. Ob aber eine solche Fernwirkung bei Auskünften des Arbeitnehmers besteht, etwa in analoger Anwendung zu § 97 Abs. 1 S. 3 InsO, ist in der Literatur aber umstritten[1814] und vom BVerfG ausdrücklich offengelassen worden[1815]. Schon die Annahme einer Auskunftspflicht, die nicht mit einem umfassenden Beweisverwendungsverbot einhergeht, ist somit bedenklich – eine Anzeigepflicht ist in jedem Fall unzumutbar.

Zudem droht eine Ausweitung der Meldepflicht auf eigenes – straf- oder ordnungsrechtlich relevantes – Fehlverhalten den Kernbereich des Rechtsgedankens des nemo-tenetur-Grundsatzes auszuhöhlen, der auch im Zivilrecht eine Selbstbelastung ausschließen muss[1816]. Es ist ein wesentlicher Unterschied, ob ein Arbeitnehmer bei einem bereits bestehenden Verdacht zur weiteren Auskunft verpflichtet sein soll[1817] oder ob er aufgrund einer Nebenpflicht, die den Arbeitgeber schützen soll, sich erst in die Gefahr einer straf- oder ordnungsrechtlichen Verfolgung begeben muss.

(2) Meldepflicht über sonstiges eigenes Fehlverhalten

Aber auch außerhalb der Gefahr einer straf- oder ordnungsrechtlichen Verfolgung, ist eine Pflicht zur Selbstbezichtigung unzumutbar[1818].

1811 Auf die Schwächen einer solchen *strafrechtlichen* Lösung weist auch *Rudkowski* hin, vergl.: *Rudkowski*, NZA 2011, 612, Fn. 19.

1812 *Dann*, CCZ 2010, 237, 249.

1813 Beispielsweise könnte die Aussagen dann nicht dazu verwendet werden, einen Durchsuchungs- oder Beschlagnahmebeschluss zu rechtfertigen, um weitere Beweismittel zu erlangen. Vergl. etwa zum Beweisverwendungsverbot des § 97 Abs. 1 S. 3 InsO: MünchKommInsO/*Stephan* § 97, Rdn. 16 ff.

1814 Vergl. hierzu die Nachweise bei: *Dann*, CCZ 2010, 237, Fn. 17.

1815 Das BVerfG hat lediglich ein Verwertungsverbot angenommen und die Frage ob darüber hinaus ein Verwendungsverbot vorliegt, offengelassen, vergl.: BVerfG, Nichtannahmebeschluss vom 31. März 2008 – 2 BvR 467/08, Rdn. 7 – juris.

1816 Ähnlich: *Rudkowski*, NZA 2011, 612, 614. Die auf die Wertungen des § 384 Nr. 2 ZPO i.V.m § 46 Abs. 2 S. 1 ArbGG verweist.

1817 So im zitierten Fall des LAG Hamm (LAG Hamm, Urteil vom 3. März 2009 – 14 Sa 1689/08 – juris). Dort hatte der Arbeitgeber bereits eine Verdachtskündigung ausgesprochen und verlangte weitergehende Auskunft vom Arbeitnehmer bezüglich eines Verstoßes gegen ein Wettbewerbsverbot.

1818 Im Ergebnis ebenso: Küttner/*Küttner/Röller/Poeche/Seidel/Schlegel* Anzeigepflichten Arbeitnehmer, Rdn. 2; *Rein*, 147; *Rudkowski*, NZA 2011, 612, 613; Thüsing/*Thüsing/Forst*, Beschäftigtendatenschutz und Compliance § 6, Rdn. 35, 53; *Vogt*, NJOZ 2009, 4206, 4212. Preis/*Wagner*, Arbeitsvertrag, A. 40, Rdn. 14, der allerdings

Das BAG erkennt allgemein an, dass der Arbeitnehmer nicht zur Offenbarung von Umständen verpflichtet ist, die kündigungsrechtlich verwertet werden können[1819]. Der Arbeitnehmer ist beispielsweise berechtigt, im Rahmen einer Anhörung zu einer Verdachtskündigung eine Aussage zu den Vorwürfen zu verweigern[1820]. Sind aber bereits die Auskunftspflichten des Arbeitnehmers durch die Selbstbelastungsfreiheit begrenzt, so kann erst recht keine Anzeigepflicht hinsichtlich eines eigenen Fehlverhaltens bestehen, das geeignet ist, arbeitsrechtliche Konsequenzen zu bewirken[1821]. Denn es ist, wie bereits angedeutet, ein wesentlicher Unterschied, ob jemand auf Nachfrage zur Auskunft verpflichtet ist oder – ungefragt – erst den Anlass für weitere, ihn benachteiligende, Maßnahmen schaffen muss.

Bei der Abwägung des Meldeinteresses des Arbeitgebers mit dem allgemeinen Persönlichkeitsrecht des Arbeitnehmers überwiegt letztlich das Interesse des Arbeitnehmers, sich nicht selbst belasten zu müssen[1822]. Das Ziel des Arbeitgebers, Fehlverhalten und Missstände im Unternehmen aufzudecken, ist nicht zuvörderst durch Eigeninitiativen der Arbeitnehmer zu verwirklichen, sondern durch Maßnahmen des Arbeitgebers. Dem Arbeitgeber stehen diesbezüglich vielfältige Möglichkeiten zur Verfügung[1823]. Bei einem konkreten Verdacht auf ein Fehlverhalten kann er zudem Zeugen befragen oder die nach dem BDSG zulässigen technischen Ermittlungsmaßnahmen nutzen[1824]. Ferner ist ein Nachweis eines Fehlverhaltens nicht erforderlich. Der Arbeitgeber kann eine Kündigung bereits auf einen (hinreichenden) Verdacht stützen[1825]. Der Arbeitgeber ist auf eine Mitwirkung des einzelnen Arbeitnehmers somit nicht angewiesen, sofern er seine unternehmerische Pflicht ernst nimmt, das rechtskonforme Verhalten des Unternehmens zu gewährleisten und zu überwachen[1826].

---

unzutreffend auf eine Rechtsprechung des BAG und nicht des BGH verweist. Der BGH hat für einen freien Mitarbeiter eine Pflicht zur Selbstbezichtigung ausdrücklich abgelehnt: BGH, Urteil vom 23. Februar 1989 – IX ZR 236/86, Rdn. 24 – juris. Auf die Problematik einer Übertragbarkeit der Rechtsprechung des BGH auf einen Arbeitnehmer und des nachfolgenden Verweises des BAG auf die Entscheidung des BGH ist bereits verwiesen worden, vergl. oben: **Fn. 1788.**

1819 Vergl. nur: BAG, Urteil vom 7. September 1995 – 8 AZR 828/93, Rdn. 31 ff. – juris; BAG, Urteil vom 13. März 2008 – 2 AZR 961/06, Rdn. 16 – juris.

1820 Vergl. nur: BAG, Urteil vom 13. März 2008 – 2 AZR 961/06, Rdn. 16 – juris. Eine Anhörung ist in diesen Fällen zumeist von vornherein entbehrlich, vergl.: A/P/S/*Dörner-Vossen* § 626 BGB, Rd. 353 ff.

1821 Ein Stufenverhältnis zwischen Anzeigepflicht und Auskunftspflicht, das erst einen erst-recht-Schluss ermöglicht, deutet sich auch bei *Rudkowski* an, vergl.: *Rudkowski,* NZA 2011, 612, 614.

1822 Ähnlich zum Auskunftsverweigerungsrecht des Arbeitnehmers: *Rudkowski,* NZA 2011, 612, 613.

1823 Ebenso: *Rudkowski,* NZA 2011, 612, 613.

1824 *Rudkowski,* NZA 2011, 612, 613.

1825 Ähnlich: *Rudkowski,* NZA 2011, 612, 613.

1826 Vergl. zur Pflicht der Gewährleistung und Überwachung des rechtskonformen Verhaltens des Unternehmens: *Mengel,* Compliance, S. 6 f.; *Lelley*, Compliance,

(3) Ergebnis

Ein Arbeitnehmer ist aufgrund seiner Nebenpflicht zur Schadensabwehr nicht verpflichtet, dem Arbeitgeber – ungefragt – Kenntnisse mitzuteilen, durch die er zugleich ein eigenes Fehlverhalten offenbaren würde. Dies gilt sowohl für Kenntnisse, die die Gefahr einer straf- oder ordnungsrechtlichen Verfolgung begründen als auch für sonstige Umstände, die – lediglich – arbeitsrechtliche Pflichtverletzungen darstellen. In diesen Konstellationen eine Anzeigepflicht des Arbeitnehmers anzunehmen und ihn auf ein Beweisverwertungsverbot zu verweisen, dessen Reichweite ungeklärt ist, widerspricht dem Rechtsgedanken des nemo-tenetur-Grundsatzes und belastet den Arbeitnehmer unzumutbar.

bb) Nähebeziehung

Die Unzumutbarkeit einer innerbetrieblichen Meldung wird in der Literatur ferner dann angenommen, wenn eine besondere persönliche Nähebeziehung zwischen dem an sich Anzeigepflichtigem und dem Verdächtigtem besteht[1827]. Eine Nähebeziehung ist insbesondere dann relevant, wenn es sich um eine familiäre Nähebeziehung handelt, die nach Art. 6 Abs. 1 GG dem besonderen Schutz der staatlichen Ordnung untersteht.

cc) Einwirken auf den Arbeitnehmer

Auch der Umstand, dass der Arbeitnehmer den Missstand nicht gemeldet hat, aber immerhin versuchte, den Arbeitskollegen von seinem Fehlverhalten abzubringen, kann zugunsten des Arbeitnehmers berücksichtigt werden und eine Meldepflicht entsprechend auschließen[1828].

dd) Kenntnis des Arbeitgebers

Zu Beginn der Untersuchung wurde herausgestellt, dass die gefundenen Ergebnisse zum internen Whistleblowing als Abwägungskriterium im Rahmen des externen Whistleblowings nicht auf die vorliegende Fragestellung übertragbar sind. Denn Gegenstand der Untersuchung ist die Frage, ob losgelöst vom externen Whistleblowing auch eine Pflicht zum internen Whistleblowing bestehen kann. Im Rahmen der Zumutbarkeitserwägungen können aber die Ergebnisse zum internen Whistleblowing als Abwägungskriterium im Rahmen des externen Whistleblowings teilweise übertragen werden. Ist ein vorheriger innerbetrieblicher Hinweis im Rahmen einer externen Offenbarung entbehrlich, da der Arbeitgeber den Missstand kennt und somit eine Beseitigung nicht erfolgen wird oder ist aufgrund anderer Umstände eine Abhilfe

---

S. 9; Thüsing/*Thüsing*, Beschäftigtendatenschutz und Compliance § 2, Rdn. 48; *Schaefer/Baumann*, NJW 2011, 3601.

1827 *Becker*, 185.

1828 Bejahend: ArbG Stuttgart, Urteil vom 9. Dezember 1981 – 2 Ca 290/81, DB 1982, 1626, 1627. Verneinend: BAG, Urteil vom 18. Juni 1970 – 1 AZR 520/69 – juris.

berechtigterweise nicht zu erwarten[1829], so kann ebenfalls keine isoliert betrachtete Pflicht zum internen Whistleblowing bestehen. Denn in beiden Konstellationen wäre das interne Whistleblowing aufgrund der Haltung des Arbeitgebers sinnlos. Kennt der Arbeitgeber einen bestimmten Missstand und beseitigt er diesen nicht, so wäre es widersprüchlich, eine Pflichtverletzung des Arbeitnehmers darin zu erblicken, dass er ihn nicht auf einen ihm bereits bekannten Missstand hinweist.

ee) Im Privatbereich erlangte Kenntnisse

Als erster Anknüpfungspunkt zur Bestimmung des Umfangs einer Meldepflicht ist der Arbeitsbereich des Arbeitnehmers benannt worden, zugleich ist allerdings klargestellt worden, dass eine Meldepflicht nicht stets auf den eigenen Aufgabenbereich beschränkt ist[1830]. Es fragt sich aber, wie weitgehend sich eine Nebenpflicht zum internen Whistleblowing auf Missstände erstrecken kann, mit denen der Arbeitnehmer außerhalb seiner Arbeitszeit konfrontiert wird. Allgemein anerkannt ist, dass die Nebenpflichten sich – in engen Grenzen – auf das außerdienstliche Verhalten des Arbeitnehmers erstrecken können[1831]. Im Umkehrschluss folgt hieraus, dass die Nebenpflichten zur Rücksichtnahme auf die Interessen des Arbeitgebers nicht im selben Umfang im Bereich der privaten Lebensführung des Arbeitnehmers bestehen können. Außerdienstliche Bindungen aufgrund von Nebenpflichten sind insgesamt nur sehr zurückhaltend anzuerkennen[1832]. Dieser allgemeine Grundsatz muss sich auch im Rahmen einer Nebenpflicht zur Anzeige von bestimmten Kenntnissen über Missstände widerspiegeln.

Hinzu kommt, dass bei einer Nebenpflicht zur Meldung von Umständen, von denen der Arbeitnehmer außerhalb seiner Arbeitszeit Kenntnis erlangt, eine Meldepflicht auf einer zweifachen Belastung der Nebenpflichten beruht. Zum einen können sich die Nebenpflichten nur in engen Grenzen auf das Verhalten des Arbeitnehmers im privaten Bereich erstrecken und zum anderen beruht bereits die grundsätzliche Verpflichtung zur Offenbarung von bestimmten Umständen ebenfalls auf einer Nebenpflicht, nämlich der Pflicht zur Schadensabwehr. Da eine Pflicht zur Meldung von Kenntnissen, die im Privatbereich erlangt worden sind, somit auf einer zweifachen Beanspruchung der Nebenpflichten beruht, ist die Legitimationsgrundlage für die Anerkennung einer solchen Pflicht entsprechend geschwächt.

Um der abgeschwächten Wirkung der Nebenpflichten im Privatbereich hinreichend Ausdruck zu verleihen, bietet es sich an, die Anforderungen an das Schadenskriterium zu erhöhen. Demnach wären Kenntnisse über betriebliche Missstände,

---

1829 Vergl. hierzu oben: **1. Teil: C.III.2.b)bb)(3).**

1830 Vergl. oben: **2. Teil: B.I.3.a).**

1831 ErfK/*Preis* § 611 BGB, Rdn. 730 ff.; H/W/K/*Thüsing* § 611 BGB, Rdn. 376 f. Vergl. etwa zur Kündigungsrelevanz einer außerhalb der Arbeitszeit begangenen Straftat: BAG, Urteil vom 20. Juni 2013 – 2 AZR 583/12, NZA 2013, 1345.

1832 ErfK/*Preis* § 611 BGB, Rdn. 730.

die der Arbeitnehmer außerhalb seiner Arbeitszeit erlangt, nur dann meldepflichtig, wenn hieraus dem Arbeitgeber ein beträchtlicher Schaden droht[1833].

Ferner gilt es zu beachten, dass das bloße wirtschaftliche Interesse des Arbeitgebers regelmäßig nicht ausreichend ist, um eine Offenbarungspflicht des Arbeitnehmers über Geschehnisse im Privatbereich anzunehmen. Ein Arbeitnehmer verletzt daher nicht „*seine arbeitsvertragliche Rücksichtnahmepflicht, wenn er Informationen aus privaten Gesprächen mit Dritten, die den Arbeitgeber interessieren, diesem nicht preisgibt. Das gilt auch dann, wenn es sich um ein Bewerbungsgespräch handelt und der Arbeitgeber im Wettbewerb zu dem externen Gesprächspartner steht.*“[1834]

Keine Offenbarungspflicht besteht zudem grundsätzlich über Umstände, die dem Arbeitnehmer von einem anderen Arbeitskollegen in einem vertraulichen Gespräch anvertraut worden sind. Denn nach der Rechtsprechung ist der Arbeitnehmer grundsätzlich in seinem Vertrauen geschützt, dass Äußerungen, die im privaten Bereich unter Arbeitskollegen getroffen worden sind, nicht an den Arbeitgeber herangetragen werden, solange der Arbeitnehmer nicht selbst die Vertraulichkeit des Gespräches aufhebt[1835]. Es wäre dann aber widersprüchlich, einerseits den sich äußernden Arbeitnehmer in seinem Vertrauen darauf zu schützen, dass Gesprächsinhalte nicht an den Arbeitgeber herangetragen werden und andererseits eine Pflichtverletzung des zuhörenden Arbeitnehmers darin zu erblicken, dass er den Gesprächsinhalt nicht an den Arbeitgeber heranträgt. Eine solche Denunzierung unter Kollegen kann vom Arbeitnehmer grundsätzlich nicht verlangt werden. Im Gegenteil, das BAG hat in einem Urteil aus dem Jahre 1965 entschieden, dass die Indiskretion des Arbeitnehmers, der die in einer privaten Runde geäußerte Kritik eines Kollegen an einem Vorgesetzten an den Arbeitgeber weitergegeben hat, die fristgemäße Kündigung des Beschäftigungsverhältnisses des *Denunzianten* rechtfertigt[1836]. In einem nachfolgenden Urteil bestätigte das BAG, dass diffamierende Kritik und beleidigende Äußerungen über Vorgesetzte, die in einem Gespräch unter Arbeitskollegen gefallen sind, nicht an den Arbeitgeber herangetragen werden müssen[1837]. Der Arbeitnehmer dürfe auf die Verschwiegenheit des Arbeitskollegen vertrauen[1838]. Nachfolgend schränkte das BAG den Vertrauensschutz dahingehend

---

1833 Ähnlich: *Rein*, S. 156. Danach bestehe eine Meldepflicht nur für solche außerdienstliche Verfehlungen, infolge derer eine Störung betrieblicher Belange konkret drohe.

1834 LAG Schleswig-Holstein, Urteil vom 3. September 2014 – 3 Sa 111/14, Rdn. 51 – juris.

1835 BAG, Urteil vom 30. November 1972 – 2 AZR 79/72, AP Nr. 66 zu § 626 BGB; BAG, Urteil vom 10. Oktober 2002 – 2 AZR 418/01, NJOZ 2003, 3169; BAG, Urteil vom 10. Dezember 2009 – 2 AZR 534/08, NZA 2010, 698.

1836 BAG, Urteil vom 21. Oktober 1965 – 2 AZR 2/65, Leitsatz – juris.

1837 BAG, Urteil vom 30. November 1972 – 2 AZR 79/72, AP Nr. 66 zu § 626 BGB.

1838 BAG, Urteil vom 30. November 1972 – 2 AZR 79/72, Rdn. 16 – juris. Gegenstand des Verfahrens war die Kündigungsschutzklage des Arbeitnehmers, der die beleidigenden Äußerungen getätigt hatte. Das BAG musste sich demnach mit einer möglichen Pflichtverletzung des *Denunzianten* nicht beschäftigen. Gleichwohl betonte es die Indiskretion des Arbeitskollegen, vergl.: BAG, a.a.O., Rdn. 16 – juris.

ein, dass die Vermutung der Verschwiegenheit nicht ohne Weiteres auf alle Gesprächssituationen unter Arbeitskollegen gleichermaßen zutreffe. So könne insbesondere bei Zusammenkünften einer größeren Anzahl von Arbeitnehmern Zweifel über die Geheimhaltung angebracht seien[1839].

Der aus dem allgemeinen Persönlichkeitsrecht folgende besondere Schutz von vertraulichen Äußerungen besteht allerdings nicht schrankenlos[1840]. Hinsichtlich einer Anzeigeverpflichtung werden die Grenzen durch das Kriterium des (drohenden) Schadensumfangs gesetzt. Erfährt der Arbeitnehmer in einem privaten Gespräch von Umständen, die immensen Schaden für den Arbeitgeber verursachen können, so kann der Arbeitnehmer dennoch verpflichtetet sein, eine Meldung vorzunehmen.

Für die konkrete Bestimmung einer Nebenpflicht zur Offenbarung von Kenntnissen, die im privaten Bereich erlangt worden sind, bietet sich insgesamt folgende Formel an:

Je weiter der konkrete Missstand oder das Fehlverhalten vom eigenen Arbeitsbereich entfernt und dem privaten Bereich zuzuordnen ist und je geringer der dem Arbeitgeber drohende Schaden ist, desto unwahrscheinlicher ist das Bestehen einer Meldepflicht des Arbeitnehmers.

Erfährt der Arbeitnehmer daher von einer geplanten Brandstiftung eines Arbeitskollegen, so muss er diesen Umstand offenbaren, berichtet der Kollege dem Arbeitnehmer demgegenüber von seinem genesungswidrigen Verhalten während seiner Arbeitsunfähigkeit, so muss der Arbeitnehmer diese Informationen dem Arbeitgeber nicht offenbaren, obwohl hierdurch vermeintlich zu Unrecht Entgeltfortzahlungen geleistet worden sind und dem Arbeitgeber somit ein Schaden entstanden ist. Gleiches gilt für den Fall, in dem ein Beschäftigter einen arbeitsunfähig erkrankten Kollegen, der aufgrund seiner Erkrankung vermeintlich bettlägerig ist, beim Joggen im Wald trifft.

ff) Möglichkeit zur Verhinderung eines Schadenseintritts

Ebenso im Rahmen von Zumutbarkeitserwägungen kann der Umstand zu berücksichtigen sein, ob eine innerbetriebliche Meldung geeignet gewesen wäre, den Eintritt des Schadens oder weiterer Schädigungen zu verhindern oder zumindest eine Wiederholungsgefahr des Fehlverhaltens bestanden hat.

Die Prüfung dieser Umstände deutet sich in dem bereits besprochenen Urteil des BAG an[1841]. Auch in einem Urteil des LAG Berlin wird der Umstand berücksichtigt,

1839 BAG, Urteil vom 10. Dezember 2009 – 2 AZR 534/08, Rdn. 23, m.w.N – juris.

1840 Vergl. allgemein hierzu: BAG, Urteil vom 10. Dezember 2009 – 2 AZR 534/08, Rdn. 18 – juris. Vergl. ferner bereits: BAG, Urteil vom 30. November 1972 – 2 AZR 79/72, Leitsatz – juris. Dort wird darauf hingewiesen, dass der Schutz der Äußernden nur dann besteht, wenn der Gesprächpartner *ohne vernünftigen Grund* die Vertraulichkeit aufhebt.

1841 BAG, Urteil vom 18. Juni 1970 – 1 AZR 520/69, Rdn. 11 – juris.

ob ein (weiterer) Schadenseintritt verhindert werden kann[1842]. Gegenstand des gerichtlichen Verfahrens war die Kündigungsschutzklage eines Fleischergesellen, die aufgrund einer Videoaufzeichnung ausgesprochen worden war, die den Gesellen mit dem Betriebsobmann bei einem Diebesversteck zeigte. Der gekündigte Fleischergeselle stand daher einerseits selbst im Verdacht, einen Diebstahl begangen zu haben und andererseits habe er es jedenfalls pflichtwidrig unterlassen, dem Arbeitgeber von schädigenden Handlungen anderer Arbeitnehmer des Betriebs Mitteilung zu machen[1843]. Hinsichtlich der vorliegend einzig relevanten potentiellen Verletzung der Meldepflicht führt das Gericht aus, dass die Treuepflicht des Arbeitnehmers im konkreten Fall ihm geboten hätte, dem Arbeitgeber eine Mitteilung zu erstatten, da insbesondere „*durch die rechtzeitige Anzeige der Schaden noch zu verhindern gewesen wäre oder doch weiterer Schaden hätte verhindert werden können.*“[1844]

Im Bezug auf eine potentielle Wiederholungsgefahr eines Schadens für den Arbeitgeber, bedarf es konkreter Anhaltspunkte. Nicht ausreichend sind insoweit allgemeine Feststellungen, dass bei einem Diebstahl oder einer Unterschlagung in der Regel eine Wiederholungsgefahr bestehe. Eine solche pauschale Wiederholungsgefahr wurde jedoch vom LAG Hamm in einem Urteil als ausreichend erachtet[1845]. Auch in diesem Fall wurde die Kündigung eines Arbeitnehmers, ebenso wie im zuvor dargestellten Fall des LAG Berlin, nicht vordergründig auf die Nichtanzeige eines Diebstahls eines Arbeitskollegen gestützt[1846]. Das Gericht beschränkte sich aber darauf festzustellen, dass eine Wiederholungsgefahr in der Regel gegeben sei, wenn Arbeitnehmer (einmal) Waren aus dem Lager des Arbeitgebers entwenden[1847].

gg) Compliance-Maßnahmen des Arbeitgebers

Auch gilt es, ein mögliches Mitverschulden des Arbeitgebers zu berücksichtigen. Ergreift der Arbeitgeber keine Maßnahmen, um Missbrauch und Fehlverhalten entgegen zu wirken (Compliance-Maßnahmen), so kann ihn ein Organisationsverschulden treffen, das die Pflichtverletzung des Arbeitnehmers weniger schwerwiegend erscheinen lässt[1848]. In der bereits benannten Entscheidung des BAG[1849], in der erstmals eine Pflichtverletzung durch ein Unterlassen einer Meldung angenommen worden ist, hat das BAG ebenso ausgeführt, dass § 254 BGB in der Regel dann anzuwenden sei,

---

1842 LAG Berlin, Urteil vom 9. Januar 1989 – 9 Sa 93/88, BeckRS 1989, 30454810.

1843 LAG Berlin, Urteil vom 9. Januar 1989 – 9 Sa 93/88, BeckRS 1989, 30454810.

1844 LAG Berlin, Urteil vom 9. Januar 1989 – 9 Sa 93/88, BeckRS 1989, 30454810.

1845 LAG Hamm, Urteil vom 29. Juli 1994 – 18 (2) Sa 2016/93, BeckRS 1994, 30461299.

1846 Primär wurde die Kündigung aufgrund einer aktiven Teilnahme an einer körperlichen Auseinandersetzung ausgesprochen, vergl.: LAG Hamm, Urteil vom 29. Juli 1994 – 18 (2) Sa 2016/93, BeckRS 1994, 30461299.

1847 LAG Hamm, Urteil vom 29. Juli 1994 – 18 (2) Sa 2016/93, BeckRS 1994, 30461299.

1848 Vergl.: BAG, Urteil vom 18. Juni 1970 – 1 AZR 520/69, Rdn. 22 – juris; ArbG Stuttgart, Urteil vom 9. Dezember 1981 – 2 Ca 290/81, DB 1982, 1626, 1627.

1849 Vergl. oben: **2. Teil: B.I.3.a).**

wenn auf Seiten des Arbeitgebers Organisationsmängel einschließlich unzureichender Kontrollmaßnahmen festzustellen seien[1850]. Bedeutsam ist zudem, dass das BAG einen Ausschluss des Mitverschuldens nicht bereits dann erwägt, wenn der Arbeitnehmer hinsichtlich seiner Pflichtverletzung vorsätzlich handelt, sondern erst, wenn der Vorsatz die Schädigung selbst umfasst[1851]. Diesen Vorsatz wird der beweisbelastete Arbeitgeber nur schwer nachweisen können.

Die Berücksichtigung des Mitverschuldens des Arbeitgebers deutet sich auch in einem Urteil des Arbeitsgerichts Stuttgart an[1852]. Dort wurde einem Arbeitnehmer gekündigt, da er von der Ausführung privater Druckaufträge eines Arbeitskollegen mit betrieblichen Mitteln wusste und diesen Missbrauch dem Arbeitgeber nicht meldete. Das Arbeitsgericht hat der Kündigungsschutzklage stattgegeben. Es würdigte dabei unter anderem zu Lasten des Arbeitgebers, dass der Arbeitgeber offenbar keine routinemäßigen Vorkehrungen getroffen habe, um den konkreten Missbrauch auszuschließen oder wenigstens reduzieren zu können[1853].

4. Zwischenergebnis

Im Rahmen der Zumutbarkeitserwägungen werden zur Einschränkung der Meldepflicht von Rechtsprechung und Literatur eine Vielzahl unterschiedlicher Kriterien benannt, so dass insgesamt eine nur schwer überblickbare Einzelfallkasuistik entstanden ist. Nicht jedes von Literatur und Rechtsprechung benannte Kriterium kann dabei uneingeschränkt überzeugen

5. Eigene Stellungnahme

Bei der Konkretisierung der vertraglichen Nebenpflichten unter Beachtung der konfligierenden Grundrechtsinteressen sind einfache und pauschale Lösungen nicht möglich[1854]. Zu komplex und vielschichtig sind die widerstreitenden grundrechtlich geschützten Interessen der Arbeitsvertragsparteien. Verkompliziert wird dieser Vorgang dadurch, dass auch die Interessen des Angezeigten bei der Bestimmung der Reichweite einer Pflicht zum internen Whistleblowing nicht außer Acht gelassen werden dürfen.

Hinzu kommt, dass bei einer Verpflichtung, ein Fehlverhalten eines Arbeitskollegen anzuzeigen, unweigerlich die mit dem Denunziantentum verbundenen negativen Assoziationen aufkeimen[1855]. Auch wenn der Arbeitgeber ein schützenswertes

---

1850 BAG, Urteil vom 18. Juni 1970 – 1 AZR 520/69, Leitsatz 3 – juris.

1851 BAG, Urteil vom 18. Juni 1970 – 1 AZR 520/69, Rdn. 23 – juris.

1852 ArbG Stuttgart, Urteil vom 9. Dezember 1981 – 2 Ca 290/81, DB 1982, 1626.

1853 ArbG Stuttgart, Urteil vom 9. Dezember 1981 – 2 Ca 290/81, DB 1982, 1626, 1627.

1854 Vergl. zur Konkretisierung der Nebenpflichten im Arbeitsverhältnis unter Beachtung des grundrechtlichen Rahmens: **1. Teil: A.II.**

1855 Dies wird besonders in der bereits erwähnten, älteren Entscheidung des BAG deutlich, in der die Kündigung eines Arbeitnehmers als gerechtfertigt angesehen

Interesse hat, dass ihm drohende Schäden angezeigt werden, gilt es zu verhindern, dass durch eine Überspannung der Nebenpflicht zur innerbetrieblichen Meldung eines Fehlverhaltens ein Klima der gegenseitigen Bespitzelung und Denunziation geschaffen wird. Keine der beteiligten Parteien hat ein Interesse daran, dass die Furcht vor gegenseitiger Bespitzelung und Denunziation die Produktivität des Betriebs beeinträchtigt.

a) Die Pflicht zum internen Whistleblowing als passive Meldepflicht

Für eine ausgleichende Konkretisierung der Nebenpflichten ist es geeignet, in einem ersten Schritt die aus einer Meldepflicht resultierenden Pflichten denen einer allgemeinen Überwachungspflicht gegenüber zu stellen. Dabei sind einerseits die passive und andererseits die aktive Komponente der Pflichten zu betonen. Die jedem Arbeitsverhältnis immanenten Nebenpflichten zur Meldung bestimmter Missstände sind auf den Bereich der passiven Meldepflichten zu begrenzen. Ein Arbeitnehmer, der lediglich der vertragsimmanenten Nebenpflicht zur Meldung von Missständen unterliegt, muss nicht aktiv Nachforschungen anstellen, um Missstände aufzudecken oder zu verhindern Er kann lediglich zur Meldung verpflichtet sein, sofern er mit einem Missstand konfrontiert wird. Demgegenüber ist ein Arbeitnehmer, dem eine vertraglich vereinbarte Überwachungs- und Kontrollpflicht obliegt, aktiv zur Verhinderung und Aufdeckung von Missständen angehalten.

b) Schadensumfang

Ausgehend von dieser Begrenzung, die eine Überspannung der Nebenpflichten verhindert, ist nunmehr in einem zweiten Schritt das Interesse des Arbeitgebers, ihn vor Schädigungen zu schützen, zu realisieren. Dabei ist eine Anknüpfung an die ordnungsrechtliche Verantwortung des Arbeitgebers nur bedingt geeignet, das Schutzinteresse des Arbeitgebers vollumfänglich abzubilden. Vielmehr müssen bei einer Konkretisierung der Meldepflicht auch drohende Schäden des Arbeitgebers umfasst sein, die nicht auf seiner ordnungsrechtlichen Verantwortlichkeit beruhen. Die Einbeziehung des Schadenskriteriums ist bei der Bestimmung der Reichweite einer Nebenpflicht zur Schadensabwehr daher unumgänglich. Die Berücksichtigung des Kriteriums bewirkt sowohl Beschränkungen als auch Erweiterungen der Meldepflicht.

Zum einen sind Bagatellverstöße grundsätzlich nicht von der Meldepflicht erfasst. Dies gilt jedenfalls dann, wenn die Bagatellverstöße, die sich regelmäßig auf

---

worden ist, der Informationen über abfällige Äußerungen eines Kollegen über einen Vorgesetzen dem Arbeitgeber mitgeteilt hatte, vergl.: BAG, Urteil vom 21. Oktober 1965 – 2 AZR 2/65 – juris. Auch die nachfolgende Entscheidung des BAG wenige Jahre später, in der ausdrücklich darauf hingewiesen wird, dass die festgestellte Anzeigepflicht im vorliegenden Fall nicht bedeute, dass dem Arbeitnehmer ungerechtfertigt eine *„Anschwärzung"* seiner Kollegen zugemutet würde, verdeutlicht die Vorbehalte gegenüber einer Anzeigeverpflichtung, vergl.: BAG, Urteil vom 18. Juni 1970 – 1 AZR 520/69, Rdn. 12 – juris.

innerbetriebliche Ordnungsvorschriften beziehen, keinen Schaden für den Arbeitgeber verursachen können. Aus dem Kreis der meldepflichtigen Kenntnisse sind auch diejenigen Fallkonstellationen herauszunehmen, in denen die konkrete innerbetriebliche Meldung nicht mehr geeignet gewesen wäre, den Eintritt des Schadens oder weiterer Schädigungen zu verhindern und auch keine Wiederholungsgefahr der Schädigungen besteht. Kenntnisse über entdeckte Missstände sind damit nur offenbarungspflichtig, wenn sie drohen, den Arbeitgeber zu schädigen, ihn fortwährend schädigen oder eine Wiederholungsgefahr der Schädigungen besteht. Dabei muss eine Wiederholungsgefahr nach konkreten Anhaltspunkten zu befürchten sein. Pauschale Prognosen, etwa im Hinblick auf einen Diebstahl eines Arbeitskollegen, genügen diesen Anforderungen nicht.

Zum anderen bewirkt eine Ausrichtung am Schadenskriterium, dass die Meldepflicht nicht auf den Aufgabenbereich des Arbeitnehmers beschränkt ist. Erfährt etwa ein Lagerist, dass ein Kollege aus der Produktion vorsätzlich Betriebsanlagen des Arbeitgebers sabotiert oder fahrlässig gefährdet und somit dem Arbeitgeber ein erheblicher Schaden droht, so ist er unbenommen seiner Stellung im Unternehmen verpflichtet, das Fehlverhalten des Kollegen aus der anderen Abteilung anzuzeigen.

c) Präventiver Charakter der Meldepflicht

Die Nebenpflicht zur Meldung bestimmter Umstände existiert nicht, um den Arbeitgeber in die Lage zu versetzen, mit den Informationen des Whistleblowers, eine Sanktionierung des Fehlverhaltens des Arbeitskollegen bewirken zu können. Die Pflicht zum internen Whistleblowing – als Ausprägung der allgemeinen Schadensabwendungspflicht – soll den Arbeitgeber vielmehr präventiv vor (weiteren) Schäden schützen.

Eine Fokussierung auf diesen Aspekt der Nebenpflicht bewirkt gleichsam, dass die Meldepflicht nicht als Aufforderung zur Denunziation von Arbeitskollegen missverstanden wird, sondern vielmehr als Beitrag den Arbeitgeber vor Schäden zu schützen. Zudem gilt es zu berücksichtigen, dass der präventive Aspekt der Meldepflicht nicht nur die Interessen der Arbeitgeber schützt. Auch die übrigen Arbeitnehmer haben ein Interesse daran, dass ein Arbeitskollege drohende schwere Schäden des Arbeitgebers verhindert. Denn gravierende Schädigungen könnten die Existenz des Betriebes und somit auch die Arbeitsplätze der gesamten Belegschaft gefährden.

Entsprechend der Fokussierung auf den präventiven Charakter besteht keine Meldepflicht über Kenntnisse, die lediglich repressive Maßnahmen gegen den betreffenden Arbeitnehmer bewirken können. Daher ist ein Arbeitnehmer beispielsweise nicht verpflichtet, einen Arbeitskollegen *anzuschwärzen*, der während der Arbeitszeit im Internet surft. Durch die private Internetnutzung entstehen dem Arbeitgeber in der Regel keine zusätzlichen Kosten[1856]. Anders sind wiederum die

---

1856 Der potentielle Vermögensnachteil der darin begründet liegt, dass der Arbeitnehmer während des privaten *Surfens* im Internet seine arbeitsvertraglich geschuldete Tätigkeit nicht erbringt, möge – bei einer gelegentlichen Nutzung – dabei außer

Konstellationen zu beurteilen, in denen die private Internetnutzung geeignet ist, den Ruf des Arbeitgebers zu schädigen[1857] oder der Arbeitnehmer in größerem Umfang Dateien auf den betrieblichen Computer herunterlädt und somit ein beträchtliches Schädigungsrisiko schafft[1858]. Auch der geringwertige Diebstahl von Eigentum des Arbeitgebers ist demnach nicht anzeigepflichtig, obgleich er möglicherweise eine Kündigung des Arbeitsverhältnisses des Diebes rechtfertigen könnte[1859].

Die Anzeigepflicht des Arbeitnehmers korrespondiert insoweit nicht mit dem Ausmaß der Pflichtverletzung des Arbeitnehmers, dessen Fehlverhalten vermeintlich offenbarungspflichtig ist.

d) Unzumutbarkeit im Einzelfall

In einem letzten Schritt bleibt zu prüfen, ob eine an sich bestehende Meldepflicht im Einzelfall dennoch unzumutbar ist.

Neben den Begrenzungen die der nemo-tenetur-Grundsatz bedingt, bestehen weitere Einschränkungen bei einer Offenbarungspflicht über betriebliche Missstände, mit denen der Arbeitnehmer außerhalb seiner Arbeitszeit konfrontiert wird. Eine Meldepflicht ist in diesen Fällen nur dann anzunehmen, wenn durch eine innerbetriebliche Offenbarung beträchtliche Schädigungen des Arbeitgebers verhindert werden können. Diese Begrenzung erscheint vor dem Hintergrund der eingeschränkten Wirkung der Nebenpflichten außerhalb der Arbeitszeit angemessen. Obgleich können auch die im Übrigen genannten Kriterien im Einzelfall einen Ausschluss der Meldepflicht bewirken. Ein Arbeitgeber der keinerlei Compliance-Maßnahmen ergreift, kann nicht im selben Maße die Meldung von Missständen verlangen, wie ein Arbeitgeber, der sich erkennbar um das rechtskonforme Handeln des Unternehmens bemüht. Auch eine besondere familiäre oder persönliche Nähebeziehung zwischen Anzeigepflichtigem und Verdächtigem kann einer Pflicht zum internen Whistleblowing entgegenstehen. Ebenso gilt es zu berücksichtigen, ob der Arbeitnehmer, der einen an sich meldepflichtigen Missstand verschwieg, zumindest versuchte, den Arbeitskollegen von seinem Fehlverhalten abzubringen.

Acht bleiben. Vergl. diesbezüglich einen Fall des LAG Rheinland-Pfalz, in dem das Gericht den Aspekt möglicher Zusatzkosten hervorhebt: LAG Rheinland-Pfalz, Urteil vom 12. Juli 2004 – 7 Sa 1243/03 – Rdn. 43 – juris. Vergl. allgemein zu den Kriterien, die das BAG für die Bestimmung einer Pflichtverletzung beim Surfen im Internet heranzieht: BAG, Urteil vom 7. Juli 2005 – 2 AZR 581/04, AP Nr. 192 zu § 626 BGB.

1857 So etwa beim Herunterladen oder Aufrufen von pornographischen oder gewaltverherrlichenden Inhalten. Vergl. zu entsprechenden Fallkonstellationen: BAG, Urteil vom 7. Juli 2005 – 2 AZR 581/04, AP Nr. 192 zu § 626 BGB; ArbG Frankfurt a.M., Urteil vom 2. Januar 2002 – 2 Ca 5340/01, NZA 2002, 1093; ArbG Hannover, Urteil vom 1. Dezember 2000 – 1 Ca 504/00 B, NZA 2001, 1022.

1858 Vergl.: BAG, Urteil vom 7. Juli 2005 – 2 AZR 581/04, Rdn. 24 – juris.

1859 Vergl. zur Kündigungsrelevanz von *Bagatelldelikten: Fuhlrott,* ArbRAktuell 2012, 498.

6. Ergebnis

Die Bestimmung des Bestehens einer Pflicht zum internen Whistleblowing im Einzelfall ist diffizil. Die Rechtsprechung hat sich nur in wenigen Entscheidungen konkret zu den Grenzen des rechtlich Zulässigen geäußert. Sofern die Pflichtverletzung aufgrund des Unterlassens einer innerbetrieblichen Meldung tatsächlich im Fokus des Urteils stand[1860], blieben die Ausführungen vage und enthalten insgesamt nur wenige verallgemeinerungsfähige Ansatzpunkte. In den dokumentierten und zumindest mittelbar für die vorliegende Untersuchung einschlägigen Entscheidungen werden überwiegend nur einzelne Aspekte einer Meldepflicht des Arbeitnehmers bei Kenntnis von Missständen, die den Arbeitnehmer schädigen können, thematisiert[1861]. Obgleich auf der Grundlage dieser Rechtsprechung und der Literaturansichten ein Konzept entwickelt werden konnte, um sich den Grenzen des rechtlich Zulässigen im Einzelfall anzunähern, wird bis zu einer klärenden höchstrichterlichen Grundsatzentscheidung eine gewisse Rechtsunsicherheit fortbestehen.

Dies gilt umso mehr, da jüngere Entscheidungen der Rechtsprechung nicht existieren. Ausnahmen sind insoweit die Entscheidungen des BAG aus dem Jahre 1997 und ein Urteil des LAG Schleswig-Holstein aus dem Jahre 2014[1862]. In beiden Entscheidungen wurde zu einer Meldepflicht allerdings wiederum nur am Rande Stellung bezogen[1863]. Fehlende jüngere Grundsatzentscheidungen verschärfen die Problematik der Rechtsunsicherheit insofern, da den älteren Judikaten und den vorhandenen jüngeren Entscheidungen eine unterschiedliche Grundhaltung gegenüber einer Verpflichtung zur Meldung von Missständen entnommen werden kann. Wurde in einem Urteil aus dem Jahre 1965 noch die fristgemäße Kündigung eines Arbeitnehmers als gerechtfertigt angesehen, der aus einem privaten Gespräch unter Kollegen abfällige Äußerungen eines der Arbeitskollegen über einen Vorgesetzen an den Arbeitgeber weitergegeben hat[1864], so verschob sich in der nachfolgenden Rechtsprechung der Blickwinkel. Nicht die Indiskretion des Arbeitnehmers und ein möglicher Interessenkonflikt aufgrund einer Pflicht, seine Arbeitskollegen anzuschwärzen, wird betont[1865], vielmehr wird die Nichtanzeige eines Diebstahls als

---

1860 In beiden instanzgerichtlichen Urteilen zu einer Pflichtverletzung aufgrund der Nichtanzeige eines Diebstahls ist diese Pflichtverletzung nur ergänzend herangezogen worden, vergl.: LAG Hamm, Urteil vom 29. Juli 1994 – 18 (2) Sa 2016/93, BeckRS 1994, 30461299; LAG Berlin, Urteil vom 9. Januar 1989 – 9 Sa 93/88, BeckRS 1989, 30454810, vergl. hierzu: **B.I.3.e)hh).**

1861 Insgesamt waren elf Urteile zumindest mittelbar für die Untersuchung in diesem Abschnitt relevant.

1862 BAG, Urteil vom 6. November 1997 – 2 AZR 162/97 – juris; vergl. hierzu: **2. Teil: B.I.3.a);** LAG Schleswig-Holstein, Urteil vom 3. September 2014 – 3 Sa 111/14- juris; vergl. hierzu: **2. Teil: B.I.3.e)gg).**

1863 BAG, Urteil vom 6. November 1997 – 2 AZR 162/97, Rdn. 25 – juris. LAG Schleswig-Holstein, Urteil vom 3. September 2014 – 3 Sa 111/14, Rdn. 51 – juris.

1864 BAG, Urteil vom 21. Oktober 1965 – 2 AZR 2/65, Leitsatz – juris.

1865 In diesem Sinne noch: BAG, Urteil vom 18. Juni 1970 – 1 AZR 520/69, Rdn. 12 – juris.

Pflichtverletzung des Arbeitnehmers weitgehend unproblematisch bejaht[1866]. Auch das BAG hat in seinem Urteil aus dem Jahre 1997 ausgeführt, dass eine fristlose Kündigung *an sich* gerechtfertigt sei, wenn eine Buchhalterin ihrem Arbeitgeber nicht anzeige, dass eine andere Mitarbeiterin einen Firmencheck über ihr Privatkonto eingezogen hat[1867]. Die Rechtsprechung hat die Anzeigepflichten der Arbeitnehmer insoweit verschärft.

In der Literatur wird eine Vielzahl von Eingrenzungskriterien der Meldepflicht vorgeschlagen, die überwiegend ihre Berechtigung vorweisen können, zugleich aber – in Kombination mit der lückenhaften Rechtsprechung – zu einer nur schwer überschaubaren Kasuistik geführt haben, die der Rechtssicherheit ebenfalls abträglich ist.

Auf Zumutbarkeitserwägungen im Einzelfall kann allerdings nicht gänzlich verzichtet werden, so dass auch der eigene Vorschlag zur Bestimmung der Grenzen der Meldepflichten dieses Korrektiv, das zugleich die erforderliche Einzelfallgerechtigkeit gewährleistet, enthält.

Insgesamt ist es daher angezeigt, den Arbeitnehmern Hilfestellung anzubieten, damit sie besser einschätzen können, ob in ihrem konkreten Fall eine Offenbarungspflicht besteht. Dies scheint umso notwendiger, da in der älteren höchstrichterlichen Rechtsprechung der benannte Fall bekannt ist, in der eine fristgemäße Kündigung aufgrund von Denunziantentums als gerechtfertig angesehen worden ist[1868]. Eine solche Hilfestellung könnte durch ausdrückliche vertragliche Regelungen im Arbeitsvertrag erfolgen, die die Grenzen der Meldepflichten – möglichst präzise – beschreiben.

II. Vertragliche Regelungen zum internen Whistleblowing

1. Deklaratorische Klausel zur Pflicht zum internen Whistleblowing

Eine die Grenzen der Nebenpflichten beschreibende, deklaratorische und insoweit unproblematisch zulässige Klarstellung könnte der Arbeitgeber im Arbeitsvertrag vornehmen.

Für die Aufnahme einer Klausel zum internen Whistleblowing spricht, neben der genannten Orientierungsfunktion für die betroffenen Arbeitnehmer, die positive Außenwirkung einer solchen Vertragsgestaltung. Mit der Umschreibung einer Pflicht zum internen Whistleblowing signalisiert das Unternehmen, dass es um rechtskonformes Handeln ihrer Mitarbeiter bemüht sei. Ferner bewirkt eine Klarstellung, dass dem Arbeitnehmer der Einwand verwehrt (oder zumindest erschwert)

1866 LAG Hamm, Urteil vom 29. Juli 1994 – 18 (2) Sa 2016/93, BeckRS 1994, 30461299; LAG Berlin, Urteil vom 9. Januar 1989 – 9 Sa 93/88, BeckRS 1989, 30454810. Letztlich wurde die Pflichtverletzung aufgrund der Nichtanzeige des Diebstahls aber nur unterstützend zur Rechtfertigung der ausgesprochenen Kündigung herangezogen.

1867 BAG, Urteil vom 6. November 1997 – 2 AZR 162/97, Rdn. 25 – juris.

1868 BAG, Urteil vom 21. Oktober 1965 – 2 AZR 2/65, Leitsatz – juris. Auf dieses potentielle Risiko wird ebenfall hingewiesen in: Preis/*Wagner*, Arbeitsvertrag, A. 40, Rdn. 14.

ist, ihm sei eine Meldepflicht nicht bekannt gewesen[1869]. Zudem könnte der in einer Whistleblowingklausel enthaltene Hinweis auf die Meldepflichten der Arbeitnehmer zukünftig gesetzlich als Bestandteil der Compliance-Bemühungen des Arbeitgebers honoriert werden[1870]. Auch gilt es zu beachten, dass der deklaratorischen Beschreibung eine ähnliche Wirkung zugemessen werden kann, wie der Vereinbarung von absoluten außerordentlichen Kündigungsgründen. Sind in einem Arbeitsvertrag bestimmte Kündigungsgründe festgeschrieben, die stets eine Kündigung rechtfertigen sollen, so hat dies zwar keine konstitutive Wirkung, allerdings kann der Umstand, dass die Parteien offenbar besonderen Wert auf die Einhaltung der genannten Pflichten gelegt haben, im Rahmen der Interessenabwägung zu berücksichtigen sein[1871]. Die Interessenlage bei der Umschreibung bestimmter Sachverhalte, die eine Kündigung rechtfertigen sollen, ist vergleichbar zu der Beschreibung der vertragsimmanenten Meldepflichten. In beiden Konstellationen wollen die Parteien zum Ausdruck bringen, dass sie besonderen Wert auf die Einhaltung bestimmter Pflichten legen, so dass einer deklaratorischen Beschreibung der Meldepflichten eine ähnliche Bedeutung zugemessen werden kann wie der Umschreibung von bestimmten Kündigungsgründen. Ein Verstoß gegen die vertragsimmanenten Pflichten kann somit schwerer wirken, wenn der Arbeitnehmer auf die Meldepflichten gesondert hingewiesen worden ist. Auf der Grundlage der gefundenen Ergebnisse, könnte eine Vertragsklausel wie folgt lauten:

Erlangt der Beschäftigte Kenntnisse von Fehlverhalten eines Arbeitskollegen oder von Umständen, die einen Verstoß gegen straf- oder ordnungsrechtliche Vorschriften oder gegen interne Verhaltensanweisungen darstellen, die geeignet sind, einen nicht nur unerheblichen Schaden für den Arbeitgeber zu verursachen, so ist der Beschäftigte verpflichtet, dem Arbeitgeber diese Kenntnisse mitzuteilen. Gleiches gilt für die Konstellationen, in denen ein entsprechender Schaden bereits eingetreten ist, weitere Schädigungen drohen oder eine konkrete Wiederholungsgefahr des schädigenden Ereignisses besteht. Diese Verpflichtung besteht nicht, wenn die Anzeige für den Beschäftigten eine unzumutbare Härte darstellt. Insbesondere ist der Beschäftigte nicht verpflichtet, eine Meldung vorzunehmen, die ein eigenes Fehlverhalten offenbart.

1869 Nach Ansicht des ArbG Stuttgart sei eine außerordentliche Kündigung aber nur dann gerechtfertigt, wenn der Arbeitnehmer auf seine Meldepflichten hingewiesen worden sei, vergl.: ArbG Stuttgart, Urteil vom 9. Dezember 1981 – 2 Ca 290/81, DB 1982, 1626, 1627.

1870 Gegenwärtig wird eine Verschärfung des Unternehmensstrafrechts diskutiert, bei der Compliance-Bemühungen des Arbeitgebers, zu denen auch das Betreiben eines Whistleblowing-Systems zählt, strafmildernd berücksichtigt werden können. Vergl. zu den Reformvorschlägen: **2. Teil: D.I.1.b)cc)**.

1871 Vergl.: BAG, Urteil vom 22. November 1973 – 2 AZR 580/72, Rdn. 20 – juris; A/P/S/*Dörner-Vossen* § 626 BGB, Rdn. 15.

2. *Möglichkeit einer Erweiterung der Nebenpflicht zur Meldung von Fehlverhalten oder Missständen*

Ungeachtet des Umstandes, dass eine konstitutive Erweiterung der Meldepflichten nicht empfehlenswert ist, da ansonsten die beschriebene Gefahr des Klimas eines gegenseitigen Misstrauens geschaffen wird, stellt sich dennoch die Frage, ob die Nebenpflicht zur Meldung von Missständen oder Fehlverhalten erweiterbar ist. Die Frage ist gegenwärtig in der Literatur noch umstritten.

Eine Ausweitung der Nebenpflicht zur Meldung von betrieblichen Missständen ist problematisch, da die aus der Konkretisierung der vertragsimmanenten Nebenpflicht folgenden Grenzen das Ergebnis einer Abwägung der konfligierenden, grundrechtlichen Interessen sind[1872]. Wird nunmehr in dieses Abwägungsergebnis durch eine Erweiterung der Meldepflichten eingegriffen, so werden die grundrechtlich geschützten Interessen des Arbeitnehmers weitergehend belastet.

Unzulässig ist daher jedenfalls eine Erweiterung, in der die grundrechtlich geschützten Interessen des Arbeitnehmers gänzlich zurücktreten müssen. Einer umfassenden und unbedingten Meldepflicht stehen insbesondere die negative Meinungsfreiheit und das allgemeine Persönlichkeitsrecht der Beschäftigten entgegen. Die negative Meinungsfreiheit des Beschäftigten, einen bestimmten Umstand nicht anzuzeigen und sein Interesse einen Arbeitskollegen nicht in jedem Fall *verpfeifen* zu müssen, wären bei einer unbedingten Meldepflicht gänzlich unbeachtet. Ein unzulässiger Eingriff in das Persönlichkeitsrecht wurde von der Rechtsprechung ferner in einer Whistleblowingklausel gesehen, die ein Verbot von Liebesbeziehungen von Kollegen untereinander statuierte und zur Meldung jedes Verstoßes gegen die Verhaltensrichtlinie verpflichtete[1873]. Eine allgemeine und unbedingte Denunziationspflicht kann daher nicht wirksam durch individual- oder kollektivrechtliche Gestaltungsmittel in das Arbeitsverhältnis implementiert werden[1874]. Die grundrechtlichen Rahmenbedingungen verhindern, dass der Arbeitnehmer durch eine Erweiterung der Meldepflichten als Überwachungsorgan instrumentalisiert wird.

Allerdings gilt es auch zu beachten, dass in der Privatautonomie Beschränkungen der grundrechtlich geschützten Interessen einer Partei üblich und zulässig sind. *Preis* weist ferner zutreffend darauf hin, dass es für den Grundsatz der Vertragsfreiheit fatal wäre, wenn im Bereich der Nebenpflichten de facto kein Raum für eigenständige, konstitutive Regelungen wäre, sondern nur für die deklaratorische Bestätigung des ohnehin schon Geltenden[1875]. Ebenso wie bei einer Erweiterung

---

1872 Vergl. zur Konkretisierung der Nebenpflichten durch den grundrechtlichen Rahmen: **1. Teil: A.II.**

1873 Vergl.: LAG Düsseldorf, Beschluss vom 14. November 2005 – 10 TaBV 46/05, Rdn. 135 ff. – *Wal-Mart-Fall* – juris. Vergl. hierzu bereits oben: **2. Teil: B.I.3.b).**

1874 Im Ergebnis ebenfalls: *Becker,* S. 196; *Rein,* 154; *Mengel/Hagemeister,* BB 2007, 1386, 1389; Preis/ *Wagner,* Arbeitsvertrag, A 40, Rdn. 14. Weitgehend, aber dennoch eine Meldepflicht bei banalen, nicht abmahnfähigen Verhalten ablehnend: *Fahrig,* 97 ff.

1875 *Preis,* Grundfragen, S. 519.

der Nebenpflichten die Interessen der Arbeitnehmer nicht gänzlich ignoriert werden dürfen, darf eine Erweiterung der Nebenpflichten vor dem Hintergrund der Vertragsfreiheit somit nicht von vornherein ausgeschlossen sein.

Vertragliche Erweiterungen der Meldepflichten werden regelmäßig der AGB-Kontrolle unterliegen, so dass insbesondere die Grenzen der §§ 307 Abs. 1 und Abs. 2 Nr. 1 BGB zu beachten sind. Ausgehend davon, dass weitgehende Abweichungen vom gesetzlichen Leitbild, das vorliegend von den konkretisierten Nebenpflichten nach den §§ 241 Abs. 2 i.V.m. § 242 BGB geprägt wird, unangemessen benachteiligend sind, sind insgesamt nur geringfügige Erweiterungen zulässig[1876].

In diesem Sinne scheint eine maßvolle Absenkung des Schadenskriteriums geeignet, den Konflikt zwischen Vertragsfreiheit und Wahrung der Arbeitnehmerinteressen aufzulösen. Eine Erweiterung ist allerdings nur möglich, solange die Erweiterung keinen faktischen Verzicht auf das Kriterium bewirkt. Eine solche Erweiterung wäre im obigen Sinne unangemessen benachteiligend und wird im Ergebnis zumeist dazu führen, dass eine umfassende – aus den genannten Gründen indes unzulässige[1877] – allgemeine Meldepflicht implementiert wird.

Festzuhalten bleibt, dass eine Ausweitung der Nebenpflicht durch individual- oder kollektivrechtliche Mittel nur maßvoll möglich ist. Ein gangbarer Weg ist dabei auf das Erfordernis der Erheblichkeit eines (drohenden) Schadens zu verzichten. Der Arbeitnehmer kann indes nicht wirksam verpflichtet werden, jeglichen Verstoß eines Arbeitskollegen gegen interne Verhaltens- und Ordnungsvorschriften zu melden, die für den Arbeitgeber keine Schäden verursachen können. Eine zulässige, konstitutive Erweiterung der Meldepflicht für alle Arbeitnehmer könnte, in Anlehnung an die dargestellte deklaratorische Klausel, wie folgt lauten:

Erlangt der Beschäftigte Kenntnisse von Fehlverhalten eines Arbeitskollegen oder von Umständen, die einen Verstoß gegen straf- oder ordnungsrechtliche Vorschriften oder gegen interne Verhaltensanweisungen darstellen, die geeignet sind, einen Schaden für den Arbeitgeber zu verursachen, so ist der Beschäftigte verpflichtet, dem Arbeitgeber diese Kenntnisse mitzuteilen [...].

3. *Sanktionen der Verletzung der Pflicht zum internen Whistleblowing*

Nach den erarbeiteten Grundsätzen, kann die Nebenpflicht zur Schadensabwehr respektive eine maßvolle erweiterte vertraglich vereinbarte Meldepflicht den Arbeitnehmer verpflichten, Missstände im Betrieb anzuzeigen. Verletzt er diese Pflicht und offenbart er einen anzeigepflichtigen Missstand nicht, so ist diese Pflichtverletzung grundsätzlich – wie jede andere Pflichtverletzung – geeignet, eine Abmahnung, eine ordentliche oder gar eine außerordentliche Kündigung zu rechtfertigen.

1876 Im Ergebnis ebenso: *Becker*, S. 194.

1877 Vergl. zu den Argumenten, die das Kriterium des Schadens als *essentialia negoti* einer Schadensabwendungspflicht darstellen: **2. Teil: B.I.3.b)**. Demgegenüber lässt *Schulz* letztlich offen, ob bei einer Erweiterung der Meldepflicht auf das Schadenskriterium verzichtet werden kann, vergl.: *Schulz*, 175.

Eine Nebenpflichtverletzung kann eine Kündigung ebenso rechtfertigen, wie die Verletzung der Hauptleistungspflicht. Die Verletzung einer Nebenpflicht ist somit keineswegs nebensächlich[1878]. Der Begriff Nebenpflicht beschreibt lediglich, dass neben der Hauptleistungspflicht des Arbeitnehmers, die Arbeitsleistung zu erbringen, weitere Pflichten im Arbeitsverhältnis bestehen[1879].

Gegenwärtig ist in der Judikatur indes keine Entscheidung dokumentiert, in der einem Arbeitnehmer einzig aufgrund einer unterlassenen innerbetrieblichen Anzeige eines Missstandes wirksam gekündigt worden ist. In den dokumentierten Entscheidungen ist die Meldepflichtverletzung lediglich zur Grundlage eines Regressanspruches gemacht worden[1880] oder die Pflichtverletzung aufgrund der Nichtanzeige eines Missstandes ist nur ergänzend herangezogen worden, um die Kündigungen zu stützen[1881].

Die in der Rechtsprechung zum Ausdruck kommende Zurückhaltung bei der Sanktionierung einer Pflichtverletzung aufgrund unterbliebenen internen Whistleblowing ist angemessen. Sie berücksichtigt hinreichend die besondere Konfliktlage der betroffenen Arbeitnehmer[1882]. Der Arbeitnehmer wird sich in den Grenzfällen einer innerbetrieblichen Offenbarungspflicht häufig in der bereits beschriebenen misslichen Lage befinden, entweder das Vertrauen des Arbeitgebers durch eine unterlassene Meldung zu enttäuschen oder das Vertrauen seiner Arbeitskollegen durch die Vornahme der Handlung zu gefährden. Abseits grober und evidenter Verstöße gegen die Meldepflicht bietet es sich daher an, dass der Arbeitgeber zu einem milden Sanktionsmittel greift, sofern der Arbeitnehmer sich dafür entscheidet, das Fehlverhalten seiner Kollegen nicht zu offenbaren.

a) Ermahnung

Ein geeignetes Mittel in diesen Fällen auf das Schweigen des Arbeitnehmers zu reagieren, ist daher nicht die Kündigung des Arbeitsverhältnisses, sondern die

---

1878 Vergl. hierzu bereits oben: **1. Teil: A.I.3.**

1879 *Preis*, Individualarbeitsrecht § 27 I.

1880 Insbesondere die Urteile des BAG zur innerbetrieblichen Offenbarungspflicht befassten sich jeweils lediglich mit Regressansprüchen des Arbeitgebers gegen den Arbeitnehmer der eine Anzeige eines Fehlverhalten unterlassen hatte, vergl.: BAG, Urteil vom 12. Mai 1958 – 2 AZR 539/56 – juris; BAG, Urteil vom 18. Juni 1970 – 1 AZR 520/69 – juris.

1881 Im Fall des LAG Berlin wurde die Kündigung primär auf den Verdacht gestützt, der Arbeitnehmer habe selbst einen Diebstahl begangen, vergl.: LAG Berlin, Urteil vom 9. Januar 1989 – 9 Sa 93/88, BeckRS 1989, 30454810; Auch in dem Urteil des LAG Hamm wurde die Kündigung vordergründig auf die Teilnahme des Arbeitnehmers an einer tätlichen Auseinandersetzung gestützt, vergl.: LAG Hamm, 29. Juli 1994 – 2 Sa 2016/93.

1882 Vergl. hierzu bereits oben: **B.** Die Konfliktsituation wird insbesondere auch von dem BAG in dem erörterten Urteil aus dem Jahre 1970 hervorgehoben, vergl.: BAG, Urteil vom 18. Juni 1970 – 1 AZR 520/69, Rdn. 12 – juris.

Ermahnung[1883]. Im Unterschied zur Abmahnung enthält eine Ermahnung keine Kündigungsandrohung[1884]. Dennoch bringt der Arbeitgeber hiermit hinreichend deutlich zum Ausdruck, dass auch der Arbeitnehmer, der das Fehlverhalten eines Kollegen nicht meldete, eine Pflichtverletzung beging. Das milde Sanktionsmittel der Ermahnung muss der Arbeitgeber aber nicht bei groben Verstößen gegen die vertragsimmanenten Meldepflichten erwägen.

Löst der Arbeitgeber die besondere Konfliktsituation einer innerbetrieblichen Meldepflicht auf der Rechtsfolgenseite dadurch, dass er grundsätzlich das Mittel der Ermahnung wählt, so wird die Verletzung einer innerbetrieblichen Meldepflicht nur selten zur Kündigung des Anstellungsverhältnisses führen können. Denn nach überzeugender Ansicht hat der Arbeitgeber durch die Sanktionierung der Pflichtverletzung mit einer Ermahnung sein Recht zur Kündigung wegen derselben Pflichtverletzung, ebenso wie bei der Abmahnung, regelmäßig verwirkt[1885]. Zudem gilt es zu beachten, dass das Sanktionsmittel der Kündigung mit einem beträchtlichen Unwirksamkeitsrisiko verbunden ist. Die Entscheidung der Arbeitsgerichte, ob das konkrete Schweigen des Arbeitnehmers eine zur Kündigung berechtigende Pflichtverletzung darstellt, ist, abseits evidenter Verstöße, nur schwer zu prognostizieren[1886].

Insofern stellt sich die Frage, ob den Arbeitgebern, denen die innerbetriebliche Meldung von Missständen besonders wichtig ist, Gestaltungsmöglichkeiten zustehen, um regelmäßig auch schärfere Sanktionen rechtswirksam aussprechen zu können. Ein solches Interesse werden vor allem diejenigen Arbeitgeber haben, deren Unternehmen in der Vergangenheit mit rechtswidrigen Praktiken negativ in Erscheinung getreten sind[1887].

b) Pflicht zum internen Whistleblowing und vorweggenommene Abmahnung

Die Chancen, dass aufgrund eines nicht erfolgten Whistleblowings eine rechtswirksame Kündigung ausgesprochen werden kann, steigen, wenn die Einführung einer Anzeigepflicht mit einer Sanktionsklausel kombiniert wird. Verhaltens- und Ethikrichtlinien, die eine Verpflichtung zum internen Whistleblowing vorsehen,

---

1883 Auch als Vertragsrüge bezeichnet, vergl.: Beck-OK-ArbR/*Rolfs* § 1 KSchG, Rdn. 237.

1884 Vergl. nur: Beck-OK-ArbR/*Rolfs* § 1 KSchG, Rdn. 237.

1885 A/P/S/*Dörner-Vosen* § 626 BGB, Rdn. 19. Das BAG tendiert allerdings dazu, eine Verzichtswirkung nur für die Abmahnung anzunehmen, es sei denn, der Arbeitgeber gibt hinreichend zu verstehen, dass er mit der Ermahnung die Sache als *„erledigt“* ansehe, vergl.: BAG, Urteil vom 6. März 2003 – 2 AZR 128/02, Rdn. 23; vergl. ferner: BAG, Urteil vom 9. März 1995 – 2 AZR 644/94, Rdn. 37 – juris.

1886 Vergl. diesbezüglich: **B.I.6.**

1887 Die *Siemens AG* etwa war in der Vergangenheit besonders schwerwiegenden Korruptionsvorwürfen ausgesetzt. Vergl. zu der *Schmiergeldaffäre* bei Siemens: http://www.handelsblatt.com/unternehmen/management/koepfe/milliardenschwere-korruption-prozess-gegen-ex-siemens-vorstand-kommt-voran/9790090.html (zuletzt abgerufen am 1. Dezember 2014).

enthalten regelmäßig auch Sanktionsklauseln[1888]. In einer Sanktionsklausel wird für den Fall eines Verstoßes gegen die Verhaltensrichtlinie die Beendigung des Arbeitsverhältnisses angedroht[1889]. Die kündigungserleichternde Wirkung einer Sanktionsklausel liegt darin, dass sie als vorweggenommene Abmahnung wirken kann[1890]. Eine verhaltensbedingte Kündigung hat stets bessere Erfolgsaussichten, wenn bereits zuvor eine einschlägige Abmahnung erteilt worden war[1891].

Allerdings ist zu beachten, dass die Voraussetzungen einer wirksamen antizipierten Abmahnung durch eine Sanktionsklausel beträchtlich sind. Zutreffend wird in der Literatur ausgeführt, dass eine Sanktionsklausel, die präventiv für jeglichen Verstoß gegen eine Verhaltensrichtlinie die Bestandsgefährdung des Arbeitverhältnisses artikuliert, den auch für die Abmahnung geltenden Verhältnismäßigkeitsgrundsatz verletzt[1892]. Das bedeutet, dass eine Abmahnung nur dann aufgrund einer Sanktionsklausel entbehrlich ist, wenn die Sanktionsklausel auf bestimmte Verstöße gegen die im Verhaltenskodex festgeschriebenen Pflichten beschränkt ist[1893]. Für die vorliegende Konstellation müsste die Sanktionsklausel somit ausdrücklich Verstöße gegen die Meldepflicht einbeziehen und dürfte im Übrigen nicht pauschal aufgrund anderer Vertragsverletzungen die Beendigung des Arbeitsverhältnisses androhen. Nur in diesem Fall könnte die Sanktionsklausel eine Abmahnung vorwegnehmen und somit die Kündigung des Arbeitnehmers erleichtern, der einen innerbetrieblichen Missstand nicht angezeigt hat. Eine Kündigungserleichterung durch eine Sanktionsklausel mit vorweggenommener Abmahnung ist somit zwar denkbar, allerdings sind die Hürden beträchtlich. In den meisten Fällen wird eine Abmahnung nicht wirksam durch eine Sanktionsklausel vorweggenommen sein[1894].

Die Einführung einer Sanktionsklausel ist allerdings insgesamt abzulehnen. Ungeachtet der Tatsache, dass die erforderlichen Begrenzungen des Anwendungsbereichs einer Sanktionsklausel zugleich die Sinnhaftigkeit einer solchen Klausel in Frage stellen und die Formulierung einer wirksam beschränkten Sanktionsklausel

---

1888 Vergl. insoweit die Nachweise bei: *Rein,* S. 33 f.

1889 Vergl. insoweit die Nachweise bei: *Rein,* S. 34.

1890 Ausführlich hierzu: *Rein,* S. 216 ff.

1891 Vergl. ausführlich zum Prinzip der Abmahnung als grundsätzlich vorrangiges Sanktionsmittel im Rahmen der verhaltensbedingten Kündigung: **1. Teil: C.V.**

1892 *Rein,* S. 254. Im Ergebnis ebenfalls pauschale Sanktionsklauseln ablehnend: *Mengel,* Compliance, S. 68.

1893 Nach *Rein* könnten solche Verstöße durch eine Sanktionsklausel vorweg abgemahnt werden, bei denen eine Abmahnung ohnehin entbehrlich sei und bei qualifizierten Ethikrichtlinien, die den Kernbereich des Vertrauensverhältnisses zwischen Arbeitnehmer und Arbeitgeber beträfen, vergl.: *Rein,* S. 254.

1894 Ebenso: *Rein,* S. 254. Danach enthielten die derzeit üblicherweise in Ethikrichtlinien verwendeten Sanktionsklauseln keine wirksamen vorweggenommenen Abmahnungen.

schwierig bleibt[1895], kann der Arbeitgeber durch die Einführung einer Sanktionsklausel in seiner Gestaltungsfreiheit begrenzt werden. Eine Sanktionsklausel führt zwar nicht zwangsläufig dazu, dass der Arbeitgeber mildere Sanktionsmittel, wie die zuvor besprochene Ermahnung, nicht mehr anwenden darf, allerdings muss der Arbeitgeber diese Milde dann bei sämtlichen Verstößen walten lassen. Denn sanktioniert der Arbeitgeber – trotz wirksamer Sanktionsklausel – ein unterbliebenes Whistleblowing in einer Konstellation nicht mit einer Kündigung, sondern mit einer Ermahnung, da er an dem Verbleib des Arbeitnehmers ein besonderes Interesse hat, so muss er in jeder vergleichbaren Konstellation, auch bei weiniger geschätzten Arbeitnehmern, wiederum zunächst eine Ermahnung aussprechen. Andernfalls droht der Arbeitgeber sich dem Einwand des widersprüchlichen Verhaltens auszusetzen[1896].

Möchte der Arbeitgeber dennoch eine Sanktionsklausel mit vorweggenommener Abmahnung mit der Pflicht zur Meldung von innerbetrieblichen Missständen kombinieren, so könnte eine entsprechende Formulierung, in Anlehnung an die bereits vorgestellten Klauseln, wie folgt lauten:

Erlangt der Beschäftigte Kenntnisse [...]. Ist der Beschäftigte nach den genannten Grundsätzen verpflichtet, eine innerbetriebliche Meldung vorzunehmen und unterlässt er diese dennoch, so kann dies die Kündigung des Arbeitsverhältnisses rechtfertigen.

4. *Auswirkungen der Implementierung einer Verpflichtung zum Whistleblowing*

Hat ein Unternehmen eine den zuvor benannten Grundsätzen entsprechende Whistleblowingklausel wirksam in das Arbeitsverhältnis implementiert[1897], so folgt aus dem Verbot des widersprüchlichen Verhaltens, dass die Benutzung des innerbetrieblichen Meldesystems an sich, nicht mit den Mitteln der Abmahnung oder Kündigung sanktionierbar ist[1898]. Verpflichtet der Arbeitgeber einerseits die Beschäftigten dazu, innerbetriebliche Missstände zu melden, so darf sich andererseits die Erfüllung der auferlegten Pflicht grundsätzlich nicht nachteilig für die Beschäftigten auswirken.

Allerdings darf dies nicht dahingehend missverstanden werden, dass nach der Einführung einer Verpflichtung zum internen Whistleblowing, in sämtlichen Konstellationen des internen Whistleblowings eine Kündigung ausgeschlossen ist[1899]. Die unter : **2. Teil: A.** dargestellten Konstellationen, in denen nicht die Pflichtverletzung aufgrund des Unterlassens des Whistleblowings untersucht worden ist, sondern die

1895 Die Schwierigkeiten einer wirksamen Formulierung werden ebenfalls von *Rein* angedeutet, vergl.: *Rein,* S. 254.

1896 Vergl. zu dieser Problematik ausführlich: *Rein,* S. 256 ff.

1897 S.o.: **2. Teil: B.II.** Vergl. zu den Problematiken der Implementierung einer Whistleblowing-Klausel durch eine Betriebsvereinbarung und den betroffenen Mitbestimmungsrechten des Betriebsrats: *Rein,* S. 195 ff.; *Schulz,* S. 178 ff.

1898 Ebenso: *Fahrig,* S. 86; *Wisskirchen/Körber/Bissels,* BB 2006, 1567, 1571.

1899 In diesem Sinne aber: *Fahrig,* S. 86.

Pflichtverletzung aufgrund der Vornahme einer innerbetrieblichen Meldung, können weiterhin eine zur Kündigung berechtigende Pflichtverletzung darstellen.

Eine Whistleblowing-Klausel, bei der das Unternehmen die Arbeitnehmer zum Anzeigen von bestimmten Missständen verpflichtet, entbindet den Arbeitnehmer nur von seiner Pflicht zur Verschwiegenheit[1900] und Loyalität[1901] gegenüber dem Arbeitgeber. Nur diese Aspekte der Rücksichtnahmepflicht schützen Interessen des Arbeitgebers und unterliegen mithin auch seiner Disposition. Indes kann das interne Whistleblowing auch eine Verletzung einer Nebenpflicht darstellen, die nicht unmittelbar die Interessen des Arbeitgebers schützt. Neben der Verschwiegenheitspflicht kann eine Pflichtverletzung ebenso darin begründet sein, dass durch die innerbetriebliche Meldung die Persönlichkeitsrechte des Angezeigten verletzt worden sind[1902]. Ist die vermeintliche Meldung über betriebliche Missstände tatsächlich der Versuch, einen Arbeitskollegen durch verleumderische oder beleidigende Behauptungen in Misskredit zu bringen, so kann dies einen erheblichen Verstoß des Arbeitnehmers gegen seine Nebenpflichten darstellen. Diesen den Anzeigenden treffende und den Angezeigten schützende Nebenpflicht, unterliegt aber nicht der Disposition des Arbeitgebers, so dass die Implementierung einer Meldepflicht auch keinen Verzicht auf diese Nebenpflicht bewirken kann.

Die missbräuchliche Nutzung des innerbetrieblichen Meldesystems, durch die die Persönlichkeitsrechte des Angezeigten verletzt werden, kann somit weiterhin, ungeachtet der Einführung einer Whistleblowing-Klausel, einen Grund zur verhaltensbedingten Kündigung darstellen[1903].

C. Zusammenfassung der wesentlichen Ergebnisse zur Kündigungsrelevanz des internen Whistleblowings in Thesen

1. Die lediglich organisationsinterne Offenbarung eines Missstandes, das sogenannte interne Whistleblowing, ist nicht nur als Abwägungskriterium im Rahmen des externen Whistleblowings zu beachten, das interne Whistleblowing kann auch eigenständige Kündigungsrelevanz erlangen. Dabei gilt es verschiedene Konstellationen einer Pflichtverletzung aufgrund internen Whistleblowings zu

---

1900 Ebenso: *Fahrig,* S. 86; *Wisskirchen/Körber/Bissels,* BB 2006, 1567, 1571. Wobei nach letzterer Ansicht auch ein Verstoß gegen die Treuepflicht nicht mehr vorliege. Nach der hier vertretenen Ansicht scheidet eine Verletzung der Loyalitäts- und Treuepflicht beim internen Whistleblowing stets aus, s.o.: **2. Teil: A.I.1.**

1901 Nach der hier vertretenen Ansicht scheidet eine Verletzung der Loyalitäts- und Treuepflicht beim internen Whistleblowing stets aus, s.o.: **2. Teil: A.I.1.**

1902 S.o.: **2. Teil: A.I.3.**

1903 Ebenso: *Wisskirchen/Körber/Bissels,* BB 2006, 1567, 1571. Ähnlich auch: Küttner/ *Küttner/Röller/Kania/Seidel/Schlegel* Whistleblowing, Rdn. 10. Vergl. zu dem gesamten Komplex: **2. Teil: A.**

unterscheiden. Sowohl die Vornahme als auch die Unterlassung einer innerbetrieblichen Anzeige können eine Pflichtverletzung darstellen.

2. Weist der Arbeitnehmer lediglich organisationsintern auf einen betrieblichen Missstand hin, so stellt dieser Hinweis an sich noch keine Verletzung seiner Rücksichtnahmepflichten dar. Einzig der Umstand, dass der Arbeitgeber einen Hinweis auf einen betrieblichen Missstand möglicherweise als Zeichen einer illoyalen Gesinnung des Arbeitnehmers empfindet, kann eine Kündigung nicht rechtfertigen. Eine zur Kündigung berechtigende Pflichtverletzung kann bei einer innerbetrieblichen Anzeige indes vorliegen, wenn der innerbetriebliche Hinweis eine Verletzung der Verschwiegenheitspflicht, eine Verletzung der Persönlichkeitsrechte der Angezeigten oder eine Störung des Betriebsfriedens bewirkt.
3. Zur Bestimmung einer Pflichtverletzung im Einzelfall kann das zum externen Whistleblowing erarbeitete Prüfungskonzept sinngemäß übertragen werden.
4. Die Rechtsprechung befürwortet eine solche sinngemäße Übertragung, scheute sich bisher allerdings vor einer konsequenten Übertragung aller in Betracht kommender Abwägungskriterien. Hintergrund dieser Zurückhaltung ist, dass eine offene Konfrontation mit der abweichenden Rechtsprechung des EGMR vermieden werden soll. Im Ergebnis stützt die Rechtsprechung sich aber auch im Falle einer Kündigung aufgrund des internen Whistleblowings auf die zum externen Whistleblowing erarbeiteten nationalen Grundsätze und urteilt weitgehend unbeeindruckt von der Entscheidung des EGMR.
5. Bei einer sinngemäßen Übertragung sind sowohl Einschränkungen als auch Erweiterungen des Abwägungskonzeptes erforderlich. Die grundsätzliche Struktur des Prüfungskonzeptes zum externen Whistleblowing kann allerdings auch in der Konstellation einer lediglich organisationsinternen Offenbarung von betrieblichen Missständen beibehalten werden.
6. Zunächst ist festzustellen, ob die innerbetriebliche Meldung auf leichtfertig oder wissentlich falschen Angaben beruhte. Nach dieser ersten Weichenstellung sind in einem zweiten Schritt die übertragbaren Kriterien der 3. Prüfungsebene des externen Whistleblowings – Motivation, sachliche Berechtigung und besonderes öffentliches Interesse – zu würdigen. Hierbei gilt es einige Abweichungen zur Konstellation des externen Whistleblowings zu beachten. In einem letzten Schritt sind gegebenenfalls, je nachdem welche konkrete Ausformung der Nebenpflichten durch die organisationsinterne Anzeige verletzt worden ist, weitere Kriterien zu würdigen.
7. Insgesamt unterliegt eine Kündigung aufgrund internen Whistleblowings noch strengeren Anforderungen als eine Kündigung, die aufgrund einer organisationsexternen Offenbarung eines betrieblichen Missstandes ausgesprochen worden ist. Insbesondere gilt es zu beachten, dass die Rechtsprechung in der Konstellation einer lediglich organisationsinternen Offenbarung, im Gegensatz zur Konstellation des externen Whistleblowings, ausdrücklich den Grundsatz des Vorrangs der Abmahnung anerkennt.
8. Im Rahmen des internen Whistleblowings gilt es die zuvor beschriebene Konstellation einer Pflichtverletzung aufgrund einer vorgenommenen organisationsinternen

Offenbarung von der Konstellation abzugrenzen, in der die Pflichtverletzung des Arbeitnehmers darin begründet ist, dass der Arbeitnehmer einen Missstand nicht organisationsintern angezeigt hat, obwohl er hierzu verpflichtet gewesen wäre. Sowohl der interne Hinweis auf einen organisationsinternen Missstand als auch das Verschweigen desselbigen können eine Pflichtverletzung darzustellen.

9. Die mit einem potentiell meldepflichtigen Umstand konfrontierten Arbeitnehmer befinden sich in einer besonderen Konfliktlage. Offenbaren sie dem Arbeitgeber ihre Kenntnisse, riskieren sie von den Arbeitskollegen als Denunziant geächtet zu werden, schweigen sie, gefährden sie möglicherweise durch das pflichtwidrige Unterlassen ihr eigenes Beschäftigungsverhältnis.
10. Eine Pflicht zur Offenbarung eines Missstandes kann jeden Arbeitnehmer, unbenommen expliziter Vereinbarung, aufgrund seiner vertragsimmanenten Schadensabwendungspflicht treffen. Ein Arbeitnehmer ist aufgrund der vertragsimmanenten Nebenpflicht nicht verpflichtet, aktiv nach Missständen zu suchen. Erfährt er jedoch von Missständen, die den Arbeitgeber nicht nur unerheblich schädigen oder drohen (erneut) zu schädigen, so kann das Unterlassen einer Meldung eine Pflichtverletzung darstellen.
11. Ein Arbeitnehmer wird somit zumeist innerhalb seines eigenen Aufgabenbereichs von einer Pflicht zum Whistleblowing betroffen sein. Indes ist die vertragsimmanente Meldepflicht – als Ausprägung der Schadensabwendungspflicht – nicht auf den Aufgabenbereich des Arbeitnehmers beschränkt.
12. Entscheidend für das Vorliegen einer vertragsimmanenten Pflicht zum Whistleblowing ist neben dem Ausmaß des (drohenden) Schadens, die Berücksichtigung des präventiven, schützenden Charakters der Meldepflicht. Entsprechend sind solche Kenntnisse über Missstände nicht meldepflichtig, die lediglich repressive Maßnahmen des Arbeitgebers gegen den Verursacher bewirken könnten.
13. Die Meldepflicht wird durch Zumutbarkeitserwägungen weitergehend begrenzt. In Literatur und Rechtsprechung werden im Einzelfall unterschiedliche Kriterien berücksichtigt. Unzumutbar ist die Vornahme einer innerbetrieblichen Meldung insbesondere dann, wenn der Beschäftigte hierdurch ein eigenes Fehlverhalten offenbaren müsste. Ebenso können eine besondere Nähebeziehung zwischen Anzeigepflichtigem und dem Schädiger, ein Einwirken auf den Schädiger durch den Arbeitnehmer, fehlende Compliance-Maßnahmen des Arbeitgebers und der Umstand, dass die Kenntnisse im Privatbereich erlangt worden sind, eine Meldepflicht ausschließen.
14. Hat der Arbeitnehmer seine Pflicht zum Whistleblowing verletzt, so ist diese Pflichtverletzung grundsätzlich geeignet – wie jede Pflichtverletzung – Sanktionsmaßnahmen bis hin zur außerordentlichen Kündigung zu rechtfertigen.
15. Das Unwirksamkeitsrisiko einer Kündigung, die einzig auf einen Verstoß gegen die Pflicht zur Meldung von Missständen gestützt wird, ist allerdings beträchtlich. Trotz der benannten Eckpunkte zur Bestimmung der Grenzen des rechtlich Zulässigen, ist das Vorliegen einer Pflichtverletzung des Arbeitnehmers im Einzelfall, abseits evidenter und grober Verstöße, nur schwer zu prognostizieren.

16. Diese Rechtsunsicherheit beruht auf der Vielzahl der zu berücksichtigenden Unzumutbarkeitsgründe im Einzelfall und der nur lückenhaft bestehenden Rechtsprechung. Zudem ist in der Judikatur gegenwärtig kein Fall dokumentiert, in der eine Kündigung wirksam einzig auf ein Unterlassen einer Anzeige eines innerbetrieblichen Missstandes gestützt worden ist. Eine höchstrichterliche Klärung der Problematik steht aus. Zugleich ist in den dokumentierten Urteilen ein Wandel in der Rechtsprechung erkennbar. In den ersten Entscheidungen ist stets die Indiskretion des Arbeitnehmers und ein möglicher Interessenkonflikt der (vermeintlich) anzeigepflichtigen Arbeitnehmer betont worden. In einer Konstellation wurde sogar die Kündigung des Denunzianten als gerechtfertigt angesehen. Während diese älteren Judikate somit von einem sehr restriktiven Verständnis der Anzeigepflichten geprägt waren, werden nachfolgend Verletzungen der Anzeigepflichten der schweigenden Arbeitnehmer weitgehend unproblematisch bejaht.
17. Vor diesem Hintergrund und unter Beachtung des Umstandes, dass die mit einem potentiell meldepflichtigen Umstand konfrontierten Arbeitnehmer sich in der benannten besonderen Konfliktsituation befinden, sollte der Arbeitgeber mildere Sanktionsmittel in Erwägung ziehen.
18. Regelmäßig wird ein Verstoß gegen die vertragsimmanenten Meldepflichten mit einer Ermahnung hinreichend sanktioniert sein.
19. Die vertragsimmanenten Meldepflichten sind nur maßvollen Erweiterungen zugänglich. Von solchen Erweiterungen ist allerdings grundsätzlich abzuraten.
20. Legt der Arbeitgeber aber besonderen Wert auf die Einhaltung der Meldepflichten, so könnte er eine deklaratorische Beschreibung oder eine – in engen Grenzen zulässige – konstitutive Festlegung der Meldepflichten mit einer Sanktionsklausel kombinieren. Bereits durch eine deklaratorische Beschreibung der Nebenpflichten verdeutlichen die Parteien, dass die Einhaltung dieser Pflichten für sie von besonderer Bedeutung ist. Dieser Umstand ist bei einer Kündigungsentscheidung daher im Rahmen der Interessenabwägung zu berücksichtigen. Da eine wirksame Sanktionsklausel zudem wie eine vorweggenommene Abmahnung wirkt, stehen dem Arbeitgeber somit Vertragsgestaltungsmittel zur Verfügung, die eine Verletzung der Meldepflicht schwerwiegender erscheinen lassen können.

D. Weitere Problemfelder im Rahmen des internen Whistleblowings

Eine Vielzahl der Betrachtung zum arbeitsrechtlichen Whistleblowing widmet sich schwerpunktmäßig den Problemfeldern im Umkreis der rechtswirksamen Implementierung eines innerbetrieblichen Meldesystems[1904]. Entsprechend der Zielsetzung der

1904 Vergl. etwa.: *Fahrig*, Die Einführung eines Verhaltenskodexes und das Whistleblowing; *Kagan*, Das Mitbestimmungsrecht des Betriebsrates bei der Einführung von Ethikrichtlinien; *Lohse*, Beschäftigtendatenschutz bei der Verhinderung und

Arbeit werden nachfolgend diese Probleme nicht weitergehend untersucht. Aber auch im Umfeld der Kündigungsrelevanz des internen Whistleblowings gilt es, einzelne weitere Aspekte einer lediglich organisationsinternen Meldung zu würdigen.

I. Problemfall anonyme Meldesysteme

Die Zulässigkeit eines anonymen Meldesystems, das auch nicht nachträglich eine Identitätsfeststellung ermöglicht, ist insbesondere unter datenschutzrechtlichen Gesichtspunkten problematisch[1905]. Ungeachtet dessen, ist auch zur Beurteilung der Sanktionsmöglichkeiten der Umstand bedeutsam, ob ein innerbetriebliches Meldesystem die Identität des Hinweisgebers offen erfasst oder zumindest nachträglich deren Feststellung ermöglicht. Im Rahmen der Würdigung des Abwägungskriteriums der Motivation wurde zum einen herausgestellt, dass eine überproportionale Gewichtung dieses Kriteriums, wie im Rahmen des externen Whistleblowings, nicht angezeigt ist und zum anderen, dass das Kriterium weiterhin zur Durchführung der Negativprognose und zur Aufdeckung einer missbräuchlichen Nutzung eines innerbetrieblichen Meldesystems unverzichtbar ist. Die Beweggründe zur innerbetrieblichen Meldung können aber dann nicht gewürdigt werden, wenn bereits die Identität des Hinweisgebers nicht feststellbar ist.

Aufdeckung von Straftaten; *Rein,* Die individualrechtliche Implementierung einer Ethikrichtlinie mit vorweggenommener Abmahnung; *Schulz,* Ethikrichtlinien und Whistleblowing – Arbeitsrechtliche Aspekte der Einführung eines Compliance-Systems; *Simonet,* Die Implementierung interner Whistleblowingsysteme im Rahmen der Corporate Governance; *Steigert,* Datenschutz bei unternehmensinternen Whistleblowing-Systemen; vergl. ferner: Schemmel/Ruhmannseder/Witzigmann, Hinweisgebersysteme.

1905 Hierzu: *Lohse,* S. 215 ff. Nach *Lohse* sei die Einrichtung eines Whistleblowing-Systems zulässig, wenn das System verhältnismäßig ausgestaltet sei. Anknüpfungspunkt für die Zulässigkeitsprüfung sei aber nicht die Einrichtung des Systems selbst, sondern die jeweilige Informationsweitergabe durch den Beschäftigten. Eine anonyme Nutzung sei kritisch zu betrachten. Vergl. ferner: *Fahrig,* S. 105; Vergl. auch die Stellungnahme der Art. 29 Datenschutzgruppe, abrufbar unter: http://ec.europa.eu/justice/policies/privacy/docs/wpdocs/2006/wp117_de.pdf, S. 11 ff.; http://ec.europa.eu/justice/policies/privacy/docs/wpdocs/2006/wp117_en.pdf, S. 10 f. Die Art. 29 Datenschutzgruppe ist ein unabhängiges Beratungsgremium der europäischen Union. Mit der Problematik der Anonymität eines Hinweisgebersystems musste sich das Gremium vor dem Hintergrund der Regelungen des US-amerikanischen Sarbanes-Oxley-Act (SOX) auseinandersetzen. Zu den Anforderungen des SOX vergl.: *Casper,* FS Winter, 77, 90 ff.; *Mahnhold,* NZA 2008, 737, 741 ff. Der Positionsaustausch der Art. 29 Datenschutzgruppe mit den US-amerikanischen Behörden ist zusammengefasst bei: *von Zimmermann,* WM 2007, 1063 f. Ausführlich zum gesamten Komplex der datenschutzrechtlichen Problematiken eines anonymen Whistleblowing-Systems: *Steigert,* S. 155 ff.

1. *Anonyme Whistleblowing-Systeme*

Die Unternehmen unterliegen bei der Einrichtung eines anonymen Meldesystems, selbst nach den Vorschriften des SOX[1906], keinen bestimmten technischen Vorgaben. Verbreitet ist die Einrichtung einer Whistleblowing-Hotline[1907]. Vereinzelnd werden auch spezielle E-Mail Adressen bereitgestellt[1908]. Auch externe Anbieter wie die Buisness Keeper AG widmen sich gänzlich dem Schutz der Anonymität des Hinweisgebers. Eine beachtliche Anzahl großer deutscher Konzerne ermöglichen ihren Mitarbeitern die Nutzung des BKMS-Systems (Business Keeper Monitoring System)[1909]. „*Oberstes* [und einziges] *Prinzip des BKMS Systems ist der Schutz des Hinweisgebers*“ [1910]. Das BKMS System werde in einem „*Hochsicherheitsrechenzentrum*“ betrieben und durch technische Maßnahmen sei die Entschlüsselung der Identität weder durch Dritte oder die Business Keeper AG selbst möglich[1911]. Neben einem solchen komplexen und kostenintensiven System können auch die in kleineren Unternehmen verbreiteten *Kümmerkästen* genutzt werden, um anonym auf betriebliche Missstände hinzuweisen.

a) *Argumente für die Implementierung eines vollständig anonymisierten Hinweisgebersystems*

Ein vollständig anonymisiertes Hinweisgebersystem, welches auch nicht die nachträgliche Identitätsfeststellung ermöglicht, scheint den Schutzinteressen

---

1906 Vergl. hierzu: *Mahnhold,* NZA 2008, 737, 740.

1907 Die Daimler AG bietet für eine Vielzahl von Regionen eine 24 Stunden erreichbare Hotline an: http://www.daimler.com/unternehmen/corporate-governance/integritaet-und-compliance/hinweisgebersystem-bpo. Wie bei Daimler wird auch bei der Deutschen Bahn AG und der Siemens AG dieses Meldesystem komplementär mit anderen Möglichkeiten zur Kontaktaufnahme betrieben, vergl. zu der Vielzahl der Meldemöglichkeiten bei der Deutschen Bahn AG: https://www.deutschebahn.com/de/konzern/compliance/hinweise_geben.html. Zum Compliance-Programm der Siemens AG, vergl.: Ausschussdrucksache 17(11)783, S. 21 f.

1908 http://www.radium.de/de/unternehmen/compliance (zuletzt abgerufen am 1. November 2014).

1909 Hierzu zählen unter anderem die: Bertelsmanns Gruppe, Commerzbank AG, Deutsche Bahn AG, Deutsche Telekom AG, Fraport AG, MAN Gruppe und die Nestle Deutschland AG, vergl.: http://www.business-keeper.com/hinweisgeber.html (zuletzt abgerufen am 1. November 2014).

1910 http://www.business-keeper.com/DesktopDefault.aspx?TabID=428 (zuletzt abgerufen am 1. November 2014).

1911 http://www.business-keeper.com/ihre-sicherheit.html (zuletzt abgerufen am 1. November 2014). Zudem wird auch noch der Hinweis erteilt, dass durch die Nutzung eines öffentlichen PCs (Internetcafe) die Anonymität zusätzlich gesichert werde, vergl.: http://www.business-keeper.com/DesktopDefault.aspx?TabID=428 (zuletzt abgerufen am 1. November 2014).

der redlichen Whistleblower zu dienen[1912]. Denn der Whistleblower kann auch bei einer berechtigten Offenbarung Repressalien[1913] – neben den klassischen arbeitsrechtlichen Sanktionsmaßnahmen – ausgesetzt sein. Vor solchen Racheakten scheint er aber effektiv geschützt zu sein, wenn er anonym Hinweise erteilt. Zudem wird angeführt, dass die uneingeschränkte Wahrung der Anonymität geeignet sei, Hemmschwellen potentieller Whistleblower abzubauen und einem solchen Meldesystem mehr Vertrauen entgegengebracht werde[1914]. Anonyme, interne Mitteilungen seien darüber hinaus geeignet, schädliches externes Whistleblowing zu verhindern und die Kenntnis im Unternehmen, dass auch anonyme Mitteilungen ernst genommen und verfolgt würden, entfalte eine präventive abschreckende Wirkung[1915].

Auch wenn diese Annahmen sich nur auf Plausibilitätserwägungen berufen können, sind sie überzeugender als die Argumentation, dass anonyme Anzeigen zulässig sein sollten, da es in Deutschland an gesetzlichen Regelungen zum Schutz von Whistleblowern fehle[1916]. Wie die bisherigen Untersuchungen im 2. Teil gezeigt haben, sind die Whistleblower *de lege lata* keineswegs schutzlos. Auch ohne das Bestehen eigenständiger gesetzlicher Regelungen wird ihr Schutz von der Rechtsprechung durch einen verfestigten und dezidierten Abwägungskanon gewährleistet[1917]. Die Kündigung aufgrund einer externen Offenbarung unterliegt insgesamt strengen Anforderungen, die in der Konstellation des internen Whistleblowings nochmals gesteigert sind.

Die Zulässigkeit eines anonymen Hinweisgebersystems folgt auch nicht daraus, dass ein nicht anonymisiertes Hinweisgebersystem möglicherweise die

1912 Vergl.: *Mengel*, Compliance, S. 201; *von Zimmermann*, WM 2007, 1060, 1064. Nach *Berndt/Hoppler* sei die Sicherstellung der Anonymität ein Umsetzungsproblem bei der Implementierung eines effektiven Whistleblowing-Systems, vergl.: *Berndt/Hoppler* BB 2005, 2623, 2629.

1913 Vergl. hierzu sogleich: **2. Teil: D.II.**

1914 In diesem Sinne: Mengel, Compliance, S. 201; *von Zimmermann*, WM 2007, 1060, 1064.

1915 *Bürkle*, DB 2004, 2158, 2161.

1916 In diesem Sinne aber: Mengel, Compliance, S. 201.

1917 Vergl. zum externen Whistleblowing die Zusammenfassungen unter: **1. Teil: C.VIII, F.** Vergl. ferner zum internen Whistleblowing: **2. Teil: A.II.5.** Auf den Umstand, dass ein Schutz durch die Rechtsprechung gewährleistet wird, weist auch *Mengel* hin, vergl.: Mengel, Compliance, Fn. 1010. Zudem ist zu beachten, dass *Mengel* offenbar nicht von einem vollständig anonymisierten Hinweisgebersystem ausgeht. Da nach ihrer Ansicht die Möglichkeit bestehe, anonyme Rückfragen an den Hinweisgeber zu stellen.

Anforderungen des Sarbanes-Oxley-Act (SOX) nicht erfüllt[1918]. Aus diesem potentiellen[1919] Konflikt der Jurisdiktionen ist aufgrund des Territorialprinzips nicht zu folgern, dass eine nach deutschen Rechtsmaßstäben unwirksame Implementierung plötzlich geheilt wird. Auch der US-amerikanische Gesetzgeber besitzt außerhalb des Hoheitsgebiets der USA keine Gesetzgebungskompetenz[1920]. Der Geltungsbereich des SOX ist auf Unternehmen beschränkt, die an der US-Börse notiert sind[1921]. Auf Beschäftigte, die nicht in den USA arbeiten, sind die Vorschriften, auch nach Ansicht des US-amerikanischen Justiz[1922], nicht anzuwenden[1923]. Unternehmen, die dem Anwendungsbereich der deutschen Jurisdiktion unterliegen, müssen ihre Hinweisgebersysteme den deutschen Rechtsgrundsätzen entsprechend ausgestalten. Dies gilt nach kollisionsrechtlichen Grundsätzen auch vor dem Hintergrund eines potentiellen Konflikts mit US-amerikanischen Rechtsgrundsätzen.

b) Gefahren eines anonymisierten Meldesystems

Vermögen einerseits die Argumente, die für die Implementierung eines anonymisierten innerbetrieblichen Meldesystems angeführt werden, insgesamt nicht zu überzeugen, so sind andererseits die Gefahren, die mit einem solchen System einhergehen, beträchtlich.

Zunächst gilt es zu beachten, dass auch Konstellationen vorstellbar sind, in denen die vermeintliche Anonymität des Hinweisgebers sich nachteilig auswirken kann. Kann die Anonymität aufgrund faktischer Umstände nicht gewahrt werden,

---

1918 *von Zimmermann,* WM 2007, 1060, 1064. Der genannte Autor spricht die Empfehlung aus, vor dem Hintergrund der Regelungen des SOX ein anonymes Whistleblowing zumindest anzubieten. Nach *Mahnhold* seien, auch vor dem Hintergrund des Territorialprinzips, faktische Auswirkungen zu beachten und daher dürfe die Möglichkeit zur anonymen Meldung zwar nicht überbetont werden, ein Hinweis hierauf sei gleichwohl zulässig, vergl.: *Mahnhold,* NZA 2008, 737, 743.

1919 Ob Sec. 301 SOX tatsächlich die Errichtung eines anonymisierten Systems erfordert, ist nicht abschließend geklärt, vergl.: *Casper,* FS Winter, S. 77, 93; *von Zimmermann*, WM 2007, 1060, 1064. *Steigert* weist ferner darauf hin, dass möglicherweise das amerikanische Verständnis des Begriffs der Anonymität auch die Vertraulichkeit umfasse, vergl. *Steigert,* S. 198.

1920 Ebenso: Thüsing/*Thüsing/Forst,* Beschäftigtendatenschutz und Compliance § 6, Rdn. 12.

1921 *Casper,* FS Winter, S. 77, 93. Eine Notierung an der US-Börse ist für deutsche Unternehmen aus wirtschaftlichen Gründen nicht zwingend erforderlich. Aufgrund der Regelungen des SOX haben viele deutsche DAX-Unternehmen (etwa: Allianz, BASF, Bayer, E.ON, Siemens) ihre Notierung an der US-Börse beendet, vergl.: Thüsing/*Thüsing/Forst,* Beschäftigtendatenschutz und Compliance § 6, Rdn. 12.

1922 Vergl. *Casper,* FS Winter, S. 77, 93, Fn. 66; *Simonet,* S. 91 f. Selbstverständlich wäre auch die gegenteilige Ansicht der US-Justiz nicht geeignet, eine Geltung des SOX im deutschen Recht zu begründen.

1923 *Casper,* FS Winter, S. 77, 93 f. Einen exterritorialen Anwendungswillen des SOX demgegenüber bejahend: *Mahnhold,* NZA 2008, 737, 741 ff.

so besteht die Gefahr, dass der Hinweisgeber dennoch Repressalien ausgesetzt ist. Verfügt etwa nur eine kleine Gruppe von Personen über die vermeintlich anonym offenbarten Informationen, so wird die Identität des Hinweisgebers nicht lange geheim bleiben. In dieser Situation kann der Arbeitgeber Vergeltungsmaßnahmen, die von anderen Beschäftigten gegen den Whistleblower ausgeübt werden, schneller erkennen und hierauf reagieren, wenn er sich sicher sein kann, wer der Urheber der anonymen Meldung gewesen ist[1924]. Bei einer anonymen Meldung verfügt aber niemand über diese Information, so dass niemand sensibilisiert ist und sich schützend vor den Whistleblower stellen kann.

Hinzu kommt, dass sich bei anonymen Hinweisen möglicherweise der Groll der Belegschaft gegen Unbeteiligte richtet, die dann dauerhaft als Denunzianten stigmatisiert sind. Ferner besteht die Gefahr, dass bei dem Arbeitgeber ein negativer Eindruck über den anonym Beschuldigten zurückbleibt; denn wo Rauch ist, ist (vermeintlich) auch Feuer. Diesem Risiko wird der Beschuldigte nur dann entgehen können, wenn er unzweifelhaft jeglichen Verdacht gegen sich ausräumen kann – was sich im Falle einer anonymen Anschuldigung häufig schwierig gestalten wird. Darüber hinaus besteht das Risiko, dass die Möglichkeit einer gefahrlosen innerbetrieblichen Meldung in der Belegschaft vorhandene Neigungen zum Querulanten- und Denunziantentum fördert[1925]. Es könnte ein Klima des gegenseitigen Misstrauens entstehen, das sich lähmend auf die Produktivität auswirkt[1926]. Nach einer Ansicht in der Literatur sei ein anonymer Hinweis nicht anders einzuordnen als ein im Unternehmen kursierendes Gerücht[1927]. Ist ein anonymer Hinweis aber dem Gerücht gleichzustellen, dann fördert das Betreiben eines anonymen innerbetrieblichen Meldesystems diese unsittliche Verhaltensweise und bietet zugleich ein Instrument, um Gerüchte zu verbreiten oder kursierende Mutmaßungen zu nähren.

Weniger schwerwiegend ist demgegenüber, dass durch die Gewähr der Anonymität (vermutlich) die Anzahl der eingehenden Hinweise steigt und somit die

---

1924 Ähnlich: Art. 29 Datenschutzgruppe, WP 117, S. 12, abrufbar unter: http://ec.europa.eu/justice/policies/privacy/docs/wpdocs/2006/wp117_de.pdf. Nicht nur das europäische Datenschutzgremium weist auf diesen Umstand hin, auch in der juristischen Auseinandersetzung mit der Thematik in anderen Rechtsordnungen, etwa im Vereinigten Königreich, wird daraufhingewiesen, dass es schwer sei, einem anonymen Whistleblower zu schützen, vergl. hierzu die Nachweise bei: *Forst,* RDV 2013, 122, 124, Fn. 18.

1925 Die Art. 29 Datenschutzgruppe weist auf das sich möglicherweise verschlechternde *„soziale Klima innerhalb der Organisation"* und der Gefahr einer *„Kultur anonymer böswilliger Meldungen"*, vergl.: Art. 29 Datenschutzgruppe WP 117, S. 12.

1926 *Casper,* FS Winter, 77, 92; Art. 29 Datenschutzgruppe, WP 117, S. 12.

1927 *Mahnhold,* NZA 2008, 737, 740. Nach *Mahnhold* seien zwar Aufforderungen zur anonymen Meldung unzulässig, gleichwohl stehe es den Arbeitgebern frei, einer dennoch erfolgenden anonymen Anzeige nachzugehen. Vergl. zur Problematik unaufgefordert eingehender anonymer Anzeigen unten: **2. Teil: D.I.4.**

Kapazitäten des Arbeitgebers stärker belastet werden. Diese Belastungen sind durch entsprechende Organisationsmaßnahmen des Arbeitgebers zu kompensieren.

aa) Anonyme Meldesysteme als *Mobbinginstrument*, Schutzpflichten des Arbeitgebers

Erhebliche Bedenken bestehen aber vor dem Hintergrund, dass der Deckmantel der Anonymität genutzt werden kann, um Kollegen oder Vorgesetze systematisch anzufeinden, zu schikanieren oder zu diskriminieren. In der Gewissheit, unerkannt zu sein und dies auch zu bleiben, ist die Gefahr einer solchen missbräuchlichen Nutzung des innerbetrieblichen Hinweisgebersystems größer, als wenn die innerbetriebliche Meldung offen erfolgt oder zumindest die Möglichkeit besteht, dass nachträglich die Identität des Whistleblowers ermittelt werden kann[1928].

Den Arbeitgeber trifft aber die Pflicht, solche Belästigungen, die unter dem Begriff des Mobbings[1929] zusammengefasst werden können, zu unterbinden. Die aus § 241 Abs. 2 BGB resultierende Schutz- und Fürsorgepflicht des Arbeitgebers verpflichtet ihn, Maßnahmen zu ergreifen, um Mobbing im Betrieb zu unterbinden und sich gegebenenfalls schützend vor einen betroffenen Arbeitnehmer zu stellen[1930]. Die zu ergreifenden Maßnahmen können dabei von der Versetzung des Mobbing-Opfers bis zur außerordentlichen Kündigung des Störers reichen[1931]. Obgleich ein anonymisiertes innerbetriebliches Meldesystem geeignet ist, dem Arbeitgeber die Wahrnehmung seiner Schutzpflicht erheblich zu erschweren, konterkariert sie diese nicht. Obschon Maßnahmen unmittelbar gegen den Störer nicht mehr ergriffen werden können, kann der Arbeitgeber weitere Belästigungen verhindern, indem er etwa den Angegriffenen versetzt. Dabei gilt es zu beachten, dass dem Mobbingopfer grundsätzlich kein Anspruch auf eine bestimmte Reaktion des Arbeitgebers zusteht. Dem Arbeitgeber verbleibt regelmäßig ein Ermessenspielraum, durch welche Maßnahmen er die aufgetretenen Belästigungen beseitigen will[1932]. Dabei

---

1928 Auch wenn diese Annahme gegenwärtig empirisch nicht belegt ist, spricht eine gewisse Plausibilität hierfür. Im Übrigen kann sich auch die gegenteilige Annahme, dass ein anonymisiertes Meldesystem geeignet sei, Hemmschwellen abzubauen und das Vertrauen in ein solches System größer sei (**S.o.: Fn. 1914**; Mengel, Compliance, S. 201; *von Zimmermann*, WM 2007, 1060, 1064.), nur auf Plausibilitätserwägungen berufen.

1929 Das BAG definiert Mobbing als *„das systematische Anfeinden, Schikanieren oder Diskriminieren von Arbeitnehmern untereinander oder durch Vorgesetzte“*, vergl.: BAG, Beschluss vom 15. Januar 1997 – 7 ABR 14/96, Orientierungssatz – juris.

1930 A/P/S/*Dörner-Vossen* § 626 BGB, Rdn. 238c; MünchHdbArbR/*Reichold* § 86, Rdn. 24. Unterfallen die konkreten Belästigungen dem Schutzbereich des AGG, so ergibt sich eine Pflicht zum Einschreiten des Arbeitgebers auch aus § 12 Abs. 1 i.V.m. § 1 AGG.

1931 A/P/S/*Dörner-Vossen* § 626 BGB, Rdn. 238c ff.; MünchHdbArbR/*Reichold* § 49, Rdn. 43 f.

1932 BAG, Urteil vom 25. Oktober 2007 – 8 AZR 593/06, Rdn. 68 – juris. Vergl. ferner § 12 Abs. 1 AGG.

betont die Rechtsprechung, dass „*wie bei jeder verhaltensbedingten Kündigung*" ein Anspruch auf eine Kündigung regelmäßig dann ausscheide, wenn eine einschlägige Abmahnung nicht erteilt worden sei[1933]. Die Ansprüche des Opfers beschränken sich dann auf einen Schmerzensgeldanspruch gegen den Arbeitgeber[1934] oder der Zuweisung einer Tätigkeit außerhalb des Wirkungskreises des Schikanierenden[1935]. Die den Arbeitgeber im Zusammenhang mit Mobbig-Konstellationen treffenden Schutzpflichten stehen der Einrichtung eines anonymen Meldesystems somit nicht zwingend entgegen.

bb) Gefährdung der Persönlichkeitsrechte der Beschuldigten und der Ausschluss der Rechtsverfolgung

Gleichwohl darf nicht verkannt werden, dass auch die Persönlichkeitsrechte der anonym Beschuldigten nachhaltig gefährdet werden[1936]. Wenn der Whistleblower sich durch die vom Arbeitgeber gewährleistete Anonymität der Verantwortung für seine innerbetriebliche Meldung entziehen kann, ist eine Verletzung des allgemeinen Persönlichkeitsrechts des anonym Beschuldigten nicht mehr mit den Mitteln des Zivil- und Strafrechts sanktionierbar. Die eigenen Verteidigungsmöglichkeiten des zu Unrecht anonym Beschuldigten werden somit nicht nur erheblich beschränkt, die Wahrnehmung dieser Rechte wird schlicht unmöglich[1937].

1933 BAG, Urteil vom 25. Oktober 2007 – 8 AZR 593/06, Rdn. 68 – juris. Vergl. zur nicht gerechtfertigten Sonderstellung des Abmahnerfordernisses im Rahmen einer verhaltensbedingten Kündigung aufgrund von Whistleblowing: **1. Teil: C.V.**

1934 Ein materieller Schadensersatzanspruch gegen den Arbeitgeber kann sich aus § 628 Abs. 2 BGB ergeben, wenn der schikanierte Arbeitnehmer zur Eigenkündigung gedrängt worden ist. Daneben besteht selbstverständlich ein deliktischer Anspruch aus § 823 Abs. 1, 2 BGB des *Gemobbten* gegen den *Mobbenden*, vergl.: MünchHdbArbR/*Reichold* § 49, Rdn. 44. Dieser wird allerdings bei anonymen Hinweisen kaum durchzusetzen sein. Ein vertraglicher Anspruch gegen den *Mobbenden* scheidet demgegenüber aus, vergl.: A/P/S/*Dörner-Vossen* § 626 BGB, Rdn. 238b.

1935 BAG, Urteil vom 25. Oktober 2007 – 8 AZR 593/06, Rdn. 73 ff. – juris.

1936 Ähnlich: Art. 29 Datenschutzgruppe WP 117, S. 14; *Casper*, FS Winter, S. 92. Die Compliance Programme großer deutscher Konzerne scheinen die Interessen der Beschuldigten nur am Rande einzubeziehen. Vergl. etwa die Hinweise der Volkswagen AG oder der Deutschen Bahn AG, in welcher jeglicher Hinweis auf die Rechte des Beschuldigten fehlt: http://www.volkswagenag.com/content/vwcorp/content/de/the_group/compliance/ombudsmann_system.html; https://www.deutschebahn.com/de/konzern/compliance/hinweise_geben.html. Besonders positiv hervorzuheben ist daher, dass die Daimler AG darauf hinweist, dass bei ihrem Hinweisgebersystem „*Wert auf Fairness – sowohl im Umgang mit Hinweisgebern als auch mit Beschäftigten, die von einem Vorwurf betroffen sind*" gelegt werde (vergl.: http://www.daimler.com/unternehmen/corporate-governance/integritaet-und-compliance/hinweisgebersystem-bpo).

1937 Auf die Gefahren für die Persönlichkeitsrechte der Beschuldigten weisen ebenfall hin: *Casper*, FS Winter, S. 77, 92; *Mahnhold*, NZA 2008, 737, 739 ff.

Aus einem jüngeren Urteil des BGH[1938] scheint zudem der Schluss zulässig, dass eine vollständige Anonymisierung, bei der die Identität auch nicht nachträglich ermittelt werden kann, ein unzulässiges Hindernis bei der Strafverfolgung darstellt. Der BGH musste die Frage entscheiden, ob der in seinem Persönlichkeitsrecht Verletzte von dem Betreiber eines Internetportals Auskunft über die bei ihm hinterlegten Anmeldedaten des Verletzers beanspruchen kann. Im konkreten Fall hatte ein Arzt gegen den Betreiber eines Internetportals, das Bewertungen über Ärzte ermöglicht, Auskunft über die Nutzerdaten des Verfassers mehrerer unwahrer Tatsachenbehauptungen verlangt. Der BGH hat einen Auskunftsanspruch des Verletzten gegen den Portalbetreiber, in Ermangelung einer gesetzlichen Grundlage, abgelehnt. Ebenso deutlich hat der BGH aber – im Leitsatz – herausgestellt, dass der Betroffenen keineswegs schutzlos ist[1939]. Sofern die Persönlichkeitsrechtsverletzung zugleich einen Straftatbestand der §§ 185 ff. StGB verwirklicht, kann der Betroffene seine Rechtspositionen immer noch effektiv dadurch verteidigen, dass er Strafanzeige erstattet. Denn gegenüber den Strafverfolgungsbehörden ist der Provider zur Auskunft verpflichtet, so dass die Identität des Verfassers (über die Bestands-, Nutzungs- und Abrechnungsdaten) letztlich aufklärbar bleibt[1940]. Der Betroffene ist somit keineswegs schutzlos gestellt[1941].

Eben diese Schutzlosigkeit besteht aber, wenn der Arbeitgeber ein innerbetriebliches Meldesystem betreibt, in der die Anonymität zugesichert und durch technische oder faktische Maßnahmen abgesichert wird, so dass auch nachträglich die Identität des Hinweisgebers nicht festgestellt werden kann. Gewährleistet der Arbeitgeber nicht, dass die Identität der Nutzer des innerbetrieblichen Hinweisgebersystems feststellbar bleibt, so ist auch eine Strafanzeige von vornherein nicht mehr geeignet, die Persönlichkeitsrechte des Betroffenen zu schützen. Das Betreiben eines anonymen innerbetrieblichen Meldesystems, das die Identitätsfeststellung nachträglich nicht ermöglicht, könnte somit sogar dem objektiven Tatbestand des § 258 Abs. 1 StGB unterfallen.

Ungeachtet dessen gilt aber, dass wenn schon der Betreiber eines Internetportals mittelbar gegenüber dem Betroffenen verpflichtet ist, Daten über die Identität des Verfassers der anonymen Bewertung herauszugeben, dies erst recht für den

1938 BGH, Urteil vom 1. Juli 2014 – VI ZR 345/13 – juris.

1939 BGH, Urteil vom 1. Juli 2014 – VI ZR 345/13, Leitsatz 1 – juris. Einige Anmerkungen bekannter Tageszeitungen verschleiern diesen Umstand: So titelte die FAZ etwa: *„Anonyme Äußerungen im Netz bleiben anonym. Wer seinem Ärger im Internet anonym Luft macht, muss weiter keine Konsequenzen fürchten."* Vergl.: http://www.faz.net/aktuell/finanzen/meine-finanzen/urteil-bgh-staerkt-anonymitaet-im-internet-13020471.html (zuletzt abgerufen am 1. November 2014).

1940 BGH, Urteil vom 1. Juli 2014 – VI ZR 345/13, Rdn. 12 – juris.

1941 Freilich steht dies unter dem Vorbehalt, dass die Daten des Nutzers verwertbare Informationen enthalten. Für diesen Fall steht dem Verletzten aber noch ein Unterlassungs- und Löschungsanspruch gegen den Portalbetreiber zu, vergl. BGH, Urteil vom 1. Juli 2014 – VI ZR 345/13, Leitsatz 1 – juris.

Arbeitgeber gelten muss. Denn der Arbeitgeber steht, im Unterschied zum Interprovider, in einer besonderen Vertrauensbeziehung zu dem anonym Beschuldigten. Ebenso wie der Arbeitgeber verpflichtet ist, sich schützend vor einen redlichen Whistleblower zu stellen, so muss er die übrigen Beschäftigten vor böswilliger Denunziation und Verunglimpfung schützen. Die Fürsorgepflicht[1942] des Arbeitgebers besteht für die gesamte Belegschaft und nicht lediglich für die kleine Gruppe der Whistleblower. Zugunsten des (vermeintlich) größtmöglichen Schutzes dieser kleinen Gruppe dürfen nicht die Rechte und Interessen der übrigen Belegschaft völlig außer Acht gelassen werden.

In diesem Zusammenhang ist einmal mehr auf den Entwurf des HinwGebSchG hinzuweisen, in dem sich die geäußerten Bedenken im Hinblick auf die Rechte der anonym Beschuldigten widerspiegeln. So wird zunächst in § 10 HinwGebSchG klargestellt, dass der Hinweisgeber nicht nur dem Arbeitgeber zum Ersatz des Schadens verpflichtet ist, der durch einen nicht rechtmäßigen Hinweis entsteht, sondern auch den *„sonstigen Beteiligten"*[1943].

Noch deutlicher wird die Problematik in § 11 Abs. 2 HinwGebSchG herausgestellt: Danach ist der Arbeitgeber verpflichtet, sofern er die Möglichkeit der Abgabe anonymer Hinweise eröffnet, durch geeignete Maßnahmen sicherzustellen, *„dass das Persönlichkeitsrecht der von den Hinweisen betroffenen Personen bis zur Aufklärung des Hinweises geschützt bleibt"*[1944]. Ungeklärt bleibt allerdings, durch welche Maßnahmen der Arbeitgeber die Rechte der anonym Beschuldigten schützen soll. Dies ist nicht verwunderlich, denn der in der Regelung enthaltene Auftrag, im Rahmen eines anonymen Hinweisgebersystems die Rechte der Angezeigten umfassend zu schützen, kann nicht verwirklicht werden. Ist die Identität des Hinweisgebers nicht aufklärbar, so ist eine durch einen anonymen innerbetrieblichen Hinweis begangene Verletzung der Persönlichkeitsrechte des Angezeigten – wie ausgeführt – nicht mehr sanktionierbar. Die Regelung dient damit erkennbar vordergründig der *„Harmonisierung des internationalen Rechts- und Wirtschaftsverkehrs"*[1945] und erschöpft sich im Übrigen in einem Appell, den anonym Beschuldigten nicht vorschnell zu beschuldigen.

cc) Rechtskulturelle Bedenken gegenüber anonymen Meldungen

Gegen die Anerkennung anonymer Whistleblowing-Systeme kann ferner insbesondere der in rechtsvergleichenden Betrachtungen angeführte Gedanke einer

---

1942 Vergl. allg. zu den Ausprägungen der Fürsorgepflicht des Arbeitgebers: ErfK/*Preis* § 611 BGB, Rdn. 619; Küttner/*Kreitner* Fürsorgepflicht, Rdn. 8 f.; MünchHdbArbR/*Reichold* § 83, Rdn. 9.

1943 Bt.-Drs. 17/8567, S. 4.

1944 Bt.-Drs. 17/8567, S. 4.

1945 Bt.-Drs. 17/8567, S. 9.

rechtskulturell bedingten unterschiedlichen Grundhaltung der USA und Deutschland gegenüber Whistleblowing im Allgemeinen fruchtbar gemacht werden[1946].

Obgleich der Schutz der Hinweisgeber in den USA durchaus ambivalent ist[1947], sind Whistleblower dort gesellschaftlich etablierter als in Deutschland.

Im amerikanischen Rechtssystem herrscht zudem der Grundsatz des *private law enforcement*[1948], demzufolge der Bürger bei der Aufdeckung und Verfolgung von Gesetzesverstößen aktiv beteiligt und gegebenenfalls entlohnt werden soll. Demgegenüber wird im deutschen Rechtskreis das Gewaltmonopol des Staates als leitendes Prinzip angesehen, in welchem dem Bürger lediglich die Rolle eines Erfüllungsgehilfen der staatlichen Strafverfolgungsorgane zukommt[1949]. Zudem spiele in der deutschen Rechtskultur das harmonische Verhältnis der Mitarbeiter untereinander sowie das Verhältnis der Arbeitnehmer zum Arbeitgeber eine starke Rolle, während in den USA das rechtmäßige Verhalten des Unternehmens ganz im Vordergrund stehe[1950]. Die vermeintlich[1951] skeptische und ablehnende Haltung der Deutschen gegenüber Whistleblowern wird häufig zudem auf die schmerzlichen historischen Erfahrungen von gegenseitiger Bespitzelung und Denunziation in der NS- und Stasizeit zurückgeführt[1952]. Ein gewisser kultureller Unterschied zwischen den USA, in denen Whistleblower schon seit langem mit Preisen und Ehrungen versehen werden[1953], eine Ausnahme von der „*at-will*" Doktrin geschaffen wurde[1954] und Whistleblower

---

1946 *Groneberg*, S. 41 ff.; *Graser*, S. 225 ff. Entsprechende Ausführungen finden sich auch in einer Vielzahl weiterer Abhandlungen zur Whistleblowing Thematik, vergl. etwa: *Fleischer*, ZGR 2011, 155, 177; *Forst*, EuZA 2013, 37, 43; *Müller*, NZA 2002, 424, 425; *Mahnhold*, NZA 2008, 737; *Kort*, FS Kreutz 2010, S. 247, 249 f.; *Ogorek*, S. 539, 541 ff.; *Simon/Schilling*, BB 2011, 2421; Nach *Forst* bestehe ein rechtskultureller Unterschied auch innerhalb Kontinentaleuropa und der UK, vergl.: *Forst*, RDV 2013, 122, 131. Kurz und sehr gelungen zum „*völlig unterschiedlichen rechtskulturellen Hintergrund in den USA und Europa*": *Junker*, FS Otto 2008, 157, 170.

1947 Vergl. hierzu: **3. Teil: A.I.1.**

1948 Vergl. hierzu: *Graser*, S. 225 ff.; *Groneberg*, S. 155; *Kort*, FS Kreutz 2010, S. 247, 250; *Ogorek*, S. 539, 543.

1949 S.o.: **1. Teil: A.II.2.b), D.V.4.b)aa)(2).**

1950 *Kort*, FS Kreutz 2010, S. 247, 250.

1951 Obwohl diese These häufig erhoben wird, kann sie sich nicht auf belastbare Erhebungen stützen. Zustimmend insofern: *Forst*, EuZA 2013, 37, 59.

1952 *Berthold*, S. 3; *Buchert*, CCZ 2013, 144, 145; *Mahnhold*, NZA 2008, 737, *Schulz*, S. 23; *Steigert*, S. 20 ff.; *Ogorek*, S. 539, 540. *Müller verweist* ferner auf den *Untertanengeist* und der Skepsis der Deutschen vor dem „*Obrigkeitsstaat*", vergl.: *Müller*, NZA 2002, 424, 425.

1953 Vergl.: *Müller*, NZA 2002, 424, 425.

1954 Einen Schutz vor Kündigungen oder sonstigen Diskriminierungen gewährleistet: Sec. 806 SOA (SOX). Abrufbar unter: http://www.sox-online.com/act_section_806.html (zuletzt abgerufen am 1. November 2014).

Prämien für ihrer Hinweise erhalten können[1955] und Deutschland, das zu Unrecht[1956] teilweise als Entwicklungsland beim Schutze von Whistleblowern angesehen wird, scheint aber nicht nur in der Retrospektive greifbar. Verursacht die allumfassende Spionage und Überwachungstätigkeit der NSA in Deutschland Empörung, so wird dies in den USA zumeist nur mit Erstaunen registriert. Explizit wies etwa frühere NSA-Chef Michael Hayden daraufhin, dass die Deutschen vielleicht aufgrund ihrer Historie *„eine andere Empfindsamkeit“* gegenüber geheimdienstlichen Tätigkeiten hätten[1957]. Ebene jene durch Gestapo und Stasi verursachten *Empfindsamkeiten* werden aber im Kern getroffen, wenn durch die Zusicherung uneingeschränkter Anonymität die Denunziation von Arbeitskollegen ermöglicht wird.

Anonyme Hinweise sind in der deutschen Rechtskultur verpönt. Betrachtet man die Wertentscheidungen der Verfassung, so muss man zunächst zwar feststellen, dass der Schutzbereich der Meinungsfreiheit nicht von der Zuordnung zu einem bestimmten Urheber abhängt und somit auch anonyme Meldungen dem Schutzbereich unterfallen[1958]. Allerdings offenbart ein anderes Grundrecht, welches nach einer Literaturansicht beim Whistleblowing das vorrangig betroffene Grundrecht auf Arbeitnehmerseite sei[1959], Skepsis gegenüber anonymen Meldungen. Nach Art. 17 GG hat jedermann das Recht, sich einzeln oder in Gemeinschaft mit anderen schriftlich mit Bitten oder Beschwerden an die zuständigen Stellen und an die Volksvertretung zu wenden. Nicht vom Schutzbereich erfasst sind aber anonym

---

1955 Ausführlich zur Problematik der Whistleblowing-Prämien: **1. Teil: C.I.4.** In den USA besteht ein Prämienanspruch für einen Whistleblower nach dem Dodd-Frank-Act, sofern er auf Gesetzeswidrigkeiten im Finanzsektor hingewiesen hat, die zu Bußgeldern oder vergleichbar wirkenden Maßnahmen (*„Monetary Sanctions“*) in Höhe von mindestens 1 Millionen Dollar geführt haben. Von dieser Gesamtsumme erhält der Whistleblower als Belohnung („A*ward*“) zwischen 10 und 30 %. Vergl.: Sec. 748, Sec. 922 des Dodd-Frank-Acts, abrufbar unter: http://www.gpo.gov/fdsys/pkg/PLAW-111publ203/pdf/PLAW-111publ203.pdf (zuletzt abgerufen am 1. November 2014). Aufgrund dieses Prämienanspruchs erhielt der Whistleblower *Bradley Birkenfeld* 104 Millionen US-Dollar, vergl.: Thüsing/*Thüsing/Forst,* Beschäftigtendatenschutz und Compliance § 6, Rdn. 4. Zum Dodd-Frank-Act: *Schürrle/Fleck,* CCZ 2011, 218.

1956 Ungeachtet der These einer fehlenden gesellschaftlichen Akzeptanz der Whistleblower, sind Whistleblower in der Jurisdiktion akzeptiert und geschützt. Dies verdeutlichen insbesondere die im 1. Teil der Arbeit herausgearbeiteten hohen Anforderungen, die an die Rechtswirksamkeit einer Kündigung eines Whistleblowers von der Rechtsprechung gestellt werden.

1957 http://www.spiegel.de/spiegel/vorab/ex-nsa-chef-hayden-entschuldigt-sich-bei-deutschen-a-960185.html.

1958 A.A zu Unrecht das BAG, s.o.: **1. Teil: A.II.2.a)bb)A.II.2.a)cc).**

1959 So: *Becker,* S. 55. Nach der hier vertretenen Auffassung ist demgegenüber das Grundrecht der Meinungsfreiheit die vordergründig zu beachtende Gewährleistung, vergl.: **1. Teil: A.II.2.c).**

eingereichte Petitionen[1960]. Nach § 7 des Wehrbeauftragtengesetz (WBeauftrG) darf ein Soldat sich unmittelbar an den Wehrbeauftragten wenden. Die Eingaben bei der organisationsinternen Stelle werden aber dann nicht bearbeitet, wenn es sich um anonyme Meldungen handelt, § 8 WBeauftrG.

Eine ablehnende Haltung gegenüber anonymen Hinweisgebersystemen offenbart sich auch im Gesetzesentwurf des Bundesverbands der Unternehmensjuristen (BUJ) zur Reform von § 30 und § 130 OWiG. Hintergrund dieses Entwurfes ist die langjährige Debatte um die Einführung eines *echten* Unternehmensstrafrechts. Wiederbelebt wurde die Debatte durch den Entwurf des nordrheinwestfälischen Justizministers zur Schaffung *„eines Gesetzes zur Einführung der strafrechtlichen Verantwortlichkeit von Unternehmen und sonstigen Verbänden"*(VerbStrG)[1961]. Der Vorschlag des BUJ stellt in gewisser Weise einen Gegenentwurf hierzu dar[1962]. Für die Whistleblowingproblematik im Allgemeinen[1963] und der Zulässigkeit eines anonymen Hinweisgebersystems im Speziellen ist dabei insbesondere interessant, dass beide Vorschläge Anreize für die Schaffung von Compliance-Maßnahmen und somit auch von Whistleblowing-Systemen enthalten. Nach § 5 Abs. 1 VerbStG ist Voraussetzung für ein Absehen von einer Bestrafung unter anderem, dass *„der Verband ausreichende organisatorische oder personelle Maßnahmen getroffen hat, um vergleichbare Verbandsstraftaten in Zukunft zu vermeiden* [...]". Eine organisatorische Maßnahmen i.d.S. kann auch die Einführung eines Whistleblowing-Systems sein[1964]. Enthält die bewusst[1965] vage Regelung des VerbStG keine Aussage dazu, welche Maßnahmen hiervon konkret umfasst sind und wird somit auch keine Präferenz bezüglich der Ausgestaltung eines bestimmten Hinweisgebersystems erkennbar, positioniert sich der Entwurf des BUJ eindeutig. Danach sei eine geeignete Maß-

---

1960 Ganz H.M.: Maunz/Dürig/*Klein* Art 17, Rdn. 62; Sachs/*Pagenkopf* Art. 17, Rdn. 9; von Munch/Kunig/*Uerpmann-Wittzack* Art. 17, Rdn. 13; Dreier/*Bauer* Art. 17, Rdn. 35. Auch *Steigert* weist auf diesen Umstand hin, vergl.: *Steigert,* S. 162.

1961 Abrufbar unter: http://www.justiz.nrw.de/JM/justizpolitik/jumiko/beschluesse/2013/herbstkonferenz13/zw3/TOP_II_5_Gesetzentwurf.pdf

1962 Angestrebt wird in dem Entwurf nicht die Schaffung eines eigenständigen Gesetzes, sondern nur eine Änderung der §§ 130 und 30 OWiG. Der Entwurf ist abrufbar unter: http://www.buj.net/resources/Server/BUJ-Stellungnahmen/BUJ_Gesetzgebungsvorschlag_OWiG.pdf. Vergl. ferner die Erläuterung der wesentlichen Inhalte durch den Leiter der Compliance Fachgruppe des BUJ und einem Mitinitiator: *Beulke/Moosmayer,* CCZ 2014, 146.

1963 Siehe hierzu unten: **2. Teil: D.II.4.i).**

1964 Ebenso: *Witte/Wagner,* BB 2014, 643, 647.

1965 Hintergrund der fehlenden Konkretisierung sei nach Aussage des Justizministers, dass man kleinen und mittelständischen Unternehmen keine Handlungspflichten auferlegen wolle, die diese aufgrund ihrer Kosten- und Unternehmensstruktur nicht oder nur schwerlich erfüllen könnten. So die Erläuterungen im Entwurf des BUJ auf Seite 19. Abrufbar unter: http://www.buj.net/resources/Server/BUJ-Stellungnahmen/BUJ_Gesetzgebungsvorschlag_OWiG.pdf (zuletzt abgerufen am 1. November 2014).

nahme nach § 130 Abs. 1 S. 3 Nr. 4: *„ein Verfahren, das es den Mitarbeitern unter Wahrung der Vertraulichkeit ermöglicht, Hinweise* [...] *zu geben* [...]"[1966]. Begründet wird diese Vorschrift damit, dass sie die bewährte Praxis eines unternehmensinternen Hinweisgebersystems oder eines externen Ombudsmannes widerspiegle[1967].

Vor dem Hintergrund der aufgeführten Bedenken gegen ein anonymes Whistleblowing-System ist die Präzisierung in dem Entwurf des BUJ eindeutig vorzugswürdig. Daneben belegt der Entwurf des BUJ, dass anonyme Hinweisgebersysteme auch nicht im größeren Gesamtkomplex des Unternehmensstrafrechts als geeignete und erforderliche Mittel angesehen werden. Zu Recht können nach dem Entwurf des BUJ Compliance-Bemühungen der Unternehmen auf dem Bereich des Whistleblowings nur dann honoriert werden, wenn ein vertrauliches Hinweisgebersystem implementiert worden ist.

dd) Zwischenergebnis

Die Implementierung eines anonymisierten Hinweisgebersystems, das die nachträgliche Identitätsfeststellung nicht ermöglicht, bedingt Gefahren und Nachteile, die in keinem Verhältnis zu einem möglicherweise bestehenden, empirisch aber nicht belegten, Schutzgewinn stehen. Dies gilt ungeachtet einer potentiell kulturell bedingten Empfindsamkeit und möglicherweise bevorstehenden (mittelbar relevanten) Gesetzesänderungen im Bereich des Unternehmensstrafrechts.

2. Vertrauliche und pseudonymisierte Meldesysteme

Perpetuiert werden die Bedenken gegen ein anonymes Whistleblowing-System bei Betrachtung der Alternative zu einem anonymen Meldesystem- einem vertraulichen Meldesystem. Die Missbrauchsgefahr bei einem vertraulichen innerbetrieblichen Meldesystem ist deutlich geringer und die Whistleblower werden gleichermaßen und in bestimmten sogar besser vor Benachteiligungen geschützt.

Bei einem vertraulichen Meldesystem wird die Identität des Whistleblowers nicht durch die Gewährleistung uneingeschränkter Anonymität geschützt, sondern durch die Verpflichtung zur vertraulichen Behandlung[1968]. Der Hinweisgeber ist nicht namenlos, seine Identität wird nur geheim gehalten oder verborgen. Dem in der Literatur erhobenen Einwand[1969], einem nicht anonymisierten System werde von den Beschäftigten kein Vertrauen entgegengebracht, kann neben dem Umstand

---

1966 Entwurf des BUJ, S. 9. Abrufbar unter: http://www.buj.net/resources/Server/BUJ-Stellungnahmen/BUJ_Gesetzgebungsvorschlag_OWiG.pdf (zuletzt abgerufen am 1. November 2014).

1967 Entwurf des BUJ, S. 20 http://www.buj.net/resources/Server/BUJ-Stellungnahmen/BUJ_Gesetzgebungsvorschlag_OWiG.pdf (zuletzt abgerufen am 1. November 2014).

1968 Zu den verschiedenen Möglichkeiten der Ausgestaltung eines vertraulichen Whistleblowing-Systems ausführlich: *Steigert,* S. 176 ff.

1969 Mengel, Compliance, S. 201.

des fehlenden empirischen Nachweises einer solchen These entgegnet werden, dass das Vertrauen in die Geheimhaltung seiner Identität durch flankierende Maßnahmen gesteigert werden kann.

In Betracht kommt etwa, dass das vertrauliche Meldesystem bei einer betriebsfremden Stelle eingerichtet wird.

a) Externer Ombudsmann

aa) Pflicht zur Verschwiegenheit

Beliebtes Mittel ist dabei die Einbeziehung eines unternehmensinternen oder -externen Ombudsmanns, der die Vertraulichkeit zusichert[1970]. Der Ombudsmann kennt die Identität des Hinweisgebers, gewährleistet aber zugleich, sofern dies gewünscht ist, dessen Geheimhaltung. Die Einrichtung eines unternehmensexternen Ombudsmannes scheint dabei vorzugswürdig[1971]. Der unternehmensexterne Ombudsmann untersteht nicht dem Weisungsrecht des Arbeitgebers, so dass die Annahme gerechtfertigt scheint, dass die potentiellen Hinweisgeber einem solchen Ombudsmann mehr Vertrauen entgegenbringen werden[1972]. Besitzt der Ombudsmann darüber hinaus die Zulassung als Rechtsanwalt, so wird das Vertrauen des Whistleblowers in die Diskretion des Ombudsmanns weiter gestärkt. Ein Rechtsanwalt ist nicht nur durch seinen Berufsethos und standesrechtlichen Regelungen – § 43a Abs. 2 BRAO, § 2 Abs. 1 BORA – zur Verschwiegenheit verpflichtet, nach § 203 Abs. 1 Nr. 3 StGB ist ein Geheimnisverrat strafbewehrt. Als Berufsgeheimnisträger besteht für den

---

1970 In der Praxis sind zudem Compliance-Systeme anzutreffen, in denen sowohl ein Ombudsmann als auch eine (anonyme) Whistleblowing-Hotline eingesetzt werden, vergl. hierzu bereits oben: **2. Teil: D.I.1.** Nahezu sämtliche Möglichkeiten zur Hinweiserteilung – auch zur anonymen – bietet das Compliance-Programm der Deutschen Bahn AG. Neben den vollständigen Kontaktadressen der externen Ombudsmännern und des Chief Compliance Officer wird auf eine anonyme Whistleblowing-Hotline verwiesen, auf das elektronische Hinweisgebersystem BKMS (hierzu: *Steigert,* S. 193 f.) und den Postweg, vergl.: https://www.deutschebahn.com/de/konzern/compliance/hinweise_geben.html. Ein solcher komplementärer Einsatz von Ombudsmann und technischen Whistleblowing-System wird vereinzelnd in der Literatur empfohlen, vergl.: *Steigert,* S. 186. Die AWB Köln GmbH & Co. KG haben darüber hinaus noch ein anderes Hinweisgeber-System implementiert. Dort wurde neben einem Ombudsmann noch ein Hinweiskomitee eingerichtet, das aus leitenden Mitarbeitern besteht, vergl.: http://www.awbkoeln.de/unternehmen/korruptionsbekaempfung-und-compliance/.

1971 Ebenso: Schemmel/Ruhmannseder/Witzigmann, Hinweisgebersysteme, Kap. 5, Rdn. 37 ff. Neben einer eigenen Compliance Abteilung hat die Volkswagen AG zwei Rechtsanwälte als externe Ombudsmänner bestellt, vergl.: http://www.volkswagenag.com/content/vwcorp/content/de/the_group/compliance/ombudsmann_system.html. Weitere Beispiele finden sich bei: *Steigert,* S. 182.

1972 Ebenso: Schemmel/Ruhmannseder/Witzigmann, Hinweisgebersysteme, Kap. 5, Rdn. 37.

Ombudsmann ferner ein Zeugnisverweigerungsrecht nach § 53 Abs. 1 Nr. 3 StPO und § 383 Abs. 1 Nr. 6 ZPO[1973], so dass die Identität des Whistleblowers, in gewissem Umfang, auch im gerichtlichen Verfahren geschützt ist[1974]. Die in der Literatur umstrittene Frage, ob diese die Vertraulichkeit enorm stärkenden Regelungen unmittelbar aufgrund einer Mandatsbeziehung zwischen Whistleblower und Ombudsmann anzuwenden sind[1975] oder erst aufgrund einer vertraglichen Regelung zwischen dem Unternehmen als Mandant und Ombudsmanns Geltung erlangen[1976], kann im Falle eines Rechtsanwalts dahingestellt bleiben. Denn auch nach der Ansicht, die ein Mandatsverhältnis zwischen Whistleblower und Ombudsmann ablehnt, soll im Beratungsvertrag zwischen dem Unternehmen und dem Ombudsmann geregelt werden, dass die Identität des Whistleblowers grundsätzlich[1977] nicht ohne dessen Zustimmung gegenüber Unternehmensangehörigen offenbart wird[1978]. Zumindest zur Klarstellung sollte eine solche Regelung zwingend im Rahmen der Implementierung eines Ombudsmann-Systems festgehalten werden. Die Unternehmen, die ein solches Hinweisgebersystem betreiben, sollten daher ausdrücklich auf diesen Umstand hinweisen[1979]. Jegliche andere Ausgestaltung konterkariert den Sinn und

1973 Der über den Verweis des § 46 Abs. 2 Nr. 1 ArbGG auch im arbeitsgerichtlichen Verfahren gilt.

1974 Vergl. hierzu: Schemmel/Ruhmannseder/Witzigmann, Hinweisgebersysteme, Kap. 7, Rdn. 13 ff.; *Steigert,* S. 184.

1975 In diesem Sinne wohl: *Steigert,* S. 184. Die auf ein *„dem Mandatsverhältnis gleichendes Vertrauensverhältnis zwischen dem Whistleblower und dem zum Ombudsmann bestellten Rechtsanwalt"* abstellt.

1976 In diesem Sinne: Schemmel/Ruhmannseder/Witzigmann, Hinweisgebersysteme, Kap. 5, Rdn. 49. Die genannten Autoren weisen an anderer Stelle ebenfalls auf ein mandatsähnliches Vertrauensverhältnis hin, vergl.: Schemmel/Ruhmannseder/Witzigmann, Hinweisgebersysteme, Kap. 7, Rdn. 42. Zu beachten ist ferner, dass es auch nach dieser Ansicht keiner vertraglichen Regelung zur Geheimhaltung der Identität des Whistleblowers gegenüber den Strafverfolgungsbehörden bedürfe. Bei der Identität handele es sich zwar um ein *Drittgeheimnis* aus der Mandatsbeziehung zu dem Unternehmen, gegenüber den Strafverfolgungsbehörden verfüge aber der Hinweisgeber über die alleinige Entbindungsbefugnis von der Schweigepflicht, vergl.: Schemmel/Ruhmannseder/Witzigmann, Hinweisgebersysteme, Kap. 7, Rdn. 16 ff.

1977 Zu den Ausnahmen vergl. sogleich im nachfolgenden Kapitel.

1978 Schemmel/Ruhmannseder/Witzigmann, Hinweisgebersysteme, Kap. 5, Rdn. 51.

1979 In der Praxis wird dies vorgenommen. Dies zeigen etwa die Hinweise der Volkswagen AG, der Deutschen Bahn AG und der AWB Köln GmbH & Co. KG: *Alle Hinweise werden vertraulich behandelt und der Hinweisgeber bleibt dabei strikt anonym, die Ombudsmänner unterliegen der anwaltlichen Schweigepflicht"* (http://www.volkswagenag.com/content/vwcorp/content/de/the_group/compliance/ombudsmann_system.html); *„Die externen Rechtsanwälte sind in ihren Funktion beruflich zur Verschwiegenheit verpflichtet und dürfen ohne die ausdrückliche Zustimmung der sie kontaktierenden Personen keine Informationen über diese weitergeben."* (vergl.: https://www.deutschebahn.com/de/konzern/compliance/hinweise_geben.html);

Zweck der Einbeziehung eines externen Ombudsmanns: das Vertrauen des Hinweisgebers in die Geheimhaltung seiner Identität zu stärken.

bb) Grenzen der Verschwiegenheitspflicht und Umgang mit missbräuchlichem Whistleblowing

Gleichwohl ist zu beachten, dass die Pflicht zur Verschwiegenheit nicht unbeschränkt gilt. Neben gesetzesimmanenten Ausnahmen[1980] sollte der Ombudsmann zudem in weiteren Konstellationen von der Pflicht zur Verschwiegenheit über die Identität des Hinweisgebers entbunden werden.

Die in der Praxis gewählten Formulierungen sind zumeist intransparent und verschleiern die gesetzesimmanenten und (vorzunehmenden) vertraglichen Begrenzungen der Verschwiegenheitspflicht[1981]. Teilweise wird sogar die *„absolute Anonymität gegenüber dem Unternehmen“* zugesichert[1982].

„Soweit der Hinweisgeber gegenüber dem Unternehmen anonym bleiben möchte, garantiert der Ombudsmann die Anonymität“ (http://www.awbkoeln.de/unternehmen/korruptionsbekaempfung-und-compliance/).

1980 Eine solche bildet § 138 StGB.

1981 Die gewählten Formulierungen (*„strikt anonym“*, *„garantiert“*, vergl. die Zitate in der **Fn. 1979**) vermitteln vielmehr den Eindruck, dass die Identität des Hinweisgebers uneingeschränkt gewährleistet werde. Ungeachtet der Möglichkeit, dass der Ombudsmann in der Praxis auf vertragliche und gesetzliche Grenzen der Schweigepflicht hinweisen kann, bevor der Whistleblower ihm gegenüber seine Identität offenbart, so sind auch Fallkonstellationen denkbar, in denen der Whistleblower aufgrund der Formulierungen auf den uneingeschränkten Identitätsschutz vertraut und sich unmittelbar gegenüber dem Ombudsmann offenbart. In Anbetracht der gewählten Formulierungen (*„strikt“ „garantiert“*) kann dieses Vertrauen auch schutzwürdig sein, so dass der Hinweisgeber einer Identitätsoffenbarung gegenüber dem Unternehmen, zumindest hinsichtlich der vertraglich vereinbarten Ausnahmen von der Verschwiegenheitspflicht, das Verbot des widersprüchlichen Verhaltens (§ 242 BGB) entgegnen könnte. Andererseits ist auch nicht zu verkennen, dass ein Interesse des Unternehmens besteht, potentielle Whistleblower nicht von vornherein durch einen klaren Hinweis auf die Grenzen der Vertraulichkeit abzuschrecken. Als geeigneter Kompromiss erscheint daher die folgende Formulierung: *Die Identität des Hinweisgebers wird im Rahmen der anwaltlichen Schweigepflicht geschützt. Missbräuchliches Whistleblowing, das einzig zum Zwecke der vorsätzlichen Verunglimpfung oder Schädigung des Unternehmens oder eines Unternehmensangehörigen erfolgt, wird demgegenüber nicht unterstützt.*

1982 Ein solcher absoluter Schutz wird bei der Daimler AG garantiert: *Als Rechtsanwalt unterliegt der Neutrale Mittler der anwaltlichen Schweigepflicht. Dadurch können wir Hinweisgebern, die unerkannt bleiben möchten, absolute Anonymität gegenüber dem Unternehmen zusichern.“* (http://www.daimler.com/unternehmen/corporate-governance/integritaet-und-compliance/neutraler-mittler). Diese Formulierung lässt keinen Interpretationsspielraum zu, so dass der Whistleblower einer Informationsweitergabe an das Unternehmen das Verbot des widersprüchlichen

In welchen Fallkonstellation, neben den immanenten Grenzen der Verschwiegenheitspflicht[1983], die Identität des Whistleblowers offenbart werden sollte, wird in der Literatur unterschiedlich beurteilt. Nach einer Ansicht bestehe kein Schutzbedürfnis bei nachweislich bewusst unwahren Tatsachenbehauptungen, welche die Grenzen der §§ 186, 187 StGB überschreiten[1984]. Nach anderer Ansicht seien Ausnahmen bei Bösgläubigkeit des Whistleblowers anzuerkennen[1985] und nach einer dritten Ansicht sollte bei missbräuchlichen oder irrtümlichen Hinweisen eine Verpflichtung bestehen, dem Angezeigten den Namen des Hinweisgebers zu nennen[1986].

Konsequent scheint zunächst eine Orientierung an den Vorgaben des Bundesverfassungsgerichts, die zum Schutzniveau einer wissentlich unwahren oder leichtfertig falschen externen Offenbarung aufgestellt worden sind[1987]. Bei wissentlich falschen Anzeigen sollte die Identität des Whistleblowers dem Beschuldigten offenbart werden, so dass dieser eine Rechtsverfolgung prüfen und gegebenenfalls einleiten kann. Demgegenüber ist bei leichtfertig falschen Hinweisen – dies entspricht dem Maßstab einer grob fahrlässigen Handlung – eine Offenbarungspflicht gegenüber dem Beschuldigten nicht anzuerkennen. Denn in dieser Konstellation handelt es sich nicht um missbräuchliches, sondern lediglich um irrtümliches Whistleblowing. Es sollte einer pflichtgemäßen Ermessensentscheidung des Ombudsmannes überlassen werden, ob in diesen Konstellationen die Weitergabe der Informationen an den Beschuldigten erfolgt.

Die Ermessensentscheidung ist dabei insbesondere daran zu orientieren, ob die Rechtsverfolgung durch den Beschuldigten aussichtsreich erscheint. Da die Ausnahmen von dem strikten Identitätsschutz die Rechtsinteressen der Beschuldigten schützen sollen, ist für die Konstellationen, in denen die Rechtsverfolgung schwierig erscheint, eine Offenbarungspflicht nicht anzuerkennen. Aussichtsreich ist eine strafrechtliche Rechtsverfolgung (§ 185 ff. StGB) nur dann, sofern dem Hinweisgeber zumindest bedingt vorsätzliches Verhalten anzulasten ist. Ebenso ist ein zivilrechtlicher Entschädigungsanspruch maßgeblich davon abhängig, ob dem Verletzter vorsätzliches oder lediglich fahrlässiges Verhalten anzulasten ist[1988].

Verhaltens entgegnen kann und der Arbeitgeber keine Sanktionsmaßnahmen aufgrund des Whistleblowings erlassen kann. Unklar bleibt bei der Formulierung, ob eine Weitergabe der Identität an den Beschuldigten erfolgen kann. Ist dies vorgesehen und erlangt der Arbeitgeber hierdurch mittelbar Kenntnis von dem Verhalten des Whistleblowers, so scheint der Whistleblower auch in dieser Konstellation Sanktionsmaßnahmen des Arbeitgebers den Einwand des *venire contra factum proprium* entgegnen zu können.

1983 Eine solche bildet § 138 StGB.

1984 Schemmel/Ruhmannseder/Witzigmann, Hinweisgebersysteme, Kap. 5, Rdn. 52.

1985 *Steigert*, S. 185.

1986 Thüsing/*Thüsing/Forst*, Beschäftigtendatenschutz und Compliance § 6, Rdn. 53.

1987 S.o.: **1. Teil: B.II.**

1988 Vergl. zu einem Fall, in dem der Entschädigungsanspruch aufgrund eines lediglich fahrlässigen Verhaltens deutlich abgesenkt worden ist: LG Düsseldorf, Urteil vom 13. Dezember 2006 – 12 O 194/05, Rdn. 23 – juris.

Trifft der Ombudsmann nach dieser Einschätzung, die durch Erwägungen zu den Auswirkungen auf das Betriebsklima ergänzt werden können, die Ermessensentscheidung, die Identität des Whistleblowers nicht dem Beschuldigten zu offenbaren, so folgt aus dieser Entscheidung zugleich die Pflicht des Ombudsmannes, den Whistleblower aufzufordern, zukünftig gewissenhafter den Wahrheitsgehalt der Informationen vor einer innerbetrieblichen Meldung zu überprüfen. Je nach Fallkonstellation könnte eine solche Rüge auch unter dem Hinweis erfolgen, dass die Offenbarung von Missständen zwar weiterhin uneingeschränkt im Interesse des Unternehmens ist, eine missbräuchliche Nutzung des Hinweisgebersystems aber nicht nur verpönt, sondern auch sanktionierbar ist[1989].

b) *Unternehmensinterne Systeme*

Wird eine unternehmensinterne Regelung gewählt, die zumeist die deutlich kostengünstigere Alternative darstellen wird[1990], so sollte sichergestellt werden, dass der Zugang zu den Daten nicht der gesamten Compliance-Abteilung, sondern nur dem jeweiligen Mitarbeiter gewährt wird, der mit der Aufklärung des Sachverhaltes betraut ist[1991]. Nach einem anderen Lösungskonzept soll der Schutz durch einen sogenannten Datentreuhänder erfolgen, der als einziger die Identität des Whistleblowers kennt[1992]. Als Datentreuhänder biete sich dabei insbesondere die Person des betrieblichen Datenschutzbeauftragten an[1993]. Da nach § 4f Abs. 3 S. 5 BDSG für diesen – im Gegensatz zum Compliance Officer – ein Sonderkündigungsschutz besteht, der die Unabhängigkeit von den Leitungsorganen des Unternehmens steigert, ist eine solche innerbetriebliche Gestaltung ebenfalls gut geeignet, das Vertrauen des Hinweisgebers in das Meldesystem zu stärken.

Verwendet der Arbeitgeber ein automatisiertes Datenverarbeitungssystem, so bietet sich zur weiteren Sicherung der Vertraulichkeit zusätzlich eine Pseudonymisierung der Daten an.

c) *Pseudonymisierte Meldesysteme*

Im Unterschied zu einem mit anonymen Daten arbeitenden System bietet ein pseudonymisiertes System den Vorteil, dass der Urheber der innerbetrieblichen Meldung gegebenenfalls ermittelt werden kann. Im Datenschutzrecht ist das Prinzip der Pseudonymität allgemein anerkannt und in § 3a S. 2 BDSG als Prinzip der Datenvermeidung konkretisiert und in § 3 Abs. 6a BDSG legaldefiniert. Danach ist Pseudonymisieren das Ersetzen des Namens und anderer Identifikationsmerkmale

---

1989 Es ist dabei der Erfahrung des Ombudsmanns geschuldet, beide Aspekte dem Whistleblower hinreichend deutlich zu machen.

1990 Zu weiteren Vorteilen einer unternehmensinternen Lösung, vergl.: Schemmel/Ruhmannseder/Witzigmann, Hinweisgebersysteme, Kap. 5, Rdn. 30 ff.

1991 *Casper*, FS Winter, 77, 92 f.

1992 *Steigert*, 191, 199.

1993 *Steigert*, 199.

durch ein Kennzeichen zu dem Zweck, die Bestimmung des Betroffenen auszuschließen oder wesentlich zu erschweren. Pseudonymität verwirklicht den Kompromiss zwischen der Möglichkeit zur Identifizierung und dem Interesse an relativer Anonymität. Der Betroffene bleibt für den, der die Pseudonymisierung durchführt, identifizierbar, da die als Pseudonym dienende Kennung zwar die Person zunächst nicht kenntlich macht, die verarbeitende Stelle jedoch durch eine Referenzliste über Informationen verfügt, um den Personenbezug wiederherzustellen[1994]. Gleichwohl ist der Betroffene gegen missbräuchliche Verwendung seiner Daten in erhöhtem Maße geschützt, da insoweit insbesondere von unbefugten Dritten höhere Hürden zu überwinden bzw. die Daten für Unbefugte, die nicht über die Zuordnungsdaten verfügen, anonym sind[1995].

Bei einem pseudonymisierten Whistleblowing-System werden somit zunächst die persönlichen Daten des Hinweisgebers verschlüsselt, so dass sie vor unbefugter Inanspruchnahme geschützt sind und gleichsam bei Bedarf wieder entschlüsselt werden können[1996]. Ein pseudonymisiertes System gewährleistet nur die Vertraulichkeit über die Identität, aber nicht die uneingeschränkte Anonymität des Whistleblowers. Auch aus datenschutzrechtlicher Perspektive kann nur ein vertrauliches System den Konflikt zwischen Auskunftsanspruch des Beschuldigten nach § 34 BDSG und dem Interesse des Whistleblowers an der Geheimhaltung seiner Identität zufriedenstellend auflösen[1997].

Richtet der Arbeitgeber ein pseudonymisiertes Hinweisgebersystem ein, ergibt sich ein Anspruch auf anonyme Nutzung auch nicht aus § 13 Abs. 6 S. 1 Telemediengesetz (TMG). Danach hat der Diensteanbieter die Nutzung von Telemedien anonym oder unter Pseudonym zu ermöglichen, soweit dies technisch möglich und zumutbar ist. Unabhängig von der umstrittenen Frage, ob der Arbeitgeber ein Dienstanbieter im Sinne der Norm ist[1998], erfüllt der Arbeitgeber die Verpflichtung des TMG dadurch, dass er die pseudonymisierte Nutzung des internen Meldesystems ermöglicht.

d) Zwischenergebnis

Obgleich die Implementierung eines unternehmensexternen Ombudsmannes die vorzugswürdigste Lösung ist, so zeigt sich, dass unabhängig davon welcher Weg konkret beschritten wird, das Schutzniveau eines die Vertraulichkeit sichernden Meldesystems insgesamt gleichwertig zu einem anonymen Meldesystem ist.

1994 Gola/Schomerus, § 3a BDSG, Rdn. 10.

1995 Gola/Schomerus, § 3a BDSG, Rdn. 10.

1996 Eine solche Entschlüsselung der Daten sei nach dem BKMS System gerade nicht möglich, vergl.: http://www.business-keeper.com/ihre-sicherheit.html. Siehe ferner zum BKMS-System: **2. Teil: D.I.1.**

1997 Überzeugend: *Steigert,* 175 ff.

1998 Vergl. hierzu: LAG Berlin-Brandenburg, Urteil vom 16. Februar 2011 – 4 Sa 2132/10, NZA-RR 2011, 342; *Fülbier/Splittgerber,* NJW 2012, 1995; *Schuster*, CR 2014, 21.

e) Besserer Schutz durch Vertraulichkeit statt Anonymität

Hinzu kommt, dass der Whistleblower in bestimmten Fällen durch ein vertrauliches Hinweisgebersystem deutlich besser geschützt ist, als durch ein anonymes System, das die Informationen ungefiltert weiterleitet. Dies gilt immer dann, wenn die vom Whistleblower offenbarten Informationen Rückschlüsse auf die Identität ermöglichen[1999]. Die Gefahr der Enttarnung seiner Identität ist dann besonders groß, wenn es sich um detaillierte oder nur einem bestimmten Personenkreis zugängliche Informationen handelt. Das Interesse an den Informationen eines Whistleblowers ist aber gerade in der zweiten Konstellation besonders groß, da ohne die Insiderinformationen, über die nur wenige Personen verfügen, der betriebliche Missstand nicht aufdeckt und beseitigt werden kann. Kurzum: Der Schutz durch ein anonymes Hinweisgebersystem ist dann besonders gering, wenn das Interesse an der Erlangung der Insiderinformationen besonders groß ist.

Demgegenüber können bei der Verwendung eines vertraulichen Systems die Informationen des Whistleblowers bewusst bewertet und gefiltert werden, so dass nur die Informationen weitergegeben werden, die für eine Ermittlung erforderlich sind, aber alle anderen Informationen herausfiltert werden, die den Whistleblower gefährden könnten[2000]. Ein vertrauliches Hinweisgebersystem schützt den Whistleblower daher auch in den Fällen, in denen eine Aufdeckung eines Missstandes nur durch die Mitwirkung eines Whistleblowers möglich ist.

Ein besserer Schutz besteht aber auch dann, wie bereits angedeutet, wenn die Identität des Whistleblowers dennoch enttarnt wird. Wird nun der Whistleblower nicht offen, sondern subtil angefeindet, schikaniert und ausgegrenzt, so kann der Arbeitgeber einen solchen Prozess besser erkennen und Maßnahmen ergreifen, wenn über er über die Identität des Whistleblowers informiert ist. Ist die Identität des Whistleblowers bekannt, so können entsprechende Stellen sensibilisiert werden, dass es sich bei dem Beschäftigen um ein potentielles Mobbing-Opfer handelt, so dass der oftmals schleichende und subtile Prozess der Ausgrenzung und Schikanierung früher erkannt und hierauf eingewirkt werden kann.

f) Weitere Vorteile eines vertraulichen Systems

Obgleich ein vertrauliches System über die benannten Vorteile verfügt, bestehen nicht die Nachteile und Gefahren, die ein anonymisiertes Meldesystem bedingen[2001]. Ein Klima des gegenseitigen Misstrauens und des Denunziantentums wird durch die Möglichkeit der Entschlüsselung der Identität des Hinweisgebers verhindert[2002]. Auch einer missbräuchlichen Nutzung des Hinweisgebersystems wird präventiv

---

1999 Siehe bereits oben: **2. Teil: D.I.1.b).**

2000 Ebenso: Thüsing/*Thüsing/Forst,* Beschäftigtendatenschutz und Compliance § 6, Rdn. 48.

2001 Ähnlich: Thüsing/*Thüsing/Forst,* Beschäftigtendatenschutz und Compliance § 6, Rdn. 13.

2002 Ebenso: *Casper,* FS Winter, S. 77, 92.

entgegengewirkt. Denn dem potentiellen Hinweisgeber ist bewusst, dass die missbräuchliche Nutzung des Meldesystems, etwa durch ehrenrührige oder verleumderische Meldungen, sanktionierbar ist.

Hinzu kommt, dass bei einer redlichen Nutzung eines vollständig anonymisierten Hinweisgebersystems nicht die Möglichkeit besteht, Rückfragen an den Hinweisgeber zu richten[2003]. Ein solches System fördert somit auch nicht das einzig schützenswerte Ziel des Whistleblowings: die Aufklärung und Beseitigung des betrieblichen Missstands. Es darf bezweifelt werden, dass regelmäßig eine Beseitigung des Missstandes mit den Informationen möglich sein wird, die der Whistleblower selbst als relevant eingestuft und somit offenbart hat. Dies wird nur in einfach gelagerten und bei evidenten Missständen möglich sein. Solche Konstellation werden aber aufgrund ihrer Evidenz wahrscheinlich auch ohne die Insiderinformationen des Whistleblowers entdeckt werden. Demgegenüber werden diffizile und undurchsichtige Bereiche, bei denen eine Mitwirkung von Insidern umso mehr erforderlich ist, oftmals aufgrund der fehlenden Möglichkeit zur Rücksprache mit dem Whistleblower weiterhin ungeklärt bleiben. Bei einem vertraulichen Whistleblowing-System können demgegenüber gezielt Nachfragen an den Hinweisgeber gerichtet werden, ohne dass zugleich die Identität des Whistleblowers preisgegeben werden muss.

3. Ergebnis

Die Implementierung eines anonymisierten Hinweisgebersystems, das nachträglich nicht die Feststellung der Identität des Hinweisgebers ermöglicht, ist abzulehnen. Ein solches System ist auf der einen Seite ineffektiv, birgt ein beträchtliches Missbrauchspotential und gefährdet den Betriebsfrieden sowie die Persönlichkeitsrechte der Angezeigten. Auf der anderen Seite sind die Vorteile eines anonymen Whistleblowing-Systems nicht nachgewiesen und ein vertrauliches Meldesystem kann den Whistleblower gleichsam effektiv und in bestimmten Konstellationen sogar effektiver vor Repressalien schützen. Aber nicht nur der Whistleblower profitiert von einem vertraulichen System. Auch das einzig schützenswerte Ziel des Whistleblowings, die Offenbarung und anschließende Beseitigung des betrieblichen

---

2003 Das BKMS-System (s.o.: **2. Teil: D.I.1**) wirbt damit, dass über ein Postkastensystem sehr wohl die Möglichkeit bestehe, Rückfragen an den Hinweisgeber zu stellen und dieser gleichzeitig während des Dialogs vollkommen anonym bleibe, vergl.: http://www.business-keeper.com/DesktopDefault.aspx?TabID=428. Unbenommen der weiteren, ausführlich dargelegten, Bedenken gegen ein anonymes Hinweisgebersystem, vermag das Postkastensystem nicht die Problematik einer fehlenden Möglichkeit zur Rücksprache zu lösen. Denn die Einrichtung des anonymen Postkastens ist dem Hinweisgeber freigestellt. Auch ohne die Einrichtung eines stillen Briefkastens kann über das BKMS System eine anonyme Meldung abgesetzt werden. Daher besteht die Problematik der fehlenden Möglichkeit zur Rücksprache auch bei Nutzung des BKMS Systems. Unzutreffend insofern: *Zimmer/Seebachter,* CCZ 2013, 31, 33. Wie hier: *Steigert,* S. 195.

Missstandes, wird ebenfalls regelmäßig effektiver durch ein vertrauliches Meldesystem gefördert als durch ein anonymes Hinweisgebersystem. Nachfragen bei dem Whistleblower werden gerade dann erforderlich sein, wenn es sich um einen nicht leicht aufzudeckenden Missstand handelt, bei dem die Mitwirkung eines Insiders unerlässlich ist. Gerade bei undurchsichtigen Missständen ist es zweifelhaft, ob der Whistleblower von sich aus alle nötigen Informationen in seiner anonymen Meldung zur Verfügung gestellt hat. Da eine erneute Kontaktaufnahme bei einem anonymen Whistleblowing-System aber von der Bereitschaft des Whistleblowers abhängig ist, versagt ein solches Meldesystem gerade dann, wenn das Interesse an den Insiderinformationen des Whistleblowers am größten ist. Dies ist umso misslicher, wenn sich nach der Untersuchung der anonym zur Verfügung gestellten Informationen ein Anfangsverdacht für das tatsächliche Vorliegen eines Missstands ergibt, der ohne umfänglichere Informationen nicht weiter verfolgt werden kann.

Ein innerbetriebliches Meldesystem sollte die Entgegennahme anonymer Meldungen daher weder ermöglichen, begünstigen oder gar gezielt fördern.

Der Arbeitgeber, der ein Hinweisgebersystem implementieren möchte, ist auf die Möglichkeit zur Nutzung eines Meldesystems zu verweisen, das die Identität des Whistleblowers einerseits erfasst und andererseits mit dem größtmöglichen Maß an Verschwiegenheit und Vertraulichkeit behandelt.

Am besten geeignet scheint dabei die Implementierung eines unternehmensexternen Ombudsmanns. Um das Vertrauen der Hinweisgeber in die Geheimhaltung ihrer Identität zu stärken, sollte ein Rechtsanwalt als Ombudsmann bestellt werden.

Nur sofern sich aus der Meldung selbst oder hiernach veranlassten Nachforschungen ergibt, dass es sich um vorsätzliches, missbräuchliches Whistleblowing handelt, das den Beschuldigten in seinen Persönlichkeitsrechten verletzt, ist die Identität des Whistleblowers zu offenbaren. Der Arbeitgeber kann in diesem Fall – unbenommen des Vorgehens des Verletzten gegen den Verletzer – aufgrund des missbräuchlichen Whistleblowings Sanktionsmaßnahmen erwägen. Die Verunglimpfung von Arbeitskollegen stellt eine Nebenpflichtverletzung dar[2004], die in der Regel mit einer Abmahnung hinreichend sanktioniert sein wird[2005].

4. Umgang mit eingehenden anonymen Meldungen

Obgleich die Implementierung eines anonymen Meldesystems anzulehnen ist, kann es in der betrieblichen Praxis dennoch dazu kommen, dass anonyme Hinweise auf vermeintliche Missstände eingehen[2006]. Es stellt sich die Frage, wie der Arbeitgeber mit diesen verpönten innerbetrieblichen Meldungen umgehen soll.

2004 MünchHdbArbR/*Reichold* § 49, Rdn. 42.

2005 Vergl. zu einem solchen Fall: BAG, Urteil vom 25. Oktober 2007 – 8 AZR 593/06, Rdn. 68 ff. – juris.

2006 Vorstellbar ist etwa, dass ein anonymer Brief an die Geschäftsleitung geschickt wird oder ein Ombudsmann anonym kontaktiert wird.

In der Literatur wird vertreten, dass kein absolutes „*Verfolgungsverbot*" bestehe, sondern es im Ermessen des Arbeitgebers liege, ob er den Gerüchten nachgehe[2007]. Gleichwohl seien bei dieser Ermessensentscheidung die Bedenken hinsichtlich der Verletzung des allgemeinen Persönlichkeitsrechts der Beschuldigten und des Datenschutzes zu beachten, so dass eine Verfolgung nur bei besonderen weiteren Anhaltspunkten, die den anonymen Hinweis stützen, angezeigt sei. Nach einer weiteren Ansicht bestünden letztlich keine Bedenken, da der Arbeitgeber berechtigt sei, zu prüfen, ob dem Unternehmen ein Schaden drohe[2008]. Dies folge aus Art. 12 GG.

Auch wenn der Arbeitgeber dazu berechtigt ist, möglichen Schaden von dem Unternehmen abzuwenden, darf er bei dem Entschluss, ob er dem kursierenden Gerücht nachgeht, nicht gänzlich die Interessen des anonym Beschuldigten außer Acht lassen. Dies gilt auch vor dem Hintergrund der grundrechtlichen Wertungen des Art. 12 GG, die nicht isoliert betrachtet werden dürfen, sondern mit den ebenso grundrechtlich geschützten Interessen der anonym Beschuldigten kollidieren. Eine Überprüfung des anonymen Hinweises ist erst dann angezeigt, wenn sich durch weitere – objektive – Anhaltspunkte die Verdachtsmomente gegen den Beschuldigten dergestalt erhärtet haben, dass jede andere Entscheidung ermessensfehlerhaft wäre. Indes ist auch in dieser Konstellation regelmäßig zunächst eine diskrete Vorgehensweise gegenüber dem Beschuldigten angezeigt und ihm ist Gelegenheit zu geben, zu den Vorwürfen und den weiteren Verdachtsmomenten Stellung zu beziehen. Nach einer Ansicht in der Literatur gälten für interne Ermittlungen ähnliche Grundsätze, wie dies auch bei einem rechtsstaatlichen Verfahren der Fall sei[2009]. Konkret bedeute dies unter anderem, dass die Unschuldsvermutung ebenso wie die Selbstbelastungsfreiheit[2010] gelte und dass ein Angezeigter grundsätzlich umfassend über die ihm gemachten Vorwürfe aufzuklären sei. Zu erwägen sei auch, wissentlich falsche Hinweise unter Strafe zu stellen, wie dies auch bei der falschen Verdächtigung gegenüber staatlichen Stellen der Fall ist (§ 164 StGB).

Der hierbei zum Ausdruck kommenden Tendenz, die Rechtsposition des anonym Beschuldigten zu wahren und zu stärken, ist grundsätzlich beizupflichten. Die Information des Angezeigten steht allerdings unter dem Vorbehalt, dass hierdurch die Aufklärung des potentiellen Missstandes nicht vereitelt wird[2011]. Unklar bleibt, was mit der Erwägung konkret gemeint ist, dass eine wissentlich falsche

---

2007 *Casper,* FS Winter, 77, 94.

2008 *Mahnhold,* NZA 2008, 737, 740.

2009 Thüsing/*Thüsing/Forst,* Beschäftigtendatenschutz und Compliance § 6, Rdn. 53.

2010 Vergl. ausführlich hierzu: **2. Teil: B.I.3.e).**

2011 Denkbar ist etwa, dass der Beschuldigte nach einer Information über die innerbetriebliche Meldung Beweismaterialien vernichtet. Die Informationen des Beschuldigten ist auch aus datenschutzrechtlichen Gründen grundsätzlich angezeigt, vergl.: *Lohse,* S. 219, 35. Droht aber die Beweisvernichtung, erkennt auch das Datenschutzrecht eine Ausnahme von der Informationspflicht an, vergl.: Thüsing/*Thüsing/Forst,* Beschäftigtendatenschutz und Compliance § 6, Rdn. 77; Art. 29 Datenschutzgruppe, WP 117, S. 15.

innerbetriebliche Meldung unter Strafe zu stellen sei. Sofern diese Ausführungen darauf abzielen, dass der Arbeitgeber Sanktionen gegenüber dem Anzeigenden ergreift, so ist dem zuzustimmen[2012]. Sofern demgegenüber die Schaffung eines eigenen Straftatbestandes im StGB oder innerhalb eines Whistleblowerschutzgesetzes gemeint ist, vermag dies weniger zu überzeugen. Denn die überwiegende Anzahl der missbräuchlichen und wissentlich falschen Anzeigen wird bereits *de lege lata* von den §§ 185 ff. StGB erfasst.

II. Repressalien

Im ersten Teil der Arbeit und zu Beginn des zweiten Abschnittes wurde der Frage nachgegangen, ob ein Whistleblower einer Kündigung schutzlos gegenüber steht. Das Bedürfnis der Whistleblower erschöpft sich indes nicht in der Gewährung eines hinreichenden Schutzes vor den klassischen arbeitsrechtlichen Sanktionsmaßnahmen – Abmahnung und Kündigung. Vielmehr sind Whistleblower subtileren Gefahren ausgesetzt, die sich gleichwohl massiv auswirken können. Es besteht die Gefahr, dass der Whistleblower nach seiner Offenbarung systematisch angefeindet, schikaniert, diskriminiert, belästigt oder auf anderer Weise Feindseligkeiten und Benachteiligungen ausgesetzt wird. Kurzum: Whistleblower sind potentielle Mobbingopfer[2013].

1. *Ausprägungen und Verbreitung der Repressalien gegenüber Whistleblowern*

Statistische Erhebungen über Repressalien gegen Whistleblower in Deutschland existieren nicht[2014]. Selbst die Datenlage über das allgemeine und nicht spezifisch durch das Whistleblowing bedingte Mobbing ist begrenzt[2015]. In den USA existieren demgegenüber belastbare Werte. In einer Studie aus dem Jahre 2013 gaben 21 % der

---

2012 Vergl. die Ausführungen zuvor: **2. Teil: D.I.3**.

2013 Das BAG definiert Mobbing als *„das systematische Anfeinden, Schikanieren oder Diskriminieren von Arbeitnehmern untereinander oder durch Vorgesetzte“*, vergl.: BAG, Beschluss vom 15. Januar 1997 – 7 ABR 14/96, Orientierungssatz – juris.

2014 Kritisch diesbezüglich äußerte sich *Strack* bereits im Jahre 2008 in seiner Stellungnahme zum Gesetzesentwurf eines neuen § 612a BGB, vergl.: Ausschussdrucksache 16(10)850-B, S. 10, abrufbar unter: http://webarchiv.bundestag.de/archive/2010/0304/bundestag/ausschuesse/a10/anhoerungen/a10_81/16_10_850-B.pdf (zuletzt abgerufen am 1. November 2014).

2015 Die einzig repräsentative Erhebung ist der Mobbing-Report der Bundesanstalt für Arbeitsschutz und Arbeitsmedizin aus dem Jahre 2002, abrufbar unter: http://www.baua.de/cae/servlet/contentblob/682700/publicationFile/46973/Fb951.pdf (zuletzt abgerufen am 1. November 2014).

Befragten an, dass sie aufgrund ihrer Meldung Vergeltungsmaßnahmen ausgesetzt gewesen seien[2016].

Die möglichen Repressalien gegen Whistleblower sind mannigfaltig[2017]. 45 verschiedene Mobbing-Handlungen wurden von *Heinz Leymann* bereits Anfang der 90er Jahre beschrieben[2018]. Neben der offenen Anfeindung durch andere Kollegen kann der vermeintliche Denunziant einer Vielzahl subtileren Benachteiligungen ausgesetzt sein[2019].

Dem als Denunziant gebrandmarkten Whistleblower droht die soziale Isolierung innerhalb der (Arbeits-) Gemeinschaft. Diese kann sukzessiv und verdeckt erfolgen, etwa durch eine schleichende Ausgrenzung von der sozialen Kommunikation und den Betätigungen in der Pausenzeit oder offen, durch den Abbruch jeglichen sozialen Kontaktes innerhalb der Gemeinschaft.

Schwerwiegende Schikanierungen können auch von dem weisungsberechtigten Arbeitgeber ausgehen. In missbräuchlicher Anwendung des Direktionsrechts könnte er den Whistleblower räumlich separieren, um die soziale Isolation des Whistleblowers zu verstärken oder ihm unsinnige oder übermäßig belastende Arbeitsaufgaben zuweisen[2020]. So klagte der Whistleblower *Miroslaw Strecker*, der den Gammelfleischskandal aufgedeckte, ihm seien nachfolgend bewusst Arbeitsaufgaben zugeteilt worden, die er aus gesundheitlichen Gründen nur schwer habe

2016 2013 National Business Ethics Survey (NBES 2013), S. 13, 26 ff. abrufbar unter: http://www.ethics.org/nbes/key-findings/nbes-2013/ (zuletzt abgerufen am 1. November 2014). Vergl. ferner zu älteren US-amerikanischen Studien: *Becker*, S. 139.

2017 Der NBES 2013 (**s. Fn.** zuvor) enthält auf S. 45 statistische Werte, mit welcher Häufigkeit bestimmte Vergeltungsmaßnahmen Whistleblower treffen. An erster Stelle wird dabei mit 69 % aufgeführt, dass der Vorgesetzte sich anders verhalte oder den Whistleblower bewusst ignoriere, an letzter Stelle – 15 % – wird das Online-Mobbing genannt. Die Werte aus 2013 divergieren teilweise sehr stark zu den Ergebnissen aus 2011 (NBES 2013, S. 45). Gaben im Jahre 2011 noch 31 % der Befragten an, dass sie Opfer tätlicher Angriffe oder Eigentumsbeschädigungen waren, so sank diese Zahl 2013 auf nur noch 16 %. Insgesamt sank die Zahl der Vergeltungsmaßnahmen um 1 % gegenüber 2011 auf 21 %. Der niedrigste Wert wurde in der Erhebung 2007 festgestellt und lag bei 12 % (NBES 2013, S. 26 f.).

2018 Der schwedische Arbeitspsychologe *Heinz Leymann* gilt als Pionier in der *Mobbing-Forschung*. Die potentiellen Mobbing Handlungen wurden im Leymann Inventory of Psychological Terror (LIPT) zusammengefasst. Als gemobbt gilt demnach ein Arbeitnehmer, der mindestens einer der 45 Handlungen, mindestens einmal die Woche, mindestens ein halbes Jahr lang ausgesetzt ist. Vergl. hierzu: http://www.boeckler.de/pdf/mbf_nmp_2009_konflikt_checkliste2mobbing.pdf. Vergl. zur Mobbing Definition des BAG: BAG, Beschluss vom 15. Januar 1997 – 7 ABR 14/96, Orientierungssatz – juris.

2019 Potentielle Mobbingmaßnahmen werden auch dargestellt bei: *Pauken*, ArbRAktuell 2013, 350.

2020 Ähnlich: KR-*Treber* § 612 a BGB, Rdn. 9.

bewältigen können[2021]. Nach eigenen Aussagen sei dies bewusst erfolgt; sein Arbeitgeber habe ihn *„kaputtspielen"* wollen[2022]. Ferner sei ihm die Kürzung des Arbeitsentgeltes angedroht, seine Arbeitsschichten verlängert worden und man habe man ihn aufgefordert, das Beschäftigungsverhältnis selbst zu beenden[2023]. Vier Jahre nach seinem Hinweis wurde ihm betriebsbedingt gekündigt. Im Kündigungsschutzprozess vor dem Arbeitsgericht schlossen die Parteien einen Vergleich und einigten sich auf eine Abfindung[2024].

Denkbar ist zudem, dass der Whistleblower bei der üblichen Inanspruchnahme seiner Rechte aus dem Arbeitsverhältnis, die ein Zusammenwirken mit dem Arbeitgeber erfordern, benachteiligt wird. Vorstellbar ist etwa, dass der Arbeitgeber den Urlaubswünschen des Whistleblowers plötzlich nicht mehr entspricht und dies mit vermeintlich dringenden betrieblichen Erfordernissen zu rechtfertigen versucht. Auch wenn gegebenenfalls gerichtlich im Eilverfahren festgestellt wird, dass der Urlaubsanspruch berechtigt ist, so ist die mangelnde Kooperationsbereitschaft des Arbeitgebers für den Hinweisgeber nicht nur mit finanziellen Belastungen verbunden. Eine entsprechende Verweigerungshaltung könnte der Arbeitgeber auch bei der Auszahlung von variablen Entgeltbestandteilen ausüben. Werden ferner beim Verlassen des Betriebsgeländes standardmäßig Taschenkontrollen durchgeführt, so sind diese – grundsätzlich zulässigen – Kontrollmaßnahmen ebenfalls besonders gut geeignet, schikanös ausgeübt zu werden. Der Arbeitgeber könnte auch dazu übergehen, die Arbeitsleistung des Whistleblowers intensiver zu kontrollieren. Ein probates Mittel des Arbeitgebers ist ferner der Entzug des zur Verfügung gestellten Dienstwagens oder, sofern dies nach den vertraglichen Regelungen nicht zulässig ist, die Herabstufung der Nutzungsklasse. Jedenfalls letztere bewegt sich, bei entsprechenden arbeitsvertraglichen Regelungen, in den Grenzen der Zulässigkeit[2025]. Die meisten Beschäftigten wird es aber hart treffen, wenn zuvor eine Mercedes E-Klasse zur privaten und dienstlichen Nutzung zur Verfügung gestellt wurde und nunmehr lediglich ein Smart genutzt werden soll.

Durch die fehlende Kooperationsbereitschaft, die Schikanierungen und nicht zuletzt auch durch eine zunehmende Geringschätzung, die der geschickt agierende Arbeitgeber zumindest nicht offensichtlich rechtswidrig ausübt, ist der Whistleblower

---

2021 http://www.tagesspiegel.de/politik/zwischen-helden-und-verraetertum-deutschland-unternimmt-wenig-um-whistleblower-zu-schuetzen/8686118-3.html (zuletzt abgerufen am 1. November 2014).

2022 http://www.tagesspiegel.de/politik/zwischen-helden-und-verraetertum-deutschland-unternimmt-wenig-um-whistleblower-zu-schuetzen/8686118-3.html (zuletzt abgerufen am 1. November 2014).

2023 Vergl.: Bt.-Drs. 17/8567, S. 7.

2024 http://www.tagesspiegel.de/politik/zwischen-helden-und-verraetertum-deutschland-unternimmt-wenig-um-whistleblower-zu-schuetzen/8686118-3.html (zuletzt abgerufen am 1. November 2014).

2025 Vergl. allgemein zu den Gestaltungsmöglichkeiten einer Herausgabeklausel: Preis/*Wagner*, Arbeitsvertrag, D. 20, **c.)**.

mit psychischen Belastungen konfrontiert, die ein pathologisches Ausmaß erreichen können. Nach einer Studie aus den USA gaben über 70 % der Befragten an, dass sie aufgrund des Whistleblowings gesundheitlichen Beeinträchtigungen ausgesetzt waren[2026]. Nach dieser Studie litten 77,1 % unter Schlaflosigkeit und 9,1 % hatten sogar einen Suizidversuch verübt[2027]. Nach dem belastbareren Mobbing-Report der Bundesanstalt für Arbeitsschutz und Arbeitsmedizin wirkt sich Mobbing in 86,6 % auf das physische oder psychische Wohlbefinden der Opfer aus[2028].

a) Die whistleblowingbedingte betriebsbedingte Kündigung

Erzielen die Schikanierungen nicht den gewünschten Effekt – die Kündigung des Arbeitsverhältnis durch den Arbeitnehmer[2029] – und ist eine arbeitgeberseitige verhaltensbedingte Kündigung aufgrund des Whistleblowings aussichtslos, so könnte der Arbeitgeber sogar dazu übergehen, durch betriebliche Umstrukturierungen zu versuchen, einen Grund zur betriebsbedingten Kündigung zu konstruieren.

Interessant sind für den geschickt agierenden (bzw. beratenen) Arbeitgeber insbesondere die Möglichkeiten, die das Direktionsrecht respektive ein vertraglicher Versetzungsvorbehalt im Zusammenspiel mit der Rechtsprechung zur betriebsbedingten Kündigung bereitstellen. Eine Versetzung in einen anderen Betrieb des Unternehmens ist – im Rahmen des billigen Ermessens – bei einem vertraglich vereinbarten Versetzungsvorbehalts unzweifelhaft möglich[2030]. Die Attraktivität dieses Gestaltungsmittel beruht vor allem darauf, dass eine gerichtliche Kontrolle einer Versetzung auf eine missbräuchliche, nicht dem billigem Ermessen entsprechende Ausübung des Direktionsrechts oder des wirksamen vertraglichen Vorbehalts beschränkt ist (§ 315 BGB). Da

---

2026 Vergl. *Soeken, Karen L.; Soeken Donald R.,* A Survey of Whistleblowers: Their Stressors and Copying Strategies. Abrufbar unter: http://www.whistleblower-net.de/pdf/Soeken.pdf (zuletzt abgerufen am 1. November 2014).

2027 *Soeken, Karen L.; Soeken Donald R.,* A Survey of Whistleblowers: Their Stressors and Copying Strategies, S. 10. Allerdings ist diese Studie aus dem Jahre 1987 nicht repräsentativ. Es wurden lediglich 87 Fragebögen ausgewertet.

2028 Mobbing-Report der Bundesanstalt für Arbeitsschutz und Arbeitsmedizin, S. 79, abrufbar unter: http://www.baua.de/cae/servlet/contentblob/682700/publicationFile/46973/Fb951.pdf (zuletzt abgerufen am 1. November 2014), S. 79.

2029 Nach dem Mobbing-Report waren immerhin für 22,5 % der Mobbing-Opfer die Belastungen so unerträglich, dass sie ihrerseits *freiwillig* das Arbeitsverhältnis kündigten, vergl. Mobbing-Report, S. 79, abrufbar unter: http://www.baua.de/cae/servlet/contentblob/682700/publicationFile/46973/Fb951.pdf (zuletzt abgerufen am 1. November 2014), S. 79.

2030 ErfK/*Preis* § 106 GewO, Rdn. 10. Aber auch im Rahmen des Direktionsrechts ist die Zuweisung eines anderen Arbeitsorts regelmäßig möglich. Sie scheidet nur dann aus, wenn im Arbeitsvertrag der Ort der Arbeitsleistung konkret festgelegt ist. Wird demgegenüber im Arbeitsvertrag auf eine Festlegung verzichtet, so gilt ein dem Versetzungsvorbehalt entsprechendes weites Weisungsrecht nach § 106 S. 1 GewO, vergl.: BAG, Urteil vom 28. August 2013 – 10 AZR 569/12, Rdn. 19 ff. – juris.

ferner eine Zweckmäßigkeitsprüfung einer unternehmerischen Entscheidung grundsätzlich nicht erfolgt und bei einer Ausübungskontrolle auf den Zeitpunkt abzustellen ist, in der die Versetzungsentscheidung vom Arbeitgeber getroffen worden ist[2031], besteht für den findigen Arbeitgeber die Möglichkeit, den Whistleblower rechtswirksam betriebsbedingt zu kündigen.

Voraussetzung ist lediglich, dass der Arbeitgeber den in Ungnade gefallenen Denunzianten in einen anderen Betrieb des Unternehmens versetzt, von dem er zum Zeitpunkt der Versetzung weiß, dass dort Umstrukturierungen bevorstehen.

Wird die Kenntnis von den bevorstehenden betrieblichen Veränderungen (Betriebsschließung, -veräußerung, -umstrukturieung) im aufnehmenden Betreib zum Zeitpunkt der Versetzung nicht nach außen bekundet oder in sonstiger Weise offenbart und wahrt der Arbeitgeber einen hinreichenden zeitlichen Abstand zwischen Versetzung des Whistleblowers und Umsetzung der unternehmerischen Maßnahme im aufnehmenden Betrieb, so wird der Nachweis kaum zu führen sei, dass die Versetzung nur vor dem Hintergrund erfolgte, um die Weichen für ein Ausscheiden des Whistleblowers aus dem Unternehmen zu stellen. Denn ist der Whistleblower einmal wirksam versetzt, so ist er unterschiedslos zu den anderen Beschäftigten den Umstrukturierungen im aufnehmenden Betrieb ausgesetzt[2032]. Dass in dieser Konstellation die Grenzen des billigem Ermessens überschritten worden sind, scheint genauso eindeutig, wie der Umstand, dass der Whistleblower der formal betriebsbedingten Beendigung des Beschäftigungsverhältnisses machtlos gegenüber steht.

Obgleich diese Umgestaltung zur erfolgreichen Durchführung eines gewissen Aufwandes und gewisser betrieblicher und arbeitsvertraglicher Voraussetzungen bedarf, sind die verschiedenen Stufen der Versetzung ein Spiegelbild der Belastung des Arbeitsverhältnisses. So ist eine interne Versetzung innerhalb des Standortes denkbar, eine Versetzung an einen unattraktiven anderen Standort oder an einen anderen Betrieb des Unternehmens, an dem betriebliche Veränderungen absehbar

---

2031 BAG, Urteil vom 26. September 2012 – 10 AZR 412/11, Rdn. 31 ff., 38 ff. – juris.

2032 Da eine möglicherweise durchzuführende Sozialauswahl auch beim betriebsübergreifenden Versetzungsvorbehalt streng betriebsbezogen durchzuführen ist, kann der Whistleblower sich auch nicht darauf berufen, die Sozialauswahl sei auf den Betrieb auszudehnen, in welchem er vor der Versetzung gearbeitet hätte, vergl.: BAG, Urteil vom 2. Juni 2005 – 2 AZR 158/04, Leitsatz – juris. Dies gilt jedenfalls dann, wenn der Arbeitgeber sichergestellt hat, dass es sich bei dem Betrieb, in den der Whistleblower versetzt wurde, tatsächlich um einen eigenständigen Betrieb i.S.d. §§ 1, 23 KSchG und nicht um einen Betriebsteil oder eine Betriebsstätte handelt. Denn diese wären in eine Sozialauswahl einzubeziehen, vergl.: BAG, Urteil vom 31. Mai 2007 – 2 AZR 276/06, Rdn. 17 – juris. Auch den Einwand des Rechtsmissbrauchs wird der hierfür beweisbelastete Arbeitnehmer nur mit Erfolg vorbringen können, wenn der Arbeitgeber sich ungeschickt verhält. Eine gewichtige Rolle hat dabei das Zeitmoment. Erfolgen Versetzung und Umstrukturierung des aufnehmenden Betriebs in einem kurzen zeitlichen Abstand, so ist dies ein Indiz für eine rechtsmissbräuchliche Gestaltung.

sind. Diesem abgestuften Maßnahmenkatalog stehen die Absichten des Arbeitgebers gegenüber, den Whistleblower für sein (vermeintlich) illoyales Verhalten zu rügen, zu bestrafen oder das Beschäftigungsverhältnis, gegebenenfalls mit einem gewissen Organisationsaufwand, zu beenden.

b) Whistleblowing als Karrierehemmnis

Aber auch wenn der Whistleblower keinen Repressalien ausgesetzt ist, so kann sich die Offenbarung, abhängig von der Unternehmenskultur und dem konkret offenbarten betrieblichen Missstand, negativ auf die Karrierechancen des Whistleblowers auswirken.

In einer besonders prekären Lage befinden sich jene Whistleblower, die einen betrieblichen Missstand melden, der Vorgesetzte oder Leitungsorgane des Unternehmens betrifft. Erklomm der Whistleblower zuvor noch mühelos die Stufen der Karriereleiter, so kann er sich nach seiner innerbetrieblichen Offenbarung plötzlich auf dem Abstellgleis wiederfinden, ohne gegen diese Abstufung effektiv vorgehen zu können.

Sind neben dem Whistleblower noch andere Beschäftigte an einer innerbetrieblichen Beförderung interessiert, so ist es dem Ermessen des Arbeitgebers überlassen, welchen er von mehreren Beschäftigten am geeignetsten befindet, um die Beförderung zu erhalten. Aber selbst in der Konstellation, dass nur der Whistleblower objektiv für die Beförderung in Betracht kommt, könnte der Arbeitgeber auf seine unternehmerische Entscheidungsfreiheit verweisen und die zu besetzende Stelle gänzlich streichen oder eine Besetzung aufschieben, bis ein anderer objektiv geeigneter Kandidat in Betracht kommt. Auch die Einstellung eines externen Bewerbers liegt, ungeachtet einer betriebsverfassungsrechtlichen Ausschreibungspflicht nach § 93 BetrVG, in seinem Ermessen[2033]. Ein Anspruch auf Beförderung besteht im Privatrecht nicht[2034].

Wird dem Whistleblower aufgrund seiner Offenbarungen eine Beförderung verweigert, so ist theoretisch die Geltendmachung eines Schadensersatzanspruchs denkbar. Ein solcher wird aber in aller Regel daran scheitern, dass der nicht Beförderte seine Darlegungs- und Beweislast nicht erfüllen kann. Denn er ist nicht nur für den Umstand voll beweisbelastet, dass seine Nichtbeförderung diskriminierend war, sondern er muss ebenfalls beweisen, dass er der beste Bewerber war[2035]. Bereits die Darlegung einer diskriminierenden Entscheidung wird in einer

---

2033 ErfK/*Kania* § 92 BetrVG, Rdn. 9.

2034 Dies folgt schon aus einer Wertung des § 15 Abs. 6 AGG. Vergl. ferner: BAG, Urteil vom 19. Mai 2010 – 5 AZR 162/09, Rdn. 37 – juris; *Krogull*, NZA-Beilage 2012, 129. Aufgrund des Art. 33 Abs. 2 GG ist die Situation im öffentlichen Dienst etwas günstiger für den Benachteiligten. Aber auch dort führt eine Konkurrentenklage nur selten zur Beförderung des Klagenden. Zumeist erlischt nur die Beförderung des Konkurrenten. Vergl. hierzu m.w.N.: *Krogull*, NZA-Beilage 2012, 129.

2035 Vergl.: BAG, Urteil vom 24. April 2008 – 8 AZR 257/07, NZA 2008, 1351; BAG, Urteil vom 12. Oktober 2010 – 9 AZR 554/09, NZA-RR 2011, 216; BAG, Urteil vom 22. Juni 2010 – 8 AZR 1012/08, NZA 2011, 93.

Whistleblowing-Konstellation nur schwer zu erfüllen sein. Denn der Arbeitgeber wird die Entscheidung gegen den Whistleblower nicht darauf stützen, sofern er sie überhaupt begründet, dass der Whistleblower Betriebsinterna offenbart hat[2036]. Erschwerend hinzu kommt, dass anders als im Fall der geschlechtsspezifischen Diskriminierung, eine unterschiedliche Behandlung aufgrund des Whistleblowings nicht nach außen eindeutig erkennbar ist. Auch können im Fall der geschlechtsspezifischen Diskriminierung Beschäftigungsstatistiken, unter bestimmten Voraussetzungen, als Indizien herangezogen werden[2037]. Vergleichbare Indizien, die eine Beweisführung erheblich erleichtern, stehen dem Whistleblower nicht zur Verfügung. Zudem ist zu bedenken, dass auch ein Schadensersatzanspruch nach § 15 Abs. 1, 7 Abs. 1 i.V.m. § 1 AGG voraussetzt, dass die unterschiedliche Behandlung aufgrund eines der verpönten Merkmale des § 1 AGG erfolgte. Aber im Gegensatz zum Merkmal des Geschlechts gehört eine unterschiedliche Behandlung aufgrund des Whistleblowings nicht hierzu, so dass ein Schadensersatzanspruch sich nur aus § 612a BGB i.V.m §§ 280 Abs. 1, 241 Abs. 2 oder i.V.m. § 823 Abs. 2 BGB ergeben kann[2038]. Auf einen solchen Anspruch ist allerdings die Beweislastprivilegierung des § 22 AGG nicht anzuwenden[2039], so dass die Beweisführung für einen Whistleblower nahezu aussichtslos erscheint, wenn der Arbeitgeber nicht den Fehler begeht, die nicht erfolgte Beförderung ausdrücklich auf die Offenbarungen des Whistleblowers zu stützen.

Konterkariert das faktische Karriereende möglicherweise ambitionierte finanzielle Planungen, drohen den befristet Beschäftigten gravierendere Auswirkungen. Missfällt dem Arbeitgeber das Whistleblowing und scheut er einen Kündigungsprozess, so könnte er schlicht das Auslaufen des Vertrags abwarten. Dieses Vorgehen ist unter Umständen zeitintensiv, aber zugleich eine vermeintlich[2040] rechtssichere Möglichkeit, um den unliebsamen Whistleblower *loszuwerden.*

c) Repressalien über die Beendigung des Beschäftigungsverhältnisses hinaus

Entschließt sich der Whistleblower aufgrund der Repressalien oder der fehlenden beruflichen Perspektiven *freiwillig* für die Beendigung des Beschäftigungsverhältnisses, so folgt hieraus nicht zwingend, dass die negativen Auswirkungen des Whistleblowings für ihn beendet sind[2041]. Neben einer Verweigerungshaltung im Rahmen

2036 Eine Begründungspflicht der Ermessensentscheidung gegen oder für einen bestimmten Kandidaten besteht nicht.

2037 BAG, Urteil vom 22. Juni 2010 – 8 AZR 1012/08, Rdn. 68 ff. – juris.

2038 BAG, Urteil vom 21. September 2011 – 7 AZR 150/10, Rdn. 36 – juris.

2039 ErfK/*Schlachter* § 22 AGG, Rdn. 11.

2040 Inwiefern der Whistleblower vor derartigen Benachteiligungen *de lege lata* geschützt ist, wird sogleich unter: **2. Teil: D.II.3** dargestellt.

2041 Im Rahmen der Beendigung des Arbeitsverhältnisses birgt die Zeugniserteilung weiteres Konfliktpotential. Seinen Anspruch auf die Erteilung eines wohlwol-

der Erteilung eines wohlwollenden Zeugnisses[2042], bieten sich dem ehemaligen Arbeitgeber möglicherweise weitere Chancen, nachteilig auf die berufliche Zukunft des Whistleblowers einzuwirken. Bewirbt sich ein Whistleblower bei einem neuen Arbeitgeber, so ist dieser nicht selten bemüht, möglichst viele Informationen über den Kandidaten im Vorfeld zu erwerben. Bei einem umfassenden Pre-Employment-Screening[2043] wird nicht selten auch der ehemalige Arbeitgeber kontaktiert. Wird ein solcher Anruf zur Verifizierung der Bewerberdaten grundsätzlich als zulässig erachtet[2044], so könnte der ehemalige Arbeitgeber die Chance nutzen, den Whistleblower über die Beendigung des Beschäftigungsverhältnisses hinaus weiteren Schaden zuzufügen, indem er ein negatives Bild von dem Whistleblower vermittelt. Den Nachweis zu führen, dass der alte Arbeitgeber sich derart unzulässig verhalten hat, scheint in der Praxis ebenfalls ausgeschlossen[2045].

2. Zwischenergebnis

Bereits dem Entschluss des Whistleblowers, einen innerbetrieblichen Missstand zu melden, wird in der Regel ein intensiver Abwägungsvorgang vorgehen, in dem die unter: **2. Teil: D.II.1** aufgeführten potentiellen Nachteile einbezogen worden sind. Kommt der Whistleblower zu dem Ergebnis, dass er nicht effektiv vor solchen Auswirkungen geschützt ist, so wird ein schwerwiegender Missstand möglicherweise überhaupt nicht oder erst zu einem späteren Zeitraum aufgedeckt werden. Dies gilt es zu verhindern.

Die größte Problematik bei den potentiellen Repressalien, die den Whistleblowern neben den klassischen Sanktionsmaßnahmen vermeintlich drohen, ist die Beweisnot.

Besonders misslich ist die Situation in denjenigen Konstellationen, in denen der Arbeitgeber nicht zur Rechtsfertigung einer Maßnahme verpflichtet ist oder die in seinem Ermessen stehen. Insbesondere Benachteiligungen bei Beförderungen scheinen nur schwer nachweisbar. Gleiches gilt auch für die Entscheidung des

---

lenden qualifizierten Zeugnisses muss er gegebenenfalls wiederum gerichtlich durchsetzen.

2042 Auch wenn der Arbeitnehmer einen gesetzlichen Anspruch auf die Erteilung eines wohlwollenden qualifizierten Zeugnisses hat (vergl. § 109 GewO, § 630 BGB), so muss er diesen gegebenenfalls gerichtlich durchsetzen. Ist der Arbeitnehmer aber aus finanziellen Gründen gezwungen, sich bei einem neuen Arbeitgeber bereits ohne ein solches Zeugnis zu bewerben, so ist für den potentiellen neuen Arbeitgeber ohne weiteres ersichtlich, dass das frühere Beschäftigungsverhältnis belastet gewesen ist.

2043 Hierzu: *Kania/Sansone*, NZA 2012, 360

2044 *Kania/Sansone*, NZA 2012, 360, 363 m.w.N.

2045 Vergl. zu einem Fall, in dem ein Arbeitnehmer vergeblich versuchte einen Schadensersatzanspruch gegen seinen Alt-Arbeitgeber aufgrund (vermeintlich getätigter) abwertender Äußerungen geltend zu machen: LAG Niedersachsen, Urteil vom 29. Mai 2007 – 9 Sa 1641/06 – juris.

Arbeitgebers, einen befristeten Vertrag nicht zu verlängern. Indes trifft den Whistleblower auch bei sämtlichen anderen Benachteiligungen nach den allgemeinen Regeln die volle Darlegungs- und Beweislast[2046] dafür, dass es sich nicht um eine übliche Weisung im Rahmen des Direktionsrechts handelt, sondern um eine schikanierende Maßnahme, die durch das Whistleblowing bedingt ist.

Die Beweisnot verstärkenden hinzu kommt, dass aus praktischen Gründen der Whistleblower häufig nicht einmal den Anforderungen einer privilegierten Beweislast[2047] genügen wird. Arbeitskollegen könnten ebenfalls aus Angst, eigenen Vergeltungsmaßnahmen ausgesetzt zu seien, belastende Aussagen gegen den Arbeitgeber verweigern[2048].

Nachdem die potentiellen Benachteiligungen dargestellt worden sind, von denen Whistleblower betroffen seien können, wird nunmehr die Frage untersucht, inwiefern Whistleblower *de lege lata* vor den Benachteiligungen geschützt sind und welche Maßnahmen gegebenenfalls *de lege ferenda* zu ergreifen sind, um die Furcht der Whistleblower vor Repressalien zu mindern. Dabei wird der Aspekt der Beweislastverteilung, der als Kernproblematik im Rahmen der Repressalien identifiziert worden ist, besonders beachtet.

3. *Schutz des Whistleblowers vor Repressalien* de lege lata

Gegenwärtig wird im deutschen Recht der allgemeine Schutz vor Benachteiligungen vor allem durch den § 612a BGB und das AGG gewährleistet. Das AGG ist bei Benachteiligungen aufgrund von Whistleblowing indes nicht anwendbar[2049]. Das AGG schützt nur vor solchen Benachteiligungen, die in § 1 AGG enumerativ benannt sind[2050]. Eine Benachteiligung aufgrund von Whistleblowing ist in der Aufzählung nicht enthalten. Daneben enthält § 17 Abs. 2 S. 2 ArbSchG für bestimmte Fallkonstellationen eine Sonderregelung. Danach dürfen Beschäftigten, die auf Sicherheits- und Gesundheitsgefahren bei der Arbeit aufmerksam gemacht haben, hierdurch keine Nachteile entstehen. Aufgrund der tatbestandlichen Beschränkungen der Norm auf Fragen des Sicherheits- und Gesundheitsschutzes bei der Arbeit umfasst die Regelung nur einen sehr begrenzten Bereich der Whistleblowing-Problematik[2051]. Umfassender ist demgegenüber § 612a BGB. In einer ersten Gesetzesinitiative aus dem Jahre 2008 zum besseren Schutz von Whistleblowern sollte § 612a BGB

2046 Vergl. hierzu sogleich: **2. Teil: D.II.3.**

2047 Vergl. hierzu sogleich: **2. Teil: D.II.4.a).**

2048 Ähnlich: Thüsing/*Thüsing/Forst,* Beschäftigtendatenschutz und Compliance § 6, Rdn. 44.

2049 Grundsätzlich bietet § 16 AGG einen umfassenden Schutz vor Benachteiligungen, vergl. hierzu: *Benecke*, NZA 2011, 481.

2050 Statt aller: ErfK/*Schlachter* § 1 AGG, Rdn. 17.

2051 Ähnlich: A/P/S/*Greiner* § 17 ArbSchG, Rdn. 8.

umfassend reformiert werden[2052]. Der von den Bundesministerien Justiz, Arbeit und Landwirtschaft gemeinsam erarbeitete Entwurf für *„eine gesetzliche Verankerung des Informantenschutzes für Arbeitnehmer im Bürgerlichen Gesetzbuch“* wurde aber, ebenso wie das HinwGebSchG[2053], nicht umgesetzt[2054].

a) § 612a BGB

Nach der gegenwärtig geltenden Fassung des § 612a BGB darf der Arbeitgeber einen Arbeitnehmer bei einer Vereinbarung oder einer Maßnahme nicht benachteiligen, weil der Arbeitnehmer in zulässiger Weise seine Rechte ausübt. Eine Rechtsausübung in diesem Sinne ist auch das Offenbaren von Betriebsinterna[2055]. In der klassischen Fragestellung der Kündigungsrelevanz des Whistleblowings erlangt § 612a BGB dann Bedeutung, wenn die Anwendungsvoraussetzungen des KSchG nicht erfüllt sind[2056]. Da § 612a BGB aber nur die *„zulässige“* Rechtsausübung schützt, kann bei einer unzulässigen Offenbarung eine Sanktionsmaßnahme, wie beispielsweise eine Kündigung, erfolgen[2057]. Wurden demgegenüber durch das Whistleblowing keine Nebenpflichten verletzt, so handelt es sich um eine zulässige Ausübung von Rechten und eine Kündigung ist unzulässig. Das allgemeine Benachteiligungsverbot des § 612a BGB schützt aber nicht nur vor den klassischen arbeitsrechtlichen Sanktionsmaßnahmen: Kündigung und Abmahnung. Das allgemeine Benachteiligungsverbot soll den Arbeitnehmer in seiner Entscheidungsfreiheit schützen, ob er ein Recht ausüben will oder nicht[2058]. Diese Entscheidung soll er ohne Furcht vor wirtschaftlichen oder sonstigen Repressalien des Arbeitgebers treffen können[2059]. *Benachteiligung* im Sinne der Norm ist somit extensiv auszulegen.

Das Benachteiligungsverbot umfasst nicht nur die schikanöse Ausübung des Weisungsrechts. § 612a BGB schützt sowohl vor mittelbaren als auch unmittelbaren Benachteiligungen[2060]. Eine Benachteiligung i.S.d. § 612a BGB liegt nicht nur in der Schlechterstellung gegenüber dem status quo, sondern auch in der Vorenthaltung von Vorteilen[2061]. Ferner kann auch die Verweigerung des Abschluss eines

---

2052 Vergl.: Ausschussdrucksache 16(10)849. Der Gesetzesentwurf war eine unmittelbare Reaktion auf die Gammelfleischskandale.

2053 Vergl. zum Gesetzesentwurf: Bt.-Drs. 17/8567, S. 2 ff.

2054 Vergl. zu den Einzelheiten des Entwurfes: *Becker,* S. 142 ff. Dort werden auch die Stellungnahmen der Experten, die im Rahmen des Gesetzgebungsverfahrens am 4. Juni 2008 angehört worden sind, berücksichtigt. Vergl. ferner zu dem Gesetzesentwurf: *Berthold,* S. 93 ff.

2055 Vergl. auch: A/P/S/*Linck* § 612a BGB, Rdn. 7c.

2056 S.o.: **1. Teil: A.**

2057 Vergl.: BAG, Urteil vom 23. Oktober 2008 – 2 AZR 483/07, Rdn. 40 – juris; A/P/S/*Linck* § 612a BGB, Rdn. 8; MünchKommBGB/*Müller-Glöge* § 612a BGB, Rdn. 9.

2058 BAG, Urteil vom 21. September 2011 – 7 AZR 150/10, Rdn. 21 – juris.

2059 BAG, Urteil vom 21. September 2011 – 7 AZR 150/10, Rdn. 21 – juris.

2060 A/P/S/*Linck* § 612a BGB, Rdn. 10b.

2061 ErfK/*Preis* § 612a BGB, Rdn. 10.

Folgevertrages an einen befristeten Arbeitsvertrag gegen das Maßregelungsverbot verstoßen[2062]. Die unter **2. Teil: D.II.1** beschriebenen Benachteiligungen und Repressalien unterfallen somit grundsätzlich dem Anwendungsbereich des allgemeinen Benachteiligungsverbotes nach § 612a BGB. Voraussetzung der Anwendung des Benachteiligungsverbotes ist, dass die Benachteiligung erfolgte, „*weil*" der Arbeitnehmer in zulässiger Weise seine Rechte ausübt. Das Gesetz erfordert somit einen kausalen, unmittelbaren Zusammenhang zwischen Rechtsausübung und Benachteiligung[2063]. Die zulässige Rechtsausübung muss ferner der tragende Grund, d.h. das wesentliche Motiv für die benachteiligende Maßnahme, gewesen sein[2064].

Ein effektiver Schutz vor Repressalien setzt ferner stets voraus, dass der durch die gesetzliche Norm gewährte Schutz auch praktisch durchsetzbar ist. Als die größte Problematik im Zusammenhang mit den negativen Auswirkungen des Whistleblowings, ungeachtet der klassischen arbeitsrechtlichen Sanktionsmaßnahmen, wurde die Beweislastproblematik benannt.

b) Beweislastverteilung nach § 612a BGB

Nach § 612a BGB trägt der Arbeitnehmer die volle Darlegungs- und Beweislast dafür, dass er wegen seiner Rechtsausübung vom Arbeitgeber benachteiligt worden ist[2065]. Eine Übertragung einer Beweislastprivilegierung aus anderen Vorschriften, etwa von § 611 a Abs. 1 S. 3 a.F. ist nicht möglich[2066]. Auch eine analoge Anwendung der Beweislastprivilegierung nach § 22 AGG ist nicht möglich, da § 1 AGG die verpönten Gründe enumerativ benennt[2067]. § 22 AGG ist somit eine analogiefeindliche, abschließende Ausnahmevorschrift. Zudem war dem Gesetzgeber die Beweislastproblematik bei der Neuregelung des § 612a BGB bekannt[2068]. Der Whistleblower kann sich somit nur auf die allgemeinen Beweislastprivilegierungen des Prozessrechtes berufen. In Betracht kommen zum einen der Beweis des ersten Anscheins und zum anderen die Grundsätze der sekundären Beweislast[2069].

2062 BAG, Urteil vom 21. September 2011 – 7 AZR 150/10, NZA 2012, 317. Allerdings entsteht hierdurch, entsprechend § 15 Abs. 6 AGG, kein Anspruch auf Abschluss eines befristeten oder unbefristeten Folgevertrages, sondern nur ein Schadensersatzanspruch.

2063 Statt aller: MünchKommBGB/*Müller-Glöge* § 612a BGB, Rdn. 16 ff.

2064 BAG, Urteil vom 13. April 2011 – 10 AZR 88/10, Rdn. 27 – juris; MünchKommBGB/*Müller-Glöge* §612a BGB, Rdn. 16 m.w.N. Vergl. zur Bewertung von Motivbündeln im Rahmen der Kündigungsrelevanz des externen Whistleblowings und dem dort aufgestellten Erfordernis eines prägenden unredlichen Motivs: **1. Teil: C.I.3.**

2065 Vergl. nur: A/P/S/*Linck* § 612a BGB, Rdn. 22 m.w.N.

2066 BAG, Urteil vom 25. November 1993 – 2 AZR 517/93, Rdn. 27 – juris.

2067 Statt aller: ErfK/*Schlachter* § 1 AGG, Rdn. 17.

2068 Im Ergebnis ebenso: A/P/S/*Linck* § 612a BGB, Rdn. 22; ErfK/*Preis* § 612a BGB, Rdn. 22; ErfK/*Schlachter* § 22 AGG, Rdn. 11; MünchKommBGB/*Müller-Glöge* § 612a BGB, Rdn. 24.

2069 Ebenso: A/P/S/*Linck* § 612a BGB, Rdn. 22a ff.

Die Beweiserleichterungen eines Anscheinsbeweises kommen immer dann in Betracht, wenn ein offensichtlicher Zusammenhang zwischen benachteiligender Maßnahme und der Rechtsausübung besteht[2070]. Dies gelte etwa dann, wenn ein enger zeitlicher Zusammenhang zwischen Rechtsausübung und Benachteiligung bestehe[2071].

In einem Kündigungsschutzverfahren vor dem LAG Schleswig-Holstein wurde bei einem Zeitraum von zwei Tagen zwischen dem Zugang eines Beschwerdeschreibens und der Ausfertigung der Kündigung ein enger zeitlicher Zusammenhang bejaht[2072].

Die Anwendung der allgemeinen Grundsätze der abgestuften Darlegungs- und Beweislast[2073] ist zwar auch im Rahmen von § 612a BGB grundsätzlich denkbar[2074], speziell in Whistleblowing-Konstellationen ist eine konkrete Beweiserleichterung hierdurch aber nur in engen Grenzen möglich. Allenfalls im Rahmen des Abwägungskriteriums der sachlichen Berechtigung des innerbetrieblich erhobenen Vorwurfes könnte der Arbeitgeber aufgrund seines Kenntnisvorsprunges verpflichtet sein, den Vorwurf eines gesetzeswidrigen Verhaltens substantiiert zu bestreiten.

c) Zwischenergebnis

Das allgemeine Benachteiligungsverbot des § 612a BGB ist einerseits umfassend, andererseits erschwert die Beweislastregelung in § 612a BGB einen effektiven Schutz vor Benachteiligungen aufgrund von Whistleblowing. Nach § 612a BGB obliegt die volle Beweislast dem von der Benachteiligung betroffenen Arbeitnehmer. Die von der Rechtsprechung anerkannten Beweislastprivilegierungen im Rahmen des § 612a BGB vermögen die Beweisnot eines Hinweisgebers kaum zu mindern[2075].

4. Handlungsoptionen de lege ferenda

a) Beweiserleichterungen

Das Hinweisgeberschutzgesetz wollte die Beweislastproblematik lösen, indem eine Beweiserleichterung, entsprechend der Regelung in § 22 AGG, bei Benachteiligungen eingeführt werden sollte[2076]. § 12 HinwGebSchG lautet: „*Wenn im Streitfall die eine Partei Indizien beweist, die eine Benachteiligung in der in § 3 Absatz 1 genannten Art vermuten lassen, trägt die andere Seite die Beweislast dafür, dass kein Verstoß gegen die Bestimmungen zum Schutze vor Benachteiligung vorgelegen hat.*" Hierdurch sollte

---

2070 ErfK/*Preis* § 612a BGB, Rdn. 22.

2071 ErfK/*Preis* § 612a BGB, Rdn. 22.

2072 LAG Schleswig-Holstein, Urteil vom 28. Juni 2005 – 5 Sa 64/05, Rdn. 27 ff. – juris. Vergl. ausführlich zu diesem Urteil: **2. Teil: A.II.1.d).**

2073 Vergl. zur abgestuften Darlegungs- und Beweislast im Kündigungsprozess aufgrund von externem Whistleblowing: **1. Teil: D.IV.1.a) ff.**

2074 Vergl. A/P/S/*Linck* § 612a BGB, Rdn. 22a ff.

2075 Im Ergebnis ebenso: MünchKommBGB/*Müller-Glöge* § 612a BGB, Rdn. 24; *Benecke*, NZA 2011, 481, 484.

2076 Bt.-Drs. 17/8567, S. 4.

die strukturell unterlegene Rechtsposition der Hinweisgeber gestärkt werden[2077]. Die Regelung wurde von den angehörten Sachverständigen unterschiedlich aufgefasst. Dabei war die Meinungslage insgesamt ausgeglichen. Während nach einer Ansicht die Regelung die *„mindestens"* vorzunehmende Beweiserleichterung darstelle[2078], bewirke nach anderer Ansicht die *„faktische"* Beweislastumkehr neue bürokratische Lasten und sei nicht erforderlich[2079]. Die Vereinigung der deutschen Arbeitsrichter wies einerseits daraufhin, dass die Regelungen in vielen Fällen nichts ändern würde, andererseits aber bestehende Schutzlücken schließen könne[2080]. Nach anderer Ansicht sei die Beweislastregelung angesichts der Komplexität der Sachverhalte, um die es häufig gehe, angemessen[2081].

Zunächst gilt es zu beachten, dass durch § 12 HinwGebSchG, der dem § 22 AGG nachgebildet ist, keine *echte* Beweislastumkehr[2082], sondern nur eine Beweiserleichterung[2083] eingeführt werden sollte. Bei einer Anwendung des § 12 HinwGebSchG ergäbe sich daher folgende Beweislastverteilung:

Vermutet der Arbeitnehmer beispielsweise, dass er aufgrund einer vorhergehenden innerbetrieblichen Meldung eine Beförderung[2084] nicht erhalten habe, so muss der Arbeitnehmer zunächst den (Voll-) Beweis des Vorliegens einer ungünstigeren Behandlung erbringen[2085]. Erst auf der nächsten Stufe, bei der Frage des Beruhens der Benachteiligung auf dem Whistleblowing fände die Beweiserleichterung Anwendung[2086]. Der Kausalitätsnachweis gilt dabei als erbracht, wenn der Kläger

---

2077 Bt.-Drs. 17/8567, S. 9.

2078 *Strack,* Ausschussdrucksache 17(11)783, S. 52, 83.

2079 *Bundesvereinigung der Deutschen Arbeitgeberverbände,* Ausschussdrucksache 17(11)783, S. 17, 20, Ablehnend gegenüber einer Veränderung der Beweislast äußerte sich auch der Handelsverband Deutschland: *Handelsverband Deutschland,* Ausschussdrucksache 17(11)783, S. 106.

2080 *Bund der Richterinnen und Richter der Arbeitsgerichtsbarkeit,* Ausschussdrucksache 17(11)783, S. 23, 24.

2081 *Verband der Beschäftigten der obersten und oberen Bundesbehörden e.V.,* Ausschussdrucksache 17(11)783, S. 7, 16.

2082 Ungenau insofern: *Verband der Beschäftigten der obersten und oberen Bundesbehörden e.V.,* Ausschussdrucksache 17(11)783, S. 7, 16; *Bundesvereinigung der Deutschen Arbeitgeberverbände,* Ausschussdrucksache 17(11)783, S. 17, 20; *Handelsverband Deutschland,* Ausschussdrucksache 17(11)783, S. 106, 110 f.

2083 Vergl. zur Beweiserleichterung in der Vorbildnorm § 22 AGG: MünchKommBGB/*Thüsing* § 22 AGG, Rdn. 3 ff.; LAG Saarland, Urteil vom 3. Dezember 2008 – 1 Sa 71/08, Orientierungssatz 1 – juris.

2084 § 3 Abs. 1 S. 2 HinwGebSchG beschreibt ausdrücklich, dass von dem Begriff der Benachteiligungen auch *„Beeinträchtigungen von beruflichen Entwicklungs- und Karrierechancen"* umfasst sind, vergl. Bt.-Drs. 17/8567, S. 2.

2085 ErfK/*Schlachter* § 22 AGG, Rdn. 2 ff.; MünchKommBGB/*Thüsing* § 22 AGG, Rdn. 6.

2086 Beck-OK-ArbR/*Roloff* § 22 AGG, Rdn. 3; ErfK/*Schlachter* § 22 AGG, Rdn. 2 ff.; MünchKommBGB/*Thüsing* § 22 AGG, Rdn. 6.

Tatsachen vorträgt, die mit überwiegender Wahrscheinlichkeit darauf schließen lassen, dass die Benachteiligung wegen eines der geschützten Merkmale erfolgt ist[2087].

Die Beweislastprivilegierung wirkt in zweierlei Hinsicht: Zum einen muss der Arbeitnehmer die Vermutungstatsachen *nur* glaubhaft gemacht haben (erste Absenkung der Darlegungslast) und die Tatsachen, lägen sie denn vor, müssen *nur* mit überwiegender Wahrscheinlichkeit auf eine Kausalität zwischen Whistleblowing und Benachteiligung schließen lassen (zweite Absenkung der Darlegungslast)[2088]. Hat der Arbeitnehmer diese Voraussetzungen erfüllt, so obliegt nunmehr dem Arbeitgeber die Beweislast, dass die Benachteiligung nicht aufgrund des Whistleblowings erfolgte, sondern ausschließlich auf anderen Umständen beruhte[2089].

Zur Erfüllung der zunächst ihm obliegenden Beweislast kann der Whistleblower dabei insbesondere Äußerungen des Arbeitgebers[2090] anführen oder einen engen zeitlichen Zusammenhang[2091] zwischen den Maßnahmen darlegen. Schriftliche Nachweise wird der Whistleblower, im Gegensatz zu einem potentiell diskriminierten Bewerber[2092], nur selten anführen können. Leider ist auch der Beweiswert eines engen zeitlichen Zusammenhangs noch nicht grundsätzlich durch das BAG geklärt[2093]. In einem vom LAG Köln entschiedenen Sachverhalt betrug der Zeitraum zwischen Mitteilung der Schwangerschaft und der Entscheidung des Arbeitgebers, ein befristetes Arbeitsverhältnis nicht zu verlängern, 11 Tage[2094]. Die

---

2087 BAG, Urteil vom 24. April 2008 – 8 AZR 257/07, Rdn. 25 – juris; BAG, Urteil vom 27. Januar 2011 – 8 AZR 580/09, Rdn. 29 – juris. Der Wortlaut der Vorbildnorm § 22 AGG ist insoweit missverständlich, da dort von „*Indizien*" die Rede ist, vergl. hierzu: ErfK/*Schlachter* § 22 AGG, Rdn. 2; MünchKommBGB/*Thüsing* § 22 AGG, Rdn. 2, 10. Dieser Problematik wurde bei dem Entwurf des § 12 HinwGebSchG nicht abgeholfen. Da dem Gesetzgeber die Anwendung der Vorschrift durch Rechtsprechung und Literatur bekannt war und der § 12 HinwGebSchG dem § 22 AGG nachgebildet werden sollte, ist davon ausgehen, dass auch das Wahrscheinlichkeitsmaß zu übertragen gewesen wäre.

2088 MünchKommBGB/*Thüsing* § 22 AGG, Rdn. 3.

2089 Zu § 22 AGG: BAG, Urteil vom 16. Februar 2012 – 8 AZR 697/10, Rdn. 58 – juris.

2090 BAG, Urteil vom 21. Juni 2012 – 8 AZR 364/11, Leitsatz 2 – juris; BAG, Urteil vom 24. April 2008 – 8 AZR 257/07, Rdn. 25 – juris.

2091 ErfK/*Schlachter* § 22 AGG, Rdn. 7 (zur Benachteiligung eines Bewerbers); MünchKommBGB/*Thüsing* § 22 AGG, Rdn. 12 (Diskriminierung einer Schwangeren).

2092 Vergl. zu einem solchen Fall: BAG, Urteil vom 24. Januar 2013 – 8 AZR 429/11, Rdn. 41 ff. – juris. Ferner gilt es zu beachten, dass auch wenn der Bewerber keinen allgemeinen Auskunftsanspruch darüber hat, warum er abgelehnt worden ist, es nach der Rechtsprechung des EuGH nicht auszuschließen ist, dass die Verweigerung jeglicher Information ein Indiz für eine Diskriminierung sein kann. Hierzu: *Picker,* NZA 2012, 641.

2093 Zuletzt offengelassen: BAG, Urteil vom 7. Juli 2011 – 2 AZR 396/10, Rdn. 28 – juris.

2094 LAG Köln, Beschluss vom 6. April 2009 – 5 Ta 89/09, NZA-RR 2009, 526.

Vermutungswirkung wurde in dieser Konstellation bejaht[2095]. Eine starre Grenze für die Anerkennung eines zeitlichen Zusammenhangs zwischen Whistleblowing und benachteiligender Maßnahme ist aber nicht anzuerkennen. Dies gilt schon vor dem Hintergrund, dass auch der Arbeitgeber sich hieran orientieren könnte und eine Maßnahme erst nach dem entsprechenden Zeitfenster umsetzen würde. Andere im Zusammenhang mit der Beweiserleichterung grundsätzlich anerkannte Umstände, wie etwa Beschäftigungsstatistiken, können in Whistleblowing-Konstellationen nicht herangezogen werden[2096]. Erschwerend hinzu kommt, dass in der Praxis, wie bereits ausgeführt, die Beweisnot dadurch verstärkt wird, dass Arbeitskollegen aus Angst, eigenen Vergeltungsmaßnahmen ausgesetzt zu sein, belastende Aussagen gegen den Arbeitgeber häufig verweigern werden[2097]. Diesen Mangel kann auch eine Beweislastprivilegierung nicht kompensieren.

b) Zwischenergebnis

Auch wenn die Beweislage der Whistleblower bei Anwendung einer dem § 12 HinwGebSchG respektive § 22 AGG entsprechend abgestuften Beweislast schwierig bliebe, handelt es sich dennoch um eine geeignete Kompromisslösung. Auf der einen Seite bietet die Einführung einer in dieser Weise abgestuften Beweislast den Whistleblowern deutliche Vorteile gegenüber den allgemeinen Regeln – die Beweislast wird gleich zweifach gesenkt. Auf der anderen Seite wird die Beweislast nicht von vornherein umgekehrt oder zu weitgehend gesenkt, so dass die Interessen der Arbeitgeber gewahrt bleiben und auch einem möglichen Missbrauch des Benachteiligungsverbots präventiv entgegengewirkt wird.

Der Entwurf eines Hinweisgeberschutzgesetzes teilte allerdings das Schicksal der ersten gesetzgeberischen Initiative. Eine Kodifizierung erfolgte nicht. Dennoch ist für zukünftige Gesetzgebungsverfahren festzuhalten, dass eine Änderung der Beweislast nicht über die Privilegierungen des § 12 HinwGebSchG (§ 22 AGG) hinaus gehen sollte.

Insbesondere ist die Einführung einer *echten* Beweislastumkehr abzulehnen. Eine Regelung, die dem Arbeitgeber von vornherein aufbürdet, den Beweis zu erbringen, dass eine bestimmte Maßnahme nicht zumindest auch aufgrund des Whistleblowings erfolgte, würde ein Ungleichgewicht zu Lasten der Arbeitgeber bewirken. Denn es ist nicht zu verkennen, dass der Nachweis des Nichtvorliegens

---

2095 LAG Köln, Beschluss vom 6. April 2009 – 5 Ta 89/09, Rdn. 14 – juris. Im konkreten Fall kam allerdings hinzu, dass alle anderen befristeten Arbeitsverträge außer dem der Klägerin verlängert worden sind.

2096 Beschäftigungsstatistiken sind im Zusammenhang mit geschlechtsspezifischen Diskriminierungen u.U. geeignet, die Vermutungswirkung zu begründen, vergl.: BAG, Urteil vom 22. Juni 2010 – 8 AZR 1012/08, Rdn. 68 ff. – juris

2097 Ähnlich: Thüsing/*Thüsing/Forst*, Beschäftigtendatenschutz und Compliance § 6, Rdn. 44.

eines Umstands (Benachteiligung aufgrund von Whistleblowing) immer deutlich schwerer zu führen ist, als der Nachweis des Vorliegens eines Umstandes[2098].

Da einerseits eine echte Beweislastumkehr abzulehnen ist und andererseits die Kompromisslösung einer abgestuften Beweislast nicht geeignet ist, sämtliche Probleme zu lösen, fragt sich, welche Maßnahmen ferner zu ergreifen sind, um Whistleblower noch wirksamer vor Benachteiligungen aufgrund ihrer Offenbarung zu schützen.

c) Positive Auswirkungen des Whistleblowings

Es darf allerdings nicht gänzlich verschwiegen werden, dass die vorstehenden Ausführungen stets von der Konstellation ausgehen, in der ein Arbeitgeber – entgegen häufig bestehenden Programmsätzen in Ethik oder Compliancerichtlinien – dem Whistleblowing skeptisch gegenübersteht oder einen Hinweis auf einen innerbetrieblichen Missstand sogar als Einmischung in seine Angelegenheit und als subversives Verhalten empfindet[2099].

Es bestehen in der Praxis aber durchaus auch Unternehmenskulturen, in denen, ungeachtet einer monetären Entlohnung, das Whistleblowing als Bestandteil einer funktionierenden Compliance-Kultur wahrgenommen und geschätzt wird. So deutet etwa der Umstand, dass die Siemens AG im Geschäftsjahr 2011 aufgrund von innerbetrieblichen Hinweisen 306 Disziplinarmaßnahmen ergriffen hat nicht nur daraufhin, dass die Meldungen ernst genommen und verfolgt werden, sondern auch, dass dem Whistleblowing eine positive Grundhaltung entgegengebracht wird und nicht der Hinweisgebende, sondern der zu Recht Beschuldigte den Konsequenzen des Whistleblowings ausgesetzt ist[2100].

Das Betreiben eines redlichen internen Whistleblowings sollte bei den Arbeitgebern grundsätzlich positive Konnotationen hervorrufen. Denn der Hinweis auf einen innerbetrieblichen Missstand ist zugleich ein Hinweis darauf, dass dem Beschäftigten das Wohlergehen des Unternehmens nicht gleichgültig ist. Internes Whistleblowing ist somit auch Ausdruck einer besonderen Identifikation mit dem Unternehmen. Ist dieses Bewusstsein vorhanden und die zunehmenden Compliance

---

2098 Ähnlich: *Handelsverband Deutschland,* Ausschussdrucksache 17(11)783, S. 106, 111. Allerdings wird hierbei zu Unrecht davon ausgegangen, § 12 HinwGebSchG enthalte eine solche *echte* Beweislastumkehr.

2099 Bezeichnend für eine solche Grundhaltung sind etwa die Ausführungen in dem Urteil des BAG zum internen Whistleblowing aus dem Jahre 1970, vergl. hierzu ausführlich: **2. Teil: A.II.1.c)**; BAG, Urteil vom 18. Juni 1970 – 2 AZR 369/69 – juris. Dort wurde die Beschäftigte, nach einem zutreffenden Hinweis auf betriebliche Missstände ermahnt, *„sich in Zukunft zur Vermeidung von Mißhelligkeiten auf das eigene Arbeitsgebiet zu beschränken“*, vergl.: BAG, Urteil vom 18. Juni 1970 – 2 AZR 369/69, Rdn. 7 – juris.

2100 *Siemens AG,* Ausschussdrucksache 17(11)783, S. 21, 22.

Bemühungen der Unternehmen lassen diesen Schluss zu[2101], so ist nicht auszuschließen, dass sich Whistleblowing positiv auf die Karrierechancen auswirken kann. Dies gilt umso mehr, wenn ein innerbetrieblicher Hinweis auf einen Missstand dem Arbeitgeber möglicherweise sogar greifbare finanzielle Vorteile bietet, wie etwa die Vermeidung eines Bußgeldes oder die Verhinderung eines Schadenseintritts an den Rechtsgütern des Arbeitgebers.

d) Der vorschnell erhobene Mobbingvorwurf – Konfliktsituationen im Arbeitsverhältnis

Neben dem Aspekt einer aufgeschlossen und positiven Unternehmenskultur gegenüber Whistleblowern ist des Weiteren zu beachten, dass bisweilen in der Diskussion um Repressalien und Mobbing in der Arbeitswelt eine gewisse Überempfindlichkeit zu beobachten ist. Nicht jede rein subjektive empfundene Benachteiligung oder Drangsalierung verdient auch den Schutz der Rechtsordnung.

Erwidert beispielsweise ein Arbeitskollege oder ein Vorgesetzter auf ein fröhliches *„guten Morgen"* lediglich einen gequälten Gruß oder enthält er sich gänzlich einer Erwiderung, so ist diese Verhaltensweise zwar unfreundlich, es stellt für sich betrachtet aber (noch) kein Mobbing dar. Auch die vom Whistleblower eventuell als Degradierung empfundene Versetzung kann im überwiegenden betrieblichen Interesse liegen und somit gerechtfertigt sein. Eine rechtsmissbräuchliche Ausnutzung des Weisungsrechts ist auch noch nicht darin zu sehen, dass der Arbeitgeber einen besonders geschätzten Kollegen nicht an den gleichen Arbeitsort versetzt hätte. Einen vereinbarten Versetzungsvorbehalt darf der Arbeitgeber, bis zur Grenze der Rechtsmissbräuchlichkeit, auch anwenden. Er darf auch versuchen, eine Versetzung mehrfach gerichtlich auszufechten, ohne dass dieses Verhalten automatisch dem Mobbing unterfällt[2102]. Generell gilt, dass Weisungen, die sich im Rahmen des dem Arbeitgeber zustehenden Direktionsrechts bewegen und bei denen sich nicht eindeutig eine schikanöse Tendenz entnehmen lässt, nur im Ausnahmefall eine Verletzung des Persönlichkeitsrechts darstellen können[2103]. Selbst wenn im Einzelfall möglicherweise eine konkrete Weisung die Grenzen des Direktionsrechts überschreitet, so stellt diese Weisung kein Mobbing dar, solange sachlich nachvollziehbare Erwägungen des Arbeitgebers der Entscheidung zugrunde lagen[2104].

In einem auf wirtschaftlichen Erfolg ausgerichteten Unternehmen kann der Beschäftigte auch nicht erwarten, dass er frei von jeglichem Druck stets mit ihn persönlich erfreuenden Aufgaben betraut wird. Ebenso ist es utopisch, zu glauben, dass jeder Kollege oder Vorgesetzte immer über die eigene Arbeits- und Verhaltensweise

2101 So bezeichnet die Siemens AG das Whistleblowing etwa als elementaren Bestandteil jedes Compliance Programms, vergl.: *Siemens AG,* Ausschussdrucksache 17(11)783, S. 21, 22.

2102 *Benecke,* NZA-RR 2003, 225, 228.

2103 Vergl.: BAG, Urteil vom 16. Mai 2007 – 8 AZR 709/06, Rdn. 86 – juris.

2104 Vergl.: BAG, Urteil vom 16. Mai 2007 – 8 AZR 709/06, Rdn. 85 – juris.

erfreut ist. Die Sympathien innerhalb einer Belegschaft und gegenüber den Vorgesetzten werden stets unterschiedlich verteilt werden sein. Dort wo unterschiedliche Menschen, mit unterschiedlichen Wertvorstellungen aufeinander treffen, besteht zwangsläufig Konfliktpotential. Dies gilt erst recht, wenn es sich nicht um eine freiwillige Ansammlung von Freunden handelt, sondern um eine Gemeinschaft, die gewissermaßen gezwungen wird, miteinander einen beträchtlichen Zeitraum des Tages auszukommen, damit jeder Einzelnen seinen Lebensunterhalt bestreiten kann. Im Arbeitsleben sind Konfliktsituationen daher nie gänzlich zu vermeiden. Diese können sich auch durchaus über einen längeren Zeitraum erstrecken, beispielsweise bei der Bewertung der Arbeitsleistung oder bei Meinungsverschiedenheiten über Sachfragen, ohne zugleich eine Mobbing-Konstellation darzustellen.

Um die Grenzziehung zwischen sanktionswürdigem Mobbingverhalten und folgenlosen sozial oder rechtsadäquaten Verhalten vorzunehmen, können der Rechtsprechung mehrere Kriterien entnommen werden, die auch zur Einordnungen von echten und vermeintlichen Benachteiligungen und der Identifizierung von Mobbing gegenüber Whistleblowern beachtet werden müssen.

aa) Sozialadäquates Verhalten

Zum einen gilt es den Aspekt der Sozialadäquanz zu beachten. Damit wird der Umstand beschrieben, dass nicht jede vom Arbeitnehmer empfundene Demütigung, mit Rücksicht auf die individuellen betrieblichen Gegebenheiten, auch rechtlich zu sanktionieren ist. So kann ein Boxhieb in die Rippen in einer Kfz-Werkstatt freundschaftlicher Umgang sein, während das gleiche Verhalten in einer Bank sehr wohl eine Demütigung darstellt[2105]. Entscheidend ist dabei, dass bei der Beurteilung eines sozialadäquaten Verhaltens ein objektiver Maßstab anzulegen ist und besondere Empfindlichkeiten des vermeintlichen Mobbingopfers nicht einbezogen werden[2106]. Das bedeutet konkret, dass Arbeitsanweisungen die nur rein subjektiv in einem „*sehr rüden*“ Ton erteilt werden, grundsätzlich rechtlich folgenlos bleiben[2107]. Etwas anderes gilt nur dann, wenn die Art der Anweisung Bestandteil einer systematischen Schikanierung ist. Somit ist zugleich das zweite und wichtigste Identifikationsmerkmal einer echten Mobbingkonstellation angesprochen.

bb) Systematische Verhaltensweisen

Beim Mobbing geht es nicht um einzelne Handlungen, sondern um den Gesamtprozess des systematischen Anfeindens, Schikanierens oder Diskriminierens[2108]. Das

---

2105 *Benecke,* NZA-RR 2003, 225, 228.

2106 BAG, Urteil vom 16. Mai 2007 – 8 AZR 709/06, Rdn. 85 – juris; LAG Hamm, Urteil vom 15. März 2012 – 15 Sa 1424/11, Rdn. 134 – juris.

2107 LAG Mecklenburg-Vorpommern, Urteil vom 29. März 2007 – 1 Sa 187/06, Rdn. 25 ff. – juris.

2108 So bereits das BAG im Jahre 1997, vergl.: BAG, Beschluss vom 15. Januar 1997 – 7 ABR 14/96, Orientierungssatz 1 – juris.

Mobbingopfer ist mit einem Umfeld der Einschüchterung und Anfeindung konfrontiert und nicht lediglich mit einzelnen Maßnahmen oder Vorfällen[2109]. Zu beurteilen ist daher immer das Gesamtverhalten gegenüber dem potentiellen Mobbingopfer[2110]. Das bedeutet zum einen, dass auch scheinbare harmlose Verhaltensweisen, wie die Verweigerung eines Grußes Bestandteil der rechtswidrigen Gesamthandlung Mobbing sein können, obgleich die einzelnen Handlungen isoliert betrachtet rechtlich „*neutral*" sind[2111]. Zum anderen aber auch, dass eine rechtlich erhebliche Konstellation erst durch eine Vielzahl von verschiedenen Vorfällen entsteht[2112]. Erhält der Whistleblower beispielsweise nach seiner Offenbarung nunmehr vermehrt oder nur noch ausschließlich – nach seinem Empfinden – unliebsame Aufgaben, so ist dies zunächst unbedenklich. Auch wenn im Anschluss an die Offenbarung eine Versetzung erfolgt, kann aus diesem Umstand noch nicht geschlossen werden, dass der Whistleblower gemobbt wird. Erforderlich ist vielmehr, dass die einzelnen Maßnahmen, die in einer Gesamtschau eine Mobbingkonstellation darstellen können, benachteiligend wirken sollen. Es muss somit zwischen den einzelnen Maßnahmen ein innerer Zusammenhang bestehen[2113]. Anders ausgedrückt: Der Mobbende muss bei allen Einzelmaßnahmen mit Mobbingvorsatz gehandelt haben[2114]. Der innere Zusammenhang der einzelnen Handlung fehlt beispielsweise dann, wenn ein Whistleblower von verschiedenen Vorgesetzten, die nicht zusammenwirken und die zeitlich aufeinanderfolgen, kritisiert oder schlecht beurteilt wird[2115].

cc) Weitere Eingrenzungen

Ferner ist dem Arbeitgeber auch eine gewisse Fehlertoleranz einzuräumen[2116]. Ebenso wenig, wie Fehler des Arbeitnehmers unmittelbar zur Beendigung des Beschäftigungsverhältnisses führen, unterfällt eine überzogene oder unsachliche Kritik unmittelbar dem Mobbingtatbestand. Eine weitere Begrenzung erfolgt durch das

---

2109 BAG, Urteil vom 25. Oktober 2007 – 8 AZR 593/06, Rdn. 59 f. – juris.

2110 BAG, Urteil vom 16. Mai 2007 – 8 AZR 709/06, Rdn. 58 – juris.

2111 BAG, Urteil vom 16. Mai 2007 – 8 AZR 709/06, Rdn. 58 – juris.

2112 Neuerdings wird vermehrt diskutiert, ob auch einmalige feindselige Handlungen, die Auswirkungen auf das physische oder physische Wohlbefinden haben (sogenanntes *Straining*), sanktionierbar sein sollen, vergl. hierzu: *Jansen/Hartmann*, NJW 2012, 1540.

2113 Ein solcher Zusammenhang wird nicht selten von den Arbeitsgerichten abgelehnt, vergl. etwa: LAG Berlin-Brandenburg, Urteil vom 18. Juni 2010 – 6 Sa 271/10 – juris.

2114 Ähnlich: *Pauken*, ArbRAktuell 2013, 350, 351. Gleichwohl darf dies nicht dahingehend missverstanden werden, dass Ansprüche aufgrund von Mobbing, etwa Schadensersatzansprüche nach § 280 I oder 823 I BGB, nur bei vorsätzlichen Verhaltensweisen in Betracht kommen.

2115 BAG, Urteil vom 16. Mai 2007 – 8 AZR 709/06, Rdn. 86 – juris.

2116 Ein solches Zugeständnis deutet sich an bei: LAG Hamm, Urteil vom 15. März 2012 – 15 Sa 1424/11, Rdn. 134 – juris.

Erfordernis einer Täter-Opfer-Konstellation[2117]. Das bedeutet, dass Verhaltensweisen nicht in die Prüfung einbezogen werden, die lediglich eine Reaktion auf Provokationen durch den vermeintlich gemobbten Arbeitnehmer darstellen[2118]. Gleiches gilt für Maßnahmen, die im Rahmen eines gegenseitigen Anfeindens oder der wechselseitigen Eskalation getroffen worden sind[2119].

In Whistleblowing-Konstellationen ist häufig zu beobachten, dass die Whistleblower enttäuscht sind von der Reaktion des Arbeitgebers auf die Meldung des (vermeintlichen) innerbetrieblichen Missstandes. Fühlt der Whistleblower sich nicht nur gering geschätzt, sondern sogar aufgrund seiner Offenbarung angegriffen, so kann diese Unzufriedenheit nicht nur in Resignation, sondern in eigene unbedachte Handlungen umschlagen, die eine Eskalation der Situation bewirken. Beispielhaft hierfür ist das jüngste Urteil des BAG zum internen Whistleblowing[2120]. Im konkreten Fall wurde eine Arbeitnehmerin, nachdem sie auf ein vermeintliches Fehlverhalten eines Vorgesetzten hingewiesen hatte und das Betriebsklima sich zunehmend verschlechterte, förmlich zu einem Personalgespräch eingeladen[2121]. Hierauf reagierte sie erbost und teilte unter anderem mit, dass die Frage nach ihrer Motivation für die innerbetriebliche Anzeige in ihr *„tiefste Zweifel"* ausgelöst habe und sie eigentlich *„Anerkennung"* für ihre Pflichterfüllung erwartet habe[2122]. Im weiteren Verlauf erhob sie ferner den Vorwurf, ihr sei mit der Einleitung eines Strafverfahrens gedroht worden[2123].

In einer solchen Konstellation, in der der Whistleblower zur Verschlechterung des Betriebsklimas beiträgt, sind die vermeintlichen Repressalien, wie eine Versetzung des Whistleblowers, oftmals der einzige Ausweg, um das Arbeitsverhältnis dauerhaft fortsetzen zu können.

e) Zwischenergebnis

Nicht jede Maßnahme des Arbeitgebers, die den Whistleblower nach seiner Offenbarung trifft, ist dem sanktionswürdigen Mobbing zu zuordnen. Dies gilt unabhängig davon, ob der Whistleblower die Maßnahmen als schikanierend empfindet. Den Schutz der Rechtsordnung genießt ein Whistleblower erst dann, wenn vermeintlich neutrale Ausübungen des Direktionsrechts oder anderer Verhaltensweisen Bestandteil einer systematischen Schikanierung des Whistleblowers sind. Konfliktsituation sind im Arbeitsleben nicht zu vermeiden, dementsprechend ist die Schwelle zur Annahme

---

2117 BAG, Urteil vom 16. Mai 2007 – 8 AZR 709/06, Rdn. 86 – juris. Benecke, NZA-RR 2003, 225, 226.

2118 BAG, Urteil vom 16. Mai 2007 – 8 AZR 709/06, Rdn. 86 – juris.

2119 *Benecke,* NZA-RR 2003, 225, 226.

2120 Siehe hierzu ausführlich oben: **2. Teil: A.II.1.e);** BAG, Urteil vom 27. September 2012 – 2 AZR 646/11 – juris.

2121 BAG, Urteil vom 27. September 2012 – 2 AZR 646/11, Rdn. 6 ff. – juris.

2122 BAG, Urteil vom 27. September 2012 – 2 AZR 646/11, Rdn. 9 – juris

2123 BAG, Urteil vom 27. September 2012 – 2 AZR 646/11, Rdn. 10, 11, 44 – juris.

einer echten, sanktionswürdigen Mobbing-Konstellation von der Rechtsprechung – zu Recht – hoch angesetzt. Sind die Tatbestandsvoraussetzungen aber erreicht, so gilt es, gegen die Schikanierungen vorzugehen und den Whistleblower zu schützen.

Leider besteht *de lege lata* weder ein effektiver Schutz vor einzelnen *echten* Repressalien noch vor einer systematischen Benachteiligung. Die Beweisnot im Rahmen der anwendbaren Schutzvorschrift – § 612a BGB – steht einem effektiven Benachteiligungsschutz entgegen.

Allerdings gilt es zu beachten, dass auch eine Beweislastprivilegierung, wie sie in § 22 AGG vorgesehen ist und in dem Entwurf zu einem Hinweisgeberschutz nachgebildet worden ist, keinen vollständigen Schutz vor Benachteiligungen aufgrund von Whistleblowing bieten kann. Im Rahmen des geltenden Rechts ist der Nachweis eines Verstoßes gegen das AGG, trotz der Beweislastprivilegierung des § 22 AGG, weiterhin problematisch. Im Rahmen einer Whistleblowing-Konstellation wäre aufgrund der besonderen Bedingungen des Whistleblowings, auch bei Existenz einer dem § 22 AGG entsprechenden Beweislast, der Nachweis einer Benachteiligung noch schwieriger zu führen. Da aber die Einführung einer *echten* Beweislastumkehr ebenfalls abzulehnen ist, ist die Lösung der Benachteiligungsproblematik der Whistleblower nicht alleine im Rahmen der repressiven Rechtsansprüche zu suchen.

f) Präventives Schutzkonzept

Der Königsweg für einen effektiven Schutz der Whistleblower vor Repressalien und Benachteiligungen ist ein präventives Schutzkonzept.

Ein solches zielt darauf ab, Benachteiligungen *a priori* unmöglich zu machen[2124]. Im Gegensatz zu den klassischen Mobbingfällen, in denen ein Arbeitnehmer nicht verhindern kann, dass er zur Zielscheibe der Schikanierung geworden ist, gerät der Whistleblower aufgrund einer konkreten Handlung, der Offenbarung von Betriebsinterna, in den Fokus der Mobber. Wenn aber der Auslöser bekannt ist, besteht auch die Möglichkeit, Schikanierungen und Benachteiligungen von vornherein zu unterbinden. Um Benachteiligungen ausschließen, müsste die Identität des Whistleblowers geschützt werden.

Auf den ersten Blick scheint dabei der beste Schutz darin zu liegen, dass die die Anonymität des Whistleblowers zugesichert wird. Die Einführung eines anonymen Hinweisgebersystems ist jedoch, insbesondere im Hinblick auf die Rechte der Beschuldigten, abzulehnen[2125]. Bei genauer Betrachtung ist dies aber unschädlich, da ein anonymes Hinweisgebersystem nicht den besten Schutz für den Whistleblower bietet.

Gerade dann, wenn das Interesse an der Mitwirkung eines Whistleblowers besonders groß ist, versagt der Schutz, den ein anonymes Hinweisgebersystem gewährleisten kann[2126]. Denn bei einem anonymen Hinweisgebersystem werden die vom Whistleblower offenbarten Informationen ungefiltert an den Arbeitgeber weitergeleitet, so dass

---

2124 Thüsing/*Thüsing/Forst*, Beschäftigtendatenschutz und Compliance § 6, Rdn. 48 ff.
2125 S.o.: **2. Teil: D.I.1 ff.**
2126 S.o.: **2. Teil: D.I.2.e).**

die Informationen Rückschlüsse auf die Identität erlauben[2127]. Solche Rückschlüsse sind indes insbesondere dann möglich, wenn es sich um detaillierte oder nur einem begrenzten Personenkreis zugängliche Informationen handelt[2128].

Bei der Verwendung eines vertraulichen innerbetrieblichen Meldesystems können demgegenüber die Informationen des Whistleblowers bewusst bewertet und gefiltert werden, so dass nur die Informationen weitergegeben werden, die für eine Ermittlung erforderlich sind, aber alle anderen Informationen zurückgehalten werden, die den Whistleblower gefährden könnten[2129]. Ein vertrauliches innerbetriebliches Meldesystem schützt den Whistleblower somit effektiv vor Benachteiligungen.

Bei einem externen Whistleblowing kann ein präventives Schutzkonzept in der Regel allerdings keinen Schutz bieten, da die Identität des Whistleblowers in diesen Fällen kaum geheim zu halten ist. Aber auch diese Whistleblower können nach einer organisationsexternen Offenbarung in gleicher Weise Repressalien ausgesetzt sein. Als bekanntes Beispiel ist der Whistleblower *Miroslaw Strecker* zu nennen, der den Gammelfleischskandal behördlich meldete und sich nach seiner Offenbarung von seinem Arbeitgeber gemobbt fühlte[2130]. In diesen Fällen können nur die repressiven Rechtsansprüche eingesetzt werden.

g) Zwischenergebnis

Ein innerbetriebliches Meldesystem, das durch die Geheimhaltung der Identität darauf abzielt, Repressalien gegen den Whistleblower *a priori* auszuschließen, ist für den Whistleblower wertvoller als ein repressiver Rechtsanspruch[2131]. Ein die Vertraulichkeit sicherndes Meldesystem schützt den Whistleblower dabei effektiver als ein die Anonymität zusicherndes Meldesystem[2132]. Dies gilt insbesondere in der Konstellation, in der für die Aufdeckung eines betrieblichen Missstandes echte, nur wenigen Personen zur Verfügung stehende, Insiderinformationen benötigt werden. Nur durch die Geheimhaltung seiner Identität und die hierdurch ermöglichte bewusste Steuerung der Informationsweitergabe, kann der Whistleblower unerkannt bleiben. Den größtmöglichen Schutz der Identität, auch vor staatlichen Zugriffen,

---

2127 S.o.: **2. Teil: D.I.2.e).**

2128 S.o.: **2. Teil: D.I.2.e).**

2129 S.o.: **2. Teil: D.I.2.e).** Ebenso: Thüsing/*Thüsing/Forst,* Beschäftigtendatenschutz und Compliance § 6, Rdn. 48. Der die Funktionsweise eines solchen Schutzsystems prägnant als *„Membran"* bezeichnen.

2130 Vergl. zu den einzelnen *Mobbing-Maßnahmen* im Fall Strecker: **2. Teil: D.II.1.** Vergl. zu der Besonderheit des Falles, dass es sich nicht um einen Missstand in dem Verantwortungsbereich des Arbeitgebers handelte, sondern um Missstände bei einem Geschäftspartner des Arbeitgebers: **1. Teil: A.II.6.d).**

2131 Ähnlich: Thüsing/*Thüsing/Forst,* Beschäftigtendatenschutz und Compliance § 6, Rdn. 48.

2132 Ebenso, mit einem Hinweis auf eine vergleichbare Ansicht im schweizerischen Recht: Thüsing/*Thüsing/Forst,* Beschäftigtendatenschutz und Compliance § 6, Rdn. 48, Fn. 533.

erfährt der Whistleblower, wenn ein Rechtsanwalt als unternehmensexterner Ombudsmann bestellt wird, um Hinweise von Whistleblowern entgegenzunehmen[2133].

Offenbart der Whistleblower einen Missstand organisationsextern, so wird das präventive Schutzkonzept eines vertraulichen innerbetrieblichen Meldesystems in der Regel die Identität des Whistleblowers nicht mehr schützen können. Daher ist es umso wichtiger, dass für einen umfassenden Schutz nach einer organisationsinternen und -externen Offenbarung auch die genannte Verbesserung im Rahmen der repressiven Rechtsansprüche umgesetzt wird.

h) Pflicht zur Implementierung eines vertraulichen Hinweisgebersystems

Im Rahmen der *de lege ferenda* zu ergreifenden Maßnahmen ist fraglich, ob die Implementierung eines Hinweisgebersystems gesetzlich vorgeschrieben werden sollte. Auch wenn es die Pflicht eines Arbeitgebers ist, das rechtmäßige Handeln des Unternehmens zu gewährleisten und zu überwachen, bestehen gegenwärtig, außerhalb des Banken[2134]- und Versicherungswesen[2135], keine konkreten gesetzlichen Vorgaben, welche Maßnahmen ein Unternehmen konkret zu ergreifen hat, um diese Rechtspflicht zu erfüllen[2136]. Die konkreten Compliance-Bemühungen sind damit weitgehend der Eigeninitiative der Unternehmen überlassen[2137]. Intensiviert werden diese Bemühungen insbesondere immer dann, wenn das Unternehmen zuvor gesetzeswidrige Verhaltensweisen nicht verhindern konnte. Auch ein Whistleblowing-System kann ein *„elementarer"*[2138] Baustein einer Compliance Organisation im Unternehmen sein.

Eine gesetzliche Verpflichtung zur Implementierung eines Whistleblowing-Systems ist allerdings abzulehnen. Sofern keine allgemeine Pflicht besteht, bestimmte

2133 Vergl. zu Einzelheiten zur Ausgestaltung und zu den verschiedenen Möglichkeiten eines vertraulichen Hinweisgebersystems: **2. Teil: D.I.2 ff.**

2134 § 33 WpHG; § 25a KWG.

2135 Solvency II. Hierzu: *Hauschka*, CCZ 2014, 165.

2136 Vergl. zur Rechtspflicht des Unternehmens das gesetzeskonforme Handeln zu gewährleisten und zu überwachen: **1. Teil: C.III.1.a).** Vergl. zu den spezialgesetzlichen Regelungen im Banken und Versicherungswesen: *Schafer/Baumann*, NJW 2011, 3601, 3602.

2137 Ergreift das Unternehmen keinerlei Compliance Maßnahmen besteht eine erhebliche Haftungsgefahr, sofern Gesetzeswidrigkeiten im Unternehmen begangen werden, vergl.: LG München I, Urteil vom 10. Dezember 2013 – 5 HK O 1387/10, NZG 2013, 345.

2138 So die Siemens AG, die in der Vergangenheit schwerwiegenden Korruptionsvorwürfen ausgesetzt war, in der Anhörung zum Entwurf des Hinweisgeberschutzgesetzes, vergl.: *Siemens AG*, Ausschussdrucksache 17(11)783, S. 21, 22. Vergl. zu der milliardenschweren *Schmiergeldaffäre* bei Siemens: http://www.handelsblatt.com/unternehmen/management/koepfe/milliardenschwere-korruption-prozess-gegen-ex-siemens-vorstand-kommt-voran/9790090.html (zuletzt abgerufen am 1. November 2014).

Compliance Maßnahmen zu ergreifen, so erscheint es widersinnig, eine allgemeine gesetzliche Pflicht zur Implementierung eines dieser Instrumente einzuführen. Eine allgemeine Pflicht zur Implementierung eines bestimmten Whistleblowing-Systems stünde vor der Problematik, höchst unterschiedlichen betrieblichen Strukturen gerecht zu werden. Ein Hinweisgebersystem, das auf einen großen Konzern zugeschnitten ist, ist für ein mittelständisches oder kleines Unternehmen gänzlich ungeeignet. Auch in dem Entwurf des HinwGebSchG war die Einführung eines Hinweisgebersystems nicht verpflichtend vorgesehen. In § 11 Abs. 1 HinwGebSchG wird lediglich klargestellt, dass der Arbeitgeber die Möglichkeit hat, ein Hinweisgebersystem zu errichten[2139].

i) Anreize zur Implementierung eines vertraulichen Hinweisgebersystems

Obgleich eine Verpflichtung zur Implementierung eines Hinweisgebersystems abzulehnen ist, stellt sich die Frage, ob nicht gesetzgeberische Anreize für die Implementierung eines internen Meldesystems geschaffen werden sollten. Dies ist grundsätzlich zu bejahen. Allerdings ist dabei zunächst zu beachten, dass Anreize nur für die Schaffung eines vertraulichen und nicht für Implementierung eines anonymen Hinweisgebersystems gesetzt werden sollten. Die Implementierung anonymer Meldesysteme darf aufgrund der damit einhergehenden erheblichen Gefahren und Nachteile nicht gefördert werden[2140].

Des Weiteren gilt es zu klären, wie die konkrete Anreizwirkung sachgerecht ausgestaltet werden kann. Bereits gegenwärtig können gegen ein Unternehmen Bußgelder verhängt werden, wenn die von einem Mitarbeiter begangenen Gesetzeswidrigkeiten dem Unternehmen zuzurechnen sind[2141]. Betreibt ein Unternehmen aber ein Hinweisgebersystem, so zeigt es, dass es bemüht ist, Fehlentwicklungen und Gesetzeswidrigkeiten im Unternehmen entgegenzutreten. Dennoch wird auch ein Hinweisgebersystem nicht jede Gesetzeswidrigkeit unterbinden können. Begehen einzelne Mitarbeiter daher Gesetzeswidrigkeiten, handelt es sich gewissermaßen um „*Exzesstaten*“[2142]. Es erscheint dann aber unbillig, den betroffenen Unternehmen diese Taten in ihrer vollen Unrechtsdimension zuzurechnen. Vielmehr erscheint es sachgerecht, bei einer Sanktionierung des Unternehmens die Compliance Bemühungen strafmildernd zu berücksichtigen. Eine solche Berücksichtigung findet gegenwärtig teilweise bereits statt. Allerdings wird in Ermangelung klarer gesetzlicher Vorgaben von der bloßen Möglichkeit zur Strafmilderung höchst unterschiedlich oder überhaupt nicht Gebrauch gemacht[2143]. Zum einen bewirkt dies, dass die

2139 Bt.-Drs. 17/8567, S. 5.

2140 Vergl. hierzu ausführlich: **2. Teil: D.I.1.**

2141 Vergl. zur Pflicht einer gesetzeskonformen Unternehmensführung: **1. Teil: C.III.1.a).**

2142 *Beulke/Moosmayer*, CCZ 2014, 146, 148.

2143 *Beulke/Moosmayer*, CCZ 2014, 146, 148; vergl. auch die Begründung des Gesetzentwurfs des BUJ, S. 12 m.w.N. Abrufbar unter: http://www.buj.net/resources/Server/

Anreizwirkung zur Ergreifung von Compliance-Maßnahmen gering bleibt und zum anderen fehlt es durch die unklare Rechtslage an der nötigen Rechtssicherheit. Dieser Mangel könnte durch eine entsprechende legislatorische Tätigkeit behoben werden. Deutschland befände sich damit in internationaler Gesellschaft. Denn nicht nur die USA, sondern auch beispielsweise Italien und Großbritannien verfügen über entsprechende gesetzliche Regelungen zur strafmindernden Berücksichtigung von Compliance-Bemühungen[2144].

Eine den genannten Voraussetzungen entsprechende Gesetzesinitiative hat der BUJ vorgelegt2145. Der Vorschlag des BUJ ist ein Gegenentwurf zu dem Entwurf des nordrheinwestfälischen Justizministers zur Schaffung eines Verbandstrafgesetzes (VerbStrG)[2146]. In der vom BUJ vorgeschlagenen Novelle ist nach § 30 Abs. 7 i.V.m. § 130 Abs. 1 OWiG eine Milderung oder ein Absehen von Strafe dann möglich, wenn das Unternehmen geeignete Maßnahmen ergriffen hat oder ergreift, um Zuwiderhandlungen gegen straf- oder bußgeldbewehrte Pflichten zu verhindern. Eine geeignete Maßnahme ist nach § 130 Abs. 1 Nr. 4 OWiG des Entwurfes: *„ein Verfahren, das es den Mitarbeitern unter Wahrung der Vertraulichkeit ermöglicht, Hinweise [...] zu geben [...]“* [2147].

Da der Entwurf des BUJ sich somit eindeutig zu Gunsten eines vertraulichen Hinweisgebersystems positioniert, ist er dem Entwurf des nordrheinwestfälischen Justizministers zur Schaffung eines Verbandstrafgesetzes (VerbStrG) vorzuziehen[2148]. Auch in dieser Gesetzesinitiative ist in § 5 Abs. 1 VerbStrG die Möglichkeit vorgesehen, Compliance Maßnahmen der Unternehmen zu würdigen. Dabei wird allerdings offengelassen, ob eine solche Honorierung auch bei einem anonymen Whistleblowing-System möglich ist. In der Gesetzesbegründung wird lediglich ausgeführt, dass hierdurch Investitionen in Compliance-Programme honoriert werden sollen[2149].

BUJ-Stellungnahmen/BUJ_Gesetzgebungsvorschlag_OWiG.pdf (zuletzt abgerufen am 1. November 2014).

2144 Vergl. hierzu die Nachweise bei: *Moosmayer*, NJW 2012, 3013, 3017, Fn. 30 ff. Vergl. ferner: *Beulke/Moosmayer*, CCZ 2014, 146, 147, die auf eine Gesetzgebungsinitiative in Spanien verweisen und auf bestehende brasilianische Regelungen.

2145 Vergl. zum Hintergrund des Gesetzgebungsvorschlags des BUJ: **2. Teil: D.I.1.b)cc).**

2146 Abrufbar unter: http://www.justiz.nrw.de/JM/justizpolitik/jumiko/beschluesse/2013/herbstkonferenz13/zw3/TOP_II_5_Gesetzentwurf.pdf (zuletzt abgerufen am 1. November 2014).

2147 Entwurf des BUJ, S. 9. Abrufbar unter: http://www.buj.net/resources/Server/BUJ-Stellungnahmen/BUJ_Gesetzgebungsvorschlag_OWiG.pdf (zuletzt abgerufen am 1. November 2014).

2148 Abrufbar unter: http://www.justiz.nrw.de/JM/justizpolitik/jumiko/beschluesse/2013/herbstkonferenz13/zw3/TOP_II_5_Gesetzentwurf.pdf (zuletzt abgerufen am 1. November 2014).

2149 S. 54 der Begründung des Entwurfes eines VerbStG. Abrufbar unter: http://www.justiz.nrw.de/JM/justizpolitik/jumiko/beschluesse/2013/herbstkonferenz13/zw3/TOP_II_5_Gesetzentwurf.pdf (zuletzt abgerufen am 1. November 2014).

E. Zusammenfassung der weiteren Ergebnisse zum internen Whistleblowing in Thesen

1. Whistleblowing-Systeme sind schon gegenwärtig elementarer und integraler Bestandteil der Compliance-Bemühungen der Unternehmen. Durch gesetzgeberische Initiativen ist zu erwarten, dass die Compliance Maßnahmen der Unternehmen zukünftig noch ausgeweitet werden. Entsprechend dem Bedeutungszuwachs der Compliance im Allgemeinen wird auch der Vorgang des internen Whistleblowings weiter an Bedeutung gewinnen. Für eine organisationsinterne Meldung werden in der Praxis verschiedenste Modelle verwendet.
2. Die Errichtung eines anonymen Whistleblowing-Systems, das nachträglich nicht die Feststellung der Identität des Hinweisgebers ermöglicht, ist abzulehnen.
3. Ein anonymes Meldesystem ist ineffektiv, birgt ein beträchtliches Missbrauchspotential und gefährdet den Betriebsfrieden sowie die Persönlichkeitsrechte der Angezeigten.
4. Arbeitgeber, die ein Whistleblowing-System implementieren möchten, sind auf die Möglichkeit zur Nutzung eines vertraulichen Meldesystems zu verweisen, das die Identität des Whistleblowers einerseits erfasst und andererseits mit dem größtmöglichen Maß an Verschwiegenheit und Vertraulichkeit behandelt.
5. Der Vorteil eines vertraulichen Meldesystems liegt zunächst darin, dass es nicht die Gefahren und Nachteile eines anonymen Whistleblowing-Systems bedingt. Die Missbrauchsgefahr ist deutlich geringer und die Interessen der Angezeigten können gewahrt werden. Hinzu kommt, dass ein vertrauliches Meldesystem den Whistleblower gleichsam effektiv und in bestimmten Konstellationen sogar effektiver vor Repressalien schützen kann. Einen effektiveren Schutz bietet ein vertrauliches System immer dann, wenn es sich um echte Insiderinformationen handelt, die nur einem begrenzten Personenkreis zugänglich sind und somit Rückschlüsse auf die Identität des Whistleblowers ermöglichen. Auch das einzig schützenswerte Ziel des Whistleblowings, die Beseitigung des organisationsinternen Missstandes, wird ebenfalls effektiver durch ein vertrauliches Meldesystem gefördert als durch ein anonymes Hinweisgebersystem. Denn bei einem anonymen Meldesystem ist die Möglichkeit zur Rücksprache von der Bereitschaft des Whistleblowers abhängig. Nachfragen bei dem Whistleblower sind aber gerade dann erforderlich, wenn es sich um einen verschleierten Missstand handelt, zu dessen Aufdeckung die Mitwirkung eines Insiders unerlässlich ist. Gerade bei solchen Missständen ist es aber zweifelhaft, dass der Whistleblower von sich aus alle nötigen Informationen in seiner anonymen Meldung zur Verfügung gestellt hat. Ein anonymes Whistleblowing-System versagt somit gerade in den Fällen, in denen die Mitwirkung eines Whistleblowers am wichtigsten ist.
6. Whistleblower fürchten nicht nur die klassischen arbeitsrechtlichen Sanktionsmaßnahmen von Kündigung und Abmahnung. Whistleblower sind nach ihrer Offenbarung zudem gefährdet, Opfer von Vergeltungsmaßnahmen zu werden.
7. Es ist eine Vielzahl von unmittelbaren, mittelbaren, offenen oder subtilen Benachteiligungen, Repressalien und Diskriminierungen denkbar, denen ein

Whistleblower ausgesetzt sein kann. Insgesamt gilt es allerdings in diesem Bereich maßvoll zu agieren.

8. Zum einen gilt es einzelne diskriminierende Vergeltungsmaßnahmen oder auch das systematische Anfeinden, Schikanieren oder Diskriminieren (Mobbing) des Whistleblowers zu verhindern. Der Arbeitgeber ist verpflichtet, sich schützend vor den Whistleblower stellen. Zum anderen ist es aber auch angezeigt, eine bisweilen im Zusammenhang mit der Mobbing-Thematik zu beobachtenden Überempfindlichkeit zu vermeiden. Ein reflexartig nach einem Whistleblowing erhobener Mobbing Vorwurf erweist sich nicht selten als zulässige Ausübung des Direktionsrechts des Arbeitgebers.
9. Ein repressiver Anspruch, der dem Whistleblower ermöglicht, gegen echte Benachteiligungen und Repressalien vorzugehen, besteht *de lege lata* nur nach § 612a BGB. Ein effektiver Schutz wird hierdurch nicht gewährleistet. Insbesondere die Beweislastproblematik erschwert die effektive Wahrnehmung dieser Ansprüche.
10. Ein effektiver Benachteiligungsschutz wird aber nicht alleine durch repressive Rechtsansprüche gewährleistet, sondern erfordert vielmehr die Stärkung präventiver Schutzkonzepte. Die Implementierung eines vertraulichen organisationsinternen Meldesystems, das darauf abzielt, Repressalien gegen den Whistleblower *a priori* auszuschließen, könnte einen wichtigen Beitrag leisten, um Whistleblower effektiv vor Repressalien zu schützen.

3. Teil: Gesetzgeberischer Handlungsbedarf und gesetzgeberische Initiativen

Nachdem nunmehr die Kündigungsrelevanz des externen und internen Whistleblowings und weitere in diesem Zusammenhang relevanten Fragestellungen untersucht worden sind, ist im letzten Kapitel die Frage zu beantworten, ob eine (erneute) legislatorische Initiative zur Verbesserung des Schutzes der Hinweisgeber erforderlich ist und welche Kernpunkte eine solche Regelung enthalten müsste.

A. Der Handlungsbedarf *de lege lata* und die Eignung des HinwGebSchG

Basierend auf dem häufig zitierten und gleichsam weiterhin zutreffenden Ausspruchs Montesquieu: „*Wenn es nicht notwendig ist, ein Gesetz zu erlassen, dann ist es notwendig, kein Gesetz zu erlassen*", erfolgt die abschließende Untersuchung unter folgenden Prämissen: Eine gesetzliche Regelung zum Schutze der Whistleblower ist dann notwendig, wenn der durch die Rechtsprechung gewährleistete Schutzmaßstab ergänzungsbedürftig ist **(I)** oder eine insoweit klarstellende, gesetzliche Regelung die Rechtssicherheit und Rechtsklarheit fördert **(II)**. Als Vergleichsmaßstab dient dabei das HinwGebSchG. Auch wenn unter dem Eindruck der Entscheidung des EGMR in der Rechtssache *Heinisch* ein weiterer Regelungsvorschlag unterbreitet worden ist[2150], ist dem HinwGebSchG mit Abstand die größte Aufmerksamkeit zugemessen worden. Ebenso wie die erste große legislatorische Initiative im Jahre 2008[2151] wurde auch das HinwGebSchG nicht umgesetzt.

2150 Vergl. zu dem „Entwurf eines Gesetzes zur Förderung von Transparenz und zum Diskriminierungsschutz von Hinweisgeberinnen und Hinweisgebern (Whistleblower-Schutzgesetz)" der Fraktion Die Grünen: Bt.-Drs. 17/9782. Vergl. ferner auch den Antrag der Fraktion Die Linke: „*Die Bedeutung von Whistleblowing für die Gesellschaft anerkennen – Hinweisgeberinnen und Hinweisgeber schützen*". Dieser Antrag wurde kurz vor der Entscheidung des EGMR eingereicht, vergl.: Bt.-Drs. 17/6492; Deutscher Bundestag, 131. Sitzung, Plenarprotokoll 17/131, Tagesordnungspunkt 33. Der Antrag beinhaltete allerdings keinen eigenständigen Gesetzesentwurf, sondern sollte die gesellschaftliche Debatte anstoßen und einen Gesetzesvorschlag der Bundesregierung initiieren.

2151 Vergl. zu dem Ministerienentwurf einer gesetzlichen „*Verankerung des Informantenschutzes für Arbeitnehmer im Bürgerlichen Gesetzbuch*": Ausschussdrucksache 16(10)849.

I. Ergänzungsbedürftigkeit des Schutzes der Whistleblower

Kritisch wird angemerkt: „*Das deutsche Arbeitsrecht mag den Whistleblower nicht*“[2152]. Eine befriedigende Rechtslage zeichnet sich jedoch gerade dadurch aus, dass nicht einseitig die Interessen der Arbeitnehmer geschützt werden, sondern dadurch, dass in einem schonenden Ausgleich auch die Interessen der Arbeitgeber gewahrt bleiben. Die Untersuchung hat gezeigt, dass die Arbeitnehmer *de lege lata* den Folgen ihrer externen oder internen Offenbarung nicht schutzlos ausgeliefert sind.

1. Schutz vor Kündigungen

Eine Kündigung ist bei einer organisationsexternen Offenbarung (externes Whistleblowing) eines betrieblichen Missstandes im Regelfall ausgeschlossen und nur unter strengen Voraussetzungen möglich. Eine Kündigung aufgrund der lediglich organisationsinternen Offenbarung (internes Whistleblowing) unterliegt noch strengeren Voraussetzungen und die Pflichtverletzung des Arbeitnehmers, die darin liegt, dass er einen Missstand gänzlich verschwiegen hat und weder intern noch extern anzeigte, scheint nur in sehr eng begrenzten Ausnahmefällen geeignet, eine Beendigung des Arbeitsverhältnisses zu rechtfertigen.

Die Rechtsprechung gewährleistet diesen Kündigungsschutz durch eine Konkretisierung der vertraglichen Nebenpflichten unter Beachtung der grundrechtlichen Rahmenbedingungen. Diese Konkretisierung hat einen Abwägungskanon hervorgebracht, der als gefestigt bezeichnet werden kann.

Obgleich die Rechtsprechung somit im Grundsatz einen hinreichenden und ausgewogenen Schutz gewährleistet, ist nicht auszuschließen, dass im Einzelfall, wie etwa in der Rechtssache *Heinisch*, Entscheidungen getroffen werden, die bedenklich erscheinen. Allerdings wird auch eine gesetzliche Regelung nicht verhindern können, dass Gerichte vereinzelnd Entscheidungen treffen, die von der überwiegenden Literatur als nur schwer oder sogar als unter keinem Geschichtspunkt vertretbar eingeordnet werden. Denn eine Kündigung wird immer mit der Unwägbarkeit belastet sein, dass die besonderen Umstände des Einzelfalles eine abweichende Entscheidung rechtfertigen oder zumindest, im Rahmen der tatrichterlichen Würdigung, als vertretbar erscheinen lassen. Bewegt sich eine gerichtliche Entscheidung aber nicht nur im Grenzbereich der tatrichterlichen Würdigung, sondern überschreitet sie selbigen, so stehen zur Korrektur dieser Ungerechtigkeit ordentliche und außerordentliche Rechtsbehelfe bereit. Ein gesetzgeberisches Eingreifen ist in diesen Fällen noch nicht angezeigt. Dies gilt selbst dann, wenn die besseren Argumente dafür sprachen, dass das Urteil des LAG Berlin bereits innerstaatlich hätte korrigiert werden müssen

---

2152 http://www.heise.de/resale/artikel/Das-deutsche-Arbeitsrecht-mag-den-Whistleblower-nicht-1925100.html (zuletzt abgerufen am 1. November 2014). Das Zitat ist der Überschrift eines Interviews entnommen. Im Fließtext lautet der vollständige Satz: „*Das deutsche Arbeitsrecht mag den Whistleblower nicht, es schützt ihn jedenfalls nicht ausreichend.*“

und nicht erst durch die Richter in Straßburg. Eine legislatorische Initiative wird vor diesem Hintergrund nur dann erforderlich, wenn ein grundlegendes Defizit besteht, das die Rechtsprechung mit den ihr zur Verfügung stehenden Mitteln nicht beseitigen kann. Im Falle einer Kündigung eines Whistleblowers ist dies nicht der Fall. Obwohl der EGMR im Ergebnis, in Abweichung von dem LAG, die Kündigung in der Rechtssache *Heinisch* als rechtswidrig einstufte, darf nicht verkannt werden, dass auch der EGMR im Wesentlichen die deutschen Rechtsprechungsgrundsätze als hinreichend für den Schutz der Whistleblower erachtete[2153]. In Deutschland werden Whistleblower bereits gegenwärtig durch die Rechtsprechung auch ohne die Existenz einer spezialgesetzlichen Regelung hinreichenden und ausgewogen vor Kündigungen geschützt.

Vor diesem Hintergrund darf der Gesetzgeber sich nicht dazu verleiten lassen, etwa aufgrund einer neuen Einzelfallentscheidung, die ebenfalls große mediale Aufmerksamkeit generiert, in Hysterie zu verfallen und bei einer neuen gesetzlichen Initiative den bestehenden Schutz zu verkennen. Von einer solchen Hysterie, einer Verkennung des bestehenden Schutzmaßstab und einer einseitigen Betrachtung der Problematik sind vereinzelnd Gesetzesvorschläge von Interessenvertretungsverbänden geprägt. So wird vorgeschlagen, Whistleblowern unter bestimmten Voraussetzungen zivil-, verwaltungs- und strafrechtliche Immunität zu gewähren, wenn sie sich etwa zur Informationsbeschaffung Zugang zu geheimen Dokumenten verschaffen[2154].

Bei Betrachtung des gegenwärtig durch die Rechtsprechung gewährten Schutzmaßstabes kann auch die – vielfach erhobene, aber gleichsam nicht auf belastbare Statistiken gestützte[2155] – These einer fehlenden gesellschaftlichen Akzeptanz der Whistleblower in Deutschland keine neue gesetzgeberische Initiative rechtfertigen. Denn jedenfalls in der Rechtsprechung sind Whistleblower akzeptiert und werden insbesondere durch die hohen Hürden, die für die Kündigung aufgrund von Whistleblowing bestehen, geschützt[2156].

In diesem Zusammenhang gilt es auch einmal herauszustellen, dass der Schutz, den Whistleblower in den USA genießen, keineswegs neidvoll betrachtet werden muss. Denn dieser Schutz ist ambivalent. Zwar haben die USA einen eigenen Sonderkündigungsschutz für Whistleblower geschaffen haben, allerdings wären Whistleblower ohne entsprechende Sondertatbestände nach der im Übrigen anwendbaren *„at-will-Doktrin"* gänzlich schutzlos. Danach ist eine Kündigung jederzeit, ohne die

2153 Vergl.: EGMR, Urteil vom 21. Juli 2011 – 28274/08, Rdn. 48 – juris. Ausführlich hierzu oben: **1. Teil: D.V.7.**

2154 So ein Vorschlag des Whistleblower-Netzwerk e.V., abrufbar unter: http://whistleblower-net.de/pdf/WB_EUGB_DE_final.pdf (zuletzt abgerufen am 1. November 2014), S. 15.

2155 Vergl. hierzu: **2. Teil: D.I.1.b)cc).**

2156 Unterstellt, dass Whistleblower in Deutschland tatsächlich gesamtgesellschaftlich abgelehnt werden, so stünde eine entgegenstehende gesetzliche Regelung auf einer nicht unproblematischen Legitimationsgrundlage, vergl. hierzu: *Forst,* EuZA, 2013, 37, 59.

Einhaltung einer Kündigungsfrist oder dem Erfordernis eines Kündigungsgrundes, möglich[2157]. Ebenso zutreffend ist ferner, dass Whistleblower in den USA sogar staatliche Prämien erhalten, wenn sie Missstände aufdecken, die dem Staat Steuereinnahmen in Millionenhöhe einbringen[2158]. Zutreffend ist aber auch, das denjenigen Whistleblowern, die Missständen bei staatlichen Institutionen offenbaren und daher nach einem Spionagegesetz aus dem Jahre 1917 angeklagt werden[2159], Haftstrafen von über 100 Jahren oder sogar die Todesstrafe droht.

Chelsea E. (geb. Bradley) Manning, die geheimes Material über vermeintliche Kriegsverbrechen offenbarte, wurde von einem Militärgericht zu 35 Jahren Haft verurteilt[2160]. Das Schicksal des Whistleblowers Edward Snowden, der die allumfassende Überwachungstätigkeit der NSA offenbarte[2161], war zum Zeitpunkt der Bearbeitung noch ungewiss. Zwar hat der US-amerikanische Justizminister in einen Brief an seinen russischen Amtskollegen zugesichert, im Fall Snowden die Todesstrafe nicht anzuwenden und Snowden auch nicht zu foltern[2162], eine lange Haftstrafe scheint Snowden bei einer Rückkehr oder einer Auslieferung in die USA aber sicher[2163].

Demgegenüber wurde im sogenannten *Pätsch-Fall* ein Angestellter des deutschen Verfassungsschutzes, der einen Einzelfall einer verfassungswidrigen Telefonüberwachungsmaßnahmen unmittelbar gegenüber der Presse offenbarte, wegen

---

2157 Vergl. hierzu: LAG Hessen, Urteil vom 4. Oktober 2010 – 16 Sa 1982/09, Rdn. 35 – juris; LAG Rheinlandpfalz, Urteil vom 2. März 2012 – 9 Sa 633/11, Rdn. 63 – juris; *Thüsing/Leder*, NZA 2004, 1310, 1315; *Tödtmann/Schauer*, NZA 2003, 1187.

2158 Vergl. ausführlich zu den Prämienregelungen: **1. Teil: C.I.4.**

2159 Grundlage dieser Anklagen ist der sogenannte *Espionage-Act*. Den Whistleblower wird zumeist ein Verstoß gegen Title 18, United State Code, Sec. 641; Sec. 793 oder Sec. 798 vorgeworfen. Der Gesetzestext ist abrufbar unter: http://www.law.cornell.edu/uscode/text/18/part-I/chapter-37 (zuletzt abgerufen am 1. November 2014). Vergl. zu den konkreten Vorwürfen die Edward Snowden gemacht werden: http://online.wsj.com/public/resources/documents/snowdenagletter20130726.pdf (zuletzt abgerufen am 1. November 2014).

2160 Vergl.: http://www.zeit.de/politik/ausland/2013-08/wikileaks-whistleblower-manning-prozess-strafmass (zuletzt abgerufen am 1. November 2014).

2161 Die allumfassende Spionagetätigkeit der NSA war zumindest teilweise auch nach amerikanischen Rechtsmaßstäben rechtswidrig, vergl.: http://www.washingtonpost.com/world/national-security/nsa-broke-privacy-rules-thousands-of-times-per-year-audit-finds/2013/08/15/3310e554-05ca-11e3-a07f-49ddc7417125_story.html?hpid=z1 (zuletzt abgerufen am 1. November 2014); http://www.nytimes.com/2013/08/17/us/nsa-calls-violations-of-privacy-minuscule.html (zuletzt abgerufen am 1. November 2014); http://www.spiegel.de/netzwelt/netzpolitik/nsa-skandal-us-gericht-bewertet-telefonueberwachung-als-rechtswidrig-a-939445.html (zuletzt abgerufen am 1. November 2014).

2162 http://online.wsj.com/public/resources/documents/snowdenagletter20130726.pdf (zuletzt abgerufen am 1. November 2014).

2163 http://www.sueddeutsche.de/politik/moeglicher-deal-mit-nsa-enthueller-us-justizminister-lockt-snowden-1.1870900 (zuletzt abgerufen am 1. November 2014).

Geheimnisverrats nach § 353b StGB zu einer viermonatigen Haftstrafe zur Bewährung verurteilt[2164].

2. *Schutz vor sonstigen Repressalien*

Verbesserungsbedarf besteht demgegenüber für den Schutz vor Vergeltungsmaßnahmen, die die Whistleblower, abseits der klassischen arbeitsrechtlichen Sanktionsmaßnahmen von Kündigung und Abmahnung, nach ihren Hinweisen treffen können. Gegenwärtig sind die Hinweisgeber vor diesen oftmals subtilen und gleichsam belastenden Repressalien nicht effektiv geschützt. Im Rahmen der anwendbaren Schutzvorschrift – § 612a BGB – ist es insbesondere die Beweisnot, die einem effektiven repressiven Anspruch entgegensteht. Es ist aber gerade die Furcht vor den subtilen Repressalien, die Whistleblower davon abhalten, einen Missstand zu offenbaren, der somit möglicherweise überhaupt nicht oder erst sehr viel später aufgedeckt werden kann.

Insofern besteht gesetzgeberischer Handlungsbedarf. Obgleich gilt es zu beachten, dass die Problematik der subtilen Benachteiligungen und Repressalien aufgrund von Whistleblowing nur schwer mit repressiven Mitteln zu bekämpfen ist. Eine legislatorische Initiative, die die repressive Rechtsverfolgung erleichtern will, wie das HinwGebSchG durch die Einführung einer Beweislastprivilegierung für das Benachteiligungsverbot in § 12 HinwGebSchG, kann – wie dargelegt[2165] – die Problematik nur mindern, die Situation der Whistleblower aber nicht entscheidend verbessern.

Die Lösung dieser Problematik ist daher nicht alleine in der Effektivierung repressiver Ansprüche zu suchen, sondern durch die Stärkung präventiver Schutzmechanismen zu ergänzen[2166]. Es wurde herausgestellt, dass ein vertrauliches Hinweisgebersystem, das die Identität des Whistleblowers schützt, immense Vorteile gegenüber einem anonymen Hinweisgebersystem bietet. Dieser *Königsweg* zum Schutze der Hinweisgeber vor Repressalien sollte daher durch gesetzliche Initiativen gefördert werden. In diesem Zusammenhang sei darauf hingewiesen, dass auch der EGMR in der Rechtssache *Heinisch* angemerkt hat, dass das deutsche Recht keinen speziellen Durchführungsmechanismus für die Untersuchung von Hinweisen eines Whistleblowers und für Forderungen nach entsprechender Abhilfe durch den

2164 BVerfG, Beschluss vom 28. April 1970 – 1 BvR 690/65, NJW 1970, 1498. Das BVerfG hat die Bewährungsstrafe des Angestellten bestätigt, da es sich bei den verfassungswidrigen Vorgängen um einen Einzelfall und nicht um einen schwerwiegenden Verfassungsverstoß gehandelt habe, der daher nicht zu einer sofortigen *„Flucht in die Öffentlichkeit"* berechtigt habe. Das Recht zur externen Offenbarung von verfassungswidrigen Vorgängen wird daher unter gewissen Umständen an die Vorbedingung geknüpft, dass der innerbetriebliche Klärungsweg zunächst beschritten worden ist. Vergl. ausführlich zu den Einzelheiten einer Pflicht zur vorherigen innerbetrieblichen Abhilfe: **1. Teil: C.III.2.**

2165 S.o.: **2. Teil: D.II.4.a).**

2166 S.o.: **2. Teil: D.II.4.f).D.II.4.f)**

Arbeitgeber bereithalte[2167]. Unabhängig davon, dass zu bezweifeln ist, ob der EGMR durch diesen Hinweis tatsächlich Regelungen für interne Whistleblowing-Systems in Deutschland *„nahezu eingefordert"* hat,[2168] erscheint eine gesetzliche Pflicht zur Einführung eines entsprechenden Hinweisgebersystems nicht zielführend. Eine solche Verpflichtung könnte insbesondere kleine Unternehmen überfordern und ist zudem nicht geeignet, die unterschiedlichen betrieblichen Gegebenheiten zu erfassen. Vielmehr sollten lediglich gesetzliche Anreize zur Implementierung eines innerbetrieblichen Meldesystems geschaffen werden. Die jüngsten Initiativen zur Schaffung eines Unternehmensstrafrechts sehen erstmal ausdrücklich vor, dass die Compliance Bemühungen der Unternehmen, zu denen auch die Einführung eines innerbetrieblichen Meldesystems zu zählen ist, honoriert werden[2169]. Begehen Mitarbeiter aus einem Unternehmen Gesetzeswidrigkeiten und sind diese dem Unternehmen zurechenbar, so sollen bei der Zumessung der Unternehmenssanktion die Compliance-Bemühungen strafmildernd berücksichtigt werden. Indes ist zu beachten, dass eine Anreizwirkung ausschließlich für die Einrichtung eines vertraulichen Systems geschaffen und nicht auch die Implementierung eines verpönten anonymen Hinweisgebersystems belohnt wird. Von den jüngsten Initaitiven erfüllt diese Voraussetzung nur der Entwurf des BUJ[2170].

3. *Zwischenergebnis*

Gesetzgeberischer Handlungsbedarf besteht lediglich beim Schutz der Whistleblower vor subtilen Benachteiligungen und Repressalien. Zu diesem Zweck ist eine legislatorische Initiative, die darauf abzielt, die repressiven Rechtsansprüche der Whistleblower zu stärken, etwa durch Beweiserleichterungen, nur bedingt geeignet, die Problematik zu lösen. Ein effektiver Benachteiligungsschutz kann nur durch die zusätzliche Stärkung präventiver Maßnahmen erreicht werden. Entsprechend ist die aufgeführte gesetzliche Initiative des BUJ zu befürworten, die Unternehmen privilegiert, die ein innerbetriebliches Whistleblowing-Systems implementiert haben und somit einen echten Anreiz schafft, betriebsspezifische, vertrauliche Hinweisgebersysteme einzuführen.

Kein gesetzgeberischer Handlungsbedarf besteht demgegenüber hinsichtlich einer Erweiterung des Kündigungsschutzes der Hinweisgeber.

2167 EGMR, Urteil vom 21. Juli 2011 – 28274/08, Rdn. 75 – juris.

2168 *Windel*, AP Nr. 235 zu § 626 BGB, Anmerkung, III.

2169 Vergl. hierzu den Entwurf eines VerbStG und den Entwurf zur Reform der §§ 30 und 130 OWiG, abrufbar unter: http://www.justiz.nrw.de/JM/justizpolitik/jumiko/beschluesse/2013/herbstkonferenz13/zw3/TOP_II_5_Gesetzentwurf.pdf; http://www.buj.net/resources/Server/BUJ-Stellungnahmen/BUJ_Gesetzgebungsvorschlag_OWiG.pdf (zuletzt abgerufen am 1. November 2014). S.o.: **2. Teil: D.II.4.i).**

2170 Vergl. § 130 Abs. 1 S. 3 Nr. 4 auf Seite S. 9 des Entwurfs der BUJ. Abrufbar unter: http://www.buj.net/resources/Server/BUJ-Stellungnahmen/BUJ_Gesetzgebungsvorschlag_OWiG.pdf (zuletzt abgerufen am 1. November 2014). S.o.: **2. Teil: D.II.4.i).**

Auf der Grundlage dieser Untersuchungsergebnisse ist die nicht erfolgte Umsetzung des HinwGebSchG nur bedingt nachteilig. Im Einzelnen:

4. Regelungen im Hinweisgeberschutzgesetz

Nach § 6 Abs. 1 S. 3 HinwGebSchG soll der Hinweisgeber das Recht haben, *„sich sofort an eine externe Stelle zu wenden."*[2171] Hiermit wäre der allgemein anerkannte Grundsatz beseitigt, dass vor einer organisationsexternen Offenbarung ein Hinweisgeber grundsätzlich zunächst einen organisationsinternen Hinweis erteilen muss[2172]. Der Entwurf des HinwGebSchG kodifiziert somit nicht lediglich die von der Rechtsprechung aufgestellten Grundsätze, sondern erweitert den Schutz erheblich. Der von der Judikatur erzielte, ausgewogene Kompromiss sollte somit zu Lasten der Arbeitgeberinteressen verschoben werden. Entsprechend wurde die Regelung von dem weit überwiegenden Teil der angehörten Sachverständigen[2173] und in den übrigen Stellungnahmen der Literatur[2174] kritisch betrachtet. Teilweise wurde sogar die Verfassungskonformität einer solchen Regelung in Frage gestellt[2175].

Hinsichtlich der Verbesserungen, die im Rahmen der repressiven Ansprüche vorzunehmen sind, ist die Regelung in § 12 HinwGebSchG, der dem § 22 AGG nachgebildet worden ist, demgegenüber eine sinnvolle Ergänzungen des Schutzmaßstabs[2176].

Im Übrigen kritisch zu betrachten sind die Regelungen zum Leistungsverweigerungsrecht in § 7 HinwGebSchG und zu den anonymen Hinweisgebersystemen in § 11 Abs. 2 HinwGebSchG[2177]. Die Kritikpunkte an dem materiellen Regelungsgehalt der Vorschriften sind bereits dargestellt worden[2178]. Positiv erscheint zunächst demgegenüber, dass das HinwGebSchG die Eigenständigkeit des internen Whistleblowings erkennt und insoweit in § 11 Abs. 1 HinwGebSchG deklaratorische Vorschriften zur

2171 Bt.-Drs. 17/8567, S. 3.

2172 Vergl. zum Grundsatz und zu den Ausnahmen der Pflicht zur vorherigen innerbetrieblichen Abhilfe: **1. Teil: C.III.2. ff.** Ausführlich zu den Argumenten, die für eine Anerkennung des grundsätzlichen Vorrangs des innerbetrieblichen Hinweis sprechen: **1. Teil: C.III.2.a).**

2173 Ausschussdrucksache 17(11)783: *Verband der Beschäftigten der obersten und oberen Bundesbehörden e. V.*, S. 7, 13f.; *Bundesvereinigung der Deutschen Arbeitgeberverbände*, S. 17, 18f.; *Bund der Richterinnen und Richter der Arbeitsgerichtsbarkeit*, S. 23, 25; *Henssler*, S. 26, 29; *Kramer*, S. 31, 34; *Deiseroth* S. 41, 49; *Handelsverband Deutschland*, S 106, 108; a.A.: *Strack*, S. 52, 68 f.; *Schubert*, S. 104, 105.

2174 *Simonet*, RdA 2013, 236, 238; *von Busekist/Fahrig*, BB 2013, 119, 124.

2175 Ohne dies jedoch näher zu begründen: *Kramer*, Ausschussdrucksache 17(11)783, S. 31, 34; *Wybitul*, Ausschussdrucksache 17(11)783, S. 37, 38. Ebenso: *von Busekist/ Fahrig* BB 2013, 119, 124.

2176 Vergl. zu den einzelnen Aspekten einer dem § 12 HinwGebSchG entsprechenden Beweiserleichterung: **2. Teil: D.II.4.a); D.II.4.b).**

2177 Vergl. zu den Regelungen: Bt.-Drs. 17/8567, S. 3 f.

2178 Vergl. zu § 7 HinwGebSchG: **1. Teil: C.III.1.b)bb)(1);** zu § 11 HinwGebSchG: **2. Teil: D.I.1.b)bb)D.I.1.b)bb).**

Errichtung eines internen Meldesystems vorsieht. Diese Regelung, die geeignet wäre, eine Stärkung des innerbetrieblichen Meldevorgangs zu bewirken und die Eigenständigkeit des internen Whistleblowings herauszustellen, wird leider dadurch entkräftet, dass in § 6 Abs. 1 S. 3 HinwGebSchG auf den grundsätzlichen Vorrang der innerbetrieblichen Meldung im Rahmen des externen Whistleblowings verzichtet wird. Sind die Arbeitnehmer aber nicht mehr verpflichtet, regelmäßig vorrangig ein unternehmensinternes Meldesystem zu nutzen, so entfällt zugleich die Anreizwirkung für die Unternehmen, ein solches kosten- und zeitintensives Meldesystem zu installieren.

5. *Zwischenergebnis*

Eine Vielzahl der im HinwGebSchG enthaltenen Regelungen kann nicht überzeugen. Insbesondere die Regelungen, die den ausgewogenen Interessenausgleich, der durch die Rechtsprechung entwickelt worden ist, zu Lasten der Arbeitgeber verschieben, sind abzulehnen. Ein erneuter Anlauf, dass HinwGebSchG unverändert umzusetzen, kann daher bereits an dieser Stelle nicht empfohlen werden. Dennoch gilt es nachfolgend zu untersuchen, ob eine gesetzliche Initiative zur Schaffung von Rechtssicherheit erforderlich ist und ob das HinwGebSchG zumindest vor diesem Hintergrund überzeugen kann.

II. Erforderlichkeit einer gesetzlichen Fixierung des bestehenden Schutzmaßstabs zur Schaffung von Rechtsklarheit und Rechtssicherheit

Beruht die Notwendigkeit einer Gesetzesinitiative nicht darauf, dass ein von der Rechtsprechung gewährleisteter Schutz ergänzt werden muss, wie beim Kündigungsschutz der Whistleblower, so kann die Notwendigkeit der Schaffung eines Gesetzes nur darauf beruhen, dass das Gesetz die Rechtssicherheit und Rechtsklarheit fördert. Eine entsprechende Absicht reklamieren sämtliche legislatorischen Initiativen für sich. In dem ersten legislatorischen Regelungsversuch zum Schutze der Whistleblower im Jahre 2008 durch die Einführung eines neuen § 612a BGB heißt in der Begründung des Gesetzesentwurfs: „*Ziel der Einführung* [...] *ist, eine klare und eindeutige Regelung im Bereich des Informantenschutzes zu schaffen, und damit die Rechtssicherheit für Arbeitnehmer, die über gesetzwidrige Praktiken in ihrem Betrieb informieren, deutlich zu verbessern.*“[2179] Auch das 2012 diskutierte HinwGebSchG sollte „*Rechtsunsicherheit beseitigen.*“[2180]

2179 Ausschussdrucksache 16(10)849, S. 2. Der von drei Bundesministerien erarbeitete „*Vorschlag für eine gesetzliche Verankerung des Informantenschutzes für Arbeitnehmer im Bürgerlichen Gesetzbuch*“ ist abrufbar unter: http://webarchiv.bundestag.de/archive/2010/0304/bundestag/ausschuesse/a10/anhoerungen/a10_81/16_10_849.pdf (zuletzt abgerufen am 1. November 2014).

2180 Bt.-Drs. 17/8567, S. 1.

Das Bestreben, die ausdifferenzierte Judikatur gesetzlich zu fixieren, scheint vor dem Hintergrund berechtigt, dass es beim Whistleblowing tatsächlich gilt, eine Vielzahl von einzelnen Kriterien zu berücksichtigen, die von der Rechtsprechung bei der Abwägungsentscheidung einbezogen werden. Auch wenn – wie dargestellt[2181] – dieser Abwägungsvorgang systematisiert werden kann und die Rechtsprechung einen einheitlichen Kriterienkanon anwendet, bleibt es insbesondere für den Arbeitnehmer als juristischen Laien nur schwer einschätzbar, ob die organisationsexterne Offenbarung in seinem konkreten Fall eine Pflichtverletzung darstellen würde.

1. *Rechtsunsicherheit aufgrund der Berücksichtigung der Umstände des Einzelfalls?*

Sofern allerdings in den Gesetzesmaterialien des HinwGebSchG ausgeführt wird, dass die *„auf Richterrecht beruhende Abwägung im Einzelfall“* eine erhebliche Rechtsunsicherheit für die Arbeitnehmer bewirke[2182], ist folgendes anzumerken:

Zum einen sind jeder Kündigungsentscheidung gewisse Unwägbarkeiten immanent. Dieser (vermeintliche) Mangel an Rechtssicherheit beruht auf der Pflicht, bei jeder Kündigungsentscheidung die Umstände des Einzelfalls zu würdigen. So banal es klingen mag: Um sachgerechte Entscheidungen im Einzelfall treffen zu können, bedarf es der Würdigung aller besonderen Umstände des Einzelfalls. Wenn die Rechtsprechung somit einen dezidierten Abwägungskanon aufgestellt hat, ist dies kein Nachweis für fehlende Rechtssicherheit und -klarheit, sondern vielmehr Ausdruck einer gelebten und unverzichtbaren Einzelfallgerechtigkeit. Zudem wird die Würdigung der besonderen Einzelfallumstände auch nach der Kodifizierung eines noch so umfassenden Hinweisgeberschutzgesetzes[2183] weiterhin unverzichtbar sein[2184]. Die Abwägungskriterien der Rechtsprechung ließen sich zwar in einer gesetzlichen Regelung auflisten, die Abwägung selbst wäre hierdurch aber nicht ersetzbar. Lebenssachverhalte sind zu individuell und vielschichtig, um sämtliche Fallkonstellationen zu normieren, bei denen eine Kündigung zulässig oder unzulässig ist. Das deutsche Kündigungsschutzrecht verzichtet insgesamt auf die Katalogisierung einzelner Kündigungsgründe, sondern bedient sich Generalklauseln. Im Rahmen dieses Gesamtkonzepts ist es zur Schaffung von vermeintlicher Rechtsklarheit daher nicht erforderlich, die Sonderkonstellation einer verhaltensbedingten

2181 Ein kurze Übersicht zum Abwägungsvorgang im Rahmen des externen Whistleblowings findet sich im Kapitel: **1. Teil: F.** Auch das den Thesen vorangestellte Schaubild veranschaulicht die zu berücksichtigenden Grundsätze.

2182 Bt.-Drs. 17/8567, S. 5.

2183 Vergl. zu dem, soweit ersichtlich, umfassendsten Vorschlag einer gesetzlichen Regelung zum Schutz von Whistleblowern: *Strack,* Ausschussdrucksache 17(11)783, S. 52, 93 ff.

2184 In diesem Sinne ebenfalls: *Bund der Richterinnen und Richter der Arbeitsgerichtsbarkeit,* Ausschussdrucksache 17(11)783, S. 23, 24.

Kündigung aufgrund von Whistleblowing herauszulösen und deren Voraussetzung in einem Spezialgesetz zu regeln.

Zum anderen beruhen Unwägbarkeiten bei einer Kündigung aufgrund von Whistleblowing nicht auf einer unklaren, schwankenden und uneinheitlichen Rechtsprechung, sondern auf der Ungewissheit des der Beurteilung zu Grunde liegenden tatsächlichen Geschehens[2185]. Gerade die Rechtssache Heinisch offenbarte, dass der tatrichterlichen Würdigung des substantiierten Vorbringens der Parteien maßgebliche Bedeutung zukommt. Erachtete das LAG einen erneuten innerbetrieblichen Abhilfeversuch als zumutbar[2186], so war dies nach Ansicht des EGMR der Klägerin gerade unzumutbar[2187].

Festzuhalten ist: Die durch die Abwägung im Einzelfall vermeintlich verursachte Rechtsunsicherheit ist tatsächlich die Kehrseite des unverzichtbaren Erfordernisses, Einzelfallgerechtigkeit zu gewährleisten. Eine gesetzliche Regelung wird diesen *Mangel* nicht beseitigen können – die Abwägung im Einzelfall wird auch nach der Kodifizierung eines umfassenden Gesetzes weiterhin unumgänglich sein. Zudem hat die Rechtsprechung im Fall einer Kündigung aufgrund des externen Whistleblowings ein Regel-Ausnahme-Verhältnis aufgestellt und einen im Übrigen sehr ausdifferenzierten und beständigen Abwägungskanon entwickelt, so dass die Prognostizierung einer Kündigungsentscheidung in denen durch die Einzelfallwürdigung vorgegebenen Grenzen wesentlich präzisiert und damit erleichtert worden ist.

2. *Anforderungen an eine gesetzliche Regelung zur Schaffung von Rechtsklarheit*

Die Anforderungen an eine gesetzliche Initiative, die dem Ziel der Förderung der Rechtssicherheit und -klarheit auf dem Gebiet des Whistleblowings gerecht werden will, sind beträchtlich. Der von der Rechtsprechung vorgegebene und ausgewogene Schutzmaßstab müsste sich widerspruchsfrei, vollständig und transparent im Gesetzeswortlaut widerspiegeln. Zudem müsste das Gesetz die Whistleblowing-Thematik gesamtheitlich erfassen. Eine gesetzliche Initiative zur Förderung der Rechtssicherheit dürfte sich somit nicht darauf beschränken, die Grenzen des Rechts des Whistleblowers zur organisationsexternen Offenbarung zu normieren. Vielmehr müssten auch die Problematiken im Rahmen des internen Whistleblowings miteinbezogen werden. Dabei gilt es, entsprechend der gefundenen Untersuchungsergebnisse, das interne Whistleblowing nicht nur als gewichtiges Abwägungskriterium im Rahmen des externen Whistleblowings zu betrachten, sondern auch die Eigenständigkeit des innerbetrieblichen Meldevorgangs zu beachten. Sowohl die innerbetriebliche

---

2185 Vergl. zu ähnlichen Erwägungen im Rahmen der Erforderlichkeit eines Patientenrechtegesetzes: *Katzenmeier*, NJW 2013, 817, 823.

2186 LAG Berlin, Urteil vom 28. März 2006 – 7 Sa 1884/05, Rdn. 54 – juris; ausführlich hierzu: **1. Teil: D.IV.2.aa).**

2187 EGMR, Urteil vom 21. Juli 2011 – 28274/08, Rdn. 74 – juris; S.o.: **1. Teil: D.V.4.a).**

Meldung an sich als auch die Unterlassung eines Hinweises auf einen Missstand können eine Pflichtverletzung darstellen[2188].

Gleichsam besteht generell die Problematik, dass Transparenz und Klarheit einer gesetzlichen Regelung mehr durch kurze und prägnante Regelungen gefördert werden als durch umfassende und detaillierte Vorschriften. Vor diesem Hintergrund scheint der Ansatz, eine Whistleblowingregelung im BGB zu verankern, wie es der Ministerienvorschlag 2008 und auch die Gesetzesinitiative der Fraktion Die Grünen 2012 vorsahen, erfolgversprechender als ein umfassendes Spezialgesetz. Der 2008 vorgelegte, von mehreren Ministerien gemeinsam erarbeitete Änderungsvorschlag zur Reform des § 612a BGB enthielt insgesamt vier Absätze, während der etwas umfangreichere Entwurf der Fraktion Die Grünen zur Einführung eines § 612b insgesamt sechs Absätze umfasste[2189].

Das HinwGebSchG enthält demgegenüber vierzehn Paragrafen und wird insgesamt den Anforderung eines Gesetzes, das die Rechtssicherheit im Bereich des Whistleblowings stärken soll, nicht vollumfänglich gerecht.

3. *Rechtssicherheit und -klarheit durch die Einführung des HinwGebSchG*

Positiv zu bewerten ist das Bestreben des Entwurfs, dass in § 2 Abs. 2 HinwGebSchG durch die Aufnahme des Kriteriums der Leichtfertigkeit die maßgebliche Weichenstellung bei der Beurteilung einer Pflichtverletzung widergespiegelt werden soll[2190]. Auch die Verwendung der vom BVerfG verwendeten Terminologie ist vor diesem Hintergrund zu begrüßen[2191]. Allerdings ist es weniger gelungen, dass das Kriterium bereits in der Definition eines Hinweisgebers im Sinne des Gesetzes enthalten ist. *Henssler* weist zutreffend daraufhin, dass bei einer solchen eingrenzenden Definition die in den weiteren Regelungen enthaltene Differenzierung von rechtswidrigen und rechtmäßigen Hinweisen problematisch ist[2192]. Leider werden in den weiteren Vorschriften des Entwurfs die von der Rechtsprechung im Übrigen gewürdigten Kriterien nicht aufgeführt und der Kündigungsschutz wird – wie ausgeführt[2193] – erheblich zu Lasten der Arbeitgeber erweitert.

2188 Der Entwurf des Arbeitsvertragsgesetzes bietet auch für die Unterlassungsproblematik entsprechende Regelungen. So wird in § 73 ArbVG die Pflicht des Arbeitnehmers statuiert, sofern er die Gefahr eines erheblichen betrieblichen Schadens erkennt, dies dem Arbeitgeber unverzüglich anzuzeigen, vergl.: NZA-Beil. 2007, 6, 19. Vergl. ausführlich zur Anzeigeverpflichtung: **2. Teil: B.**

2189 Vergl. zum Ministerienentwurf: Ausschussdrucksache 16(10)849; vergl. zum Entwurf der Fraktionen Die Grünen: Bt.-Drs. 17/8782. Der Ministerienentwurf wird untersucht bei: *Becker*, S. 144 ff.; *Berthold*, S. 93 ff.

2190 Vergl. insoweit ausführlich zum Kriterium der Leichtfertigkeit: **1. Teil: B.II.3.**

2191 A.A.: *Henssler*, Ausschussdrucksache 17(11)783, S. 26, 29.

2192 *Henssler*, Ausschussdrucksache 17(11)783, S. 26, 29.

2193 S.o.: **3. Teil: A.I.4.**

Konfliktpotential birgt auch die Fassung des Benachteiligungsverbots in § 4 Abs. 1 HinwGebSchG. Wird in § 4 Abs. 1 S. 3 ausdrücklich ein Kündigungsverbot auf Grund rechtmäßiger Hinweise festgelegt, so fehlt diese Beschränkung beim allgemeinen Benachteiligungsverbot nach § 4 Abs. 1 S. 1. Der Entwurf bringt den gesetzgeberischen Willen, den Anwendungsbereich des Benachteiligungsverbots auf rechtmäßige Hinweise zu beschränken[2194], somit nur unzureichend zum Ausdruck[2195].

Positiv hervorzuheben ist demgegenüber wiederum, dass in § 10 HinwGebSchG darauf hingewiesen wird, dass unrechtmäßiges Whistleblowing nicht folgenlos für den Anzeigenden bleibt. Die Aufnahme einer entsprechenden Regelung ist vor dem Hintergrund angezeigt, einen beiderseitigen Interessenausgleich anzustreben. Da die Regelung nur auf bestehendes Recht hinweist, ist ein beträchtliches Abschreckungspotential für berechtigte Hinweisgeber nicht ersichtlich[2196]. Im Übrigen ist eine Abschreckung vor rechtswidrigen Whistleblowing durchaus angezeigt. Die Regelung verdeutlich dem Whistleblower, dass er nicht vorschnell, ohne jegliche Konsequenzen fürchten zu müssen, einen vermeintlichen Missstand offenbart. Das Bewusstsein möglicherweise Schadenersatzansprüchen ausgesetzt zu sein, wird den Whistleblower dazu anhalten, den Wahrheitsgehalt seiner Informationen nochmals zu verifizieren. Insgesamt sinkt somit die Gefahr, dass der Whistleblower leichtfertig falsche Informationen offenbart. Damit ist es auch insgesamt unwahrscheinlicher, dass die Konstellation eines unzulässigen Whistleblowings eintritt, an der keiner der beteiligten Parteien ein Interesse haben kann.

Im Übrigen begrüßenswert ist die Klarstellung in § 3 Abs. 4 S. 2 HinwGebSchG. Leiharbeitnehmer sind beim Whistleblowing (mindestens) ebenso schutzwürdig wie Beschäftigte der Stammbelegschaft[2197].

III. Ergebnis

Ungeachtet der beinhalteten und abzulehnenden Erweiterung des Kündigungsschutzes und der übrigen inhaltlichen Bedenken gegen den Entwurf des HinwGebSchG kann die Gesetzesinitiative auch nicht vollständig vor dem Hintergrund überzeugen, die Rechtssicherheit und Rechtsklarheit zu fördern.

B. Handlungsoptionen *de lege ferenda*

I. Lösung innerhalb eines umfassenden Arbeitsvertragsgesetzbuch

Das HinwGebSchG leidet unter einem strukturellen Problem, das nicht durch Veränderungen oder Anpassungen einzelner der 15 Paragrafen des Gesetzes zu lösen ist.

2194 Vergl. zu dem entsprechenden gesetzgeberischen Willen: Bt.-Drs. 17/8567, S. 7.

2195 Ebenso: *Henssler,* Ausschussdrucksache 17(11)783, S. 26, 29.

2196 In diesem Sinne aber: *Schubert,* Ausschussdrucksache 17(11)783, S. 104.

2197 Vergl. zu dieser Problematik ausführlich: **1. Teil: A.II.6.a)aa).**

Die Etablierung eines weiteren Spezialgesetzes zum Schutze von Hinweisgebern, wird die Zersplitterung des Arbeitsrechts fortsetzen und vertiefen[2198]. Kann ein Spezialgesetz geeignet sein, für eine bestimmte Problematik das Rechtssicherheits- und Transparenz-Problem zu lösen, so bewirkt jede Etablierung eines weiteren Spezialgesetzes zugleich eine Verschärfung der allgemeinen Intransparenz des Arbeitsrechts. Gesamtheitliche Transparenz und Rechtsklarheit werden daher nur bei der Kodifizierung eines umfassenden Arbeitsvertragsgesetzbuchs erreicht werden können. Einzig zielführend ist somit die Schaffung eines gesamtheitlichen Regelungswerkes, das als integraler Bestandteil auch transparente Schutzregelungen für das Whistleblowing vorsieht.

Ein umfassendes Spezialgesetz wie das HinwGebSchG kann allerdings nicht einen derart gewichtigen Rechtssicherheitsvorteil anführen, der die negativen Folgen eines weiteren Spezialgesetzes aufwiegt. Zumal das HinwGebSchG in seinen 15 Paragrafen, ungeachtet der negativen Auswirkungen einer weiteren Zersplitterung, auch vor dem Hintergrund zumindest partielle Rechtsklarheit und Transparenz zu schaffen, nicht vollständig überzeugen kann. Die negativen Auswirkungen hinsichtlich der der weiteren Zersplitterung wiegen dabei umso schwer, da eine gesetzliche Regelungslegitimation zur Whistleblowingproblematik sich im Wesentlichen gerade auf die Schaffung von Rechtsklarheit beschränkt, da der Schutz der Whistleblower, mit Ausnahme des Schutzes vor Repressalien, nicht ergänzungsbedürftig ist.

Bevor in einer weiteren legislatorischen Initiative erneut der vermeintlich *„große Sprung nach vorn"* durch ein umfassendes Hinweisgeberschutzgesetz erwogen wird, sollte eine gesamtheitliche Lösung der allgemeinen Intransparenz im Arbeitsrecht angestrebt werden.

Obgleich auf der Grundlage der gefundenen Ergebnisse geringfügige Anpassungen und Erweiterungen der §§ 9 und 78 des ArbVG-E bedenkenswert erscheinen[2199], enthält der Entwurf eines Arbeitsvertragsgesetzes auch für die Whistleblowing Thematik insgesamt ausgewogene und transparente Regelungen. Professor Henssler hat als Sachverständiger in Rahmen der Anhörung zum Hinweisgeberschutzgesetz auf folgende Fassung der §§ 9 und 78 des ArbVG-E verwiesen[2200]:

> *§ 9 Maßregelungsverbot*
> *[1]Der Arbeitgeber darf Bewerber, Arbeitnehmer und ehemalige Arbeitnehmer nicht benachteiligen, weil diese in zulässiger Weise ihre Rechte ausüben oder unter Beachtung des § 78 auf betriebliche Unregelmäßigkeiten hinweisen. [2]Insbesondere darf er niemanden wegen seiner gewerkschaftlichen Einstellung oder Betätigung benachteiligen.*

2198 Vergl.: *Henssler,* Ausschussdrucksache 17(11)783, S. 26, 28, 29.

2199 Insbesondere gilt es zu verhindern, dass das öffentliche Interesse an der offenbarten Information eine maßgebliche Rolle bei der Bestimmung einer Pflichtverletzung einnimmt, vergl. ausführlich zur Problematik: **1.Teil: D.V.4.b) ff.**

2200 *Henssler,* Ausschussdrucksache 17(11)783, S. 26, 27.

§ 78 Abhilfe bei drohenden Schäden und Gesetzesverstößen

(1) [1]Drohen Menschen, Sachwerten oder der Umwelt aus dem Betrieb Schäden oder werden Strafgesetze oder Arbeitsschutzvorschriften verletzt, so hat der Arbeitnehmer den Arbeitgeber vor der Einschaltung der zuständigen außerbetrieblichen Stellen zur Abhilfe aufzufordern. [2]Kommt der Arbeitgeber der Aufforderung nicht nach, so kann sich der Arbeitnehmer an die zuständigen Stellen wenden.

(2) Der Arbeitnehmer darf sich unmittelbar an die zuständigen außerbetrieblichen Stellen wenden, wenn

a. dem Arbeitnehmer, anderen Menschen, Sachwerten oder der Umwelt unverhältnismäßige Nachteile drohen und eine Aufforderung nicht oder nicht rechtzeitig zur Abhilfe führen würde oder

b. der Arbeitgeber eine nicht nur auf Antrag verfolgbare Straftat begangen hat.

II. Lösung durch bereichsspezifische Maßnahmen

Auch wenn insgesamt nur eine gesetzliche Regelung des Whistleblowings innerhalb eines umfassenden Arbeitsvertragsgesetzes vollends unterstützt werden kann, wird nachfolgend dennoch ein eigener Regulierungsvorschlag innerhalb des BGB unterbreitet. Auch wenn eine solche Regelung nur ein weiteres Provisorium darstellt, rechtfertigt sich ein Regelungsvorschlag vor dem Hintergrund, dass eine im BGB integrierte Regelung der Rechtssicherheit und -klarheit dienlicher ist als ein umfassendes Spezialgesetz. Zudem können die bestehenden Schutzlücken durch eine in das BGB integrierte Regelung geschlossen werden. Ebenso scheint gerade bei den gesetzgeberischen Tätigkeiten auf dem Gebiet des Arbeitsrechts der Grundsatz zu gelten, dass nichts länger hält als ein Provisorium. Denn selbst in Anbetracht zweier gescheiteter Regulierungsversuche ist das populäre Begehren, die Hinweisgeber besser zu schützen, noch auf der aktuellen politischen Agenda[2201]. Auch die *causa Snowden,* deren Ende noch nicht absehbar erscheint, bewahrt der Whistleblowing-Thematik allgemeine mediale Aufmerksamkeit. Spätestens beim nächsten aufsehenerregenden Fall eines Whistleblowers, der öffentlich Missstände in einem Betrieb anprangert, werden daher wahrscheinlich reflexartig auch erneut Forderungen aufkommen, gesetzliche Initiativen zum Schutze der Whistleblower zu ergreifen.

Auf Grundlage der Untersuchungsergebnisse müsste ein unterstützenswertes gesetzgeberisches Handeln außerhalb der Umsetzung eines umfassenden Arbeitsvertragsgesetzes aus zwei Komponenten besteht.

2201 Auch der Koalitionsvertrag zur 18. Legislaturperiode enthält zumindest die Ankündigung, dass geprüft werden solle, ob beim Hinweisgeberschutzgesetz die internationalen Vorgaben umgesetzt worden seien, vergl.: Koalitionsvertrag CDU/CSU/SPD Koalition: *„Deutschlands Zukunft gestalten"*, S. 50, abrufbar unter: http://www.spd.de/linkableblob/112790/data/20131127_koalitionsvertrag.pdf (zuletzt abgerufen am 1. November 2014).

1. Stärkung unternehmensinterner Meldesysteme

Zunächst gilt es – wie ausgeführt[2202] – die Implementierung innerbetrieblicher Hinweisgebersystem durch gesetzliche Anreize zu fördern. Die Stärkung der präventiven Schutzmechanismen ist der wichtigste Beitrag, um die Benachteiligungsproblematik der Whistleblower zu mindern. Eine gelungene Initiative hierzu ist der Vorschlag des BUJ zur Reformierung des OWiG[2203].

2. Änderungen im BGB

Auf Grundlage der gefundenen Ergebnisse bietet sich eine knappe und transparente Regelung im BGB an, die die von der Rechtsprechung erarbeiteten, ausgewogenen Grundsätze gesetzlich fixiert und Schutzlücken schließt. Wie ausgeführt sind kurze und transparente Regelungen der Rechtssicherheit grundsätzlich dienlicher als umfassende Spezialgesetze, die eine Abwägung letztlich auch nicht ersetzen können. Ingesamt scheint für die Umsetzung der Untersuchungsergebnisse eine Ergänzung des § 612a BGB und die Einführung eines § 612b BGB angezeigt:

a) Ergänzungen des § 612a BGB

> *§ 612a Benachteiligungsverbot*
> *(1) Der Arbeitgeber darf einen Arbeitnehmer bei einer Vereinbarung oder einer Maßnahme nicht benachteiligen, weil der Arbeitnehmer in zulässiger Weise seine Rechte ausübt.*
> *(2) Wenn im Streitfall die eine Partei Indizien beweist, die eine Benachteiligung nach Abs. 1 vermuten lassen, trägt die andere Partei die Beweislast dafür, dass die Benachteiligung nicht aufgrund der Rechtsausübung erfolgte.*

b) Einführung eines § 612b BGB

> *§ 612b Hinweis auf organisationsinterne Missstände*
> *(1) [1]Ein Arbeitnehmer ist berechtigt, auf organisationsinterne Missstände hinzuweisen. [2]Ein organisationsinterner Missstand in diesem Sinne ist jeder Missstand, der geeignet ist, die Interessen des Arbeitgebers zu beeinträchtigen. [3]Der Arbeitnehmer muss in der Regel zunächst den Arbeitgeber zur organisationsinternen Abhilfe auffordern, bevor er organisationsextern auf einen Missstand hinweist. [4]Werden Arbeitnehmer einem Dritten zur Arbeitsleistung überlassen, so gilt auch dieser als Arbeitgeber im Sinne der Norm.*
> *(2) Ein Hinweis ist nicht rechtmäßig, wenn der Arbeitnehmer im sachlichen Zusammenhang mit seinem Hinweis leichtfertig oder wissentlich unwahre Angaben macht oder die Wahrnehmung des Hinweisrechts insgesamt unverhältnismäßig ist.*

2202 Vergl. hierzu: **2. Teil: D.II.4.f)D.II.4.f) ff.**
2203 Vergl. hierzu: **2. Teil: D.II.4.i).**

(3) [1]Unverhältnismäßig kann ein Hinweis insbesondere dann sein, wenn der Vorrang der organisationsinternen Abhilfe nach Abs. 1 S. 3 nicht oder nicht hinreichend gewahrt wird oder der Hinweisgeber zuvörderst beabsichtigt, den Arbeitgeber oder einen Dritten zu schädigen. [2]Der Vorrang der organisationsinternen Abhilfe nach Abs. 1 S. 3 muss nicht beachtet werden, wenn

1. *der Arbeitnehmer sich durch die Nichtanzeige selbst der Strafverfolgung aussetzen würde,*
2. *eine von einem Dritten begangene schwerwiegende oder eine vom Arbeitgeber selbst begangene respektive ihm zurechenbare Straftat vorliegt oder*
3. *eine organisationsinterne Abhilfe berechtigterweise nicht oder nicht rechtzeitig zu erwarten ist.*

[3]Im Rahmen eines organisationsexternen Hinweises auf einen organisationsinternen Missstand ist der Arbeitnehmer zunächst gehalten, sich an die zuständigen Behörden zu wenden, die Abhilfe verschaffen können.

(4) [1]Von diesen Vorschriften kann nicht zuungunsten des Arbeitnehmers abgewichen werden. [2]Im Übrigen bestehende gesetzliche Anzeigerechte und -pflichten bleiben unberührt.

c) Erläuterungen zu § 612a BGB

Das interne und externe Whistleblowing ist bereits gegenwärtig eine Ausübung von Rechten i.S.d. § 612a BGB. Dennoch ist im Rahmen der Sachverständigenanhörung zu dem Entwurf des Hinweisgeberschutzgesetzes der Vorschlag unterbreitet worden, dies durch einen entsprechenden Halbsatz klarzustellen[2204]. Eine solche Klarstellung könne der Gesetzgeber vornehmen, sofern er ein Signal setzen wolle, für den Schutz der Hinweisgeber einzutreten[2205]. Zunächst sollte die Signalwirkung einer solchen lediglich deklaratorischen Klarstellung nicht überschätzt werden. Zudem könnte durch eine solche Klarstellung der Bedeutungsgehalt der Hinweisgeberproblematik überhöht werden. Denn die Whistleblowingproblematik wäre somit die einzige Fallkonstellation, die explizit als Ausübung von Rechten erwähnt würde und stünde somit zumindest mit einer Benachteiligung aufgrund der Gewerkschaftszugehörigkeit in Konflikt, die durch das einzig unmittelbar wirkende Grundrecht aus Art. 9 Abs. 3 S. 2 GG untersagt ist, aber nicht explizit im Rahmen des § 612a

2204 Der *Bund der Richterinnen und Richter der Arbeitsgerichtsbarkeit* unterbreitete den Vorschlag, § 612a BGB um folgenden Halbsatz zu ergänzen: *„oder auf Missstände in Unternehmen oder Betrieb hinweist, durch die eine Gefahr für Leben oder Gesundheit von Menschen oder Umwelt droht."* Vergl.: Ausschussdrucksache 17(11)783, S. 23, 25. Auch der von *Hennsler* in der Sachverständigenanhörung eingeführte Entwurf des § 9 ArbVG enthält die Ergänzung: *„oder unter Beachtung des § 78 auf betriebliche Unregelmäßigkeiten hinweisen."* Vergl.: *Henssler,* Ausschussdrucksache 17(11)783, S. 26, 27; *Henssler/Preis,* NZA-Beil. 2007, 6, 9.

2205 Vergl.: *Bund der Richterinnen und Richter der Arbeitsgerichtsbarkeit,* Ausschussdrucksache 17(11)783, S. 23, 25

BGB aufgeführt wird[2206]. Problematisch ist ferner, dass eine solche Klarstellung im Rahmen des vorliegenden gesetzgeberischen Gesamtkonzeptes zu Missverständen hinsichtlich der Anwendungsbereiche der Normen führen könnte. Enthielte § 612a BGB einen expliziten Verweis auf das Hinweisrecht, so könnte § 612b BGB als lex specialis zu 612a BGB verstanden werden. § 612b BGB statuiert aber lediglich die Grenzen des rechtlich Zulässigen beim Whistleblowing und § 612a BGB enthält weiterhin den allgemeinen Benachteiligungsschutz[2207]. Daher ist auf eine Ergänzung des § 612a Abs. 1 BGB verzichtet worden.

Der repressive Rechtsanspruch des Whistleblowers soll indes effektiviert werden. Hierzu wird § 612a BGB um einen zweiten Absatz ergänzt, der die Beweisnot der Whistleblower im zumutbaren Maß mindert. Die Regelung ist an § 22 AGG orientiert. Auch wenn die Formulierung in § 22 AGG Kritik ausgesetzt ist[2208], sind die durch § 22 AGG bewirkten Absenkungen des Beweismaßes mittlerweile hinreichend durch die Rechtsprechung bestimmt[2209]. Im Übrigen wären durch die Ergänzung des § 612a BGB nicht nur die Whistleblower besser vor Repressalien abseits der klassischen arbeitsrechtlichen Sanktionsmaßnahen geschützt (Kündigung und Abmahnung), von der Ergänzung würden sämtliche Beschäftigte profitieren, die sich repressiv gegen Benachteiligungen zur Wehr setzen[2210].

d) Erläuterungen zu § 612b BGB

Die umfangreichste Regelung im Rahmen des gesetzgeberischen Maßnahmenpakets ist die Kodifizierung der Rechtsprechungsgrundsätze zum Schutze der Whistleblower vor Kündigungen. Dabei gilt es – entgegen vorheriger Gesetzesinitiativen – den von der Rechtsprechung gewährten und ausgewogenen Schutzmaßstab abzubilden und nicht zu Lasten einer Partei zu verschieben.

Nach der hier vertretenen Ansicht genießt ein Whistleblower auch außerhalb des Anwendungsbereichs des KSchG einen im Wesentlichen vergleichbaren

---

2206 Vergl. zur mittelbaren Drittwirkung der Grundrechte im Arbeitsrecht: **1. Teil: A.II.1.** Der Entwurf des ArbVG enthält in § 9 ArbVG, ausdrücklich einen Bezug zum Verbot der Benachteiligung aufgrund der Gewerkschaftszugehörigkeit.

2207 Vergl. ausführlicher zum Anwendungsbereich der Normen: **3. Teil: B.II.2.d)ee).** Für Benachteiligungen in Form einer whistleblowing-bedingten Kündigung ist § 612a BGB de lege lata nur in der Ausnahmekonstellation heranzuziehen, in der die Anwendungsvoraussetzungen des KSchG nicht erfüllt sind. Diese Rechtslage wird auch nach einer Umsetzung der Regelungsvorschläge fortbestehen.

2208 MünchKommBGB/*Thüsing* § 22 AGG, Rdn. 2 ff.

2209 BAG, Urteil vom 27. Januar 2011 – 8 AZR 580/09, NZA 2011, 737; BAG, Urteil vom 17. Dezember 2009 – 8 AZR 670/08, NZA 2011, 383; ErfK/*Schlachter* § 22 AGG, Rdn. 2 ff.

2210 Auch der *Bund der Richterinnen und Richter der Arbeitsgerichtsbarkeit* empfiehlt eine solche Ergänzung, vergl.: *Bund der Richterinnen und Richter der Arbeitsgerichtsbarkeit,* Ausschussdrucksache 17(11)783, S. 23, 25.

Schutzmaßstab[2211]. Dieses Ergebnis, das darauf gründet, dass die Rechtsprechung den Schutzmaßstab aus einer Konkretisierung der Nebenpflichten ableitet, die unabhängig von der Einschlägigkeit des KSchG bestehen und jedem Beschäftigungsverhältnis von Anbeginn immanent sind, wird durch eine Fixierung der Schutzregelungen im BGB bestätigt.

Die Verwendung des Begriffs *„Hinweis"* in der Überschrift der Norm und im gesamten Normtext anstelle des Begriffs *„Anzeige"* verdeutlicht, dass nicht nur eine organisationsexterne Strafanzeige, sondern auch die organisationsinternen Meldungen dem Hinweisrecht unterfallen. Auf eine explizite Differenzierung zwischen internem und externem Whistleblowing innerhalb der Norm wird allerdings verzichtet. Zum einen haben die Untersuchungen gezeigt, dass die klassischen arbeitsrechtlichen Sanktionsmaßnahmen von Kündigung und Abmahnung regelmäßig erst nach einer organisationsexternen Offenbarung ergriffen werden (externes Whistleblowing), zum anderen werden die internen Whistleblower primär durch andere Elemente des Maßnahmenpakets geschützt[2212]. Auch die Transparenz der Norm würde durch eine ausdrückliche Differenzierung zwischen internem und externem Whistleblowing nicht gesteigert, so dass letztlich auf eine solche Unterteilung verzichtet worden ist.

Gleichwohl werden Konstellationen des internen Whistleblowings, in der ein Hinweis auf einen Missstand den organisationsinternen Bereich nicht verlässt, und des externen Whistleblowings, in denen der Hinweis gegenüber einer organisationsfremden Stelle (Behörde, Medien etc.) bekannt gemacht wird, bereits in Abs. 1 S. 3 voneinander abgegrenzt. Dabei wird die Terminologie zur Beschreibung des internen und externen Whistleblowings im gesamten Normtext beibehalten. *„Abhilfe"* beschreibt den Vorgang des internen Whistleblowings, *„organisationsexterner Hinweis"* die Fälle des externen Whistleblowings. Sofern in der Norm lediglich von *„Hinweis"* gesprochen wird, sind beide Konstellationen des Whistleblowings sinngemäß umfasst.

Im Gesetzesentwurf wird zudem die Begrifflichkeit eines betrieblichen Missstandes bzw. innerbetrieblichen Missstandes vermieden und der Begriff *organisationsinterne Missstände* verwendet und in Abs. 1 S. 2 legaldefiniert. Der Begriff eines organisationsinternen Missstands ist auch in der Definition zu Beginn der Untersuchung gebraucht worden.

In der Untersuchung ist demgegenüber auch regelmäßig der Begriff des betrieblichen oder innerbetrieblichen Missstandes verwendet worden. Auch andere Gesetzesvorschläge verwenden diese Begriffe[2213]. Im Rahmen der Untersuchungen war

2211 Vergl. hierzu: **1. Teil: A; C.V.4.b).**

2212 Vergl. oben: **3. Teil: B.I.1; B.I.2.a).**

2213 Das HinwGebSchG verwendet in § 1 den Begriff der innerbetrieblichen Missstände, vergl.: Bt.-Drs. 17/8567, S. 2 Der ältere Ministerienentwurf, der eine Whistleblowing-Regelung in einem neuen § 612a BGB vorsah, wollte Hinweisgeber schützen, die im Betrieb oder im Rahmen einer betrieblichen Tätigkeit von Missständen erfuhren, vergl.: Ausschussdrucksache 16(10)849, S. 1. Aus der Gesetzesbegründung ergibt sich, dass durch die Formulierung auch Arbeitnehmer geschützt werden sollten, die bei Außendienstarbeiten mit Missständen konfron-

dies unschädlich, da Arbeitnehmer zumeist tatsächlich mit Missständen in dem auch räumlich abgrenzbaren Betrieb ihres Arbeitgebers konfrontiert werden. Im Rahmen einer gesetzlichen Bestimmung ist der Begriff eines betrieblichen oder innerbetrieblichen Missstandes aber ungeeignet.

Zunächst gilt es zu beachten, dass Auslegungsschwierigkeiten schon dadurch auftreten könnten, dass im Arbeitsrecht kein einheitlicher und allgemein anerkannter Betriebsbegriff existiert[2214]. Zudem sind auch Konstellationen vorstellbar, in denen der Begriff des betrieblichen Missstandes Zweifel erregen könnte, ob ein Arbeitnehmer sich im konkreten Fall auf den Schutz des § 612b BGB berufen kann, da der Begriff eines betrieblichen Missstandes in bestimmten Konstellation des arbeitsrechtlichen Whistleblowings zu eng gefasst ist.

Dies gilt etwa für einen Konzernbeschäftigten, der von Missständen erfährt, die nicht seinen Stammbetrieb, sondern andere Betriebe, Betriebsstätten oder Gemeinschaftsbetriebe des Konzerns betreffen.

Gleiches gilt für diejenigen Hinweise, die Missstände aus dem Verantwortungsbereich eines Geschäftspartners betreffen, aber zugleich auch die Interessen des Vertragsarbeitgebers beeinträchtigen können[2215]. Aus diesem Grund kann der Begriff des organisationsinternen Missstands auch nicht dadurch ersetzt werden, dass etwa auf *„Missstände bei dem Arbeitgeber oder eines mit ihm verbundenen Unternehmens“* abgestellt wird. Eine solche Konkretisierung umfasst zwar die genannte Konzernkonstellation, sie schlösse aber diejenigen Whistleblower aus, die einen Missstand eines Geschäftspartners offenbaren[2216].

Der Begriff der organisationsinternen Missstände gewährleistet demgegenüber, dass sowohl Hinweise auf Missstände erfasst werden können, die nicht unmittelbar dem Verantwortungsbereich des Arbeitgebers entstammen, sondern beispielsweise dem eines Geschäftspartner, als auch Hinweise auf Missstände im Konzern. Ebenso unterfielen Hinweise auf lediglich unethische, aber nicht gesetzeswidrige Verhaltensweisen des Arbeitgebers dem Anwendungsbereich des § 612b BGB. Denn maßgeblich ist nach dem legaldefinierten Verständnis eines organisationsinternen

---

tiert wurden, vergl.: Ausschussdrucksache 16(10)849, S. 1. Diese Formulierung ist zwar dem HinwGebSchG vorzuziehen, aus den nachfolgend genannten Gründen ist ein Abstellen auf den Betriebsbegriffs aber abzulehnen.

2214 S.o.: **1. Teil: A.II.6; A.II.6.d).**

2215 Vergl. hierzu: **1. Teil: A.II.6.d).**

2216 Ebenso zweifelhaft wäre bei dieser Formulierung, ob auch die – schutzwürdigen – Leiharbeitnehmer, die in aller Regel nicht mit Missständen ihres (Vertrags-) Arbeitgebers, sondern mit Missständen des Entleihers konfrontiert werden, vom Schutzbereich umfasst wären, vergl. zur Einbeziehung der Leiharbeitnehmer in den Schutzbereich des Whistleblowings ausführlich: **1. Teil: A.II.6.a)aa) ff.** Um diese Zweifel gänzlich zu vermeiden, wird durch Abs. 1 S. 4 klargestellt, dass der Schutz auch für Leiharbeitnehmer gilt.

Missstands ausschließlich, ob die Hinweise geeignet sind, die Interessen des Arbeitgebers zu beeinträchtigen[2217].

Der Begriff eines organisationsinternen Missstands scheint somit am besten geeignet, um die Grenzen des rechtlich Zulässigen beim Whistleblowing möglichst umfassend innerhalb einer in das BGB zu integrierenden Norm festzulegen.

Aus den genannten Gründen wurde auch im Rahmen der grundsätzlich vorrangig zu beachtenden Abhilfe durch den Arbeitgeber, die in der Praxis zumeist innerbetrieblich erfolgen wird, stets auf den Begriff einer organisationsinternen Abhilfe abgestellt. Auf diese Weise ist sichergestellt, dass die genannten Sonderkonstellationen erfasst werden, in denen die Missstände nicht dem betrieblichen Verantwortungsbereich des Arbeitgebers zugeordnet sind und entsprechend keine innerbetriebliche, sondern nur eine organisationsinterne Abhilfe erfolgen kann. Hinzu kommt, dass der Arbeitgeber für die interne Entgegennahme von Hinweisen auch organisationsfremde Meldestellen einbinden kann, beispielsweise einen externen Ombudsmann. Obwohl der Hinweis in diesen Fällen nicht gegenüber einer innerbetrieblichen Stelle erfolgt, handelt es sich dennoch um eine interne und nicht um eine externe Offenbarung eines Missstandes[2218].

Die Grenzen des rechtlich Zulässigen bei einem Hinweis auf einen organisationsinternen Missstand werden durch § 612b BGB für die Arbeitnehmer festgelegt. Arbeitnehmerähnliche Personen sind nicht vom Anwendungsbereich der Norm umfasst. Bei diesen Personen handelt es sich um Selbstständige, die wirtschaftlich, aber nicht persönlich abhängig sind[2219]. Primäre Rechtsfolge einer Einordnung als arbeitnehmerähnliche Person ist, dass arbeitsrechtliche Vorschriften grundsätzlich nicht anzuwenden sind[2220]. Dies gilt insbesondere für das KSchG[2221] und das allgemeine

2217 Die potentielle Interessenbeeinträchtigung des Arbeitgebers, bei einem Hinweis durch einen seiner Arbeitnehmer auf einen Missstand außerhalb seines Verantwortungsbereichs, kann beispielsweise in einer Beeinträchtigungen der Beziehungen zu dem Geschäftspartner liegen, dessen Verantwortungsbereich der offenbarte Missstand zuzuordnen ist, vergl. hierzu.: **1. Teil: A.II.6.d).** Auch ein Hinweis auf gesetzeskonformes, aber dennoch (vermeintlich) unethisches Verhalten des Arbeitgebers kann eine negative Publizität für den Arbeitgeber bewirken und somit eine Beeinträchtigung seiner Interessen darstellen, vergl. hierzu: **1. Teil: A.II.6.b).**

2218 Vergl. im Einzelnen zur funktionalen Abgrenzung des internen und externen Whistleblowings: **1. Teil: A.II.6.e).**

2219 BAG, Urteil vom 8. Mai 2007 – 9 AZR 777/06, Rdn. 27 – juris; ErfK/*Preis* § 611 BGB, Rdn. 110 ff. Vergl. zu weiteren Nachweisen oben: **1. Teil: A.II.6.a).**

2220 ErfK/*Preis* § 611 BGB, Rdn. 113 ff. Vergl. zur gesetzlich vorgeschriebenen Anwendung bestimmter arbeitsrechtlicher Schutzvorschriften: Küttner/*Röller* Arbeitnehmerähnliche Personen, Rdn. 11.

2221 A/P/S/*Preis* Grundlagen C, Rdn. 65. Auch die Kündigungsfristen des § 622 BGB sind für die arbeitnehmerähnlichen Personen nicht einschlägig, vergl.: BAG, Urteil vom 8. Mai 2007 – 9 AZR 777/06, AP Nr. 15 zu § 611 BGB Arbeitnehmerähnlichkeit.

Maßregelungsverbot[2222]. Sofern Schutzvorschriften auf arbeitnehmerähnliche Personen erstreckt werden sollen, geschieht dies stets in Spezialgesetzen[2223].

Dementsprechend werden arbeitnehmerähnliche Personen nicht vom Anwendungsbereich erfasst. Andere Gesetzesentwürfe zum Whistleblowing umfassen demgegenüber arbeitnehmerähnliche Personen[2224]. Für eine solche Erstreckung spricht, dass aufgrund der bestehenden wirtschaftlichen Abhängigkeit einer arbeitnehmerähnlichen Beschäftigung eine vergleichbare Konfliktsituation wie im Arbeitsverhältnis bestehen könnte. Allerdings spiegeln die Regelungen des § 612b BGB die Ergebnisse wider, die im Rahmen der Konkretisierung der Rücksichtnahmepflicht gewonnen worden sind. Insbesondere die konkrete Reichweite der Pflicht zur Rücksichtnahme ist aber vor dem Hintergrund einer persönlichen Nähebeziehung zu dem Vertragspartner zu beurteilen, die im Rahmen einer arbeitnehmerähnlichen Beschäftigung gerade nicht besteht. Entsprechend äußerte sich auch der BGH beispielsweise zurückhaltend hinsichtlich der Übertragung der Rechtsprechung des BAG zur Offenbarungspflicht eines Arbeitnehmers bei Kenntnis von Missständen auf die Offenbarungspflichten eines freien Mitarbeiters. Auch wenn der BGH eine Übertragung letztlich dahinstehen lassen konnte, betonte er die besondere Natur der Arbeitsverhältnisse[2225]. Der von der Rechtsprechung entwickelte Schutzmaßstab, der in § 612b BGB widergespiegelt werden soll, erfolgte stets in Ansehung der Besonderheiten der arbeitsvertraglichen Beziehung. Diese bestehen jedoch gerade nicht bei nur arbeitnehmerähnlichen Personen. Zudem würde eine unterschiedlose Erstreckung der Schutzvorschriften die grundsätzlich bestehende Beschränkung des besonderen Bestandsschutzes für Arbeitsverhältnisse durchbrechen.

Durch die Begrenzung des Anwendungsbereichs passt sich § 612b BGB auch in die Gesamtsystematik der Vorschriften über das Dienstverhältnis im BGB ein. § 612a BGB gilt ebenso nicht für arbeitnehmerähnliche Personen, umfasst ebenfalls aber Leiharbeitnehmer. Auch § 613a BGB ist nach allgemeiner Ansicht und § 619a BGB nach überwiegender Ansicht nicht auf arbeitnehmerähnliche Personen anzuwenden[2226]. Zudem ist der Begriff der arbeitnehmerähnlichen Person in keiner der Normen des BGB über das Dienstverhältnis (§ 611 bis § 630 BGB) aus-

2222 BAG, Urteil vom 14. Dezember 2004 – 9 AZR 23/04, NZA 2005, 637.

2223 § 5, 7 Abs. 1 Nr. 3 PflegeZG; § 6 Abs. 1 Nr. 3 AGG. Im Rahmen des BGB ist lediglich umstritten, ob die Haftungsprivilegierung aus § 619a BGB auf arbeitnehmerähnliche Personen erstreckt werden kann, vergl.: ErfK/*Preis* § 611 BGB, Rdn. 19.

2224 Nach § 2 Abs. 3 Nr. 3 HinwGebSchG sind arbeitnehmerähnliche Personen vom Schutzbereich umfasst, vergl.: Bt.-Drs. 17/8567, S. 2. Ein Aufnahme in den Schutzbereich im Ergebnis ebenfalls befürwortend: *Becker*, S. 163 f.

2225 BGH, Urteil vom 23. Februar 1989 – IX ZR 236/86, Rdn. 27 – juris. Der BGH konnte eine Entscheidung letztlich dahinstehen lassen, da die Offenbarung im konkreten Fall eine Pflicht zur Selbstbelastung bewirkt hätte, so dass auch im Arbeitsverhältnis keine Offenbarungspflicht bestanden hätte, vergl. ausführlich zur Offenbarungspflicht: **2. Teil: B.**

2226 ErfK/*Preis* § 619a BGB, Rdn. 19.

drücklich enthalten. Zumindest im Rahmen einer integralen Regelung im BGB sind arbeitnehmerähnliche Personen daher nicht in den Schutzbereich einzubeziehen.

Nicht erforderlich und entsprechend nicht vorgesehen ist eine Erstreckung der Norm auf Bewerber und ehemalige Beschäftigte[2227].

aa) Zu Abs. 1

Um das vom Bundesverfassungsgericht vorgegebene Regel-Ausnahme-Verhältnis bezüglich eines zulässigen und unzulässigen Hinweises auf Missstände zu verdeutlichen, wird zunächst in Abs. 1 S. 1 die grundsätzliche Berechtigung des Arbeitnehmers zur Meldung von Missständen herausgestellt. Nachfolgend erfolgt in Abs. 1 S. 2 die Legaldefinition eines organisationsinternen Missstandes.

Vor dem Hintergrund, dass das HinwGebSchG den Vorrang der innerbetrieblichen Meldung im Rahmen des externen Whistleblowings aufheben wollte – entgegen der weitüberwiegenden Literatur, der nationalen und europäischen Rechtsprechung[2228] – scheint die Klarstellung in Abs. 1 S. 3 angezeigt, dass bei der Offenbarung eines organisationsinternen Missstandes grundsätzlich zunächst ein interner Abhilfeversuch erforderlich ist. Dabei wird der Umstand, dass der Vorrang der organisationsinternen Abhilfe nicht in allen Konstellationen des Whistleblowings gilt, durch die Wendung *„in der Regel"* besonders betont. Auch wenn eine solche Klarstellung in Abs. 1 nicht zwingend erforderlich ist, da in Abs. 3 S. 2 die Ausnahmen von der Pflicht zur vorherigen organisationsinternen Abhilfe dargestellt werden, scheint sie dennoch angemessen, um Missverständnisse zu vermeiden. Die Hervorhebung des Vorrangs der organisationsinternen Abhilfe im Rahmen des § 612b BGB bereits in Abs. 1 soll zudem das Bewusstsein der Unternehmen stärken, dass das Bemühen um eine interne Abhilfe ein gewichtiger Abwägungsfaktor ist. Im Zusammenspiel mit den gesetzgeberischen Anreizen zur Einführung eines vertraulichen Meldesystems soll die interne Meldung von Missständen insgesamt enttabuisiert und als elementares Element eines ausgewogenen Hinweisgeberschutzes und eines modernen Compliancesystems etabliert werden.

Abs. 1 S. 4 stellt heraus, dass auch – schutzwürdige – Leiharbeitnehmer vom Anwendungsbereich der Norm umfasst sind[2229]. Dadurch, dass die Klarstellung gesetzessystematisch erst nach der Hervorhebung der grundsätzlichen Pflicht zur vorherigen organisationsinternen Abhilfe erfolgt, wird – neben der Einbeziehung der Leiharbeitnehmer in den Schutzbereich – ferner verdeutlicht, dass der Leiharbeitnehmer, sofern er mit einem Missstand im Entleiherbetrieb konfrontiert wird,

---

2227 Vergl. zur Schutzbedürftigkeit von Bewerbern und ehemaligen Beschäftigten: **1. Teil: A.II.6.a)cc).**

2228 S.o.: **1. Teil: C.III.2.a); D.V.4.a).**

2229 Vergl. zur Einbeziehung der Leiharbeitnehmer in den Schutzbereich des Whistleblowings ausführlich: **1. Teil: A.II.6.a)aa) ff.**

einen entsprechenden organisationsinternen Hinweis nicht gegenüber seinem Vertragsarbeitgeber, sondern gegenüber dem Entleiher erklären soll[2230].

bb) Zu Abs. 2

Nachdem in Abs. 1 die grundsätzliche Zulässigkeit eines Hinweises auf Missstände durch den Arbeitnehmer betont und der Anwendungsbereich festgelegt worden ist, werden in Abs. 2 die Voraussetzungen benannt, bei deren Erfüllung ein Hinweis – ausnahmsweise – unrechtmäßig ist. Durch die gewählte Formulierung *„nicht rechtmäßig"* wird zum einen die beim Kündigungsschutzprozess schon nach allgemeinen Regeln bestehende Beweislastverteilung hervorgehoben, die dem kündigenden Arbeitgeber obliegt[2231]. Zum anderen soll hierdurch ein Einfallstor für die weiteren von der Judikatur vorgenommenen Präzisierungen geschaffen werden, die in einer amtlichen Begründung näher ausgeführt werden müssten. Die in diesem Zusammenhang vorgenommenen Präzisierungen betreffen zum einen die Konstellation, in der sich ein erhobener Vorwurf im Nachhinein als unrichtig oder nichterweislich herausstellt und zum anderen die Frage einer Präjudizialität des Ausgangs eines Strafverfahrens. In beiden Fällen ist ein Rückschluss auf ein leichtfertiges Handeln des Whistleblowers nicht zulässig[2232].

Dadurch, dass zunächst die Unrechtmäßigkeit einer wissentlich oder leichtfertig unwahren Offenbarung aufgeführt ist, wird das vom Bundesverfassungsgericht vorgegebene Prüfungsprogramm widergespiegelt und die Bedeutung dieser Weichenstellung betont.

Entsprechend wird erst im letzten Halbsatz des Abs. 2 die Möglichkeit herausgestellt, dass eine unrechtmäßige Offenbarung auch auf einer insgesamt unverhältnismäßigen Wahrnehmung des Hinweisrechts beruhen kann. Der Umstand, dass eine Pflichtverletzung auch dann vorliegen kann, wenn keine leichtfertig oder wissentlich unwahren Informationen offenbart worden sind, sondern die Offenbarung aus anderen Gründen insgesamt unverhältnismäßig war, soll durch die Verwendung der Konjunktion *„oder"* verdeutlicht werden[2233].

Losgelöst von der Utopie, dass eine umfassende gesetzliche Regelung eine Abwägungsentscheidung im Einzelfall ersetzen kann, ist die Verwendung des Begriffs der Verhältnismäßigkeit, der das gesamte Kündigungsrecht prägt, unschädlich. Durch die Betonung des Verhältnismäßigkeitsprinzips wird zugleich auch hervorgehoben, dass bei einer Sanktionierung einer Pflichtverletzung aufgrund eines Hinweises

---

2230 Vergl. insoweit: **1. Teil: A.II.6.a)aa)(5).**

2231 Vergl. hierzu: **1. Teil: D.IV.1.a).**

2232 Eine Präjudizialität wird nur zugunsten des Whistleblowers, bei einer erfolgten Verurteilung des Arbeitgebers angenommen, vergl. hierzu im Einzelnen: **1. Teil: D.IV.1.b).**

2233 Vergl. hierzu: **1. Teil: B.II.5.b).**

stets auch die Abmahnung als milderes und im Einzelfall einzig erforderliches Mittel in Erwägungen zu ziehen ist[2234].

cc) Zu Abs. 3

Zur Konkretisierung der Verhältnismäßigkeitsprüfung werden sogleich in Abs. 3 S. 1 die hierbei stets zu beachtenden Kriterien der innerbetrieblichen Abhilfe und der Motivation benannt. Die explizite Nennung der Kriterien Motivation und innerbetriebliche Abhilfe verdeutlicht, dass diese Kriterien – entsprechend der hier vertretenen Auffassung – die gewichtigsten innerhalb der Verhältnismäßigkeitsprüfung darstellen. Da beiden Kriterien derselbe Bedeutungsgehalt zugemessen worden ist, sind die Kriterien innerhalb desselben Satzes genannt. Den übrigen Kriterien – sachliche Berechtigung, besonderes öffentliches Interesse, allgemeine Kriterien der Interessenabwägung – wurde weniger Bedeutung beigemessen[2235], diese werden dementsprechend nicht explizit aufgeführt. Durch die Verwendung des Adverbs „*insbesondere*" ist aber klargestellt, dass die im Rahmen der Verhältnismäßigkeitsprüfung zu beachtenden Kriterien und Umstände nicht enumerativ durch den Gesetzgeber vorgegeben werden.

Durch das Adverb „*zuvörderst*" wird das Untersuchungsergebnis verdeutlicht, dass eine negative indizielle Wirkung des Kriteriums der Motivation nur dann anzunehmen ist, wenn die unredliche Motivation im Rahmen eines Motivbündels bewusstseinsdominant war[2236]. Um weitere unbestimmte Rechtsbegriffe zu vermeiden, wird in dem Gesetzesvorschlag nicht auf den umfassenderen Rechtsbegriffe einer unredlichen Motivation abstellt, sondern auf eine Schädigungsabsicht des Arbeitnehmers. Die Präzisierung erscheint vor dem Hintergrund vertretbar, dass jeglicher unredlicher Beweggrund des Whistleblowers – zumindest mittelbar – auch die Absicht beinhaltet, den Arbeitgeber zu schädigen.

In Abs. 3 S. 2 werden die Fallkonstellationen aufgeführt, in denen eine vorherige organisationsinterne Abhilfe nicht erforderlich ist. Dabei unterscheiden sich die Fallgruppen auf Grundlage der gefundenen Untersuchungsergebnisse geringfügig von anderen Gesetzgebungsvorschlägen[2237]. Weitere Klarstellungen zu den Ausnahmetatbeständen sind ebenfalls den Gesetezsmaterialien vorbehalten[2238]. Durch

---

2234 Die Rechtsprechung vernachlässigte in der Vergangenheit häufig die Abmahnung als milderes Mittel im Rahmen einer verhaltensbedingten Kündigung, vergl. hierzu: **1. Teil: C.V.**

2235 Vergl. hierzu: **1. Teil: C.IV; C.IV.3; D.V.7.** Vergl. ferner auch die Zusammenfassung vor: **1. Teil: E.**

2236 Vergl. hierzu: **1. Teil:C.I.3.**

2237 Vergl. zu den Ausnahmen von der Pflicht zur innerbetrieblichen Abhilfe: **1. Teil: C.III.2.b) ff.** Im Unterschied etwa zu den Regelungen im ArbVG wird nicht auf eine nur auf Antrag verfolgbare Straftat, sondern auf eine schwere oder eine vom Arbeitgeber selbst begangene Straftat abgestellt, vergl. *Henssler,* Ausschussdrucksache 17(11)783, 26, 27 f.

2238 Vergl. etwa zu den Anforderungen einer schwerwiegenden Straftat: **1. Teil: C.III.2.b)bb)(1).**

die Verwendung des Begriffs Abhilfe im Normtext, anstelle des Begriffs Hinweis, soll verdeutlicht werden, dass der Arbeitnehmer seine Pflicht nicht bereits dadurch erfüllt, dass er intern auf einen Missstand hingewiesen hat. Vielmehr ist es grundsätzlich erforderlich, dass er einen Abhilfeversuch des Arbeitgebers abwartet, bevor er organisationsexterne Schritte erwägen darf. Abs. 3 S. 2 Nr. 3 betont nochmals diesen bereits wortimmanenten Sinn.

In Abs. 3 S. 3 wird auf das Stufenverhältnis im Rahmen des externen Whistleblowings verwiesen[2239]. Dabei wird dieser Prüfungsaspekt erst in einem nachfolgenden, eigenständigen Satz dargestellt und nicht innerhalb der Ausnahmen des Vorrangs der organisationsinternen Abhilfe, um die Eigenständigkeit des internen Whistleblowings, das nicht nur als Abwägungskriterium im Rahmen des externen Whistleblowings Bedeutung erlangen kann, erneut hervorzuheben. Durch die Formulierung wird zudem klargestellt, dass der Weg des Whistleblower an die allgemeine Öffentlichkeit nachrangig zu beschreiten, aber gleichzeitig nicht gänzlich ausgeschlossen ist[2240].

dd) Zu Abs. 4

In Abs. 4 wird festgeschrieben, dass die Grenzen des Anzeigerechts nicht zu Lasten der Whistleblower verschoben werden können. Durch eine entsprechende gesetzliche Regelung, die auch in vielen anderen Gesetzesinitiativen enthalten ist[2241], wäre ebenso eine maßvolle Erweiterung der Nebenpflichten zur Anzeige eines Missstandes durch die Arbeitsvertragsparteien nicht mehr möglich. Allerdings wurde von der Erweiterung der Anzeigepflichten ohnehin abgeraten[2242]. Zudem sind die durch Abs. 4 erfolgenden Begrenzungen der Privatautonomie erforderlich. Denn nur ein indisponibler Schutz ist aufgrund der Besonderheiten des Arbeitsrechts effektiv. Andernfalls ist zu befürchten, dass der Arbeitgeber die strukturelle Machtunterlegenheit der Beschäftigten ausnutzt, um ihnen *freiwillig* einen Verzicht auf den Schutzmaßstab aufzubürden. Das Abweichungsverbot gilt umfassend sowohl für individual- als auch für kollektivrechtliche Regelungen. Denn eine Absenkung des Schutzmaßstabs darf beispielsweise auch nicht als Anreiz in Tarifverhandlungen dienen, um ein Entgegenkommen des Arbeitgebers in einem anderen Bereich zu bewirken.

In den Gesetzesmaterialien zu § 13 HinwGebSchG, der eine vergleichbare Regelung enthält, wird darauf verwiesen, dass die Unabdingbarkeitsvorschrift der Rechtsprechung *„auch als Auslegungshilfe in Zweifelsfällen“* dienen solle[2243]. Vor dem

2239 Vergl. hierzu: **1. Teil: D.V.4.d)dd)(4).**

2240 § 78 ArbVG beinhaltet demgegenüber einzig Regelungen über die zuständigen außerbetrieblichen Stellen, vergl.: *Henssler,* Ausschussdrucksache 17(11)783, 26, 27 f.

2241 Vergl.: § 13 HinwGebSchG, Bt.-Drs. 17/8567, S. 4; § 612b Abs. 5 GE-Die Grünen, Bt.-Drs. 17/9782, S. 3; § 612a Abs. 3 GE-Ministerien, Ausschussdrucksache 16(10)849; *Becker,* S. 162.

2242 Vergl. hierzu: **2. Teil: B.II.2.**

2243 Bt.-Drs. 17/8567, S. 9.

Hintergrund einer ausdifferenzierten Judikatur und den Regelungen in Abs. 1 bis Abs. 3, die das Regel-Ausnahme-Verhältnis fixieren und konkretisieren, ist fraglich, ob der Gesetzesvorschlag eines neuen § 612b BGB einer zusätzlichen Auslegungshilfe in Zweifelsfällen bedarf. Jedenfalls kommt der ausdrücklichen Fixierung der Unabdingbarkeit der Schutzrechte die geforderte gesetzgeberische Signalwirkung zu, für den Schutz der Whistleblower einzustehen und ihn effektiv zu gewährleisten.

ee) Verhältnis § 612a zu § 612b BGB

Die Vorteile einer Ergänzung des § 612a BGB und der zusätzlichen Normierung des Schutzmaßstabs der Whistleblower vor Kündigungen im Rahmen des § 612b BGB wurden dargestellt. Kritiker könnten anmerken, dass mit dem vorliegenden Vorschlag unnötige Doppelvorschriften geschaffen würden respektive die Intransparenz gefördert werde, da einerseits das allgemeine Benachteiligungsverbot in § 612a BGB n.F. erhalten bliebe und andererseits ein spezielles Benachteiligungsverbot in § 612b BGB geschaffen werde. Diese Bedenken können allerdings entkräftet werden.

Zunächst ist ein Erhalt des allgemeinen Benachteiligungsverbots in § 612a Abs. 1 BGB schon vor dem Hintergrund unverzichtbar, da Arbeitnehmer nicht nur aufgrund des Whistleblowings Repressalien und Benachteiligungen ausgesetzt sind, sondern eine Vielzahl anderer Gründe ursächlich für Benachteiligungen sein können. Eine Abschaffung des allgemeinen Benachteiligungsverbots wurde dementsprechend in keiner der bisherigen legislatorischen Initiativen erwogen[2244]. Durch die vorgeschlagene Ergänzung des § 612a BGB wird der repressive Anspruch bei Benachteiligungen sowohl für die Whistleblower als auch für alle anderen Beschäftigten erhalten und durch den neuen Abs. 2 wesentlich verbessert.

Unnötige Doppelvorschriften werden durch die Gesetzesnovelle nicht geschaffen. Die Normen haben unterschiedliche Zielsetzungen und Anwendungsbereiche.

§ 612a BGB schützt allgemein vor Repressalien aufgrund der Ausübung von Rechten in *„zulässiger Weise"*, ist aber keine Grundlage zur Rechtfertigung von Sanktionsmaßnahmen des Arbeitgebers[2245]. § 612b kodifiziert demgegenüber die

2244 Im Ministerienentwurf sollte der geltende § 612a BGB in § 612b BGB umgewandelt werden und das *„Anzeigerecht"* in § 612a BGB festgehalten werden, vergl.: Ausschussdrucksache 16(10)849, S. 1. Der Entwurf der Fraktion Die Grünen befürwortet demgegenüber den Erhalt des § 612a BGB und die Normierung eines Anzeigerechts in § 612b, vergl.: Bt.-Drs. 17/9782, S. 3. Der Gesetzesvorschlag von *Berthold* basiert ausdrücklich auf der Grundlage des Ministerienentwurfs, so dass auch von einer Beibehaltung des allgemeinen Benachteiligungsverbots auszugehen ist, vergl.: *Berthold,* S. 104. *Becker* lässt bei seinem Gesetzesvorschlag demgegenüber offen, ob der geltende § 612a BGB ersatzlos gestrichen werden soll, vergl.: *Becker,* S. 162.

2245 Das Benachteiligungsverbot des § 612a BGB ist schon tatbestandlich darauf begrenzt, dass der Arbeitnehmer in *„zulässiger Weise"* seine Rechte ausübt. Handelt es sich demgegenüber um ein rechtswidriges Verhalten des Arbeitnehmers, so kann der Arbeitnehmer auch nach gegenwärtiger und zukünftiger Rechtslage die

von der Rechtsprechung aufgestellten Grundsätze des rechtlich Zulässigen beim Whistleblowing.

Die Wirksamkeit einer Sanktionsmaßnahme, die auf eine Überschreitung des Hinweisrechts gestützt wird, bestimmt sich aber weiterhin regelmäßig nach den einschlägigen Gesetzen – KSchG und § 626 BGB[2246]. Nur in den eng begrenzten Ausnahmefällen, in denen das KSchG nicht eingreift, ist die Wirksamkeit einer Kündigung unmittelbar am Maßstab des § 612b BGB i.V.m. § 134 BGB zu messen und nicht mehr an § 612a BGB[2247]. Im Übrigen bewirkt die Einführung des § 612b BGB lediglich, dass zur Herleitung der Grenzen des Hinweisrechts nicht mehr auf eine Konkretisierung der Nebenpflichten aus § 241 Abs. 2 BGB zurückgegriffen werden muss. Vielmehr ist § 612b BGB in Bezug zu nehmen, in dem das Ergebnis dieser Konkretisierung festgehalten wird. Dadurch, dass die aus der Konkretisierung der Rücksichtnahmepflicht folgenden Grenzen lediglich gesetzlich kodifiziert werden sollen, wäre ein identischer Sachverhalt vor den Gesetzesnovellen ebenso zu entscheiden wie derselbe Kündigungssachverhalt nach Geltung des § 612b BGB.

Der allgemeine Schutz vor maßregelnden Kündigungen außerhalb des KSchG und sonstigen Repressalien, die etwa darauf gestützt werden, dass ein Arbeitnehmer eine Klage auf Zahlung von Gehaltsrückständen erhebt[2248], bleibt in § 612a BGB erhalten. Der Anwendungsbereich des § 612a BGB bleibt somit nahezu unverändert, lediglich die Schutzwirkung der Vorschrift wird durch die Einführung eines Abs. 2 wesentlich verbessert.

Sanktionsmaßnahmen von Kündigung und Abmahnung ergreifen, er ist aber nicht berechtigt, den Arbeitnehmer aufgrund der unzulässigen Ausübung von Rechten zu schikanieren oder zu diskriminieren, vergl.: MünchKommBGB/*Müller-Glöge* § 612a BGB, Rdn. 9.

2246 A/P/S/*Linck* § 612a BGB, Rdn. 8.

2247 § 612a BGB war bisher bei einer whistleblowingbedingten Kündigung unmittelbar einschlägig, in denen die Anwendungsvoraussetzungen des KSchG nicht erfüllt waren. In der Rechtsprechung ist lediglich eine Konstellation zum internen Whistleblowing bekannt (vergl. hierzu; **2. Teil: A.II.1.d)**). Bei der ebenfalls behandelten Entscheidung des LAG Sachsen Anhalt handelt es sich um einen Grenzfall des arbeitsrechtlichen externen Whistleblowings (vergl. hierzu: **1. Teil: 1. Teil: A.II.6.d); C.I.3.b)bb)**). Eine materielle Änderung der Rechtslage geht mit der Veränderung der Anknüpfungsnorm nicht einher. Denn auch nach der geltenden Rechtslage, waren im Rahmen des § 612a BGB die aus der Konkretisierung der Nebenpflichten folgenden Grenzen für die Wirksamkeit einer Kündigung zu beachten. Da § 612b diese Grenzen gesetzlich kodifizieren soll, erfolgt keine materielle Änderung der Abwägungsmaßstäbe.

2248 BAG, Urteil vom 9. Februar 1995 – 2 AZR 389/94, Rdn. 28 – juris.

4. Teil: Zusammenfassung der wesentlichen Ergebnisse in Thesen

1. Ein Whistleblower ist ein Arbeitnehmer, der organisationsintern auftretende gesetzeswidrige Vorkommnisse oder sonstige unethische Missstände einem Dritten gegenüber offenbart. Während in der Konstellation des internen Whistleblowings die Informationen im organisationsinternen Bereich des Arbeitgebers verbleiben, wendet der Arbeitnehmer sich beim externen Whistleblowing an staatliche Aufsichtsbehörden, die Staatsanwaltschaft, die Medien oder an andere organisationsfremde Stellen.
2. Obgleich der Anglizismus erst seit kurzer Zeit als dem allgemeinen Sprachgebrauch zugehörig bezeichnet werden kann, stammt die erste, dokumentierte arbeitsgerichtliche Auseinandersetzung mit dem Whistleblowing aus dem Jahr 1901. Die Thematik generiert in periodischen Abständen auch breite mediale Aufmerksamkeit. Neue Impulse setzte zudem der Europäische Gerichtshof für Menschenrechte durch die Entscheidung in der Rechtssache Heinisch. Obwohl das Whistleblowing nicht mehr ausschließlich mit den negativen Assoziation des Denunziantentums verbunden, sondern vermehrt auch als integraler Bestandteil einer modernen und effektiven Compliance-Organisation wahrgenommen wird, kann das Offenbaren von Missständen eine Verletzung der vertragsimmanenten Nebenpflicht zur Rücksichtnahme oder der Verschwiegenheitspflicht darstellen und somit den Bestand des Beschäftigungsverhältnisses gefährden.
3. Whistleblower sind den Folgen ihrer Offenbarungen de lege lata nicht schutzlos ausgeliefert. In Ermangelung einer gesetzlichen Regelung hat die Rechtsprechung, insbesondere zu der Konstellation des externen Whistleblowings, einen dezidierten Kriterienkanon entwickelt, der im Einzelfall die Bestimmung des Ausmaßes der Verletzung der Nebenpflicht ermöglicht.
4. Eine Kündigung aufgrund eines externen Whistleblowings unterliegt insgesamt strengen Voraussetzungen. In einem ersten Schritt ist hierbei zu beachten, dass in bestimmten Konstellationen, etwa wenn der Whistleblower durch seine Offenbarung seine allgemeine gesetzliche Meldepflicht (§ 138 StGB) erfüllt, eine Kündigung a priori ausgeschlossen ist.
5. In einem zweiten Schritt ist zu prüfen, ob der Whistleblower vor seiner Offenbarung seine Prüfungspflicht gewahrt oder sich leichtfertig respektive wissentlich auf falsche Angaben gestützt hat. Leichtfertig handelt der Whistleblower dann, wenn er *„blauäugig"* die Unwahrheit verkennt und Umstände außer Acht lässt, die sich jedermann hätten aufdrängen müssen. Ferner ist danach zu differenzieren, ob der Whistleblower die Informationen im Rahmen der Erfüllung einer staatsbürgerlichen Pflicht (wie z.B. der Pflicht zur Zeugenaussage) oder bei der Wahrnehmung eines staatsbürgerlichen Rechts (wie z.B. der Erstattung einer Strafanzeige) offenbarte. Nur in der letztgenannten Konstellation kann bei

Wahrung der Prüfungspflicht – ausnahmsweise – eine zur Kündigung berechtigende, insgesamt unverhältnismäßige Reaktion des Whistleblowers vorliegen. In diesem dritten Prüfungsschritt sind die Kriterien der Motivation, des Vorrangs der innerbetrieblichen Abhilfe, der sachlichen Berechtigung des Vorwurfs und des besonderen öffentlichen Interesses an der offenbarten Information zu würdigen. Die Kriterien dieser spezifizierten Verhältnismäßigkeitsprüfung unterscheiden sich in ihrer Indizkraft. Das unbestimmte Kriterium des besonderen öffentlichen Interesses, das mit der individualrechtliche Konzeption des deutschen Kündigungsschutzes konfligiert, wird erst seit der Entscheidung des EGMR in der Rechtssache Heinisch in die Abwägungsentscheidung einbezogen.

6. Die Auswirkungen der Entscheidung des EGMR in Sachen Heinisch sind darüber hinaus begrenzt. Der EGMR hat die von der nationalen Rechtsprechung entwickelten Grundsätze zum Schutz der Whistleblower bei organisationsexternen Offenbarungen im Wesentlichen bestätigt. Nach den Grundsätzen der völkerrechtsfreundlichen Auslegung erfordert das Urteil somit lediglich eine Nuancierung der Rechtsgrundsätze, die durch eine maßvolle Berücksichtigung des Kriteriums des öffentlichen Interesses im Rahmen der Verhältnismäßigkeitsprüfung erfolgt. Die nachfolgend in der Rechtsprechung ergangenen Entscheidungen werden den Anforderungen einer solchen schonenden Anpassung gerecht.
7. Verletzt der Arbeitnehmer durch seine organisationsexterne Offenbarung seine Nebenpflichten, so steht dem Arbeitgeber auch ein äußerungsrechtlicher Unterlassungsanspruch zu. Dabei kann ein zuvor geführter Kündigungsschutzprozess nur dann präjudizielle Wirkung für die Begründetheit des Unterlassungsanspruchs entfalten, wenn der Unterlassungsanspruch sich auf dieselbe Äußerung bezieht und die Kündigung auf eine Verletzung der Verschwiegenheitspflicht gestützt worden ist. Denn die Verschwiegenheitspflicht wirkt, im Gegensatz zur allgemeinen Rücksichtnahmepflicht, auch im beendeten Arbeitsverhältnis fort.
8. Das interne Whistleblowing ist nicht lediglich als Abwägungskriterium bei einem nachfolgenden externen Whistleblowing zu beachten. Sowohl die Vornahme als auch das Unterlassen einer organisationsinternen Meldung können eine eigenständige arbeitsvertragliche Pflichtverletzung darstellen.
9. Eine organisationsinterne Meldung über einen (vermeintlichen) Missstand kann die Verschwiegenheitspflicht oder die Persönlichkeitsrechte der Beschuldigten verletzen sowie eine Störung des Betriebsfriedens bewirken. Zur Bestimmung des Vorliegens einer Pflichtverletzung im Einzelfall kann das zum externen Whistleblowing erarbeitete Prüfungskonzept sinngemäß übertragen werden. Dabei gilt es insbesondere zu beachten, dass die Rechtsprechung in der Konstellation einer lediglich organisationsinternen Offenbarung, im Gegensatz zur Konstellation des externen Whistleblowings, ausdrücklich den Grundsatz des Vorrangs der Abmahnung anerkennt.
10. Das Verschweigen eines Missstandes kann unter bestimmten Voraussetzungen eine Verletzung der vertragsimmanenten Nebenpflicht des Arbeitnehmers zur Schadensabwehr darstellen. Die mit einem potentiell meldepflichtigen Umstand konfrontierten Arbeitnehmer können sich in einer besonderen Konfliktsituation

befinden. Offenbaren sie dem Arbeitgeber ihre Kenntnisse, riskieren sie, von den Arbeitskollegen als Denunzianten geächtet zu werden, schweigen sie, gefährden sie durch das pflichtwidrige Unterlassen möglicherweise ihr eigenes Beschäftigungsverhältnis. Maßgeblich für die Bestimmung des Vorliegens einer Meldepflicht ist neben dem Ausmaß des (drohenden) Schadens, die Berücksichtigung des präventiven, schützenden Charakters der Nebenpflicht. Die vertragsimmanente Meldepflicht wird zudem durch eine Vielzahl von Zumutbarkeitserwägungen im Einzelfall weitergehend begrenzt.

11. Arbeitgeber, die ein internes Whistleblowing-System implementieren, sollten gewährleisten, dass die Identität des Whistleblowers einerseits erfasst und andererseits mit dem größtmöglichen Maß an Verschwiegenheit und Vertraulichkeit behandelt wird. Von der Errichtung eines anonymen Whistleblowing-Systems, das nicht die Feststellung der Identität des Hinweisgebers ermöglicht, ist demgegenüber abzusehen. Ein anonymes Meldesystem ist ineffektiv, birgt ein beträchtliches Missbrauchspotential und gefährdet den Betriebsfrieden sowie die Persönlichkeitsrechte der Angezeigten. Da ein anonymes Whistleblowing-System eine Rücksprache mit dem Whistleblower nicht gewährleisten kann, versagt es in den Fällen, in denen Missstände nur einem begrenzten Personenkreis bekannt sind und somit die Mitwirkung eines Insiders am wichtigsten wäre. Bei einem vertraulichen Meldesystem besteht demgegenüber die Möglichkeit, mit dem Whistleblower erneut Kontakt aufzunehmen, sofern zur Aufdeckung und Beseitigung des Missstandes weitere Informationen benötigt werden. Zudem ist der Schutz der Whistleblower durch ein anonymes Meldesystem in der genannten Konstellation, in der das Interesse an der Erlangung der Insiderinformationen besonders groß ist, besonders gering. Denn verfügt nur ein begrenzter Personenkreis über die relevanten Informationen, so wird auch eine vermeintliche anonyme Offenbarung Rückschlüsse auf die Identität ermöglichen. Ein anonymer Whistleblower ist aber nur schwer vor subtilen Benachteiligungen derer zu schützen, die seine Identität enttarnt haben. Kennen demgegenüber bestimmte Stellen innerhalb eines vertraulichen Meldesystems die Identität des Whistleblowers, so sind diese besonders sensibilisiert hinsichtlich subtiler Vergeltungsmaßnahmen gegenüber dem Whistleblower und können ihn somit effektiver schützen. Das Vertrauen potentieller Whistleblower in die Geheimhaltung ihrer Identität kann durch die Errichtung externer, vertraulicher Meldestellen gestärkt werden.
12. Auch wenn ein Whistleblower hinreichend vor einer Kündigung geschützt ist, besteht gesetzgeberischer Handlungsbedarf. Verbesserungswürdig ist insbesondere der Schutz der Whistleblower vor Benachteiligungen und Repressalien.
13. Im Übrigen beschränkt sich die gesetzliche Regelungslegitimation auf die Schaffung von Transparenz und Rechtsklarheit. Daher ist die Kodifizierung eines eigenständigen Schutzgesetzes abzulehnen. Es ist zu bezweifeln, dass ein umfassendes Sondergesetz erforderlich ist, um die bestehenden Schutzlücken zu schließen und den von der Rechtsprechung im Übrigen angewandten und ausgewogenen Schutzmaßstab transparent darzustellen. Sicher ist hingegen, dass die Kodifizie-

rung eines eigenständigen Schutzgesetzes die Zersplitterung des Arbeitsrechts vertiefen und eine Abwägung im Einzelfall nicht ersetzen wird.

14. Einzig zielführend ist daher die Schaffung einer gesetzlichen Regelung zum Whistleblowing innerhalb eines umfassenden Arbeitsvertragsgesetzbuchs. Abseits einer solchen gesamtheitlichen Lösung könnten die bestehenden Schutzlücken durch eine Ergänzung des § 612a BGB gemindert werden. Durch eine solche Ergänzung wird die Beweislastproblematik bei Repressalien entschärft. Ein effektiver Benachteiligungsschutz bedarf zusätzlich einer Stärkung präventiver Schutzmechanismen. Ein gangbarer Weg ist dabei die aufgeführte gesetzliche Initiative des BUJ, die Anreize für Unternehmen beinhaltet, vertrauliche Whistleblowing-Systeme zu implementieren. Eine Kodifizierung der von Rechtsprechung im Übrigen angewandten, ausgewogenen Abwägungsgrundsätze beinhaltet der Entwurf eines neuen § 612b BGB.

Literaturverzeichnis

Abraham, Jens, Whistleblowing – Neue Chance für eine Kurswende!?, ZRP 2012, 11 (zit.: *Abraham,* ZRP 2012, 11)

Adam, Roman F., Grundfragen der Abmahnung im Arbeitsverhältnis, AuR 2001, 41 (zit.: *Adam,* AuR 2001, 41)

Ambs, Friedrich (Hrsg.), Erbs/Kohlhaas, Strafrechtliche Nebengesetze, Loseblattsammlung, 195 Ergänzungslieferung, Juli 2013 (zit.: Erbs/Kohlhaas/*Bearbeiter*)

Ascheid, Reiner / Preis, Ulrich / Schmidt, Ingrid (Hrsg.), Kündigungsrecht, Großkommentar zum gesamten Recht der Beendigung von Arbeitsverhältnissen, 4. Auflage, 2012 (zit.: A/P/S/*Bearbeiter*)

Ausschussdrucksache 17(11)783, Ausschuss für Arbeit und Soziales, Zusammenstellung der schriftlichen Stellungnahmen zur öffentlichen Anhörung von Sachverständigen in Berlin am 5. März 2012, (zit.: *Sachverständiger,* Ausschussdrucksache 17(11)783, S.)

Bamberger, Georg / Roth, Herbert (Hrsg.), Beck'scher Online Kommentar BGB, Stand 31.1.2011 (zit.: Beck-OK-BGB/*Bearbeiter*)

Bassenge, Peter / Brudermüller, Gerd / Ellenberger, Jürgen / Götz, Isabell / Grüneberg, Christian / Sprau, Hartwig / Thorn, Karsten / Weidenkaff, Walter, Palandt, Bürgerliches Gesetzbuch Kommentar, 73. Auflage, 2014 (zit.: Palandt/*Bearbeiter*)

Bauer, Jobst-Hubertus, EGMR: Recht auf freie Meinungsäußerung und „Whistleblowing", ArbRAktuell 2011, 404 (zit.: *Bauer,* ArbRAktuell 2011)

Baumbach, Adolf / Hueck, Alfred (Hrsg.), Kurzkommentar zum GmbHG, 20. Auflage, 2013 (zit.: Baumbach/Hueck/*Bearbeiter*)

Becker, Cornelius, Das Urteil des EGMR zum Whistleblowing – Neuer Lösungsweg auch für deutsche Arbeitsgerichte?, DB 2011, 2202 (zit.: *Becker,* DB 2011, 2202)

–, Anzeigerecht und Anzeigepflicht in der Privatwirtschaft, Dissertation, 2012 (zit.: *Becker,* S.)

Beckmann, Martin / Durner, Wolfgang / Mann, Thomas / Röckinghausen, Marc (Hrsg.), Landmann/Rohmer, Umweltrecht, Loseblatt Kommentar, 69. Ergänzungslieferung, 2013 (zit.: Landmann/Rohmer/*Bearbeiter*)

Beckmann, Michael Roland (Hrsg.), juris Praxiskommentar BGB, Band 2, 6. Auflage, 2012 (zit.: jurisPK-BGB/*Bearbeiter)*

Benecke, Martina, „Mobbing" im Arbeitsrecht, NZA-RR 2003, 225 (zit.: *Benecke,* NZA-RR 2003, 225)

–, Umfang und Grenzen des Maßregelungsverbots und des Verbots der „Viktimisierung", NZA 2011, 481, zit.: (*Benecke,* NZA 2011, 481)

Berkowsky, Wilfried, Was ändert die Reform im Arbeitsrecht, AuA 2002, 11 (zit.: *Berkowsky,* AuA 2002, 11)

Berndt, Thomas / Hoppler, Ivo, Whistleblowing – ein integraler Bestandteil effektiver Corporate Governance, BB 2005, 2623 (zit.: *Berndt/Hoppler* BB 2005, 2623)

Berthold, Annemarie, Whistleblowing in der Rechtsprechung des Bundesarbeitsgerichts, Dissertation 2010 (zit.: *Berthold,* S.)

Beulke, Werner / Moosmayer, Klaus, Der Reformvorschlag des Bundesverbandes der Unternehmensjuristen zu den §§ 30, 130 OWiG – Plädoyer für ein modernes Unternehmenssanktionenrecht – CCZ 2014, 146 (zit.: *Beulke/Moosmayer,* CCZ 2014, 146)

Binkert, Gerhard, Kündigungsrechtliche Aspekte bei Strafanzeigen gegenüber dem Arbeitgeber, AuR 2007, 195 (zit.: *Binkert,* AuR 2007, 195)

Bohnert, Joachim, OWiG, Kommentar zum Ordnungswidrigkeitengesetz, 2010 (zit.: Bohnert, OWiG)

Branahl, Udo, Whistleblower zwischen Loyalitätspflichten und öffentlichem Informationsinteresse, HFR 2012, 1 (zit.: *Branahl,* HFR 2012, 1)

Brock, Martin, Neue Regeln für Whistleblower im öffentlichen Dienst – Folgen der Heinisch-Entscheidung des EuGH vom 21.07.2011, öAT 2011, 243 (zit.: *Brock,* öAT 2011, 243)

Brors, Christiane, Whistleblowing und „Verpfeifen" bei Verdacht auf Straftaten des Arbeitgebers nach der Entscheidung des Europäischen Gerichtshofs für Menschenrechte vom 21.7.2011, HfR 2012, 9 (zit.: *Brors,* HFR 2012, 9)

Brungs, Mario / Klinkhammer, Patrick, ArbG Berlin: Äußerungsrechtlicher Unterlassungsanspruch des Arbeitgebers beim Whistleblowing, ArbRAktuell 2014, 520 (zit.: *Brungs/Klinkhammer,* ArbRAktuell 2014, 520)

Buchert, Christoph, Der Irrweg der EU-Kommission – Zu den Überlegungen über die Einführung einer staatlichen Whistleblower-Prämie, CCZ 2013, 144 (zit.: *Buchert,* CCZ 2013, 144)

Bürkle, Jürgen, Weitergabe von Informationen über Fehlverhalten in Unternehmen (Whistleblowing) und Steuerung auftretender Probleme durch ein Compliance-System, DB 2004, 2158 (zit.: *Bürkle,* DB 2004, 2158)

Casper, Matthias, Whistleblowing zwischen Denunziantentum und integralem Baustein von Compliance-Systemen, Liber Amicorum für Martin Winter, 2011, S. 77 ff. (zit.: *Casper,* FS Winter, S. 77)

Colneric, Ninon, Kündigung wegen Anzeige gegen den Arbeitgeber, AiB 1987, 261 (zit.: *Colneric,* AiB 1987, 261)

Dann, Matthias, Selbstbelastungspflicht eines (ehemaligen) Arbeitnehmers (Anm. zu: LAG Hamm, Urteil vom 3. März 2009 – 14 Sa 1689/08), CCZ 2010, 237 (zit.: *Dann,* CCZ 2010, 237)

Däubler, Wolfgang, Kündigungsschutz außerhalb des Kündigungsschutzgesetzes, Festschriftbeitrag zum 50-jährigen Bestehen der Arbeitsgerichtsbarkeit in Rheinland-Pfalz, S. 271, 1999 (zit.: *Däubler*, FS ArbG Rheinland-Pfalz, S. 271)

– / *Bertzbach, Martin*, Allgemeines Gleichbehandlungsgesetz, Handkommentar, 3. Auflage, 2013 (zit.: Däubler/Bertzbach/*Bearbeiter*)

– / *Hjort, Jens Peter / Schubert, Michael / Wolmerath, Martin* (Hrsg.), Arbeitsrecht – Individualarbeitsrecht mit kollektivrechtlichen Bezügen, Handkommentar, 3. Auflage, 2013 (zit.: Däubler/Hjort/Schubert/Wolmerath/*Bearbeiter*)

Dauner-Lieb, Barbara / Langen, Werner (Hrsg.), Kommentar zum Schuldrecht, 2. Auflage, 2012 (zit.: Dauner-Lieb/Langen/*Bearbeiter*)

Deckers, Rüdiger / Fischer, Thomas / König, Stefan / Bernsmann, Klaus, Zur Reform der Tötungsdelikte Mord und Totschlag – Überblick und eigener Vorschlag, NStZ 2014, 9 (zit. *Deckers/Fischer/König/Bernsmann*, NStZ 2014, 9)

Deiseroth, Dieter, Kündigungsschutz bei Kritik an Missständen in der Altenpflege, AuR 2007, 34 (zit.: *Deiseroth*, AuR 2007, 34)

–, Kündigungsschutz bei Strafanzeigen gegen den Arbeitgeber, AuR 2007, 198 (zit.: *Deiseroth*, AuR 2007, 198)

–, Stärkung von Zivilcourage zur Verbesserung der Qualität der stationären Pflege, ZRP 2007, 25 (zit.: *Deiseroth*, ZRP 2007, 25)

– / *Derleder, Peter*, Whistleblower und Denunziatoren, ZRP 2008, 248 (zit.: *Deiseroth/Derleder*, ZRP 2008, 248)

Deutscher Bundestag, 184. Sitzung vom 14. Juli 2012, Plenarprotokoll 17/184 (zit.: Deutscher Bundestag, Plenarprotokoll 17/184, S.)

Diller, Martin, Der Arbeitnehmer als Informant, Handlanger und Zeuge im Prozess des Arbeitgebers gegen Dritte, DB 2004, 313 (zit.: *Diller*, DB 2004, 313)

Dölling, Dieter / Duttge, Gunnar / Rössner, Dieter, Gesamtes Strafrecht, Handkommentar, 3. Auflage, 2013 (zit.: Dölling/Duttge/Rössner/*Bearbeiter*)

Dreier, Horst (Hrsg.), Grundgesetz Kommentar, Band I, 3. Auflage, 2013 (zit.: Dreier/*Bearbeiter*)

Duden – Die deutsche Rechtschreibung, 25., völlig neu bearbeitete und erweiterte Auflage, Band 1, 2009 (zit.: Duden (25), S.)

Duden – Die deutsche Rechtschreibung, 26., neue, aktualisierte und erweiterte Auflage, 2013 (zit.: Duden (26), S.)

Düsel, Jens, Gespaltene Loyalität – Whistleblowing und Kündigungsschutz in Deutschland, Großbritannien und Frankreich, Dissertation, 2008 (zit.: *Düsel*, S.)

Engels, Gerd / Schmidt, Ingrid / Trebinger, Yvonne / Linsenmaier, Wolfgang, Betriebsverfassungsgesetz mit Wahlordnung, Handkommentar, 27. Auflage, 2014 (zit.: Fitting §)

Engisch, Karl, Einführung in das juristische Denken, 11. Auflage, 2010 (zit.: *Engisch,* S.)

Epping, Volker / Hillgruber, Christian (Hrsg.), Beck'scher Online-Kommentar GG, Stand: 1. März 2014 (zit.: Beck-OK-GG/Bearbeiter)

Eser, Albin (Gesamtredaktion), Schönke/Schröder, Strafgesetzbuch Kommentar, 28. Auflage, 2010 (zit.: S/S/*Bearbeiter)*

Etzel, Gerhard (Gesamtredaktion), KR, Gemeinschaftskommentar zum Kündigungsschutzgesetz und zu sonstigen kündigungsschutzrechtlichen Vorschriften, 10. Auflage, 2013 (zit.: KR-*Bearbeiter*)

Fahrig, Stephan, Die Einführung eines Verhaltenskodexes und das Whistleblowing, Dissertation, 2010 (zit.: *Fahrig,* S.)

–, Verhaltenskodex und Whistleblowing im Arbeitsrecht, NJOZ 2010, 975 (zit.: *Fahrig,* NJOZ 2010, 975)

Fiebig, Stefan / Gallner, Inken / Mestwerdt, Wilhelm / Nägele, Stefan (Hrsg.), Kündigungsschutzrecht, 4. Auflage, 2012 (zit.: Fiebig/Gallner/Mestwerdt/Nägele/*Bearbeiter*)

Fischer, Thomas, Kommentar, Strafgesetzbuch mit Nebengesetzen, 61. Auflage, 2014 (zit.: Fischer §)

Fleischer, Holger, Zukunftsfragen der Corporate Governance in Deutschland und Europa: Aufsichtsräte, institutionelle Investoren, Proxy Advisors und Whistleblowers, ZGR 2011, 155 (zit.: *Fleischer,* ZGR 2011, 155)

Forst, Gerrit, Strafanzeigen gegen den Arbeitgeber – Grund zur Kündigung des Arbeitsvertrages?, NJW 2011, 3477 (zit.: *Forst,* NJW 2011, 3477)

–, Whistleblowing im internationalen Vergleich – Was kann Deutschland von seinen Nachbarn lernen?, EuZA 2013, 37 (zit.: *Forst,* EuZA 2013, 37)

–, Whistleblowing und Datenschutz – Brauchen wir eine spezielle Regelung, RDV 2013, 122 (zit.: *Forst,* RDV 2013, 122)

Fritz, Joachim / Nolden, Dagmar, Unterrichtungspflichten und Einsichtsrechte des Arbeitnehmers im Rahmen von unternehmensinternen Untersuchungen, CCZ 2010, 170 (zit.: *Fritz/Nolden* CCZ 2010, 170)

Frowein, Jochen Abr., Meinungsfreiheit und Demokratie, EuGRZ 2008, 117 (zit.: *Frowein,* EuGRZ 2008, 117)

Fuhlrott, Michael, Die fristlose Kündigung wegen Vermögensdelikten zwei Jahre nach «Emmely» – eine Bestandsaufnahme, ArbRAktuell 2012, 498 (zit.: *Fuhlrott,* ArbRAktuell 2012, 498)

Fülbier, Ulrich, Splittgerber, Andreas, Keine (Fernmelde-)Geheimnisse vor dem Arbeitgeber?, NJW 2012, 1995 (zit.: *Fülbier/Splittgerber,* NJW 2012, 1995)

Gaier, Reinhard / Wendtland, Holger, Allgemeines Gleichbehandlungsgesetz AGG, Eine Einführung in das Zivilrecht, 2006 (zit.: Gaier/Wendtland/*Bearbeiter*)

Giesen, Richard, Rechtspolitik der „atypischen" Arbeitsverhältnisse, NZS 2010, 473 (zit.: *Giesen,* NZS 2010, 473)

Goette, Wulf / Habersack, Mathias, Münchener Kommentar zum Aktiengesetz, Band 2, 4. Auflage, 2014 und Band 6, 3. Auflage, 2011 (zit.: MünchKommAktG/*Bearbeiter*)

Gola, Peter / Klug, Christoph / Körffer, Barbara, BDSG Bundesdatenschutzgesetz, Kommentar, 11. Auflage, 2012 (zit.: Gola/Schomerus)

Göpfert, Burkhard, Steuerungsinstrumente für die Personalarbeit – Global HR Policies, NZA 2011, 1259 (zit.: *Göpfert,* NZA 2011, 1259)

Göpfert, Burkhard / Landauer, Martin, „Arbeitsstrafrecht" und die Bedeutung von Compliance-Systemen: Straftaten „für" das Unternehmen, NZA-Beil. 2011, 16 (zit.: *Göpfert/Landauer,* NZA-Beil. 2011, 16)

Graser, Daniela, Whistleblowing – Arbeitnehmeranzeigen im US-amerikanischen und deutschen Recht, Dissertation, 2000 (zit.: *Graser,* S.)

Groneberg, Rut, Whistleblowing, Eine rechtsvergleichende Untersuchung des US-amerikanischen, englischen und deutschen Rechts unter besonderer Berücksichtigung des Entwurfs eines neues § 612a BGB, Dissertation, 2011 (zit.: *Groneberg,* S.)

Hannich, Rolf (Hrsg.), Karlsruher Kommentar zur Strafprozessordnung mit GVG, EGGVG und EMRK, 6. Auflage 2008 und 7. Auflage 2013 (zit.: KarlsruherKommStPO(6. Auflage)/*Bearbeiter*) (zit.: KarlsruherKommStPO/*Bearbeiter)*

Hauschka, Christoph E., Zum Berufsbild des Compliance Officers, CCZ 2014, 165 (zit.: *Hauschka,* CCZ 2014, 165)

Henssler, Martin / Willemsen, Heinz Josef / Kalb, Heinz-Jürgen (Hrsg.), Arbeitsrecht Kommentar, 6. Auflage, 2014 (zit.: H/W/K/*Bearbeiter*)

Herbert, Manfred / Oberrath, Jörg-Dieter, Schweigen ist Gold? – Rechtliche Vorgaben für den Umgang des Arbeitnehmers mit seiner Kenntnis über Rechtsverstöße im Betrieb, NZA 2005, 193 (zit.: *Herbert/Oberrath,* NZA 2005, 193)

Herzog, Roman / Scholz, Rupert / Herdegen, Matthias / Klein, Hans H. (Hrsg.), Maunz/Dürig, Grundgesetz-Kommentar, Loseblattsammlung, 66 und 68. Ergänzungslieferung, 2013 (zit.: Maunz/Dürig/*Bearbeiter* (66); Maunz/Dürig/*Bearbeiter*)

Höfling, Wolfram / Burkiczak, Christian, Die unmittelbare Drittwirkung gemäß Art. 9 Abs. 3 S. 2 GG, RdA 2004, 263 (zit.: *Höfling/Burkiczak,* RdA 2004, 263.)

Hueck, Alfred / Nipperdey, Hans Carl: Lehrbuch des Arbeitsrechts, Band. I von *Alfred Hueck,* 1927 (zit.: Hueck/Nipperdey, Bd. I, S. 33)

Illing, Diana / Umnuß, Karsten, Die arbeitsrechtliche Stellung des Compliance Managers – insbesondere Weisungsunterworfenheit und Reportingpflichten", CCZ 2009, 1 (zit.: *Illing/Umnuß,* CCZ 2009, 1)

Ipsen, Jörn, Staatsrecht II – Grundrechte, 16. Auflage, 2013 (zit.: *Ipsen,* Staatsrecht II)

Jansen, Frank / Hartmann, Sebastian, Straining und Mobbing im Lichte des Persönlichkeitsschutzes, NJW 2012, 1540 (zit.: *Jansen/Hartmann,* NJW 2012, 1540)

Jarass, Hans Dieter / Pieroth, Bodo, Grundgesetz für die Bundesrepublik Deutschland, Kommentar, 12. Auflage, 2013 (zit.: Jarass/Pieroth/*Autor*)

Jellinek, Georg, System der subjektiven öffentlichen Rechte, 2 Auflage, 1905, *Jens Kersten* (Hrsg.), 2011 (zit.: *Jellinek,* System der subjektiven öffentlichen Rechte)

Joecks, Wolfgang / Miebach, Klaus (Hrsg.), Münchener Kommentar zum StGB, Band 4 und 5, 2. Auflage, 2012 (zit.: MünchKommStGB/*Bearbeiter)*

Junker, Abbo, Arbeitsrecht zwischen Europäisierung und Amerikanisierung, Festschrift für Hans-Jörg Otto zum 70. Geburtstag, 2008 (zit.: *Junker,* FS Otto 2008, 157)

Kagan, Heike, Das Mitbestimmungsrecht des Betriebsrates bei der Einführung von Ethikrichtlinien, Dissertation, 2012 (zit.: *Kagan,* S.)

Kania, Thomas / Sansone, Piero, Möglichkeiten und Grenzen des Pre-Employment-Screenings, NZA 2012, 360 (zit.: *Kania/Sansone,* NZA 2012, 360)

Karpenstein, Ulrich / Meyer, Franz C. (Hrsg.), EMRK – Konvention zum Schutz der Menschenrechte und Grundfreiheiten, Kommentar, 2012. (zit.: Karpenstein/Meyer/*Bearbeiter*)

Katzenmeier, Christian, Der Behandlungsvertrag – Neuer Vertragstypus im BGB, NJW 2013, 817 (zit.: *Katzenmeier,* NJW 2013, 817)

Kindhäuser, Urs, Strafprozessrecht, 2. Auflage, 2010 (zit.: Kindhäuser, StPO)

Kingreen, Thorsten / Poscher, Ralf, Grundrechte Staatsrecht II, 29. Auflage, 2013 (zit.: Pieroth/Schlink/Kingreen/Poscher, Grundrechte)

Király, Andrei, Whistleblower in Deutschland und Großbritannien – Lehren aus dem Fall *Heinisch,* RdA 2012, 236 (zit.: *Király.* RdA 2012, 236)

Kirchhof, Hans-Peter / Eidenmüller, Horst / Stürner, Rolf (Hrsg.), Münchener Kommentar zur Insolvenzordnung, Band 2, 3. Auflage, 2013 (zit.: MünchKommInsO/*Bearbeiter*)

Kittner, Michael / Däubler, Wolfgang / Zwanziger, Bertram, KSchR – Kündigungsschutzrecht, 9. Auflage, 2014 (zit.: Kittner/Däubler/Zwanziger, Kündigungsrecht)

Klasen, Evelyn / Schaefer, Sandra, Whistleblower, Zeuge und „Beschuldigter" – Informationsweitergabe im Spannungsfeld grundrechtlicher Positionen, BB 2012, 641 (zit.: *Klasen/Schäfer,* BB 2012, 641)

Klopp, Thorben, Der Compliance-Beauftragte – Arbeitsrechtliche Stellung und Funktion in der Compliance, Dissertation, 2012 (zit.: *Klopp,* Der Compliance-Beauftragte)

Koch, Ulrich / Linck, Rüdiger / Treber, Jürgen / Vogelsang, Hinrich, Schaub Arbeitsrechts-Handbuch, Systematische Darstellung und Nachschlagewerk für die Praxis, 15. Auflage, 2013 (zit.: Schaub/*Bearbeiter*)

Kort, Michael, Individualrechtliche Fragen des Whistleblowings, Festschrift für Peter Kreutz zum 70. Geburtstag, 2010, S. 247 (zit.: *Kort,* FS Kreutz 2010, S. 247, 250)

Krieger, Steffen / Günther, Jens, Die arbeitsrechtliche Stellung des Compliance Officer, NZA 2010, 367 (zit.: *Krieger/Günther,* NZA 2010, 367)

Krogull, Jutta „Anspruch auf Beförderung? Freiheit und Bindung bei der Personalentwicklung", NZA-Beilage 2012, 129 (zit.: *Krogull,* NZA-Beilage 2012, 129)

Kühl, Kristian, Die sonst niedrigen Beweggründe des § 211 II StGB, JuS 2010, 1041 (zit.: *Kühl,* JuS 2010, 1041)

– / *Heger, Martin,* Lackner/Kühl, Strafgesetzbuch Kommentar, 28. Auflage, 2014 (zit.: Lackner/Kühl/*Bearbeiter*)

Kunig, Philip (Hrsg.), Grundgesetz Kommentar, Band 1, 6. Auflage, 2012 (zit.: von Munch/Kunig/*Bearbeiter*)

Lelley, Jan Tibor, Compliance im Arbeitsrecht – Leitfaden für die Praxis, 2010 (zit.: *Lelley,* Compliance, S)

Leuchten, Alexius, Der gesetzliche Schutz für Whistleblower rückt näher, ZRP 2012, 142 (zit.: *Leuchten,* ZRP 2012, 142)

Logemann, Annika, Grenzen der Menschenrechte in demokratischen Gesellschaften: die „demokratische Gesellschaft" als Determinante der Grundrechtsschranken in der Europäischen Menschenrechtskonvention, 2004, Dissertation

Lohse, Sven, Beschäftigtendatenschutz bei der Verhinderung und Aufdeckung von Straftaten, Dissertation, 2013 (zit.: *Lohse,* S.)

Löwisch, Manfred, Auswirkungen der Schuldrechtsreform auf das Recht des

Arbeitsverhältnisses, Festschrift für Herbert Wiedemann zum 70. Geburtstag, S. 311, 2002 (zit.: *Löwisch,* FS Wiedemann 2002, S. 311)

– / *Rieble, Volker,* Tarifvertragsgesetz, 3. Auflage, 2012 (zit.: Löwisch/Rieble)

Mahnhold, Thilo, „Global Whistle" oder „deutsche Pfeife" – Whistleblowing-Systeme im Jurisdiktionskonflikt, NZA 2008, 737 (zit.: *Mahnhold,* NZA 2008, 737)

Martinek, Michael (Redaktor), J. von Staudingers Kommentar zum Bürgerlichen Gesetzbuch mit Einführungsgesetzen und Nebengesetzen, Eckpfeiler des Zivilrechts, Neubearbeitung 2014/2015 (zit.: Staudinger/Eckpfeiler/*Bearbeiter*)

Meinel, Gernod / Heyn, Judith / Herms, Sascha, Allgemeines Gleichbehandlungsgesetz, Kommentar, 2. Auflage, 2010 (zit.: Meinel/Heyn/Herms AGG)

Mengel, Anja, Compliance und Arbeitsrecht – Implementierung, Durchsetzung und Organisation, 2009 (zit.: *Mengel,* Compliance, S.)

–, Der Gesetzesentwurf der SPD-Fraktion zum Whistleblowing, CCZ 2012, 146 (zit.: *Mengel,* CCZ 2012, 146)

–,/ *Hagemeister, Volker,* Compliance und arbeitsrechtliche Implementierung im Unternehmen, BB 2007, 1386 (zit.: *Mengel/Hagemeister,* BB 2007, 1386)

Meyer, Alfred Hagen / Streinz, Rudolf (Hrsg.), LFGB – BasisVO – HCVO, Lebensmittel und Futtermittelgesetzbuch, Kommentar, 2. Auflage, 2012 (zit.: Meyer/Streinz/*Bearbeiter*)

Meyer-Ladewig, Jens, EMRK – Europäische Menschenrechtskonvention, Kommentar, 3 Auflage, 2011 (zit.: Meyer-Ladewig)

Michalski, Lutz (Hrsg.), Kommentar zum Gesetz betreffend die Gesellschaften mit beschränkter Haftung (GmbH-Gesetz), 2. Auflage, 2010 (zit.: Michalski/*Bearbeiter*)

Moll, Wilhelm (Hrsg.), Münchener Anwaltshandbuch Arbeitsrecht, 3. Auflage, 2012 (zit.: MünchAnwHdbArbR/*Bearbeiter*)

Moosmayer, Klaus, Modethema oder Pflichtprogramm guter Unternehmensführung? – Zehn Thesen zu Compliance, NJW 2012, 3013 (zit.: *Moosmayer,* NJW 2012, 3013)

Mückenberger, Ulrich, Urteilsanmerkung, KJ 1983, 81 (zit.: *Mückenberger,* KJ 1983, 81)

Müller, Michael, Whistleblowing – Ein Kündigungsgrund, NZA 2002, 424 (zit.: *Müller,* NZA 2002, 424)

Müller-Glöge, Rudi / Preis, Ulrich / Schmidt Ingrid (Hrsg.), Erfurter Kommentar zum Arbeitsrecht, 14. Auflage, 2014 (zit.: ErfK/*Bearbeiter*)

Nächstädt, Wilhelm (Hrsg.), Plutarchi moralia, vol. II 1, Leipzig, 1935 (zit.: Plut., Regum et imperatorum apophthegmata, 207 a 4–8)

Neumann, Anneli, Whistleblowing und die Frage nach dem rechtspolitischen Erfordernis einer gesetzlichen Schutzregelung, Dissertation, 2010 (zit.: *Neumann,* S.)

Nipperdey, Hans-Carl, GLEICHER LOHN DER FRAU FÜR GLEICHE LEISTUNG – Ein Beitrag zur Auslegung der Grundrechte, RdA 1950, 121 (zit.: *Nipperdey,* RdA 1950, 121)

– Grundrechte und Privatrecht, Kölner Universitätsreden, S. 18 ff., 1961. (zit.: *Nipperdey,* Grundrechte und Privatrecht, S.)

Noak, Torsten, Tatsächliche unklare Sachverhalte im Strafrecht: Zu »in dubio pro reo« sowie eindeutigen und wahldeutigen Straffeststellungen, JURA 2004, 539 (zit.: *Noak,* JURA 2004, 539)

Nußberger, Angelika, Auswirkungen der Rechtsprechung des Europäischen Gerichtshofs für Menschenrechte auf das deutsche Arbeitsrecht, RdA 2012, 270 (zit.: *Nußberger,* RdA 2012, 270)

Ogorek, Regina, Whistleblowing – oder vom Verpfeifen im Arbeitsrecht und anderswo, Arbeitnehmermitwirkung in einer sich globalisierenden Arbeitswelt – Liber Amicorum Manfred Weiss, 2005 (zit.: *Ogorek,* FS Manfred Weiss, S.)

Otto, Hans-Jörg, BAG: Kündigungsschutz im Kleinbetrieb, RdA 2002, 99 (zit.: *Otto,* RdA 2002, 99)

Pache, Eckhard, Die Europäische Menschenrechtskonvention und die deutsche Rechtsordnung, EuR 2004, 393 (zit.: *Pache,* EuR 2004, 393)

Pallasch, Ulrich, Einschränkung der Arbeitnehmerhaftung für betriebliche Tätigkeiten, RdA 2013, 338 (zit.: *Pallasch,* RdA 2013, 338)

Pauken, Thomas, Mobbing – so wird es (nicht) gemacht, ArbRAktuell 2013, 350 (zit.: *Pauken,* ArbRAktuell 2013, 350)

Pfeiffer, Gerd, Strafprozessordnung Kommentar, 5. Auflage, 2005 (zit.: Pfeiffer, StPO)

Picker, Christian, Der EuGH und der Auskunftsanspruch des abgelehnten Bewerbers – Meisterhaft!, NZA 2012, 641 (zit.: *Picker,* NZA 2012, 641)

Posser, Herbert / Wolf, Heinrich Amadeus (Hrsg.), Beck'scher Online Kommentar VwGO, Stand 1. April 2014 (zit.: Beck-OK-VwGO/*Bearbeiter*)

Preis, Ulrich, Prinzipien des Kündigungsrechts bei Arbeitsverhältnissen, Dissertation, 1987 (zit.: *Preis,* S.)

–, Grundfragen der Vertragsgestaltung im Arbeitsrecht, Habilitationsschrift, 1992 (zit.: *Preis,* Grundfragen, S.)

–, Der Kündigungsschutz außerhalb des Kündigungsschutzgesetzes, NZA 1997, 1256 (zit.: *Preis,* NZA 1997, 1256)

– (Hrsg.), Der Arbeitsvertrag – Handbuch der Vertragsgestaltung, 4. Auflage, 2011 (zit.: Preis/*Autor,* Arbeitsvertrag)

–, Individualarbeitsrecht Lehrbuch für Studium und Praxis, 4. Auflage, 2012 (zit.: *Preis,* Individualarbeitsrecht)

–, *Oetker, Hartmut* (Bearbeiter), J. von Staudingers Kommentar zum Bürgerlichen Gesetzbuch mit Einführungsgesetz und Nebengesetzen, Buch 2, Recht der Schuldverhältnisse, §§ 620–630, Neubearbeitung 2012 (zit.: Staudinger/*Bearbeiter)*

– / *Reinfeld, Roland,* Schweigepflicht und Anzeigerecht im Arbeitsverhältnis, ArbuR 1989, 361 (zit.: *Preis/Reinfeld,* ArbuR 1989, 361)

Rebler, Adolf, Die Überladung von Fahrzeugen, SVR 2012, 214 (zit.: *Rebler,* SVR 2012, 214)

Rein, Michael, Die individualrechtliche Implementierung einer Ethikrichtlinie mit vorweggenommener Abmahnung, Dissertation, 2012 (zit.: *Rein,* S.)

Richardi, Reinhard (Hrsg.), Betriebsverfassungsgesetz mit Wahlordnung, Kommentar, 14. Auflage, 2014 (zit.: *Richardi/Bearbeiter*)

– / *Fischinger, Philipp S.* (Bearbeiter), J. von Staudingers Kommentar zum Bürgerlichen Gesetzbuch mit Einführungsgesetz und Nebengesetzen, Buch 2, Recht der Schuldverhältnisse, § 611 bis § 613, Neubearbeitung 2011 (zit.: Staudinger/*Bearbeiter)*

– / *Wlotze, Otfried / Wißmann, Hellmut / Oetker, Hartmut* (Hrsg.), Münchener Handbuch zum Arbeitsrecht, Band 1 und Band 2, 3. Auflage, 2009 und 2. Auflage, 2000 (zit.: MünchHdbArbR/*Bearbeiter,* MünchHdbArbR/*Bearbeiter* (2. Auflage))

Rolfs, Christian / Giesen, Richard / Kreikebohm, Ralf (Hrsg.), Beck'scher Online Kommentar Arbeitsrecht, Stand 1.3.2014 (zit.: Beck-OK-ArbR/*Bearbeiter*)

Röller, Jürgen (Hrsg.), Küttner Personalbuch 2014, 21. Auflage, 2014 (zit.: Küttner/*Bearbeiter*)

Röthel Anne / Vieweg, Klaus (Bearbeiter), J. von Staudingers Kommentar zum Bürgerlichen Gesetzbuch mit Einführungsgesetz und Nebengesetzen, Buch 2, Recht der Schuldverhältnisse, § 840 bis § 853, Neubearbeitung 2007 (zit.: Staudinger/*Bearbeiter*)

Roxin, Claus, Strafrecht Allgemeiner Teil Band I, 4. Auflage, 2006 (zit.: Roxin, AT I)

Rudkowski, Lena, Die Aufklärung von Compliance-Verstößen durch „Interviews", NZA 2011, 612 (zit.: *Rudkowski*, NZA 2011, 612)

Rust, Ursula / Falke, Josef (Hrsg.), Allgemeines Gleichbehandlungsgesetz, Kommentar, 2007 (zit.: Rust/Falke/*Bearbeiter*)

Sachs, Michael (Hrsg.), Grundgesetz Kommentar, 6. Auflage, 2011 (zit.: Sachs/*Bearbeiter*).

Säcker, Jürgen / Rixecker, Roland (Hrsg.), Münchener Kommentar zum Bürgerlichen Gesetzbuch, Kommentar, Band 1 bis 5, 6. Auflage, 2012 (zit.: MünchKommBGB/*Bearbeiter*)

Schäfer, Thorsten, Selbstbelastungsschutz außerhalb des Strafverfahrens, NJW-Spezial 2010, 120 (zit.: *Schäfer*, NJW-Spezial 2010, 120)

Schäfer, Hans / Baumann, Diethelm, Compliance-Organisation und Sanktionen bei Verstößen, NJW 2011, 3601 (zit.: *Schaefer/Baumann*, NJW 2011, 3601)

Schemmel, Alexander / Ruhmannseder, Felix / Witzigmann, Tobias, Hinweisgebersysteme – Implementierung in Unternehmen, 2012 (zit.: Schemmel/Ruhmannseder/Witzigmann, Hinweisgebersysteme)

Schlachter, Monika, Kündigung wegen „Whistleblowing"? – Der Schutz der Meinungsfreiheit vor dem EGMR Besprechung des Urteils EGMR v. 21.7.2011 – EGMR 21.07.2011 Aktenzeichen 28274/08, RdA 2012, 108 (zit.: *Schlachter*, RdA 2012, 108)

Schlaich, Klaus / Korioth, Stefan, Das Bundesverfassungsgericht, 9. Auflage, 2012 (zit.:Schlaich/Korioth/*Bearbeiter*)

Schmidt, Karsten (Hrsg.), Münchener Kommentar zum Handelsgesetzbuch, 3. Auflage, 2013 (zit.: MünchKommHGB/*Bearbeiter*)

Schoch, Friedrich, Amtliche Publikumsinformation zwischen staatlichem Schutzauftrag und Staatshaftung, NJW 2012, 2844 (zit.: *Schoch*, NJW 2012, 2844)

Schoch, Friedrich / Schneider, Jens-Peter / Bier, Wolfgang (Hrsg.), Kommentar zur Verwaltungsgerichtsordnung, Loseblattsammlung, Stand: 25. Ergänzungslieferung, 2013 (zit.: Schoch/Schneider/Bier/*Bearbeiter*)

Schulz, Mike, Ethikrichtlinien und Whistleblowing – Arbeitsrechtliche Aspekte der Einführung eines Compliance-Systems", Dissertation, 2010 (zit.: *Schulz*, S.)

–, Compliance – Internes Whistleblowing, BB 2011, 629 (zit.: *Schulz*, BB 2011, 629)

Schüren, Peter (Hrsg.), Arbeitnehmerüberlassungsgesetz Kommentar, 4. Auflage, 2010 (zit.: Schüren/Hamann/*Bearbeiter*)

Schürrle, Thomas / Fleck, Franziska, „Whistleblowing Unlimited" – Der U.S. Dodd-Frank Act und die neuen Regeln der SEC zum Whistleblowing, CCZ 2011, 218 (zit.: *Schürrle/Fleck* CCZ 2011, 218)

Schuster, Doris-Maria / Darsow, Ingebjörg, Einführung von Ethikrichtlinien durch das Direktionsrecht, NZA 2005, 273 (zit.: *Schuster/Darsow* NZA 2005, 273, 276)

Schuster, Fabian, Der Arbeitgeber und das Telekommunikationsgesetz, CR 2014, 21 (zit.: *Schuster*, CR 2014, 21)

Senge, Lothar (Hrsg.), Karlsruher Kommentar zum Gesetz über Ordnungswidrigkeiten, 3. Auflage, 2006 (zit.: KarlsruherKommOWiG/*Bearbeiter*)

Siebert, Jens, Außerordentliche fristlose Kündigung wegen ehrverletzender Äußerung, ArbRAktuell 2013, 268 (zit.: *Siebert*, ArbRAktuell 2013, 263)

Simon, Oliver / Schilling, Jan Moritz, Kündigung wegen Whistleblowing?, BB 2011, 2421 (zit.: *Simon/Schilling*, BB 2011, 2421)

Simonet, Michael, Die Implementierung interner Whistleblowingsysteme im Rahmen der Corporate Governance, Dissertation, 2012 (zit.: *Simonet*, S.)

–, Notwendigkeit eines Gesetzes zum Schutz von Whistleblowern, RdA 2013, 236 (zit.: *Simonet*, RdA 2013, 236)

Sodan, Helge / Ziekow, Jan, Großkommentar zur Verwaltungsgerichtsordnung, 3. Auflage, 2010 (zit.: Sodan/Ziekow/*Bearbeiter*)

Stahlhacke, Eugen / Preis, Ulrich / Vossen, Reinhard (Hrsg.), Kündigung und Kündigungsschutz im Arbeitsverhältnis, Handbuch, 10. Auflage, 2010 (zit.: Stahlhacke/Preis/Vossen/*Bearbeiter*)

Steigert, Verena Karen, Datenschutz bei unternehmensinternen Whistleblowing-Systemen, Dissertation, 2013 (zit.: Steigert, Datenschutz bei unternehmensinternen Whistleblowing-Systemen)

Stern, Claus / Becker, Florian, Grundrechte-Kommentar, 2010 (zit.: Stern/Becker/*Bearbeiter*)

Stoffels, Markus, Die „Emmely"-Entscheidung des BAG – bloß eine Klarstellung von Missverständnissen, NJW 2011, 118 (zit.: *Stoffels*, NJW 2011, 118)

Thüsing, Gregor, Arbeitnehmerüberlassungsgesetz, Kommentar, 5. Auflage, 2014 (zit.: Thüsing/*Bearbeiter*, AÜG)

–, Beschäftigtendatenschutz und Compliance – Effektive Compliance im Spannungsfeld von BDSG, Persönlichkeitsschutz und betrieblicher Mitbestimmung, 2. Auflage, 2014 (zit.: Thüsing/*Bearbeiter*, Beschäftigtendatenschutz und Compliance)

– / *Leder, Tobias*, Die Entwicklung des US-amerikanischen Arbeitsrechts in den Jahren 2001, 2002 und 2003, NZA 2004, 1310 (zit.: *Thüsing/Leder*, NZA 2004, 1310)

Tödtmann, Ulrich / Schauer, Michael, Die Kündigung des Arbeitsverhältnisses – Ein Überblick über die Rechtslage in Deutschland, anderen europäischen Ländern und den USA, NZA 2003 1187 (zit.: *Tödtmann/Schauer,* NZA 2003, 1187)

Ulber, Daniel, Whistleblowing und der EGMR, NZA 2011, 962 (zit.: *Ulber,* NZA 2011, 962)

– */ Wolf, Sven,* LAGE § 626 BGB 2002 Nr. 7b, S. 21 (zit.: *Ulber/Wolf,* LAGE § 626 BGB 2002 Nr. 7b, S. 21)

Urban, Sandra, Der Kündigungsschutz außerhalb des Kündigungsschutzgesetzes, Dissertation, 2000 (zit.: *Urban,* S.)

Vogt, Volker, Compliance und Investigations – Zehn Fragen aus Sicht der arbeitsrechtlichen Praxis, NJOZ 2009, 4206 (zit.: *Vogt,* NJOZ 2009, 4206)

von Berswordt-Wallrabe, Martin / Großkopf, Volker, Beratung von zwei Seiten: In Krisen sicher kommunizieren, RDG 2014, 64 (zit.: *von Berswordt-Wallrabe/Großkopf,* RDG 2014, 64)

von Busekist, Konstantin / Stephan, Fahrig, Whistleblowing und der Schutz von Hinweisgebern, BB 2013, 119 (zit.: *von Busekist/Fahrig,* BB 2013, 119)

von Gierke, Otto, Die Wurzeln des Dienstvertrages, Festschrift für Heinrich Brunner zum fünfzigjährigen Doktorjubiläum, 1914 (zit.: *von Gierke,* FS Brunner, S.)

–, Deutsches Privatrecht, Dritter Band, Schuldrecht, 1917 (zit.: *von Gierke,* Deutsches Privatrecht III, S.)

von Hoyningen-Huene, Gerrick / Linck, Rüdiger, Kündigungsschutzgesetz Kommentar, 15. Auflage, 2013 (zit.: v. Hoyningen-Huene/Linck/*Bearbeiter*)

von Zimmermann, Georg, „Whistleblowing" – Anforderungen des Sarbanes-Oxley Acts, WM 2007, 1060 (zit.: *von Zimmermann,* WM 2007, 1060)

Voßkuhle, Andreas / Kaiser, Anna-Bettina, Grundwissen – Öffentliches Recht: Funktionen der Grundrechte, JuS 2011, 411 (zit.: *Voßkuhle/Kaiser,* Jus 2011, 411)

Walk, Frank, EGMR: Außerordentliche Kündigung wegen „Whistleblowing" verletzt Freiheit der Meinungsäußerung, GWR 2011, 453 (zit.: *Walk,* GWR 2011, 453)

Weber, Jörg-Andreas, Auflösung des Arbeitsverhältnisses durch Urteil wegen eines Bagatelldelikts am Beispiel der „Emmely"-Entscheidung, RdA 2011, 108 (zit.: *Weber,* RdA 2011, 108)

Wiese, Günther / Kreutz, Peter / Oetker, Hartmut / Raab, Thomas / Weber, Christoph / Franzen, Martin / Gutzeit, Martin / Jacobs, Matthias, GK-BetrVG, Gemeinschaftskommentar zum Betriebsverfassungsgesetz, Band I, II, 10. Auflage, 2014 (zit.: GK-BetrVG/*Bearbeiter*)

Windel, Peter A., Anmerkung in AP zu § 626 BGB Nr. 235 (zit.: *Windel,* AP Nr. 235 zu § 626 BGB)

–, Die Bedeutung der Europäischen Menschenrechtskonvention für das Privatrecht, JR 2011, 323 (zit.: *Windel,* JR 2011, 323)

Wisskirchen, Gerlind / Körber, Anke / Bissel, Alexander, „Whistleblowing" und „Ethikhotlines" – Probleme des deutschen Arbeits- und Datenschutzrechts, BB 2006, 1567 (zit.: *Wisskirchen/Körber/Bissels,* BB 2006, 1567)

Witte, Jürgen / Wagner, Marco, Die Gesetzesinitiative Nordrhein-Westfalens zur Einführung eines Unternehmensstrafrechts (zit.: *Witte/Wagner,* BB 2014, 643)

Wlotzke, Otfried, Öffentlich-rechtliche Arbeitsschutznormen und privatrechtliche

Rechte und Pflichten des einzelnen Arbeitnehmers, Festschrift für Marie Luise Hilger und Hermann Stumpf, S. 723, 1983 (zit.: *Wlotzke,* FS Hilger und Stumpf, S.)

Zachert, Ulrich, Plaketten im Betrieb – Ausdruck von Meinungsfreiheit oder Störung des Betriebsfriedens, AuR 1984, 289 (zit.: *Zachert,* AuR 1984, 289, 291)

Zimmer, Mark / Seebacher, Krikor R, Whistleblowing – Wichtige Erkenntnisquelle oder gefährliches Pflaster, CCZ 2013, 31 (zit.: *Zimmer/Seebacher,* CCZ 2013, 31)

Zimmermann, Gernot, Strafrechtliche Risiken des «Whistleblowing», ArbRAktuell 2012, 58 (zit.: *Zimmermann,* ArbRAktuell 2012, 58)

Schriften zum Deutschen und Europäischen Arbeits- und Sozialrecht

Herausgegeben von Ulrich Preis

Band 1 Ulrich Preis / Felipe Temming: Die Urlaubs- und Lohnausgleichskasse im Kontext des Gemeinschaftsrechts. 2006.

Band 2 Einiko B. Franz: Der Abschluss eines Aufhebungsvertrags. Schutz des Arbeitnehmer-Verbrauchers und seine Grenzen. Insbesondere das Widerrufsrecht gem. §§ 312, 355 BGB. 2006.

Band 3 Klaus Tenbrock: Die betriebliche Altersversorgung im Betriebsübergang bei konkurrierenden Versorgungszusagen. 2006.

Band 4 Christoph Nießen: Fehlerhafte Betriebsratswahlen. Eine am Gang des Wahlverfahrens orientierte Untersuchung der Folgen von Rechtsverstößen bei der Betriebsratswahl unter besonderer Berücksichtigung deren Relevanz für die Gewährung von einstweiligem Rechtsschutz zur Verhinderung einer fehlerhaften Betriebsratswahl. 2006.

Band 5 Klaus Linde: Übertragung von Aufgaben des Betriebsrats auf Arbeitsgruppen gemäß § 28a BetrVG. 2006.

Band 6 Petra M. Knorr: Der Vergleich der Invaliditätsrenten in Deutschland und den Niederlanden. 2006.

Band 7 Jan Botterweck: Gewerkschaftspluralismus im Betrieb. 2007.

Band 8 Patrizia Chwalisz: Die Transformation des polnischen Arbeitsrechts und die Gewerkschaften. Eine Analyse aus dem Blickwinkel des Arbeitsrechts der ehemaligen Deutschen Demokratischen Republik und der Bundesrepublik Deutschland. 2007.

Band 9 Wiebke Brose: Der präventive Kündigungsschutz bei betriebsbedingten Kündigungen. Vergleich von Entwicklung und Stellenwert im deutschen und französischen Kündigungsrecht. 2007.

Band 10 Oliver Reinartz: Der Firmentarifvertrag als Flexibilisierungsinstrument. Unter besonderer Berücksichtigung des sogenannten tariflichen Sozialplans. 2008.

Band 11 Sebastian Maiß: Die Entsendung von Arbeitnehmern aus den MOE-Staaten auf Werkvertragsbasis nach der EU-Osterweiterung. Eine Untersuchung der grenzüberschreitenden Beschäftigungsmöglichkeiten von Staatsangehörigen aus den Beitrittsstaaten – insbesondere im Baugewerbe – im Kontext der Übergangsbestimmungen zur Arbeitnehmerfreizügigkeit, der Dienstleistungsfreiheit und des Niederlassungsrechts. 2008.

Band 12 Tilman Isenhardt: Relative Tariffähigkeit. 2008.

Band 13 Mirjam Roesgen: Die betriebsbedingte Kündigung im öffentlichen Dienst. 2008.

Band 14 Philipp Schütt: Die Vertragskontrolle von Ausgleichsquittungen. 2008.

Band 15 Astrid Weber: Ist die Rotkreuzschwester Arbeitnehmerin ihrer Schwesternschaft? Zugleich eine Untersuchung der Arbeitnehmereigenschaft mithilfe der AGB-Kontrolle. 2009.

Band 16 Ute Heinemann: Medizinische Begutachtung in der privaten und sozialen Pflegeversicherung. Gemeinsamkeiten und Unterschiede. 2009.

Band 17 Cindy Hümmerich: Die Zuständigkeitsabgrenzung zwischen Gesamtbetriebsrat und Einzelbetriebsräten. 2010.

Band 18 Sven Wolf: Das moralische Risiko der GKV im Spannungsfeld zwischen Solidarität und Eigenverantwortung. 2010.

Band 19 Frank Zaumseil: Die Minderleistung als Kündigungsgrund. Zugleich ein Beitrag zur Bestimmung der Arbeitspflicht. 2010.

Band 20 Dieter Fabisch: Die unmittelbare Drittwirkung der Grundrechte im Arbeitsrecht. Die Auswirkungen der von Hans Carl Nipperdey begründeten Lehre auf die Rechtsprechung des Bundesarbeitsgerichts. 2010.

Band 21 Martin Begiebing: Contractual Trust Arrangement (CTA) – Insolvenzfestigkeit und Verwertungsbefugnisse im Pfandrechtsmodell. 2011.

Band 22 Sofia Davilla: Die Eigenverantwortung im SGB III und SGB II. Obliegenheiten und Sanktionen zur Beendigung von Arbeitslosigkeit und Hilfebedürftigkeit. 2011.

Band 23 Tanja Hiebert: Verfahrensprobleme im Rahmen des Sonderkündigungsschutzes für schwerbehinderte Menschen nach den §§ 85 bis 92 SGB IX. 2011.

Band 24 Sebastian Schröder: Das Verhältnis von Direktionsrecht und Änderungskündigung. 2012.

Band 25 Julian Wölfel: Die Sozialplanabfindung. Differenzierungskriterien und Ausgestaltungen. 2012.

Band 26 David Kruchen: Telekommunikationskontrolle zur Prävention und Aufdeckung von Straftaten im Arbeitsverhältnis. Private Arbeitgeber im Spannungsverhältnis zwischen Datenschutz und Compliance. 2013.

Band 27 Annette Aßmuth: Die Beteiligungsrechte des Betriebsrates bei Bagatellspaltungen gemäß § 111 Satz 3 Nr. 3, 2. Alt. BetrVG. 2013.

Band 28 Sebastian Skocki: Der transnationale Konzerntarifvertrag. 2013.

Band 29 Patrick Esser: Die Begünstigung von Mitgliedern des Betriebsrats. 2014.

Band 30 Karl Schindeldecker: Die paritätisch mitbestimmte GmbH. 2014.

Band 31 Christoph Römer: Entgeltflexibilisierung zur Arbeitnehmerbeteiligung. 2014.

Band 32 Stefan Freh: Betriebliche Übung und Gleichbehandlungsgrundsatz. 2015.

Band 33 Lena Kristina Kuzbida: Die Aufgabe des Grundsatzes der Tarifeinheit bei Tarifpluralität und die Auswirkungen auf das Betriebsverfassungsrecht. 2015.

Band 34 Tobias Siefer: Der Schutz von Geschäftsführern und Vorstandsmitgliedern gegen Diskriminierungen. Ein Beitrag zur Rechtsstellung von Organmitgliedern nach der Danosa-Entscheidung des Europäischen Gerichtshofs. 2016.

Band 35 Mario Brungs: Whistleblowing. Eine Untersuchung arbeitsrechtlicher Aspekte und des Reformbedarfs nach der Entscheidung des Europäischen Gerichtshofs für Menschenrechte. 2016.

www.peterlang.com

www.ingramcontent.com/pod-product-compliance
Ingram Content Group UK Ltd.
Pitfield, Milton Keynes, MK11 3LW, UK
UKHW021827290926
8980IPUK00004B/301

9 783631 674260